Coca und Kokain

Nana Nauwald, »La hoja de coca« (»Das Blatt der Coca«), 8/2000, 50 × 40 cm, Mischtechnik auf Leinwand.

Nana Nauwald ist freischaffende Künstlerin, ausgebildete Gemälderestauratorin, Buchautorin, gewählte Repräsentantin der Arbeit mit Trancehaltungen nach Felicitas Goodman©. In ihren farbenfrohen Gemälden spiegeln sich auf abstrakte Weise innere Strukturen des Lebendigen (Claudia Müller-Ebeling).

Christian Rätsch und Jonathan Ott

Coca und Kokain

Ethnobotanik, Kunst und Chemie

Mit Beiträgen von Claudia Müller-Ebeling
und Manuel C. Torres

Vorwort von Prof. Dr. Sebastian Scheerer

AT Verlag

Widmung

Jonathan Ott, Christian Rätsch (und alle *Holy Ghosts*)
möchten all ihren großartigen Freunden danken:

Speziell der nicht existenten Punkband SMACK, CRACK AND POT.

Besonders den fantastischen TEQUILA SISTERS
(eine andere, nicht existente Techno-Metal-Band).

Unserem Mentor Dr. A. H., der mit dem Aha-Effekt.

In memoriam Philip K. Dick, William S. Burroughs,
Professor Dr. Timothy Leary, Terence McKenna,
Professor Dr. Richard Dick Schultes und Sir Georg Solti.

Kunsthistorische Beratung: Dr. Claudia Müller-Ebeling,
Kunsthistorikerin, Hamburg

Botanische Schreibweisen beruhen auf:
GERHARD WAGENITZ: *Wörterbuch der Botanik. Die Termini in ihrem historischen Zusammenhang*, Jena usw.: Gustav Fischer 1996.
FRITZ ENCKE, GÜNTHER BUCHHEIM und SIEGMUND SEYBOLD: *Handwörterbuch der Pflanzennamen*, hrsg. von Robert Zander, 15. Auflage, Stuttgart: Ulmer 1995 (der ZANDER).
HELMUT GENAUST: *Etymologisches Wörterbuch der botanischen Pflanzennamen*, 3. Auflage, Basel usw.: Birkhäuser 1996.

Abkürzungen

CR	Christian Rätsch®
JO	Jonathan Ott
CCC	Coca-Cola®-Company

AT Verlag, Aarau, Schweiz
Fotos: Soweit nicht anders vermerkt,
Copyright by Jonathan Ott und Christian Rätsch
Lektorat: Karin Breyer, Freiburg i. Br.
Lithos: AT Verlag, Aarau
Druck und Bindearbeiten: Kösel, Kempten
Printed in Germany

ISBN 3-85502-707-2

Cocapœtica præliminar

Coca ist eine Kunstform der Natur.
Das feine Blatt produziert Kokain.
Das Kokain kreiert Kunst.

Kunst ist das Wunderbare, das Wandelbare, das durch Welten Wandernde.
Kokskunst ist verführend, verführend wie der Stoff selbst.

Rituale sind Kunstwerke.
Rituale sind (auch) Kunstformen der (menschlichen) Natur.

Chemische Wechselwirkungen –
Himmlische Hochzeiten –
Chemie ist eine Kunstform der Natur.
Chemie ist eine Brücke zwischen Kultur und Natur.

Chemie ist ein Kunstwerk.
Natürliche Kunst.

Das Alchemische Werk
Ist das Tor.

Inhaltsverzeichnis

»Kohlen und Koks«: »Ich heirate Nelly Schultze, sie hat dreißig Zentner Briketts im Keller.« »Nehmen Sie lieber mich, ich bringe fünfhundert Prisen Kokain in die Ehe.« (Illustration, 1928)

Vorwort von Prof. Dr. Sebastian Scheerer

Der Indianer und der Ingenieur

Wer lebt im magischen Denken? Der Indianer oder der Ingenieur? Die Antwort scheint auf der Hand zu liegen: natürlich der Indianer. Was aber bedeutet das? Und wie scharf sind die Grenzen zwischen der Welt des Magischen und der Welt der wissenschaftlichen Rationalität gezogen?

Ein Beispiel kann uns helfen, die Tiefe des Abgrunds zu erahnen, der sich zwischen dem magischen und dem modernen Weltbild auftut. Stellen wir uns vor, ein Indianer und ein Ingenieur stehen zufällig auf derselben Urwaldlichtung und blicken auf einen vor ihnen tosenden, hell glitzernden Wasserfall. Obwohl sie beide aus derselben Perspektive auf dasselbe Objekt blicken, werden sie aufgrund ihrer divergierenden Weltbilder mit ganz unterschiedlichen Wahrnehmungen, Erlebnissen und Empfindungen darauf reagieren. Der Ingenieur sieht das erhabene Schauspiel der Natur, produziert oder ersteht vielleicht Andenken (Video, Fotos, Postkarten ...); er nimmt geologische und physikalische Randbedingungen wahr, denkt unwillkürlich an das touristische und energiewirtschaftliche Potenzial für die Erschließung dieser Gegend und antizipiert in groben Zügen ökonomische, ökologische, soziale und politische Initiativen und Konfliktherde. Fragte man ihn, warum er so und nicht anders reagiere, würde er wohl zurückfragen: Wie sollte man denn sonst reagieren? – Der Indianer hingegen wird nichts an der Reaktion des Ingenieurs als »normal« nachvollziehen können. Für ihn, einen Jibaro, ist dieser Wasserfall (einen anderen hat er noch nie gesehen) eine Art heiliger Pforte, eine Zauberwand und ein Vorhang, der das Diesseits von einer Anderswelt trennt, der aber auch Zugang gewährt zu einer Sphäre, wo »die wahre Wirklichkeit erstrahlt. Der Schlüssel sind die Geschenke der Sacha Runa, der Erdmutter; es sind Pflanzen, die erhellen, erwecken, ermüden, erkennen lassen, sie können begeistern, befreien, beschränken, befehlen, befriedigen. Das Land des rauschenden Wassers ist eine nichtalltägliche Wirklichkeit, eine tiefe, dem Universum inhärente Welt, eine über den Verstand steigende Wahrheit, eine große Lust, eine gefährliche Aufgabe, eine verlockende Versuchung und der Ort der Selbstfindung« (Christian Rätsch). Für den Indianer zerfällt der Wasserfall nicht in Physik, Ökonomie, Ökologie und Tourismus, sondern ist eine physisch-metaphysische, sinnlich-übersinnliche Einheit.

Dieses Beispiel zeigt das magische und das moderne Denken als Antipoden von so radikaler Verschiedenheit, dass sie es nahezu unmöglich machen dürften, dass sich der Indianer und der Ingenieur nach ihrem gemeinsamen Blick auf den Wasserfall über ihre Wahrnehmungen und Assoziationen, ihre Empfindungen und Gedanken auch nur unterhalten könnten. Es scheint, als gebe es keine Gemeinsamkeiten zwischen Magie und Moderne. Das moderne Denken hat im magischen Universum keinen Platz – und vice versa.

Das Drogenproblem der modernen Gesellschaften

Nun ist bekanntlich die Moderne mit sich selbst nicht sehr zufrieden. Als reflexive Moderne macht sie sich selbst zum Gegenstand rationaler Durchleuchtung und glaubt immer öfter, dass viele ihrer Probleme auf die übertriebene Perfektionierung von Wissenschaft und Technik, auf eine zum Kult gewordene Verabsolutierung der Rationalität zurückzuführen seien. Die Moderne, so scheint es, leidet vor allem daran, dass sie keinen Platz mehr lässt für Rausch und Ekstase, für Metaphysik und Magie. Nicht selten verweisen Kulturkritiker auf die Verfemung der Rauschdrogen, die Kriminalisierung halluzinogener, stimulierender und/oder anderswie psychotroper Substanzen, die im magischen Kontext prämoderner Kulturen ihren angestammten und als wohltuend empfundenen Platz hätten, während die Moderne wegen ihrer Verherrlichung des klaren Verstands und des normalen Wachbewusstseins ihre liebe Mühe mit der Integration, aber auch mit der Exklusion dieser Drogen habe.

Dr. Sebastian Scheerer, geb. 1950, ist Professor für Kriminologie an der Universität Hamburg. Zu seinen wichtigsten Publikationen gehören die Bücher *Drogen und Drogenpolitik* sowie *Drogensucht.*

Diese Selbstkritik der Moderne beruht auf der wahrscheinlich zutreffenden Ahnung, dass dem wissenschaftlich-technischen Welt-Erleben wichtige Dimensionen der menschlichen Existenz abhanden gekommen sind, um welche sich heute verstärkt zu kümmern durchaus im Interesse des Überlebens der Moderne sein kann. Der Triumph der

instrumentellen Vernunft, der aus allem ein bloßes Werkzeug für die Erreichung menschlicher Zwecke mache, der Speise und Trank, aber auch Sexualität und Spiritualität in die Kategorien des Markts und der Warenförmigkeit zwänge, so die gängige Argumentation, sei zu weit gegangen. Wo die den Indianern heilige Cocapflanze in den Strudel einer weltumspannenden Drogenökonomie gerate, die oft genug mit Waffen- und mit Menschenhandel Hand in Hand gehe, da sei es an der Zeit, der Gewalt der kriminellen Globalisierung des illegalen Drogenhandels in breiter Front, kollektiv und mit Entschiedenheit entgegenzutreten.

Die Moderne leide, mit anderen Worten, unter der Perfektionierung ihrer eigenen Prinzipien. Die Grenzen eines sinnvollen Einsatzes der instrumentellen Vernunft, die alle Gegenstände nur unter dem Gesichtspunkt ihrer Nützlichkeit in menschlichen Zweck-Mittel-Relationen wahrnehme, seien längst überschritten – und dies besonders da, wo Drogen nicht mehr durch magische Rituale gebändigt, sondern zu Zwecken beliebigen Freizeitspaßes auf den Rang einfacher Mittel zum Zweck erniedrigt würden. Die Drogen selbst aber seien eben so stark, dass sie das erfahrungsgemäß nicht mit sich machen ließen, sondern im Regelfall sich früher oder später als stärker erwiesen als diejenigen, die sie so gedankenlos als Mittel der Vergnügung zu benutzen trachteten.

Das Resultat dieser konventionellen Selbstkritik der Moderne führt die Helden der Gesellschaftskritik geradewegs in die Arme derjenigen, die auf nationaler und globaler Ebene zum Kampf gegen die Drogen, gegen den Schwarzmarkt und die Dealer blasen und welche den Drogenkonsum zwar als Tatsache akzeptieren, nicht aber als legitimen Ausdruck persönlicher Präferenzen in der Lebensgestaltung (ähnlich der Homosexualität) auch als Anspruch und Grundrecht eines jeden Bürgers zu verteidigen bereit sind.

> Die Gelegenheitskonsumenten illegaler Drogen haben die Palette der Genussmittel für sich persönlich bereits erweitert: Dem Bier zum Feierabend ziehen viele einen entspannenden Joint vor, jugendliche Discobesucher fühlen sich mit Ecstasy wesentlich besser, und so mancher Erwachsene in kreativen Berufen tendiert vielleicht dazu, des Krebsrisikos wegen das Rauchen aufzugeben – und stattdessen öfter mal eine Prise Kokain zu sich zu nehmen.
> (Sebastian Scheerer 1995: 120)

Eine alternative Deutung

Die konventionelle Diagnose passt vorzüglich in die Traditionen, Überzeugungen und Interessen der »linken« wie der »rechten« und der »mittleren« Kulturkritik. Konservativen gefällt die Betonung nichtmaterieller Werte und die negative Beurteilung des Drogenphänomens in den heutigen westlichen Gesellschaften. Die gesellschaftliche Mitte will zwar die Abhängigen nicht zu Kriminellen abstempeln, befürchtet aber von einer weiteren Liberalisierung der Drogenpolitik ein falsches Signal, das die weitere Verharmlosung, Kommerzialisierung und Verbreitung der Drogen begünstigen könnte. Die Linke sieht sich durch die Kritik an der warenförmigen Verbreitung der Drogen und ihrem Einsatz als Freizeitdrogen in ihrer seit Friedrich Engels (1845) durchgehaltenen Überzeugung bestätigt, dass Alkohol und andere Drogen kein Ausdruck der Selbstentfaltung, sondern der Fremdbestimmung, der Ausbeutung und der Flucht der Menschen vor ihren unerträglichen Lebensbedingungen in eine verräterische Welt der Illusionen, des Rückzugs und der Passivität seien.

Das Einzige, wozu die konventionelle Interpretation des Drogenphänomens in der Moderne nicht passt, ist die Welt der geschichtlichen Daten und der empirischen Fakten. Man kann es auch so ausdrücken: Das Drogenproblem in den Industriegesellschaften ist keine Konsequenz einer übertriebenen Modernisierung, sondern das Resultat von unbegriffenen Rudimenten magischen Denkens.

Kenner und Verehrer magischen Denkens werden sich vehement gegen diese These, in welcher sie naheliegender Weise eine Verleumdung des magischen Weltbilds und seiner bedeutenden Kulturen vermuten werden, zur Wehr setzen. Ich werde meine These aber im Folgenden so weit präzisieren und konkretisieren, dass deutlich werden wird, dass es nicht das magische Denken selbst ist, das diese Probleme produziert, sondern eher die Unfähigkeit der Gegenwart, sich ihrer prämodernen Tabus und Glaubenssysteme bewusst zu werden, und ihre offenbar ungebrochene Hoffnung, auch der ins Perverse abgleitenden Wiederkehr des Verdrängten auf absehbare Zeit mit weiteren und verstärkten Verdrängungsleistungen begegnen zu können – ohne Rücksicht auf die Kosten und Opfer einer solchen Haltung.

Die geschichtliche Dimension des Drogenproblems in der Moderne widerspricht der These von der problemgenerierenden Wirkung eines freien

Drogenmarktes, der es den Bürgern überlässt, ob, wie und wozu sie welche bewusstseinsverändernden Substanzen zu sich nehmen. Als Drogen (bis zu Beginn des 20. Jahrhunderts) ähnlich wie andere Waren relativ frei hergestellt, ver- und gekauft werden konnten, war das Drogenproblem so gering, dass es noch nicht einmal einen Namen hatte. Das Drogenverbot, durch welches die Drogen vom Markt verdrängt wurden, war nicht etwa eine Reaktion auf ein existierendes Drogenproblem, sondern Auswirkung geopolitischer Strategien und ging der Entstehung eines Drogenproblems in Deutschland (und anderswo) voraus. Wissenschaftliche Analysen sprechen dafür, dass das Drogenverbot das Problem sogar erst in seiner Entstehung begünstigte und in seiner Intensität verschärfte. Die Behauptung, das Drogenproblem der Gegenwart sei auf eine übertriebene Auslieferung der Drogen an den Markt und an die instrumentelle Nutzung der Bürger zurückzuführen, kann also nicht überzeugen.

Drogen unterliegen vielmehr im Bewusstsein wie in der Realität ihrer staatlichen Verfolgung einem ganz und gar nicht modernen, sondern viel eher magischen Sonderstatus. Moderne Logik würde in ihnen Waren wie andere und zum Beispiel auch Genussmittel wie andere sehen und sie auch so behandeln, also dem freien Warenverkehr überlassen.

Die Einstellung der Moderne gegenüber Drogen ist jedoch eine ganz und gar magische, indem diese Substanzen nicht als leblose Gegenstände wie andere auch, sondern als böse Mächte definiert und behandelt werden, welche zu berühren oder zu benutzen dem Tabubrecher zum Verhängnis wird. Noch einmal: im Weltbild der Moderne gibt es keine Tabus, sondern nur Gefahren und Risiken, die sich im Zweifel berechnen und in immer besserer Weise beherrschen lassen; im Weltbild der Moderne ist der Mensch der Handelnde, nicht der Baum, der Donner oder der Blitz; der Mensch handelt und er weitet seinen Aktionsradius aus, indem er durch ständig vermehrtes Wissen mit immer mehr Sachen um sich herum immer geschickter umzugehen lernt – hinsichtlich des Verhältnisses zwischen Mensch und Droge folgt die Moderne aber ausnahmsweise nicht ihren eigenen Prinzipien, sondern denen einer verdrängten Prämoderne, indem sie hier den Sitz der Macht in unbelebten Substanzen und nicht im Menschen sieht; wie in einem archaischen Tabu ist es Sache der Menschen, sich von dem Gegenstand fernzuhalten, wenn er nicht der Verdammnis anheim fallen will. Schon die Beratende Opium-Kommission des Völkerbundes hatte in der Frühzeit des heutigen Prohibitionsregimes das Rauschgift als solches für das Unheil verantwortlich gemacht und nicht menschliches Handeln. Wie »Wasser unter ungeheurem Druck« verhalte sich das Rauschgift, versuche es doch ohne Unterlass, sich »in beständigen Windungen einen Weg zu bahnen und sich mit unwiderstehlicher Gewalt auf die entferntesten Stellen des Systems, in denen sich der Druck noch spürbar macht, zu verteilen; ohne Unterlaß und gleichsam automatisch drängt es danach, jeden Fehler, jede schwache Stelle des eisernen Walles, der es umgibt, ausfindig zu machen; es sucht nach jedem Mittel, diesen Wall zu durchbrechen und bemüht sich unablässig, seine Bande abzuschütteln und sich zu befreien.«[1] – Slogans wie »Keine Macht den Drogen« oder Buchtitel wie »Weltmacht Droge« verstärken diese Zuschreibung dämonischer Kräfte an die leblose und als solche weder gute noch böse, sondern neutrale, und zu unzähligen guten, neutralen und schlechten Zwecken einsetzbare Materie.[2]

Die Drogenpolitik in den modernen Industrienationen scheint im Gegensatz zu anderen Politikbereichen resistent zu sein gegenüber sozialem Wandel und erneuerten Formen des Regierens (*governance*). Wo sonst könnte es vorkommen, dass man ein Jahrhundert lang stur an der Richtigkeit der Befunde und Überzeugungen aus der Gründerzeit festhält, alle berechtigten Forderungen nach einer wissenschaftlichen Evaluation der Leitlinien, Umsetzung und Auswirkungen dieser Politik in den Wind schlägt und kein Iota von der einmal definierten Linie abweicht, obwohl das einst auf kleine Bevölkerungskreise in einer einzigen Weltregion begrenzte Problem nach einem Jahrhundert intensivster Bekämpfung sich über die ganze Welt verbreitet hat, Hunderte von Millionen von Menschen betrifft, die sich so viel von immer mehr und neuen Drogen versprechen, dass sie sich in ihrem Konsumwunsch nicht einmal von den weltweit strengen Strafandrohungen abhalten lassen, und ganze Länder zerreißt. Mit dem Hang der Moderne zu rationaler Analyse und kühler Reflexion von Zweck-Mittel-Verhältnis-

1 Zitiert nach: *Informationsabteilung des Völkerbundes*, Hrsg. Völkerbund und Rauschgiftbekämpfung. Genf (ohne Jahresangabe). Druck der Vernay A.-G., Wien, IX., Canisiusgasse 8–10 (1934): 2.

2 Seit dem späten 19. Jahrhundert beginnt der Drogendiskurs diese Sichtweise zu generalisieren. Man denke an gängige Wörter wie »Drogenepidemie«, »Drogenwelle« und ähnliches. Wer die Bibel und die Bildersprache der Prediger kennt und wer weiß, wie sehr der schon damals und affirmativ so bezeichnete »Weltkreuzzug« gegen die Drogen von Anfang an religiös geprägt war – bekanntlich hätte es das gesamte Kontrollsystem ohne den jahrzehntelangen Einfluss der in China tätigen Missionsgesellschaften und vor allem des politisierenden Bischofs Charles Brent wohl nie gegeben –, wird dahinter die lange geistesgeschichtliche Tradition des Kampfes zwischen den Prinzipien des Guten und des Bösen erkennen.

sen hat jedenfalls die Politik der Drogenbekämpfung im Gegensatz zu fast allen anderen Politikfeldern nichts zu tun. Aus der Moderne selbst heraus lässt sich dieser rätselhafte Sonderstatus der Drogenpolitik nicht erklären.

Nur wenn man Drogenpolitik als Ausdruck magischen Denkens in der Moderne versteht, macht sie Sinn: Wo es darum geht, eine Macht des Bösen zu benennen und zu bannen, da müssen symbolisch nachhaltige Rituale der Tabuisierung und Ächtung zur Anwendung gebracht werden. Wer in höherem Auftrag einen Kreuzzug gegen Jerusalem unternimmt, gehorcht nicht mehr der instrumentellen Vernunft und handelt jenseits evaluierbarer Dimensionen. Die so rätselhaft anmutende und völlig »unmoderne« Evaluations- und Rationalitäts-Immunität dieses einen Politikbereichs lässt sich selbst nur verstehen und erklären, wenn man erstens bedenkt, dass es in der Tat Bischöfe, Missionare, Abstinenzler und Militärs waren, die einstmals im Fernen Osten an der Wiege des weltweiten Anti-Drogen-Regimes gestanden hatten, wenn man zweitens sich in Erinnerung ruft, dass während der entscheidenden internationalen Konferenzen nicht nur ein missionarischer Tonfall und auffälliger moralischer Druck vorherrschte, sondern auch unwidersprochen von wichtigen Delegierten dazu aufgerufen wurde, die Drogenbekämpfung zum größten »Weltkreuzzug« des beginnenden 20. Jahrhunderts zu machen, und wenn man drittens in der Lage ist, in der bis heute weiter wirkenden Tabuisierung wissenschaftlicher Terminologie, Forschungsfragen und Diskussionen nicht nur einen unerklärlichen Sonderfall, sondern ein logisches Element des »magischen« Charakters zu sehen, der den Drogen in der Gegenwart der Moderne zugeschrieben wird und der als einziger in der Lage ist, sonst unerklärliche Widersprüche in der Gestaltung der Drogenpolitik verständlich und nachvollziehbar zu machen.

Zur Verteidigung des magischen Weltbilds sei ausdrücklich auf die Unterschiede zwischen dem extramodernen und dem intramodernen magischen Denken hingewiesen. Außerhalb der Moderne ist es eine Einheit, innerhalb ein abgespaltenes, verdrängtes und Leid produzierendes Relikt; außerhalb moderner Gesellschaften ist das magische Denken zwar auch durch die Zuschreibung von Subjekteigenschaften an Sachen charakterisiert, die man für eigenständige fremde Mächte hält. Während magisches Denken innerhalb eines modernen Kontextes aber keine Ambivalenz erträgt (Drogen gelten als eindeutig böse), ist außerhalb der Moderne das Gegenteil der Fall. Dort gelten Drogen als Geister, die je nachdem, wie man ihnen begegnet (= wie man die Drogen benutzt), gute oder schlechte Wirkungen haben können. Die magische Beseelung der Natur bekämpft nicht etwa die Ambivalenz, sondern hilft dabei, sie zu erkennen und mit ihr zu leben. Vor allem darin unterscheidet sich das authentische vom verdrängten und das extramoderne vom intramodernen magischen Denken. Die Drogenpolitik der so genannten entwickelten Welt ist zwar noch lange nicht »modern«, aber es wäre vollkommen verfehlt, wollte man ihr allein schon deshalb, weil sie die Standards der Modernität nicht erreicht, ihr die Sensibilität und Differenziertheit, die Weisheit und die Gewitztheit einer authentischen magischen Wirklichkeit unterstellen. Der Weltkreuzzug gegen die Drogen dauert nun schon länger als jeder Kreuzzug in der Geschichte der Menschheit. Als globaler Kreuzzug trägt er zugleich die Züge des Kriegs und der Strafexpedition. Man kann die Art dieses Kriegs ohne Kriegserklärung im klassischen Sinne, der den Gegner zum Kriminellen degradiert und nicht im Traume daran denkt, den Opfern die Rechte des Humanitären Völkerrechts zu gewähren, der zudem so heuchlerisch ist, dass er vorgibt, nicht gegen Menschen, sondern allein gegen Sache gerichtet zu sein (»war on drugs«), als den bislang ersten und einzigen Fall eines weltumspannenden, über Generationen andauernden *punitiven Kriegs* bezeichnen (Iván Orozco). Erst so gerät die Dimension des menschlichen und zivilisatorischen Desasters womöglich in den Horizont unserer Wahrnehmung: Von den durch Entlaubungsmittel vergifteten Indianers im Cauca-Gebiet Kolumbiens über das Heer der »wegen Drogenverstößen« kriminalisierten Afro-Amerikaner in den USA bis zu den zahllosen Individuen, den Ärzten und kaufmännischen Angestellten, Anwälten und Schauspielern, Popstars und Trainern, die wegen »Drogenvergehen« diskriminiert, kriminalisiert und sowohl materiell als auch oft genug psychisch ruiniert werden – auch wenn derlei aus anderer Perspektive (man denke an die fast tägliche Hinrichtung von »Rauschgifthändlern« in China) vielleicht vergleichsweise undramatisch erscheinen mag. Der Weltkrieg gegen die Drogen ist nach einem Jahrhundert immer noch im Stadium der Eskalation, doch obwohl die Zerstörungen zunehmen, ist das Bewusstsein von der Existenz, der Verlogenheit und den Opfern dieses Kriegs nicht sehr verbreitet. Solange sich dies nicht ändert, wird sich gar nichts ändern. Also ist Aufklärung heute von entscheidender Bedeutung. Bücher wie dieses sind hier und heute Gold wert.

Hamburg, im Juli 2001
Sebastian Scheerer

Einst trafen sich Ferdinand der Vielschnupfer[3] (JO) und Heidian (CR), sie waren nicht nur Kollegen, sondern geborene Herzensbrüder. Mit der gleichen Passion, der gleichen Denkweise, denselben Interessensgebieten. Von ihrem Mentor Dr. Dr. mult. h.c. Albert Hofmann, dem weltbewegenden Chemiker und LSD-Vater, zusammengeführt, entflammte eine wunderbare Freundschaft, eine kongeniale Ergänzung, durch die knisternde Chemie zusammendestilliert.

Durch die Begegnung wurde eine folgenreiche Kettenreaktion ausgelöst. Sie trafen sich in Mexiko, den USA, in Chile, Argentinien und verbrachten geraume Zeit gemeinsam in Bolivien. Dort, in Los Yungas, dem Kerngebiet des legalen Cocaanbaus, der Region, wo die Cocakultivierung und die Cocakultur möglicherweise ihren Anfang hatten, entstand der Kern dieses Buchs.

Mit Powerbook und Leica bewaffnet zogen sie durch die frisch-grünen *cocales* (Cocapflanzungen), die wie smaragdene Zierkordeln die wilde Berglandschaft in eine liebliche Kulturlandschaft verwandeln. Später trafen sie sich dann in Hamburg, um an dem gemeinsamen Werk weiterzuarbeiten. Dort passierte etwas Ungewöhnliches, das für den heutigen Umgang der offiziellen Stellen mit Drogen symptomatisch ist.

Die wahre Geschichte der Ankunft eines Wissenschaftlers in Hamburg
von Claudia Müller-Ebeling

Wer würde vermuten, ein Buch über Cannabis oder Kokain zu schreiben sei eine kriminelle Handlung? Die folgende erstaunliche Geschichte eines Wissenschaftlers, der sich nach Hamburg aufmachte – doch eigentlich nicht, um das Fürchten zu lernen –, beweist, wie perfide die Logik von Zollbeamten und -beamtinnen sein kann.

LX 508 Flug Basel – Hamburg. 5.9.2000, 19.15 Uhr. Wir stehen am Terminal von Hamburg Fuhlsbüttel, um unseren Freund Jonathan Ott abzuholen; er ist Naturstoffchemiker und Autor zahlreicher Bücher, eine gefragte internationale Kapazität zu Themen wie Coca, Kokain, Snuffs usw.

Wir sehen ihn durch die auf- und zugehenden Türen des Zollbereichs. Ich springe auf ihn zu, will ihn umarmen – schwupps, da ist er weg. Verschwunden hinter den automatischen Toren des Hamburger Flughafenzolls. Nach einer halben Stunde wächst unsere Verwunderung, unsere Besorgnis, unser Groll und unsere Scham: Was für eine Ankunft in der Freien und Hansestadt Hamburg!

Wir gehen zur Ausgangstür des Zolls und sagen: »Wir warten auf unseren Freund und sahen, dass Sie ihn zur Seite genommen haben. Welche Probleme liegen vor?« – »Setzen Sie sich einfach ruhig hin«, ist die Antwort. »Die Nachforschungen sind im Gange. Wir sind nicht befugt, Auskunft zu geben, und Sie sind nicht befugt, hier reinzukommen und uns zu fragen. Setzen Sie sich einfach hin und warten Sie ab. Entweder Ihr Freund kommt hier demnächst raus – oder er wird verhaftet.«

Wir warten. Es vergehen weitere 40 Minuten. Wir werden nervös und unterhalten uns nicht mehr. Werden wir gefilmt? Werden unsere Worte aufgenommen? Wir fühlen uns plötzlich in einem Überwachungsstaat und erkennen hinter jeder Lüftung eine Abhör- und Viedeoanlage.

Dann öffnen sich die Türen und fünf grüne Männchen und Weibchen kommen auf uns zu. Wir sollen ihnen folgen. In ihrer Begleitung haben wir endlich das Privileg, hinter die sich magisch öffnenden Turen zu gelangen – um endlich unseren Freund in Empfang zu nehmen. Pustekuchen. Nix Empfang.

Stattdessen werden wir beide in einen separaten Raum gebracht, dorthin, wo sonst Koffer durchsucht werden. Heute werden *wir* hier durchsucht. Wir müssen unsere Personalien angeben und uns ausweisen. Ich habe nur eine Visitenkarte in meinem Portemonnaie – schließlich habe ich nicht vor, das Land zu verlassen, bin Deutsche und hole nur einen Freund vom Flughafen ab. Peinlich betretene Stimmung und abschätzende Blicke, als sie unsere Namen lesen: »Dr. Christian Rätsch und Dr. Claudia Müller-Ebeling.«

Die folgende Szene kennen wir nur aus amerikanischen Krimis: Mit scharfer Stimme wird uns befohlen: »Legen Sie Ihre Jacken und Taschen ab.

3 Ferdinand der Vielschnupfer ist eine Figur aus einer der vielen Neu- oder Weiterverarbeitungen des *Struwelpeters*: H. Glühmann, *Struwwelpeter der Grosse. Ein Bilderbuch für Kinder von 17 bis 77 Jahren*, O. Janke, ca. 1880 (eine Struwwelpetriade für Erwachsene).

Haben Sie Waffen oder scharfe Gegenstände?« Christian legt sein Taschenmesser auf die Bank. »Stellen Sie sich hier an die Wand. Beine breit! Nein! Die Hände nicht so, sondern nach innen gewandt, an die Mauer. Genau. Wir werden Sie jetzt nach den Sicherheitsbestimmungen abtasten.«

Mit festem Druck wandern Hände über unsere Körperkonturen, zwischen unsere Beine, an der Taillenlinie der Hose entlang, unter die Strümpfe, das Hemd und die Hose. Nix. Natürlich nicht. Welche Drogen wir in den letzten 48 Stunden zu uns genommen hätten, wurden wir gebieterisch gefragt. Wir antworteten abwechselnd: »Tee am Morgen und Vitamin C« – »gerade eben einen Schluck Whiskey, da ich mich aufgrund des langen und beängstigenden Wartens etwas beruhigen musste.« – »Kommen Sie endlich zum Punkt«, forderte man uns ungeduldig auf. »Aber das sind doch alles Drogen«, antworteten wir unschuldig. »Wir sprechen von illegalen Drogen – und wenn Sie uns nicht sofort die Wahrheit sagen, finden wir das sehr schnell durch einen Test heraus.« Als Christian ihnen antwortet: »Wo sind die wissenschaftlichen Beweise dafür, dass Ihre Tests irgendetwas aussagen?«, wurden sie doch sehr ungehalten. Diese seien allgemein akzeptiert und wir wären nicht in der Position, Fragen zu stellen.

Für wie dumm halten die Leute vom Zoll eigentlich Wissenschaftler, die in ihrem Gepäck gesuchte Literatur zum Thema Kokain haben und Berge von Dias, die das Wachstum der Pflanze *Erythroxylum coca* L. und den Weg der Kokainproduktion dokumentieren (notabene aufgenommen in Ländern wie Argentinien, Peru und Bolivien, in denen Besitz, Produktion und Handel legal sind)? Es ging um drei Wissenschaftler, die sich in Hamburg trafen, um ein Manuskript zum Thema Coca und Kokain abzuschließen – es hätte auch Hanf und Marihuana sein können.

Sichtliche Enttäuschung. Nichts. Kein Krümel Cannabis, Hasch, Shit, Dope. Kein Hanfsamen, kein Briefchen Koks – weder bei uns noch drüben bei Jonathan. Warum auch? Ist jemand, der Bücher zu diesen Themen schreibt, automatisch ein Schmuggler oder Dealer? Dann wäre auch ein Autor, der über Kindesmisshandlungen schreibt, ein Kinderschänder und eine Autorin, die über Gewalt in der Ehe aufklärt, knallte ihren Gatten ab – seltsame Logik, diese Polizistenlogik.

Jonathan landete nicht in meinen Armen – sondern in der Mühle der Flughafenautoritäten. Sie suchten jeden Quadratzentimeter seines Gepäcks ab. Schütteten alle sorgsam sortierten Dias auf den Boden. Die gesamte Schicht der Zollbeamten, Polizisten, Sicherheitsbeamten, Drogenspezialisten war im Raum versammelt, etwa 15 Personen. Und draußen trugen derweil vermutlich seriös gekleidete Geschäftsleute oder biedere Mütterchen illegale Substanzen durch den Zoll …

Weil Jonathan ausschließlich Literatur sowie Dias, Fotos und Artikel zum Thema Cannabis und Kokain im Gepäck hatte und weil man die Visitenkarte eines *Cannabis Journal* fand, meinte man, Grund genug zu haben, einen Hauttest auf Drogen durchzuführen. Der Test bestätigte angeblich die Anwesenheit von Cannabis und Opiaten im Körper der Testperson. Cannabis? Nichts anderes als die Visitenkarte verwies auf diese Substanz. Die nachgewiesenen Opiate stammten von einem in Zusammenhang mit einer Zahnbehandlung eingenommenen Codeinpräparat, das Jonathan im Übrigen auch mit sich führte.

Nach einer Stunde wurde Jonathan sarkastisch. Er wies die Zollbeamten darauf hin, dass er nicht dafür verhaftet werden kann, Substanzen in einem Land genommen zu haben, wo diese legal sind. Wenn man in Deutschland keinen Krümel davon im Gepäck finde und nur fragwürdige Spuren durch einen fragwürdigen Test erfasse, bedeute dies keinerlei illegale Transaktion. Dieser vollkommen zutreffende Hinweis hatte zur Folge, dass die Beamten, die auf einen spektakulären Fang aus waren, ziemlich ungnädig wurden.

Uns wurde mitgeteilt: »Wir werden Ihren Freund jetzt ins AK Barmbek bringen. Es besteht Verdacht darauf, dass er illegale Substanzen in seinem Darm hat – und das werden wir jetzt mit einer Röntgenaufnahme herausfinden. Sollte sich unser Verdacht bestätigen, wird Ihr Freund verhaftet, wenn nicht, können Sie ihn dort in Empfang nehmen.«

Jonathan wurde ins Krankenhaus gebracht. Mit Polizeieskorte. Er musste sich nackt ausziehen und unter ein Röntgengerät legen. Drei Aufnahmen wurden von ihm gemacht. Er musste unterschreiben, dass er sich dieser Prozedur freiwillig unterziehe, weil er sonst dazu gezwungen werde … Ist solch ein Eingriff in die physische und persönliche Integrität eines Reisenden eigentlich legal? Und ist es rechtens, Personen, die jemanden abholen wollen, quasi einer Leibesvisitation zu unterziehen? Fragen, die noch geklärt werden müssen.

Solche Fragen gingen mir durch den Kopf, während ich vor dem Haupteingang zum Krankenhaus Barmbek wartete. Nach einer Stunde passierte der grüne Wagen der Polizei die Pforte. Ich lief ihm entgegen – und konnte endlich unseren Freund Jonathan in die Arme schließen. Sie hatten nichts gefunden. Warum auch? Wer ein Buch über Kokain schreibt, hat anderes zu tun, als Drogen zu schmuggeln.

Keine Entschuldigung. Kein Wort. Nur der Hinweis an Jonathan: »Stellen Sie das nächste Mal, wenn Sie nach Deutschland einreisen, sicher, dass Sie keine Drogen in Ihrem Organismus haben! Die ganze Sache hätte für Sie auch heftiger ausgehen können.«

Es fragt sich allerdings, aus juristischer Perspektive betrachtet, für ihn – oder für die Zollbehörde in Hamburg? Hier zwei Auskünfte dazu. Die erste stammt von Wolfgang Neskovic, Richter am Amtsgericht in Lübeck, vielen Lesern und Leserinnen sicherlich bekannt durch sein Engagement für ein »Recht auf Rausch«.

W. Neskovic teilte uns mit, es sei in Deutschland tatsächlich rechtens, dass jemand vor dem Röntgenschirm landet, wenn ein »begründeter Verdacht« bestehe. Ebenso könne man durchaus gebeten werden, sich einem Drogentest zu unterziehen. Sonst würde man dazu gezwungen. Welchen begründeten Verdacht aber kann es bei einer Person geben, die mit dem Gesetz noch nie in Konflikt geriet, bei der kein Krümel irgendeiner Substanz gefunden wurde, einer Person, die lediglich Bücher über »Drogen« schreibt? Genau darin bestünde tatsächlich das Verdachtsmoment. Jemand, der solche Bücher schreibt, konsumiere sie und handle damit. So laute die Logik der Zollbeamten. Juristisch könne man dagegen nicht vorgehen. Erst seit kurzer Zeit gebe es die Möglichkeit, Klage zu erheben gegen eine Untersuchung der eigenen Person, des eigenen Haushalts oder Autos, die sich im Nachhinein als unbegründet und erfolglos erwies. Für solch eine Klage allerdings bedürfe es eines langen juristischen Atems.

Die zweite, spontane Antwort stammt von Dr. Sebastian Scheerer, Professor für Kriminologie an der Universität Hamburg und Autor mehrerer Bücher über Kokain. Er zeigte sich – wie auch Neskovic – empört über das Vorgehen der Zollbehörde. Allerdings räumte auch er ein, dass dies durchaus im rechtlichen Rahmen sei. Er war sehr verblüfft über solch eine penible Durchsuchung ausgerechnet durch Hamburger Zollbeamte. Dies sei nur erklärbar durch einen handfesten Hinweis. In Hamburg würde man Personen erst dann hinauswinken, wenn sich Hinweise verdichteten. Man könne davon ausgehen, dass alle Auslandsgespräche nach Stichworten verbotener Substanzen und krimineller Aktivitäten abgesucht würden. Vor dem Hintergrund dieser Informationen würden dann Flugrouten und persönliche Daten überprüft. Bei Übereinstimmung mehrerer Faktoren bestünde ein »Tatverdacht«, dem dann auf die beschriebene Weise nachgegangen werde.

Peinlich nur, wenn die Logik der Beamten nicht mit der Logik übereinstimmt, welcher ein Wissenschaftler folgt, der ein Buch über Cannabis schreibt oder – wie in diesem Falle – über Coca und Kokain.

Einleitung

Willkommen in der Interzone!

> Den Hochgescheiten ließ ich schaun einen Traum!
> So vernahm er der Götter Geheimnis (...)
> Wie ein Nebel haucht der Schlaf ihn an.
> *Gilgamesch-Epos*
> (Übersetzt von Albert Schott, 1958)

Dies ist ein Band, ein Aspekt unserer kognitiven Trilogie: *Coca und Kokain, Mohn und Opium, Peyote und Meskalin.* Unserer Reise in die *Interzone. 2001 a Coca Odyssee – From Planet Earth to Interzone.* Dies ist das *Naked Dinner.* Die *yapa*, die »Nachspeise« folgt am Schluss des unendlichen Buchs über ein Blatt und ein Molekül.

Wir haben diese drei Pflanzen und ihre Wirkstoffe ausgewählt, weil sie gleichermaßen die längste Geschichte, sowohl als rituelle und kulturprägende Entheogene[4], medizingeschichtlich zentrale Pharmazeutika und ökonomisch herausragende Chemikalien sind. Sie sind Meilensteine der Chemie, Pharmazie, Medizingeschichte und Psychiatrie: Die erste Entdeckung eines wirksamen Prinzips durch die Isolation des Morphins, die Entdeckung eines Lokalanästhetikums (Kokain), der Beginn der Erforschung der Modellpsychose (Meskalin).

Alle frühe Forschung der drei Pflanzen begann in Deutschland. Alle ersten Isolierungen der Hauptwirkstoffe wurden ebenfalls in Deutschland gemacht. Und alle drei Wirkstoffe haben den Jugendstil und alle anderen Bereiche der Kunst, wie Malerei, Musik, Literatur usw., beeinflusst. Zudem sind sie uralte heilige Pflanzen, die seit Jahrtausenden an ihren Ursprungsorten – Peru, Europa, Mexiko – schamanisch, rituell, medizinisch und hedonistisch genutzt wurden und werden.

> Wenn ein Chemiker kein Mystiker wird,
> ist er auch kein Chemiker.
> Albert Hofmann (*1906)
> Entdecker des LSD und Psilocybin u.a.
> (im lebendigen Gespräch)

Mama Coca im Jugendstil, mit einem Cocazweig in der Hand und einem amourösen Putto, der lustig über ein Schild mit Blattgesicht flattert. Sie küsst als verlockende Muse die moderne Kunst.
(*Moderne Kunst in Meister-Holzschnitten nach Gemälden und Skulpturen berühmter Meister der Gegenwart*, geprägter farbiger Leineneinband, mit Blattgold, 42 x 30 cm, Berlin: Verlag von Rich. Bong, o.D., zirka 1900.)

4 = schamanisches Rauschmittel; oder chemische Abkömmlinge, die ähnliches bewirken können (siehe die Artikel von Ruck et al. 1979 und Ott 1995).

Unser Untertitel ist Programm: *Kunst und Chemie: The All Chemical Arts*, – die Kunst, die das (Coca)-Blatt einfach »nur« so hat, um aus dem Sonnenlicht das beliebte Alkaloid zu produzieren. *Das ist Kunst!* – Und dann die Chemie ... als Naturwissenschaft – aber eigentlich eine weitere Kunst; die Kunst zu verstehen, wie die Natur agiert und wirkt; die Kunst zu erfassen, was die Mysterien des Universums sind. Chemie ist kein Rationalistenexzess, sondern ein kostbarer Weg, die Natur zu ergründen und zu verstehen. Wer meint, Chemie sei fadenscheinig, nichts als oberflächliche Naturbetrachtung, wer glaubt, dass Chemie eine Theorie ist, mit der man die Natur erfassen kann, ist auf dem Holzweg, auf dem aufgeklärten Pfad des rationalen Reduktionismus, der uns in (»höheren«) Schulen und staatlichen Universitäten »geleert« wird. Chemie hat viel mehr mit Malerei zu tun; Chemie ist auch eine intuitive Form des Verhaltens, eine intuitive Form der Naturliebe. Chemische Experimente gelingen nur denen, die »aus dem Bauch heraus« arbeiten. Gymnasiale Untergebenheit ist keine Chemie; dabei kommt nur billige Reproduktion gesellschaftsfähiger bzw. gesellschaftsgefälliger Idiosynkrasien zustande.

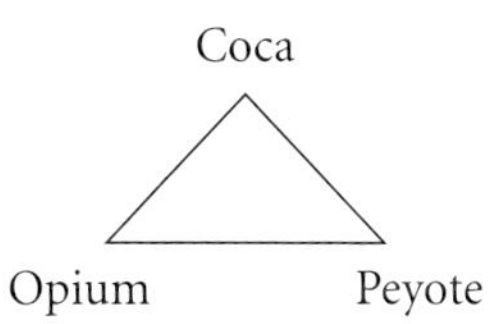

Fraktale Fraktionen schamanischer Dreiheiten.

Das Motto

»Die Darstellung des Kokains gelang um 1860 in Wöhlers berühmtem Göttinger Institut, einer der Büchsen der Pandora für unsere Welt. Diese Ausfällung und Konzentrierung wirksamer Stoffe aus organischen Substanzen durchsetzt das ganze 19. Jahrhundert; sie begann mit der Extraktion des Morphins aus dem Mohnsaft durch den zwanzigjährigen Sertürner, der damit das erste Alkaloid entwickelte oder, besser gesagt, auswickelte.

Wie überall bei der Annäherung an die Titanenwelt, nehmen auch hier Ballung und Strahlung zu. In dieser Welt treten Kräfte und Stoffe auf, die zwar aus der Natur gewonnen, doch zu stark, zu vehement für das natürliche Fassungsvermögen sind, so dass der Mensch, will er sich nicht zerstören, auf wachsenden Abstand und größere Vorsicht angewiesen ist. Diese Kräfte und Stoffe sind sichtbare Modifikationen des Eintritts in eine neue Geisteswelt« (JÜNGER 1970: 36).

Die Ouvertüre

Von Mama Coca zu *Coca-Cola*, vom Kokain
zum *Crack*.
Vom Pflanzengeist über das wirksame Prinzip
zum Wirkstoff.
Von der Natur zum Labor.
Vom Schamanismus zum *chemical engineering*.
Von den schamanischen Wissenschaften
zur »*Designer*«-»*Drogen*«-Fabrikation.
Vom Genussmittel zur Kriegsdroge:
Dies ist *The Next Naked Lunch* – für diejenigen,
die wissen, wovon wir sprechen bzw. schreiben:
Dies ist *The Naked Dinner!*[5] – *The First One. Three of a perfect pair.*[6]

Naked Lunch (tausend Dank an William S. BURROUGHS – dem Verfasser dieses Buchs –, ein Verwandter von Edgar Rice BURROUGHS, dem Erfinder von »Tarzan«, dem »Supermann mit Paradiesanschluss« – und Jack KEROUAC) ist der *pure Konsum*, das »*nackte Vergnügen*«, die *reine Lust*.

Die *reine Lust* ist die *Lust* von katholischer »Sünde« bereinigt, die Hingabe an die Natur, die Verehrung von *Mama Coca*, die Liebe zur Liebesgöttin. *Die Lust zum Leben.*

»*Liebe das Leben!*« (PAUL RÄTSCH) – ist das Motto. Von der Gesellschaft der Gewissenschaften.[7] Die Wirklichkeit ist *Erzaubertes*.

Ein nackter Lunch ist uns natürlich,
wir essen Wirklichkeits-Schnitten.
Bloß Allegorien sind soviel Grünzeug
Verdeckt nicht den Wahnsinn.
ALLEN GINSBERG
Jukebox Elegien
geschrieben 1954 für William S. BURROUGHS
(1983: 11)

Forget the Internet – Enter the Interzone. Chulumani (Südbolivien) ist die Hauptstadt der *Interzone* (oder: der techno-trancigen *Spirit Zone*?) *Keine* Visakarten, *kein* Fax, *keine* Handys, *keine* Dealer – eine wunderbar, reine, unschuldige Stadt, wie in einem Kinderbuch oder Comik. Selbst nach drei Jahrzehnten permanenten Reisens in alle (mög-

5 Erfunden von Mark Nausseff, the *dangerous snake*. Dank!
6 Ein LP-Titel von der britischen Rockband KING CRIMSON, der den Beatniks gewidmet ist (EG, 1984).
7 Diese köstliche Worterfindung ist dem Hamburger Professor für Paläontologie, Dr. Gero Hillmer, bei seiner Rede zur Würdigung von »*Herrn GEO*«, dem Wissenschaftsredakteur von der Zeitschrift *GEO* zu dessen zwanzigjährigen Jubiläum und seiner ehrenvollen Aufnahme in die *Geographische Gesellschaft*, Uwe George, entschlüpft. Vielen Dank für diesen »Freud'schen Fehler« ...

Die neueste deutsche Übersetzung von *Naked Lunch* nimmt covermäßig Bezug auf die wichtigsten Sinnesorgane. (William S. Burroughs 1999)

Die *Coca Boliviana* ist kein Konkurrenzding zur Coca-Cola-Company, sondern ein altes Werbeplakat zur Blattvermarktung.

Ein Kopf denkt nie allein.
Karlheinz Deschner
Was ich denke
(1994: 8)

Hier beichtet der Geist
dem Geist.
Antonin Artaud
(in: Waldberg 1978: 56)

Coca kauende Frauen mit ihren Cocasäcken auf dem *Markt* von Chulumani/Los Yungas/Bolivien.

lichen) Welten haben wir noch *niemals* so einen Ort gefunden. Niemand kann glauben, was wir hier erleben ... Selbst wir haben das Gefühl, dass wir in einer Halluzination vergangener Trips gelandet sind ...

Die *Interzone* ist für Coca und Kokain reserviert!

»*Der Markt* – Panorama der *Stadt Interzone*. [...] In der *Stadt der Städte* liegen alle menschlichen Möglichkeiten auf einem riesigen schweigenden *Markt* ausgebreitet« (Burroughs 1999: 123/124).

Chulumani, die »Berglöwentränke« (Aymara), ist *»der Markt«*, der Ort, an dem die Coca umgesetzt wird, der Ort, an dem wir Feldforschung betreiben, das heißt wohl, die terrassierten Felder von Cocapflanzen besuchen ... Freitags, sonnabends und sonntags kommen die *coqueros* (Cocakauer), aber nur nachts, und transportieren riesige Säcke voller Cocablätter.

Wie konnte Burroughs wissen, dass wir, Jonathan und Christian, in Bolivien das »nächste nackte Fressen«, *the next Naked Lunch,* finden würden? – Es ist unfassbar, wie dieser Ort Chulumani funktioniert.

Sonnabends nachts werden riesige Säcke mit Cocablättern auf Lastwagen geladen, unter Aufsicht der Polizisten. Nur am Wochenende wird gearbeitet. Warum aber wird die legale Coca des Nachts verladen? Diese Stadt am Ende der Welt ist wirklich ein

Teil der *Interzone*, ein Teil des Bewusstseins, das man sich nicht einmal vorstellen kann ... unfassbar. Sogar die Frauen in den Getränkeständen putzen ihre Kühlschränke, sogar die Flaschen, die sie darin verstauen werden, werden geputzt. Nirgends die typische lateinamerikanischen Verdreckung. Unfassbar. Nur in der *Interzone*. *Solamente en* Chulumani ... *Only in Bolivia – unboliviable.*

It's a strange but very lovely Chemical Marriage.

Mit dem spanischen Wort (vulgo) *merca* wird das chemisch reine, nicht gestreckte Kokain in Bolivien benannt, abgeleitet von (E.) MERCK – (Darmstadt) und spanisch *mercancia*, englisch *merchandise*, »Ware«. Vielleicht ist das Slangwort auch mit *mercado, dem Markt,* assoziiert. Vielleicht kann man *merca* auch mit *marka*, dem Namen für das gemeindeeigene Land, eine Art Allmend oder Dorfanger, im Inkareich in Zusammenhang bringen. Denn auf der *marka* wurde auch die gemeinnützige Coca angebaut (BAUMANN 1988: 153).

Intermezzo oder Interlude – ein intergalaktischer Zwischenbericht aus der *Interzone*:

Chulumani ist der unfassbarste Ort der Welt. Bolivien soll angeblich zu den fünf ärmsten Ländern der Welt zählen. Aber Chulumani macht den Eindruck von Wohlstand, wie man ihn sonst kaum in Südamerika sieht. 50 000-$-Autos fahren um die sehr saubere *Plaza Libertad*. Den »Platz der Freiheit« im Zentrum – 5000 Einwohner. An dessen Südseite entfaltet sich ein Tryptichon, bestehend aus den schamanischen Welten, Unterwelt, Menschenwelt und Himmel. Links steht die Bank, die der Kirche gehört. In der Mitte die Kirche selbst, rechts ein Gebäude, in dem man sich »kostenlos Zähne ziehen« lassen kann. Schräg gegenüber ist ein Hotel, dessen Besitzer ein alter Alkoholiker mit dicker, aufgeplusterter Nase ist. Wenn er auf den Platz wankt, kommen sofort die Straßenköter – auch die sehen erstaunlich gepflegt aus –, verbeißen sich in einem orgiastischen Balztanz zu seinen Füßen. Gleichzeitig marschieren gestriegelte Teenager beiden Geschlechts mit grünen T-Shirts, rückseitig bedruckt mit *Policia Nacional*, und Schlagstöcken bewaffnet, Hand in Hand um den Platz. Abgewrackte Nutten posieren vor dem Kirchentor für Erinnerungsfotos. Die Apotheken verkaufen gerne Codein – Umsatz statt Rezept, das ist das Programm; die Verkäuferin ist eine halbnackte Sechzehnjährige, natürlich sehr knusprig. *Negritas*, alte taumelnde Negerfrauen aus Chicaloma (= *girly hill*, »Hügel der *chicas*, der Mädels«), gekleidet wie andine Indianerinnen (viel zu kleine Hüte), durchstreifen die Straßen. Männer mit Bäuchen, die auf einer Seite viel opulenter sind als auf der anderen, so als hätten sie Teile ihres Körpers zum Braten von »Rippchen« verkauft. Schülerinnen von reichen Eltern aus La Paz wackeln ihre Knusperpopos in eng anliegenden Jeans oder Miniröcken durch die Gegend.

Was für ein Ort! Am Ende der Welt, am Rande der Wirklichkeit. Wir betrachten die Szene und halluzinieren William S. Burroughs – »*the ›Priest‹ they called him*« (KURT COBAIN; siehe auch Dis-*Coca*-Graphia) oder *The Hipster Be-Bop Junkie* (GUS JAN SANT) – herbei, damit er mit uns ein Bier schlürfen – und staunen kann.

Absinth in der Interzone

La interzona absenta – sie ist einfach wech[8] – *The 2-Line-Zone*

> Viel erforscht' ich, erkannte viel:
> Wicht'ges konnt' ich manchem Künden,
> manchem wehren, was ihn mühte,
> nagende Herzensnot.
> RICHARD WAGNER, *Siegfried*
> (1. Akt, 2. Szene)

Für uns ist Wissenschaft keine rationale, objektive Methode der Beobachtung und des Experimentierens (zum Beispiel mit Chemikalien oder Versuchstieren), sondern eine Erkenntnismethode, die auf eigener, echter Erfahrung basiert. Das verbindet uns mit dem schamanischen Weg als Naturwissenschaft. Denn die Schamanen sind präliterarische Naturforscher.[9] Von ihnen haben wir viel gelernt. Und sie sind diejenigen, die die Grundlage unseres Buchs entdeckt haben: die Chemie der Mama Coca.

Die südamerikanischen Schamanen lieben Coca und erkennen in dem Strauch den Pflanzengeist. Für uns ist das wirksame Prinzip, das Kokain, identisch mit dem Pflanzengeist. Von Coca und Kokain kann man lernen. Ob im Dschungel oder im Schreibzimmer – oder wo auch immer.

Die Naturstoffchemie der Schamanen besteht in der Suche nach Potenzierung des Pflanzengeistes, der Potenzierung ihrer Zubereitungen. Mit der Extraktion, Isolation und Synthese der wirksamen Prinzipien haben unsere Chemiker den schamanischen Weg vollendet. Der pure Geist der Pflanze erstrahlt als Kristall oder als Refraktion (zum Beispiel im Kokainkristall oder im *Weingeist*).

Wissenschaft ist eine *Art* von *Kunst.* Selbst die Chemie ist eine Kunst (man denke nur an die Schulexperimente, die nicht funktionieren).

Chemie ist eine Kunstform. – Und Kunst ist eine Form der Chemie, mehr im Sinne des englischen Wortes *Chemistry. – Chemical arte, all chemical art, Alchemie, Alles Chemie ...* »Kunstformen der Natur«, wie es Ernst Haekel nannte.

Der wissenschaftliche Erkenntnisprozess ist ähnlich dem Kreieren von Poesie. Dichtkunst ist ähnlich der chemischen Kunst, wie sie von William Blake beschrieben wurde. Sie funktioniert nicht nur nach Lehrsätzen und Formeln, sondern nach der Intuition. – *The real scientific method is serendipity. You get something else than what you looked for.* »Die echte wissenschaftliche Methode ist *Serendipity.* Man findet etwas, das man gar nicht gesucht hat.« – Das bedeutet aber nicht, dass etwas entdeckt wird, weil man kein Ziel verfolgt, sondern nur wenn man etwas sucht. Viele große Entdeckungen wurden so gemacht. Echte Forscher opfern sich selbst für die Sache, genau wie es Künstler tun – oft zum Leid ihrer Umwelt, aber zum Genuss ihrer Nachwelt.

> Naturwissenschaft und mystische Welterfahrung
> ergänzen sich.
> ALBERT HOFMANN (1992: 9)

> Wahn! Wahn!
> Überall Wahn!
> Wohin ich forschend blick
> in Stadt- und Weltchronik
> den Grund mir aufzufinden
> warum gar bis aufs Blut
> die Leut sich quälen und schinden
> in unnütz toller Wut?
> RICHARD WAGNER
> *Die Meistersinger von Nürnberg*
> (3. Akt, 1. Szene)

So wie *das* Blatt und *das* Alkaloid zusammengehören, ist auch unsere Zusammenarbeit ein Pärchen (JO/CR), wir haben *unsere Chemie – chemistry* – entdeckt, erweckt und hier ausgebreitet.

Kein politisch brisantes Werk, sondern ein Buch der Liebe; Kunst- und Kulturgeschichte, keine Politschrift. Es gibt Wichtigeres.

Die meisten Texte wurden unter *dem Einfluss* verfasst.

So fühlen wir uns sehr mit Jules Verne, Robert Louis Stevenson und Ernst Jünger verbunden (siehe weiter unten – warum? – wegen Mama Cocas Musenkuss).

> Vom *Blind Faith* des *Sea of Joy* zum *Lake of Tears.*

> Aufklärung ist Ärgernis; wer die Welt erhellt,
> macht ihren Dreck deutlicher.
> KARLHEINZ DESCHNER[10]
> *Ärgernisse – Aphorismen*
> (1994: Titelseite)

Coca und Kokain sind unzertrennlich. Coca ist nicht nur die Erdmutter und Liebesgöttin der südamerikanischen Indianer, sondern auch die Mutter

8 In richtiger Schreibweise »weg« ...
9 Siehe dazu *Die Schamanischen Wissenschaften* (GOTTWALD und RÄTSCH 1999).
10 Deschner ist der geniale Aufdecker der *Kriminalgeschichte des Christentums* usw.

Der Titicacasee ist der größte Binnensee in den Anden auf knapp 4000 Meter Höhe. Von dort stammt die Coca, wie die Ayamara berichten.
In der Aymara-Sprache, die auch heute noch von vielen Millionen Menschen gesprochen wird, vor allem in Bolivien, aber auch in Peru, besonders in der Region um den Titicacasee, bedeutet *coca* »die Nahrung der Reisenden und Arbeiten« (Cardenas 1989: 299). Es gibt kaum andere Namen; manchmal hört man *hayo, mata* oder nur *la hoja* (spanisch, »das Blatt«).

des Kokains, *Mama Coca, Coca Mama, Pachamama.* Die Dichotomie, die Polarisation, die Dualität, wie man sie in der Literatur liest oder von besorgten Drogenberatern hört, bei Naturheilärzten und zurückgebliebenen Hippies beobachten kann, dass Coca »gut« ist, weil es »traditionell« von Indianern benutzt wird, und Kokain »schlecht/böse« ist, weil es die westliche Indrustriegesellschaft, unsere »Stresskultur«, zerstört, ist lächerlich. Coca wird vor allem wegen des Gehalts an Kokain gekaut, Kokain wird in typisch westlicher Raffinerie geschnupft. Die Gründe oder Zwecke sind die gleichen: *Damit man sich besser fühlt bei allem, was man tut.*

Einige Bemerkungen zur Linguistik

Wie naiv muss man eigentlich sein, um solche Begriffe wie *soft drugs* und *hard drugs* von der medialen Propaganda zu kaufen?[11]

Es gibt *Softeis*, aber keine »Sanften Drogen«; es gibt nur wirkungslose Stoffe, zum Beispiel einiges, was für viel Geld in der Apotheke verkauft wird. Es gibt auch keine »Sanfte Medizin«, nur wirkungslose. »Sanft« = wirkungslos. Aber es gibt sanfte Haut, sanfte Kissen, sanfte Küsse.

Es gibt *Hardcore*, aber keine »Harten Drogen«; es gibt nur wirksame Medizinen, aber die sind häufig im pharmazeutischen Handel unerwünscht.

Coca ist eine ganz gewöhnliche Droge, eine von der Pflanze entfernte, das heißt geerntete Biomasse, die getrocknet bestimmten Zwecken dient. Kokain ist eine Chemikalie, keine Droge! Das Wort »Droge« bedeutet »getrocknetes biogenes Material«, sonst nichts. Das Wort »Droge« ist ein Schlager der dreisten Presse (»BILD Dir Deine Meinung«), die von Leuten konsumiert wird, als sei sie so etwas wie Kokain.

Es gibt keine Definition von dem Wort *hard drug* bzw. »Harte Drogen«. – Weder pharmakologisch, noch chemisch, pharmazeutisch, medizinisch

11 »*We're Only in It for the Money*« (Frank Zappa).

oder lebensmittelrechtlich. Schlagwörter – sonst nichts.

What's up – your nose? –
having fun over it giggle, chuckle, fuckle:
und so entstehen die diversen Wort Neu
Schöpfungen,
denn am ANFANG war das WORT, aber
ES ist offensichtlich,
das heißt synästhetisch,
vergessen worden.
...
Lined up linguistics for cokists ...
(Iris und CR, Juli 2000)

Es gibt nicht einmal im deutschen *Duden* Etymologien für diese Wörter. Deshalb: Am besten man vergisst sie *cocet* komplett!

Kokain ist eigentlich eine Stimulanzie aus dem verwandschaftlichen Bataillon der koffeinhaltigen Kräuter. Nur, ist das Kokain wesentlich freundlicher und besser zum Körper als das Koffein (siehe WEIL 2000). Und es ist geradezu »harmlos« – sofern es rein ist – im Vergleich zu Betel (eine Mischung aus *Areca catechu*, *Piper betle* und Gewürzen) und Kat *(Catha edulis)*, anderen Pflanzenprodukten, die in großen Mengen täglich von Millionen von Genießern konsumiert werden.

Cocapflanze.

Der klassische Terrassenanbau (*cocal*) von Coca in Los Yungas bei Chulumani, Südbolivien. Eine Region für den legalen, das heißt staatlich kontrollierten Cocaanbau.

Mama Coca – »*She's the Boss!*«
(»Sie ist der Chef...«)
MICK JAGGER
(1985, CBS Inc.)

Gott ist eine Entgleisung des Universums.
(CR)

Coca ist eine heilige Pflanze. Sie ist das Geschenk der Mama Coca, sie *ist* Mama Coca, die »Mutter Coca«, der Strauch der Erde mit den Blättern des Himmels. Königin Coca, mit den aufstrebenden Blättern gekrönt. *Sacha Runa*, »Geist des Waldes« – »Waldschamanin«. Göttliche Pflanze – *Entheogen.*

»Heilige Pflanzen« sind meist psychoaktive Pflanzen und deswegen heilig. Weil sie *Entheogene* sind, Stoffe, die das Heilige oder Göttliche im menschlichen Bewusstsein enthüllen, wenn man sie einnimmt. Entheogene sind schamanische Zauberpflanzen (RUCK et al. 1979, OTT 1997).

Entheogene sind keine Klasse pharmakologisch gleich wirksamer Chemikalien, sondern Pflanzen oder Substanzen, die kulturell definiert werden. Der kulturelle Umgang oder Nutzen definiert den *Stoff*. Der *Gebrauch* ist die Definition. Die schamanisch genutzten Rauschpflanzen sind Entheogene. Genauso wie Ayahuasca, Schnupfpulver und Zauberpilze als Entheogene genutzt werden können, sind auch Alkohol, Tabak und Coca in traditionellen Kulturen hoch geschätzte Entheogene (siehe WILBERT 1987, OTT 1997, RÄTSCH 1999).

Und Entheogene haben in traditionellen Kulturen meist Mythen über ihren Ursprung (siehe SAMORINI 1998: 163–167).

Mama Coca in der Darstellung von A. Robida (1902) zeigt deutlich die europäische Projektion auf die indianische Göttin. Sie erscheint im weißen Schlabbergewand unter einem Baum mit einer kleinen Sichel eher wie eine keltische Druidin und bezirzt einen spanischen Konquistadoren.
(Viel abgekupferte Illustration aus MORTIMER 1902; etwas an den Jugendstil angelehnt.)

Wenn man das *Setting* schnallt, kann knallt's.

In der psychedelischen Welt werden auch bestimmte Chemikalien durch *Set* und *Setting* definiert, zum Beispiel LSD und DMT.

Wenn *Set* und *Setting* religiös oder kultisch gemacht[12] werden und das Entheogen zu einem Sakrament erhoben wird, dann wird der Pflanzengeist oder der alchemische *Spiritus* (lat., »Geist«) der Chemikalie zu einem Sklaven der Theologie. Dann verlieren sie ihren Charakter als Entheogen. *Entheodogma* ist der Missbrauch in sektiererischen Kreisen und Kulten[13]. Denn Spiritualität ist das Gegenteil von Religion. Spiritualität ist persönliche Erfahrung, mystisches Erleben. Religion ist ein künstliches Denkgebäude, in dem die Anhänger »eingesperrt« werden, mit dem sie häufig durch hierarchische Systeme manipuliert ihr eigenes Denken abgeben dürfen.

12 Das Wort *gemacht* ist absichtlich gewählt, denn die Schamanen der Maya heißen *h-men*, »Macher«.
13 Wie zum Beispiel in dem Buch *Entheogens and the Future of Religion* (FORTE et al. 1997), in dem die Herausgeber die Definition von Entheogen gar nicht verstanden haben und eine Art neue psychedelische Religion samt Kirche schaffen wollen (vgl. JOs Buchbesprechung). *Aber die Zukunft der Religion ist* keine *Religion.*

Die heiligen, schamanischen Pflanzen sind immer bestimmten Gottheiten zugeordnet oder geweiht. Der Cocastrauch ist die göttliche Pflanze der *Mama Coca*, der Liebesgöttin, die auch mit dem Namen Pachamama angerufen wird. Sie ist nicht nur eine wunderschöne, verführerische und wohltätige Liebesgöttin, sondern auch die Erdgöttin, *Mutter Erde*, die auch vernichtend sein kann. Aber in erster Linie ist sie Liebe, die Liebe zur Natur.

> Viele psychoaktive Pflanzen sind heidnischen Göttinnen heilig. Hanf der germanischen Freia, Opium der minoischen Demeter, die Alraune der zypriotischen Aphrodite, Kakao der aztekischen Xochiquetzal, Peyote der Huichol-Erdmutter, der Wein der ägyptischen Hathor, Damiana der karibischen Erzulie – es wird noch weitere geben.

Die Liebe ist immer mit der Erde verbunden. Und die Liebe zur Mutter Erde wird rituell mit ihrem Geschenk, dem Entheogen, vertieft. Die Pflanze verbindet uns mit der Erde, aus der sie sprießt, und kann uns in Liebe erblühen lassen.

Cocabotanica – Botanik

> Alle Pflanzen sind Götter und Göttinnen.
> Kunstformen der Natur sind: Träume der Materie.
> Dr. Dr. h.c. mult. Albert Hofmann
> *Freigesprochene Aphorismen*
> (zirka 1998)

Coca, die gekauten oder gegessenen Blätter, kommen von zwei südamerikanischen Kulturgewächsen, *Erythroxylum coca* Lam. (mit den zwei Varietäten *E. coca* var. *coca* Lam. und var. *ipadu* Plowman) und *E. novogranatense* (Morris) Hieron. (in den Varietäten *E. novogranatense* var. *novogranatense* (Morris) Plowman und var. *truxillense* (Rusby) Plowman); sie sind das Ergebnis einer Koevolution, die sich inniglich verbunden mit der Menschheit über die letzten fünftausend Jahre abgespielt hat. Die ältesten archäologischen Überreste von Coca zeigen eindeutig, dass der ethnomedizinische Gebrauch mindestens seit 1900–1750 v. Chr. zur menschlichen Kultur gehört. Es wurden eindeutig identifizierbare Cocablätter in Überbleibseln eines Priems aus dieser alten Zeit in Las Gaviotas, Ancón, gelegen im Chilón-Tal nördlich von Lima, Peru, entdeckt; die erhaltenen Blätter einer weiteren Grabung wurden auf 1800–1400 v. Chr. datiert; gestapelte Cocablätter aus der Zeit zwischen 800 und 200 v. Chr. wurden später in der Nähe von Huancayo Alto ausgegraben. Cocablätter und Cocaparaphernalia (Flaschenkürbisse, die Löschkalk enthielten, der zum Cocakauen dient)[14] aus der Zeit 1800–1300 v. Chr. wurden in Asia, Peru, im Omas-Tal südlich von Lima gefunden. Cocablätter, auf 1000–600 v. Chr. datiert, konnten sowohl an der peruanischen Küste als auch bei Vista Alegre im Rimac-Tal und vielen anderen Grabungsorten geborgen werden. Hinzu kommt, dass man durch weitere archäologische Funde den kontinuierlichen Gebrauch der Coca bis in die historische Periode hinein belegen kann, so etwa bei Manchan im Casmas-Tal in der peruanischen Küstenregion (ca. 1470 n. Chr.), im oberen Mantaro-Tal in Zentralperu mit zwei auf etwa 1300–1533 n. Chr. datierten Funden (Bühler 1958b, Hastorf 1987, Plowman 1979b und 1980, Rury 1981, Rury und Plowman 1983, Schultes 1987, Ugent et al. 1986).

Die archæobotanische Bestandsaufnahme wird durch zahlreiche archaische Coca- und *coqueo*-Artefakte gestützt.[15]

Botaniker halten heute die *E. coca* für die primitivere Art, die vielleicht ihren Ursprung in den östlichen Andengebieten Perus hat (lediglich ihre var. *coca* ist dafür bekannt, ein Kulturflüchtling zu sein). Von ihr ist die *E. novogranatense* wahrscheinlich durch menschliche Zuchtauswahl entstanden, damit man eine Art erhielt, die Trockenzeiten überstehen und reichlich Alkaloide produzieren kann. Wilde Populationen von *E. coca* wurden durch Raubbau ausgebeutet, so dass nur das Cultigen überleben konnte, während *E. novogranatense* var. *truxillense* höchstwahrscheinlich im nördlichen Peru und südlichen Ecuador evolvierte und spezifizierte, sich also zu einer eigenen Art entwickelte. Durch die Kultivation an verschiedenen Orten haben sich die beiden Arten schließlich in je zwei unterscheidbare Varietäten aufgespalten (Bohm et al. 1982, Bühler 1958a, Machado 1981, Plowman 1979a, 1979b, 1981, 1982, 1983 und 1987, Plowman et al. 1978, Potratz 1985, Rury 1981, Schultes 1978 und 1981).

Heute ist *E. coca* var. *coca*, die Bolivianische Coca oder Huánuco, die wichtigste kommerziell ge-

14 Ähnliche Keramikgefäße, die dem Kürbisgefäß nachgeformt worden waren, allerdings mit eingeschnitzten Mustern verziert, wurden in Valdivia (Ecuador), der vielleicht ältesten Zivilisation Amerikas, gefunden (Baumann 1981).

15 Siehe dazu Andritzky 1988, Anon. 1984, Antonil 1978, Boldó i Climent 1986, Bühler 1958a und 1958b, Burger 1992, Cabello Carro 1987, Emboden 1979, Emmerich 1965, Hartwich 1911, Johanson 1986, Lema 1997, Mann 1992, Martin 1970, Morales 1989, Mortimer 1901, Naranjo 1974, Rätsch 1992, 1995 und 1998, Reid 1986.

nutzte Varietät, die in den andinen Gebieten Boliviens und Perus reichlich angebaut wird. Die Amazonische Coca oder Ipadú, *E. coca* var. *ipadu*, ist ein steriler Cultivar, der aus den Anden stammt und sich dem tropischen Amazonien angepasst hat, wo er im kleinen Stile von vielen indigenen Gruppen Kolumbiens, Perus und Brasiliens angepflanzt wird. Die Kolumbianische Coca, *E. novogranatense* var. *novogranatense*, ist heute nur in Kolumbien verbreitet, wurde früher aber im karibischen Raum sowie in Mittelamerika kultiviert. Auch wenn früher in allen küstennahen Tälern Perus die Trujillo-Coca, *E. novogranatense* var. *truxillense*, ausgesät wurde, wird sie heute nur in der Gegend um Trujillo und dem oberen Marañon-Tal in Peru gezogen.

Eine generelle taxonomische Bearbeitung der Gattung *Erythroxylum* wurde vor nahezu einem Jahrhundert durchgeführt (Schulz 1907), dennoch blieb die Cocataxonomie ein undurchsichtiger Sumpf, bis sie von Timothy Plowman, der auf tragische Weise verstarb, bevor er sein Lebenswerk, die Publikation einer dringend notwendigen taxonomischen Monografie des reviderierten Genuss, vollenden konnte.

Die so genannte Java-Coca (Handelsname), die im großen Stil von den Holländern in Indonesien angebaut, später dann von den Japanern auf Taiwan, Iwo Jima und Okinawa kultiviert wurde, ist *E. novogranatense* var. *novogranatense* (Plowman 1979a und 1982). Es gab ein paar erfolglose Versuche, Coca in Indien (Watt 1908), Westindien, Mexiko, den Vereinigten Staaten (Kalifornien), Australien

Die folgenden botanischen Namen entsprechen den vier Varietäten, wobei durch schlechte Dokumentation, Fehler und Verwechslungen die Zuordnung der Synonyme nicht immer eindeutig sein kann oder muss:

- *Erythroxylum coca* var. *coca* (Bolivianische oder Huánuco-Coca) – *E. coca* Lam.; *E. bolivianum* Burck; *E. chilpei* Machado.
- *E. coca* var. *ipadu* Plowman (Amazonische Coca) – *E. coca* Lam.; *E. coca* var. spruceanum Burck; *E. spruceanum* Burck nom. nud.
- *E. novogranatense* var. *novogranatense* (Morris) Plowman (Kolumbianische Coca) – *E. carthagenense* Jacq.; *E. coca* Lam.; *E. coca* var. *novogranatense* Morris; *E. coca* var. *spruceanum* Burck; *E. mexicanum* H.B.K.; *E. novogranatense* (Morris) Hieron.; *E. novogranatense* var. *microphyllum* O.E. Schulz; *E. novogranatense* var. *tobagense* O.E. Schulz; *E. spruceanum* Burck. nom. nud.
- *E. novogranatense* var. *truxillense* (Rusby) Plowman (Trujillo-Coca) – *E. coca* var. *novogranatense* Morris; *E. coca* var. *spruceanum* Burck; *E. hardinii* Machado; *E. novogranatense* (Mooris) Hieron.; *E. novogranatense* var. *microphyllum* (Rusby) Machado nom. nud.; *E. spruceanum* Burck nom. nud.; *E. truxillense* Rusby.

Blätterstände von drei verschiedenen Cocasträuchern.
Oben: *Erythroxylum coca* var. *coca* (Bolivianische Coca);
Mitte: *Erythroxylum coca* var. *ipadu* (Ipadú, Amazonische Coca);
Unten: *Erythroxylum novogranatense* var. *novogranatense* (Kolumbianische Coca).

(Queensland), auf den Seychellen und in verschiedenen afrikanischen Ländern, so im Kongo, an der Goldküste, in Nigeria, Togo und Sansibar, kommerziell anzubauen (BÜHLER 1958a, MÜLLER-EBELING und RÄTSCH 1989). Neben dem archaischen ethnomedizinischen Gebrauch in ganz Südamerika wurde die Coca (angeblich *E. coca* var. *coca*) in die chinesische Pharmakopöe als Folium Cocæ oder Ku-ko-yeh (Gu-ko-yi, Guke, Gaoka) aufgenommen und in den südchinesischen Provinzen Kwangtung und Kwangsi kultiviert (HU 1980, HUANG 1999, SCHROETER und PANASIUK 1999). Die Coca wurde auch in den indischen Arzneischatz des Ayurveda aufgenommen (NADKARNI 1908); die Rohdroge dafür stammte zum Teil aus südafrikanischen Plantagen (OLIVER-BEVER 1983).

Die erste europäische Erwähnung der Coca, unter dem Namen *hayo*, bezog sich 1499 auf die Küste Venezuelas und wird gemeinhin dem Franziskaner Tomás Ortíz und/oder Amerigo Vespucci zugeschrieben (BÜHLER 1958c, NARANJO 1981, PLOWMAN 1981). Der Franziskaner Tomás Ortíz lebte seit 1494 auf La Española (Hispaniola) und hat 1496 das erste in der Neuen Welt in einer europäischen Sprache geschriebene Buch vollendet, in dem er den schamanischen Gebrauch von dem, was die Taíno *güeyo* genannt haben, beschrieb. *Güeyo* lässt sich fonetisch leicht als *hayo* oder *coca* im Buch des Franziskaners Bartolomé de Las Casas identifizieren: »per Aussage der Kleriker und Indianer, die aus Peru gekommen waren, und es sahen, erkannten es, reichlich war es auf der sogenannten Insel Cuba« (PANÉ 1974, inkl. ausgewählten Passagen von LAS CASAS' *Apologética historia de las indias*).[16]

Darstellung der Coca aus einem alten japanischen Heilpflanzenbuch für die Gewächse, die sich auch in von den Japanern genutzten chinesischen Pharmakopöe befanden.

So wie viele andere südamerikanische Pflanzen, zum Beispiel Kakao oder *Brugmansia*, in Mexiko zu präkolumbianischer Zeit eingebürgert wurden, so hat sich der Cocaanbau und -gebrauch im vorspanischen Mesoamerika verbreitet. Noch 1801 wurde weit hin in Mexiko *Coca del Perú* als Traum- und Rauschmittel, zusammen mit dem gelöschten Kalk aus Meeresmuscheln und -schnecken (*conchas*, vermutlich *Strombus gigas* L.), manchmal auch mit Tabak kombiniert, gekaut (NAVARRO 1992: 206). Die Coca wurde möglicherweise bis in das heutige Chiapas und Tabasco hinein angepflanzt (MONARDES 1990).[17]

Coca wurde in Europa gegen Ende des 16. Jahrhunderts durch Juán de Cárdenas (1945), Francisco Hernández (1966) und vor allem Nicolás Monardes (1990), der als Erster die Coca in Europa kommerziell einführen oder nutzen wollte, bekannt. Kurz nachdem Monardes 1565 sein Buch *Herbolaria de Índias* veröffentlicht hatte, beschrieb er erstmalig die Pflanze. Joseph de Jussieu hat 1749 zum ersten Mal eine botanische Pflanzensammlung der Coca bei Coroico in den bolivianischen Yungas von La Paz eingebracht und an Jean-Baptiste Lamarck geschickt, die dieser 1786 als *Erythroxylon coca* beschrieb. Im Jahre 1799 wurde erstmals die *Erythroxylon novogranatense* von C. L. Willdenow beschrieben, aber es dauerte mehr als ein Jahrhundert, bis sie als eigene Art unter jenem Name (mit der richtigen Endung *-um* statt *-on*) klassifiziert wurde (PLOWMAN 1982). Doch nicht vor 1979 wurden diese beiden Cocaarten in je zwei Varietäten untergliedert (PLOWMAN 1979a).

Traditionelle Anbaugebiete von *E. coca* var. *coca* reichen im Andenraum von Bolivien über Peru bis nach Ecuador, während sich die var. *Ipadú*-Kulturen von den Quellflüssen des Amazonas in Kolumbien und Peru über das gesamte brasilianische Dschungeltiefland bis hin zur Amazonasmündung erstrecken. Ipadú sieht man in Ecuador gelegentlich als Gartenpflanze. *E. novogranatense* var. *novogranatense* ist endemisch in Kolumbien, aber auch in

> Wir erspähten eine Insel im Meer, die etwa 15 Meilen vor der Küste lag, und entschieden uns, dort hinzugehen und zu sehen, ob sie bewohnt sei. Wir trafen auf die verderbtesten und hässlichsten Leute, die wir je gesehen haben: sehr hässlich waren ihre Gesichter und ihr Ausdruck, und alle von ihnen hatten die Backen voll mit einem grünen Kraut, auf dem sie die ganze Zeit herumkauten wie die Tiere, so dass sie kaum sprechen konnten; und jeder von ihnen trug zwei Kürbisse um den Hals, einer war mit dem Kraut, das sie in ihren Mündern hatten, gefüllt, und das andere war mit einem weißen Pulver, das wie zermahlener Gips aussah, gefüllt, und von Zeit zu Zeit stippten sie einen Stab in das Pulver, nachdem sie ihn in ihrem Mund befeuchtet hatten, und führten ihn tief in jede Seite des Mundes, um das Pulver an das Kraut, das sie kauten, zu bringen; sie taten dies sehr oft. Wir waren über diese Sache sehr erstaunt und konnten nicht ihr Geheimnis verstehen oder warum sie dies taten.
> Bericht des AMERIGO VESPUCCI (1499)

16 LAS CASAS gilt als recht zuverlässige Quelle, da er für die unterworfenen Indianer ein großes Herz hatte und für sie eine Verteidigungsschrift verfasste; siehe LAS CASAS 1981.

17 *E. coca* soll bis heute vereinzelt in Tabasco kultiviert und dort *Coca* genannt werden. Die verwandte Art *Erythroxylon tabascense* BRITT. kommt in Tabasco und Veracruz wild vor und wird ebenfalls *Coca* genannt (MARTÍNEZ 1987: 192 f.).

den Grenzgebieten zu Venezuela und Ecuador heimisch. Die var. *truxillense* ist beschränkt auf die bewässerten Areale im peruanischen Küstenland, mit Ausnahme kleiner abgetrennter Populationen im nordwestlichen Ecuador und den anschließenden Gebieten in Kolumbien (Bohm et al. 1982, Plowman 1979a und 1979b, Rury und Plowman 1983). Tim Plowman (1979b) hat angemerkt, dass *E. novogranatense* var. *novogranatense* in einigen botanischen Gärten von Hongkong, Indien, Indonesien, Jamaika, Sri Lanka und Zaire sowie in manchen Gewächshäusern in Europa und Nordamerika überlebt hat und dort auch gepflegt wird. Wohl vom Traum der Wiederkehr der einstigen imperialen Pracht genährt (mehr davon weiter unten), hat die japanische Regierung seit 1962 Experimentalkulturen von *E. coca* (Vermehrungen aus Brasilien, Indonesien und Vietnam) und *E. novogranatense* (aus Indonesien, Singapur und Vietnam) auf den Izu-Inseln angelegt, mit dem Augenmerk auf eine Erhöhung des Biomasseertrags und der Alkaloidkonzentration (Miyazaki und Watanabe 1962). Es ist nur eine Frage der Zeit, dass die geschichtsbeladene Coca als eine wesentliche Ertragspflanze Asien erobert, ganz

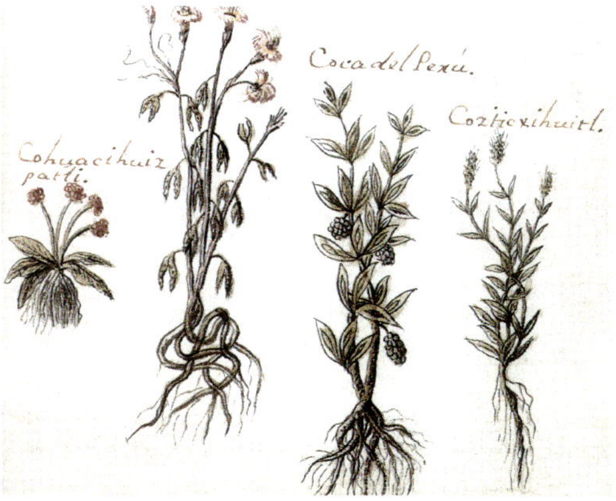

Die Darstellung der »Peruanischen Coca« in der *Historia Natural o Jardín Americano* des Fray Juan Navarro von 1801.

zu schweigen von Mittelamerika und den karibischen Inseln. Kürzlich wurden Hinweise erbracht, die darauf hindeuten, dass sogar die *cocapocalyptische* Regierung der Vereinigten Staaten heimlich mit der *cocagronomie* experimentiert hat (Johnson 1989b, Luca de Tena 2000), angeblich, um die Methoden zur Vernichtung der Cocapflanzen zu verbessern, doch muss man sich schon wundern, dass

Coca im alten Ägypten?

Am Münchner Institut für Anthropologie und Humangenetik wurden 1992 angeblich ägyptische Mumien aus dem Neuen Reich chemisch untersucht. Groß war das Erstaunen, als Frau Balabanova und ihr Team im Gewebe, neben THC und Nikotin, Kokain in recht starker Konzentration vorfanden (Balabanova et al. 1992). Die Wissenschaftler vermuteten sofort, dass die Ägypter Cocablätter oder sogar lebende Pflanzen aus Amerika importiert haben. Diese Interpretation ist natürlich sehr gewagt und vielleicht doch etwas zu voreilig. Die nackte Anwesenheit einer Chemikalie lässt eigentlich nicht auf eine bestimmte Stammpflanze schließen. Es gibt allerlei Möglichkeiten, wie das Kokain in die Mumien gelangte. Zum Beispiel könnten Spuren von Kokain durch den reichlichen Gebrauch der ehemaligen Besitzer der Mumien oder sogar der sie untersuchenden Forscher stammen. Das ist natürlich in gewisser Weise eine peinliche Hypothese. Das Kokain kann natürlich auch aus einer altägyptischen Pflanze oder alchemistischen Zubereitung kommen. Vielleicht kannten die Ägypter eine kokainhaltige, afrikanische Pflanze, die bis jetzt weder identifiziert noch analysiert wurde.

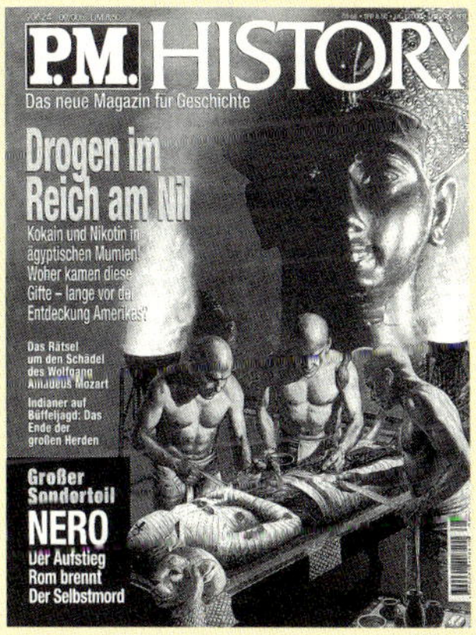

Titelblatt des populistischen Wissenschaftsmagazins, das sich tatsächlich getraut hat, über Kokain im alten Ägypten journalistisch zu berichten.

Eine ganz andere Möglichkeit besteht darin, dass die Ortsangabe im Magazin der Mumiensammlung vertauscht wurde und die untersuchten Stücke tatsächlich präkolumbische Mumien aus Südamerika sind. Denn in ihnen wurden auch hohe Konzentrationen von Nikotin, dem Wirkstoff der aus Amerika stammenden Tabakspflanze, bestimmt.

Eine andere, ebenfalls sehr peinliche Möglichkeit besteht darin, dass die Chemiker bei der Chromatografie die Vergleichssubstanzen vertauscht haben.

Jedensfalls ist es bis heute niemandem gelungen, überzeugende Beweise für einen antiken Kontakt oder Handelsaustausch zwischen dem pharaonischen Ägypten und dem alten Amerika zu erbringen.

die Forschung auf Optimierung der Biomasse und des Alkaloidgehalts zielte (Johnson 1989a), ganz zu schweigen von der Alkaloidproduktion in Zellkulturen (Lydon et al. 1993)! Tatsächlich hat der peruanische Experte Mauricio Mamani gestanden, dass er von den Gringos 1986 unter Vertrag verpflichtet wurde, in Costa Rica Coca zu kultivieren, damit man über Versuchsfelder verfügen könne, an denen Experimente mit »natürlichen« viralen Herbiziden vorgenommen werden können (Rogers et al. 1999). Mamani hat aber vermutet, dass es noch einen anderen Grund hierfür gab, nämlich zu prüfen, ob es möglich wäre, die Pflanze im karibischen Becken zu kultivieren. Jedenfalls hat dieses bizarre *blow-blight boondoggle* (»Spektakel«) keine Früchte getragen, genauso wie die *coca costaricense* (Coca von Costa Rica) ein Fehlschlag wurde: »Als ich mich daran machte, die Coca für Washington zu ernten ... sah ich, dass die Pflanzen so lang, hoch, dünn, blass und hässlich, ganz so wie die Gringos aussahen ... Wenn die Gringos irgendwann mal dazu in der Lage sein sollten, in ihrem Land Coca erfolgreich zu kultivieren, wird der Tag kommen, an dem die Coca befreit wird und für jedermanns Gesundheit dasein kann!« (zit. in Luca de Tena 2000).

My baby bala bala
The Rainbows
(eine alte Berliner Band)

La Cocaflora – Cocapflanze

... jene wunderbare Pflanze, Erythroxylon Coca ...
Louis Lewin
(1924: 68)

Erythroxylon (= erithroxylon) ist griechisch und heißt »rotes Holz«, von *erythros*, »rot/rötlich« und *xylon*, »Holz«. Aus diesem Wort ist die botanische Gattungsbezeichnung *Erythroxylum* (lateinisiert) gebildet und einer Reihe von Gewächsen als Genus aufgedrückt worden (Plowman 1967). Die prominentesten Arten in dieser überwiegend tropischen Gattung sind natürlich die Cocasträucher, von denen es zwei Arten mit je zwei Unterarten gibt.

Die Gattung gehört in die Familie der Rotholzgewächse oder Erythroxylaceæ und umfasst an die 300 Arten. Die erste Cocapflanze, die zur botanischen Beschreibung gesammelt wurde, stammt aus Coroico in den Los Yungas (Bolivien). Sie wurde von Josef de Jussieu gesammelt und von dem berühmten Botaniker Jean Baptiste de Lamarck beschrieben (1782).

Umzeichnung des Herbariumexemplars (Coca), das Jussieu an Lamarck zur Beschreibung geschickt hat.

Es hat sich zwar weitgehend eingebürgert, vom Coca»strauch« zu reden oder zu schreiben, dennoch handelt es sich bei den Cocapflanzen um Bäume. Da das in den Medien allgemein verbreitete Antlitz der Pflanze in den *cocales* (Cocapflanzungen) eher an einen Busch oder kleinen Strauch erinnert, ist ganz vergessen worden, den ausgewachsenen Baum zu zeigen oder zu beschreiben. Wenn man den »Strauch« wachsen lässt und ihn nicht durch ständiges Ernten der Blätter und Beschneiden der kleinen Zweige zurückstutzt, gedeiht er zu einem stattlichen Baum mit großen dunkelgrünen Blättern und einer rötlichen Rinde. Die Rinde ist bei älteren Bäumen meist nicht mehr in ihrer eigentlichen Farbe zu sehen, da sie von verschiedenen Flechten (Lichenes), Moosen und Pilzen überkrustet wird.

Die Architektur der Cocapflanze deutet auf die schamanische Wirklichkeit: drei Welten an einem Zweig.

Architectura Cocæ – eine phytosophische Betrachtung

Das junge Cocagewächs zeigt noch eine stark symmetrische Architektur in seinem Geäst. Meist stehen drei Ästchen plan zueinander gen Himmel, so, als würden sie ein Art Dreieck bilden wollen. Die leuchtend hellgrünen ovalen Blätter recken sich ebenfalls zum Himmel.

Coca hat Blätter, die, so scheint es, nach dem Urtypus »Blatt« geschnitten wurden. Deswegen nennt man sie oft nur *la hoja*, »das Blatt«. Sie ist das Nummer-eins-Blatt, ohne Schnörkel und Zerzausungen, ohne weitumherschweifende Arabesquen, ohne barocke Emanationen. Ganz schlicht, nur ein Blatt. Ein botanischer Archetypus, *Architectotypus*.

In der Sonne, vom Lichte des Sonnenvaters durchflutet, leuchten sie in lebendigem Hellgrün: das strahlende Licht der Coca. Die Blätter atmen nicht nur Frische, sie bringen, was sie versprechen, Frische für Körper und Geist.

Der Blätterstand zeigt das Aufstreben, der Sonne entgegen, auf den himmlischen Ursprung weisend. Die Verzweigung: ein fraktales Entfalten. Die Wurzel: ein Verwurzeltsein in der Mutter Erde. Die fraktale Architektur zeigt, wie die Kraft der Erde zum Höchsten strebt.

Der Blattstand erlaubt allen Blättern eine optimale Bescheinung; belichtete Blätter, die sich sprießend entrollen.

Die Coca ist immergrün, sie lebt aber auch weiter, wenn ihr alle Blätter genommen werden. Sie treibt mindestens genauso viele wieder aus. Sie ist ein Gewächs der erfrischenden Neugeburt.

Manchmal bilden sich an den Zweigenden des Cocastrauchs (*E. coca* var. *coca*) monströse Büschel aus, die den »Hexenbesen« an Birken ähneln (*Coca monstruosa*). Ob sie eine ähnliche folkloristische Bedeutung haben, ist unbekannt.

Für die Erforschung von Coca war es zunächst unerlässlich, die Lieferanten der »heiligen Blätter« – so hießen sie in der Inkazeit – botanisch genau einzukreisen. Bis in die 1970er Jahre hinein herrschte ein ziemliches Chaos, was die Taxonomie der Cocapflanze angeht. Eine genaue Einordnung und Bestimmung der Pflanzen gelang erstmals Dr. Timothy Charles Plowman (1944–1989), dem Musterschüler des Vaters der amerikanischen Ethnobotanik, Prof. Dr. Richard Evans Schultes – der lange Jahre als Direktor des Botanischen Museums der Universität von Harvard (Cambridge, Mass.), einer kapitalistisch strukturierten Firma, gewirkt hat und ein großes Herz für die Erforschung indianischer Heilpflanzen und Rauschmittel besaß und leider im Jahre 2001 verstorben ist. Schultes Doktorand Plowman, der später am Field Museum of Natural History in Chicago beschäftigt war, hat 46 wissenschaftliche, zum Teil bahnbrechende Arbeiten zur Botanik und Ethnobotanik von Coca publiziert.[18]

Plowman hat anhand ausgiebiger Studien an lebenden Pflanzen und sorgfältiger Sichtungen der alten Herbariumsexemplare (Specimen) die Taxonomie von Coca definiert. Danach gibt es zwei Arten mit je zwei Varietäten. Die am weitesten verbreitete und am intensivsten kultivierte Art heißt *Erythroxylum coca*. Es gibt von ihr eine an das Hochland der Anden angepasste Varietät (*E. coca* var. *coca*) und eine nur im Amazonas-Tiefland gedeihende Varietät, die nach ihrem indianischen Namen Ipadú von Plowman neu als *E.rythroxylum coca* var. *ipadu* beschrieben wurde. In Nordperu und Kolumbien ist die andere Art, *Erythroxylum novogranatense*, anzutreffen. Dabei heißt die im nordperuanischen Wüstengebiet bei Trujillo kultivierte Varietät *E. novogranatense* var. *truxillense*. Die Varietät der kolumbianischen Bergwälder wird *rythroxylum novogranatense* var. *novogranatense* genannt. Die Hauptmerkmale zur Unterscheidung der vier Varietäten sind die Strukturen der Blätter, die Wuchsform, ihr Habitat sowie der Alkaloidgehalt, besonders die Kokainkonzentration (vgl. POTRATZ 1985).

Kokaingehalt der Cocapflanzen
(nach HOLMSTEDT et al. 1977)

Stammpflanze	Konzentration an Kokain (luftgetrocknete Blätter)
Erythroxylum coca var. *coca*	0,66–0,86 %
Erythroxylum coca var. *ipadu*	0,13–0,34 %
Erythroxylum novogranatense var. *novogranatense*	0,12–0,76 %
Erythroxylum novogranatense var. *truxillense*	0,71 %

18 Siehe Bibliografie.

Das Wort Erythroxylum bedeutet so viel wie »Rotholz«, seltsamerweise kann man in Tea Shops neuerdings einen botanisch nicht ausgezeichneten oder pharmazeutisch bestimmbaren, pharmakognostisch nicht einzuordnenden Kräutertee unter dem Namen Rotholz erwerben.

In den 1980er Jahren wurden zusätzlich viele neue Arten der Gattung *Erythroxylum* in Venezuela und Brasilien von Plowman[19] entdeckt und neu beschrieben (Plowman 1987). Insgesamt kennt man heute über 250 Arten der Gattung, von denen alleine in Südamerika zirka 200 einheimisch sind. Bei einigen Arten konnten sogar die Chromosomensätze bestimmt werden. Dabei scheint n = 12 die Basis der Gattung zu sein. Kulturell oder ethnobotanisch bedeutsam sind aber nur sehr wenige Arten. Berühmt ist lediglich der amazonische Catuababaum *(Erythroxylum catuaba)*, dessen Rinde im amazonischen Brasilien ein gepriesenes Aphrodisiakum ist (van Straten 1996: 172 f.).[20]

»Our Lady of the Yungas«

Himna a los Yungas
(»Die Nationalhymne der Yungas«)

Dritte Strophe:
Largo tiempo resonaron
los tambores y atabales,
entre riscos y cocales,
sin poderlos dominar.

For a long time resounded
The drums and trumpets,
Between cliffs and Coca-fields
Without succeding in conquering them.

»Seit langen Zeiten erschallen
die Trommeln und Trompeten
über den Klippen und Coca-Feldern
ohne sie zu beherrschen.«

Wenn man von Kulturpflanzen, das heißt von Gewächsen, die nur im Zusammenhang mit der durch Menschen erfundenen Kultivation wachsen und gedeihen, keine Wildformen mehr kennt, kann man davon ausgehen, dass diese Kulturpflanzen oder Kultigene seit sehr langer Zeit ein menschliches Kulturgut sind. Bei Coca ist dies der Fall. Es ist keine Wildform bekannt, die als Mutterpflanze der vier kultivierten Spezies gelten könnte. Sie erscheinen für den Laien identisch. Nur der versierte Botaniker kann sie unterscheiden. Die Indianer differenzieren weit mehrere Arten von Coca, aber nicht an der biologischen Morphologie der Blüten, sondern am Geschmack.

Die Geschichte der Kultivierung der Cocapflanze ist praktisch unbekannt. Viele Botaniker haben nach der Ur- oder Wildform der Coca gesucht – meist vergeblich. Der berühmte Ethnobotaniker Wade Davis hat ebenfalls versucht, wilde Cocapflanzen zu finden, jedoch ohne Erfolg (Davis 2000: 177).

Es gibt in Bolivien eine Pflanze, die *coca del monte*, »Waldcoca« oder »wilde Coca«, genannt wird. Es ist allerdings kein Gewächs aus der Gattung *Erythroxylum*, sondern ein Gewächs aus der Verwandtschaft des Korianders. Diese Pflanze (*Esenbeckia almawillia*) ist auch unter den Namen *coca coca*, *inka coca* oder *guala guala* bekannt[21]. Das Kraut wird ethnomedizinisch ähnlich wie echte Coca verwendet (Oblitas Poblete 1992).

Cocaplantagen bestehen seit vorspanischen Zeiten. Vieles deutet daraufhin, dass die ältesten Anbaugebiete in den *Los Yungas* (Südbolivien) und *Puna de Jujuy* (Nordwestargentinien) gelegen sind. *Yungas* oder *Yunkas* oder *Yuncas* hießen die *cocales*, die Cocafelder, in der Ära der Inkas (Cárdenas 1989: 299).

Noch heute gehören die Yungas zu den wichtigsten Anbaugebieten überhaupt. Zudem sind die terrassierten Plantagen in den Yungas legal. Sie gehören zu den Hauptlieferanten für legale Coca für *den Markt* in La Paz. Dort wird der Cocahandel nicht von der Regierung monopolisiert betrieben, sondern von Kooperativen der Anbauer selbst kontrolliert. Es gibt in Chulumani eine *Farmacia Popular de los Campesinos*, eine »Öffentliche Apotheke der Bauern«, die Coca von verschiedenen Plantagen ansammelt und daraus Naturprodukte herstellen

19 Plowman, der von Schultes als »bedeutendster und vielversprechendster Ethnobotaniker des ausgehenden Jahrtausends« gewürdigt wurde, ist leider viel zu früh an einer unheilbaren Krankheit verstorben.

20 »Er wird bei der einheimischen Bevölkerung seit Generationen geschätzt. Die Tupi-Indianer entdeckten als erste die Qualitäten der Pflanze und komponierten viele Lieder zu ihrem Ruhme. Die Rinde des Catuaba stimuliert das Nervensystem, vor allem bei funktioneller Impotenz der männlichen Geschlechtsorgane. Das harmlose Aphrodisiakum besitzt keinerlei schädliche Nebenwirkungen. Catuaba ist ein natürliches Aphrodisiakum und sexuelles Stimulans. Wenn man einige Zeit regelmäßig drei oder vier Tassen Tee trinkt, sind die ersten Symptome gewöhnlich erotische Träume und dann ein gesteigertes sexuelles Verlangen« (Chiang Sing, *Cura con yoga e plantas medicinais*, Rio de Janeiro: Freitas Bastos, 1979).

21 Die Verdoppelung eines Wortes ist typisch für die Quechuasprache. Damit wird eine Ähnlichkeit mit dem Gewächs, das den eigentlichen Namen trägt, ausgedrückt. Der Name *inca coca* legt nahe, dass die Inkas eine andere Coca als die echte benutzt haben. Heute gibt es in Peru ein synthetisches Erfrischungsgetränk namens *Inca Cola* – auch das hat nichts mit *Coca-Cola* zu tun.

lässt, wie die Teebeutel für *Coca*, »Cocatee«, die nur Cocablätter aus – wie es auf der Schachtel heißt – »Coca nur aus rein ökologischem Anbau« enthält.

Chulumani: Nach Wochen war heute das erste Mal die *Farmacia Popular* geöffnet. In dem recht großen Gebäude waren alle Räume leer, irgendwo in einer Ecke stand eine Maschine hinter Glastüren, mit der es anscheinend möglich wäre, Cocatee (*mate de coca*) zu produzieren. Im ersten Stockwerk, gab es eine Art kleines Büro. Dort waren an den Wänden Regale voller »natürlicher« Produkte. *Vino de Coca* – nach Marianis »Rezept« –, immunstimulierendes *Uña de Gato* (angeblich aus *Uncaria tomentosa*[22]) und aphrodisierendes *Maca* (*Lepidium meyenii* Wald)[23], aufgereiht. Kein Mensch, außer uns, besuchte die »Populäre Apotheke«. Der einzige Mensch in dem ganzen Gebäude war sehr freundlich und dienstbereit. Als wir fragten, ob der *Vino de Coca* stimulierend sei, nickte er begeistert und erwiderte: »Die Touristen lieben dieses Präparat, weil es so gut wirkt.« Gesagt – gekauft.

Am Abend desselben Tages streifen wir durch die Straßen, um den Ort besser kennen zu lernen, um unsere ethnografische Pflicht zu erfüllen. In der Straße, die aus dem Ort führt – nach La Paz –, riecht es extrem stark nach Coca. Riesige Säcke von Coca werden auf Lastwagen gehieft. Alles nachts. Warum? Hier ist ein angeblich legales Cocaanbaugebiet.

> Was für 'ne Welt ...
> *Guru Guru* Mani Neumeier
> (1979)

Neben einem Lastwagen und Tonnen von Cocasäcken leuchten Schwarzlichter auf die Straße, den Holperweg, mit ausgetretenem Steinpflaster, der von Aymarafrauen mit ihren winzigen Hüten und uberquellenden Kleidern betreten wird. Wir gehen hinein in die »Bar« – rein ethnografische Neugier. Eine Karaokebar (eine japanische Erfindung: Gäste ohne irgendein Talent dürfen öffentlich zu *Play Back Music* singen ...). Wir sitzen im Schwarzlicht, beäugen unsere Kleidung, wie sie darauf reagiert – der Pilz auf CRs T-Shirt schreit in die Dunkelheit –, trinken ein Bier, und: – sehen hinter uns den Verkäufer aus der *Farmacia Popular*, wie er zu billigen Videos mit halbnackten Models, wohl südamerikanischen Mädels, Karaoke singt. – Schauderhaft, aber interessant.

EL GENERAL TARIFA INFORMÓ QUE SE DETUVIERON A NUEVE PERSONAS

La FELCN incauta en El Alto más droga hecha con coca de Yungas

Las fábricas de droga estaban instaladas en tres viviendas particulares. Todas fueron allanadas. Los policías incautaron también un vehículo, dinero y dos celulares

"Esta incautación demuestra que la coca legal de los Yungas está siendo desviada para la fabricación de cocaína. Tenemos 120 bolsas del mercado legal de Villa Fátima que lo comprueba". Preocupado por esos datos, el director nacional de la Fuerza Especial de Lucha Contra el Narcotráfico (FELCN), general Fernando Tarifa, dio a conocer nuevamente el decomiso de droga en El Alto.

El fin de semana, la FELCN realizó un operativo en el que decomisó 9.2 kilos de pasta base de cocaína, un minibús marca Toyota con placa de control ZEL—557, 450 dólares, 100 litros de querosén, 45 litros de ácido sulfúrico, 120 bolsas vacías de coca y detuvieron a nueve personas.

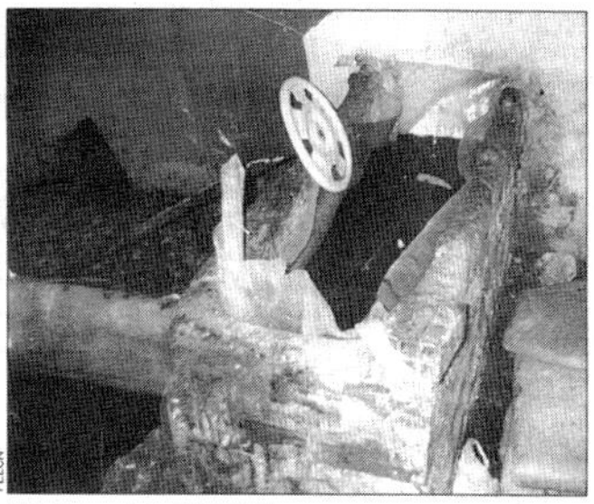
FELCN

El informe de la FELCN dice que esta es una poza de maceración encontrada en uno de los tres inmuebles

tido en un centro de producción de cocaína.

Tras incautar la droga, los efectivos de la FELCN com-

El 8 de mayo, la FELCN informó que había decomisado 300 kilos de cocaína peruana —también en El

incautaron cuatro toneladas de droga ilegal en todo el país.

TRES FÁBRICAS

Según el informe oficial de la FELCN, los tres domicilios donde fueron decomisados los 9,2 kilos de droga están ubicados en lugares alejados de El Alto: la primera en Villa Tunari, calle 17 número 8.411; la segunda en la zona 16 de Febrero, calle Yacuma número 2.545; y la tercera en Villa Mercurio, calle Z sin número.

El informe agrega que los detenidos Francisco Alarcón y Macedonio Ayca son dueños de la segunda fábrica de droga. Pastora Martela, esposa del primero, también fue detenida.

La FELCN también detuvo a los hermanos Gregorio y Jaime Yuira Ticona, Rubén

In einem Zeitungsartikel heißt es, dass im Alto, dem Hochland bei La Paz (Bolivien), zunehmend mehr Kokain aus den legalen *cocales* der Yungas gewonnen wird.
(Faksimile der Tageszeitung *La Razón*, »Die Vernunft«, 16.5.2000)

Was für ein Ort! – Es wird noch besser: Es ist Sonnabend, 23:30 Uhr, und die Apotheke hat noch geöffnet. Allerdings hängt der Apotheker wie ein Waschlappen über einem Stuhl und schnarcht selig vor sich hin.

Cocæ substitutæ – Cocasubstitute

Wenn die Indianer keine Cocablätter haben und dennoch etwas Cocaähnliches kauen wollen, greifen sie auf verschiedene andere Pflanzen zurück, die sie genauso als Priem, mit oder ohne Kalk, *llipta* oder Natriumbikarbonat, nutzen. Inwieweit sie ähnlich stimulierende Wirkungen entfalten, ist fraglich. Bei manchen Substituten wird wohl eher der Vorgang (kauen, lutschen, mit *llipta* versetzen) als die Wirkung substituiert.

Es gibt eine Reihe von Pflanzen, die als Ersatz, als Substitut für Cocablätter benutzt werden. Besonders interessant für westliche Leser sind die Folgenden (es gibt in Südamerika viel mehr, zum Teil botanisch und chemisch nicht identifiziert)[24]:

22 Dieser Kletterbusch, in Deutschland auch unter dem Namen *Katzenkralle* bekannt, ist vor allem in Amazonien heimisch und gehört zu den besten Heilpflanzen, die von den Shipibo-Indianern entdeckt wurden (vgl. Rätsch 1991a).

23 *Maca* ist eines der berühmtesten Aphrodisiaka Perus – aber hauptsächlich für Frauen. Es gilt als sehr wirksam, auch als tonisierend. Es ist sogar in Deutschland in den letzten Jahren bekannter geworden, vor allem durch eine Ausstellung zu Aphrodisiaka im Hamburger Gewürzmuseum (1999).

24 Siehe die Tabellen in Rätsch 1998: 247 f.

Cocasubstitute

(nach Aldunate et al. 1981, Boom und Moestl 1990, De Lucca und Zalles 1992, DeWalt et al. 1999, García Barriga 1992, Henman 1981, Muñoz et al. 2000, Plowman 1980 und 1984, Rätsch 1998, Russo 1992, Rutter 1990, Schultes 1980, Schultes und Raffauf 1990: 166 f., von Reis und Lipp 1982: 233)

Name	Pflanzenteil	Ort/Kultur
Chenopodium arequipensis (Cuatr.) Cuatr. (pariente de la coquilla, coquilla; Traubenkraut)	Blätter	Chile/Atacama
Cordia nodosa L. (tabaco chuncho)	Blätter	Campa-Indianer/Andenausläufer
Couma macrocarpa Barb. Rodr. (sorva, juansoco)	Blätter	Oberer Amazonas
Cydonia oblonga Mill. (membrillo; Quitte)	Blätter	Atacama/Chile
Dodonea viscosa L.	Blätter	Hohe Anden
Erythroxylum cataractarum Spruce (coca de pescado)[25]	Blätter	Barasana/Río Piraparaná
Erythroxylum fimbriatum Peyr. (coca brava)	Blätter	Oberer Amazonas
Erythroxylum gracilipes Peyritsch	Blätter	Quichua/Ekuador
Erythroxylum lucidum H.B.K. (kuka mama, mama coca, urcu ingaína)	Blätter	Anden
Erythroxylum macrophyllum Cav. (coca brava)	Blätter	Oberer Amazonas
Erythroxylum raimondii O.E. Schulz (coca coca, kuka kuka)	Blätter	Bolivien
Erythroxylum subracemosum Turczaninow (coca de guarayos, coca de monte, huara huara, iguavinchu, pastojo)	Blätter	Bolivien
Erythroxylum ulei O.E. Schulz (coca de monte, huara huara, iguavinchu, munti coca, pastojo, awa-iti-fasi, iti-fasi, na-nyame-iko, suara-iko)	Blätter	Bolivien
Esenbeckia almawillia Kaastra (coca del monte)	Blätter	Bolivien
Hieracium pilosella L. (coca de Polonia, Habichtskraut)	Blätter	Anden
Lacmellea spp. (2 Arten):	Blätter	Oberer Amazonas
L. lactescens (Kuhlm.) Markgraf	Blätter	
L. cf. *peruviana* (Heu. et Muell.-Arg.) Markgraf	Blätter	
Myrica multiflora (coca-coca, Gagel)	Blätter	Peru

25 Diese wilde Verwandte der kultivierten Coca enthält kein Kokain. Dennoch sagen die Barasana, dass man diese Coca »essen« kann und dass es »die Coca unserer Väter« war (Schultes und Raffauf 1990: 166).

Name	Pflanzenteil	Ort/Kultur
Polypodium buchtienii C. Rosent. (sach'a coca coca; Tüpfelfarn)	Blätter	Bolivien
Rosa sp. (rosa; Rosenstrauch)	Blätter	Atacama/Chile
Sonchus oleraceus Linné (wirikocha; Saudistel)[26]	Blätter	Atacama/Chile
Sorocea cf. *pileata* W. Burger (baba ina)	Blätter	Tacama/Bolivien
Stylogyne amplifolia Macbride (jipina coca, coca silvestre)	Blätter	Río Putumayo/Witoto
Urmenetea atacamensis Phil. (coquilla, coca de suri)	Blätter	Atacama/Chile
Werneria dactylophylla Sch. Bip.	Blätter[27]	Hohe Anden

Oben links: Die Blätter des *Cordia*-Strauchs (Familie *Boraginaceæ*, Borretschgewächse) werden als Cocaersatz gekaut.
Oben rechts und unten: Die Coca de Suri, die »Coca des Straußenvogels«, (*Urmenetea atacamensis*) wächst praktisch ohne Wasser in der Atacama, der trockensten Wüste der Welt (Nordchile).
Ganz rechts: Der *Suri* genannte südamerikanische Straußenvogel (in Nordwestargentinien).

26 Der Blättertee aus dieser auch *ulhui-huaca* genannten Gänsedistel soll nach Auskunft der Mapuche (Südchile) die Körpertemperatur herabsetzen und das Blut reinigen (Houghton und Manby 1985: 100). Die Wurzel dieser auch *facu, llaupange, pangue, nalca* oder *ñilhue* genannten Pflanze enthält reichlich Tannin (Mösbach 1992: 81).
27 Diese Blätter werden auch »gegen die Kälte« gekaut (Plowman 1980: 254).

Coca cultiva – Kultivierung

Am besten nimmt man die Früchte direkt vom Strauch, wenn sie noch nicht ganz reif und rot sind. Dann werden die Früchte für einen Tag mit etwas Wasser in eine Plastiktüte gelegt und für 1 bis 2 Tage an einen warmen Ort, aber nicht direkt in die Sonne, gebracht.

Die Samen werden dann aus den Früchten gerieben. Man muss dann die Samen waschen und sie mit einer weichen Zahnbürste von den Rückständen der Frucht befreien. Die Samen dürfen keinesfalls trocknen. Sie sollen sofort 2 oder 3 Zentimeter tief in etwas saure Erde, zum Beispiel Vulkanerde, gepflanzt werden. Täglich gießen.

Nach zirka 10 bis 20 Tagen kommen die Setzlinge heraus. Nach einiger Zeit (3 bis 4 Monate) kann man sie umpflanzen, zum Beispiel in einen sehr großen Kübel mit einem Fassungsvermögen von 50 bis 60 Liter. Die Pflanze ist dann 15 Zentimeter hoch. Sie sollte am besten in der Sonne stehen. Man kann von Zeit zu Zeit etwas Kompost und Pferdeäpfel an die Pflanze geben (vgl. Drake 1974, Spedding 1994).

Die Cocapflanze darf nicht dem Frost ausgesetzt werden. Manchmal werden die Pflanzen auch im Halbschatten gezogen. Schattenspender sind verschiedene Baumleguminosen.

Die Bolivianische Coca wird auf Stufenfeldern oder Terrassen in Reihen angebaut, im Abstand von zirka 50 Zentimeter (in einer Höhe zwischen 1000 und 1800 Meter), aber auch auf flachen Feldern (Plantagen) an geschützten Orten, zum Beispiel an Ufern von Gebirgsflüssen. Die Kolumbianische Coca wird auf hügeligen, meist kleinen Feldern in den Berghängen angepflanzt. Die Truxillococa wird auf bewässerten Feldern angebaut (im Flachland oder etwas höher gelegenen Gärten).

In Amazonien, im tropischen Tiefland wird Ipadú praktisch nur mit Stecklingen vermehrt. Es ist sehr unwahrscheinlich, dass man eine Ipadú-Cocapflanze sieht, die Früchte trägt. Die Vermehrung ist ziemlich einfach, so ähnlich wie bei der Engelstrompete (*Brugmansia* spp.). Man schneidet einen jungen kräftigen Ast ab und steckt ihn in den feuchten Dschungelboden. Der Rest geschieht von selbst: Wurzelbildung, Wachstum und Reife – für die nächste Ernte.

Zur Ernte und Aufbereitung der Cocæ folium

Die Blätter werden an den Pflanzen per Hand verlesen. Man kann den Strauch nur teilweise abernten oder auch alle Blätter pflücken. Das macht der Pflanze nichts aus. Sie treibt sofort neue Blätter aus. Es kann kontinuierlich oder mehrfach pro Jahr geerntet werden. Die frischen Blätter werden in Kiepen, Körben, Decken oder Säcken nach Hause oder zum Hof gebracht, wo sie dann weiterverarbeitet werden. An dieser Erntemethode hat sich wohl seit Jahrtausenden nichts verändert. Die Ernte wurde und wird zum Teil auch heute noch von kleinen Ritualen und Opferungen begleitet. Es werden Speiseopfer auf die Felder getragen und Gebete an Pachamama, die Er-

Eine dreieckige Cocaplantage auf dem Überschwemmungsland des Río Urubamba bei der heiligen Inkastadt Machu Picchu, deutlich an der hellgrünen Farbe erkennbar.

Terrassenanbau (*cocal*) von Coca in Los Yungas bei Chulumani, Südbolivien.

de, den Sonnengott und die Schutzgeister gerichtet. Es gibt auch recht geheime Riten, wie im Folgenden geschildert:

Cocasperma

> Sperma Spritzen
> Dass Du sprossest
> wieder und wieder
> Die sprießenden Spitzen Deiner Triebe
> Geben Leben und Liebe und Lust
> (CR)

Im alten Europa gab es ein Wurzelgräberritual, das in *Cocalandia* (Kokain-»Schlaraffen«-land) eine erstaunliche Parallele hat. Wenn ein Rhizotom, ein »Wurzelstecher«, eine Alraune (*Mandragora* spp.) aus der Erde gezogen hat, musste er auf den Knien hockend mastubieren und in das Loch ejakulieren, als Dankesopfer an *Gaia*, an *Mutter Erde*.[28] In Peru gibt es den Brauch, dass der Cocabauer zu Beginn der Ernte vor einer Pflanze seines *cocales*, der *cocapata*, kniet, onaniert und sie mit seinem Sperma bespritzt, eine Ehrerbietung an Mama Coca, an *Mutter Erde*. Erst dann kann er die Blätter abernten.[29]

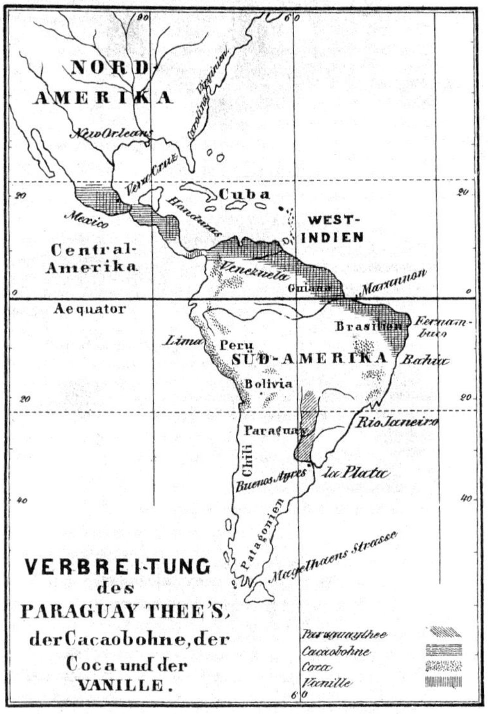

Die Hauptdrogen der Rhizotomen, der »Wurzelgräber«, die nach den alten griechischen Quellen die ersten Menschen waren, die Heilkräuter gesammelt und medizinisch angewandt haben, waren die Nieswurze (*Helleborus* spp. und *Veratrum* sp.), Pflanzen, deren Wurzeln pulverisiert – Niespulver! – geschnupft wurden (RÄTSCH 1995). Genauso wie in der Neuen Welt Cocapulver und im Rest der modernen Welt Kokain geschnupft wird.

In Amazonien geschieht die Ernte ähnlich, kann aber auch sehr simpel erfolgen. Da die Ipadú einige ihrer Blätter ständig abwirft, sammeln sie sich unter dem Busch auf der Erde. Dort bleiben sie so lange im Schatten des Strauchs liegen, bis sie trocken sind. Dann braucht man sie nur noch einzusammeln und zu genießen.

Die Cocablätter müssen vor dem Gebrauch getrocknet (geröstet) werden, sonst entfalten sie nicht die gewünschte Wirkung. Man kann Blätter vom Busch pflücken und sogleich benutzen, wenn man sie leicht röstet oder als Tee zubereitet. Die frisch geernteten Blätter werden so getrocknet, dass sie zum einen ihre grüne Farbe behalten, zum anderen weich und elastisch bleiben. Das Trocknen kann in der Sonne oder künstlich geschehen. Wenn die Blätter im Ofen o.ä. getrocknet werden, darf die Temperatur nicht 40 °C überschreiten, da sonst der Kokaingehalt abnimmt (SCHRÖDER 1991: 114). Die getrockneten Blätter haben einen Geschmack, der sehr stark an grünen chinesischen Tee (*Camellia sinica*) erinnert. Die Amazonische Ipadú-Coca hingegen hat eine etwas bittere Geschmacksnote (KOCH-GRÜNBERG 1921: 175).

28 Es gibt die Vorstellung vom »letzten Abgang«, der Ejakulation, die beim Aufknüpfen am Galgen herausspritzt – sehr drastisch als erotischer *Thrill* in *Naked Lunch* von Burroughs beschrieben. Das Sperma des Gehenkten befruchtet *Mutter Erde*. Unter dem Galgen wird eine Alraune *(Mandragora)* erblühen, aus deren Wurzel man ein Galgenmännlein, eine Art magische Wunschpuppe, hervorzaubern kann.

29 Der Roman von Jay MCINERNEY, *Ein starker Abgang* (1990), nimmt darauf – wohl unfreiwillig – linguistisch Bezug.

Eine Legende der Coca

Unser Varicocha [= Viracocha] hat uns zuerst diese Coca gesandt,
Ausgestattet mit Blättern von wundersamer Nährung
Wenn der Saft schießt, und zum Magen rinnt,
Sind langer Hunger und lange Arbeit zu ertragen;
Von der Blätter Kraft unsere geschwächten
und verbrauchten Körper finden
Beistand unseren erschlafften Geist zu verscheuchen.
Dann können Bacchus und Ceres zu Dir kommen.
Drei Blätter sind genug für einen Dreitagesmarsch,
Die Quitoita [= Frau aus Quito/Ecuador], die diesen Proviant verstaut
Kann man passieren die unermesslichen und bewölkten Anden –
Die schrecklichen Anden sind des Winters Lager
Voll Wind, Regen, Schnee und der bescheidenen Erde,
Sie gibt der kleinen, aber heroischen Coca Geburt;
Diese Kämpferin verleiht der kriegerischen Venus Fröhlichkeit.

Abraham Cowley, 1700
Sex Libri Plantarum, Book V[30]

Es ist nicht verwunderlich, dass die kulturelle Prominez dieser Pflanze, dem meistverbreiteten und bedeutendsten Entheogen (»Geist-Pflanze« oder »Pflanzenlehrer«) Südamerikas, der Coca eine wesentliche Rolle in der Mythologie eingebracht hat. Sie ist wohl am besten für die Tukano im kolumbianischen Amazonasgebiet dokumentiert, die ihr archaisches Wissen bis heute bewahrt haben. Coca oder *ahpí*, zusammen mit *gahpí* (*Banisteriopsis caapi*, besser bekannt als *yajé* oder Ayahuasca), haben eine prominente, parallele Rolle im Entstehungsmythos der Tukano. In einer Version heißt es, die Ersten Eltern kamen in einem Anaconda-Kanu vom Himmel, von »jenseits der Milchstraße«, Ahpikondiá, die mit dem Piraparaná, dem »Fluss mit der Farbe der Coca«, auf Erden identifiziert wird: Der Fluss der Sterne wird im Strom der Wasser gespiegelt. Sie brachten drei Pflanzen mit: *ahpí*, *gahpí* und Maniok (Ott 1997). In der Desanageschichte, die von Gerardo Reichel-Dolmatoff, dem »Vater der kolumbianischen Anthropologie«, *verbatim* aufgezeichnet wurde[31], heißt es, dass Pagë Abé, der Sonnenvater, Schöpfer des Universums und der ersten Desana, ein Schamane oder *payé*, bereits mit dem visionären *vihó*-Schnupfpulver ausgestattet (Ott 2000), das gut in seinem Nabel verborgen war (Ott 1997: *Phytomphalos*). Ihm fehlten aber noch die beiden anderen Schamanenpflanzen, die bis heute von den Desana benutzt werden: *ahpí*, der Cocastrauch und *gahpí*, die Ayahuascaliane; die beide ursprünglich den zwei Töchtern des Vaí-mahsë, des Herrn der Tiere, gehörten. Die eine Tochter krümmte sich vor Schmerzen, als die Geburtswehen eintraten. Da half ihr eine alte Frau. Während der Prozedur brach dem Mädchen jedoch ein Finger ab, den sie später einpflanzte. Daraus erwuchs die erste *gahpí*-Liane. Dasselbe geschah, als die andere Tochter niederkam. Diesmal entstand aus ihrem vergrabenen Finger die erste *ahpí*, die erste Cocapflanze. Obwohl es nicht direkt im Mythos erwähnt wird, scheint es doch so zu sein, dass der Sonnenvater bereits im Besitz der vierten Schamanenpflanze der Desana war, dem Tabak (*mulú* oder *mëëro*).

vihó-Schnupfpulver (Virola)

Tabak (*mëëro*)

Coca (*ahpí*)

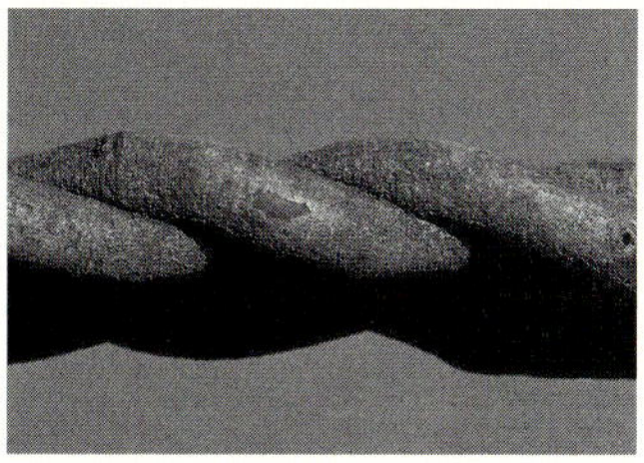
Ayahuasca (*gahpí*)

30 Übersetzung CR.
31 Siehe verschiedene Fassungen bei Reichel-Dolmatoff 1971 und 1975, Buchiller 1992, Schultes 1981, Schultes und Raffauf 1990.

Wir sehen hier die innigliche unzertrennliche Zusammengehörigkeit von *ahpí*/Coca und *gahpí/yagé*, die die Polarität von weiblich und männlich repräsentieren (*ahpirí* heißen die Brüste und die Gebärmutter, *ahpikón* ist die Muttermilch; *gahkí* ist der Penis, *ahpiritó* Hoden); und der tukanoische Tabak, *mëëro*, wird oft von den Schamanen zusammen mit *gahpí*-Rinde und pulverisierter Coca geschnupft. Wie viele andere amazonische Stämme nehmen die Tukano-Gruppen oral die Coca als trockenes Pulver vermischt mit Pflanzenasche (50 : 50), die von veraschten Blättern des Ameisenbaums (*Cecropia* sp., der eigenartigerweise *gahpí-moáru*, »Ayahuascasalz« heißt), zu sich. Diese Mixtur ist gemeinhin unter dem Namen *ipadú* bekannt (PLOWMAN 1979a, 1981 und 1984, REICHEL-DOLMATOFF 1996a und 1996b, SALSER 1970, SCHULTES 1957, 1980 und 1981, SPRUCE 1908). Männliche und weibliche Elemente, die beide mit der Coca korrespondieren, erfüllen das Paradies der Tukano, die unterste der drei kosmischen Schichten, deren mittlere unsere Welt ist, die obere die Milchstraße, das Reich des Vihó-mahsë, des Herrn der *vihó*-Schnupfpulver, in Konjuktion der femininen Ahpikondiá und des maskulinen Ahpikonyéba, dem Milchfluss mit der Farbe der Coca und einem Land aus Milch, das von cocafarbenem Licht durchstrahlt wird.

Die mythokosmologischen Konstellationen der himmlischen und irdischen Entheogene:

Sonne/Luft

vihó-Schnupfpulver
Schnupfen (Luft)

Tabak (*mëëro*)
Rauchen (Feuer)

Coca (*ahpí*)
Kauen (Erde)

Ayahuasca *gahpí*)
Trinken (Wasser)

Erde/Wasser

Für die linguistisch getrennten, aber geografisch angrenzenden Witoto (Uitoto) sind Coca *(jiibie)* und Tabak *(díona)* von herausragender schamanischer Bedeutung, Erstere in der typischen Form des *ipadú*-Pulvers, Letztere meist oral in Form einer Tabakpaste, *yerá* (WILBERT 1987) – während das Schnupfpulver aus dem Dschungeltabak *úkuna* (so wie *vihó*, Rinde von *Virola* spp.; OTT 2000) weniger und Ayahuasca oder *únano*, »Liane« (*Banisteriopsis* sp.), kaum noch benutzt werden. In der Witoto-Mythologie erscheint die Coca als erstes Entheogen und ist auch hier das weibliche Element, während der Tabak oder *díona* das männliche ist (kurioserweise sind diese Rollen bei den Muinane vertauscht). Die *únano*-Trünke vereinen das männliche (*yaduma* oder *Banisteriopsis caapi*) mit dem weiblichen Element (*medora* oder *Diplopterys cabrerana*, tryptaminreiche Blätter, die gewöhnlich mit *Banisteriopsis*-Stengeln gekocht werden; URBINA 1992). Wenn sie auch nicht immer zusammen kombiniert werden, so ist doch die gemeinsame Einnahme von der *yerá*-Tabakpaste und dem *jiibie* oder *ipadú*-Pulver Standard. Es mag auch manchmal *marákio* (wahrscheinlich *Banisteriopsis caapi*) dem *yerá* zugesetzt werden (CHANDRE 1993). Der Gebrauch der Tabakpasten ist überwiegend witotisch (eingeschlossen sind die Andoque, Miraña, Muinane, Ocaína und Rosigaro)[32], er kommt auch bei den Arawak-Gruppen (*viz.* Campa, Piro, Yukuna und Matsigenka, die ihrer Tabakpaste *opatsa seri* auch die *Banisteriopsis*-Liane zufügen; SHEPARD 1998) und Chibcha (Ika, Kogi, Sanka) sowie den tukanoischen Siona vor. Es liegt auch eine venezolanische Variante, *chimó*, vor (KAMEN-KAYE 1971 und 1975). Doch heute ist Coca bei den Witoto das Entheogen erster Stelle, personifiziert als *logos* – *jiibie* heißt wörtlich »Weltenblatt« oder »Gedächtnisblatt«. Im Verlaufe der Schöpfung begann sich bei den Menschen erst die Zunge zum Sprechen zu lösen, nachdem ihnen ein Cocablatt in den Mund gestopft wurde. Erkenntnis ist das »Cocabuch« und *rafue* das wortgewobene Universum (»Mund-Macht« oder »Wortgewalt«), die beide die Orakelsprache der Coca kauenden Schamanen inspirieren, die »Mensch-Coca-Welt«. In einer Witoto-Mythe erhält der Heros Díjona (man beachte die Ähnlichkeit zu *díona*, »Tabak«) seine Fähigkeit für den Schamanenflug mit Hilfe von vogelartigen Flügeln, *en lieu* von Federn, sowie Blättern von Coca, Tabak und Yuca oder Maniok (man erinnere sich hier an die Ersten Eltern der Tukano, die über die Milchstraße, flogen um drei Pflanzen zu bringen: Coca, Maniok und *yajé*). Bei den Wito-

32 Die Bora werden oft den Witoto zugerechnet, aber manchmal wird ihre Sprache dem Tupí-Guarani oder Tukano zugeordnet.

to haben Coca und Tabak die Stelle von *únao* oder Ayahuasca eingenommen. Der Erste Vater heißt Unamarai (wohl ein Kognat für *únao*, »Liane«, als generischen Terminus für alle *yahé*-Bereitungen) und steht über dem ersten Paar, Búinaiño und Búinaima, Mutter und Vater, Frau und Mann der Urgewässer, die mit Tabak und Coca assoziiert werden, wie die folgende Sintflutgeschichte der Cocaschöpfung zeigt:

Búinaima, der einzige Mann, der die Flut überlebt hat, wollte die menschliche Rasse wieder erzeugen und versuchte *via* nächtliche Anrufungen, mit den Göttern Kontakt aufzunehmen. Da es ihm dafür an Coca mangelte, improvisierte er *ipadú*, um »seinen Geist zu öffnen«, indem er die Blätter diverser Pflanzen röstete: verschiedene Kakaoarten (*Theobroma* spp., deren Aschen sonst *yerá*, *úkuna*, Tabak und anderen Schnupfpulvern zugesetzt werden), Maniok und *maraca* (vielleicht *marákio* oder *Banisteriopsis* sp.). Obwohl sie ihm halfen wach zu bleiben, vermochten sie dennoch nicht seinen Geist zu öffnen. So versuchte er es mit der an Flussläufen vorkommenden *coca de la boa*, »die Coca der Boa« (zweifellos eine der wilden *Erythroxylum*-Arten, die als Cocasubstitute gekaut werden, möglicherweise die uferbewohnende *E. cataractarum*, die unter dem Namen *moa patu* oder »Fisch-Coca« als Ersatzcoca in diesem Gebiet genutzt und von den Barasana als »die Coca unserer Väter« angesehen wird; siehe Plowman 1981). Mit dieser *ipadú* aus der *coca de la boa* oder *moa* fühlte er ein bisschen Weisheit zu ihm kommen, aber immer noch nicht genug. Er hatte eine Tochter, Búinaiño, die eines Tages zur *chacra*, einer Gartenpflanzung, ging. Inmitten des Feldes schüttelte und kämmte sie sich die Haare aus, sodass ein paar Läuse herausfielen. Am nächsten Tag sah sie, dass diese einen Cocatrieb hervorgebracht haben: »So säte sie die Coca aus, denn sie wusste, woran es ihrem Vater mangelte. Dieses Mädchen *war* Coca, die Herrin der Coca« (Urbina 1992).

QUANDO ALID EX ALIO REFICIT NATURA, NEC ULLAM REM GIGNI PATITUR, NISI MORTE ADIUTA ALIENA.
Denn die Natur schafft eins aus dem andern
und duldet kein Werden,
Wenn nicht des einen Geburt mit dem Tode
des andern verknüpft wird.
Lukrez
Von der Natur (1, I, 263 f.)

Eine sehr ähnliche Mythe findet sich bei den Kogi, die linguistisch zu den Chibcha zählen und die in der Sierra Nevada de Santa Marta am anderen Ende Kolumbiens wohnen. Die Kogi benutzen die Coca – bei ihnen *hayo* genannt, ganz gleich dem karibischen Namen – in der gleichen Weise wie die andinen Indianer. Sie kauen und lutschen einen Priem aus ganzen Blättern, dem sie den gelöschten Kalk aus gebrannten Meeresmuscheln und -schneckengehäusen zufügen, *en lieu* zur peruanischen *llipta* oder bolivianischen *llucta*, die aus diversen Pflanzen gewonnen werden. Obwohl sie weder Schnupfpulver noch Ayahuasca gebrauchen, nehmen sie wie die Witoto Coca mit einer Tabakpaste, *ambirá* (Witoto *ambíl*). In einer Version der Kogi-Coca-Schöpfungsmythe flehten die Menschen den Gott Sintana in Zeiten des Darbens um Hilfe an. Da sandte er ihnen das wunderschöne Mädchen namens Guangula. Als sie größer wurde, bekam sie exquisites langes Haar. Eines Tages schüttelte sie ihr Haar, und dabei fielen Blätter und Samen der Coca oder *hayo* aus ihm heraus. In einer anderen Version dieser Mythe hieß das Mädchen Hayu (*viz. hoya*, Coca), das gesandt wurde, um den Hunger der Menschen zu stillen und den sexuellen Hunger der Männer zu befriedigen. Hayu verwandelte sich selbst in eine Cocapflanze, sodass die Menschen von ihr essen und so ihre Hungersnöte stillen konnten. Wenn man diese Mythen analysiert, wird klar, dass zunächst wilde Cocasubstitute, wie *guanguala* (oder *guanguara*), die angeblich im Páramo wachsen und Blätter wie Coca tragen soll, genutzt wurden, bevor die Coca erschaffen wurde (Naranjo 1974, Uscátegui 1959). Wir sehen, dass die Kogi-*hayo* der schamanischen *güeyo* der Taínoa von La Española entspricht: Dieses wirft vielleicht ein Licht auf das mysteriöse *guanguayo* in der Taíno-Schöpfungsgeschichte, das mit *cohoba*, einem visionären *Anadenanthera*-Schnupfpulver, welches einer Schildkröte aus dem Rücken eines Mannes zur Geburt verhalf, assoziiert wird (Ott 2000, Pané 1974). Hier zeigen sich Echos der archetypischen Desana-Mythe, nach der *yajé* und Coca aus den vergrabenen Fingern junger Frauen hervorgesprossen sind (vgl. Samorini 1995).

Als der Göttliche Sohn der Sonne, Manco Capac, von den Felsen des Titicacasees herabstieg, schenkte er den Menschen das Licht, die Kenntnis von den Göttern, die Kenntnis der Künste und die Coca, eine Göttliche Pflanze, welche den Hungrigen sättigt, dem Müden und Erschöpften neue Kraft verleiht und die Unglücklichen ihren Kummer vergessen macht.
Garcilaso de la Vega (1539–1616)

Auch in den Anden gibt es Mythen, bei denen aus Frauen die Cocapflanzen entstehen. Hier ist eine Ursprungsmythe der Quechua-Indianer aus Bolivien:

Ein sehr schönes Indianermädchen namens *Coca* von Collesuyo, das auf seine Schönheit stolz und eingebildet war, war der Beginn des Cocabusches. Sie lehnte alle Bittsteller zur Heirat ab. Sie war so kokett und narzisstisch und stolzierte vor den Männern herum, um sie wild zu machen. Da haben die Dörfler sich beim Inka beschwert. Der hat eine Versammlung der Weisen und Wahrsager einberufen, damit sie herausfinden, was zu tun ist. Die Wahrsager befragten die Orakel. Und sie teilten mit, dass Coca geopfert werden muss, um kommende Katastrophen zu verhindern. Der betrübte Inka brachte Coca zu der Opferzeremonie, bei der sie zerstückelt wurde. Nach der blutigen Opferung wurden Teile ihres Körpers an den vier Ecken des Imperiums vergraben – den Himmelsrichtungen entsprechenden Orten, die von den Wahrsagern bestimmt wurden. Bald danach wuchsen an genau diesen Orten Büsche mit schönen Blättern, die nach der Geopferten Coca benannt wurden. *Coqueta!*

Die bolivianischen Aymara haben eine andere Version parat: »In einer der schönsten Gegenden der Anden lebte einmal eine Frau, die war sehr schön, kokett und anziehend. Sie war eine Göttin, die freigiebig ihren Liebreiz ausstreute, sobald sie menschliche Gestalt annahm. Diese Art von Freigiebigkeit erregte die Eifersucht einiger Frauen, während andere ›Unmoral‹ zeterten.

Die Eifersüchtigen und die Moralischen taten sich zusammen und warfen die Frau von einer Klippe hinab. Sie fiel auf ein Stück fruchtbares Land, auf das es häufig regnete. Aus der Asche ihrer Leiche wuchs ein kleiner Strauch, dessen Blätter besondere Eigenschaften besaßen. Sie steckten voller Kraft, sie stillten den Schmerz und verliehen eine optimistische Stimmung. Und auf diese Weise nahm die Frau an den neidischen Menschen, die sie umgebracht hatten, Rache. Alle Liebhaber und Ehemänner auf der ganzen Welt wurden von diesen wunderbaren Blättern in Versuchung geführt, und wenn sie der Versuchung erlagen, verlor sich bei ihnen jeder Wunsch nach Sex.«[33] Ja, die Gier macht impotent, man kann nicht alles haben!

In einer Quechua-Mythe aus dem Andenhochland Perus wird Coca als wunderschöne Frau beschrieben, die Männer verführt, um ihnen die Herzen zu brechen. Nachdem diese Männer bei den Inka Beschwerde eingelegt hatten, beschloss deren Orakel, dass das Mädchen geopfert und in vier Hälften zerteilt werden solle, die an den vier Ecken des Reichs begraben werden sollten. Nachdem dies geschehen war, wuchsen Cocasträucher aus jedem Teil ihres Körpers hervor[34].

Die wohl bekannteste Cocamythe wird auf Aymara erzählt (*coca* – auch *cuca, kuka, koka, khokha* gesprochen und geschrieben – ist ein Aymarawort) und stammt aus den Anden Boliviens; wiederum ein divulianischer Mythos. Den Gott Khunu oder Cuno machte der Rauch wütend, der aus der Rodung der Wälder resultierte – um Platz für Felder zu schaffen – und den heiligen Berg Illimani und andere luftige Andenhöhen verhüllte. Daher sandte er verheerende Regengüsse, um die Häuser und Felder zu zerstören. Nur wenige überlebten, die in Höhlen Schutz suchten und die verbliebenen Waldgebiete nach Nahrung durchkämmten. Bei diesen Exkursionen nach Nahrung entdeckten sie die Coca[35].

Eine eher prosaische und wahrscheinlichere Geschichte legt nahe, dass Menschen Coca entdeckten, als sie beobachteten, welche Auswirkungen es auf die grasenden Lamas hatte (SIEGEL 1989). In einer sicherlich nicht sehr alten weiteren Quechua-Mythe brachte der erste Inka, Manco Capac[36], der von der Sonne herabstieg (oder aus dem Titicacasee hervorkam), den Menschen Coca. Diese Überlieferung entspricht allerdings wenig dem Charakter der raublustigen, despotischen und imperialistischen Inka und steht auch im Gegensatz zu den allgemein geteilten Hinweisen, dass die Inka vielmehr den Sterblichen *verboten*, Coca zu nutzen, ein nur mehr königlichen Abkommen vorbehaltenes Vorrecht. Auch wenn ein solches Verbot eher ihrem tyrannischen Charakter entspricht, wird diese Cocaprohibition durch die Inkas, welche sich an Bürgerliche wandte, von mehreren Autoren widerlegt, was ihr den Boden der Glaubwürdigkeit entzieht[37]. Wie dem auch sei, so bleibt festzustellen, dass Gebrauch und Kultivierung von Coca bis zur Herrschaftszeit des 6. Inkaherrschers, Roca, im Inkareich nicht sehr weit verbreitet war. Man nimmt an, dass Roca 135 Jahre

33 Nach GUSTAVO ADOLFO OTERO, *La Piedra Mágica – Vida y Costumbres de los Indios Callahuayas de Bolivia*, Mexico, D.F., 1951.

34 Solche Entstehungsmythen für psychoaktive Pflanzen sind typisch, vor allem in schamanischen Kulturen. Die Pflanzen entstehen aus einem gestorbenen oder geschlachteten Menschen oder einer (selbst) geopferten Gottheit (zum Beispiel Guaraná, Mate, Kava-Kava, Iboga, Tee, Mais; vgl. SAMORINI 1998).

35 LA BARRE 1948; NARANJO 1974; VILLENA und SAUVAIN 1997; MUÑOZ 2000.

36 Er regierte vermutlich von 1021–1062; eine gemäß PRESCOTT unwahrscheinliche Zeitrechnung, der die Gründung der Inkadynastie erst ins 13. Jahrhundert verlegt.

37 PRESCOTT 1847; ANTONIL 1978; CARTER und MAMANI 1986; SOUX 1993; LANZA 1995; LEMA 1997.

nach dem Tod von Manco Capac an die Macht kam – vermutlich um 1300. Inca Roca war ein Imperialist par excellence, und es besteht Grund zur Annahme, dass die von ihm propagierte Popularisierung von Coca darauf zurückzuführen ist, dass man sie chemologistisch gut für militärische Zwecke nutzen konnte. Darauf werden wir noch zurückkommen (Bühler 1958b, Gagliano 1994). Es fällt schwer zu entscheiden, wer das kleinere Übel darstellt: die imperialistischen Inka oder die Spanier, die an ihre Stelle traten. Es erscheint wahrscheinlich, dass die spanischen Eroberer schnell herausfanden, wie sehr die Sklaventreiber der Inka – pragmatischen Erwägungen folgend – den leistungssteigernden Effekt von Coca für ihre Zwecke ausbeuteten. Dennoch steht außer Zweifel, dass sich Coca im Lauf der Zeit einer wachsenden *religiösen* Verehrung durch die Inka erfreute, die sich von seiner seit undenklichen Zeit existierenden *schamanischen* Rolle unterschied. Coca wurde zur wichtigsten Gabe bei Opferzeremonien der Inka[38].

Heutzutage spielt Coca in den Anden immer noch eine herausragende Rolle bei Weissagungen, in deren Verlauf man Blätter kaut oder nicht. Gewöhnlich streut man bei Divinationen Cocablätter aus und »liest« dann das zufällig entstandene Bild[39]. Coca pur, wie auch in Verbindung mit anderen Kräutern, ist ein wichtiges, spezifisch eingesetztes Heilmittel in der Ethnomedizin der Anden, und als solches taucht es vor allem in Verbindung mit den Callawayas auf, einer Gruppe von Wanderheilern[40]. Gemäß seiner traditionellen Rolle als Arbeitsstimulanz (Lloyd und Lloyd 1911, Ruíz 1998), welche den bei weitem wichtigsten Gebrauchskontext darstellt, ist die Coca der Anden ein Katalysator bei Kontrakt- und Gemeinschaftsarbeiten, der das soziale Leben gleichermaßen fördert[41]. Natürlich ist Coca auch – wie in Amazonien – eine häufig verwendete Stimulans bei Festen oder gemeinschaftlichen Zusammenkünften. Der wichtigste Unterschied zwischen dem Cocakonsum in den Anden und Amazonien besteht darin, dass man in den Anden ganze, sonnengetrocknete Blätter kaut, die in der Regel nicht nur gekaut werden. Der Cocabissen ist in der Aymara-Sprache als *acullico* bekannt, das hispanisierend zum Verb *acullicar* gebildet wurde. In Amazonien hingegen zerkleinert man geröstete Blätter zu einem Pulver, das mit Aschen vermischt wird. Diesen Bissen schiebt man in die Backe und schluckt ihn nach Auflösung aller wirksamen Anteile. Das verleiht dem Cocakonsum in Amazonien eine deutlich größere Bedeutung als Nahrungsmittel. Die Makú Brasiliens betrachten das auf traditionelle Weise zubereitete Ipadú-Pulver deutlich als Nahrung, *botô* genannt, das sie auch mit Maniokmehl mischen (Prance 1972). Ein noch wichtigerer Unterschied besteht darin, dass der Cocadivination in den Anden eine vornehmlich *religiöse* Rolle zukommt, welche das Lesen oder Interpretieren ausgestreuter Blätter einschließt, wobei der *yatiri* oder Weissager nicht unbedingt Coca zu sich nimmt. In Amazonien wiederum steht die rein *schamanische* Divination im Vordergrund, wobei man Coca als Entheogen oder schamanisches Rauschmittel nutzt, um das Bewusstsein des Weissagers zu weiten – wie es in der Mythe der Witoto zum Ausdruck kommt. Die Amazonas-Coca wird auch als spezifisches Heilmittel verwendet. Schließlich wird Coca in beiden Verbreitungsgebieten mit Tabak zusammen konsumiert und dient als Grundlage für weitere pflanzliche Zusätze, von welchen einige psychoaktiv wirken, vor allem im schamanischen Kontext.

Im hier vorliegenden Kontext ist der intime Zusammenhang zwischen Coca, Tabak und *yajé* oder Ayahuasca von besonderer Bedeutung. Das zeigt sich in der Sprache, der Mythologie und Ethnobotanik der tukanosprachigen Völker besonders deutlich. Die Tukano-Indianer mischen Coca und *yajé* nicht nur in ihre Schnupfpulver, sondern sie verwenden *yajé* auch als Zusatz von Tabakpasten, und darüber hinaus sind Coca und Tabak gebräuchliche Bestandteile in den so genannten Ayahuascagebräuen[42]. Daher erscheint es besonders seltsam, dass die synkretistischen brasilianischen »Ayahuascakirchen«, Santo Daime und União do Vegetal (die Letztere zeichnet sich vor allem durch ihren prohibitionistischen Bodensatz und ihren missionarischen Eifer aus), Coca und Tabak von ihren ausgebluteten – einige würden auch sagen verharmlosten oder bastardisierten – *Banisteriopsis*-Gebräuen ausschließen, gleichzeitig aber auf ihre schamanischen Ursprünge verweisen. Dasselbe trifft auf ihre Haltung gegenüber Alkohol zu, welchem eine ebenso wichtige schamanische Bedeutung zukommt: »In der traditionellen Aymara-Gesellschaft ist Alkohol [...] sogar noch heiliger [als Coca]« (Carter 1977).

38 Garcilaso de la vega 1609; Cobo 1996; Huidobro 1994a, 1994b, 1994c.

39 Martin 1970; Gifford und Hoggarth 1976; Quintanilla 1979; Carter und Mamani 1986; Hulshof 1986; Zorrila 1986; Hurtado 1987; Zabala 1995; Lema 1997.

40 Oblitas Poblete 1978, 1992; Bastien 1983; Carter und Mamani 1986; Gagliano 1986; Hulshof 1986; Cárdenas 1989; Roersch 1994.

41 Gifford und Hoggarth 1976; Mayer 1978; Allen 1981; Albo 1986; Wagner 1986; Spedding 1994; Lema 1997.

42 Ott 1994a, 1994b, 1995a, 1995b, 2000.

Es sei hier betont: Dies sind gänzlich unschamanische Kirchen, die vor allem im städtischen Milieu entstanden sind, nicht im ländlichen und vor allem reiche und nicht arme Menschen anziehen. Diese volkstümlichen Kirchen richten sich an eine Glaubensgemeinschaft, die niedrigen Dosierungen huldigt und einen gewissen Sinnes-Input erlaubt, nicht aber Einzelnen Seelenreisen gestattet. Sie sind modern und nicht archaisch; dogmatisch und nicht auf Erfahrungen beruhend. Vor allem sind sie betont christlich ausgerichtet, und insofern repräsentieren sie den Todfeind schamanischer Kulturen (Ott 1995c). Um schließlich die fundamentalen Unterschiede zwischen Schamanismus und Religion zu betonen, verunglimpfen diese Kirchen, auch wenn sie mit dem »guten Glauben« ausgestattet sind, auf visionären Sakramenten zu beruhen, sogar ihre religiösen Sakramente zu Panazeen für alle gegen die Abhängigkeit von Tabak, Alkohol und Kokain. Selbst der »auf Ayahuasca basierende Schamanismus« in Peru wird als Entgiftungstherapie von Kokain gepriesen (Mabit 1996, Mabit et al. 1996)! *Wirkliche* Schamanen hingegen (und das meinen wir nicht respektlos – im Gegenteil) sind kaum Vorreiter für Nüchternheit – sie sind eingefleischte »Rauschsüchtige«!

Obwohl die neuspanische Kirche den Cocagebrauch verboten hatte, ist er doch von der Volksfrömmigkeit zu synkretistischen Legenden christianisiert worden: »Man sagt auch, die Jungfrau Maria habe auf ihrer Flucht nach Ägypten unter einem Cocabusch gerastet, ein paar Blätter gekaut und sich danach wieder frisch und zuversichtlich gefühlt. Einer anderen Legende zufolge soll Jesus den Strauch gesegnet haben, was zur Folge hatte, dass die Blätter fortan den Menschen Kraft verliehen und bei Ritualen verwendet wurden« (Wiedemann 1992: 8).

Oro verde de las Yungas – Das »Grüne Gold der Yungas«

Grünes Gold, Grüne Göttin
Grazil und geistreich
Gereizten Gaumens
Gönnt sie Gutes.
(CR)

In Lima, der Hauptstadt von Peru, heißt das beste und teuerste Fünf-Sterne-Hotel *La Oro Verde*, »das Grüne Gold« – Gold ist niemals Grün, aber das wertvolle Cocablatt ist grün. »Das Grüne Gold« ist Coca, nichts anderes.[43] Und das ist vielleicht das kostbarste oder wertvollste Gut, das Peru oder Bolivien bieten kann. 1938 wurde in La Paz ein Cocaclub namen El Oro Verde de Los Yungas gegründet. Dort gab es Coca und Kokain mit entsprechender Genehmigung (Zabala 1995). Koks ist das Gold der Berliner Zwanzigerjahre, natürlich ...

Das Grüne Gold ist immer noch die Coca, und es zieht sich allein schon als Name wie eine heftige Linie durch Raum und Zeit. In Kolumbien gibt es eine *Corporación Verde de Colombia (Covercol)*, die sich u.a. um Coca kümmert (Marco y J. 2000).

Das *oro verde*, das »Grüne Gold« ist das wahre Gold von Eldorado, dem Kerngebiet in *Cocalandia*. Aber die goldgierigen Spanier haben es nicht verstanden. Sie wollten Gold statt »Nahrung«.

Ein Cocazweig samt abgefallenen oder abgeernteten Blättern taucht sogar in einem Comix der Fabulous Furry Freak Brothers von Gilbert Shelton auf. Er liegt auf dem Amaturenbrett – *on the bus* –, vor dem vollgedröhnten Freewheelin' Franklin, der seinen alten Cadillac Bus auf Touren bringt.
(© R.O.P., Inc., 1983, »The Idiots abroad«, Part 2, *Rip Off* No 12, S. 61)

43 Auch wenn der engelsgläubige Bruno Vonarburg schreibt, »Das Blatt ist das ›Grüne Gold der Indios‹: Mate« (Vonarburg 2000: 56). Leider etwas daneben gegriffen; denn nur für die Jesuiten, die die Indianer Paraguays vernichtet haben, war Mate *(Ilex paraguariensis)* eine Art von Gold, nämlich »Kohle«. – Auch darf das mexikanische *Oro verde* nicht mit dem Cocablatt verwechselt werden. So wurde während des Mahagonibooms die südmexikanische Selva Lacandona der »Lakandonendschungel von Chiapas« genannt (Jan de Vos, *Oro verde: La conquista de la Selva Lacandona por los madereros tabasqueños, 1822–1949*, México: Fondo de Cultura Económica, 1983).

Interlude: Eine Begegnung mit Mama Coca

»Der alte Indianer streckt mir zur Begrüßung statt seiner Hand eine Tüte mit Cocablättern entgegen. Zögerlich greife ich hinein, nehme ein paar der trockenen, aber elastischen Blätter heraus. ›Siehst du den hohen Berg? Dort lebt die Erdgöttin Cocamama! – Ihr musst du die Blätter weihen, sonst beschützt sie dich nicht bei deiner Reise über die hohen Anden‹. Der Mann zeigt mir, wie ich aus drei Blättern einen kleinen Fächer zusammenlegen soll, ihn andächtig vor die Stirn halten und, dem Wohnort der ›Mutter der Cocapflanze‹ zugewandt, IHR weihen soll. Noch ganz andächtig drängt mich der Alte, mehr Blätter aus der Tüte zu nehmen, sie zu zerteilen, den harten Stiel zu entfernen. Ich war sehr gespannt, was mich erwarten wird. Obwohl ich mich seit Jahren mit indianischen Heilpflanzen beschäftige, habe ich noch nie Gelegenheit gehabt, die Cocablätter zu probieren. Ich stecke nach und nach eine ganze Hand voller vorbereiteter Blätter in den Mund. Ich kaue etwas auf ihnen herum, ohne sie zu zerbeißen. Ich bin überrascht. Sie schmecken so ähnlich wie grüner chinesischer Tee. Jetzt kratzt mein Gastgeber mit einem Messer ein graues Pulver von einem runden steinartigen Gebilde, das er llipta *nennt. Der Zusatz des Abgeschabten vom* llipta-*›Kuchen‹ ist essenziell. Ohne ihn würde das Blatt nicht wirken! – Diese chemische Erkenntnis manifestiert sich sogleich in meinem Mund.*

Als ich die durchspeichelten Blätter mit llipta *versetzt erneut in den Mund schiebe, erlebe ich eine Sensation. Zuerst spüre ich, dass es in meinem Priem werkelt. Irgendetwas geschieht. Ich presse mit der Backe den Cocabissen gegen meine Zähne. Explosionsartig verbreitet sich eine starke Betäubung in meinem Mund. Irgendwie erinnere ich mich an quälende Stunden beim Zahnarzt. Alles fühlt sich taub an, dennoch kann ich Lippen und Zunge bewegen. Kurz nach der überraschenden Betäubung bemerke ich die Veränderungen in Körper und Geist. Plötzlich bin ich hellwach, euphorisch, begeistert, sehe schärfer, habe das Gefühl, meine Umwelt intimer zu fühlen. Mein Atem wird tiefer. So tief, wie kaum jemals zuvor. Genüsslich ziehe ich die Luft ein. Meine Lunge freut sich. Ich komme mir vor wie ein alter Rennwagen, der mit einem neuen Kraftstoff gefüttert wird. Mein Geist rast los, fliegt über die schneeglitzernden Andenberge. Mein Körper wird mit einem Ruck zur Fortsetzung der Bergwanderung gepeitscht. Ich laufe die steilsten Stellen hinauf, springe in den Höhen herum wie eine Gemse. Keine Spur mehr von dünner Luft, keine Zeitlupenbewegungen auf den Bergkämmen. Voller Lust ersteige ich die Höhe. 4000 Meter – kein Problem!*

Ich kann's kaum glauben, denn ich erinnere mich nur zu gut an die Strapazen meiner letzten Himalaya-Wanderung. Aber jetzt geht mir nicht einmal bei 5000 Meter die Luft aus. Wirklich erstaunlich. Freunde hatten mich zwar auf diesen Effekt vorbereitet, aber ihn am eigenen Körper zu erleben, schlägt alles, alle Erwartungen. Zum ersten Mal kann ich mit den einheimischen Bergvölkern Schritt halten. Ich habe mich immer gewundert, wieso die Indianer durchs Gebirge ›laufen‹ können. Ich habe das Gefühl, als sei ich aufgetankt, als sprudele in mir eine ungeahnte Energiequelle. Ich ersteige Höhen, die mir zuvor unmöglich erschienen sind. Jetzt begreife ich. Coca ist eine Art Treibstoff für Bergwanderungen. Coca gibt Kraft. Mit Coca kommt man über den Pass.

An der höchsten Stelle – 5500 Meter – verweilen wir an einem Haufen von rohen Steinen. Es ist einer der vielen heiligen Orte des Hochgebirges. Mein Freund sagt zu mir, dass wir Mama Coca für ihre Hilfe ein Dankesopfer darbringen müssen. Er benutzt das Wort pagar, *›bezahlen‹, für opfern. ›Komm, lass uns die Erdgöttin bezahlen, denn sie hat uns bis zum höchsten Gipfel geführt und geschützt.‹ Was aber soll ich ihr opfern? Ich sehe, wie der Indianer die Reste seines Cocapriems in die Hand nimmt und liebevoll auf einem Stein ablegt. Ich tue es ihm gleich. Während er mir wieder Cocablätter anbietet, verlassen wir die Höhe, steigen herab, mit dem Gefühl, wohlgelenkt worden zu sein. So etwas habe ich noch niemals erlebt. Ich war überwältigt von der Erfahrung, mit Hilfe von ein paar Blättern und* llipta *so leicht und beschwingt durchs Hochgebirge wandern zu können. Zum Abschied erklärt mir der lächelnde Mann, ›Coca, das ist unsere Nahrung. Coca ist die Nahrung der Indianer‹.«* (CR)

Wie nimmt man Coca?

Es gibt zahlreiche Formen oder Methoden der Einnahme von Coca. Die meisten waren bereits in präkolumbianischen Zeiten bekannt. Manche sind erst jetzt, zum Beispiel von Jonathan Ott, entdeckt oder entwickelt worden. Lasst uns sehen!

Zubereitungen von Coca (im Überblick):
- Kauen – Mastikation – Priem (= Bissen/*quid*)
- Essen (als »Nahrung«)
- Tee (*Mate*)
- Alkoholischer Extrakt (*Jarabe, Vino de Coca* Cocawein usw.)
- Schnupfpulver (*rapé, snuff*)
- Äußerlich (Pflanzenpflaster, *poultice, emplasto*)
- Räucherung – *Incense/Incienso – Sahumerio*
- Rauchen
- Aromastoff (zum Beispiel für Coca-Cola, Quina-Coka, Inca-Cola usw.)

Coca kauen – Mastikation – Priem

»Manchmal kommt man sich wie eine Kuh, ein dummer Wiederkäuer vor. Das verschwindet mit der einsetzenden Kokainwirkung.«

Hauptsächlich werden Cocablätter »gekaut«. Ein etwas irreführender Begriff, da es sich mehr um einen Prozess handelt, bei dem einige Cocablätter gekaut und dann im Mund meist unter Zusatz einer alkalischen Substanz wie ein Priem mazeriert werden.

Man spricht auch von einem »Cocabissen« (*quid*). – Das, was man früher in Deutschland »Priem« genannt hat. – Ein Priem ist in erster Linie ein Kautabak, den man nach dem ersten Ankauen als Ablagerung in der Backe behält.

Das Auskauen von Pflanzenmaterial scheint ein archetypisches Verhaltensmuster des Menschen zu sein, der zu einem kulturellen Universalismus geworden ist. Man kann kauende Menschen überall auf der Welt antreffen. Dabei ist das Verhaltensmuster meist gepaart mit einer gewünschten psychoaktiven Wirkung, einem medizinischen Zweck oder einem psychologischen Effekt. Schon in der europäischen Jungsteinzeit wurden Birkenrindenstücke und Birkenharz wie Kaugummi gekaut. Übrigens ist das Kaugummi keine amerikanische Errungenschaft, sondern eine Erfindung der alten Maya. Sie benutzten den eingedickten Saft (Latex) des angezapften Zapotebaums (Maya *ya'*, *Manilkara zapota* [L.] VAN ROYEN) zum Kauen, u.a. als Zahn-

Typisches Straßenbild: Ein moderner *coquero*, ein Cocakauer, aus Salta (Nordwestargentinien), der genüsslich ein Blatt nach dem anderen in den Mund schiebt. Wenn die Blätter zerkleinert und eingespeichelt sind, wird dem Bissen etwas Natriumbikarbonat, Bica, zugefügt. Dann erst löst sich das Kokain und labt den Genießer mit seiner leistungssteigernden Kraft.

Wörter, die in Südamerika für Cocakauen benutzt werden:

acullicar	von *acullico*, »Priem«
bolear	von *bola*, »Ball«
coquear	von *Coca*, »koksen«
chachar	von *chacharear*, »schätzen«
mambear	von *mambear*, »mampfen«
mascar	von *mascada*, »Bissen, Happen, Kautabak«
masticar	von *masticación*, »kauen«
pichar	von vulgo *picha*, das in Spanien »Schwanz« bedeutet, in Mexiko hingegen »Fotze« (»Lecken«; Fellatio/ Cunnilingus)

pflege. In ganz Südostasien wird der Betelbissen (aus Betelnüssen, Betelpfeffer, Löschkalk, Gewürzen, Kampfer und Catechu) gekaut, so lange, bis einem alle Zähne schwarz angelaufen, verbogen oder ausgefallen sind. Das Kauen von Tabak (oft mit Aromata versetzt) hat sich weltweit verbreitet. In China und Siam kaut man fermentierte Teeblätter (*Camellia sinensis* [L.] O. KUNTZE) mit Steinsalz vermischt (so genannte *Miang*). In Thailand und Malaysia werden getrocknete narkotisch-stimulierende Kratomblätter (*Mitragyne speciosa* KORTHALS) ohne weitere Zusätze gekaut. Die Aborigines benutzen alkaloidreiche Pituriblätter (*Duboisia hopwoodii* F.V. MUELLER) als Priem. Die westafrikanischen Fang kauen die stimulierenden und visionären Blätter vom Alanstrauch (*Alcornea floribunda* MUELL. ARG.; auch *niando*). Im Yemen werden in nachmittäglichen Runden die frischen Zweigblätter vom stark erregenden bis narkotischen Katbaum (*Catha edulis* [VAHL] FORS.) gekaut. In Westafrika werden (frische) Colanüsse (*Cola* spp.) zerkaut. In Ostafrika werden rohe Kaffeebohnen (*Coffea arabica* L.) mit Zucker zerkaut. In Südafrika nutzt man Kraut und Wurzeln von Kougoed (»Kau gut«) oder Kanna (*Sceletium tortuosum* [L.] N.E. BR.) Seit dem Altertum werden auch Olibanumkugeln (Harz aus *Boswellia* spp.) wie Kaugummi verwendet. In Chile kaut man die mit bestimmten Meeresalgen vermischten Boldoblätter (*Peumus boldo* MOL.). Die mexikanischen Mazateken kauen und lutschen die psychoaktiven Blätter der Wahrsagesalbei (*Salvia divinorum* EPLING et JATIVA-M.). Wer weiß, was sonst noch alles gekaut wird? Man sieht, Coca hat viele »Verwandte«.

> Im Kontrollraum mixt sich der Techniker ein Sodabikarbonat und rülpst in seine Hand: [...] ... Bin ich ein Oktopus? Lass mal sehen ... Wie wärs mit der Indianermasche?
> WILLIAM S. BURROUGHS
> *Naked Lunch*
> (1999: 77)

Wenn man Coca alleine kaut, passiert nichts, das heißt, die gewünschte stimulierende Wirkung setzt nicht ein. Warum? Weil das im Blatt befindliche Kokain in einer unlösbaren Form vorliegt. Es muss aufgeschlossen werden. Das geschieht, wenn man den eingespeichelten und zerkauten Blättern eine alkalische Substanz zusetzt.

Das Cocakauen ist eine angewandte chemische Technologie für das tägliche Leben und für die Steigerung des Lebensgefühls. Mund und Rachen verwandeln sich zu einer Chemiefabrik, wenn Coca ein-

Zum Kauen der getrockneten Cocablätter werden die Blattstiele samt Blattader aus dem zwischen zwei Finger gelegten Blatt herausgetrennt. Die Blattadern enthalten zwar auch Kokain, können aber aufgrund ihrer Härte Verletzungen im Mund verursachen. Die Stiele samt Blattader bleiben zurück. Dort, wo man sie gehäuft sieht, war ein *coquero* am Werk.

Alkalische Additive zum Cocabissen

Pflanzenaschen (*llipta*, *lejía* usw.)
vermischt mit Stärke
(aus Maismehl, Kartoffelmehl usw.)

Kalkerden

Gebrannter/gelöschter Kalk aus:
Gestein oder Molluskenschalen
(Muscheln,
Meeresschnecken,
Landschnecken,
Süßwassermuscheln)

Chemikalien:
Natriumbicarbonat,
Kaliumcarbonat
Magnesiumsulfat

Backpulver
Hirschhornsalz

Glenn kaut begeistert Cocablätter auf einer Schifffahrt den Amazonas hinunter.

An einem Marktstand in Chulumani – *el mercado de la interzona* – werden körbeweise *lliptas* und industriell abgepackte Portionen von Natriumbikarbonat, zwischen Früchten, Gemüse und Panflöten, angeboten.

geführt wird. Die chemische Reaktion für die Befreiung von Kokain aus dem Blatt ist sehr deutlich zu spüren.

Die Mundschleimhaut wird oberflächlich betäubt, vom extrahierten Kokain. Ein Zeichen dafür, dass der *Priem* wirkt.

Wie haben die Indianer den chemischen Trick der Verbindung von Cocablättern und einer alkalischen Substanz entdeckt? – Niemand weiß es wirklich. Man kann die Schamanen fragen, die einem antworten, sie haben es aus Visionen oder Träumen gelernt. Man kann auch an die Zufallshypothese glauben, dass ein Indianer ein paar Cocablätter gegessen hat, die in die Asche des Herdfeuers gefallen waren.

Verschiedene bolivianische *lliptas*. Sie unterscheiden sich nicht nur in Form und Größe, sondern auch in der Art der Verpackung (Plastik, Bananenblätter, Rohrstücken), im Feuchtigkeitsgrad, in der Zusammensetzung (Kalke, Asche, Mehl, Zucker) und im Geschmack (salzig, scharf, beißend, süß).

> »Senden ist wie Atomkraft ... Wenn sie nützlich angewandt wird.« Zu diesem Zeitpunkt mixt sich ein After-Techniker einen Sodabikarbonat und drückt auf den Knopf, der die Welt zu kosmischem Staub reduziert.
> WILLIAM S. BURROUGHS
> *Naked Lunch*
> (1999: 200 f.)

Additive zum Cocakauen

(nach Aldunate et al. 1981, Antonil 1978, Fernandez Distel 1984, Plowman 1980 und 1984, Prance 1972a und 1972b, Schultes 1957, 1980 und 1983b, Schultes und Raffauf 1986 und 1990, Wiedemann 1979; modifiziert und ergänzt)

Name	Teil	benutzte Form
• Pflanzen		
Abrus precatorius L. (Paternostererbse)	getrocknete Blätter	Pulver
Amaranthus sp. (ataco, aromo)	Kraut ohne Wurzel	Asche
Aristeguietia (Eupatorium) discolor (DC.) King et Robinson (isphinhuy)	Kraut	Asche
Astrocaryum munbaca Mart. (rui-ré-gö-Palme)	Blätter	Asche
Baccaris tricuneata (L.f.) Pers. (tayanqa)	Kraut	Aroma
Brugmansia spp. (Engelstrompeten)	frische Blätter	frische Blattstücke
Cactaceæ speziell *k'achilana* (div.) (Kakteen)	Kaktusfleisch	Asche
Capsicum spp. (Chilipfeffer)	Frucht	Chilipulver
Cecropia spp. (*yarumo*-Bäume)[44]	frische Blätter	Asche
Cecropia ficifolia Warburg (wa-kö'-bö-ta)	Blätter	Asche
Cecropia palmata Willd.	Blätter	Asche
Cecropia peltata Linné (Ameisenbaum)	Blätter	Asche
Cecropia sciadophylla Martius (Guarumo, Setico)	Blätter	Asche
Cereus spp. (Saulenkaktus)	Stengel, Früchte	Asche
Chelonanthus alatus (Willd.) Pulle	Wurzel	Pulver
Chenopodium ambrosioides L. (Traubenkraut, Mexikanisches Teekraut)	ganze Pflanze	Asche
Chenopodium hircinum Schrad. (yuyo, quinoa, ch'api)	Kraut	Asche
Chenopodium pallidicaule Aell. (cañihua)	ganze Pflanze	Asche
Chenopodium quinoa Willd. (quinoa, Reismelde, Reisspinat)	ganze Pflanze	Asche
Chenopodium spp. (ajarilla, illincoma)	Kraut ohne Wurzel	Asche

44 In Amazonien gibt es zirka 15 Arten der Gattung *Cecropia*, von denen viele ethnobotanisch genutzt werden (Berg 1978), sowie Marihuanasubstitute *(Cannabis indica)*.

Der Pasacana-Kaktus (*Trichocereus pasacana* [Webb.] Br. et R.) wächst im Punagebiet von Nordwestargentinien. Er wurde zur Inkazeit zusammen mit Coca benutzt.

Der Ameisenbaum (*Cecropia* sp.) liefert Blattasche für das Cocakauen.

Name	Teil	benutzte Form
Cleistocereus sp. (Säulenkakteen)	Stengel, Früchte	Asche
Cortaderia atacamensis (PHIL.) PILG. (cortadera)	Blüten	Asche
Costus amazonicus (LOES.) MACBR. (nã'-ka)	Blätter	Asche
Costus erythrocoryne K. SCHUM.	Blätter	Asche
Cyperus spp. (chundur, Zypergras)	Wurzel	frisch
Diplotropis martiusii BENTHAM (ko-ma'-ma)	Blätter	Asche
Distictella pulverulenta SANDW. (»Liane für Coca-Asche«)	Blätter	Asche
Eupatorium sp. (suytu suytu, Wasserdost)	Kraut	Aroma
Helianthus annuus LINNÉ (Sonnenblume)	Blütenblätter	Asche
Heliconia sp. (Papageienschnabel)	Wurzel	Asche
Hibiscus abelmoschus L. (syn. *Abelmoschus moschatus* MEDIK.) (ush ni'in; Abelmoschus)	Samen	frisch
Ipomoea batatas (L.) LAM. (Süßkartoffel)	Rhizom	Mehl
Iriartea exorrhiza MARTIUS (Paxiúba-Palme)	Blätter	Asche
Musa X *paradisiacum* L. (Banane)	Wurzel	Asche
Musa sapientum L. (Banane)	Bananenblätter	Asche
Musa spp. (Bananen)	Blätter Wurzeln	Asche Asche
Mussatia hyacinthina (STANDL.) SANDW. (Chamairo)[45]	Rinde	Rindenstücke
Myrica acuminata (umsim)	Samen	frisch
Myroxylum balsamum (L.) HARMS. (ta'atsa, Perubalsam)	Samen	frisch
Nicotiana tabacum L. (Tabak)	Blätter	Paste *(ambíl)*, Pulver
Octea opifera MARTIUS (ishpingo)	Früchte	Asche[46], Pulver

45 Chamairo kann auch pur gekaut werden; dann hat es eine leicht euphorisierende Wirkung (PLOWMAN 1980: 258; vgl. auch CÁRDENAS 1989: 307).

46 Dieser Zusatz soll nach Angaben der Taiwanos die Coca stärker und für bestimmte rituelle Tänze »besser« machen (SCHULTES 1983a: 258, SCHULTES und RAFFAUF 1990: 170).

Name	Teil	benutzte Form
Octea simulans C.K. ALLEN	Blätter	Asche
Palmæ (Palmen, diverse)	Blätter	Asche
Peperomia sp. (shugués, shopenín)	Kraut	frisch
Plumbago coerulea HBK. (asul ñuqchu, Bleikraut)	Kraut	Asche
Portulacca oleracea LINNÉ (verdolaga, Portulak)	Kraut ohne Wurzel	Asche
Pourouma cecropiaefolia MART. (Curúra, uva de monte)	Blätter	Asche
Protium heptaphyllum MARCHAL (Breuzinho, »Copal«)	Harz	Rauch (»incensed coca«)
Puya weberbaueri MEZ (tayñu, eine Bromelie)	Blüten, getrocknet	Asche
Scheelea princeps (MART.) KARST. (motacú-Palme)	Blütenscheide	Asche
Schinus molle LINNÉ (Pfefferbaum, Molle)	Früchte	Rotes Pfefferpulver
Scleria cattarinensis BOEK. (yuts-kái)	Wurzel	frisch
Scutellaria racemosa PER. (cháyuts)	Kraut	frisch
Senecio sp. (chula-chula, Kreuzkraut)	Blätter	Blattstücke
Solanum topiro HUMB. et BONP.	Samen	Pulver
Solanum tuberosum L. (Kartoffel)	Knolle	Kartoffelmehl
Stylogyne amplifolia MACBRIDE	Blätter	Asche
Styrax anthelminticum SCHULTES (Storaxbaum)	Rinde	Asche
Styrax spec. nov. (Storax)	Rinde	Asche
Suaeda aff. *divaricata* MOQ. (jume)	Kraut ohne Wurzel	Asche
Tachia guianesis AUBLET	Blätter	Pulver
Tachigalia cavipes (SPR. ex BTH.) MACBRIDE	Rinde	Pulver
Tachigalia paniculata AUBLET var. *comosa* DWYER	Blätter	Asche[47]
Tagetes pusilla HBK. (Studentenblume)	Blätter	frische Blätter
Theobroma cacao L. (Kakaobaum)	Früchte	Asche
Theobroma spp. (wilder Kakao)	Blätter	Asche

47 Die unreifen Fruchtschoten von der nah verwandten *Tachigalia ptychophysca* SPRUCE ex BENTHAM werden als Aphrodisiakum geschätzt (SCHULTES 1978a: 184).

Die großen Schalen der Braunen Kronenschnecke (*Melongena melongena* L.) aus der Karibik werden von den Kogi-Indianern am Strand gesammelt, um daraus gebrannten Kalk für das Cocakauen zu gewinnen.

Name	Teil	benutzte Form
Trichocereus pasacana (WEB.) BR. et R. (Pasacana-Kaktus)	Blüten, Früchte ohne Samen	Asche
Trichocereus sp.	Frucht	Asche
(San Pedro-Kaktus[48])	»Fleisch«	Asche
Vernonia sp. (ein Korbblüter)	Stengel	Asche
Vicia faba LINNÉ (Fababohne]	Wurzel	Asche
Vochysia ferruginea MARTIUS	Blätter	Pulver[49]
Zea mays LINNÉ (Mais)	Maisgriffel, Stengel, Kolben	Asche
• Tiere		
Knochen diverser Tiere	Asche	
Conchylien, Mollusken (Auswahl):		
Melongena melongena L.	Schale	gebrannter Kalk
Venus spp. (Venusmuscheln)	Schale	gebrannter Kalk
Strombus spp.:	Schale	gebrannter Kalk
Strombus gigas L. (Riesenflügelschnecke)		
Strombus raninus GMELIN		
Strombus gallus L.		
Strombus galeatus L.		
Strombus pugilis L.		
Landschnecken, div.	Schalen	Löschkalk
• Mineralien		
Kalkstein (*mombi, mambe, ishku*)		gebrannter Kalk/ gelöschter Kalk
Stalaktiten/Stalagmiten		gebrannter Kalk
Ton		getrocknet oder gebrannt
Erde		kalkhaltig
• anderes		
Backpulver, Soda		Pulver
Hirschhornsalz		
Natriumbikarbonat *(bica)*		
Zuckermolasse		Saccharose
Maniokmehl *(fariña)*		Stärke

48 Die Mataco benutzen unter dem Namen San Pedro, »Sankt Petrus/hl. Peter«, eine bisher unbeschriebene *Trichocereus*-Art.

49 Der Zusatz dieses Blätterpulvers zur Coca soll die durch das ständige Cocakauen auftretenden wunden Stellen im Mund verhindern und heilen (SCHULTES 1977: 117).

Die Cocaadditive (Pflanzen, Tiere und Mineralien) sind ein noch weites und offenes (chemisches und ethnopharmakologisches) Forschungsfeld. Ebenso die Pflanzen, deren indigene Namen das Wort *coca* oder *cuca* enthalten (und von der eigentlichen Cocapflanze mit einem »Vor-« oder »Nachnamen« – ganz ähnlich dem binomalen System nach Linnæus – eine Art Spezifizierung erfahren. In diesen und jenen Gewächsen mögen noch viele Substanzen verborgen sein, bekannte oder unbekannte Alkaloide oder nonalkaloidische Stimulanzien enthalten sein. Auch ist es notwendig, den enthomedizinischen Gebrauch der Additive weiter zu erforschen, solange es noch geht. Denn eines ist klar: Die Indianer benutzen all diese Pflanzen aus guten Gründen, aufgrund ihrer empirischen Erfahrung, nicht aus einem ihnen angedichteten »Aberglauben«. Ihr Wissen ist Entheobotanik = schamanische Wissenschaft. Das Zusetzen von Additiven kann Synergismen erzeugen, von denen wir noch gar keine Ahnung haben. Der Gebrauch von Kombinationen ist ethnobotanische Kunst, die Kunst der Wirkungssteuerung oder -verfeinerung.

Coca ist nicht nur mit Additiven versetzt, sie wird auch als ein rituelles Kompositum innert schamanischer Rituale und selbst als ein Additivum anderen Substanzen, wie Tabakbereitungen (Pasten), Ambíl, Cimora und Ayahuascagebräuen, in Asien sogar den Betelbissen, zugesetzt.

Die Gewinnung von Kalk

Der Zusatz von Kalk zu gekauten Pflanzen ist weltweit verbreitet. In Asien wird dem Betelbissen gelöschter Kalk stets zugesetzt, damit sich das stimulierende Arecolin aus der Betelnuss (*Areca catechu*) besser löst. Oft wird Kautabak mit Kalk versetzt, ebenso der Pituribissen der australischen Aborigines.

Weit verbreitet ist der Gebrauch von gelöschtem Kalk als Zusatz für Ipadú und als Hauptptanteil von Llipta. Dazu wird der Löschkalk auch mit Pflanzenaschen und Mehlen (aus Kartoffeln, Maiskörnern, Quinoasamen, Bananen- oder Maniokmehl) zu »Kuchen« verbacken.

Der Löschkalk für Ipadú wird in Amazonien häufig aus den gebrannten und gelöschten Schalen von Landschnecken gewonnen. Die Kogi benutzen nur Conchylien von Meeresschnecken und -muscheln, die sie auf Pilgerfahrten am Strand der Karibik sammeln. Sie tragen sie zurück in ihre Bergdörfer. Dort werden sie auf Holzfeuern gebrannt, mit Wasser gelöscht und zermahlen in die *poporos*, Flaschenkürbisse, (*Lagenaria siceraria* [MOL.] STANDLEY) gefüllt: »Frischer Kalk in den *poporos* be-

llipta-Kuchen aus Löschkalk und Mehl, auf Cocablättern.

Die beiden Conchylien: links *Strombus galeatus*, rechts *Spondylus princeps*.

Präkolumbianisches Tongefäß (7 cm hoch) der Inkazeit für die Aufbewahrung von Löschkalk oder *llipta* zum Cocakauen. Man kann einen Spatel hineinführen oder bequem mit dem Finger das Pulver auftupfen (Privatsammlung).

»Coca y Bica« (Nordwestargentinien)

flügelt die Sinne der Männer« (BAUER 1996). Möglicherweise haben auch die Moche die Schalen von Land- und Meeresschnecken (zum Beispiel *Neoraimondia arequipensis, Strombus galeatus*) ihrer Coca zugeführt (vgl. BOURGET 1990).

Zur Chemie des Kalks

• Kalk
Calcit, Kalzit, Kalkspat, Aragonit, Limestone
Calciumcarbonat, Kalziumkarbonat, Calcium carbonate
Summenformel: $CaCO_3$
Daraus entsteht Brennkalk: $CaCO_3 \rightarrow CaO + CO_2 \uparrow$

• Gebrannter Kalk
Brennkalk, Ätzkalk, Slaked Lime
Calciumoxyd, Kalziumoxid
Summenformel: CaO
Daraus entsteht Löschkalk: $CaO + H_2O \rightarrow Ca(OH)_2$

• Gelöschter Kalk
Löschkalk, Lime
Calciumhydroxyd, Kalziumhidroxid
Summenformel: $Ca(OH)_2$

Die bolivianischen und peruanischen Verpackungen der *Trimate*, der drei Tees, der drei Nornen, der drei Hexen, der drei Welten, der drei Zeiten, der drei Universen.

Tee oder Mate?

Das Wort *Mate* wird in Europa für den koffeinhaltigen Kräutertee aus Paraguay, auch Paraguaytee genannt (aus der Stechpalmenart *Ilex paraguaiensis*), benutzt. In Südamerika bedeutet *mate de ...* ebenfalls »Kräutertee aus ...«
Matetee wird in Paraguay und Argentinien aus einem Flaschenkürbis (auch *Mate* genannt) getrunken. In vielen indianischen Kulturen wird ebenfalls das Cocapulver aus genau solchen Kürbisflaschen (*poporo*) konsumiert. *Mate zu mate ...*
Kürbisflaschen sind in vielen Kulturen das Symbol der traditionellen Medizin (zum Beispiel China, Kreta, Korea, Japan, Nepal).

Aroma de los Yungas – »Der Duft der Yungas« – *Mate de Coca* und *Trimate*, so heißen die in Pappschachteln gepackten Teebeutel der Industria Boliviana, aus »garantiert ökologischem Anbau«.

Mate de Coca ist ein aufzubrühender Tee aus Cocablättern, sonst nichts. Die Coca hat in den Yungas einen besonders guten Geschmack, der von den dort lebenden Menschen, Indianern, Mestizos und Negritos, als *dulce*, »süß«, beschrieben wird.

Trimate ist ein Kräutertee für den Genuss und ein Gesundheitstee zur Behandlung von Magenweh: *Contiene porcentajes balanceados de proteínas, vitaminas y minerales, que la hacen benefiosa para la salud*, steht auf der Verpackung: »Enthält eine ausgewogene Menge an Proteinen, Vitaminen und Mineralstoffen, die der Gesundheit nützlich sind«.

Trimate bedeutet »Tee aus drei Bestandteilen«. In diesem Rezept besteht die dreiheilige Einigkeit aus Cocablättern (Coca), Kamillenkraut (*manzanilla, Matricaria chamomilla* L.) und Anissamen (*anís* oder *matalawa, Pimpinella anisum* L.).[50]

50 In den 1980er Jahren tauchten in US-amerikanischen Health Food Stores Teemischungen mit Coca auf. Die bekannteste hieß *Health Inca Tea*, »Gesundheitstee der Inka« oder HIT. Sie bestand aus Trujillococablättern (*E. novogranatense* var. *truxillense*), Blättern der Baumleguminose *Inga feuillei* DC., der als Schattenspender für Cocapflanzungen dient, und Zitronengras (*Cymbopogon citratus* [DC.] STAPF). Der Tee wurde schon bald verboten und *dem Markt* entzogen (SIEGEL et al. 1986).

Die Callawaya-Ärzte im indianischen Amerika waren und sind zum Teil noch heute so etwas wie die barfüßigen Wanderärzte in China. Sie haben eine Pharmakopöe von Coca bis Kamille (Illustration aus: Guaman Poma de Ayala, 1944, Blatt 133).

Eine bolivianische Cocasalbe für medizinische Zwecke: *Pomada Antitumoral*, »Anti-Tumor-Pomade«, gut gegen Hämorrhoiden, Ischiasprobleme, Rheumatismus, Krampfadern, Arthritis, Zysten, Tumoren, Verbrennungen. Die Salbe ist eine Emulsion aus Fett und einem Cocaextrakt. In vorspanischer Zeit wurden wohl schon ähnliche Salben aus Cocasaft und Lamafett zubereitet.

Kamille ist ein altweltliches Gewächs, das erst nach der Konquista in Südamerika eingeführt, aber sofort in den Arzneischatz der Callawaya aufgenommen wurde (Oblitas Poblete 1992: 238). Das Kraut wird auch medizinisch gekaut, bei schlechtem Atem und Mundfäule. Auch der Anis stammt aus Europa. Das Rezept ist also eine deutsch-amerikanische Freundschaft.

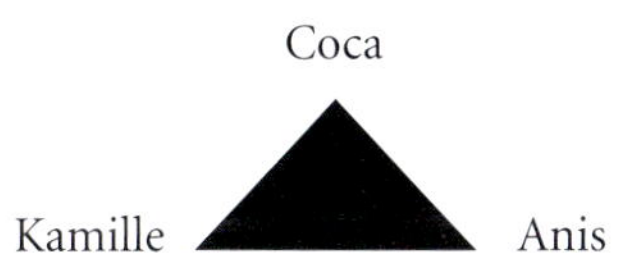

Ein Teebeutel enthält 2 Gramm der Mischung. 5 bis 10 Minuten aufbrühen.

Cocasenso – Coca als Räucherstoff: sahumerio

»Als ich verschiedene Räucherharze aus La Paz und Chulumani im Markt *erworben und auf einen Teppich getrockneter Cocablätter zum Fotografieren ausgebreitet hatte, kam das Hotelpersonal herbei und fragte ganz interessiert, aber ungläubig und fast etwas argwöhnisch, ob ich eine* mesa *oder eine Divination machen würde. Ob ich die Zukunft ergründen, vielleicht sogar ihnen erschließen könne? Ob ich ihnen* buena suerte, *›Gutes Glück‹, prophezeien könnte? Sie gar von quälenden Sorgen und Leiden befreien würde? – Diese liebenswerten Leute vom Personal waren sehr enttäuscht, dass ich kein* yatiri *oder Wahrsager war, um ihnen ihr Schicksal mitzuteilen. Ich sei nur ein* loco gringo, *ein verrückter Wissenschaftler, der Räucherstoffe erforscht. Beim Wort* loco *bemerkte ich eine verhohlene Zustimmung und ein schmales Grinsen, aber auch Achtung vor der Fremdartigkeit. Ich befand mich mal wieder in der* Interzone.« (CR)

> Bei den großen Opfern, welche die Priester brachten, räucherten sie mit dem Blatte der Coca, bestreuten die Opfer mit demselben und opferten auch die Pflanze selbst den Göttern.
> (Bibra 1855: 152)

Manche Schamanen bauen die Brücke aus Cocarauch in die andere Wirklichkeit durch Räuchern mit Cocablättern. Am Rauch hochklettern, vom Rauch getragen werden, durch den Rauch die Verbindung schaffen, zwischen hüben und drüben.

In Lateinamerika wird der Begriff *sahumerio* für Weihrauch (auch *sahumadura*) oder eine variable Mischung mehrerer Ingredienzien für Räucherwerk (Räucherpulver), für das Räuchern *an sich* (*sahumar*) oder für den Räucherkelch bzw. die Räucherpfanne (*sahumador*) benutzt. Das Wort *sahumerio* ist möglicherweise ein Lehnwort aus dem Arabischen, schon früh von den Spaniern von den iberischen Mauren übernommen.

Das Räuchern hat in *Cocalandia* eine gewisse Bedeutung bei Opferfesten und Heilzeremonien, wie überall in der Welt (Rätsch 1999).

Räuchern von Harzen ist keine Erfindung oder Entdeckung der katholischen Kirche. Weihrauch[51] auch nicht. Räucherstoffe gibt es in allen Kulturen; ihr Gebrauch reicht wahrscheinlich bis zur Entdeckung des Feuers zurück. Sie sind ein Vermächtnis der Schamanen aller Kontinente, kein gepachtetes Gut des Vatikans.

51 Das Wort »Weihrauch« kann sowohl Olibanum, den *echten Weihrauch*, das Harz von *Boswellia sacra*, benennen oder als genereller Name für harzige Räucherstoffe benutzt werden (ein Übertaxon).

Das Räuchern ist der Vorläufer des Rauchens, denn Rauchen ist eine konzentriertere Form der Inhalation von Rauch oder Dampf – eine effektivere Methode der olfaktorischen oder pharmakologischen Überflutung der Schleimhäute des Atemapparats.

Räuchern ist sowohl ein alchemischer Prozess – die durch Feuer eingeleitete Verwandlung der Materie – als auch eine Kontaktaufnahme mit der Natur, durch Chemikalien (Duftstoffe und Alkaloide), olfaktorische Botenstoffe oder auch Pheromone (= Sexuallockstoffe) erzeugt.

coca@mixtura:

Cocablätter sind seit vorspanischen Zeiten rituell genutzte Räucherstoffe. Die Inkapriester räucherten pure getrocknete Cocablätter an ihren *huacas*, vor allem an Bergheiligtümern, um mit dem schamanischen Jaguargott und ihrem höchsten Sonnengott Kontakt aufzunehmen. Heute werden sie zum Räuchern meist mit Harzen verschiedener Herkunft gemischt: so genannte Copale, Sangre de Drago (spanisch »Drachenblut«), Breuzinho, *incienso* (spanisch »Weihrauch«).

Die schamanischen Räuchermischungen bestehen im Wesentlichen aus pharmakologisch wirksamen Pflanzenteilen wie Blättern oder Samen und einem aromatischen Harz: Pheromonale und alkaloide Komponenten.[52] – Zum Beispiel:

Bilsenkrautsamen oder -blätter und Tannenharz (Germanien)
Lorbeerblätter und Olibanum (Antike)
Stechapfelsamen und Copal oder Pinienharz (Südmexiko)
Zauberpilze mit Copal (Mazateken in Oaxaca/Mexiko)
Stechapfel und Benzoë (Südostasien, speziell Malaysia)
Tabakblätter und Breuzinho (Amazonien)
Tabak und Perubalsam (Lakandonen/Mexiko)
Tabak und Pinienharz (Puebloindianer)
Tabak und Vanille (im internationalen Handel)
Myrte und Ladanum (Griechenland)
Hanf und Opium (Asien)
Steppenraute und Salaban-Harz (*Boswellia* sp.) oder Haschisch (Marokko)
Stechapfel und Haschisch (Nepal)
Chilischoten und Copale (Mittel- und Südamerika)

Cocablätter und Harze verschiedener Herkunft werden auf die gleiche Weise zum schamanischen Weihrauch vermischt, sozusagen »verheiratet«. *Another chemical marriage*, die Vereinigung der Pole. – *All chemical!*

Die Samen oder harten Teile (die getrockneten Blätter) sind das männliche Element, die Harzausscheidungen das weibliche. Wie männlich und weiblich, wie Sperma und Sekretion, wie Himmel und Erde. *Again another chemical marriage!*

Es ist durchaus möglich, dass beim Verbrennen oder Verdampfen einer dieser Mischungen pyrochemisch neue Substanzen entstehen, die anders duften oder wirken. Ein noch völlig unerforschtes Feld. Die Verbindung zwischen Alkaloiden und Pheromonen könnten stärker wirksame Synergismen auslösen (vgl. Jaenicke 1998).

Gerüche sind chemische Stoffe, die in der Nase des Menschen pharmakologische Reaktionen auslösen, die mit dem Gedächtnis und den Kognitionen verbunden sind. Deswegen sind Räucherungen, pyrochemische Prozesse und andere olfaktorische Faktoren in Ritualen von großer Bedeutung. Im Prinzip sind alle Gerüche psychoaktiv, denn sie beeinflussen unser Verhalten und Gedächtnis. Sie lassen uns auf dem *Markt* die Auswahl von Gemüse treffen, sie können Erinnerungen wachrufen, sie lassen uns in Begeisterung schwärmen oder sexuell erregen.

Der bolivianische Räucherkelch heißt heute *bracero* (Castillano, wörtlich »Wurf«), eine Anspielung auf den Wurf der Divinationsblätter, währenddessen geräuchert wird. Die Form des tönernen Kelchs geht auf ähnliche Gefäße aus der Inka-, sogar Prä-Inkazeit hervor.

52 Es gibt auch viele schamanische Räucherstoffkombinationen aus *drei, vier, fünf, sieben, neun* oder *dreizehn* Ingredienzien – weltweit (vgl. Müller-Ebeling et al. 2000).

Coca y goma – Coca und Gummi

Goma = Gummi ist ein gummiartiges Harz, das zu Beginn des Cocarituals oder der Divination geräuchert wird. Der Rauch öffnet die Kanäle zu anderen Welten und Bewusstseinszuständen.

Die Stammpflanze von *Goma guta* wird als *Garcinia morella* oder *Hebradendro cambiogioides* Graham von Oblitas Poblete (1992: 181) identifiziert. Bei Cárdenas (1989) wird ein *goma del Perú* als ein Harz von verschiedenen Bäumen aus der Familie der Hülsenfrüchtler oder Leguminosæ beschrieben. Das Harz könne von verschiedenen Bäumen, die im bolivianischen Castillano als *algarroba*[53], *vilca* oder *espino* (= *ishpingo*) bezeichnet werden, stammen. Er nennt die botanischen Namen *Prosopis juliflora* (Sw.) DC., *Piptadenia macrocarpa* Benth.[54] und *Acacia macrantha* Humb. et Bompl. (Cárdenas 1989: 229). *Goma* soll nach Aussage der *Markt*-Frau von Chulumani ein »großer Baum« sein.

Aber das Harz, das wir unter dem Namen *incienso de goma* in Chulumani erworben haben, riecht beim Verdampfen sehr ähnlich wie ein Pinienharz (von *Pinus* spp.).

Weihrauch auf der *mesa*

Das spanische Wort *mesa* bedeutet eigentlich »Tisch«. Es ist aber heute, auch als Lehnwort im Aymara und Quechua, Bezeichnung für einen Altar – entweder im Haus fest installiert oder im Freien bzw. temporär in Gebäuden errichtet. Die *mesa* wird auch *misa* genannt und volksetymologisch auf spanisch *misa*, »Frühmesse«, oder *quizás*, »Umstände«, zurückgeführt, eine Anspielung auf den sakralen Charakter; sie ist eine Opfergabe, sie gilt als »Nahrung für die Götter« (Carter und Mamani 1986: 428).

Die *mesa* der Yatiris, Wahrsager, Heiler, Callawaya und Schamanen ist ein auf dem Boden, auf Pachamama, auf Mama Cocas Erde, ausgebreitetes rechteckiges Tuch. Darauf werden, je nach persönlicher Note und/oder für den Zweck des Rituals, verschiedene Ritualobjekte, Cocablätter, Tabakabsude, Räucherstoffe, Blumen, Parfümflakons, Eau-de-Toilette-Flaschen[55], Amulette, Nahrungsmittel, Schnaps usw. aufgestellt. Die *mesa* ist ein symbolisches Abbild des Kosmos, eine Art entheogene Landkarte, eine Schnittstelle der Wirklichkeiten. Sie kann zum Tor für Reisen in andere Welten werden, sie kann ein topografischer Wegweiser für das Navigieren beim magischen Flug werden. Sie ist ein Transmitter zwischen dem Heiler/Wahrsager, dem Ratsuchenden oder Kranken und der Anderswelt. Auf der durch Räuchern zum Leben erweckten *mesa* tanzen die Götter und Geister. Sie dienen dem Wahrsager, geben ihm Antworten, Hinweise und stellen ihm Aufgaben. Sie sprechen durch Rauch, Tabak und Schnaps. Sie duschen in den *florida*-Fontänen, die der Wahrsager durch seine Zähne und Lippen prustet: billiges Kunstparfüm, Toilettenwässerchen oder traditionell hergestellte *aguas floridas*.

Solche *mesas* werden nicht nur in entlegenen Landstrichen unter der indigenen Bevölkerung ausgeführt, sondern auch von Indianern oder Mestizen für die urbane Oberschicht in den städtischen Zentren. So kommt es vor, dass neben einem McDonalds-Restaurant eine *mesa* abgehalten wird. Dass Anzug tragende, moderne Geschäftsleute heimlich zu archaischen Ritualen stoßen

Calvario (Calvary, der Ort der Kreuzigung von Jesus), ist ein Platz, an dem die Yatiri, die traditionellen Heiler der Aymara, die nicht christlich sind, ihre Heilrituale und Cocadivinationen ausführen, für den Schutz der Zeremonie (*mesa*) räuchern sie Goma, rauchen Tabak zum eigenen Schutz. Und versprühen Alkohol aus dem Mund.

Martes y Viernes (mittwochs und freitags) werden solche Rituale bevorzugt ausgeführt, sogar in La Paz. Bei diesen Treffen wird mit *sahumerios* gegen die *brujería* (= »Hexerei«) geräuchert. Spät nachts, meist um Mitternacht, wird die Räucherung zusammen mit Zigarren (*puros*), Cocabissen und reinem Alkohol (*alcohol potable*) benutzt.

Die *mesa* ist eine Opfergabe, die am Ende des Rituals als eine Art Räucherstoff im Ritualfeuer verbrannt wird. Solche *mesas* werden unter Anrufungen und Gebeten auf einem Stück Papier komponiert und dienen verschiedenen Zwecken. Mit der *mesa dulce*, der »süßen *mesa*«, werden die Schutzgottheiten erfreut, mit der *ch'iyar mesa* oder *mesa negro*, »Schwarze *mesa*« (»Schwarze Messe«?), wird schwarze Magie betrieben (Liebeszauber, Schadenzauber, Todeszauber), mit der *mesa blanca*, »Weiße *mesa*«, oder *janq'u misa* wird Schutz vor den Krankheiten des Blitzes gesucht, mit der *chiwchi misa* oder *mesa de pollo*, »Hühner-*mesa*«, wird Schutz vor den *limpu*-Krankheiten und dem *ch'ullpa*-Syndrom

53 Unter diesem Namen werden gewöhnlich die *Prosopis*-Bäume versammelt, aus deren bohnenartigen Früchten *chicha*, eine Art Bier, fermentiert wird.

54 Vermutlich synonym mit *Anadenanthera colubrina*, dem Baum, der von einigen südamerikanischen Schamanen, vor allem denen der Mataco/Wichi, als Schnupfpulver zusammen mit Coca genutzt wird (vgl. Torres 1998).

55 In Bolivien wurde einmal von Leopiero Galleani ein Eau de Toilette namens *Cocaína* mit dem Werbeslogan *El encanto de la osadía*, »Der Zauber der Kühnheit«, und Bildern einer schönen Kokette auf *den Markt* gebracht (Zabala 1995: 64).

(allgemeine Schwäche) erhofft, mit der *tira misa* oder *k'oa mesa* bedankt man sich für die Früchte der Erde, den Ernten der Pachamama, mit der *nanq'a misa* oder *sajra misa* beschwichtigt man die bösen Geister (*sajra*), den »Schrecken« (*susto*) und die »schlechten Winde« (*vientos malos*), mit der *alta mesa* werden spezielle Krankheiten, vor allem postnatale Beschwerden, behandelt (Carter und Mamani 1986: 428 f.). All diesen Opfer-*mesas* dienen Cocablätter als absolut notwendige Grundlage.

Ein Masaw-Schamane beim Zubereiten einer *mesa* für Pachamama – *para el mundo* –, in den alten Inkaruinen von Tipón. Zuerst werden die Cocablätter Himmel und Erde geweiht und dann auf das Papier gelegt. Dann werden Nahrungsmittel, Gewürze, Räucherstoffe und Schnäpse hinzugefügt.

Rezept für die *ch'iyar misa*, die »Schwarze *mesa*«:

3 getrocknete Seesterne
1 *cabeza negra* (»schwarzer Kopf«: Same von *Caryocar amigdaliferum*, der die Signatur eines Lockenkopfes offenbart)
2 *tuxlulu*-Samen (*Astrocaryum chonta* Mart., Chontapalme)
2 *cuti wainuchu* (nicht identifiziert)
2 Klumpen *copal rojo* (»Roter Copal«)
2 Klumpen *copal blanco* (»Weißer Copal«)
2 Stück *q'uru blanco* (nicht identifiziert)
2 Stück *q'uru negro*
3 Stengel von *waji* (*Aristolochia maxima* L., Große Pfeifenblume)
4 Wurzelstücke von *qata* (*Valeriana montana* oder *V. coarctata* R. et P., Bergbaldrian)
1 Rosine
1 *chuwi*-Bohne (*Phaseolus vulgaris* L.)
1 *cuti moscada* (*Bactris speciosa*)
1 Hand voll einer Mischung aus:
 cola de caballo (*Equisetum hyemale* L., Schachtelhalm)
 k'ili-k'oa-Zweige (*Diplostephyllum* sp. ?)
 tika-k'oa-Zweige (*Diplostephyllum* sp. ?)
 matico-Blätter (*Artanta elongata* Miq.)
 lampaya-Blätter (*Arctium lappa* L., Große Klette)
 etwas *retama* (*Spartium junceum* L., Besenginster)
1 Stück *wira wira* (*Gnaphalium vira vira* Mol., Ruhrkraut)
1 Stück *llama untu* (getrocknetes Lama-Embryo)
und reichlich Cocablätter (auch zum Verteilen an die Teilnehmer)

Rezept für eine *alta mesa*, eine »Hohe *mesa*«:

12 Cocablätter
einige Knoblauchzehen (*Allium sativum* L.)
Prisen von:
alcea (*Alcea rosea* L., Stockrose)
antacusma (*Krameria triandra* R. et P., Ratanhia)
margarita (*Bellis perennis* L., Gänseblümchen)
altamisa (*Artemisia vulgaris* L., Beifuß)

Coca und Copal

Diese Mischung aus Cocablättern und Copalharz(en) (*copales*) wird rituell zum Divinieren und Opfern sowie medizinisch geräuchert.

Angeblich ist *Himenaea* (sic!) sp. bzw. *Hymenaea courbaril* L., der Heuschreckenbaum, oder *Courbaril* (Deimel und Ruhnau 2000: 229) die Stammpflanze, die sowohl in Quechua, Aymara und Castellano mit dem aus Mexiko stammenden Namen *Copal* bezeichnet wird. Dass das Wort *Copal* in Bolivien gebraucht wird, ist recht merkwürdig. Es stammt aus Mexiko, aus dem Nahuatl, der Sprache der konquistierten Azteken: *copalli*.

Das Harz ist sehr leicht und weiß; es kommt in großen Stücken, die wie Versteinerungen eines Ausflusses aussehen. Es stammt vermutlich nicht von einer *Protium* sp. (Burseraceae). Aber der Geruch hat gewisse Ähnlichkeiten mit dem echten Copal aus Mesoamerika *(Protium copal)* oder dem amazonischen Breuzinho *(Protium heptaphyllum)*.

Es wird auch als das Harz von *Protium puniculatum* Macbr. oder *Protium llewelynii* Marcr. identifiziert (De Lucca und Zalles 1992: 107, 326). Auf Quechua und Aymara heißt es *kupal*, *kupala*, auch *guarayo* oder *isiga* genannt. Dass es das Wort *kupal* in Südamerika gibt, zeigt, dass es wohl einen intensiven Austausch zwischen Meso- und Südamerika gegeben hat.

Der bolivianische Copalweihrauch wird von den Callawayas medizinisch bei Kopfschmerzen inhaliert. Er soll auch gegen Schlangenbisse helfen (Oblitas Poblete 1992: 139).

Brocken des leichten, weißen, »Copal« genannten Harzes aus Bolivien auf Cocablättern.

Coca y incienso – Cocablätter und Weihrauch

Es gibt in Bolivien eine Räuchermischung aus trockenen Cocablättern und gelben Harztränen – meist lediglich *incienso*, »Weihrauch/Räucherstoff«, genannt, die für Rituale verbrannt wird. Die Herkunft der Harztränen ist ein Mysterium. – Vielleicht stammt das Harz von *Stirax ovatus* (*sic*) (*Styrax* sp.) oder *Microcarpus frondosus*, das meist *incienso macho*, »männlicher Weihrauch« genannt, also als »männlich« betrachtet oder klassifiziert wird (Oblitas Poblete 1992: 201). Der »weibliche Weihrauch« scheint nicht zu existieren oder ist in Vergessenheit geraten oder ein wohlgehütetes Geheimnis.

Vielleicht handelt es sich beim *incienso* um das Harz vom *paquio* genannten Baums, der zur Familie der Leguminosen gehört. Möglicherweise *Hymenaea stignocarpa* Mart. oder *Hymenaea stilbocarpa* Hayne (vgl. Cárdenas 1989: 229 f.). Auch das Harz von *Clusia ramosa* Rusby aus der Familie Hypericaceæ wird *incienso* genannt, kommt aber auch unter dem Namen *incienso de Mapiri* (= *Cejas de Monte*, »Waldrand«) auf den Kräutermarkt (Cárdenas 1989: 230).

Die Kräuterhändler in La Paz haben keine Ahnung, von welchen Pflanzen die Harze stammen, die sie verkaufen (wie überall in der Welt, auch in europäischen Apotheken). Sie wissen auch nicht, wofür die Räucherung tauglich ist. Sie sagen höchstens, dass sie der Reinigung (*limpia*) dienen. Also eine Art ätherische Ritualseife.

Der Duft des verdampfenden Harzes ist sehr würzig und angenehm, sehr distinguiert von anderen bekannten Harzen; kein Pinienharz, und auf keinen Fall Styrax (Storax).

Das Harz hat äußerlich Ähnlichkeiten mit arabischem Olibanum (echter Weihrauch, von *Boswellia sacra*), aber eine ganz andere Duftnote. Es soll von Bäumen stammen, die im bolivianischen Tiefland vorkommen.

Incienso, Weihrauchtränen aus Bolivien, auf Cocablättern.

Ipadú und Breuzinho

Im tropischen Tiefland werden mancherorts die zu Pulver zerstampften Ipadú-Blätter mit glimmendem Breuzinho beräuchert, um ihnen ein angenehmes Aroma zu verleihen. Dazu wird das Breuzinhoharz zusammen mit getrockneten *Ischnosiphon*-Blättern zu einer »Zigarette« gedreht. Sie wird in eine noch warme Blattasche von *Cecropia*-Blättern geblasen. Die aromatische, abgekühlte Asche wird dann mit dem Cocapulver vermischt, fertig ist die nach Myrrhe duftende Ipadú (Schultes 1957). Dieser Gebrauch scheint eher kulinarische denn rituelle Gründe zu haben.

Das copalähnliche Breuzinhoharz (von *Protium heptaphyllum* und *Protium* sp.) wird auch mit Tabak vermischt geraucht und bei manchen synkretistischen Ayahuasca-Kulten (Santo Daime u.ä.) in Brasilien zu Beginn der kirchenähnlichen Liturgie geräuchert.

Weitere Räuchermischungen:

Mit Cocaritualen wird auch Palo Santo, »Heiliger Baum«, assoziiert. Dessen Holz ist ein stark riechender Räucherstoff, der in ganz Südamerika genutzt wird, vor allem im andinen Hochland von Ecuador bis Chile (Rätsch 1999).

Gewöhnlich wird der Name einem strauchartigen kleinen Baum (*Bursera graveolens* [HBK] Tr. et Pl.], gegeben, der mit dem arabischen Weihrauchbaum (*Boswellia sacra* Flück.) verwandt ist. Der Palo Santo wird unter den Callawayas auch mit Guayacán, dem harten Franzosenholz (*Guiacum officinale* L.), identifiziert (Oblitas Poblete 1992: 276).

Das Holz wird alleine zerkleinert, mit Harzen gemischt oder zusammen mit trockenen Cocablättern zu Beginn der Divination mit Cocablättern geräuchert (vgl. Rätsch 1996).

Manchmal werden in die *mesas* auf Cocagrundlage auch *villca*-Samen (*Piptadenia macrocar-*

Rezept für eine psychoaktive Räuchermischung:

Cocablätter (*Erythroxylum coca*)
Cebílsamen (*Anadenanthera colubrina* var. *cebil*)
Stechapfelsamen (*Datura stramonium*)
incienso (irgendein Baumharz oder Copal)
gegebenenfalls Palo Santo (*Bursera* spp.)

Alles in beliebiger Quantität vermischen und auf den Räucherkelch (*bracero*) geben.

pa BENTH. oder *Anadenanthera colubrina* var. *cebil*), zimtduftende *canela*-Rinde (*Laurus cinnamomum* L. oder *Canella alba* oder *Octea* spp.), verschiedene *k'oas* (*Diplostephyllum* spp., *Diplostephyllum cinereum* CUATR., *Lepidophyllum teretiusculum* O. KUNTZE., *Fabiana* spp., *Copernicia cerifera* MART.), *incienso de Mapiri* (*Clusia ramosa* RUSBY), *goma del Perú* (*Prosopis juliflora* [Sw.] DC.), *paquio* (*Hymenaea stigonocarpa* MART.), *sumaque* (*Rhus* sp., Sumach),

Palo Santo, das »heilige Holz«, wird aus den harzigen Stammstücken des kleinen Palo-Santo-Baums (*Bursera graveolens* oder *Bursera microphylla* GRAY, Burseraceæ) gewonnen. Es ist ein sehr intensiv duftendes, alles, selbst doppelte *Zip-lock*-Plastikbeutel und Schalenkoffer durchdringendes, schwül-süßliches Rohmaterial.

Das Cebílharz scheidet sich an der Rinde des Baums aus. Es hat einen leicht vanilleartigen Harzgeruch (Salta/Nordwestargentinien).

Die stark duftenden Palo-Santo-Holzstücke (*Bursera graveolens*) in einem modernen bolivianischen Räucherkelch aus Ton. Das Gesicht stellt Viracocha, den Sonnengott, dar, denn zu ihm und zu seiner Verehrung soll der Rauch aufsteigen. Die Größe, Form und Musterung des Kelchs gehen auf die präkolumbianischen Gegenstücke zurück. Das Räuchern hat dort mit diesem Kelchtypus eine ungebrochene, jahrtausendalte Tradition.

sangre de drago (*Croton* spp., *Croton charaguensis* MILLSP.; Drachenblut) Chilis, Nelken oder Muskatnüsse gemischt – je nach Zweck und Verfügbarkeit der Rohstoffe. Ohne Cocablätter können sie jedoch niemals ausgeführt werden.

In Südbolivien und im argentinischen Chaco werden auch Cocablätter mit dem Harz des Cebílbaums (*Anadenanthera colubrina* var. *cebil*) und gegebenenfalls anderen Ingredienzien geräuchert. Damit gehen sie eine alchemische Hochzeit zwischen Hoch- und Tiefland, zwischen Himmel und Erde ein. Diese Räucherung, vor allem hochdosiert – wie bei Schamanen üblich! – wirkt psychoaktiv, wobei nicht klar ist, ob nur der Cocarauch oder auch das verdampfende Cebílharz dafür verantwortlich sind. Wir konnten bisher das Cebílharz chemisch nicht auf die mögliche Anwesenheit von Bufotenin oder andere Tryptaminderivate untersuchen.

Coca in und mit Schnupfpulvern

Dass Kokain geschnupft wird, ist das Hauptimage des illegalen Gebrauchs. Dass auch das pulverisierte Cocablatt geschnupft wird, ist eher unbekannt (vgl. SCHULTES 1980).

Cocablätterpulver in archäologischen Funden in der Atacama-Wüste (Nordchile) deutet auf einen

»Schnupfschnecken« aus archäologischen Grabungen bei San Pedro de Atacama (Nordchile). Die hühnereigroßen Gehäuse (*Strophocheilus aff. intertextus*) waren zum Teil mit Schnupfpulver gefüllt den Toten mit ins Grab gegeben worden, was auf einen hohen kulturellen Wert dieser Landconchylien schließen lässt. Schneckenschalen stehen überall auf der Welt mit schamanischen Ritualen, religiösen Zeremonien und veränderten Bewusstseinszuständen im Zusammenhang: entheogene Conchyliologie.

frühen Schnupfgebrauch bei den Atacameños hin. Diese Völker waren ohnehin für ihre ausgefeilte Schnupfkultur bekannt. Sie haben aber in erster Linie ein Pulver aus den gerösteten und zermahlenen Samen von *Anadenanthera colubrina* var. *cebil* zu diesem Zwecke genutzt. Die Samen stammten aus dem nordwestargentinischen Tiefland, aus der Gegend, in der heute noch die Mataco-Indianer leben. Aus dieser Gegend stammen auch die großen Schalen der Landschnecke *Strophocheilus intertextus* (Pilsbry, 1895), die mit dem Cebílkomplex mehrfach verbunden sind. Die fast handtellergroßen Schalen wurden als Gefäße für Schnupfpulver, für Löschkalk sowie als Schnupfschnecken, erkennbar an dem entfernten Apex, benutzt.

Die Mataco-Indianer, ein Stamm, der eine eher amazonische Lebensweise führt, Coca aber nach andinem Muster kaut, haben noch ein paar Schamanen, die den zirka 4500 Jahre alten Schnupfpulvergebrauch ausüben. Dazu kauen sie zunächst Coca – denn: Ohne Coca geht gar nichts, vor allem unterstützt sie die Wirkung des Hataj, des Cebílpulvers; dann wird das Pulver geschnupft oder nur an die Nasenlöcher gerieben (wohl eine symbolische Reminiszenz an das Schnupfen). Oder sie rauchen eine Mischung aus zerbröselten Cebílsamen vermischt mit Tabak (*Nicotiana* spp.). Ihren Cocapriem versetzen sie manchmal mit dem getrockneten Fleisch eines psychoaktiven San-Pedro-Kaktus (*Trichocereus* sp., bisher nicht beschriebene Art) und immer mit einem alkalischen Stoff, heutzutage mit industriellem Natriumbikarbonat.

Die bei dieser Prozedur erscheinenden Visionen anderer Länder, anderer Wirklichkeiten werden zur Diagnose der Krankheit des Patienten genutzt. Auch kann der Schamane damit die visionäre Welt, die Unterwelt betreten. Dort erscheinen die Krankheiten als hässliche, geschrundene und verwachsene Menschen. Hat der Schamane die Krankheit gefunden, die er als Usache des Leidens seines Patienten diagnostiziert hat, spricht er mit ihr, fordert die Freigabe der Seele des Kranken. Will die Krankheit diese nicht freiwillig herausrücken, tritt der Schamane den Zweikampf an, meist mit Hilfe seines Palmenholzstabs. Den bohrt er der Krankheit in die Brust. Damit wird die Seele frei und der Kranke wieder gesund.

Indigener Gebrauch von Cocablättern für Schnupfpulver

von Manuel C. Torres

Dr. Manuel C. Torres ist Kunsthistoriker und Archäologe. Er ist Professor am College of Arts and Science der Florida International University in Miami. Sein Hauptforschungsgebiet ist der Gebrauch von psychoaktiven Schnupfpulvern in Südamerika sowie die ikonografische Untersuchung von Schnupfpulverparaphernalia. Er ist eine weltweit anerkannte Autorität auf seinem Gebiet und Verfasser zahlreicher wissenschaftlicher Arbeiten. Besonders wichtig sind seine ethnoarchäologischen Entdeckungen zum Cebílschnupfpulver.

Bei dem Versuch, die visionären Schnupfpulver in Südamerika zu erfassen und zu klassifizieren, fällt das Augenmerk auf ein paar wenige Pflanzenarten. Im Brennpunkt der Diskussion stehen die Gattungen *Anadenanthera* (Vilca), *Nicotiana* (Tabak) und *Virola* (Cumalabaum) und den recht dürftigen Angaben zu den Additiven wie *Justicia pectoralis*, die als sekundäre Ingredienzien gelten, wenn man ihre biologische Aktivität betrachtet (Ott 2001, Schultes 1984, Torres 1998). Die weite geografische Verbreitung und zeitliche Tiefe des Schnupfpulvergebrauchs in Südamerika und dessen wichtige rituelle Rolle im Leben der Urvölker deuten daraufhin, dass auch noch andere psychoaktive Pflanzenarten für selbigen Zweck genutzt wurden oder werden. Engelstrompeten (*Brugmansia* spp.), Stechäpfel (*Datura* spp.) oder San-Pedro-Kakteen (*Trichocereus* spp., *Echinopsis* spp.) sind bisher nicht als Schnupfpulvermaterialien bekannt geworden. Dass *Banisteriopsis* sp.-Blätter oder -Stengel ein Zusatz zu Schnupfpulvermischungen sind, wurde aus der chemischen Analyse des schamanischen Schnupfpulvers der Piaroa-Indianer in Südvenezuela abgeleitet. In den analysierten Proben konnte Harmin, der

Hauptwirkstoff aus der Ayahuasca-Liane (*Banisteriopsis caapi*), eindeutig nachgewiesen werden (De Smet und Rivier 1985, Holmstedt und Lindgren 1985).

Es gibt leider nur sehr wenige und kaum detaillierte Angaben über den Gebrauch von Cocablättern als Schnupfpulver. Es gibt keinen Grund zur Annahme, dass ein derartiges Pulver nicht biologisch aktiv wäre, dennoch sollte das Verhältnis der Aktivität von oral absorbierten Cocabissen und der nasalen Inhalationen des Pulvers erforscht oder anhand von Selbstversuchen getestet werden. Die meisten Angaben zum Cocaschnupfpulver beziehen sich auf ethnische Gruppen im nordwestlichen Amazonasgebiet, also im tropischen Flachland. Dabei ist die verwendete Coca die amazonische Ipadú (*Erythroxylum coca* var. *ipadu*). Der Grund dafür mag darin liegen, dass die dortigen Indianer keine Cocablätter kauen, sondern sie pulverisiert mit Asche als Priem in den Mund legen. Bei dieser Methode müssen die Blätter geröstet, pulverisiert und mit der Asche der Blätter des Ameisenbaums (*Cecropia* spp.), dessen Asche ebenfalls ein Zusatz zu den weit verbreiteten amazonischen Schnupfpulvermixturen auf der Basis von *Anadenanthera* und *Virola* ist. Das fertige Pulver wird zwischen Wange und Zahnfleisch oder unter die Zunge gebracht, wo es sich langsam auflöst (Schultes 1957: 241–242). Bei der Pulverbereitung könnte das Inhalieren bzw. Schnupfen entdeckt worden sein.

Richard E. Schultes (1984: 24) hat mehrere Berichte zusammengefasst, die belegen, dass die Yukunas, Tanimukas und Matapies, die entlang des Miritiparaná-Flusses im kolumbianischen Amazonasgebiet leben, bei zeremoniellen Anlässen dieses Coca-Asche-Pulver schnupfen. Schultes selbst (1967: 293) hat berichtet, dass die Witoto vom Igaparaná-Fluss manchmal Cocapulver unter ihren Schnupftabak mischen. Außerhalb des nordwestlichen Amazonasgebiets scheinen lediglich die Otomac Coca zu schnupfen. Es heißt, dass die Männer Chicha (Bier) trinken und Coca durch die Nase einnehmen (Kirchhof 1948: 443).

Weitere Daten zeigen, dass Coca, wenn auch nicht direkt als Schnupfpulver inhaliert, dennoch mit der gleichzeitigen Einnahme von Schnupfpulvern konsumiert wird. Der Gebrauch von Coca mit *Anadenanthera*-Schnupfpulvern konnte gut dokumentiert werden. Wichi- oder Mataco-Schamanen kombinieren das Cocakauen (*E. coca* var. *coca*) mit dem Schnupfen oder Rauchen von Cebíl oder Hataj, aus den gerösteten und pulverisierten Samen von *Anadenanthera colubrina* var. *cebil* (Torres und Repke 1998).

Computerscan von einem frischen Zweig der tropischen Ipadú-Coca (*Erythroxylum coca* var. *Ipadú*). Oben: die Oberseite der Blätter. Unten: die Unterseite (Scans von Manuel C. Torres, 2001).

Die Barasaba, eine Gruppe der Tukano, aus dem kolumbianischen Amazonas, schnupfen große Mengen Tabak, trinken dazu Yagé und kauen die ganze Zeit Coca bei ihren Cashiri-Festen (Wilbert 1987: 54 f.). Dieser Zusammenhang mehrerer psychoaktiver Pflanzen wird in den Schöpfungsmythen deutlich. Unter den Tukano zum Beispiel wird erzählt, dass die wichtigsten von den Indianern genutzten psychoaktiven Pflanzen mit der Hilfe der Tochter des höchsten mystischen Wesens auf die Erde gelangt sind. Der Sonnenmann besaß ursprünglich alleine das Vihó (*Virola*-Schnupfpulver), das dann seine Tochter den Menschen brachte. Die Yagé (*Banisteriopsis* sp.) gehörte dem Herrn der Tiere, Vaí-mahsë, dem vierten Wesen, das von der Sonne

Donna Torres, *Fortunato's Place* (Öl auf Leinwand, 1988, 45,5 x 61 cm)

Diese Malerei zeigt den Zusammenhang zwischen Cebíl, Tabak und den Schnupfschnecken. Hier der Kommentar der Künstlerin:

»Das Bild *Fortunato's Place* ist ein Still-Leben. Es zeigt einen Tisch und eine Fensterbank, auf welcher Fundstücke von unserer Reise liegen. Das Bild wurde durch eine ethnobotanische Feldforschung im Chaco-Gebiet von Nordwestargentinien inspiriert. Ich benannte es nach Fortunato, einem Schamanen, dem wir während unserer Reise begegneten. Auf der Fensterbank liegt ein Schneckengehäuse (*Strophocheilus intertextus*), das ich in Fortunatos Garten fand. Es ist auch deshalb bedeutsam, da solche Gehäuse in vorkolumbischer Zeit in Nordwestargentinien als Behälter gesammelt wurden und zu den archäologischen Funden von San Pedro de Atacama, in Nordchile, gehören. In der Mitte befindet sich eine Samenschote von *Anadenanthera*, die ebenfalls aus Fortunatos Garten stammt. Rechts davon sind drei Amulette aus einem alten Schamanenbeutel, der in Nordchile gefunden wurde. Das Amulett in der Form eines Pilzes ist aus Holz; das in Form eines Fischkopfes ist aus Knochen und Holz und könnte als eine Art Schaufel benutzt worden sein, da es Gebrauchsspuren aufweist. Das rechte Amulett besteht aus einem in Holz gefassten Quarzkristall. Auf dem Tisch befindet sich (von rechts nach links) Fortunatos Tasche mit einem Sack Cocablätter. Die Landkarte zeigt Südamerika. Darauf liegt ein Foto des Hauses von Fortunato. Ich wollte den Schamanen mit seinem Ort verbinden, entschied mich aber, während ich darüber nachdachte, für Stecknadeln, die das Foto auf der Landkarte fixieren. (...) Ich hatte einen Lehrer, der mich von der magischen Qualität von Fotos überzeugte, weshalb ich vorsichtig bin, was ich male. Die kleine Schale, auf der rechten oberen Ecke der Landkarte, enthält Samen von *Anadenanthera*. Die gelbe Blüte ist eine Wildpflanze, die um sein Haus wuchs. Das Foto unter ihr zeigt den Weg zu Fortunatos Haus. Er führt durch Felder, welche von dieser Pflanze überwuchert sind. Darunter sieht man ein Foto mit einer Strandszene von Miami, wo ich wohne.« (Donna Torres; übersetzt von Claudia Müller-Ebeling)

erschaffen wurde, um über die Menschen zu wachen. Die Tochter des Herrn der Tiere lag dereinst in Wehen am Ufer des Flusses. Eine alte Frau half ihr, brach ihr aber aus Versehen einen Finger ab, den sie einpflanzte. Daraus erwuchs die Yagé-Liane. Die Cocapflanze entstand auf gleiche Weise (Reichel-Dolmatoff 1971: 36–37).

Die Dürftigkeit der Angaben zu Cocaschnupfpulvern mag an verschiedenen Faktoren liegen.

1. Die meisten Berichte über Coca fokussieren auf den oralen Gebrauch und lassen Angaben über andere Gebrauchsmethoden, wie Schnupfen, Rauchen oder Trinken, außer Acht.
2. Der Gebrauch als Additiv ist vielleicht lediglich übersehen worden.
3. Der nordwestamazonische Gebrauch von pulverisierter Coca mag eher dienlich sein, die Blätter zu schnupfen, als der orale andine Gebrauch.
4. Schließlich mag der orale Verzehr effektiver für den gewünschten psychoaktiven Nutzen sein als der Schnupfpulvergebrauch.

Auf dieser Malerei von Donna Torres ist ein ethnopharmakologisches Arbeitszimmer dargestellt. Auf dem Tischchen unter dem Fenster sind die drei wichtigsten psychoaktiven Pflanzen – Cebíl, Tabak und Coca – ausgebreitet. Auf dem Arbeitstisch befinden sich Proben der Mataco-Entheogene und dazugehöriger Paraphernalia (mit Cebílrinde gefärbte Agavenbasttasche, gewebte Cocatasche). Im Bord liegen archäologische Objekte des Schnupfpulverkomplexes.

Bioassay[56] in Chulumani – Zwischenbericht aus der *Interzone*:

Wir haben ein zehnfach verstärktes, dreimal mit Ethanol, *alcohol potable*, extrahiertes Extrakt in feinstem Cocapulver absorbiert. Anschließend wurde die Masse in die Sonne zum Trocknen gestellt. Dann wurde der grüne ›Kuchen‹ wiederum zerstoßen und sehr fein pulverisiert. Fertig war das Cocaschnupfpulver. Wir haben uns je zwei lange fette Linien, diesmal grün, nicht weiß, gelegt, zirka 500 mg pro Nasenloch. Tief inhalierend haben wird beide die Masse auf dem Spiegel bewältigt. Es kribbelt etwas, bald fängt die Nase an zu laufen. Und die Wirkung steigt ins Gehirn. Sie ist in der Tat sehr kokainähnlich, flutet aber langsamer an. Nach einer Stunde sind die Symptome verflogen. Jetzt gibt's Frühstück!

Coca rauchen

Rauchen ist das konzentrierte Räuchern. Man raucht Pflanzenmaterial aus Röhren, zusammengerollten Blättern oder Pfeifen. Der Rauch wird so in geballter Form inhaliert und verteilt sich nicht, wie beim Räuchern, im ganzen Raum; das heißt, durch das Rauchen nimmt man gezielt weitaus mehr pharmakologisch wirksame Substanzen auf als beim Räuchern.

Eigenartigerweise wurde bei Indianern Coca nie als Rauchkraut benutzt, obwohl die zerbröselten Blätter einen guten Zusatz zu Rauchmischungen darstellen.

Dass Tabak nicht nur im indianischen Südamerika mit Coca »verheiratet« ist, sondern dass es auch eine weltweite Genussmittel-Assoziation von Coca/Tabak und Kokain/Nikotin gibt, zeigen ein paar ältere Zigarrenetiketten (Faksimile, zirka erste Hälfte 20. Jahrhundert).

56 Selbstversuch.

Ende des 19. Jahrhunderts wurden in Philadelphia Zigarren und Zigaretten aus Cocablättern geraucht; in England wurden die Blätter anscheinend auch geraucht, denn sie hießen *Peruvian tobacco*, »Peruanischer Tabak« (LINDEQUIST 1993: 90). In Kanada gab es in der Art-Noveau-Zeit (um 1900) sogar eine Zigarrenmarke, die *Cocoina* hieß!

Man kann Cocablätter zusammen mit Tabak, Hanf, Stechapfel, Pfefferminze usw. beliebig mischen und als Joint oder in einer Pfeife rauchen. Beim Rauchen ist die Coca wesentlich effektiver als bei anderen Gebrauchsmethoden; man erreicht mit weniger Pflanzenmaterial eine höhere Wirksamkeit. Zudem ist es möglich, dass bei Kräuterkombinationen pyrochemische Veränderungen eintreten und/oder die Wirkstoffe zu interessanten Synergien führen. So ist manchen Connaisseuren aufgefallen, dass Cannabis mit Coca eine wachere und hellere Stimmung erzeugt, ja sogar die gewöhnlich eintretende einschläfernde Wirkung des THC verhindert.

Die Ethnografie der materiellen Kultur

Die cocabezogene indianische Kunst findet sich auch in der materiellen Kultur wieder, die eine Reihe von Gebrauchsgegenständen, Ritualobjekten und Kunstschätzen einschließt. Dabei sind die Grenzen zwischen Kunstwerken und Nutzgeräten oft fließend.

In Ethnologenkreisen verziehen sich die Gesichter, sobald man über die materielle Kultur einer Ethnie berichtet, vorträgt oder schreibt. Materielle Kultur ist etwas Niederes, heißt es dann. Dadurch kann man eine Kultur nicht verstehen, genauso wenig wie durch die zweifelhafte physische Anthropologie, die auf der akademischen Bewertungsskala ganz unten, in »braunen« Kellern zu Hause ist. Die verzerrten Ethnologenantlitze blitzen vielleicht doch mal auf, wenn die Erkenntnisglühbirne aufleuchtet. Denn: Materielle Objekte sind Artefakte, von kulturgeprägten Menschen im kulturschaffenden Prozess mit Kognitionen geschaffen und mit Re-Kognitionen wiedererkannt und verstanden. Materielle Objekte sind Zeichen kulturellen Denkens und Handelns. Sie sind kulturelle Produkte, der Ausdruck des kulturellen Programms, Orientierungspunkte in der kognitiven Welt. Jedes Objekt ist unweigerlich mit Denken und Handeln verknüpft, denn wie sollten sie sonst zustande gekommen sein und für kulturelle Verständigung brauchbar sein? Die kulturelle Brille ist der Geist über der Materie. Jedes Objekt ist Informationsträger. Jedes Stück erzählt eine Geschichte. Jedes Besteck ist eine kulturelle Schöpfung mit *esprit*. Materielle Objekte sind untrennbar mit geistigen Subjekten verbunden, das heißt, sie stehen in direkter Wechselwirkung. Die Aufspaltung der Kultur in a) materielle und b) geistige Bereiche ist eine typisch (monotheistisch beeinflusste) Dichotomie und wissenschaftliche Seziererei. Der akademische Dualismus verhindert so den holistischen Blick auf das kulturelle Feld. Sie macht eine künstliche Trennung, die der Bewertung durch den Wissenschaftler entspricht. Wenn der Akademiker persönlich dem Glauben verfallen ist, dass das Geistige höher steht als das Materielle, ist er dem alten und verheerenden neoplatonisch-christlichen Fehler verfallen.

Die materielle Kultur ist Ausdruck einer Kultur, denn die dazugehörigen Objekte haben Bedeutung. Damit sind sie Informationsträger in einem Kommunikationssystem.

Holt jemand eine Cocatasche hervor, weiß der Kulturträger, dass es jetzt Cocablätter zu naschen gibt; er erkennt den Gegenstand und weiß um dessen Bedeutung und Funktion. Für einen Außenstehenden sieht der Beutel nur nach einer Tasche aus. Was darin ist und auf ihrer Musterung an Daten übermittelt wird, kann er nicht wahrnehmen.

Beispiel: Eine Telefonkarte erzählt die Geschichte vom Telefon, einem Artefakt, mit dem sie zusammen wirken kann, wodurch sie einem Kommunikationsfluss dienlich wird und somit eine Funktion ausübt. Nur Karte plus Telefon können zusammen die bekannte kulturelle Handlung, das Telefonieren, ermöglichen.

Ein Strohhalm erzählt die Geschichte vom Sodatrinken und zeigt dem Betrachter die Funktion zur Aufnahme von Flüssigkeiten. Findet nun ein imaginärer Archäologe eine Telefonkarte zusammen mit einem Strohhalm, kann er keinen Zusammenhang zwischen diesen beiden Fundstücken herstellen, weil er nicht weiß, was ein Stück flaches Plastik und ein Halm miteinander zu tun haben. Wenn er aber in die Kokskultur eingeweiht ist, kann er die kognitive Verbindung erkennen. In dieser Kombination sind beide Objekte ein Zeichen für das Schnupfen von Kokain. Gleichermaßen kann man aus den zusammen gefundenen Artefakten aus archäologischen Grabungen oder den bei Ethnien gesammelten Gegenständen auf kulturelle Verhaltensmuster, Bräuche, Geisteshaltungen usw. schließen.Genauso ist jedes Kunstwerk nicht nur der Ausdruck einer besonders begabten Persönlichkeit, sondern im anthropologischen Sinne ein Kulturartefakt. Das Kunstwerk ist das Produkt eines Individuums, das die Welt des Kollektivs widerspiegelt.

In diesem Sinne widmen wir uns hier den Cocaartefakten. Lassen wir sie denn sprechen. Später wird sich dann auch die Parallelität zwischen der indigenen Cocakultur und der westlichen Kokskultur erweisen.

Cocaparaphernalia

Für den Cocagenuss benötigt man ein Paar Artefakte als Paraphernalia. Die meisten davon wurden bereits in der vorspanischen Zeit gebraucht und werden heute immer noch genutzt.

Behältnisse zum Aufbewahren und Mitsichführen:
- Körbe, Säcke, Beutel
- Taschen, so genannte *Ch'uspa* (Quechua)
- Tragetuch (gewebt, viereckig) *incuña, uncuña* (Quechua)
- Tüten, heute meist Plastiktüten

Behältnisse usw. für Kalk, Llipta, Additive
- *poporo* aus Flaschenkürbissen (*Lagenaria siceraria*); *ishcupuru*
- Stab, Spatel
- Keramikdosen, machmal verziert mit Cocakauern
- Holzdosen
- Landschneckenschalen
- Conchylien der Meeresschnecke *Strombus galeatus*
- Taschen, fein gewebt
- »Ziertaschen« für Llipta an Ch'uspas (Peru: *nunu, kallu*; Bolivien: *una, ullti*)
- Messer, zum Zerkleinern der *llipta* (*tocra, lejía, llujta, llucta*)

Ritualgegenstände
- Tuch (zirka 30 x 50 cm): *cocatari* (Aymara), *uncuña* (Qechua)
- Papier
- Muscheln, Schneckenschalen
- Räucherkelche (*braceros*)
- »Schnupfschnecken«
- Aus Stein (Jade) geschnitzte Kalklöffel

Zwei höhere Würdenträger der Inkagesellschaft tauschen rituell Cocablätter, Zeichen der Ehrerbietung und der hohen Stellung in der imperialistischen Hierarchie. Der links kniende Mann holt die Blätter aus seiner *ch'uspa*, die in der gleichen Form bis heute besteht, und legt sie dem anderen in die ausgebreiteten Hände. (Zeichnung aus: Guaman Poma de Ayala, *Primer nueva crónica y buen gobierno.*)

> Cocataschen werden genäht, gewebt oder in einer der Maschenstofftechniken hergestellt. Dementsprechend können sie so klein und flach wie ein Briefumschlag oder so groß wie ein Turnbeutel sein. Manche der gewebten Taschen besitzen kleine Ziertäschchen, in denen der Besitzer seine Amulette (*illus*) aufbewahrt. Meist sind dies alte Silbermünzen oder von einem Zauberer ›geweihte‹, aus Speckstein geschnitzte Tierchen. In Bolivien steckt man zusätzlich gerne etwas Konfetti in die Tasche, denn das soll dem Eigentümer Glück bringen. Immer werden die Taschen von den Frauen angefertigt, häufig schon als Liebesgeschenk während der Verlobungszeit.
> (Wiedemann 1992: 8)

Die Cocataschen aus den Anden haben Webmuster (*tocapu*, Quechua), die symbolisch mit Cocamythologie und -gebrauch zusammenhängen. Manchmal stellen sie sogar Viracocha, den aus »Meerschaum Geborenen«, großen alten Erdgott und Bringer des Cocastrauchs dar. Viracocha, heute *To-*

Geometrisches Muster auf einer fein gewebten bolivianischen Cocatasche.

Von der *ch'uspa* zu der *chispa*
»von der Cocatasche zum Funken/Funkeln«

Der beliebteste *Coca-Cola*-Werbe-Slogan in Lateinamerika hieß *la chispa de la vida = the spark of life* = »der Funke des Lebens«, das *Lebensfeuer*. Das spanische Wort *chispa* wird in Bolivien, laut dem *Diccionario secreto*, dem »geheimen Wörterbuch« von Camilo José CELA, mit Koksen gleichgesetzt.

Der englische Begriff *spark = to fire someone up*, anfeuern, jemanden enthusiastisch machen, heißt auch: »jemanden mit Koks vollballern«.

cupa Viracocha, ist selbst der Gott der Webkunst (WIEDEMANN 1992: 24). Viracocha ist der oberste Gott, er hat alle Indianerstämme geschaffen und existiert in vier Formen, den Himmelsrichtungen entsprechend. Im Norden steht Pchayachachic Viracocha und sorgt für Weisheit und Ordnung. Im Süden regiert Tunupa, der gegen den Norden rebelliert. Im Osten residiert Viracocha Imaymana, der für den Ackerbau und die magische Heilkraft der Pflanzen sowie für den Cocaanbau zuständig ist. Im Westen wohnt Tocapo Viracocha, der Schutzherr des Webens. Der vierfältige Viracocha enthält also gegensätzliche Pole und vereint Männliches und Weibliches miteinander.

Viracocha webt also die Geschichten in die Cocataschen ein. Oft werden sie nur durch abstrakte Fabeltiere, stilisierte Vögel (Kondore, Adler, Singvögel), Kröten oder Frösche, Rehe, Affen, Pferde – Symbole der Cocakraft –, angedeutete Schlangen, die dem Blitz nahe stehen, erzählt. Viracocha erscheint manchmal lediglich als kleine Ente! Die abstrakten Elemente in den Mustern (Dreiecke, Vierecke, Mäander, Voluten, Xe, achteckige Sterne) hatten ehemals vielleicht einen symbolischen Codex, der Bezug auf Kosmologie, Mythologie und Lebenswelt nahm.

Früher konnte man an dem Muster der Ch'uspa die Herkunft ihres Besitzers erkennen. Denn jeder Stamm, jeder Ort hatte seinen eigenen Stil, seine eigenen Muster und Symbole. Heute haben sich die Musterungen vermischt. Ja es tauchen sogar Flugzeuge und Autobusse im Gewebe auf.

Es werden auch Muster, die die Weberinnen auf inkaischen Textilien oder an archäologischen Heiligtümern gesehen haben, verarbeitet.

Poporos, die Kalkflaschen

Aus den getrockneten Früchten des Flaschenkürbisbaums (Kalebasse, Flaschenfrucht; *Lagenaria siceraria* [MOLL.] STANDLEY, Curcubitaceae) werden die *poporos* gefertigt. An der Stengelansatzstelle oder knapp darunter wird in den reifen Kürbis ein Loch geschnitten. Dann wird die Frucht in Wasser gelegt, bis das ungenießbare Fruchtfleisch vergammelt und zerfallen ist. Dann wird das Gefäß getrocknet. Mitunter wird es mit Stoff oder anderen Materialien eingekleidet, mit Bemalungen oder Ritzungen verziert. Um die Einschnürung des Flaschenkürbis

Ein Metallamulett (*illa*) in Form eines *poporo*, das im Ziertäschchen (*nunu*) der Cocatasche (*ch'uspa*) zum Schutz des Besitzers getragen wird (Foto: Claudia Müller-Ebeling).

Grafische Darstellung der Moche von einem *poporo* zum Cocakauen auf einem Steigbügelgefäß.

kann dann noch eine Schnur zum Anbinden oder Umhängen angebracht werden. Manchmal wird aus Holz ein Deckel mit einem Spatel geschnitzt und der Öffnung des Kürbis angepasst. So kann man es gut als Kalkspender nutzen (Wiedemann 1979: 280 f.).

Schöne geometrisch verzierte Kalkkalebassen mit anthropomorphen Cocablättern sind aus dem Huarura-Tal in Peru bekannt. Sie wurden bei archäologischen Feldgrabungen gefunden und auf zirka 1000–1475 n. Chr. datiert (Plowman 1984: 96).

Im »Eldorado«, in den nördlichen Goldländern (Darien, Kolumbien, Ecuador), waren auch in Gold nachgeformte *poporos* verbreitet. Die wohl ältesten Nachbildungen stammen aus Valdivia, von der ecuadorianischen Pazifikküste. Sie sind aus Ton und mit Ritzungen, ganz wie die Flaschenkürbisse, geziert.

Flaschenkürbisse in Ethnobotanik, Medizin und Ritual

Flaschenkürbisse werden in vielen Kulturen als Symbole der traditionellen Heilkunst (China, Japan, Korea, Kreta, Nepal), als Behälter für Medikamente und Genussmittel, als Trinkflaschen, zur Herstellung von Wasserpfeifen (*bong*) zum Rauchen von Tabak, Hanf, Opium oder Kanna, als Küchengeräte (Schöpflöffel) und als Rasseln (*tsitsito, maraca, sonajero*) für schamanische Musik und zur Tranceinduktion genutzt. Sie gelten als Symbole für den Geist oder das Bewusstsein, ihr Klang ist geistbewegend. »Die Musik, die aus der Magie dieses schamanischen Instrumentes stammt, begründet den Gesang und den Tanz, die das Leben und die Heilung auf unserer Mutter Erde und in unserer Großmutter Cosmos vollbringt.« (William Torres, kolumbianischer Schamane). Auch die Peyoterassel der *Native American Church* wird aus einem Flaschenkürbis hergestellt und ist neben dem Peyotevogel, dem Federfächer, das bedeutendste Symbol dieses entheogenen Kults.

Die Flaschenkürbisse sind meist mit dem Genuss psychoaktiver Substanzen und Entheogene assoziiert. In Argentinien und angrenzenden Ländern wird Maté (*Ilex paraguariensis*) aus *poporos* geschlürft. Tabaksud, Engelstrompetensaft, Ayahuasca, Guaranátrünke, Chicha (Mais- oder Palmenbier usw.), Kakao, Balche' (Ritualbier der Maya) und Pulque (Agavenwein) werden in Kürbisschalen gereicht. Cocapulver, Ipadú und Kalke werden darin aufbewahrt.

Sogar die lüsternen Faune auf dem Gemälde »Faune, eine schlafende Nymphe belauschend« (1884) von Arnold Böcklin (1827–1901) tragen einen Flaschenkürbis am Bändel.

Flaschenkürbisse als Ritualobjekte: links eine Wasserpfeife aus Afrika. Mitte: ein Medizinamulett aus Kreta. Rechts: *poporo* für Löschkalk; davor eine Peyoterassel der Navajo-Indianer.

Dieser aus einem Jaguarknochen geschnitzte Spatel diente entweder als Schöpflöffel für ein visionäres Schnupfpulver oder als Kalkspatel, was die Gebrauchsspuren an der Unterseite zeigen. Der stilisierte Jaguar am Kopf des Stücks deutet auf einen schamanischen Gebrauch (Schamane = Jaguar) hin. (Chankay-Kultur/Peru, zirka 1100–1400 n. Chr.)

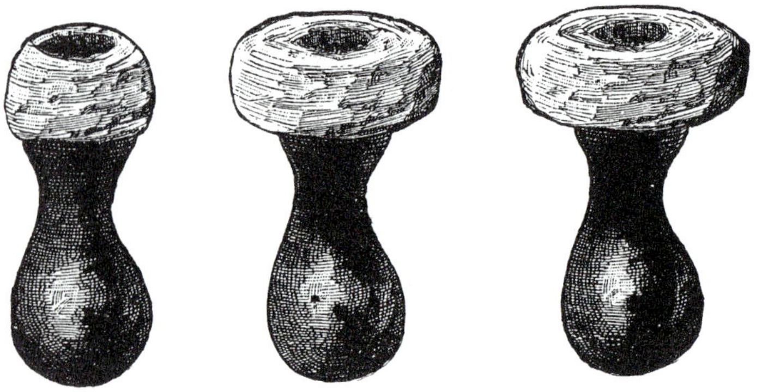

Poporos der Kogi-Indianer (aus: MORTIMER 1901).

Eine kolumbianische Postkarte mit dem Motiv eines Coca verzehrenden Kogi-Indianers (*India Arahuacax de la región de la Sierra Nevada de Santa Marta*, zirka 2000).

In manchen lateinamerikanischen Ländern werden Flaschenkürbisse, in Plastik nachgeformt, auf Märkten als Wasser- oder Trinkflaschen angeboten. Die städtische Bevölkerung erinnert sich nur noch per Plastikimitat an die indianisch-rituelle Vergangenheit.

Kokain wird oft (besonders in der Schweiz) liebevoll *koki* oder *kogi* genannt. Mit letzterem Wort kommen wir zu den Kogi-Indianern in der Sierra Madre von Kolumbien oder »Cocalumbia«. Es gibt wohl kaum einen Stamm, der so sehr das Geschenk der Erdmutter ehrt, nämlich durch permanenten Verzehr von Coca (BAUMGARTNER 1994, EREIRA 1993, MÜLLER-EBELING 1995, OCHIAI 1978, REICHEL-DOLMATOFF 1996a).

Jeder Junge bekommt bei der Initiation zum Erwachsenen eine eigene Kalkkürbisflasche (*poporo*), die ihn für den Rest seines Lebens ununterbrochen begleiten wird. Dem Initianten wird gesagt, dass die Kürbisflasche eine Frau symbolisiert, mit der er während der Einweihungszeremonie rituell verheiratet wird. Wenn der Initiant während dieses Rituals zum ersten Mal den hölzernen Stab (Kalkspatel) in die Kürbisflasche einführt, »defloriert« er seine »Partnerin« und gewinnt sie so zur »Frau«. Der Stab, der eingeführt wird, wird als Phallus, das Reiben des Stabs als Koitus und die Kürbisflasche als Vulva verstanden. Die Männer der Kogi sollen alle sexuellen Aktivitäten unterdrücken und lediglich im konstanten Cocagenuss ihre Erotik ausleben (REICHEL-DOLMATOFF 1985 I: 87–90, USCATEGUI M. 1959: 282, OCHIAI 1978):

»Der kleine, in Form einer Acht gestaltete Kürbis [*poporo*], der als Kalkbehälter dient, ist ein Abbild des Kosmos, und der Stab, der darin eingeführt wird, seine Achse. Gemäß dem Denkmuster der Kogi folgt, dass der Kürbis eine Gebärmutter und der Stab einen Phallus darstellt, dass die Cocablätter, die gekaut werden, weiblich sind und der pulverisierte Kalk männlichen Samen repräsentiert« (REICHEL-DOLMATOFF 1987: 78).

Pharmakologische Jagdhilfe

Viele so genannte Naturvölker haben Kulturen, die auf Jagen basieren oder das Jagen inkorporieren. Der Schamanismus ist in erster Linie ein Phänomen von Wildbeuterkulturen. So ist es wenig verwunderlich, dass psychoaktive Substanzen gleichermaßen zum Jagen und Schamanisieren benutzt werden. So eine Substanz ist Coca. Es werden auch andere stimulierende Pflanzen genutzt: Guaraná (*Paullinia cupana* KUNTH ex HBK.), Yoco (*Paullinia yoco* SCHULTES), Mate (*Ilex paraguariensis* ST.-HIL.), Guayusa (*Ilex guayusa* LOES.) oder Tollkirsche (*Atropa belladonna* L.).

Coca ist für das Jagen besonders geeignet, denn sie verschärft die Wahrnehmung, die Ausdauer, unterdrückt störenden Hunger.

Coca wird unter amazonischen Waldland-Indianern oft als Jagddroge, eine stimulierende Substanz, die die Ausdauer bei der Jagd erhöht und die Wahrnehmung schärft, genutzt.

Cocarte Indígena – Die Cocakunst der Indianer

> Wenn wir fremde Kulturen in all ihren Ausformungen begreifen wollen, müssen wir die uns vertrauten kulturellen Muster als ethnozentrischen Ballast über Bord werfen und uns klar machen, dass jede Gesellschaft auf dieser Erde über ein spezifisches Werteinventar verfügt. Um uns den Kern – die Aussage – eines exotischen Kunstgegenstandes zu erschließen, gilt es daher, den Code des entsprechenden Wertesystems zu knacken.
> WOLFGANG MÜLLER
> *Kleine Geschichte der altamerikanischen Kunst*
> (1988: 11)

In der indianischen Kunst Südamerikas hat Mama Coca ihre Spuren bis heute hinterlassen. Inwieweit Kunstwerke durch die Wirkung des Cocakauens inspiriert wurden, ist leider unbekannt. Doch, wie drückt sich Mama Coca künstlerisch aus?

In präkolumbianischen Zeiten war der Cocagebrauch in den andinen Kulturen und anschließenden Kulturzonen fest im sozialen, rituellen und sakramentalen Kontext verankert. Dennoch wird die Pflanze nur äußerst selten auf Malereien, in Webereien oder plastischen Arbeiten dargestellt. Nicht einmal auf Gefässen zur Aufbewahrung von Coca oder *llipta* sind Cocablätter oder Büsche abgebildet. Häufiger sieht man Keramik- oder Goldfiguren, die Coca kauende Personen darstellen.

Auf den Keramikmalereien werden häufiger Szenen, die mit schamanischen und divinatorischen Cocazeremonien zusammenhängen, wiedergegeben.

Eine der frühesten Kulturen, die ein inniges Verhältnis zur Coca und ihrem Gebrauch unterhielten, waren die Moche. Sie lebten in den Wüstenkönigreichen (oder »den wüsten Königreichen«) im nordwestlichen Peru. Sie hinterließen ein Porträt ihrer Kultur in ihrer Keramik, die unter dem Namen Steigbügelgefäße bekannt ist (zirka 1500 v. Chr. bis 1550 n. Chr.). Tausende dieser handlichen Flaschen, die, oft mit Maisbier gefüllt, den Toten als Proviant auf ihre Reise in die Anderswelt mitgegeben wurden, sind gefunden und untersucht worden. Sie sind entweder dreidimensionale in den Ton geknetete Wesenheiten, Personen, rituelle und pornografische Szenerien, Naturalien usw. oder mit feinen Linien bemalte Rundsteigbügelflaschen. Darauf sind fast immer hiesige Zeremonien und Rituale anderweltlich dargestellt. Fabulöse Mischwesen rennen durch die Wüste, vorbei an psychedelischen Kakteen und

Zwei Steigbügelgefäße der Moche mit einer Linienzeichnung eines Coca kauenden laufenden Vogelschamanen (Privatsammlung).

Bemaltes Steigbügelgefäß der Moche mit dem Geist der Coca, mit Cocablättern umrundet von einem Kranz aus Cocablättern (deutlich an den beiden seitlichen Pflanzenadern zu erkennen) (Sammlung Larco Hoyle, Lima/Peru).

Nächtliches Cocaritual der Moche- oder Chimu-Kultur (vor dem 12. Jahrhundert) (Umzeichnung einer Keramikflasche, nach Kutscher 1950).

Schnecken, umflogen von Tillandsien. Die Renner haben oft Flügel, Schlangenschwänze, Krebsscheren, Schneckenhäuser und allerhand Unidentifizierbares als Attribute. Manchmal handelt es sich um fantastische Vermischungen von Mensch und Tier. Anthropomorphe Meeresfrüchte, menschliche Affen und Füchse, Wildgeweih Tragende, wie ein Vogel Befiederte. Gestalten aus den kühnsten Schamanenträumen erschaffen eine befremdliche Welt, eben eine Anderswelt. Die Renner tragen oft Cocagefässe und Kalkbeutel in den gehetzten Armen. Manche Hirsche haben Ohren, die wie Cocablätter aussehen[57]. Sollten das verschiedene Ebenen in einer Abbildung sein? Wäre denkbar, denn das ist ein allgemeines Kennzeichen schamanischer Kunst – in einem vieles zu sehen und zu erkennen. Das pure Cocakauen wird vor allem auf Keramiken der Phase V gezeigt (Donnan und McClelland 1999: 178).

Die Moche hatten eine nächtliche Cocazeremonie, während der mehrere Schamanen in der Wüste unter sternenklarem Himmel saßen und Coca kauten, das sie mit Kalk aus ihrer Kürbisflasche (*poporo*-ähnlich) im Mund versetzten. Im Zentrum steht ein Schamane mit der Cocatasche und dem Flaschenkürbis, von Fledermäusen umflattert, unter einer Regenbogenbrücke, deren Enden in Schlangenköpfe auslaufen. Dabei blickt er ekstatisch in den Himmel zu den Sternen (siehe Abb.). Sollten die Mochica schon die Regenbogenbrücke aus Coca (-rauch) überschritten haben, wie es noch heute Schamanen in den andinen Regionen tun?

Inkagold und Orakelgötter

In Cuzco, etwa 3500 Meter hoch gelegen, stand einst der mächtige und stark befestigte Palast der Inka. Eigentlich glich er mehr einer Burg oder Festung, einer festen Wehr. Die Inka und ihre hohen Vasallen mussten bei ihrer Politik gut gepanzert und bewaffnet sein. Der Palast galt als unbezwinglich. Nun, das war wohl mal so. Heute sind nur noch ein paar Grundmauern erhalten. In dem Palast gab es eine Halle, die Goldene Halle, angefüllt mit glitzerndem Geschmeide aus purem Gold. Ein Eldorado für die spanischen Konquistadoren, die bei der Zerstörung des Inkareichs alle Goldkunstschätze eingeschmolzen haben, um sie nach Spanien zu verschiffen. Viel von diesem Gold schlummert zwischen Korallen, Haifischen und Moränen irgendwo auf dem Grunde der Karibik. Ein Paradies der Sporttaucher und modernen Schatzsucher.

In den Goldgärten war die gesamte Welt des Inkaimperiums präsent. Die Objekte bildeten sozusagen eine kulturgeografische Karte. Dort gab es Pflanzen, Tiere, Schreine, Idole, Huacas, Musikinstrumente – alles was zur Kultur des Andenlandes gehörte. Lebensgroße Goldlamas grasten in den Goldgärten und *cocales*. Dort »wuchsen« naturgetreue Cocapflanzen aus purem Gold, das echte *oro verde* ...

Die Inka hinterließen auch Holzgefäße für Coca und/oder Löschkalk. Die waren mit Intarsien aus Perlmutt, roten Muscheln (*Spondylus princeps*), weißen Muscheln, Türkisen und anderen farbigen Steinen besetzt (Baumann 1988: 100). Es wurden entweder abstrakte Muster eingelegt, oder sie zeigen Darstellungen des Orakelgottes, der dem ikonografischen Muster der Tiahuanaco-Kultur nachempfunden wurden. Solche Bilder deuten auf den religiösen Cocagebrauch der Orakel hin.

57 Siehe dazu die Umzeichnungen in Donnan und McClelland 1999: 48, 89,124, 220 f.

Die legendären Goldgärten haben sich sogar in der Comicwelt niedergeschlagen. In der Serie *Gallenstein*, Bd. III: »Der oberste Inka«, stellt der deutsche Professor die alchemistische Frage, wie man Gold mache, als er den Goldgarten mit nachgebildeten Lamas und Cocasträuchern bewundert. Der dickwanstige Oberinka, der auf seinem Hemd ein Marihuanablatt trägt, versteht die Frage gar nicht ... (© 1982, Bavaria Comic Verlag, München, v. Ph. ZIPPERMAYR und G. MAYRHOFER).

Deckel einer Coca-/Kalkdose aus der Inkazeit mit dem Bildnis eines Orakelgottes, der dem Relief am Sonnentor von Tiahuanaco nachempfunden ist.

Quechua-Lyrik

Noch heute werden auf dem Altiplano Gesänge, Tänze und Feste zu Ehren von Mama Coca bei dörflichen Festen zum Besten gegeben. Sie werden meist in Quechua oder Aymara gesungen. Das Quechua ist die offizielle Staatssprache der Inka während der vorspanischen Zeit gewesen. Um mit den Herrschern kommunizieren zu können, mussten die von den Inka unterworfenen anderssprachigen Völker Quechua lernen, ein typischer linguistischer Imperialismus, wie er an vielen Orten gang und gäbe war, auch heute noch von den Großmächten zur aufoktroyierten Akkulturation ethnischer Minderheiten missbraucht wird.

Deshalb haben viele Indianersprachen im andinen sowie amazonischen Raum viele Lehnwörter aus dem Quechua. Quechua und das sehr ähnliche Quichua wurden auch in der Kolonialzeit und der republikanischen Epoche als Lingua franca benutzt. Noch heute ist die offizielle Landessprache von Peru Quechua, nicht Castellano. Jeder Beamte muss Quechua lernen, damit er mit der Landesbevölkerung kommunizieren kann. Denn auf dem Lande sind die Menschen einsprachig, manchmal können sie ganz gut Aymara. In der Moderne sind auch unter spanischsprachigen Künstlern viele, die Quechua lernen und die verborgenen Schönheiten dieser Sprache erkennen. So sind seit der Inkazeit viele lyrische Quechua-Texte entstanden, die teils aus der Folklore stammen oder aus der Feder nominierter Dichter.

Das berühmte Sonnentor von Tiahuanaco im Hochland von Bolivien (zirka 50 Kilometer von La Paz entfernt). Dort soll der Inca Manco Capac hingereist sein, um sich für die Baukunst des geplanten Sonnentempels in Cuzco inspirieren zu lassen.

Hier ist der Text eines Quechua-Beerdigungsliedes (*yunka*) aus der Republikanischen Epoche von Peru (Bambula-Diaz 1976: 171):

»Wohin gehst, mein Vater, du?
Geh in die großen Wälder[58], geh auf Wanderschaft.
Was suchst du dort? Wer bringt dich hin?
Geh die süße Coca ernten, gehe ganz allein.
Komm bald zurück! Komm bald zurück!
Ich wart auf dich mit Weinen.
Ich wart auf dich mit Schluchzen.

Auf dem Berge, den du ersteigst,
flammt eine schwarze Fahne.
In der Schlucht, die du durchkreuzt,
blühn abgeschnittene Blumen.
Welch Herz, welch bittres Herz
beim Abschied von der Taube!

Glöcklein aus Paucartambo,
läut den Abschied mir.
Ich geh in die großen Wälder
und kehr nie mehr zurück.«

Wie in diesem Text, der die Perspektiven der Lebenden und des Gestorbenen beschreibt, wird deutlich, dass Coca im Totenkult und während der Grabbeisetzungen eine wesentliche rituelle Rolle spielt. Der Tote nährt sich an der Coca, und die Verbliebenen überwinden durch die süße Coca ihre Trauer.

In einem Quechua-Gedicht des Peruaners Andrés Alencastre Gutiérrez aka Kilko Waiaka wird der heilige Berg Illimani, der Große Gott, besungen. Illimani ist aber auch ein verbreiteter Name für Cocablätter, heute auch für Kokain. Hier ein paar Ausschnitte aus der modernen Dichtung *Illimani*: (Bambula-Diaz 1976: 211 f.):

»Illimani, großer Gott,
Festung aus Schnee, aus Knochen von Stein,
mit meinem Atem stoß ich die Wolken fort, die dich verdecken
und grüß dich bei Anbruch des Tags.

Aus der unermesslichen Ebne seh ich dich an
und die Augen verbrennt mir das Feuer deines Schnees
und müde werd ich, den hohen hohen Gipfel erschauend,
Gebieter der *ayllus* [Dorfgemeinschaft], *amauta* [Weiser] im weißesten Mantel.
[...]
Illimani, mächtiger Gott, du aller Berggötter Herr,
strahlen möge dein Schnee
in unserer Herzen Tiefe
damit wir einträchtig sind,
dass schön unser Leben sei ohne Zwist.
[...]
Aus allen *ayllus* kommen die Menschen darum
bei Neumond und Vollmond zu dir,
um dir die heilige Coca zu weihn,
der Herzen Freude und Flehn.«

Dieser Text zeigt, wie reich sich die Coca- oder Kokainmetaphorik verdichten kann: »Schnee«.

Der ehemalige Inkapalast in Cuzco; die alten Inkamauern sind mit kolonialzeitlichen Gewölben übermauert worden. Hier standen die goldenen Gärten mit Goldimitaten von Cocabüschen.

58 Gemeint ist der Amazonasdschungel.

> Rituale sollen Vertständnis schaffen – auf beiden Seiten ...
> *Geheimnisvolles Land der Kogi-Indianer*
> (Bauer 1996)

Die Cocapflanze ist ein Hort der Ritualbildung, so wie in vielen menschlichen Gemeinschaften psychoaktive Pflanzen oder Substanzen Kulte und Rituale erzeugen. Mit und durch Coca sind viele verschiedene Rituale und rituelle Umgehensformen entstanden, die zum Zentrum der südamerikanischen Indianerkulturen gehören und auch zu den Faktoren, die ihre kulturelle Identität prägen (Bayona V. 1994).

Wie wir später sehen werden, hat die *Seele des Blattes*, das Kokain, im Westen ähnliche Rituale entstehen lassen. Wahrscheinlich wegen des stimulierenden Wirkstoffs – eine anregende Substanz, eine kreativitätsfördernde Substanz; ein chemischer Grund für die Kristallisation kultureller Verhaltensweisen. Dass die Menschen, die Menschheit chemisch kontrolliert wird, und zwar aus der Natur heraus, wollen viele Leute nicht hören oder wahrhaben. Aber die chemische Kontrolle ist da. Unsere Sinne, *schmecken* und *riechen*, werden durch Chemikalien aktiviert. Sie leiten uns zu den geeigneten Sexpartnern, zu der richtigen Ernährung und den besten Rauschmitteln. Der Geruchssinn macht nicht nur möglich, verdorbene oder giftige Speisen zu erkennen, sondern führt uns unweigerlich zu Menschen, die wir *riechen* können. Der Geschmackssinn offenbart uns die richtige Ernährung oder Diät.

Diese chemische Steuerung unseres Lebens dient der Partnerfindung, also der Vermehrung und zum biologischen Überleben. Die psychoaktiven Substanzen sind chemische Stoffe, die unsere Kultur formen, Gebräuche und Religionen entstehen lassen. Wir sind ihnen ausgeliefert. Die Chemie, die chemische Reaktion mit unserer Welt, ergreift uns, ohne dass wir es bemerken. Chemikalien haben auf uns einen weitaus wichtigeren Einfluss als die »feinstoffliche Aura« eines Heiligen oder Gurus.

Was sind Rituale?

Ein Ritual ist eine angewöhnte Struktur des Verhaltens und Denkens, die sich repetiert und durch Diffusion und Tradition (Weitergabe) fortpflanzt. Durch die Weitergabe der Struktur können Veränderungen eintreten. Deshalb sind Rituale temporäre Ereignisse in einem wandelbaren Prozess. Ritualstrukturen fließen wie Ströme durch die sich ständig wandelnde Kulturlandschaft. Wenn der Fluss gestoppt wird, muss er einen anderen Weg suchen. Er kann sich auch fraktal fortsetzen. Da das Wahrnehmen und Verstehen von Ritualstrukturen individuell stark variabel sein kann, kommt es zu dem stetigen Wandel innerhalb des Großen Geschehens. Rituale sind Konzentrationspunkte im Fluss des Kulturprogramms. Beispiel: Wenn eine Rockband auf Tour ist – *on the road* – und jeden Abend dasselbe Programm spielt, ist doch jedes Konzert anders, aber jeder Show liegt die gleiche rituelle Struktur zugrunde.

Das Sein ist ein Paradox, ein Koan, ein Rätsel: Alles bleibt beim Alten, aber alles verändert sich.

> Das Ritual des gemeinsamen Schnupfens auf der Toilette hat so etwas verschwörerisch Anheimelndes, dass ich manchmal glaube: wenn man ohne Bedenken seine Drogen in aller Öffentlichkeit einnehmen könnte, gäbe es weitaus weniger Süchtige.
> Konstantin Wecker
> (1995: 140)

Beim Begrüßungsritual der Kogi wird Coca getauscht. (Magarine-Klebebild, o.D.)

Rituale enstehen von selbst, wie das Geschehen im Universum – immer dann, wenn es Gruppen von Menschen gibt, die sich zusammenrotten; die Gruppe muss sich schließlich organisieren. Das geschieht meist unbewusst und zunächst ziellos, genau wie in der Evolution, die sich auch ziellos abspielt. Es tauchen in allen Gruppen von Menschen immer wieder individuelle und kollektive Verhaltensmuster auf, die ständig wiederholt werden; sei es unbewusst oder mit Absicht. Es werden in jeder Ethnie solche kulturellen Verhaltensweisen und Denkmuster gebildet, entweder werden sie mit Sinn belegt oder einfach sinnlos nachgeahmt (das heißt dann »Tradition«).

Das ganze Leben wird rituell gesteuert, ob man es merkt oder nicht. Rituale dienen der Orientation, der Orientierung und dem Lebensweg. Meist sind es Kreisrituale (MÜLLER-EBELING und RÄTSCH 2000).

Es können verschiedene Zwecke damit verfolgt werden: soziale Integration, gemeinsame religiöse Erfahrungen, spirituelles Wachstum, Geburtstagsfeiern, Initiation und Begräbnisse. Es ist wichtig, dass alle Teilnehmer am Geschehen ihr Bewusstsein gleichzeitig auf eine gleiche Sache konzentrieren und dabei etwas gemeinsam machen, etwa eine psychoaktive Substanz konsumieren, eine Trancehaltung einnehmen, meditieren oder tanzen. Das Wesentliche ist die Kreisstruktur und das Zusammensein.

Bei kollektiven Ritualen sitzen die Teilnehmer im Kreis – meist ums Feuer oder in einem Tipi oder an einen runden, manchmal auch an einen viereckigen Tisch. Sie haben sich für diesen Anlass verabredet. Er findet entweder täglich, wöchentlich, monatlich, jährlich oder unregelmäßig statt.

Seit der Entdeckung des Feuers sitzen die Menschen in solchen Kreisen. Sie erzählen sich etwas; zum Beispiel mythologische Geschichten und/oder den Klatsch um ihre Nächsten; und sie nehmen dazu gemeinsam eine psychoaktive Substanz ein (eine visionäre, eine entaktogene oder eine stimulierende). Meist werden die täglichen Rituale mit einer stimulierenden Zubereitung am frühen oder späten Nachmittag begangen. Die manchmal sogar gewerkschaftlich verordnete Kaffeepause beginnt schon vormittags.

Man denke an das häusliche Kaffeekränzchen oder den Fünf-Uhr-Tee oder gar an die japanische, sehr komplizierte Teezeremonie. In Japan ist es üblich, dass die ganze Belegschaft eines Büros oder jedweder Firma zusammen in ihre Stammkneipe zieht und auf Rechnung der Firma sich gemeinsam betrinkt. Auch der Stammtisch in der Kneipe, an dem man sich je nach Region mit Bier, Wein oder Schnaps zuprostet, zählt hierzu.

In archaischen und Stammeskulturen finden solche Kreisrituale gewöhnlich abends oder nachts statt, denn es werden visionäre heilige Pflanzen gemeinschaftlich eingenommen. Es gibt die *Peyote Meetings* der *Native American Church*, der »Kirche der Ureinwohner Amerikas«, bei denen ein Visionen schenkender Kaktus (Peyote, botanisch *Lophophora williamsii*, meskalinhaltig) verspeist wird; in Mexiko werden verschiedene vergorene Getränke (Balche', Octli, Chicha usw.) rituell getrunken; es gibt die *mesa*-Rituale in Peru, bei denen der meskalinhaltige San-Pedro-Kaktus (*Trichocereus pachanoi*) als Tee getrunken wird; in Südamerika, besonders in Paraguay wird der koffeinhaltige Mate aus einem Kürbisgefäß (*poporo*)[59] per Rohr gesaugt.

In den andinen Kulturen hat die Coca zahlreiche sozialintegrative (Kreis-)Rituale hervorgezaubert. Die Feldarbeiter machen keine Kaffeepause, sondern eine Cocarunde. Sie setzen sich gemeinsam im Kreis hin und beginnen mit dem Cocakauen. Entweder holt jeder Teilnehmer eine eigene Cocatasche (*ch'uspa*) hervor und bedient sich daran, ganz nach eigenem Ermessen der Dosierung. Auf diese Weise tritt bei allen gleichzeitig die Wirkung ein. Oder eine Person im Kreis holt seinen Cocavorrat hervor und schmeißt eine oder auch mehrere Runden. Er stopft sich so viele Cocablätter in den Mund wie möglich und beginnt, sie zu durchspeicheln und zu zerkauen. Er gibt dabei den Beutel an den Nächsten im Kreise, meist im Uhrzeigersinn. Der bedient sich und gibt den Beutel weiter, so geht es immer weiter, bis der Kreis sich schließt. Dann sind bereits so viele Cocablätter extrahiert und verschluckt, dass der Beginner eine weitere Ladung in den Mund nehmen kann. Vorher jedoch hat er die *llipta*-Tüte geöffnet, seinen Bissen damit versetzt und das alkalische Mittel weitergereicht. So geht es etwa eine Stunde lang, immer im Kreis herum. Dabei wird der tägliche Klatsch zum Besten gegeben, man lacht gemeinsam über zotige Witze und politische Anspielungen, manchmal werden Geschichten, Legenden und Mythen erzählt. Vom Geschehen und den Alkaloiden physisch und psychisch aufgetankt, geht man dann wieder an die Arbeit. Und freut sich auf die nächste gesellige Cocarunde.

Dieses Coca-Kreisritual ist wahrscheinlich, wie so viele Sozialanthropologen glauben, der Grundstein der andinen Kultur, der Nährboden für das

59 Das Wort *poporo* ist ist auch identisch mit dem Flaschenkürbisgefäß für den Cocakalk der Kogi.

soziale Gefüge der indianischen Gemeinschaften (Bayona V. 1994, Instituto Indigenista Interamericano 1989, Spedding 1994).

In La Paz, »dem Frieden« (zwischen rund 3650 und 4600 Meter hoch gelegen), der eigentlichen, aber nicht politischen Hauptstadt von Bolivien, kauen die meisten Leute Coca nur an zwei Tagen, wegen ihres *beliefsystems*, ihrer Glaubensüberzeugung.

Coca wird an den Abenden dienstags und freitags gekaut, weil diese Abende oder Nächte den *espiritus terrestres y la brujería malefica*, den »Erdgeistern und dem Schadenzauber«, gewidmet sind.[60] Wenn man während dieser Nächte Coca kaut und dazu Tabak raucht, ist man sowohl vor den Geistern geschützt als auch mit ihnen verbunden. Denn *Coca y tabaco* ist eine Art Opfergabe an diese Geister, um sowohl von ihnen verschont zu bleiben als auch Nutzen aus der Kontaktaufnahme zu ziehen. Das ist vollkommen schamanisch.

Besonders gerne werden drei – wie immer: die schamanische Dreiheit – psychotrope Substanzen zusammen konsumiert:

Coca
Kauen

Tabaco k'aehuite —— *Singani*
Rauchen —————— Trinken

Gleichzeitig werden Cocablätter gekaut, Zigaretten geraucht und Schnäpse, vorzüglich *Singani*, am besten *San Pedro de Oro*, der »heilige Gold-Peter«, getrunken.

Der *tabaco k'aehuite* (Spanisch/Aymara) ist eine weiß blühende Varietät von *Nicotiana tabacum*, ganz ähnlich wie der amazonische Tabak, der *Mapacho* heißt und auch weiß blühend ist. Der bolivianische *k'aehuite* wird vor allem in Irupana in den Südyungas (den südlichen Kordilleren, den Abhängen der Anden, dem schon bei den Inkas berühmtesten Anbaugebiet) angebaut, und hat, wie die Coca der Region, einen süßlichen Geschmack. Er wird nicht industriell verarbeitet, sondern nur in Hausarbeit in Zigaretten gedreht, die auf dem *Markt* von Chulumani verkauft werden. 25 Stück für einen Boliviano, das sind zirka 15 Cents. Ein weitaus besseres, schmackhafteres und wesentlich billigeres Produkt als *Marlboro*.

K'achuite, eine starke bolivianische Tabaksorte.

Singani, der Schnaps (40%ig), der aus Weintraubenmaische destilliert wird, ist kein Grappa oder Trester, sondern ein Obstler aus frischen Weinreben, eine Art Nationalgetränk Boliviens, ganz gleich dem peruanischen und chilenischen *Pisco*.

Das Wort *singani* kommt von *singar*, »reinziehen«; – in Peru ist ein *singano* ein alkoholischer Extrakt von Bauerntabak (*Nicotiana rustica*) und einigen aromatischen Blüten, der bei schamanischen Ritualen aus Muschel- oder Schneckenschalen durch die Nase *getrunken* wird.[61] Eine grausige Prozedur, die zur akuten Sinusitis führt, aber machohaft ertragen werden soll. Die Nasen und Rachenschleimhäute werden verätzt, Tränen schießen aus den Augen, Übelkeit steigt hoch, der Körper wankt. Der Geist sucht sich einen Weg in dem Ozean der Trance, dem Meer aus giftigem Nikotinkonzentrat. Aber was erduldet man nicht alles, um mal über die Grenze der Alltäglichkeit zu blicken, andere Welten zu sehen; Grenzerfahrungen können sehr schmerzhaft sein. Dadurch sind sie einprägsam. Sie zeigen dem Grenzgänger den rechten Weg. Solche Erfahrungen zu vergessen oder zu verdrängen fällt nicht leicht. Erst wenn man eine Überdosis überlebt hat, kennt man die für sich persönlich richtige Quantität.

Coca als Additiv zu anderen Ritualen

Coca wird oft bei anderen entheogenen Ritualen gekaut: mit San Pedro, Cimora, Ayahuasca, Schnupfpulvern, Tabak (Ambíl, Chimó) und alkoholischen Getränken. Es ist wie das Rauchen von Tabak ein steter Begleiter verschiedenster Rituale.

60 Diese Tage sind den germanischen Göttern Tyr und Freia, dem Kriegsgott und der Liebesgöttin, gewidmet. Die Verbindung zwischen Krieger und Liebender sind Schutz und Erhalt des Lebens, genauso wie mythologisch Ares (= Mars) und Aphrodite (= Venus) zusammen ihre Tochter Harmonia gezeugt haben: Schutz und Liebe ergibt Harmonie, die Grundlage von Gesundheit, Freude und Glück.

61 Wenn eine Flüssigkeit durch die Nase gezogen wird, hat man es mit dem Schnupfen einer liquiden Materie zu tun. Deshalb deutet nicht nur die rituelle Ähnlichkeit zum Schnupfen trockenen Pulvers, sondern auch der Gebrauch der Schnupfschnecken (meist die Art *Busycon contrarium*) auf Gemeinsamkeiten hin.

Steinhaufen am Andenpass zwischen Chile und Argentinien. Ausgekaute Cocabissen werden dort als opfergaben an die Erdgöttin abgelegt.

Coca con Ayahuasca – Cocahuasca

»Als ich einmal die Chance hatte, die sagenumwobene Ayahuasca mit Coca zu probieren, war ich, wie man auf Englisch so schön sagt, blown away, *›völlig überwältigt‹ und dem Stoff total ausgeliefert.*

Es war mit einem Shipibo-Schamanen aus dem amazonischen Tiefland in Peru. Er ist ein wahrer Meister der Pharmazie. Seine Zubereitungen sind immer überwältigend. Seine Zubereitung der Ayahuasca aus Banisteriopsis caapi, Psychotria viridis *und* Erythroxylum coca *war der Hammer. Der Trunk war ekelhaft bitter, dafür umso wirksamer. Die visionäre Wirkung der Ayahuasca stellt sich gewöhnlich nach 30–45 Minuten ein. Diesmal durchzuckte mich ein Blitz mit folgenden Erschütterungen bereits ein paar Minuten nach Einnahme. Ich hatte das Gefühl, als ob ich ein Gramm Kokain mit einer einzigen Linien reingezogen hätte. Ich begann zu vibrieren. Bald danach setzte die DMT-Wirkung, der visionäre Aspekt der Ayahuasca, ein. Die Wirkung war so stark wie niemals zuvor. Ich blieb am Vibrieren und Zittern für die nächsten 24 Stunden. Die Coca hat mich mächtig erschüttert.«* (CR)

Ayahuasca especial

Rezept von dem Shipibo-Schamanen Guillermo Arévalo (Pucallpa, Amazonien, Peru)

Banisteriopsis caapi	Ayahuasca	Harmin
Psychotria viridis	Chakruna	DMT
Erythroxylum coca	Coca	Kokain
Datura stramonium	Chamico	Scopolamin
Opuntia sp.	Opuntia	Phenethylamine (möglicherweise Meskalin)
Trichocereus pachanoi San Pedro		Meskalin
Lophophora williamsii Peyote[62]		Meskalin u.a.

Ayahuasca ist in Europa und Nordamerika in den vergangenen Jahren meist unter dem Namen *Santo Daime* bekannt geworden, und das im Zusammenhang mit brasilianischen messianistischen Kulten von Christen. Aber Ayahuasca ist eine, vielleicht *die* bedeutendste amazonische Schamanendroge – eine echte Medizin aus dem Regenwald.

Die christlichen Kulte, die Ayahuasca als Sakrament benutzen bzw. »missbrauchen«, trennen das psychoaktive Getränk vollkommen aus dem india-

62 Der Peyotekaktus stammt aus Mexiko und wurde vor ein paar Jahren von Huichol-Schamanen als Geschenk bei einem Besuch den Shipibo-Schamanen überreicht. Seitdem hat Guillermo eine Kultur angelegt und experimentiert mit dem Peyote und entwickelt neue Zaubertränke, ganz so wie ein Pharmazeut oder Chemiker.

nisch-traditionellen Kontext heraus. Damit verbinden sie, wie in Sekten üblich, eine strenge und vorgeschriebene Methode der Anwendung. Außerhalb indianischer Kulturen wird Ayahuasca sehr moralisch und restriktiv angewendet. So wird oft eine Diät vorgeschrieben und der Gebrauch anderer psychotroper Substanzen reglementiert oder verboten. Eine Sekte ist wie ein Staat. Was der Einnahme dient, wird genau geregelt. Was eine gewisse Unorthodoxie wäre, wird verboten.

Um ihr eigenes Sakrament zu verteidigen, denn es ist im Prinzip eine illegale Droge, verwerfen sie den Gebrauch anderer Substanzen oder verbieten ihn ganz. Dadurch stehen sie in der Öffentlichkeit besser da, denn sie verteufeln die am meisten dämonisierten Drogen wie Coca, Kokain oder Tabak und Nikotin.

Oft stehen diese Regeln im völligen Gegensatz zu den traditionellen indianischen Gebräuchen. Im brasilianischen, christlichen Santo-Daime-Kult, in den 1930er Jahren entstanden, wird den Anhängern verboten, Coca oder Tabak zu nehmen, nicht nur während der Messe, sondern ganz allgemein. Im Gegensatz dazu wird von indianischen Schamanen der Gebrauch von Coca und Tabak im Zusammenhang mit Ayahuasca nicht nur erlaubt, sondern forciert. Denn sowohl Coca als auch Tabak können die Trance oder Ekstase, ausgelöst von dem Dschungeltee, vertiefen, verstärken oder die betreffenden Personen mehr zentrieren und die Wirkung deutlicher erleben lassen.

Indianer nehmen meist Coca in irgendeiner Zubereitungsform zu sich, bevor sie des Nachts Ayahuasca trinken. Manchmal auch währenddessen oder nachdem die Wirkung verschwunden ist. Es gibt auch Westler, die gerne vor oder nach der Einnahme von Ayahuasca etwas Kokain schnupfen. Es tut manchen gut, anderen vielleicht nicht. Man findet es am besten selbst heraus. Bitte keine pharmakologischen Dogmen aufstellen!

Es gibt einen urbanen Kult, der sich in Kolumbien um die Einnahme von Ayahusaca entwickelt hat. Dieser Kult ist eine synkretistische Form[63] von dem amazonisch-schamanischen Gebrauch dieses visionären Zaubertranks und einer Verehrung des indischen Gottes Krishna – getarnt als tantrisches (!) Ritual (da der Gebrauch von Ayahuasca verboten ist). Die Teilnehmer kauen, im Gegensatz zu den Daimistas, vorher Cocablätter, denn das Kokain gibt ihnen während der oft sehr heftigen visionären und purgierenden, wenn nicht sogar purgativen Wirkung etwas mehr Halt, Durchhaltevermögen, geistige Klarheit und Zentriertheit. Die Teilnehmer dieses modernen Kultes fühlen sich bereichert und finden dadurch anscheinend ein neues kulturelles Zuhause.

In Südamerika soll es junge Leute geben, die nach *Coca pasta* »süchtig« sind, Menschen, die mit irgendetwas irgendein Problem haben und deshalb viel *pasta* oder *basuca* rauchen. Sie werden als Suchtkranke« oder Junkies oder *toxicómanos* angesehen. Ihnen werden von verschiedenen Organisationen schamanischer Art Therapien mit Ayahuasca angeboten (zum Beispiel von Don Agustín Rivas Vasquez oder der *Centro de Rehabilitación de Takiwasi* in Peru; oder *Friends of the Forest* in Amsterdam, die Mimohuasca benutzen; Takiwasi in Peru, vgl. Mabit 1996). Fast eine Ironie, denn Coca gehört in der schamanischen Welt als Lehrerpflanze, als *planta maestra*, »Meisterpflanze«, zu den wesentlichen Bestandteilen des gesamten pharmakologischen Ayahuascakomplexes.

Cocaorakel, Divination und Wahrsagerei

> Das sind Läuse! Kristalle der Koka! Gleichgültig ...
> Mit der Zunge schleckt er den verschütteten Kokasaft vom Teppich auf ... [...]
> Pablo hat gelernt, die Gestalten des Kokarausches zu rufen, wie sein Wunsch es ihm eingibt. Er fixiert einen Punkt in der Ferne. Der kommt angerollt, wird groß und schließt sich zu auf einem leuchtenden Tor.
> Theodor Plivier
> (1930: 251 f.)

> Kleine Mutter Koka, wunderbares Blatt, das alles weiß; falls du es sagen willst, sag mir alles. Im Namen der Ahnen, wird der Kranke genesen oder nicht?
> Sabine Hargous (1976: 124)

Das Cocaorakel ist kein abergläubischer Unfug, sondern eine Art Psychotherapie und Lebensschulung.

Orakel sind eine uralte Institution der Menschheit. Berühmt ist das Orakel von Delphi, die von Apollon besessene, bilsenkrautberauschte Pythia (Storl 2000); oder das tibetische Staatsorakel, ein Mann, der ähnlich wie ein Schamane in Trance fallen konnte. Auch die Sybillen des römischen Reichs, die Wahrsagerinnen der Zigeunerkarawanen u.v.m. sind bekannte Orakel.

63 Zu synkretistischen Kulten und Religionen, die aus einheimischen Drogenritualen und eingeschleppten Glaubenssystemen entstanden sind (zum Beispiel Bwiti, *Native American Church*, UDV, Daime), siehe Saunders 1999/2000.

Anzeigen für Coca-Orakel-Service aus bolivianischen Tageszeitungen.

Divination ist die Erklärung der Wirklichkeit dank göttlicher Hilfe – eigentlich das Gleiche wie orakeln, mehr religiös orientiert.

Propheten sind Verkünder zukünftiger Ereignisse, die bedrohlich sind, denen man aber ausweichen kann, wenn man an eine bestimmte Gottheit glaubt und zu den Erwählten gehört, die von der kommenden Katastrophe beschützt bleiben – wegen ihres Glaubens. Und dann kommen die Eschatalogen, die den Untergang oder das Ende der Welt vorhersagen.[64]

Es wurden in vielen Kulturen Pflanzenteile auf den Erdboden oder ein Tuch oder einen Stein geworfen (Schafgarbenstengel, Runen und Buchstaben, Blüten). Aus der Anordnung der Pflanzenteile wurde Lebensweg, Schicksal und Bestimmung des Klienten abgelesen. Dem Ratsuchenden wurden vom Wahrsager oder der Seherin bestimmte Szenarien offenbart, auf die der Klient interaktiv reagiert und somit in eine Art psychotherapeutisches Gespräch kommt. Dabei findet der Klient selbst die Antwort oder den Weg zur Lösung seines Problems.

> Der geübte Wahrsager verwendet Cocablätter wie Tarotkarten.
> (Wiedemann 1992: 8)

Das Werfen von Cocablättern ist vermutlich sehr alt. Anscheinend haben schon die Callawaya mit den Cocablättern diviniert (Oblitas Poblete 1978: 178). In den Anden ist das »Lesen« geworfener Cocablätter die wichtigste Methode der Divination (Wilcox 1999).

Der Yatiri ist ein indianischer Wahrsager (Aymara) in Bolivien. Er wirft bei einer Konsultation Cocablätter auf ein Tuch (*mesa*), oft ein Textil aus vorspanischer Zeit. Aus der Anordnung der Blätter kann er dem Klienten dessen Fragen beantworten (Rätsch 1999c).

Auch andere stimulierende Pflanzen werden zum Orakeln und Divinieren genutzt, wie Teeblätter oder Kaffeesatz. Lorbeerblätter wurden in der Antike in Griechenland und Rom wie Cocablätter geworfen und »gelesen«, auch verbrannt oder geräuchert, um aus den Rauchgebilden verborgene Informationen zu erhalten. Ähnlich das Tarot, das eher eine Gesprächstherapie oder Beratung denn eine mysteriöse Offenbarung der Wirklichkeit von Vergangenheit, Gegenwart und Zukunft ist.

Das Wahrsagen mit Objekten dient mehr der Schulung der Intuition und Stimulation des Klienten, denn durch den Prozess kann er selbst die eigenen Fragen beantworten. Der Wahrsager und seine Technik sind eher so etwas wie Katalysatoren für einen Entscheidungsprozess des Klienten. Wahrsagerei ist eine Art Lebenshilfe und Entscheidungshilfe (Andritzky 1987).

Cocawerfen hat auch eine sozialintegrative Funktion für die ratsuchende Person und deren Mitmenschen sowie eine enge Beziehung zum Räuchern, zum *sahumer*.

64 Man braucht nur einen Blick in die Geschichte zu werfen ... Alle Vorhersagen für den kommenden Weltuntergang waren falsch. ogar der *Club of Rome*, eine angesehene Horde internationaler akademischer Wissenschaftler, hat ökologische Katastrophen und Rohstoffmängel vorhergesehen, vorausgesagt, »berechnet« – nichts von seinen Behauptungen ist eingetreten. Und dann die religiösen Fanatiker, wie Jehovas Zeugen, die schon etliche Male einen Kalendertermin für den Weltuntergang herausgeschrien haben. Oder die Y2K-besessenen Amerikaner, die glaubten, dass die technologische Welt am Silvesterabend um 24:00, dem Schritt ins Jahr 2000, zusammenbricht, alle Flugzeuge abstürzen usw. Keine Vorhersage ist jemals eingetreten. Wieso soll überhaupt ein von Menschen erfundener Kalender irgendeine Bedeutung haben? Was für eine Anmaßung. Keine Angst vor 2012, auch das ist nur eine Phantasie ... Der Mayakalender, dessen Relation zum gregorianischen Kalender nur eine wissenschaftliche Spekulation ist, hat keine Bedeutung. Es ist vermutlich besser, sich seines Lebens zu erfreuen als projizierte Ängste zu verdauen.

La coca es comida ...
Sprichwort

Gott ist ungerecht, weil er den Menschen dazu
unfähig gemacht hat,
ständig Coca zu kauen;
er würde lieber 10 Jahre mit Coca,
als eine Million Jahrhunderte ohne Coca leben.
Paolo Mantegazza
Über die hygienischen und medizinischen Vorzüge
der Coca (1859)
(zit. n. Haas 1981: 72)

Für die Indianer ist die Coca »Nahrung«. Und sie haben Recht!

Wie nahrungswissenschaftliche Untersuchungen gezeigt haben, ist Coca ein besseres, das heißt vollwertigeres »Gemüse« als die meisten sonstigen amerikanischen Gemüsesorten. Drei Wissenschaftler, James A. Duke (Chef vom Plant Taxonomy Lab.), David Aulik (Warf Institute, Madinson) und Timothy Plowman (Botanical Museum, Harvard Universität), haben 1 Kilogramm sonnengetrocknete Cocablätter (*E. coca* var. *coca*) aus San Francisco/Prov. Chapare/Bolivien auf ihre Nährwerte hin untersucht und sind zu folgendem Ergebnis gekommen (siehe Tabelle).

Diese Ergebnisse offenbaren, warum die Indianer Coca als »Nahrungsmittel« bezeichnen. Wenn man nämlich den ganzen Tag Coca kaut, nimmt man fast alle notwendigen Mengen an Nährstoffen zu sich. Eine wirklich praktische Eigenschaft, denn das Kokain unterdrückt das Hungergefühl; man wird auf wunderbare Weise vom Blatt ernährt. Diese Besonderheit ist den Indianern von alters her aufgefallen. Aus dieser Perspektive ist es nur verständlich, dass die Indianer den Cocastrauch als göttliche Gabe verehren, denn er sichert ihr Überleben in einer harten Umwelt, dem Hochland der Anden. Ohne das »heilige Blatt« könnten die Indianer nicht existieren; deswegen kauen sie Coca.

Man kann tage-, vielleicht sogar wochenlang ausschließlich von Coca leben, da man praktisch alle Vitamine und Mineralstoffe sowie weitere wichtige Stoffe aus dem Blatt erhält. Während man beim Cocakauen gesund bleibt, können beim appetithemmenden Koksen Mangelerscheinungen auftreten, da man nicht wie beim Cocablatt mit den lebenswichtigen Vitaminen und Mineralien versorgt wird.

Der Nährwert von Cocablättern

Durchschnittliche Mengen per 100 g getrockneter Blätter im Vergleich mit der durchschnittlichen Menge in südamerikanischen Nahrungspflanzen (per 100 g) (nach Duke et al. 1975)

Inhaltsstoffe	Cocablätter	Nahrungspflanzen
Proteine	18,8 g	11,4 g
Fette	3,3 g	9,9 g
Kohlenhydrate	44,3 g	37,1 g
Faser	13,3 g	3,2 g
Asche	6,3 g	2,0 g
Calcium	1789 mg	99 mg
Phosphor	637 mg	270 mg
Eisen	26,8 mg	3,6 mg
Vitamin A (als β-Carotene)	10.000 IU	135 IU
Thiamin (Vitamin B_1)	0,58 mg	0,38 mg
Riboflavin (Vitamin B_2)	1,73 mg	1,73 mg
Nicotinsäure	3,7 mg	2,2 mg
Vitamin C	1,4 mg	13 mg

Indianerinnen verkaufen auf dem Markt von La Paz/Bolivien ihre Nahrung: Cocablätter und Tomaten (Magarine-Klebebild, o.D.).

Interlude in La Paz

»Auf, zur Feldforschung, zum Markt, *zur Marktforschung! – Wir steigen ins Taxi und nennen unser Fahrtziel: den legalen Cocamarkt am Stadtrand, direkt an der Ausfallstraße in die Yungas gelegen. Der Taxista weiß sofort Bescheid, denn es handelt sich bei dem* Markt *um ein nationales Heiligtum –* Adepcoca: Mercado legal de la hoja de Coca.

Wir, das sind JO und CR, springen aus dem Auto und sehen eine fantastische Straßenszene. Riesige, moderne, gut gepflegte LKWs, schwer beladen mit gewaltigen Säcken voller Cocablätter. Emsig werden die aufgetürmten Säcke von den Indianern abgeladen und zum Eingang des Marktes *getragen. Legale Coca aus legalem Anbau für den legalen Markt. Aber solche Mengen?*

Beim Fotografieren der Straßenszene überfällt mich ein beklemmendes Gefühl. Wie legal ist hier das Fotografieren? Kaum gedacht, schon geschehen. Ein MG-Pistolero in militärischer Uniform stößt mich an: ¡No es legal tomar fotografías aquí! Dacht ich mirs doch. Ich stecke meine Leica ein und verschließe die Fototasche. Verspreche, sie nicht zu benutzen.

Wir treten durch das Tor in den Markt, *der nur eine von Mauern verschlossene Straße mitsamt einer Markthalle ist. Die Luft duftet betäubend nach Coca. So viel Coca habe ich noch nie gesehen. Es gibt nichts anderes auf* dem Markt, *nur Massen an Coca, riesige Berge an Säcken. Die Nahrung der Indianer. Kleine Männer und Frauen schleppen die Säcke hin und her.* Cocameisen.

Staunend streifen wir durchs Gewühl. Ich ziehe meine Leica Titanium Minilux aus der Jackentasche, knipse den Betonboden, in dem sich die Spuren von analphabetischen Hunden wie fossile Tritte eingegraben haben, als der Zement noch nicht hart war. Überall liegen die Blätter. Mir gelingen noch zwei Schüsse

Ein Streifzug durch den legalen Cocamarkt, wo es außer Cocablättern nichts zu kaufen gibt.

1. Ein Schild der Dinaco-Behörde lässt keinen Zweifel an der Legalität: *El control de la Coca,* »Die Kontrolle der Coca«, tritt hier in Kraft.
2. Indianer beim Entladen der gewaltigen Cocasäcke.
3. Der Fussboden des Marktes.

aus der hohlen Hand, bis mich ein Undercover-Agent in Zivil am Arm zerrt. Wütend schnaubt er, dass das Fotografieren hier nicht gestattet sei. Ich mache auf blöd und entgegne: Ich dachte, dass es auf einem legalen Markt auch legal sei zu knipsen, denn, was wolle man denn verbergen? Ich werde auf die Straße gezerrt und belehrt, dass es eine Verordnung der Behörden sei. Wollen sie etwa nicht, dass die Cocamengen, die hier umgeschlagen werden, geschätzt werden können? Es ist immer eine mulmige Situation, wenn man in Lateinamerika von den Behördenangestellten belästigt wird. Ich habe Angst um meine Kamera, noch mehr um meine Filme. Aber umsonst. Der Zivi lässt mich laufen. Ich habe die Doks im Kasten und eile schnell ins rettende Taxi. Unser Taxista lacht. Er kennt wohl schon dieses Problem. Die Markt-Forschung ist zu Ende.« (CR)

Die Kokablätter dürften in kleinen Mengen gut zur weiteren Vollmundigkeit gewisser Kräuterliköre beitragen. Bislang wurde die Droge als Mazerat nur zur Herstellung des gleichnamigen Likörs benötigt.
G. Hartmann
Die Drogen in der Spirituosen-Industrie
(Berlin: Grüner Verlag, 1952, S. 80)

Sackweise werden die Cocablätter zum Markt getragen …

Rezept für einen Cocalikör

Mazerat:

800 g Cocablätter	*Erythroxylum* spp.
100 g Angelikawurzel	*Angelica archangelica* L.
80 g Ysopkraut	*Hyssopus officinalis* L.
50 g Holunderblüten	*Sambucus nigra* L.
25 g Tonkabohnen	*Dipteryx odorata* (Aubl.) Willd.
20 g Kardamom	*Elettaria cardamomum* (L.) Maton
6 l Sprit	Ethanol
3 l Wasser	H_2O

werden 8 Tage mazeriert und dann abgepresst, filtriert und mit 60%igem Sprit auf 9 Liter aufgefüllt.

Nach Dr. Hans Goettler, *Lexikon der Spirituosen und alkoholfreien Getränke-Industrie*, 1910, Bd. 1, S. 462, Leipzig: Oskar Born Verlag.

… unter dem Schutz der örtlichen Polizei.

Für Nahrungszwecke werden auch pulverisierte Cocablätter mit Maniokmehl zu Brot gebacken; oder es dient die von allen südamerikanischen Indianern gebraute und reichlich genossene Chicha, ein Bier aus Mais, Maniok, stärkereichen Palmenfrüchten und anderen Knollengewächsen mit Coca »aufgebessert« (Rätsch 1996c und 1998). Die Indianer lernten schnell, den aus Europa eingeführten Wein und den destillierten Schnaps ebenfalls mit Coca zu versetzen. Daraus ist die Tradition der Cocaweine und -liköre entstanden.

Küchenchemie in Chulumani – Zwischenbericht aus der *Interzone*

> The Dangerous kitchen …
> Frank Zappa
> *The Man from Utopia*
> (1983)

> Experiment! With life, with love.
> John C. Lilly
> *E.C.C.O.*
> (1994)

Die Küchenchemie in Chulumani. Die Ausrüstung mit den Materialien vom Markt.

Wir haben 8 Tüten Cocablätter zu je zirka 30–50 g – die typischen grünen Plastiktüten des südamerikanischen Handels – mit 80 g Natriumbicarbonat mit 5 l Wasser erhitzt; nicht gekocht, sondern nur über einige Zeit, zirka 1–2 Stunden erhitzt ziehen lassen.

Danach wird dekantiert. Die verbleibenden Blätter werden ausgepresst, per Hand oder mit einem Stück Stoff, zum Beispiel einem T-Shirt.

Dann wird die angesammelte Flüssigkeit, die genau die Farbe von Coca-Cola® hat, langsam und vorsichtig erhitzt. Wenn die Lösung zu stark und zu lange erhitzt oder überhitzt wird, kann ein Teil des gelösten Kokains zerstört werden (und das ist nicht Ziel dieser Aktion). Wenn der Siedepunkt erreicht ist, dreht man das Gas so weit herunter, dass die Flüssigkeit nicht kocht, aber weiter verdampft.

Der Abdampfprozess ist die Konzentrierung des kokainhaltigen Extrakts bis zum Maximum. Wenn eine sirupartige Masse im Kessel zurückbleibt, hat man es: Einen stark wirksamen Extrakt, der neben der hohen Konzentration an Kokain auch noch die ganzen Zucker, Fette, Vitamine und Spurenelemente des Blattes enthält.

> So America goes underground. They all make their own medicines in garages, basements, and lofts, and provide their own service … You don't need a doctor … All you need is access to the medications.
> William S. Burroughs
> *Blade Runner, a Movie* (1999)

Der alkoholische Extrakt wirkt am besten, wenn er mit Cocapulver und Natriumbicarbonat vermischt wird. Der abgedampfte Extrakt (aus zirka 200 g Blättern) wird zunächst mit Cocapulver (etwa 25 g) versetzt, sodass sich die Flüssigkeit ganz an das botanische Material bindet. Eine gesättigte Lösung von Natriumbicarbonat wird hinzugefügt, sodass die konzentrierte Cocamasse feucht genug wird und dass keine Flüssigkeit im Anrührgefäß übrig bleibt. Man kann dann die Masse in den Mund nehmen. Schon sehr bald kommt das typische Gefühl der Kokainoberflächenbetäubung der Mundschleimhaut angeflutet.

Der alkoholische Extrakt

Man kann 95- oder 96%igen Alkohol (Ethanol) in Bolivien für 5 Bolivianos, etwa 80 Cents (zirka 1,30 sFr.) kaufen.

Den ersten Extrakt, 300 ml, mit etwa 100 g Cocablättern zubereiten, danach werden dieselben Blätter mit 200 ml Alkohol zum zweiten Mal extrahiert. Die Blätter werden schließlich ein drittes Mal

Ein *Cocaschnaps à la Los Yungas*

Die Cocablätter werden zerkleinert und mit Ethanol (96%) übergossen: 300 ml erster Extrakt, 200 ml zweiter Extrakt, 150 ml dritter Extrakt. Jeweils 1 oder 2 Stunden stehen lassen. Nachher filtern (ergibt zirka 500 ml).

Diese dreifache Extraktion mit Ethanol wird dann mit Wasser verdünnt (zirka 1:1) und – nach Belieben – mit (lokalem) Honig gesüßt. *Licor de Coca* – besser als Eierlikör. (Warum trinken nur alte Damen Eierlikör?)

Dieses Produkt enthält etwa 0,3–0,6% Kokain. Ist nicht besonders stark, aber trotzdem wohlschmeckend und wohltuend.

Den Likör kann man gut genießen, aber man kann auch den Alkohol (= Ethanol) abdampfen (lassen) und den Rückstand in den Topf mit etwas Bikarbonat versetzen, als *Priem* einnehmen (wirkt nach unserer Erfahrung stärker stimulierend).

– wie in der Chemie üblich – extrahiert. Man weiß nicht genau, warum, aber *dreimal* ist die magische Zahl im Schamanismus; es gibt drei Welten, Dreieinigkeiten unter Göttern und Göttinnen, drei was auch immer ...

Jonathan Ott beim experimentieren mit Cocaextrakten.

Die *heilige Drei-Drogenheit:*

Coca/Kokain + Alkohol + Nikotin

Coca/Kokain

Gegorene Getränke/Ethanol — Tabak/ Nikotin

Das ist die Formel, der viele Menschen in der ganzen Welt folgen, meist natürlich unbewusst.

Es ist: *schniefen, schlucken, schmöken* (ein echter »germanischer« Stabreim, etwas für die Skalden, die Dichter, die immer »*Drogen brauchten*«, die ihren *Met der Inspiration*, der Begeisterung, der göttlichen Eingebung hatten. *Wotan sei Dank!*).

22 Bolivianos für 1 kg trockener Blätter entspricht 3,50 $. Die bolivianische *Coca de los Yungas* enthält zirka 0,3–0,6%, meistens einen Durchschnitt von 0,5% Kokain. So: 1 kg Blätter kann etwa 3–6, im Schnitt etwa 5 g Kokain enthalten oder ausscheiden. So kostet die Pflanzenmasse für 1 g Kokain zirka 0,75 $, etwa 75 Cent für eine *Törntüte*.

Man benötigt etwa 6 l reinen Alkohol (95% Ethanol – aber kein denaturierter *Spiritus*), der pro Liter 5 Bolivianos kostet (zirka 80 Cents), also 2,25 $ pro Gramm Koks; die Kosten für Chemikalien sind insgesamt zirka 3 $ per Gramm/Kokain. Das ist viel billiger als ein Bier auf einem internationalen Flughafen (4–5 €).

Den reinen, trinkbaren Alkohol kann man überall auf dem Markt kaufen: *Alcohol Potable*, »genießbarer Ethanol« (95%). Er heißt *ceibo*, benannt nach einem Namen eines Baums, der in indianischen Kulturen dieser Region zum Brauen alkoholischer Getränke und zur Manufaktur von Aphrodisiaka und Rauschmitteln dient: *Erythrina crista-galli* L. (Leguminosae), ein cytisinhaltiger Korallenbaum, der wunderschöne, rote Blütenrispen austreibt und früher schamanisch genutzt wurde. Auch die koffeinhaltige Matepalme (*Ilex paraguaiensis*) wird gelegentlich *ceibo* genannt.

Legale Cocaprodukte für flüssige Nahrung: bolivianischer Cocawein und Cocatee.

Coc au Vin to Cokeless Cola: Vom Cocawein zum amerikanischen Traum

> Fascism is defeated in the end by the American Dream.
> William S. Burroughs
> *Blade Runner, a Movie* (1999)

Der gebürtige Korse Angelo Mariani, ein Pharmazeut und Mann von Welt, lebte als Lehrling in Paris, wo er für einen seiner Kunden einen Cocawein komponierte, etwa um 1868. Obwohl es in der *Französischen Pharmacopœia* von 1844 ungefähr 100 »medizinische Weine« nach Vorschrift gab, scheint es so, als ob Mariani der Erste war, der *coc au vin* hergestellt hat. Um 1870 verließ Mariani die Apotheke und gründete in Paris ein Ladengeschäft, in dem er seinen *Vin Tonique Mariani à la Coca du Pérou*, besser bekannt unter dem Namen *Vin Mariani*, braute und in Halbliterflaschen à fünf Francs verkaufte.

Angelo Mariani (aus: Mortimer 1901).

Der kluge Geschäftsmann Mariani hat sein »geheimes« Rezept wohl gehütet, verriet lediglich, dass er aus »feinstem Bordeaux« und Cocablättern »aus drei verschiedenen Quellen und ... von unvergleichlicher Qualität« bestünde (Mariani 1892). Anders als seine »Dionyungan« *cocainspiration* – die Frau der Yungas mit dem Lord von Nyssa zu verheiraten – war das echte Geheimnis um den phänomenalen Erfolg seines weinigen Vitalisators seine geniale Vermarktung. Mariani war ein Pionier der Werbekunst,

Théobald Chartran (1849–1907), französischer Porträt- und Historienmaler: »Ich bin sehr glücklich, jeden Tag ihren wohlschmeckenden Marianiwein zu trinken; noch glücklicher aber schätze ich mich, Mariani selbst zu kennen und ihm hiermit meine tiefempfundene Sympathie mitzuteilen« (aus: *Album Mariani*, 1894 f.).

Thomas Edison (1847–1931), Erfinder:
»Monsieur Mariani, ich habe das Vergnügen, ihnen eine meiner Fotographien für die Publikation in ihrem Album zuzusenden« (aus: *Album Mariani*, 1894 f.).

Erfinder der Verwendung von Dankesschreiben seiner zeitgenössischen Zelebritäten. Er hat dreizehn wunderschöne Alben mit den gesammelten Dankesbriefen und lithografierten Porträts der künstlerischen Koryphäen, ganz zu Schweigen von drei Päpsten, sechzehn Königen, sechs französischen und US-amerikanischen Präsidenten und anderen Berühmtheiten publiziert (HOROWITZ 1979)!

> Die großen Zelebritäten, die Superstars des ausgehenden 19. Jahrhunderts, die bedeutendsten Schriftsteller, Erfinder, Forscher und Politiker, die hochverehrtesten Schauspieler und Tänzerinnen – alle hingen am Cocawein, besonders am »wunderbaren, wundervollen« Marianiwein oder *Vin Mariani*. Wir wissen so gut darüber Bescheid, weil der Korse Mariani die unzähligen Dankesschreiben der aufregendsten Gestalten der Kultur- und Wissenschaftsszene nicht nur gesammelt und aufbewahrt hat, sondern auch in Form von faksimilierten Drucken in einem mehrbändigen Albumwerk publiziert hat (MARIANI 1898f., PALMER und HOROWITZ 1999: 25, 68f.).

Einige dieser Dankesschreiben hat er in Anzeigen von regelmäßig erscheinenden Zeitungssupplementen, mit einer Auflage bis zu 800 000, abdrucken lassen. Manche haben vermutet, dass Mariani seinen Wein mit reinem Kokain versetzt habe. Das ist aber eher unwahrscheinlich, da sein Wein verhältnismäßig schwache Kokainkonzentrationen enthielt, ganz im Gegensatz zu den Produkten seiner Nachahmer und den späteren pharmazeutischen *succedanea*. Ein Cocaweinrezept in einer Zeitschrift für Pharmazeuten schrieb vor, 60 g Coca ausführlich in 1 Liter 10- bis 15%igen Wein zu infusionieren (ANONYM 1885). Wenn man veranschlagt, dass die peruanische Coca durchschnittlich 7% Kokain enthält (HOLMSTEDT et al. 1977, PLOWMAN und RIVIER 1983), würde man etwa 420 mg Kokain pro Liter bzw. 0,42 mg/ml (12,42 mg/flüssige Unze; 1 fl.oz. = 29,57 ml). Demnach würde eine Dosis von 6–8 fl.oz. (etwa 180–235 ml) rund 75–100 mg Kokain enthalten.[65]

Chemische Analysen von verschiedenen Cocaweinen des damaligen US-amerikanischen Marktes hatten folgende Ergebnisse: Der *Vin Mariani* ent-

65 Diese Menge entspricht einer durchschnittlichen guten Linie Koks (als HCl).

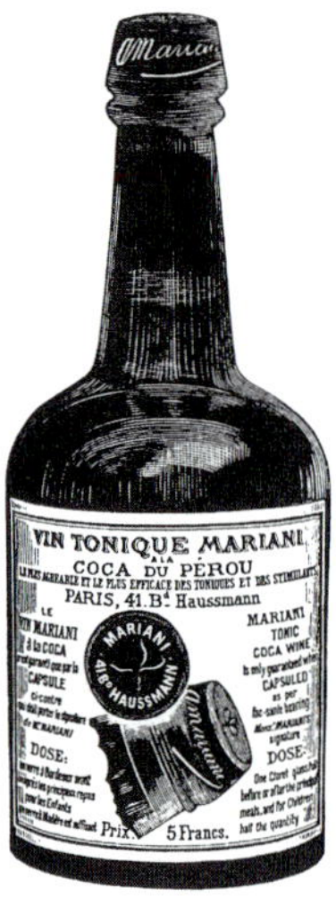

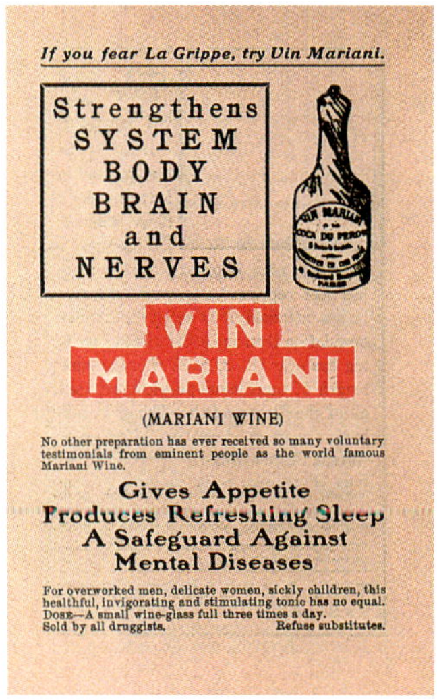

Vom kokainhaltigen Marianiwein behaupteten die Hersteller, er sei »kräftigend auf System, Körper, Gehirn und Nerven« und würde ein »Beschützer vor Geisteskrankheiten« sein. (Amerikanische Anzeige aus: *The Philistine – A Periodical of Protest*, Vol. 14, No. 3, February 1902.)

hielt 7,8 mg Kokain/fl.oz. und lag damit zwischen dem *Wyeth & Brothers Sherry* (4,5 mg/fl.oz.), *Metcalf & Co. Málaga* (9,7 mg/fl.oz.) und *H. Caswell & Co. Coca Wine* (11,5 mg/fl.oz.) (Mitchell 1886), während *Sutliff & Case Beef, Wine and Coca* angeblich 13 mg Kokain/fl.oz. enthielt (Spillane 1999). Dosierungen von 6–8 fl.oz. *Vin Mariani* würden demnach 46–62 mg Kokain enthalten haben, also vergleichsweise weniger konzentriert als die anderen Produkte, die mindestens 27–36 mg bis maximal 78–104 mg Kokain in einer 6- bis 8-fl.-oz.-Dosis. Jede 500-ml-Flasche *Vin Mariani* enthielt also mehr oder weniger 139 mg Kokain. In dem *U.S. National Formulary* von 1895 wird für den *Vinum Erythroxyli N.F.* angegeben: 65 ml von *Extractum Cocæ Fluidum U.S.P.* (1 kg pulverisierte Coca ausgezogen mit 1 l verdünntem Alkohol) für 1 l Cocawein (Remington 1894); bei mittelstarker peruanischer Coca würde dies bedeuten, dass etwa 445 mg Kokain pro Liter vorhanden sind oder 80–105 ml in 6- bis 8-fl.-oz.-Dosierungen. Daneben gab es noch »konzentrierte« Cocaessenzen zum Aufbessern des Weins. Sie enthielten 0,25–0,5% Kokain, also 2,5–5,0 mg Kokain/ml (74–148 mg/fl.oz.); das heißt, sie mussten proportional zum Wein 5,5–11% ausmachen, um eine Kokainkonzentration wie im *Vin Mariani* zu erhalten (Anonym 1897).

Mariani (1892) fertigte auch einen *Elixir Mariani*, einen *cocapéritif* an: »stärker alkoholisch ... und mit der dreifachen Menge des aktiven Prinzips aus peruanischen Blättern« angereichert (etwa 23,4 mg Kokain/fl.oz.). Mariani machte reichlich Reklame mit den therapeutischen Eigenschaften seines Weins; in der Tat fand Mortimer (1901) bei der Befragung von 275 Ärzten heraus, dass 229 (83%) Cocaweine, speziell den *Vin Mariani*, therapeutisch einsetzten.

> Die Tänzerin Loïe Fuller schrieb jubelnde Worte: »Mein Königreich für einen Shakespeare-Kopf – eine Molière-Zunge – einen Dumas-Schreibstift, um unseren Mariani genügend preisen zu können! Es ist nicht Wein, es ist die Substanz des Hauses der Seele! Lasst uns denn alle lernen – es ist kein Missbrauch – es ist Gebrauch« (zit. n. Palmer und Horowitz 1999: 69).

Im *The British Medical Journal* vom 15. Dezember 1888 heißt es auf Seite 1344 über Coca Wine:

»Vinum Cocæ ist in der gegenwärtigen *British Pharmacopœia* nicht officinell, aber es ist trotzdem eine Form, in der Coca in nicht unerheblichem Masse verschrieben wird. *Messrs. Armbrecht, Nelson, and Co.*, von der Duke Street, W., bieten verschiedene Cocaweinpräparationen an. Die Trägersubstanz der einen Zubereitung ist süsser Malaga; diese Präparation wird besonders den Damen und Kindern anempfohlen. Bei Gicht und Verdauungsschwäche wird zu einer Zubereitung mit Burgunder geraten. Sie haben einen ›*Coca Sherry*‹ und ›*Coca Port*‹ für diejenigen, die diese Getränke bevorzugen. Einen Wein nennen sie ›*Medium*‹, der, so sagen sie, für Alles gut sei. Wir haben diesen sogenannten ›*Medium*‹ examiniert. Sein Geruch ist angenehm. Und obwohl man sehr deutlich die reichlich vorhandene Coca herausschmeckt, ist der Geschmack doch angenehm. Die Hersteller wollen medizinisch beweisen, dass diese Cocaweine medizinisch bei geistiger und körperlicher Erschöpfung und der Behandlung von nervöser Erschöpfung verbunden mit Schlaflosigkeit und ähnlicher Leiden erfolgreich ist.«

Leider werden keine Rezepte genannt. Auch bleibt unklar, ob das Kokain bei diesen Weinzubereitungen wirksam werden konnte. Wer weiß, wir arbeiten an der Rekonstruktion.

Das Rezept für den *Cocainechampagner Sugar Free*

Ein Pint (= 0,4732 l) Champagner enthält $^3/_{10}$ eines Grains (= 0,0648 g) des Alkaloids Kokain, sodass ein Glas Champagner $^1/_{10}$ Kokain enthält.

Leider ist die versprochene oder angepriesene Wirkung des *Vino de Coca* nicht eingetreten, auch nach Genuss der ganzen Plastikbottel. Keine Kokainstimulation, eigentlich gar keine Wirkung, die bemerkbar war.

Da die schweren Süßweine für Diabetiker, Gichtige und Rheumatiker ganz ungeeignet waren, kam im Jahre 1893 die Firma *Messrs. Hertz and Collingwood* (4, Sussex Place, Leadan Hall Street, London) auf die glorreiche Idee, einen zuckerfreien Cocawein, also eine Art *Light Coke Vine*® auf der »Basis eines exellenten Jahrgangs-Champagners von 1884«, nach einem exakt standardisierten Rezept auf den Cocamarkt zu bringen. – So wird in der Rubrik »Neue Erfindungen« in *The British Medical Journal* 2, 1893, S. 1219, berichtet.

Der bei weitem berühmteste Nachahmer Marianis war der aus Atlanta stammende Drogist John Styth Pemberton (1831–1888), der einen mäßig erfolgreichen *French* (oder *Peruvian) Wine of Coca* herstellte. Sobald dieses Produkt erfolgreicher und bekannter wurde, drohte in Atlanta, wie in allen Vereinigten Staaten, die Alkoholprohibition. Das beflügelte Pemberton, ein alkoholfreies Substitut zu erfinden. Die Prohibition trat im Juli 1886 in Kraft, aber der bekannte Morphinist und »Dope-Schlucker« Pemberton war gut darauf vorbereitet. Er brachte am 29. Mai einen »temperance drink« auf den Markt und bewarb ihn damit, dass dieser Trunk den *Vin Mariani* wie ein Kindergesöff erscheinen lassen würde: *Coca-Cola*®. Es hieß: »Dieses ›intellektuelle Getränk‹ ... enthält die wertvollen tonisierenden und nervenstimulierenden Eigenschaften« der Coca und der Cola (koffeinhaltige *Cola nitida* aus Afrika); »ein wertvolles Hirntonikum und ein Heilmittel für alle nervösen Störungen.« Genauso wie es sein illustrer Vorgänger tat, machte es auch Pemberton. Er verlieh seinem ebenholzfarbenen Elixier die Aura eines »geheimen Rezeptes«, ein dankbares Thema für zahlreiche Publikationen. Es heißt, das ursprüngliche Getränk habe irgendetwas zwischen 2 und 60 mg an Kokain pro Ausschank enthalten. Aber soweit man weiß, erzeugen 10 lbs. (4,54 kg) Cocablätter 36 Gallonen Coca-Cola®-Sirup. Wenn man wiederum annimmt, dass durchschnittlich 0,7% Kokain im Blatt vorhanden sind, würden 32,7 g Kokain auf 4608 fl.oz. oder 7,1 mg/fl.oz. kommen. Der Hersteller riet, man solle 1 fl.oz. Sirup pro Ausschank an der Sodabar verwenden. Wie so oft,

Vinum Cocae. Cocawein. Vin (Oenolé) de coca. Für die Herstellung eines wirklich haltbaren und wirksamen Cocaweins gilt etwa dasselbe, was bei Chinawein gesagt ist (S. 936). Es ist nicht rationell, die Cocagerbstoffe durch Gelatine oder Hausenblase zu fällen, weil diese an der Wirkung des Weines sicher beteiligt sind. Will man einen haltbaren und klaren Cocawein erzielen, so muß demselben Weingeist (etwa 10%) zugesetzt werden, An Stelle des Weingeistes kann man auch Weinbrand zur Verstärkung des Weines anwenden. — *Ergänzb.:* 50 T. Coca-Fluidextrakt, 850 T. Xereswein und 100 T. Zuckersirup werden gemischt. Nach einigen Tagen wird filtriert. — *Gall.*: 6 : 100 durch Maceration mit Malaga zu erhalten. — *Amer.* VIII: 65 ccm Fluidextrakt, 75 ccm Weingeist (92%), 65 g Zucker, mit Rotwein auf 1000 ccm zu ergänzen. — *He'v.*: 0,5 Gelatine wird in 5,0 Wasser gelöst, die warme Lösung mit 945,0 herbem Südwein gemischt und hierauf 50 Extr. Cocae fluid. zugesetzt. Nach mehrtägigem Stehen wird filtriert. — *Hisp.*: 30 T. gepulverte Cocablätter werden mit 60%igem Weingeist durchfeuchtet und nach 8stündiger Maceration mit Alicantewein mit diesem Wein perkoliert, bis 1000 T. gewonnen sind.

Elixir Coca (Apoth.-V. Lyon).
Vin Bani à la coca.

Fol. Cocae	60,0 g
Spiritus (60 Vol.-%)	120,0 g
12 Stunden macerieren, dann zufügen	
Vini Malacensis albi	500,0 g
8 Tage macerieren, dann abpressen und zusetzen	
Sirupi Sacchari	350,0 g.

Die abgepreßten Cocablätter werden mit so viel Wasser nachgewaschen, daß die erste Flüssigkeit + dem 2. Auszug = 1 l beträgt. Man läßt absetzen und filtriert.

Vinum Cocae aromaticum (Nat. Form.).
Aromatic Wine of Coca. Aromatic Wine of Erythroxylon.

Extr. Cocae fluidi (Amer.)	65,0 ccm
Elixirii Taraxaci cpt. (Nat. Form.)	10,0 ,,
Sirupi Coffeae (Nat. Form)	25,0 ,,
Vini Portensis	165,0 ,,
Elixirii aromatici (Amer.)	300,0 ,,
Vini Xerensis q. s. ad	1000,0 ,,

Faksimile der Cocaweinrezeptur aus *Hagers Handbuch der pharmazeutischen Praxis*, Berlin, 1938. Bd.1, S. 1043.

Die echten Ingredienzien der Coca-Cola: Cocablätter und Colanüsse, die Lieferanten von Kokain und Koffein.

wenn es um Angaben zu Pharmazeutika geht, können doch die persönlich bevorzugten Dosierungen stark von der angegebenen abweichen. So wurden meist 4 fl.oz. *Coca-Cola*®-Sirup pro Becher mit Sodawasser aufgesprüht. Demnach hätte der Trunk, bevor er 1899 fertig in Flaschen abgefüllt wurde, bei einem Ausschank etwa 7–28 mg Kokain enthalten. Wenn man bedenkt, dass die *coca-cola fiends* bei einer Sitzung 1 Dutzend Becher tranken (wohl in einer Art Wetttrinken), könnte jede Person der Runde an die 340 mg Kokain aufgenommen haben (Allen 1994, Pendergrast 1993, Spillane 1999).

> Im offiziellen Coca-Cola-Museum in Atlanta (Georgia/USA) wird bei Führungen immer behauptet, dass die Coca-Cola, das glorreiche Getränk, niemals Kokain enthalten hätte ...
> (Pendergrast 1996: 15 f.)

Die kokainisierte Cola wurde so erfolgreich, dass es mindestens 80 Imitatoren gab, vor allem seien genannt *Coke Extract* und *Loco-Kola*, nicht zu vergessen *Koke* und unseren Favoriten *Dope* (vgl. Allen 1994)! Unter dem wachsenden Druck durch Gesetze, die die Angaben auf den Verpackungen von Nahrungsmitteln und Medikamenten regeln sollten, sowie der späteren US-amerikanischen Kokainprohibition (1906 bzw. 1914), sah sich die Coca-Cola,-Company (CCC) genötigt, den Kokaingehalt in ihrem Produkt zu senken. Dennoch enthielt noch die Coca-Cola von 1902 etwa 2,6 mg pro Unze Sirup. Ab 1903 benutzte die CCC angeblich nur noch entkokainisierte Blätter, die von Schaefer Alkaloid Works (später Maywood Chemical Co., dann Stepan Chemical Co.) in New Jersey prozessiert wurden. Als der *Food and Drug Act* zum Gesetz wurde, bezichtigte die US-Regierung die CCC, ihr Produkt falsch zu benennen, da es angeblich keine Coca (das heißt kein Kokain!) enthalte, lediglich Spuren an Cola. Die Jury brachte den Fall vor den Obersten Gerichtshof, und die Regierung präsentierte die absurde Aussage, es handle sich um eine »gefährliche Droge«; der Hauptstreitpunkt war das Koffein. 1917 schließlich siegte die Regierung und stellte folgende Forderung bzw. Auflage: Die Company muss den Gehalt an Koffein auf die Hälfte reduzieren (auf 40 mg pro Ausschank), den Gehalt von »*Merchandise No. 5*« (drei Teile entkokainisierte Coca und einen Teil Cola) in der Coca-Cola® *verdoppeln!* Dieselbe Regierung, die heute versucht, Coca auszurotten, zwang die CCC, mehr davon in ihrem Getränk zu verwenden![66]

Anzeige

»Coca-Cola. Köstlich! Erfrischend! Belebend! Anregend! Der neue beliebte Soda Fountain Drink mit der Wirkung der herrlichen Coca-Pflanze und der berühmten Cola-Nuss. Im Angebot bei Willis Venable und Nunnally & Rawson.«

Atlanta Journal vom 29. Mai 1886
(nach Allen 1994: 49)

In dem Stummfilm *For His Son* (1912) wird die Erfindung einer *Dopokoke* gezeigt. In einer Szene wurde die *Dopokoke* gedoped bzw. rekokainisiert – mit dem Zusatz von reinem Kokain (Pendergrast 1993)! Zu der Zeit war es in den USA üblich, alkoholische Getränke und Softdrinks mit Kokain zu spicken. Gleiches geschah in Deutschland, wie Joël und Fränkel berichteten (1924), und zur Jahrhundertwende in Italien (Lee 1991). So wurde der ursprünglich auf Coca basierende *soft drink* zu einer *hard drug*, blutentleert und *softened*, um dann wiederum von den wahren *coca-cola fiends* rekonstituiert zu werden ... und genau dieses Getränk dient heute dazu, den harten Stoff oder Schnaps zu verdünnen, in *rummy* Cocktails! A. Artaud (1991) formulierte ein passendes Epitaph: »Das Ergebnis der Unterdrückung von Alkohol in den Vereinigten Staaten: Eine Superproduktion von Schwachsinn: Bier zu einer Äther-Diät; Alkohol versetzt mit Kokain ... *das Gesetz der verbotenen Frucht.*«

66 Heute wird das Aroma für den Coca-Cola-Sirup aus der Trujillo-Coca (*E. novogranatense* var. *truxillense*) gewonnen. Praktisch die gesamte Ernte der Plantagen bei Trujillo geht an die CCC (Plowman 1979: 52).

Coca-Cola: der amerikanische Traum

> Einige Bürger von der Sucht, selbst Coca-Cola und Aspirin zu kontrollieren, besessen, werden über den bösen Zauber des Sendens sprechen.
> William S. Burroughs
> *Naked Lunch*
> (1999: 201)

> *Oh God, I am the American Dream ...*
> Frank Zappa
> *Bobby Brown/Sheik Ya Bouti*
> (1979)

> *Coca-Cola*® ist einer der berühmtesten »amerikanischen Träume«, vielleicht sogar der erfolgreichste.

The American Dream – der amerikanische Traum: Vom Tellerwäscher zum Millionär; vom kleinen Drogisten zum mächtigsten Weltkonzern.

Der Begriff vom »American Dream« kommt von dem Roman *An American Dream* von Norman Mailer (geb. 1923). Mailer war ein positiver Zeuge im Prozess gegen William S. Burroughs, der wegen Obszönität in seinem Buch *Naked Lunch* angeklagt wurde. Heute würde man vielleicht sagen, das Buch ist eine Verherrlichung von *Sex und Drogen*. Aber Norman Mailers Aussage nach ist *Naked Lunch* kein »Schwulenporno«, sondern ein echtes literarisches Werk. Es ist eines der frühesten literarischen Werke, in denen Kokain als nicht-süchtig-machende Droge beschrieben wird. Überhaupt gilt *Naked Lunch* als der Beginn der neuen amerikanischen Literatur (zum Beispiel Frank Zappas Lieblingslektüre). *Naked Lunch is just another American Dream.*[67]

Aber: »Coca-Cola war kein einzigartiges Getränk, das aus dem Nichts auftauchte, es war vielmehr ein Produkt seiner Zeit, seines Orts und seiner Kultur. Es war, wie so viele andere Quacksalbermittelchen, eine Patentmedizin mit einem kräftigen Kokainkick« (Pendergrast 1996: 16).

> *»Things go better with coke«*
> (»Alles geht besser mit Kokain«)
> Sprichwort/Werbe-Slogan der Coca-Cola-Company (CCC)
> (siehe auch Dis-*Coca*-Graphia)

Coca-Cola© ist wahrscheinlich das erfolgreichste Produkt aller Zeiten. Man begegnet ihr überall, selbst in den entlegensten Dörfern im Himalaya, in den wildesten Dschungelsiedlungen, in isolierten Oasen usw.

Der Welterfolg von Coca-Cola® ist die Verwirklichung des amerikanischen Traums: die Weltherrschaft, in jeder möglichen Form. Kulturimperialismus. Die Monopolisierung eines von allen begehrten, »süchtig machenden« Produktes, das sich an aller Illegalität gerade noch vorbeischleicht. Der amerikanische Traum tauchte auch in Deutschland auf. 1929 eröffnete die CCC dort ihre erste Niederlassung; sie durfte sogar unter dem Naziregime weiterproduzieren, allerdings nur bis 1943, aber ab 1945 wieder im Einsatz[68]. Das Getränk hat alle Kriege, alle Wirtschaftskrisen, Embargos, Konkurrenzumtriebe, Intrigen in der Konzernführung, gerichtliche Auseinandersetzungen, schlechte Presse, öffentliche Anfeindungen, radikale religiöse Hetze, fundamentalistische Anfechtungen, Werkspionage und die Publikationen der inoffiziellen Coca-Cola-Bücher überstanden.

Woher kommt der enorme Erfolg des überzuckerten, unansehnlichen Erfrischungsgetränkes? Die CCC sagt schlicht, weil sie einmalig und einfach gut ist.

Ein Fraktal des amerikanischen Traums scheint mal wieder ausgeträumt zu sein. Im moslemischen Ägypten hat der Scheich Nasr Farif Wassel sich selbstgefällig im Spiegel betrachtet. Er hatte eine Coca-Cola® in der Hand und konnte auf einmal den spiegelverkehrten Schriftzug der Coca-Cola als arabische Schrift erkennen und las erstaunt: »Nichts für Mohammed, nicht nach Mekka«. Er glaubt nun, dass die CCC in einer US-amerikanischen Verschwörung gegen den Islam verwickelt ist, und will das Getränk in seinem Land verbieten. Dass die anderen islamischen Fundamentalisten nachziehen sollen, ist selbstverständlich. Warten wir ab, ob es tatsächlich geschehen wird. Vielleicht wird dann nicht mehr Coca-Cola gegen Öl getauscht. (Faksimile aus der bolivianischen Zeitung *El Diario* (La Paz) vom 14.5.2000, S. 1.)

67 Mailers *American Dream* beginnt mit folgender Szene: Jack Kennedy, Jacqueline (*»jack a line«*) Kennedy und zwei Freunde haben in einem amerikanischen Straßenkreuzer eine Sexorgie.

68 Siehe dazu die TV-Dokumentation *Eiskalt – Coca-Cola und das Dritte Reich*, eine Deutsche Erfrischungsgeschichte von Hans-Otto Wiebus (1999). Leider wird nicht auf den möglichen Zusammenhang zwischen CCC und Hitlers Kokain hingewiesen.

Der Coca-Cola-Schriftzug soll zum anziehenden Geheimnis des Getränks beitragen. Er hat Schule gemacht und wird werbetechnisch gerne übernommen bzw. leicht verändert kopiert, wie bei diesem Schokoladenriegel.

Die kosmische *Coca-Cola*® als bolivianischer Deckel – »aus rein vegetarischen Extrakten« – auf ihren Urgrund gesunken (Foto: C. Rätsch).

Scho-Ka-Kola et al.

Warum fahren Kids auf Coca-Cola® ab, mehr als auf jedes andere Erfrischungsgetränk? Das kann kaum eine Folge der Werbung und Propaganda sein. Es gibt irgendetwas in der Coca-Cola®, das die Leute anmacht, genau wie bei Marlboro. Überall auf der Welt. Coca-Cola® ist weiter verbreitet als die Bibel. Man findet Coca-Cola® in jedem Dorf der Welt an den entlegensten Orten, die man sich nicht einmal vorstellen kann. Was ist das Geheimnis des weltweiten universellen Erfolgs eines Getränks aus Wasser, Zucker und ein bisschen Aroma?

Längst hat Coca-Cola® die Reputation eines erotisierenden, aufputschenden Tranks verloren. Offiziell wird von der Coca-Cola-Gesellschaft behauptet, dass das Getränk niemals etwas mit Coca oder Kokain zu tun hatte. Aber warum wird immer noch ein Cocablätterextrakt für das Aroma verwendet? – Er soll angeblich kein Kokain enthalten. Das wurde und wird ihm entzogen und an die pharmazeutische Industrie oder vielleicht an den Schwarzmarkt verkauft.

> Coca, cocaína y Coca-Cola son las tres variables de un mismo conflicto que se desarrolla en los suburbios de Los Ángeles a Nueva York, en las megalópolis latinoamericanas y en las emergentes poblaciones crecidas con el boom de la cocaína. (Coca, Kokain und Coca-Cola sind die drei Variablen desselben Konflikts, der sich in den Slums zwischen Los Angeles und New York, den Großstädten Lateinamerikas und der durch den Kokainboom wachsenden Populationen ausbreitet.)
> Belén Boville Luca de Tena
> *La guerra de la cocaína*
> (2000: U4)

Coca-Cola® ist der Prototyp der »weichen« Droge, denn es war immer ein *soft drink*, eine *softe droge*. Ganz sanft, für Softies natürlich, selbstverständlich. Coca-Cola war Soda, eigentlich »Natriumbicarbonat«. Es gibt Sodawasser, was auch das immer heißen

Die *Happy-Cola* – »echt cool« – macht Kinder genauso froh wie Erwachsene. Diesmal als plastolinisches Imitat der Coke-Flasche. Natürlich nicht stimulierend.

soll. Es gibt Mineral- und Leitungswasser. Und es gibt Sirup. Für die *Berliner Weiße*, für künstliche Kinder-Kick-Drinks, für Colagetränke usw.

Coca-Cola oder »Die Götter müssen verrückt sein«

> Die Leute fliegen blitzschnell in ihren Schlitten über den Schnee dahin.
> MARY SHELLY
> *Frankenstein*
> (1995: 22)

Die Coca-Cola®-Company bedient sich zur Vermarktung und Popularisierung ihres Produkts der nordischen Mythologie vom Weihnachtsmann. In den USA wird er *Santa Claus* genannt; linguistisch falsch, sollte eigentlich Saint oder Santus für einen Mann heißen. Der Weihnachtsmann trägt die Farben rot und weiß, genau wie der Fliegenpilz oder wie die Schamanen im Himalaya. Er kommt vom hohen Norden, in einem Schlitten von Rentieren[69] gezogen, durch die Lüfte geflogen, um den Kindern, die »brav« waren, durch den Schornstein, eine Art Räucherung, Geschenke zu bringen. *Out of the blue*, aus dem Rauch heraus kommen die begehrten Güter. Und natürlich wird dazu Coca-Cola getrunken.

Wie kommt es, dass die Produzenten eines Erfrischungsgetränks, das ursprünglich aus zwei schamanisch und rituell genutzten Pflanzen bestand, von dem wirksamen Prinzip (dem Kokain), also der Pflanzenseele, befreit, nach so vielen Jahrzehnten das Produkt wieder mit dem Schamanismus assoziieren?

Sollten das jungianische Archetypen sein, die da wirksam werden? Oder ist das freudianischer Kinderkram? Oder nur eine raffinierte Werbestrategie von Werbemachern?

Wieso wird Coca-Cola® plötzlich mit dem nordischen Schamanismus Europas in Verbindung gebracht, wo doch die beiden schamanischen Pflanzen des Produktnamens tropischer Herkunft sind?

Die Reputation der Coca-Cola® wird aber noch von ihrem geradezu mystifizierten Ursprung gespeist. Das wunderbare Getränk enthielt tatsächlich erhebliche Mengen Kokain und war tatsächlich ein echtes Erfrischungsgetränk. Die Werbung der CCC spielt auch mit diesem offiziell verdrängten Aspekt des Sodas. Die anrüchige Kokainvergangenheit ist immer noch bezirzend. Auch die Beziehung der Werbeplakate zu weiblicher Verführungskunst und halbweltlicher Erotik sind verführerisch. Viele der frühen Poster zeigen Frauen, die oberflächlich betrachtet wie gute Geschöpfe der guten Gesellschaftsschichten aussehen, aber im Kern das Laster in sich tragen. Es ist kein Wunder, dass diese Darstellungen große Ähnlichkeiten mit den zeitgenössischen Grafiken und Bildern, die Frauen beim Injizieren von Kokain oder Morphin zeigen, haben. Dann kommt noch die klassische Flasche. Sie soll, so hört man immer wieder, einen üppigen Frauenleib im Betrachter evozieren, natürlich »unterbewusst«. Also trinkt man heimlich die verruchte Dro-

Coca-Cola als Heilmittel?

Der kommerzielle Siegeszug der Coca-Cola® ist beispiellos. Das moderne Erfrischungsgetränk – ursprünglich ein potentes Stimulans – kann man heute in den letzten Winkeln der Welt kaufen: Egal, ob in den entlegensten Himalayaregionen, den Tiefen des Amazonaswaldes, auf der kleinsten Südseeinsel: Coca-Cola ist praktisch allgegenwärtig.

Von Soziologen und Völkerrechtlern als »teuflisches Werkzeug« zur Anbindung an den westlichen Kapitalismus verworfen, wird das Getränk von vielen Tropenmedizinern als Heilmittel bei Durchfällen empfohlen. Erfahrene Globetrotter raten auch den Mitreisenden, die von »Montezumas Rache« verfolgt werden, möglichst viel Coca-Cola zu trinken. Sogar die Eingeborenen in den Regenwäldern trinken Coca-Cola bei Darmproblemen.

Warum? – Weil in dem Getränk zum einen das anregende Koffein enthalten ist, zum anderen aber – und das scheint der Hauptgrund zu sein – befindet sich bis heute in der Coca-Cola ein vom Kokain befreiter Extrakt aus dem bei Trujillo (Peru) kultivierten Cocastrauch. Darin sind zahlreiche Mineralstoffe und Vitamine enthalten, die der vom Durchfall geschwächte Körper zu seiner Kräftigung und Wiederherstellung dringend benötigt. Es ist fast überflüssig zu sagen, aber Cocaextrakte werden von den südamerikanischen Indianern von alters her zur Behandlung von Durchfallerkrankungen erfolgreich genutzt. Es ist noch anzumerken, dass die spezifische Wirkung von Coca-Cola von keinem anderen Cola-Erfrischungsgetränk erreicht wird.

69 Die Rentiere vom Weihnachtsmann heißen *Donner* und *Blitzen* – ebenso im Amerikanischen –, deutsche Lehnwörter; auch das Anlehnungen oder Ausleihen von der schamanischen Welt.

DRINK
Coca-Cola
5¢
Home Office
The Coca-Cola Co.
Atlanta, Ga.
Branches: Chicago,
Philadelphia, Los Angeles,
Dallas.

SOLD EVERYWHERE
5¢
DRINK
Coca-Cola
TRADE MARK

DRINK
Coca-Cola
5¢
THE
COCA-COLA CO.
HOME OFFICE
ATLANTA, GA.
BRANCHES
PHILADELPHIA NEW YORK
CHICAGO BOSTON
LOS ANGELES
DALLAS

Drink
Coca-Cola
Delicious and Refreshing

Die Wandmalereien an der Mauer der Universität von La Paz/ Bolivien werben für Coca-Cola® und Che Guevarra. *Aprende ... y refrescate* ... Man soll sich »bilden ... und erfrischen«, natürlich mit Coca-Cola und einem Schweizer Messerli (für ...).

Faksimile eines Hamburger Stadtmagazins.

gengeschichte und labt sich sehnlich an weiblichen Rundungen.

Noch eine Bemerkung zur Coca-Cola-Religion: »›Coca-Cola ist der heilige Gral, es ist magisch‹, sagte ein Coke-Mann zu mir. ›Wohin ich auch gehe, sobald die Leute erfahren, dass ich für Coke arbeite, ist es, als sei ich ein Vertreter des Vatikans, als habe man Gott berührt.‹ Die meisten Religionen haben mit dem einen oder anderen drogenversetzten Getränk gearbeitet. Das Christentum verehrt den Messwein, den Coca-Cola zu verschiedenen Zeiten buchstäblich ersetzt hat« (PENDERGRAST 1996: 600, 601).

Exkurs – Inca Cola und verwandter Unsinn: Von *Soft Drinks* und *Soft Drugs*

Richtig heißt es Inca Kola, eines der grauenhaftesten und künstlichsten Produkte der Softdrink-Branche in Peru. Wäre der Name *Inca Cola* geschrieben, hätten sich die Hersteller rechtliche Probleme seitens der CCC eingehandelt. Andere denken, dass *inca coca* gemeint ist, und stellen fest, dass das Getränk kein Kokain, dafür viel Zucker und synthetischen Farbstoff enthält. In Peru hält sich unter den Sodatrinkern hartnäckig das Gerücht, die Inca Kola enthalte eine ordentliche Portion Kokain. Diesbezügliche Bioassays der Autoren konnten dieses nette folkloristische Element nicht bestätigen.

Viele Firmen arbeiten mit Werbeagenturen an der Vermarktung ihrer Produkte und beziehen sich sehr gerne auf traditionelle, klangvolle Namen. Kein Wunder, dass so wohlklingende und geschichtsträchtige Namen wie *Coca* oder *Cocaína*, *Opium* und *Peyote* zu Etiketten für französische Parfüms verkommen sind.

Alles, was mit den Wörtern *coca* und *cola* einherzieht, hat Wirkung, keine pharmakologische, sondern werbepsychologische. Viele Getränkehersteller haben mit diesen Wörtern gespielt und verrückte Produktbezeichnungen entwickelt. So für das angebliche »Nationalgetränk Brasiliens«: *PITÚ© Cola*, verspricht *das* Geschmackserlebnis, aber nichts weiter (natürlich mit www///...).

Coca-Quina soll wohl heißen: »Coca aus China«, bezieht sich aber auf eine Mischung von Cocaextrakten und Chinarinde (*Cinchona pubescens* VAHL, *C.* spp.), einer anti-Malaria-wirkenden quininhaltigen Rindendroge eines eher unscheinbaren Baums.[70]

Die Plastikflasche für die peruanische Inca Kola ist hier als Gefäß für eine schamanische Zubereitung aus der mysteriösen Cabalonganuss, Zwiebelringen, Knoblauchzehen, Kampfer, Pisco (Traubenschnaps) und weißem Rum. Zu diesem psychoaktiven, trauminduzierenden und visionären Schamanentrunk von Yarinacocha/Ucayali wird auch Coca gekaut.

70 Ironischerweise gibt es eine offizinelle Substanz mit einem ähnlichen Namen, aber anderer chemischer Struktur: Cinchocainhydrochlorid ($C_{20}H_{30}ClN_3O_2$).

Coca-Cola

GARMISCH
PARTENKIRCHEN
Coca-Cola

Coca-Cola
Commercials
THE ORIGINAL

Coca-Cola
RESTAURANT
VELO DE LA NOVIA

JO hat gerade die bolivianische *Coca Quina* probiert. Sein Gesicht erzählt den Rest des Vergnügens.

Alkohol und Cola lässt die Vampire sehen ... (Fledermäuse sind ein eingetragenes Warenzeichen von Bacardi!)

Was wäre mit einer »*Mexicola*«, von der die Alternative Band *Queens of the stone age* singt? (siehe auch Dis-*Coca*-Graphia).

In Kanada (oder CocaDa?) gibt es eine *Vanilla Cola* bzw. *Cola aux Vanille*, herausgebracht etwa 1995 von der Jones Soda CO.©, hergestellt mit »natürlichen und künstlichen Aromastoffen«: Eine »Super Dooper Soda«, die nur Koffein als Wirkstoff enthält. Von den originalen CCC-Zutaten keine Spur. Früher gab es in Kanada die *Jolt-Cola*®, die sehr koffeinreich war, aber ähnlich wie eine starke, jedoch weniger süße Variation vom Produkt der CCC schmeckte. Sie galt als nichtalkoholischer Partykick.

Es gibt neuerdings in Amsterdamer Smartshops eine Weißglasflasche mit 200 ml gefüllt: CO.C@!N naturale, ein Softdrink aus »*Guarana, caffeinated, with sweeteners*« – »Guarana-Erfrischungsgetränk, coffeinhaltig mit Süßungsmitteln«. Natürlich ohne Coca und ohne Kokain. Schmeckt abscheulich.

Dann gibt es da noch die weiteren schwachdosiert koffeinhaltigen Erfrischungsgetränke, Limonaden oder Softdrinks wie *Pepsi Cola, Finale American Cola, Cherry Coca-Cola, River Cola*, dazu noch die ebenso schwach konzentrierten »Energy Drinks« mit so verführerischen Namen wie *XTC, Bullit, Shark, Red Bull, Magic Man, Cult, Warp 4*, deren Koffeingehalt pro 0,3 l einer durchschnittlichen Kaffeetasse des europäischen Kränzchens entspricht, nämlich weniger als 100 mg pro Tasse.

Auch die 1968 auf den Markt der psychedelischen Jugend geworfene *afri-cola* wurde von der CCC aus dem Verkehr gezogen, ist aber unter dem Namen *afri* im Jahr 2000 wieder erschienen, mit Reproduktionen der ursprünglichen Werbung: »1968 im afri-cola Rausch – alles ist in Afri-Cola« – nur kein Kokain.

Ja, und dann gibt es nicht nur neuerdings koffeinfreie *Coca-Cola*, sondern auch eine coffeinfreie *Kinder Cola*. Aber vielleicht kommt ja bald eine *Ritalin-Cola* auf den Kindermarkt.

Und an den Bahnhofskiosken werden alkoholische Colas zunehmend erhältlich: *Ron Bacardi & Cola, Jim Beam & Cola*, meist mit 8% Ethanol/Vol. und Koffein.

Mama Coca in der Werbekunst

Vielleicht war es Mariani, der als Erster Mama Coca als historischen Werbespot zur Vermarktung seines Zaubertranks »benutzte«. Das grafische Konzept schlug ein wie die Wirkung des Kokains. Eine verführerische nackte Frau/Göttin umschmiegt und umschmeichelt die Weinflasche. Die Verbindung zwischen weiblicher Nackheit, erotischer Ausstrahlung und plakativer Sexualität wurde zum Grundmuster für die Werbeanzeigen zur kommerziellen Ausschlachtung psychoaktiver Substanzen. Auch andere Cocaweinhersteller bewarben ihre Produkte mit trinkenden, meist aber fein angezogenen jungen Frauen.

So zog die Coca-Cola-Company nach. Sie gestaltete ihre Werbung ähnlich. Frauen, die Coca-Cola Girls, saßen mit Blumen neben der Flasche (Schaeffer und Bateman o.D.).[71] Später, in den 1970er Jahren, wurde die Afri-Cola mit nackten Frauen oder lasziven Nonnen in psychedelischen

71 Jüngst ist ein Buch mit dem Titel *Coca-Cola Girls* erschienen. Es ist das erste Coca-Cola-assoziierte Kunstbuch, das von der Company offiziell lizensiert wurde (Chris H. Beyer, *Coca-Cola Girls: An Advertising Art History*, Berkeley: Ten Speed Press, 2000).

Der französische Maler Georges de Dramard (1839–1900) hat für das Marianialbum eine Mama Coca gezeichnet, die an eine europäische Quellnymphe erinnert (aus: *Album Mariani*, 1894 f.).

Ein Pariser Werbeplakat für *Coca des Incas*, ein tonisierender Wein, aus dem ausgehenden 19. Jahrhundert: »Was machst Du, meine Liebe, um so schön zu bleiben? – Ich trinke jeden Tag *Coca des Incas*!«

Das bolivianische Bier *El Inca*, als Tonikum für Erschöpfte und Geschwächte empfohlen, steht labelmäßig in der Tradition der Cocaweine. Leider bleiben die stimulierenden Bierzusätze ungenannt (Flaschen-Etikett, La Paz/Bolivien, 2000).

Szenen und Perspektiven wieder aufgenommen: »1968 im Afri-Cola Rausch«.

Auch alkoholische Getränke wurden mit weiblicher Erotik dem Markt schmackhaft gemacht. Es wurde mit künstlerischen Werbeplakaten von Edmund Munch für Bier, Champagner, Cognak und Absinth geworben.

Dieses Werbemuster wurde von vielen Genussmittelherstellern aufgegriffen: für Zigarren, für Zigaretten, für Kakao, Mokka, Kaffee, Maté. In Nepal für Haschisch.

Das Werbemuster attraktive Frau (vom schüchternen Mädchen über Nacktmodell zur Femme fatale) plus psychoaktives Produkt (mit Inhaltsstoffen wie Kokain, Alkohol, Koffein, Nikotin, THC) korrespondierte auch mit der Reputation, dass diese Waren traditionell als Aphrodisiaka benutzte Stoffe enthalten.

Dass Chemie oder *chemistry* Dichtkunst ist, haben wir schon gesagt, aber Chemie ist die Kunst der Natur, aus Sonnenlicht, Wasser und Kohlendioxid ein begeisterungswürdiges Alkaloid zu synthetisieren. Chemie ist auch die Kunst des Chemikers. Auch diese »exakte« Naturwissenschaft ist *nicht* exakt, auch sie muss aus dem intuitiven Bauch des Chemikers hervorsprudeln; sie ist eine *all chemical art*.

Viele Menschen im Westen haben eine Aversion gegen Chemie, weil ihr Chemieunterricht in der Schule grauenhaft, extrem schlecht und inhaltlich falsch war. Die chemischen Theorien, die dem Schüler als wahr oder als Realität verkauft werden, entstammen dem Denken des 18. Jahrhunderts. Die Chemielehrer halten oftmals an Lehrbüchern fest und sind nicht an Wissenschaft interessiert. Sie haben auch meist kein Talent, die Show-Versuche, mit denen die Wirklichkeit bewiesen werden soll, durchzuführen. Zudem wird Chemie als eine der reinen, besonders exakten Naturwissenschaften propagiert. Aber Chemie ist eine Kunst, eine Methode der Naturannäherung, die viel Intuition, Hingabe und Leidenschaft erfordert. Chemie ist Magie, denn man verändert die Materie durch den Geist. Geist und Materie sind das Sein, Aggregatzustände des »Großen Geschehens«, was wir Universum nennen.

Alle großen Entdeckungen in der Geschichte der Chemie waren Alkaloide aus psychotropen Pflanzen: Morphin, Codein, Atropin, Nikotin, Meskalin usw. – vielleicht, weil die Pflanzengeister zu den Chemikern gesprochen haben, weil die Drogen in ihrem Bewusstsein gewirkt haben. Dadurch konnten sie ihre intuitive Suche ausleben. Und dadurch haben sie Geschichte geschrieben, Geschichte geschaffen.

Der Tanz der Coca

> Genug ist nicht genug,
> ich lass mich nicht belügen.
> Schon Schweigen ist Betrug,
> genug kann nie genügen.
> Konstantin Wecker (1977)

Nach dem 1993 World Cup Match zwischen Bolivien und Brasilien in La Paz am 25. Juli 1993 wurden der Verteidiger M. À. Rimba und der brasilianische

Die Cocablätter im Spiegel der Wissenschaft ...

Torwart A.D. Quagliato disqualifiziert, weil man bei einem Drogentest Kokainrückstände in ihrem Urin nachweisen konnte. Sie haben kurz vor dem Spiel *mate de coca*, das traditionelle Heilmittel gegen *soroche* oder Höhenkrankheit, getrunken, ungeachtet des Verbots für die Nationalmanschaft, diesen Tee oder cocahaltige Coca-Cola® auszuhändigen. Ein heftiger Sturm der Empörung jagte durch die bolivianische Presse (*a real blow up!*), inklusive der Mannschaftsmitspieler Rimbas und der bolivianischen Regierung, um ihre Männer zu verteidigen. Gleichzeitig wurde, auch wegen der früheren Suspensionen verschiedener Fußballer, Quagliato am 3. August ausgeschlossen – mit Unterstützung des Fußball-Verbandes Fifa. Die bolivianischen Autoritäten veranlassten die Gründung einer »Kleinen Cocaschule«, um wissenschaftliche Argumente zu Rimbas Verteidigung einzubringen. Es sollte gezeigt werden, dass es einen erheblichen Unterschied zwischen Cocatee und Kokain gäbe. Und die athletisch unbedeutenden Mengen stammen schließlich aus einem in Bolivien, Peru und Nordargentinien legalen Tee. Am 4. August faxte das Crack-(= Experten)Coca-College eine 168 Seiten starke *Cocapologie* an den Fifa-Vorstand in Zürich, der zur weltweiten Überraschung zwei Tage später die Suspension zurückzog (Cabieses 1994).

Die Coca-Claqueure einer US-amerikanischen Studie von 1986 bewiesen die Anwesenheit von 4,8 mg Kokain im *Health Inca Tea* (ein Teebeutel enthielt 1,0 g *Erythroxylum novogranatense* var. *truxil-*

lense) und 5,7 mg Kokain in *mate de coca* (aus *E. coca* var. *coca*), beide von dem peruanischen Cocamonopol ENACO (**E**mpresa **Na**cional de la **Co**ca) exportiert und seit Dezember 1983 offen in den Vereinigten Staaten verkauft. Zudem konnte der Kokainmetabolit Benzoylecgonin im Urin von Cocateetrinkern nachgewiesen werden. Der Bericht schloss mit der Aussage, dass »das meiste Kokain durch eine einfache Infusion leicht aus den Blättern gelöst werden könne«. Es wurde weiterhin berichtet, dass einige Benutzer eine erhöhte Stimulation erfuhren, wenn sie Teebeutel mit Natriumbicarbonat kauen, Blätterreste rauchen oder alkoholische Extrakte davon trinken würden. Ein Konsument klagte über eine »seriöse Erregung nach dem Genuss eines Aufgusses von 80 Teebeuteln« (das würde 380–450 mg Kokain entsprechen!). Schließlich wurde geschätzt, dass in den USA etwa 1,5 Millionen Teebeutel verkauft werden, also rund 7,8 kg Kokain, und angeführt, dass Cocatee »Patienten« als Kokainsubstitut in »mindestens einem Kokainismus-Retreat-Zentrum« zur »Energetisierung« sowie zur »Minderung der Kokain-Entzugssymptome [*sic!*]« verabreicht worden wäre (Elsohly et al. 1986, Siegel et al. 1986). Nach einer jüngeren bolivianischen Studie befinden sich etwa 1 mg in einer typischen 100-ml-Tasse *mate de coca* (aus ganzen Blättern), womit die Ergebnisse einer Untersuchung von 1991 bestätigt werden (Ferreira E. und Gentner 1991, Villena und Sauvain 1997). Die Fifa war für diese wissenschaftlichen Angaben sehr empfänglich – es scheint, als habe der kalte *Coca Cash* mal wieder gesiegt –, und es hat die Fifa überzeugt, die Suspension zu annulieren, allen voran durch R. Goizueta, dem kubanisch-amerikanischen Coca-Cola-Präsidenten (Zambrana R. 1996). Dem offiziellen Sponsor des World Cup Finales in den Vereinigten Staaten waren diese *coke-cuts*, diese Spielerausschlüsse, zu nahe, zu *close to the bone* zur Coca-Cola, denn auch ihr sakrosanktes »schwarzes Wasser des Imperialismus« enthält doch Extrakte aus Cocablättern.

Ein sehr berühmter deutscher Fußballer der Nationalelf, eine Ikone des deutschen Nationalstolzes, hat ausgepackt. Sein Name wird hier selbstverständlich nicht genannt. Er hat über den Kokaingebrauch im professionellen Fußball einiges zu sagen gehabt. Er hat in so berühmten hochverehrten Vereinen wie Bayern München und HSV den Ball getreten. Er berichtete, dass überall im Showgeschäft – und die Fußball-Bundesliga ist das Business Nr. eins – gekokst wird. Nicht nur nach dem Training, sondern auch vorher; nicht nur nach dem Spiel, sondern manchmal währenddessen. Warum hüpfen die erschöpften Fußballstars nach der Halbzeit wieder aufs Feld, als wäre nichts gewesen? Es war etwas: eine Schüssel voll Kokain mit Strohhalmen dekoriert.

Alles unter rot-weißem Banner: Coca-Cola Comercials, Che Guevara, Hexokain und Cocaine und Junkies. Wie kommt bloß die Coca-Cola auf William S. Burroughs Buchcover?

Noch vor 1903 enthielt eine typische Coca-Cola-Dosis, bereitet aus 1–4 Unzen Sirup, etwa 7–28 mg Kokain (Karch 1998; seine Kalkulation ist fehlerhaft). Die Coca-Cola-Fiends waren bekannt dafür, dass sie pro »Sitzung« durchschnittlich 12 Gläser konsumierten, etwa 340 mg Kokain (Spillane 1999). 1985 wollte die CCC das lästige Coca aus ihrem blutlosen Elixier verbannen und kam mit der vermeintlichen *New Coke*® (besser gesagt *No Coke!*) auf den Markt, musste aber schon drei Monate später wieder auf das alte Konzept zurückgreifen: *Coca-Cola Classic*®.

Diese geschmacklose Affäre spiegelt das Aufdämmern des Doping im modernen Sport wider, zu dem der Fall des US-Spitzensportlers im Gehen, E.P. Weston, einigen Wirbel aufgerührt hat. Er hat während des Wettkampfs die ganze Zeit Coca gekaut und den britischen Champion in London um den Sieg gebracht. Diesem *Cocathleten* wurde dennoch nicht seine Medaille entzogen (Weston 1876). Später prahlte der *Cocaœnologist* A. Mariani (1892) damit, dass sein *Vin Mariani* »eine Goldmedaille und ein Diploma« in Leamington, England, gewonnen hätte und die Jury das Getränk als »Wein für Athleten« ausrief, genauso wie die französische *Velo-Coca* für Radrennfahrer. Ebenso hat Coca eine ganze Saison an Weltmeisterschaften für den Toronto La Crosse Club gewonnen (Mortimer 1901). Sei ein

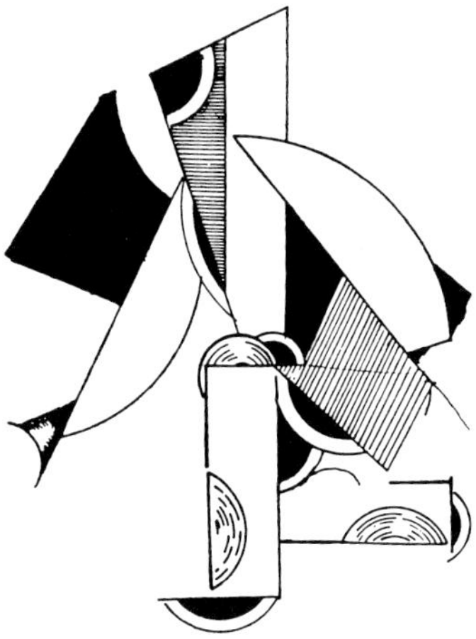

Dada-Coca-Cuts wirbeln wie messerklingende Glieder … (Grafik des Dada-Mitbegründers Theo van Doesburg [1883–1931]).

winer, ein Weintrinker! Sage JA zum Sport, JA zu Cocærobics – ganz so, wie es der Pinonier Sigmund Freud (1885a), ins Rennen gebracht hat! Es ist ein ironisches *Cocaddendum*, dass zum Eröffnungsspiel der Weltmeisterschaft in den USA 1994, dem *cocampeón* im Kokainkonsum, die Bolivianer, Weltmeister im Cocakonsum, gegen die Deutschen, Erfinder des Kokain, antreten mussten – und das alles unter dem rot-weißen »klassischen« Banner der koksfreien und *coackamamie*-»Just Say *No Coke*«-Coca-Cola!

Grüner Tee und Coca-Cola haben eins gemein: das anregende Alkaloid Koffein (= Thein). Mit der Geschichte der Cocachemie teilen sie die Annahme, dass auch das wirksame Prinzip in der Coca Koffein sei.

Cocamorphosis, die ätherische Epiphanie der Mutter Cocaina

Um 1850 war Unsere Frau der Yungas geneigt, ihre Grünen Schleier zu lüften, sich zu offenbaren in all ihrer nackten Pracht, den Adepten der entstehenden Alkaloidalchemie auf drei Kontinenten, die versuchten, die Anatomie der andine Aphrodite zu ergründen. Es gibt mindestens acht Anspruchsteller auf die Ehre, ihre *cocadamantine* Bekanntschaft gemacht zu haben – prachtvoll rein – als kokette, kristalline Kreatur.

H.A. Weddel und Heinrich Wilhelm Ferdinand Wackenroder (1798–1854) fabrizierten 1850 ein sehr bitteres, ethanollösliches Prinzip aus Cocablättern; sie waren aber nicht in der Lage, es zu kristallisieren und zu charakterisieren, und hielten es für *théine*, oder Koffein (Cooke 1860, Mortimer 1901, Wackenroder 1853).

Drei Jahre später hat der große schottische Chemiker James Finlay Weir Johnston (1796–1855), Autor des epochalen Werks *The Chemistry of Common Life* (*Die Chemie des täglichen Lebens*, 1854), dem ersten Buch über psychoaktive Pflanzen, eine ätherlösliche »harzige Masse« aus Coca extrahiert, die ebenso amorph blieb (Johnston 1883). Er kommentierte zu Weddels alkohollöslicher »bitteren Verbindung, die nicht kristallisiert und bislang nicht in einem reinen Zustand vorliegt«, dass »der Effect des Blattes zweifelsohne … zumindest teilweise auf dieses Coca-Bitter zurückgeht« (Johnston 1855). Gleiches liest man in Dr. Ernst Freiherr von Bibras (1806–1878) *Narkotische Genussmittel und der Mensch* (Juni 1855), das kurz nach der deutschen Publikation von Johnston erschien und diese auch gebührend zitiert. Wie schon vor ihm Johnston und H. Unáne (1794), folgerte von Bibra, der seine psychonautischen[73] Selbsterfahrungen mit Coca in Bolivien beschrieb, schlau, dass das Kauen von Coca mit Asche oder Löschkalk zweifellos die alkalischen Bestandteile löse oder die Substanz aus dem Blatt freisetze, er aber nahm fälschlicherweise an, dass der seltsame Effekt der Coca auf dessen ätherisches Öl zurückzuführen sei. Paolo Mantegazza (1831–1910) betonte auch diese Rolle des Alkalis, fügte aber noch hinzu, dass sein ethanolischer Blattextrakt die cocainischen Tugenden behalten würde (Mantegazza 1859, vgl. Haas 1956). Gleichzeitig berichtete der Dömitzer Apotheker Ferdinand Gaedcke

73 Vgl. im Glossar: Psychonaut.

(1828–1890) (1855) von der Isolation feiner nadeliger Kristalle aus einem wässrigen Blattextrakt. Er nannte sie *Erythroxylin* und bemerkte ihren betäubenden Effekt auf der Zunge – aber seine Arbeit verstaubte (KEYS 1968: 62). Dieses *Cocanym* wurde ebenfalls von S.R. Percy in den USA einem Alkaloid gegeben, das er unabhängig aus Coca isoliert hatte und in einem Vortrag vor der New York Academy of Science im November 1857 vorstellte, in dem er auch die zungenbetäubende Wirkung erwähnte (KARCH 1998, MORTIMER 1901).

Albert Niemann (aus: MORTIMER 1901).

Im gleichen Jahr hat (Sir) Andrew Douglas Maclagan (1812–1900) (1857) in Paris gleichermaßen ein betäubendes, aber nicht kristallisierbares, ethanol- und ätherlösliches, alkaloides Cocaextrakt erhalten, während in Bolivien der italienische Chemiker und Apotheker Don Enrique Pizzi aus der Coca »krystalline Prismen« isolierte, die J.J. von Tschudi (1818–1889) nach Deutschland gebracht wurde, damit sie der große Chemiker F. Wöhler (1800–1882) untersuchen konnte. Dessen Studenten fanden jedoch heraus, dass es sich dabei lediglich um Gips handelte (KARCH 1998)!

Zwei Jahre später isolierte S. Martin (1859) ein amorphes, bitteres Prinzip aus der Coca, das er, genau wie Weddel (1853), für Koffein hielt. Die Erstentdeckung und Darstellung des Kokains, als *Cocaina*, wird generell dem deutschen Chemiestudenten Albert Niemann (1834–1861) zugeschrieben, der Mama Cocas ätherische Essenz in Göttingen im ausgehenden Jahre 1859 auskristallisieren und beschreiben konnte. Er publizierte seine monumentale Entdeckung ein Jahr später in seiner Dissertation, in der er die früheren Arbeiten von Wackenroder, Johnston, Gaedcke, Maclagan und Pizzi zitierte (NIEMANN 1860). Niemann war der Student, dem Wöhler Pizzis bolivianisches *blanca* – oder *Parisian plaster* (WÖHLER und NIEMANN 1860) gegeben hatte. Pizzis Nachfolger C. Toretti hat drei Jahrzehnte später dennoch behauptet, dass er Pizzis Original-Coca-Isolat analysiert habe und darin Kokain gefunden hätte (TORETTI 1886). Pizzis Pasta ... *cocalabaster?* War es Gips ... oder eine Gaunerei? Eine Chimäre ... oder eine Schikane? War Pizzi ein *cocapo* der *Cocainologie*... oder ein *Cocapriccioso*, ein unverschämter Aufschneider? Was für eine kuriose *Cocaphonie*!

Wie dem auch sei, der *cocanonisierte* Niemann starb 1861, im Alter von nur 27 Jahren, in einer Apotheose als Mama Cocas alchemischer *Accoucheur*, Geburtshelfer (HOLMSTEDT und LILJESTRAND 1963).

Wilhelm Lossen (1838–1906) (1862 und 1865) führte Niemanns Arbeit fort, etablierte die Summenformel des Kokains ($C_{17}H_{21}NO_4$) und gewann durch Hydrolyse ein neues Alkaloid mit einer Tropanstruktur, das er Ecgonin (= Ekgonin) nannte, und isolierte später ein weiteres Cocaalkaloid, das Hygrin (ZAUNICK 1956). Ein Jahr nach Niemanns Tod begann Ernst Merck in Darmstadt mit der Produktion von pharmazeutischem Kokain (HIRSCHMÜLLER 1995). 1866 begann der italienische Chemiker D. Lorini in Bolivien das erste südamerikanische medizinische *merca* zu produzieren – dieses bolivianische *blanca* wurde *pichicata* getauft (ZAMBRANA R. 1996). In den frühen 1880er Jahren begann die US-Firma Parke, Davis and Company, sich für Mercks aufkeimendes Business zu interessieren; sie schickte 1885 den US-amerikanischen Chemiker und *pasta*-Pionier H.H. Rusby nach La Paz, wo dieser »krudes Kokain«, das besser zum Export geeignet war als die sperrigen Cocabündel, entwickelte; diese Methode zur *pasta*-Gewinnung wird noch heute von peruanischen *pisacoqueros* und bolivianischen *bazuqueros* benutzt.

Um 1890 begannen die Holländer, Java-Coca nach Europa zu exportieren. Die Java-Coca wurde erstmals in Indonesien im Jahre 1883 kultiviert (REENS 1919), jedoch enthielt diese Coca, eine eigentlich alkaloidreiche *Erythroxylum novogranatense*, nur wenig Kokain. Sie musste zunächst in

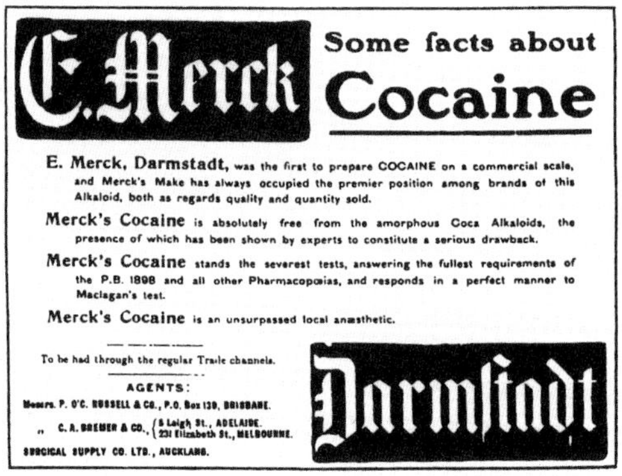

Die Werbung der Firma Merck für medizinisches Kokain in den USA (Anzeige, Ende 19. Jahrhundert).

Cocablätter im Erlenmeyerkolben, bereit zur chemischen Sezierereі, bereit für anatomische Studien. Sowohl der nach ihm benannte Kolben als auch der deutsche Chemiker Emil Erlenmeyer (1825–1909), Mitbegründer der Strukturchemie, haben an der chemischen Analyse des Cocablattes Anteil gehabt.

Synonyme für das Alkaloid:

Cocain, d-Cocain, Cocaïn, Cocaina, Cocaine, Erythroxylin, Methylbenzylekgonin; O-Benzoyl-[(–)-ekgonin]-methylester, (x)-Methyl-[3β-benzoyloxy-2α(1α*H*,5α*H*)-tropancarboxylat], 3β-Benzoyloxy-2β-tropancarbonsäure-methylester, 3-Benzoyloxy-8-methyl-8-azabicyclo[3.2.1]-octan-2-carbonsäure-methylester, Benzoylecgoninmethylester.
Summenformel: $C_{17}H_{21}NO_4$
Molekulargewicht: 339,65
Schmelzpunkt: 183 °C

Deutschland von den Farbwerken weiter verarbeitet werden. Die Farbwerke Hoechst AG hatten die von C. Liebermann und F. Giesel (1888) entwickelte Semisynthese des Kokains aus Ecgonin patentiert. Die Farbwerke verarbeiteten auch das peruanische Rohkokain für Merck, das von 1888 bis 1905 das Ausgangsmaterial für die Herstellung von *Cocaïnum muricatum*, das Hydrochloridsalz (*Cocainum hydrochloricum*) war (Friman 1991, Gootenberg 1999).

Da die Niederlande kein Patentabkommen mit Deutschland hatten, imitierten sie diesen Prozess und gründeten 1900 die Nederlandsche Cocaïnefabriek in Amsterdam. 1911 wurde Java der Weltmarkt beherrschende Cocaproduzent, deren Exportmenge 1920 auf fast 1800 Tonnen anwuchs (Kort 1999). Aber schon bald drängten sich die Japaner zwischen die Fronten der Holländer und Deutschen und legten sowohl auf Java als auch in Peru ihre eigenen *cocales* an. Nicht genug mit dieser Japa-Coca: Die Japaner säten in einem einmaligen *Cocacoup* ihre eigenen *cocales* auf Taiwan, Iwo Jima und Okinawa an. Die Japaner verdrängten mit einem Schneesturm die Holländer aus dem sehr einträglichen Geschäft. Das japanische *cocartel* ist aber eine andere, lange Geschichte (Karch 1998 und 1999).

Die Cocablätter enthalten je nach Herkunft einen Alkaloidgehalt von 0,5–2,5%. Die Hauptalkaloide sind Kokain und Cuscohygrin (= Cuskhygrin). Zu den wichtigsten Nebenalkaloiden gehören Cinnamylcocain, α-Truxillin, β-Truxillin. Die peruanischen und bolivianischen Cocablätter enthalten das meiste Kokain, zirka 75% des Gesamtalkaloidgehalts (Morton 1977: 178). Sie können im getrockneten Zustand bis zu 2% Kokain enthalten!

Außerdem enthalten (vor allem die frischen) Blätter ein ätherisches Öl, daneben Flavonoide (Rutin, Quercitrin, Iso-quercitrin), Gerbstoffe, Vitamine (A, B, C), Eiweiß, Fett und Mineralstoffe. Die frischen, aber auch die getrockneten Blätter haben einen hohen Nährwert (305 Kalorien /100 g) – deshalb klassifizieren die Indianer Coca als »Nahrung«. Die Blätter enthalten reichlich Mineralstoffe, besonders das Calcium und Eisen. Etwa 100 g Cocablätter liefern die empfohlene Tagesdosis an allen wichtigen Mineralstoffen und Vitaminen (Duke et al. 1975).

Das nach Gras duftende ätherische Öl von *E. coca* var. *coca* besteht aus zirka 38% α-Dihydrobenzaldehyd, 16,1% *cis*-3-Hexen-1-ol, 13,6% Methylsalicylat, 10,4% *trans*-2-Hexanal, etwas *N*-Methylpyrrol, 1-Hexanol, *N,N*-Dimethylbenzylamin[74] und einigen bisher nicht identifizierten Substanzen (Novák und Salemink 1987).

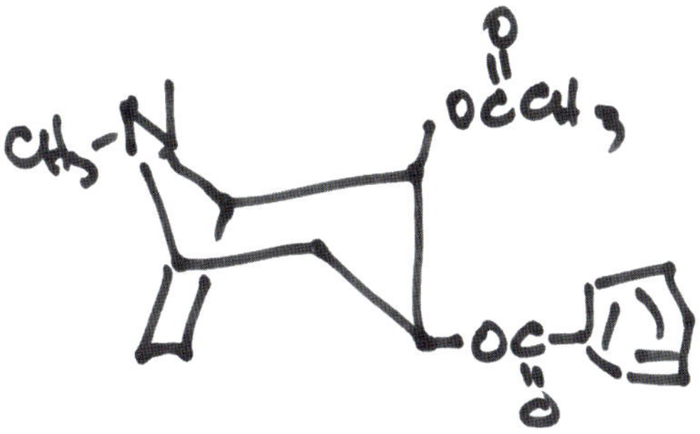

Kokain: Die chemische Strukturformel, ein *dirty picture* (»schmutziges Bild«), wie der *Ecstasy*-Pate Sasha (Alexander T.) Shulgin bei seinen Chemievorlesungen zu sagen pflegt (handgemalt in Palenque/Chiapas/Mexiko, 2001).

74 Diese Substanz ist auch im ätherischen Öl des schwarzen Tees vorhanden (siehe *Camellia sinensis*).

Straßennamen für Kokain:

Ancient Queen, Appetitzügler, Autobahn, Bigernette, Blanche, Blow, Bolivian Flake, Bolivian Marchin' Powder, Breakfeast of Champions, C, Came, Candy, CD, Champagner, Champagner-Pulver, Charlie, Clench, Corinne, Coca, Coca Cola, Coca on the Rocks, Coca pura, Cocaina, Cocaïna, Cocaïne, Coco, Coke, Coki (Schwytzer Dütsch), Coks, Columbian Cristall, Corn Flakes, Cousin Charlie, Cox, Crank[75], Crystal concubine, Do-Nuts (Doughnuts), Doppelter Espresso, Dust, Druckunterlage, Ecstatic dust, Edelweiß, Fickpuder, Flake, Gift, Gipsstaub, Girl, Gold dust, Happy Dust, Hollywood diet, idol universelle, Illimani, Inca Coca, Inka Gold[76], K, Kokaina, Kakoo, Koki[77], Koko [= Kokotte], Koks, Koksstaub, La Blanca, La Blanquita, La Rubiecita, Lady, Lady Snow, Line, Linea, Linie, Magisches Pulver, Mama Coca, Marching powder, Marschierpulver, Merca, Merck, Nachtisch, Nasenpuder, Neige, Nose candy, Old Spice, Peach, Perica, Perico, poison blanc, Polvo, Polvo illimani, Polvorito, poudrette, Puro, Rockaine, Rocks, Sak lu'um (Lakandon »weiße Erde«), Schnee, Schneeweißchen, Schneewittchen, Schniefe, Schnupfschnee, Sniefe, Sniff, Snow, Snow line, Snow White, Snuifje (hl.), Spice, Stardust, Staubzucker, Sternenstaub, Straße, Straßenbahn, Sträßchen, Süßes Gift, Teufel Koko, Toot, Trockenschampus, Trockner Champagner, Wackey Dust (engl. »verrückter Staub«), Was Weißes, Weiße Pest, Weißer Strom, Weißes Kaninchen, White, White Lady, White Rabbit, White stuff, White sugar, Whitelady, Whizbang, Zement, Ziggie, Ziggy's Stardust

Kokain wird fast nie *dope* genannt, kommt aber auch vor. Die Kokainbase heißt auf der Straße: Base, bazooko, basuca, basuco, crack, crazy 8ths, Freebase, hubba, Moonrock, Lace joints, Pasta, paste, petillos, rock, slab. Man spricht auch von Pop Rocks for Crack, Rocks und »Steinen«.

In den Blättern und in der Rinde kommen die Tropanalkaloide Cuscohygrin und Hygrin vor. Die Samen und die Rinde enthalten ebenfalls etwas Kokain (Bühler und Buess 1958: 3046, Morton 1977: 178).

Cocanæsthesia: Cocalingus bis Cocollyrium

»Als mir bei einer ethnobotanischen Expedition durch die Atacama-Wüste in Nordchile eine Amalgamplombe aus einem Mahlzahn fiel, stellte meine züngelnde Zunge einen riesigen Krater fest. Aber noch bevor das ungeheure Loch Schmerzen bereiten konnte, hatten wir das Andenhochplateau überquert und landeten in einem kleinen Kaff. Dort befand sich die argentinische Passkontrolle und Zollstation. Wir ließen unsere Pässe abstempeln und sagten beim Zoll ›Guten Tag‹. Die Beamten wollten uns nicht weiter kontrollieren. Da fragte sie Manolo, wo man Coca kaufen könne. Direkt über die Straße, eine Schotterpiste, in der Tienda, dort bei der Frau mit dem großen Hut. Ich war doch erstaunt darüber, dass uns ausgerechnet Zöllner den Weg zum Grünen Gold wiesen. Wir sprangen trotz dünner Luft auf die andere Seite. Die runzelige, sonnengegerbte Indianerin holte einen Sack Cocablätter hervor, und wir kauften kräftig ein. Ganz legal! Denn wir waren in der Cocazivilisation angekommen. In Nordwestargentinien ist Coca erlaubt und wird von Indianern sowie Mestizen und Kreolen reichlich genossen. Wir bekamen auch noch eine Tüte Natriumbikarbonat: Cocy y Bica. *Sogleich machten wir uns über die ersehnte Beute her. Als das Alkali seine Wirkung tat und der betäubende Cocasaft aus dem Priem trat, betäubte sich mein ganzer Mund, samt Zunge und Rachen. Fast instinktiv drückte ich etwas von dem Wiedergekäuten in das Zahnloch. So machte ich es den Rest der Reise. Ich hatte niemals auch nur einen Anflug von Zahnschmerzen, obwohl ich das Gefühl hatte, der Krater würde immer weiter und tiefer.*

Als ich wieder in Hamburg war, ging ich gleich zu meinem Zahnarzt. Als er meine Kraterlandschaft geografisch auslotete, grinste er und sagte: ›Na, da werden Sie wohl ziemliche Schmerzen gehabt haben, was?‹ Als ich entschieden verneinte, fragte er verblüfft und ungläubig, wie denn das wohl möglich sei. ›Na, natürlich wegen der Coca‹, die hätte ich die ganze Zeit gekaut. Mein Zahnarzt war redlich beeindruckt ob mei-

75 Dieser Name wird auch für Amphetamine und Heroin benutzt.

76 Unter diesem Namen wird seit der Jahrtausendwende peruanischer Spargel aus den Anden in Deutschland vermarktet.

77 Es gibt auch ein südamerikanisches Harz mit süßem Duft, das bei den Kofán-Indianern *koki* genannt wird und bei ihren Ayahuasca(= Yagé)-Ritualen geräuchert wird. (Pinkley 1973: 170); botanisch ist es leider nicht bestimmt.

nes Feldberichts. Ja, Coca wirkt halt Wunder, wenn es um kaputte Zähne geht. Der Krater wurde dann mit zuverlässigem Gold gefüllt und hat nie wieder Probleme bereitet. So wie ich mich für die sorgfältige Zahnrestauration bedankt habe, bedankte sich der Zahnarzt für diese nette Anekdote, die doch so viel mit seiner Kunst zu tun hat.« (CR)

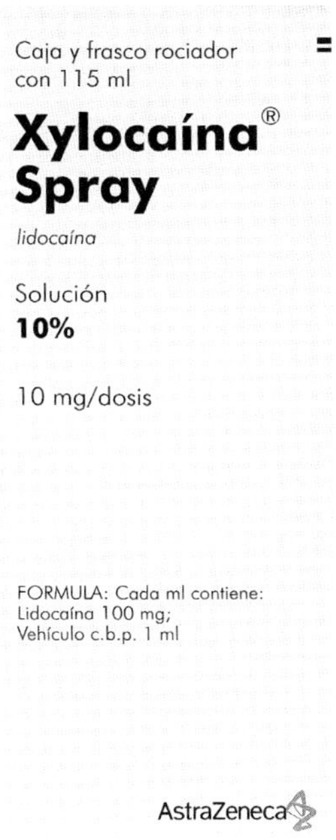

Verpackung eines Oberflächen betäubenden pharmazeutischen Sprays auf der Basis des Kokainderivates Lidocain (Originalverpackung eines mexikanischen Produkts).

> Chirurgen können bei ihren Patienten schmerzende Schleimhäute durch Bepinselung mit Kokainlösungen vorübergehend unempfindlich machen. In einem Fall wurde sogar Watte mit 15%iger Kokainlösung getränkt und in kranke Zähne gepresst; das durch die Körpergewebe übergehende Kokain wirkt ebenfalls berauschend.
>
> Hermann Römpp
> *Chemische Zaubertränke*
> (1950: 131)

Als Albert Niemann (1860) seine erstmalige Kokainisolation publizierte, bemerkte er den bitteren Geschmack und dass Lösungen auf der Zunge »eine eigentümliche Taubheit« hinterlassen, gefolgt von einer Kälteempfindung. Wir haben bereits gesehen, wie Gaedcke (1855), Maclagan (1857) und Percy (1857) – andere Mitglieder (*cumpadre*) der chemischen *Cocadre* – ebenfalls beim Testen von Kokain eine Taubheit fühlten und die Substanz als Anästhetikum vorschlugen. Anästhesie war per se zu der Zeit eine Neuheit in der allopathischen Medizin und wurde gerade mal rund 14 Jahre vorher von dem US-Zahnarzt W.T.G. Morton eingeführt (Holmstedt und Liljestrand 1963). So wie Paolo Mantegazza (1859) schon vorgeschlagen hatte, die »narkotisierende« (*narcotizzanti*) Eigenschaft der Coca auszunutzen, hat auch L.-G. Demarle (1862) eine bukkale Analgesie nach dem Cocakauen beschrieben und C. Fauvel (1877) schon 1865 begonnen, eine Cocatinktur als Anodynum bei Rachenschmerzen zu benutzen. Sie wurde von seinem Cousin Angelo Mariani (1892) hergestellt und war vielleicht der Vorgänger des berühmten Marianiweins. Der Österreicher F. Schroff unternahm einige der ersten psychonautischen Selbstversuche, bei denen er sowohl die euphorisierenden als auch betäubenden Effekte hervorhob. Der vergessene Pionier der Cocaanästhesie war der Peruaner T. Moréno y Maíz, der 1868 in Paris die erste pharmakologische Studie zum Kokain vorlegte. Diese Schrift war der erste Bericht von der lokalen Anästhesie durch die Injektion von Kokain (als Acetat). Darin heißt es rhetorisch gefragt: »Könnte man es als Lokalanästhetikum nutzen?« Der Russe V. von Anrep (1880) war vielleicht der Erste, der Kokain einer Person injizierte, subkutan in den Unterarm. Dabei kam es »zu Insensitivität bis zu kräftigem Nadelstechen an dem Ort der Injektion. Er folgerte: »Ich kann Kokain als ein lokales Anästhetikum empfehlen«. Nichtsdestotrotz wird die Entdeckung der Lokalanästhesie dem Österreicher Carl Koller zugeschrieben, die auf seinen Experimenten mit intraokularer Applikation im Sommer 1884, zunächst an Tieren, dann an ihm selbst und an mehreren Kollegen, basierte.

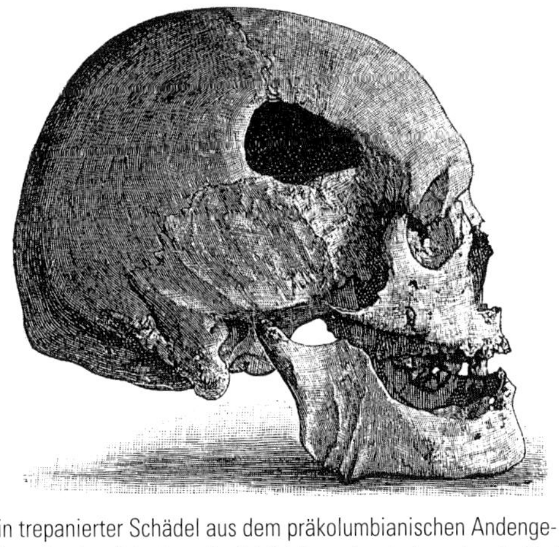

Ein trepanierter Schädel aus dem präkolumbianischen Andengebiet zeigt deutlich, dass die Schädelwunde wieder gut verheilt ist; das heißt, die Operation, deren Zweck und Sinn ein offenes Feld der Spekulation ist, ist erfolgreich verlaufen, und der Trepanierte hat noch lange gelebt. Es wird vielfach vermutet, dass zur Trepanation betäubende Cocabereitungen Verwendung fanden. (Stich aus: Max Bartels, *Medizin der Naturvölker*, Leipzig, 1893; die Vorlage befindet sich im Museum für Völkerkunde, Berlin.)

Gleichzeitig unternahm Koller mit seinem jungen Kollegen Sigmund Freud (1884a) Selbstexperi-

Die Schriften von Sigmund Freud über Kokain sowie die dazu wichtigste Sekundärliteratur (Collage von CR).

mente mit oral verabreichtem Kokain. Im Juli 1884 publizierte Freud den ersten seiner fünf Artikel über Kokain, in denen er die therapeutischen Applikationen inklusive der Lokalanästhesie vorschlug. Was ihn aber am meisten beschäftigte, war das aphrodisierende Potenzial des Alkaloids. Er kam auch auf die absurde Idee, Kokain gegen die Entzugserscheinungen von Morphinsüchtigen einzusetzen und das anorektische Kokain als Appetitanreger zu proklamieren! Wie dem auch sei, die Artikel von Koller und Freud erwirkten eine Sensation (Gundlach und Métraux 1979), so dass der Merck'sche Kokainausstoß in die Höhe schoss: von etwa 1,4 kg im Jahre 1883 auf 30, 70 und 257 kg in den drei folgenden Jahren. Dies hielt trotz des bestehenden und wachsenden Konkurrenzdrucks durch Parke, Davis and Co. in den USA, die Holländische Nederlandsche Cocaïnfabriek und dreizehn weitere Deutsche Hersteller nach 1903 an. Allerdings nur so lange, bis die Farbwerke Hoechst das Patent für die semisynthetische Fabrikation anmeldeten (Angrist und Sudilovsky 1978, Fischman 1987, Friman 1999, Hirschmüller 1995, Kort 1999, Spillane 1999).

> Die stark ausgesprochene lokalanästhetische Wirkung des Cocains beruht bekanntlich auf dessen lähmenden Einfluss auf das sensible periphere Nervensystem. Damit sich dieser geltend macht, muss die Cocainlösung mit den zu anästhesierenden Nerven in direkten Kontakt gebracht werden. Eine Ausnahme hievon bilden die Schleimhäute, deren Nerven nach blossem Benetzen der Mucosa mit einer genügend starken Lösung sensible Erregungen nicht mehr leiten.
> (Custer 1898: 12)

Der nächste signifikante Schritt wurde in den USA gemacht. Aufgrund von Selbstexperimenten haben W.S. Halstedt (1884) und dessen Mitarbeiter die nervenblockierende Anästhesie 1884 begründet. Dabei wurde Kokain direkt in die Nerven injiziert, so dass es an diesem Ort seine lokalanästhetische Wirkung gezielt entfalten konnte. Im folgenden Jahr demonstrierte Halstedts Kollege J.L. Corning (1885) zunächst an einem Hund, dann an einem Menschen die Rückenmarksanästhesie mittels Kokaininjektion. Diese Methode wurde vier Jahre später von dem Deutschen A. Bier (1889) klinisch getestet. Eher lächerlich als labend klingt die Erfindung von W.A. Hammond (1886), dem Surgeon General der US-Armee, bis er von Lincoln seines Amtes enthoben wurde. Er beschrieb klitorale und penile Anästhesie via direkter Applikation an den Geschlechtsorganen mit einem Mullbausch, der in eine 10%ige Lösung von Kokainhydrochlorid getaucht worden war: »für die Befreiung von der Masturbation«! Komm nochmal? *Cocanorgamia*? Schaffte denn nicht normalerweise der Orgasmus Erleichterung? Kokain wurde gleichzeitig als Nymphomanie-*nostrum* bekannt (Anonym 1886). Offensichtlich hat Hammond Freuds Bericht nicht gelesen, in dem geschrieben steht, dass Kokain eine enorme sexuelle Erregung erzeuge, und gestand, dass sein bolivianischer Knochenbrecher »effektlos in Jungs« war und die geheimen Spielereien »eines Mädchens im Alter

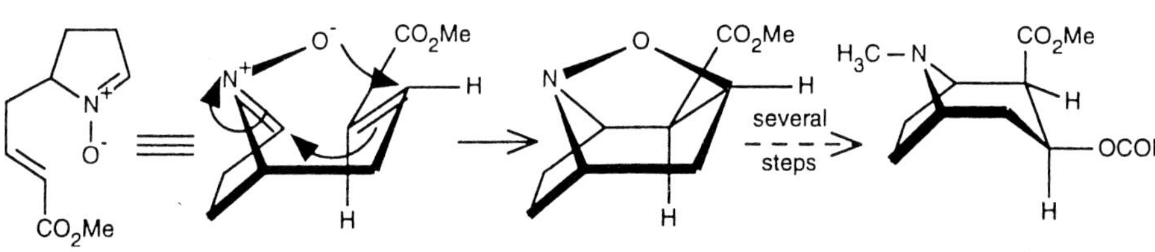

Tufariellos Kokainsynthese in Strukturformeln: intramolekular zyklisiertes Nitron, *dl*-Kokain, Kokain.

von vier bis fünf Jahren« nicht dämpfen konnte! Freud war natürlich ein großer Pionier mutmaßlicher Psychopathologie autopubertärer »Pollutionen«, »Verdeckungen«, »Selbstbefleckungen«! Dies wurde von W. Villinger im Jahre 1926 farbenfroh charakterisiert als »eine Schlange, die erwürgt werden müsse«, nicht aber sielend erregt. Er hat den Hang zur Pollution und Masturbation als die »eine große Abhängigkeit«, eine »primäre Sucht« diagnostiziert. Die »anderen Süchte« (wie zum Beispiel seine eigene Tabaktoxikomanie) seien lediglich Substitute für das Handanlegen an der »Mutter aller Maniacs« (Freud 1966, Szasz 1970)! Keine Sorge, die misanthrope *méthode française* macht die obskure Onanie obsolet, also Hände runter! In P. Reclus' praktischem Textbuch zur Kokainanästhesiologie von 1903 wird vorgeschlagen, die lüsternen, lechzenden Lümmel durch Beschneidung zu bändigen. Darin folgte er dem Klassiker von J. Hutchinson, *On Circumcision as a Preventiv of Masturbation* (1981). Noch schlimmer: Die Briten I.B. Brown und T. Spratling haben die Klitoridektomie (1858) und Ovariotomie (1895) empfohlen, um wollüstige Vulven zu beruhigen (Daffy 1963, Hare 1962, Szasz 1970)! Reclus versicherte, dass die Einlage eines kokaingetränkten Tampons unter die Vorhaut genüge, die Erektion zu verhindern.

Betäubung und Erregung zugleich, ganz gleich der kulturellen Schizophrenie bezüglich des Kokaingebrauchs. *Cocanæsthesia. Cocaphrodisia.*

Nichtsdestotrotz: Cocaïn – oder Kokain, eine echte deutsche Erfindung, wurde durch die medizinischen Pionierarbeiten zum Lokalanästhetikum, Aphrodisiakum, Genussmittel, »Rauschgift«, zum Wirtschaftsfaktor und zur politischen Kontroverse.

Die Assoziation zwischen Betäubungsmittel, Arztpraxis, verführerischer Kokotte, Kokain und Aphrodisiakum hat viele Illustratoren beschäftigt. Mit der Betäubungsspritze, die der Arzt am Schenkel, ganz nahe der Vulva appliziert, werden beide erregt (Illustration aus: *Der Junggeselle*).

> Bohr Dein dämonisches Grinsen in mein Hirn
> Ertränk mich in Cognac, Küssen und Cocain.
> (Crowley 1990: 59)

Immerhin war die Entdeckung der Lokalanästhesie mittels Kokain eine der größten Errungenschaften und Fortschritte der westlichen Medizin! Ohne die Erforschung der Kräfte der Mama Coca, ohne die Erforschung des Kokains gäbe es keine Betäubungsspritze beim Zahnarzt (vgl. Keys 1968).[78]

> Was das ist, Mann? *Reines Kokainhydrochlorid!*
> Du stehst vor dem größten Kokskristall der Welt!
> Die Professoren haben ihn in einer riesigen konkaven
> Petrischale gezüchtet und aufbewahrt. *Seit 1897!*
> Hol die andren, Mann, das Ding müssen sie sehen!
> Rock Scully und David Dalton
> *An American Odyssey*
> (1996, St. Andrä-Wördern: Hannibal, S.16)

78 Heute wird für die örtliche Zahnbetäubung kein reines Kokain mehr verwendet, sondern eines der Derivate wie Procain, Novocain oder Lidocain (Haas 1956: 14). Ironischerweise wird Procain zusammen mit Natriumbikarbonat als »Procain-Basen-Infusion« medizinisch ganz ähnlich wie (früher) Coca/Kokain genutzt (Reuter und Oettmeier 1999).

Sigmund Freud, Vater der Kokser

At the end of medicine is dope ...
WILLIAM S. BURROUGHS
Naked Lunch
(1991: xviii)

Josef der Traumdeuter ...
LOUIS LEWIN

Durch die Röhre schlängelt sich ein Phallus in das gärende Gehirn des Erfinders. Dabei kommt die »Traumtheorie« heraus, ein geistiges Exkrement, ein kulturgeschichtliches Sediment, eine Strafe für Studenten, eine ...

Sigmund Freud (1856–1939) – liebevoll *Siggi* (dt.) oder *Ziggi Stardust* (engl.; Song/Album von David Bowie; siehe auch Dis-*Coca*-Graphia) genannt – war ein wichtiger Kokain-Informant. »The Spider from Mars«, die marsianische Spinne. Auf dem (Venus)-Hügel vor Wien stand sein Haus. Jetzt ist es leider nicht mehr da. Doch dort steht eine Gedächtnissäule zu seiner Ehre: »Hier hat Sigmund Freud die Traumtheorie gefunden«, heißt es auf dem Grabstein seiner Theorie. Es gibt viele böse Stimmen, die behaupten, die *Traumtheorie* (1900) im Besonderen und die Psychoanalyse im Allgemeinen ist nichts weiter als eine kokaininduzierte Halluzinose – das ist nichts weiter als mal wieder ziemlich viel Kokolores (vgl. VOM SCHEIDT 1973). Kokainträume. Traumwelten.

Gleichzeitig sind die Welten dieses Traums,
einräumig ebenso, sie wehn und fallen.
Mischfarben, Halbblau der Kartoffelblüte,
Latenz der Formen dort – hier reine Bilder.
GOTTFRIED BENN
Der Traum (1948)

Freud hat sich besonders in den Jahren von 1884–1887 dem Studium des Kokains gewidmet (siehe BERNFELD 1953, GUNDLACH und MÉTRAUX 1979, VOM SCHEIDT 1973; auch FREUD o.D. und 1996, sowie TÄSCHNER und RICHTBERG 1982: 206 f.). Dabei fragt man sich, was Studium heißt. – Es an sich und seinen Patienten auszuprobieren, wohl. Und nebenbei einige Artikel verfassen, meist um 1885, die zu epochalen Reperkussionen führten. Früher sagte man, »da ist der Wurm drinn«, der Lindwurm, der Drache des Bewusstseins, der »liegt und besitzt« (Richard Wagner).

Jedenfalls war die historische Gestalt Freud nicht nur eine Freude. Er wurde wie jeder Pionier extrem angegriffen, seine Theorien wurden angefochten und verteufelt, seine Taten in Zweifel gezogen usw. Aber: Er hat ein starkes öffentliches Bewusstsein über die Psyche des Menschen erwirkt. Egal wie kontrovers er diskutiert wird, die Welt hat ihm einiges zu verdanken: die akademische Etablierung der Psychologie, sehr einflussreiche Schüler wie C.G. Jung und auch die Popularisierung des Koksens. Viele der kognitiven und programmatischen Denkinhalte und Meinungen zum Kokain stammen wohl aus Freuds Schrift »Ueber Coca« von 1884. Dass Cocaïn ein Euphorikum, ein Aphrodisiakum, ein Wachmacher, ein Appetithemmer und ein starkes Tonikum sowie ein Heilmittel gegen die »Morphiumsucht« sei, ist in seinen Kokainschriften nachzulesen. In Freuds eigener Diktion: »Nach wenigen Minuten begann die eigentliche Cocaïneuphorie, eingeleitet durch wiederholtes, kühlendes Aufstossen.« (FREUD 1885, faksimiliert vom psychiatrischen Drogeninquisitor TÄSCHNER.)

Freud entwarf in selbigem Artikel auch das Wort »Cocaïnzustand«. Damit kommen wir zu den Wirkungen.

Unter den Personen, denen ich Coca gab, habon mir drei von heftiger sexueller Erregung, die sie unbedenklich auf die Coca bezogen, berichtet. Ein junger Schriftsteller, der nach längerer Verstimmung durch Coca in den Stand gesetzt wurde, seine Arbeit aufzunehmen, verzichtete auf den Cocagebrauch wegen dieser ihm unerwünschten Nebenwirkung.

Faksimile der Seite aus Freuds geschichtsträchtiger Publikation *Ueber Coca* (1884), die das Alkaloid als Aphrodisiakum ausruft.

Cocainautica

Er war ein *mano verde*, ein Kokain-Alchemist
der alten Art.
(NICHOLL 1990: 131)

Obwohl Albert Niemann (1860) und seine Vorgänger in der *Cocalchymie*, Gaedcke (1855) und S.R. Percy (1857), schon die betäubende Wirkung der Kokainkristalle geschmeckt haben, gibt es keine Hinweise darauf, dass sie auch psychonautische oder *cocainautische* Selbstversuche durchgeführt haben. Wahrscheinlich war C. Schroff (1862) der erste Mensch, der sich mit Mama Cocas kristallisiertem *Cocadytum* ins Schlaraffenland geblasen hat.

Ein Jahr darauf hat H. Ploss (1863) ein surreales Experiment des wissenschaftlichen Selbstmordes oder Psychozides mit dem Schlürfen von 1,5 g Kokain eingeleitet, um die letale Dosis herauszufinden! Und er fand sie im Tod des Experimentators.

Mit Kokain steigt der Cocanaut auf nach Cockayne, dem Kokain-Schlaraffenland, wie auf dem *Soft-Machine-Album*-Cover zu erkennen (Fotocollage von CR).

Die orale Aufnahme von Kokain war dazumal der einzige Weg zum Fliegen (bis 1880). Der Durchbruch kam erst, als sich V. von Anrep (1880) selbst Kokain unter die Haut seines Arms injizierte. Er war anscheinend ein natürlicher Nadelfetischist, denn er genoss das Stechen und Kribbeln in seinem Arm. Die subkutane Injektion war zu der Zeit, in der sich Mama Coca kristallin manifestierte, eine Neuheit in der Medizin. Sie wurde von dem Schotten A. Wood (1855) eingeführt. Vor ihm hatte bereits der Amerikaner J.M. Steiner (1849) von Drogeninjektionen an Pferden berichtet. Aber Opium wurde erstmals im Jahre 1656 in London von dem Architekten C. Wren und dem Chemiker R. Boyle (1744) in einen Hund gespritzt. 1882 berichteten die Italiener E. Morselli und G. Buccola (1882) vom therapeutischen Nutzen subkutaner Kokaininjektionen. Seltsamerweise behauptete T. Aschenbrandt (1883), dass er heimlich bayerischen Soldaten Koks in ihr Trinkwasser gemischt habe. – Der Traum von pharmazeutischer Anarchie nahm hier vielleicht seinen Anfang.

Wir haben gesehen, dass Carl Koller (1884) das *Cocollyrium* oder intraokulare Kokain erfunden hatte, das er in wenigen Tropfen von einer 2%igen Lösung einträufelte. Sigmund Freud (1884a), »Siggi Sternenstaub«, ging als erster unfreiwilliger Kokainfreak in die Geschichte ein. Der bolivianische Außenminister G. Bedregal (1989) sagte, dass Freud »etwa das wurde, was man heute einen Drogenabhängigen nennt«.[79] Seine *crackpot*-Chemotherapie verwandelte seinen Freund E. von Fleischl-Marxow in einen der ersten bekannten Kokain-Nadel-Freaks. Der US-Chirurg W.S. Halsted (1884) brauchte keinen Rat, um vom Pionier in der Geschichte der Anästhesie zum Koks-Connaisseur aufzusteigen. Später heilte er seine *Cocaddiction* mit Morphin!

Der US-Opthamologe H. Knapp (1884) war womöglich einer der Ersten, der Kokain – als wässrige Lösung – in die Nase oder auch ins Rectum und in die Harnröhre einführte, also auf den Schleimhäuten anbrachte. W.A. Hammond (1886), jener, der wegen seiner medizinischen Maßnahme beim übermäßigen Masturbieren berühmt wurde, der erste Kokainist, nahm über vier Monate täglich 1–1,3 g Kokain in wässriger Lösung intranasal auf, etwa 39 g pro Monat, insgesamt 156 g! Zur gleichen Zeit begann sein *Cocantagonist* F.W. Ring (1887) erfolgreich (zu erfolgreich, denn er »begann die Wirkung zu genießen« und fürchtete, von der Droge abhängig zu werden), seine Atemnot selbst zu behandeln, indem er sich nachts 130 mg Kokain in 4%iger Lösung in die Nasenlöcher sprühte. Es dauerte zehn Monate bis er bemerkte, dass die »Medizin zur Notwendigkeit« wurde. Da brach er diese Selbstbehandlung ab. Doch einen Monat später stellte sein Arzt erstaunt fest, dass Rings Leiden (Atresia naris) besser geworden sei, warnte aber davor, dass es zu einem Rückfall kommen könne, wenn er wieder Kokain schnupfe. Dr. W.A. Dayton war der erste Arzt, der seinen Patienten riet, die Finger vom Kokain zu lassen. Der Deutsche H. Zwaardemaker (1889) war wahrscheinlich der erste echte Kokainschnupfer. Er beschrieb die Kokainanosmia, den Verlust olfaktorischer Wahrnehmung, nach dem Schnupfen von Kokainhydrochlorid in seine Nasenlöcher. Wie ehrenhaft auch dieses historische Ereignis ist, so sind doch medizinische Errhinien und intranasale Medikationen heute abstrus; solche Applikationen gehören zur schamanischen Tradition, wie wir in dem gerade erscheinenden Buch zum Thema lesen können (Ott 2001).

Der große britische Pharmazeut W. Martindale führte in seinem klassischen Werk *Coca, Cocaine and Its Salts* (1886) eine genaue Formel für *Buginaria Cocainæ Hydrochloratis* oder nasale Kokain-»Bumänner«/Bougies, auf: »Ein Sechstel eines Gran mit gelatiniertem Glycerin ist die Basis. Nützlich bei Heuschnupfen ...« Nasalbougies, stabförmige Instrumente, Arzneistäbchen, sind solide Errhinien oder nasale Suppositorien (eine Art Nasentampons). Martindale verschrieb Halbgran (32 mg) Kokainbougies bei »schmerzhaften Affekten in der Harnröhre«, ebenso rektale Kokainsuppositorien und vaginale Pessare.

In der siebten Fassung der *U.S. Pharmacopœia* (1893) und im *National Formulary* von 1895 finden

79 Es heißt, dass Freuds Biografen entdeckt hätten, dass Freud sein ganzes Leben dem Koks fröhnte (Thornton 1983).

wir unter Nummer 315 ein *Pulvis Anticatarrhalis, N.F.*, ein Katarrhschnupfpulver, das 0,41% Morphinhydrochlorid enthielt (REMINGTON 1894). So ist es denn kein Wunder, dass die Patent-Medizin-Magnaten in den USA schon bald eine ihrer erfolgreichsten Schienen legten: die so genannten *catarrh-remedies*, Schnupfenmedikamente. Es waren meist wässrige Kokainlösungen in Zerstäubern oder einfach pulverisiertes Kokain (*Birney's Catarrh Powder*). Von der Königin der Schnupfenmittel, *Reyno's Hay Fever and Catarrh Remedy*, hieß es, es sei reines Kokain, das immer in Papiertüten in der Apotheke gekauft werden konnte. *Birney's Catarrh Powder* war das bei weitem erfolgreichste Produkt. Es wurde in Acht-Gran-Fläschchen (0,5 g Kokain) mit einer Glasröhre *cum* Gummischlauch zur Vereinfachung des Schnupfens verkauft. Schon bald tauchten Berichte von *Birney blowers*, offensichtlich Birney-Schnupfer, auf, nach denen sie angeblich mehrere Flaschen pro Tag wegschnieften, ähnlich wie die *Graymen*, den Adepten des *Gray's Catarrh Powder*. 1896 jagte die Kokainausschweifung (*cocaine debautchery*) in einer Drogerie in St. Louis durch die Presse (GILBERT 1898, SPILLANE 1999). Dem *blow*-Baron Birney verdanken wir die *cocanyms blows*, ganz zu schweigen von der Praxis, Kokain mit Laktose (Milchzucker) zu vermischen.

> The habit of snuffing cocaine is said to be prevalent among the negroes in the Southern States of American Union, and to be common also among the natives of the Bhagalpur District in India.
> (Die Gewohnheit, Kokain zu schnupfen, ist weit unter den Negern der Südstaaten der Amerikanischen Union verbreitet; es ist auch gängig bei den Einheimischen des Bhagalpur-Distrikts in Indien.)
> *The British Medical Journal*
> Nov. 24, 1900 [1493]

Um 1904 war dann das Kokainschnupfen weit verbreitet, bis 1910 die ersten Fälle von zerstörten Nasenscheidewänden auftauchten (HUTANT 1910). Das kokainhaltige *acullico*, der indianische Cocapriem, wurde nicht vergessen, wie im viel zelebrierten *Coca-Bola*-Kaugummi des US-Arztes C.L. Mitchell, das 2,5% Kokain (710 mg/oz.) enthielt, zu erkennen ist (KARCH 1998). Als E. Joël und F. Fränkle ihren Klassiker *Der Cocainismus* (1924) publizierten, war überall in Europa das Kokainschnupfen gang und gäbe, weitaus mehr verbreitet als das subkutane Kokaininjizieren. Das intravenöse Injizieren war aber noch unbekannt. Anders in den USA. Dort wurde wegen der Prohibition, steigender Preise für Opiate und Kokain das Spritzen i.v. schnell von denen entdeckt, die aus den ihnen zur Verfügung stehenden Mengen den optimalen Nutzen ziehen wollten.

Joël und Fränkl beschrieben deutsche Kokainisten, die Zigaretten mit Tabak, der zuvor mit einer Kokainlösung (sicherlich eine wässrige Kokain-HCl-Lösung) getränkt wurde, rauchten. Schon früh hatte Parke, Davis and Co. mit der Vermarktung von Cocazigaretten und -stumpen Erfolge zu verzeichnen. Diese *Cocaretten* waren *en vogue* bei Frauen in den 1880er Jahren (WENDT und KOGAN 1952).

Das *Cocaine-base-* oder Rohkokainrauchen tauchte zuerst in den Kokain produzierenden Gebieten Südamerikas auf. Dort waren *Free-Base*-Zigaretten unter dem Namen *bazuka* oder *basuco* bekannt. Das erste Wort bezieht sich auf Bazooka, weil die Cocajoints die Form von Panzerfäusten hatten; sie heissen deswegen auch *pitillos* (»Glimmstengel«). Das Wort *basuco*, soll laut Lexikon ein Akronym für *pasta base de cocaína (salsa tabasco)* sein (RILEY 1966), ist aber wohl eher eine Verballhornung des Wortes *bazuka*. In einem Buch heißt es *buzco (Buzz-coke)*.

Das Inhalieren vaporisierter Kokainbasekristalle oder *Free-base* kam in den 1960er Jahren in den USA auf. Diese Technik war möglichweise eine Erfindung der Vietnam-Veteranen, von denen viele ehemalige Heroinzigarettenraucher während des Kriegs waren. Es wurden 1979 sogar Anzeigen für *do-it-yourself »Free-base Kits«* ins *High Times*-Magazin geschaltet. Im gleichen Jahr erschienen auch schedderige Drogenbroschüren, die die chemischen Verfahren zur Umwandlung von Kokain-HCl in die Base genau beschrieben (ANVIL 1979, LEE 1981, SIEGEL 1982). Schließlich tauchte das so genannte *crack*-Kokain, eine unreine Kokainbase stark verschnitten mit Natriumbikarbonat, also besser gesagt ein *crap-coke*, auf den Bahamas um 1979 auf, von wo es sich schnell in den USA verbreitet hat (CAMÍ 1996).

Cocadynamica: Kokain ist nicht Coca ... es ist Mama Coca!

> Das Kokain ist nicht das Alkaloid der Kokapflanze; es ist der *süße freiwillige Tod*, den wir alle mit verschiedenen Stimmen und verschiedenen Worten herbeirufen!
> (PITIGRILLI 1988: 172)

Wegen der derzeitigen Verteufelung von Kokain achten die *coqueros* sehr darauf, zwischen der Coca und seinem Hauptalkaloid einen großen Unter-

Peruanisches T-Shirt mit der Parole *La Coca no es droga*, ein beliebtes Touristensouvenir.

schied zu machen. Überall verbreitet sich die Aussage, in Popsongs und auf T-Shirts: »Cocaine is not Coca«, *la cocaína no es la Coca*, *La Coca no es la droga*, »Coca ist keine Droge[80]«, «Coca ist kein Kokain«.

Mortimer (1901) hat angemerkt, dass Kokain »promiskuitiv« sei und »das Böse, das daraus folgte ... wurde auf die Coca übertragen«. Die Tatsache, dass die lateinamerikanischen Kokainisten, wie schon vor ihnen Sigmund Freud (1884a), das Wort *Coca* gleichermaßen für das reine Alkaloid benutzten (und benutzen), sollte uns aufhören lassen. Klar, Kokain ist offensichtlich keine Coca ... aber es ist genauso klar, *dass Kokain Mama Coca ist* – raffiniert und schimmernd. Kokain ist die brillante, alkaloidale Apotheose der Seele Cocas, *Cocanima*. Die *cocaficionados* (span. *aficionado* = Kunstfreund, Liebhaber, Kenner) sind durch mangelhafte und halbbackene Theorien der Gelehrten dieser falschen Vorstellung verfallen. Sie verteidigen Coca und Cocaismus und marschieren gegen Kokain und Kokainismus, nur um Mama Cocas Blättergewand zu beschützen und um ihre kristallene Seele zu verbrennen! »Heiße Luft« wurde auf die vermaledeite Cocapharmakologie gerichtet, die von jedem, der an Coca und Kokain gekommen ist, als lächerlich empfunden wird. Es wäre besser, sich auf Experimente als auf uninformierte Spekulationen zu verlassen.

In einem grotesken Artikel in dem Narcojournal *Bull(etin) on Narcotics*, herausgegeben von den

Eine alte Cocapresse aus Holz im Innenhof des Museo de la Coca (La Paz/Bolivien).

JO betrachtet mit chemisch-analytischem Blick die Cocasacke vor dem kleinen, verwinkelten, in einem Innenhof verborgenen Museo de la Coca, dem bolivianischen Cocamuseum in La Paz. In der Ausstellung wird auch die »moderne« Dichotomie zwischen Coca und Kokain propagiert. Ist ja verständlich, wenn das angeblich ärmste Land Südamerikas seine legale Cocaproduktion propagieren will, aber doch nicht zum Spott der Cocainauten und selbsterfahrenen Naturstoffchemiker!

80 Linguistisch ist dieser Spruch völlig unsinnig, denn unser Wort »Droge« kommt von *dröge* oder *dreughe*, »trocken«, und bezeichnet etwas Getrocknetes, vor allem getrocknetes Pflanzenmaterial zu irgendeiner Verwendung. Es hat ursprünglich niemals eine Chemikalie klassifiziert. Dass chemische Stoffe mit psychoaktiven Eigenschaften als »Drogen« bezeichnet werden, ist neueren Datums und stammt vermutlich aus der Boulevardpresse. Natürlich ist die Droge Coca nicht die Chemikalie Kokain ...

Vereinten Nationen, hat Montesinos (1965) seinen seltsamen »Glauben«, dass »keine kortikale Stimulation bei Cocakauern beobachtet werden könne«, ausgedrückt. Weiter: Die tägliche Ration an Coca (etwa 350 mg in 50 g getrockneter Blätter) »übersteigt die generell geschnupfte Tagesmenge eines Kokainsüchtigen, die bereits als toxisch gelte«. Er bastelte sich dann weiter ein wahres Labyrinth von metabolischen Spekulationen, obwohl er unfähig war, die Absenz von Kokain oder die Anwesenheit von Ecgonin im Blut der Cocakauer zu zeigen. Dennoch schloss er, »dass die Menge an zirkulierendem Kokain im Blut des [Coca-]Süchtigen unwesentlich sei, dagegen die Menge an Ecgonin reichlich da sei«! Derweil »bewies« O. Nieschulz, dass beim traditionellen Cocakauen mit Asche, Kokain in Ecgonin, den angenommenen Hauptwirkstoff beim Cocakauen, umgewandelt werde (Nieschulz und Schmersahl 1969). Dieser Metabolismus wurde an Labormäusen nachgewiesen, ja es wurde sogar spekuliert, dass das Cuskhygrin »das zweite Hauptalkaloid« in der peruanischen Coca mitverantwortlich für die Cocawirkung sei. Anstatt die Wirkungen von Coca, Kokain und Ecgonin in Bioassays, Selbstversuchen, zu erfahren und zu vergleichen, wurde lediglich die pharmakologische und chemische Literatur zu Rate gezogen und verschiedentlich zu der »Ecgonin-Hypothese« des Cocakauens verbacken (Bolton 1979, Burchard 1975).

Es gab noch wildere Erklärungen für das Cocakauen. In der Diskussion um die *high altitude*-Hypothese hat Joel E. Hanna (1974; auch 1972) sogar behauptet, dass das Betelalkaloid Arekolin für die Wirkung der Coca verantwortlich sein könnte, wobei er ganz vergessen hatte, dass in der Familie Erythroxylaceæ, geschweige denn in Coca, niemals Arekolin nachgewiesen wurde!

Ralpf Bolton (1976) behauptete, gefangen in seiner »Hypoglycæmia-Hypothese« (Bolton 1973) schlichtweg: »Coca erzeugt keinen euphorischen Effekt ... und die meisten Indianer kauen die Coca nicht, um stoned zu werden.« Natürlich nicht: Es macht keinen Indianer *stoned* (›gesteint‹)[81], er wird nur von der Inquisition gesteinigt! Er fand es merkwürdig, dass einige seiner Studenten erzählten, dass sie vom Cocakauen euphorisch werden würden, und hat ihre Aussagen als »Folgen einer Suggestion« abgetan. Als er feststellte, dass die Studenten enorme Mengen an Coca kauen, »entdeckte« er auch eine »hohe Korrelation zwischen Cocakauen und dem habituellen Zigarettenrauchen«! Ohne überhaupt zur *Priemerie* in dieser Sache – dem Ecgonin – zu gelangen, haben Bray und Dollery (1983) genug gekaut und spuckten diese aberwitzigen Theorien, deren Begründer sich derweil anderen Projekten zugewendet hatten, aus.

Es gibt reichlich und konstante Evidenz in den Studien der Cocabissen, die zeigen, dass Kokain im Blut der Kauer vorhanden und der Hauptwirkstoff ist. Zuerst hat Rivier (1981), der noch an Nieschulz' Hypothese festhielt, mit Cocaproben in Lösungen mit den pH-Werten 6.0, 9.0 und 11.5 mit 17 authentischen Proben von alkalischen Cocabissen angestellt. Selbst in dem schlechtesten Falle, bei pH 11.5, war eine Stunde nach Einnahme nur 17% des Kokains aus der peruanischen Coca abgebaut; nur 4% bei einem pH-Wert von 9.0 und 7,1% bei pH 6.0. Diese Tatsache wurde schon lange, bevor schnellgläubige Chemiker ihre Nase in diese Sache steckten, erkannt: Peruanische Wissenschaftler (Cruz Sánchez und Guillén 1948) haben einen Kokainabbau von 5,5% nach einer Stunde Verdauung einer 5%igen Lösung der traditionellen Alkalicoca gefunden. Ihr peruanischer Kollege Montesinos hat geflissentlich die Studie in seiner Ecgonin-Fantasie zitiert, aber die Quelle nicht recht verstanden. In derselben peruanischen Studie konnte Ciuffardi (1948a) anhand der Analysen von 36 Bissen feststellen, dass Cocakauer durchschnittlich an die 86% des Alkaloids aufnehmen, das entspricht bei durchschnittlich 34 g Blätter pro Priem der Aufname von 178,9 mg des Alkaloides. Bei einer zweiten Untersuchung, diesmal an 64 Bissen (27 g ø), konnte er eine Extraktion von 86% oder 80–174 mg aller Alkaloide (also 140 mg Kokain, und 64–139 mg total, davon 112 mg Kokain) feststellen. Ein weiterer Kollege (Chamochumbi 1949) untersuchte den Effekt von Coca im Metabolismus und fand dabei heraus, dass ein *coquero* aus einem durchschnittlich 20 g wiegenden Priem 64–107 mg Kokain aufnimmt. Mundladungen von frisch bereitetem Pulver der *Erythroxylum coca* var. *ipadu* (5–10 g Dosen) wurden von Bo Holmstedt und Kollegen (1978 und 1979) untersucht. Sie stellten fest, dass dabei schnell Kokain ins Blut der *coqueros* gelangt und dass »der stimulierende Effekt mit der anflutenden Kokainkonzentration im Blut korreliert«. Dasselbe konnte von jüngeren Studien beim Kauen von *E. coca* var. *coca* bestätigt werden (Rerat et al. 1997a und 1997b).

81 Der Psychologe und Psychedelia-Pionier Ralph Metzner sagte einmal, dass *stoned* von *Philosopher's Stone*, dem Stein des Weisen, kommen könnte und bedeutet, dass man *stoned*, »gesteint« wird vom *sacred stone*, das heißt mit alchemischer Weisheit erfüllt wird. (Persönliche Mitteilung.)

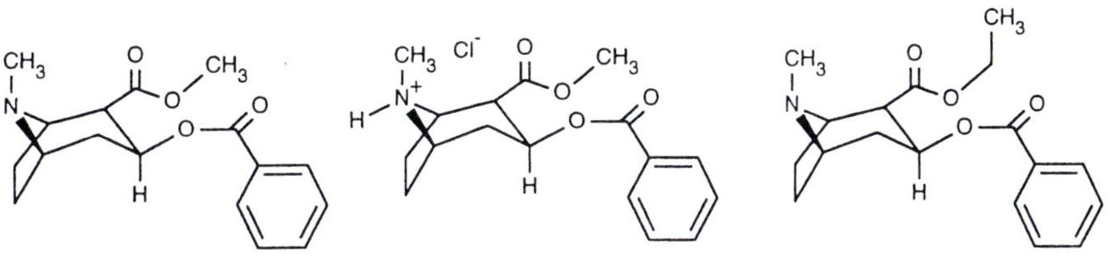

Die Strukturformen von Kokainbase, Kokainhydrochlorid und Cocæthylen.

Dergleichen wurde bei nasal verabreichtem Kokain gezeigt (Javaid et al. 1978). Oral aufgenommenes Kokain, auch wenn es langsamer anflutet, ist genauso effektiv wie intranasal appliziertes (Van Dyke et al. 1978). Was Ecgonin angeht, werden wir sehen, dass das, was Merck an Freud zu testen geschickt hatte, bei Freud unaktiv war. Dennoch sind Benzoylecgonin und Ecgoninmethylester die hauptsächlichen Metaboliten des Kokains im menschlichen Organismus. Diese Substanzen, genauso wie reines Ecgonin, waren im Rattentest immer unaktiv, selbst bei massiven Dosierungen (200–250 mg/kg oder 12–15 g für eine 60 kg schwere Person) (Misra et al. 1975) und Injektionen. Norkokain, ein weniger wichtiger Metabolit, ist anscheinend der einzige aktive Anteil im Kokainabbau und zeigt im Rattenversuch kokainartige Effekte (De Smet 1985, Lindgren 1981, Novák et al. 1984). Wenn Kokain zusammen mit Alkohol eingenommen wird, wird es in der Leber zu Cocæethylen transformiert, ein Stoff, der neurochemische Ähnlichkeiten zum Kokain hat (Hearn et al. 1991). Aber es hatte bei Studien am Menschen weniger Aktivität gezeigt (Pérez-Reyes et al. 1994). Bislang fehlten aber Versuche, mit psychopharmakologischer Ingenieurskunst das Kokain zu verbessern. Eine vorläufige Forschung an Ratten und (weißen) Kaninchen hat jedenfalls gezeigt, dass das Kokaindiethylamid eine viermal potentere Stimulanz als Kokain ist (Jordan et al. 1958).

Angebliche Kokainsubstitute

In dem spanischen Buch *Las plantas alucinógenas* von Luis Otero Aira gibt es ein Kapitel, das mit »Legale Imitationen von Kokain« überschrieben ist. Darunter versammelt der Autor, der einen Handel mit »schamanischen Pflanzen« in Valencia betreibt, folgende Pflanzen und Substanzen:

- Iboga (*Tabernanthe iboga*)
- Meerträubel (*Ephedra* spp.)
- Mate (*Ilex paraguaiensis*)
- Adrenochrom
- Kat (*Catha edulis*)
- Yohimbe (*Pausynistalia yohimba*)
- *Corynanthe pachyceros*
- Yohimbin
- Pemolin
- Pemolinmanganat

Unser Kommentar: Keine dieser Pflanzen und Substanzen kann Kokain ersetzen. Sie sind psychotrop – aber kein Vergleich. Genauso wenig wie es Substitute für THC, Alkohol oder Nikotin gibt, so existiert auch kein Koksersatz.

Mama Coca am Baum der Erkenntnis (Illustration um 1900).

Wie nimmt man Kokain?

Kokain wird unter die Haut gespritzt, als
Kokawein aus den Blättern, Kokainwein oder
Kokainchampagner getrunken, als kokainisierte
Zigarre geraucht, in die Nase eingepinselt,
in das Zahnfleisch oder am After eingerieben.
CHRISTIAN SCHARFBILLIG
Irrte Äskulap?
(1962: 331)

Man kann Kokain spritzen, schnupfen, schlucken, bukal/sublingual applizieren, äußerlich/kutan anbringen, ins Auge tropfen oder rauchen. Die Applikationsform führt unterschiedlich schnell und intensiv variabel die Wirkung herbei:

Euphoric Index: Welche Applikation von Kokain oder Coca wirkt am schnellsten?

1 *Free-base smoking*, was eigentlich die Inhalation des Dampfes ist
2 Intravenöse Injektion eines wasserlöslichen Salzes
3 Subkutane oder intramuskuläre Injektion von Base oder Salz
4 Schnupfen des Salzes (Kokain-HCl)
5 Orale oder rektale oder vaginale Applikation des Salzes (in Wasser oder Kamillentee)
6 Coca kauen mit Alkali
7 Cocablätter kauen
8 Coca rauchen
9 Coca räuchern

Spritzen, Injizieren, Schießen

Früher war es normal, dass Kokain gespritzt, injiziert wurde. Während der Jahrhundertwende, der Art-Noveau-Zeit, und in den Goldenen Zwanziger Jahren wurde das Kokain aus der Apotheke geholt, in Ampullen, und meist in den Schenkel injiziert, am besten dort, wo das Fleisch offenlag, wenn der Rock gelüpft wurde: zwischen Slip und Strumpfband, direkt neben den Strapsen oder Strumpfhaltern. Wo sich die Männer die Nadel gesetzt haben, ist weniger bekannt und weniger erotisch.

Heutzutage ist das Spritzen von Kokain sehr selten geworden oder vielleicht aus der Mode geraten. Es gibt nur wenige Konsumenten, die es sich jemals injiziert haben; unter anderem wegen der Befürchtung, sie würden wegen des Injektionsaktes zu *Jun-*

Die 22jährigen
Frauen schnupfen jetzt Kokain, bevor sie sich anstellen
Einen Platz an der Schreibmaschine für sich zu erobern.
Ganze Familien jagen den Töchtern das Gift in die Schenkel
Das sie feurig aussehen macht.
BERTOLD BRECHT (1898–1956)
Verschollener Ruhm der Riesenstadt New York
(zit.n. AMENDT 1987: 5)

»Reines Kokain hat einen metallischen Geschmack.«

kies werden. Denn Spritzen sind für die meisten Menschen mit »Sucht« zu einer kognitiven Einheit verschmolzen.

Die Injektion per Spritze ist eine der Applikationsformen, die am schnellsten den Effekt der Substanz hervorbringen, meist einen *rush*, einen *flash*, einen plötzlichen überwältigenden Rausch auslösen. Die Wirkung tritt sofort, blitzartig ein, bleibt einen Augenblick, verschwindet aber wieder genauso schnell. Manche Kokainspritzer mögen diese plötzliche Sensation; sie sagen, mit der Injektion erscheint das *weiße Licht*, durch das alles andere aus dem Gehirn und Bewusstsein verschwindet oder unbedeutend wird.

Das intravenöse Injizieren wirkt viel schneller als intramuskulär oder subkutan. Es gibt so viele Verschiedenheiten ... Die Geschwindigkeit gehört zu den angeblichen Freuden des Rausches. Die Welt kann sich blitzartig in weißes Licht auflösen:

»Sobald man Koks in die Hauptvene spritzt, schießt ein Strom reiner Lust in den Kopf ... Zehn Minuten später möchte man eine neue Spritze ... [...] Aber das intravenöse Kokain ist Elektrizität im Gehirn und aktiviert die Bahnen der Kokain-Lust ... Beim Kokain gibt es keine Entzugssyndrome. Es ist ein Verlangen, das sich auf das Gehirn beschränkt – ein Verlangen ohne Körper und Gefühl. Das Verlangen eines erdgebundenen Geistes« (Burroughs 1999: 79 f.).

Schnupfen, Schniefen, Ziehen

> Ich schnupfte noch eine Linie, jetzt durch das andere Nasenloch. Mein Gehirn breitete die Flügel aus ... *El mundo vale un huevo.* Die Welt ist soviel wert wie ein Ei.
> (Nicholl 1990: 289)

Wenn man auf einer Party Leute sieht, deren »Nase läuft«, kann man ziemlich sicher davon ausgehen, dass sie kürzlich eine *Linie* Kokain geschnupft haben. Eine Prise, eine *Straßenbahn* eingesaugt, eine *Autobahn* inhaliert haben. Sie haben etwas Kokainhydrochlorid mit einem Röhrchen auf die Schleimhaut ihrer Nase und Nebenhöhlen durch plötzliches, schnelles Einatmen bei einer geöffneten und einer per Fingerdruck geschlossenen Nasenöffnung weit über den Innenraum des Schädels verteilt. Meist eine Linie pro Nasenloch. Je nach Bedarf oder Geldbeutel sind die Linien unterschiedlich lang oder »fett«. Kleine Linien kaschiert man auf einem Spiegel, denn durch das eigene Spiegelbild erscheinen sie dicker. Die »normalen« *Party Lines* wiegen etwa 30–50 mg. »Gute Linien« wiegen 100–120 mg. Eine fette Autobahn beginnt bei 150 und endet bei bis zu 500 mg. Es gibt tatsächlich Leute, die mit zwei Nasenlöchern je 500 mg ziehen. »Fahrn, fahrn, fahrn auf der Autobahn ...« – *mit* der »Autobahn«!

> Als er das weiße Pulver durch die Nase einsog, hatte er die Empfindung einer aromatischen Erfrischung, als verflüchtigten sich ihm in der Kehle ätherische Öle aus Thymian und Zitrone. Einige winzige Teilchen, die durch die Nase ihm hinten in den Mund kamen, verursachten ihm ein leichtes Brennen im Halse und einen bitteren Geschmack auf der Zunge.
> (Pitigrilli 1927: 28)

Zuerst wird die Nase von innen her taub, dann kalt, dann fließt eine betäubende Flüssigkeit in den Rachen, die dort für betäubende Sensationen sorgt. Mitunter sind die Wurzeln der Schneidezähne taub. Dann explodiert etwas im Gehirn. Man springt auf und bequatscht die nächstbeste Person mit einem überschwänglichen Redefluss. Dabei *läuft* manchmal die Nase, manchmal muss man niesen; aber es kommt auch vor, dass die Stimmbänder angekratzt oder lahm gelegt werden. Manchmal werden auch die Schluckmuskeln betäubt. Dann kann es zu Übelkeit, Schluckbeschwerden und Erbrechen kommen. Nicht bei jedem.

Man kann das weiße Pulver mit der Nase »schmecken«. Bereits am Geruch kann man schon die Qualität des geschnupften Stoffs erkennen. Auch die Reinheit. Da Koks eine Schwarzmarktdroge ist, kommt es natürlich nicht, wie nach dem *Bayerischen Reinheitsgebot* (von 1516) gebraut, unter die Leute. Es ist fast immer verstreckt oder nicht wirklich gut gereinigt. Es gibt oft Rückstände der benutzten Lösungsmittel, vor allem Kerosin, manchmal sogar Benzin. Der edle Äther ist eine Seltenheit geworden[82].

Manchmal riecht das Pulver nach Zahnpasta, Seife oder Shampoo, weil es darin geschmuggelt wurde. Es kommt vor, dass das Koks einen leichten Geschmack von Rosenöl in der Nase entfaltet. Das beste Kokain riecht wie ein mit Kalk frisch getünchter Keller. »Solches Kokain gibt oft starken Mundgeruch«, sagt der Arzt Ralf Cosack. Daran könne man den Konsumenten riechen.

82 Wegen des Gebrauchs von Äther in der südamerikanischen illegalen Kokainproduktion wird dieses Lösungsmittel angeblich international kontrolliert. Große Ätherbestellungen bei Chemikalienfabriken müssen dem Staat gemeldet werden. Deshalb sind die Dschungelalchemisten auf Kerosin und Benzin ausgewichen, denn diese Stoffe können nicht pharmakratisch kontrolliert werden.

Kokain kann aus verschiedenen Gründen die Nasenschleimhäute reizen: durch sich selbst, durch die Verunreinigungen und Rückstände, durch die verwendeten Streckmittel (siehe Anhang), durch Staub und Partikel in der Luft oder auf der zum Schnupfen benutzten Unterlage. Dabei kann es auch zu bakteriellen oder viralen Infektionen kommen, zum Beispiel wenn man sich an einem öffentlichen Klodeckel bedient. Solche adversen Reaktionen erscheinen meist in einer typischen Schnupfensymptomatik. Die High Society ist eben immer verschnupft (vgl. GRAFF 1976).

Bei hohem Konsum (der individuell durchaus unterschiedlich bemessen wird) kann es zu Nasenbluten und Krustenbildungen kommen. Es kann auch passieren, dass die Nase bei übermäßigem Konsum vorübergehend ganz zuschwillt. Aber: Je reiner das Koks, desto geringer die unerwünschten Nebenwirkungen. Das Naselaufen zum Beispiel muss nicht unbedingt negativ bewertet werden, denn es handelt sich dabei um einen Selbstreinigungsprozess der Schleimhaut.

Kokain kann den Körper stark erhitzen, heißen und kalten Schweiß treiben, zu Koordinationsstörungen, Blässe und diversen Wahrnehmungsveränderungen des eigenen Körpers führen, von Kältegefühlen zu prickelnden Schauern, Herzrasen, sogar Hirnblutungen, Blutdruckerhöhung, Schock, Dehydration, Kopfschmerzen, überraschender Müdigkeit (!) führen und eventuell Infarkte und Schlaganfälle bewirken (vgl. VAN TREEK 1998: 69 f.; *MMW-Fortschr. Med.* 142[46], 2000, S. 12). Meist hilft das Trinken von reichlich Wasser. Unruheerscheinungen werden in der »Szene« meist mit Alkoholika, Haschisch, Opiaten (Opium, Morphin, Codein, Heroin, Tramal, Fentanyl usw.) oder Schlafmitteln (Baldrian/Hopfen, 5-HTP, Melatonin) und Beruhigungstabletten (Diazepam-Typ) behandelt.

Kokser haben oft stark erweiterte Pupillen, denn Kokain kann die Sehfähigkeit temporär leicht beeinträchtigen, wenn höheren Dosen über längere Zeit, zum Beispiel 1–2 g pro Tag, konsumiert werden. Aber bei Kokainabsenz (nicht: Abstinenz) kehrt man zur normalen Konstitution zurück. Auch die Nachtsicht kann, durch die Dunkelheit überschattet, mit internem Licht im Gesichtsfeld verschlechtert werden.

Viele Leute müssen kurz »nach der Nase« auf die Toilette eilen und sich heftig entleeren. Das Koks drückt auf den Darm. Manche glauben, dass diese Kokswirkung auf das meistgebräuchliche Streckmittel, den Milchzucker (»Edelweiß«) zurückzuführen sei. Aber Milchzucker wirkt erst in Dosierungen ab 1–2 g laxativ. Die abführende Wirkung ist dem Kokain zu Eigen. Ganz so wie beim Kaffee, den viele morgens brauchen, um auf die Toilette gehen zu können. Kokain kann bei Verstopfung echt hilfreich sein.

Einen Tag nach Kokainkonsum können Nachwirkungen auftreten. Viele klagen über allergische Reaktionen, Naselaufen, Niesattacken; auch von Ausgemergeltsein, Erschöpfung, Antriebslosigkeit und Depressionen wird berichtet.

> Manchmal haben Leute aus Versehen kristallisiertes LSD geschnupft, weil sie dachten, es wäre superreines Kokain. Doch schon bald nach der Schniefe bemerkten sie, dass es etwas ganz anderes als erwartet war. Sie freakten aus, aber ihnen ist nichts geschehen – obwohl sie sich zirka 30–50 Milligramm LSD reingezogen haben.

Schlucken, Schlürfen, Trinken

> In Saus' und Braus' leben
> Aber ständig Sorgen am Bein
> Mit Coke und Champagner schweben
> Und der Sorgen kein.
> (CR)

Man kann Kokain als Base oder Salz essen (hinterlässt eine ordentliche, geradezu chirurgisch verwertbare Oberflächenanästhesie im ganzen Rachenraum), ein paar *Rocks* wegknuspern, das Pulver in einer Gelatinekapsel (Lehrkapseln kann man in der Apotheke oder im Health Food Store erhalten)[83], in Chloroform oder Äther auslösen und langsam wegschlürfen oder mit Wasser, Kaffee, Wein, Cognac oder Champagner trinken. Dies erinnert an die Cocaweine, Cocaliköre und an den Champagner à la Coca, die allesamt auf Cocablattextrakten beruhen, aber genauso gehaltvolle *Cocalcoholica* liefern. Manche mischen Kokain in ihre Coca-Cola®: *Dopacola*. Manche versetzen koffein- und taurinhaltige *Energy Drinks* oder *Smart Drinks* – Red Bull® zum Beispiel: »Doppelter Espresso mit Gummibärchengeschmack«! – mit ihrem Schnee. Auch heiße Schokolade dient als Trägersubstanz: *Cocacacao*, »Schokokoks«.

83 Nur bei der gewünschten Abnahme von 500 oder mehr Kapseln werden die Apotheker misstrauisch (wegen des Gebrauchs zum Einkapseln illegaler Partydrogen).

CokeCombos

Eine Droge kommt selten alleine. Die meisten Konsumenten sind polytoxicoman. Sie nehmen nicht nur ein Genussmittel zur Zeit, sondern auch andere Drogen oder -cocktails. *Cokecocktails.* Manchmal werden sie hintereinander, manchmal gleichzeitg genommen. Prinzip: *Pharmacological Engineering* (Ingenieurskunst).

Bei Koksrunden und -partys wird viel Tabak oder Cannabis geraucht, Alkohol oder Tee oder Kaffee getrunken, Betel gekaut, LSD oder Ecstasy (XTC, MDMA) oder werden Amphetamine geschluckt. Dadurch wird die Wirkung unbewusst oder gezielt geändert. Nikotin und Alkohol verstärken den Kokaineffekt. Cannabis macht ihn etwas psychedelischer oder visionärer, Betel macht ihn besonnener, ruhiger. LSD hat kaum eine Chance, nach Kokainkonsum seine visionäre Wirkung zu entfalten. Mit anderen Partydrogen wird die anregende Wirkung des Kokain verlängert und vielleicht als liebevoller empfunden. Koffein verstärkt ebenfalls die Kokainwirkung und führt oft zu verstärktem Herzrasen.

- *pasta mezclando con tabaco*

Diese Mischung aus der *pasta*, dem kruden Rohkokain aus den illegalen Dschungellaboratorien, wird geraucht (vgl. Jeri 1984).

Kokain und Espresso sind eine beliebte CokeCombo in Chefetagen (aus: Gerhard Seyfried©, *Das schwarze Imperium*, Berlin: Rotbuch Verlag).

- *bazuca* oder *basuco*

Ein »Panzerfaust«-Joint aus *pasta*, Rohkokain und Marihuana.

- Morphin und Kokain

Eine Erscheinung in der Kriegszeit: *Morphio-Kokainismus*; dabei wurde eine Mischung aus beiden Substanzen gespritzt, meist subkutan in den Schenkel (vgl. Joël 1928: 63).

- *Speedball*

Seltener *Snowball* genannt, ist eine Mischung aus Kokain und Heroin, oder Rohopium und *Mexican taar* (heroinangereichertes Opium aus Mexiko); wird meist gegessen, seltener geraucht oder geschossen.

Das Ehepaar *Speedball* bittet zum Tanz: Kokain und Heroin, Lady und Charlie (Titelzeichnung eines Untergrundpamphletes vom Salt & Pepper Syndikat, ohne alle Angaben).

Kokain und andere Substanzen: Ein paar Bemerkungen zur Synergie

Wenn man eine Linie Kokain und eine mittlere Dosis Opium nimmt, am besten nach dem Frühstück, wirkt das Kokain sofort und wie ein Türöffner für das Opium. Wenn die Kokainwirkung nach zirka 45 Minuten verfliegt, setzt sanft die Opiatwirkung ein. Diese Mischung wird von vielen kreativen Menschen geschätzt, weil man mit Euphorie ans Werk geht und dann durch das Opium sehr konzentriert und lange arbeiten kann. Das Opium nimmt dem Konsumenten gewöhnlich den Wunsch nach weiteren Kokslinien. Das ist gut für Gesundheit, Geldbeutel und Arbeitserfolg.

Wirkung: zuerst Erregung, dann sanftes, blitzlichterfülltes Träumen; eine besonders bei Rockstars (zum Beispiel Jerry Garcia) beliebte Combo.

• *Desayuna Colombina*, »Kolumbianisches Frühstück«

Besteht aus starkem Kaffee und ein paar Linien Kokain (vgl. Nicholl 1990).

Der Stargitarrist Stevie Ray Vaughn hat zu seinen »besten« Zeiten seinen Frühstückskaffee nicht gezuckert, sondern mit einem Löffel Kokain »gepudert«. Die orale Wirkung ist ebenso stark wie die sublinguale, bukkale oder nasale, jedoch flutet sie langsamer und sanfter an. Das Koffein aber peitscht die Kokswirkung erheblich an.

• *Three Ks*

Man nehme:
Kokain, ein paar Linien
Kava-Kava-Extrakt (resin), 1–3 g
Kannabos, ein paar Joints

• *Cocanicotina*: Kokain und Nikotin

Die Salze werden 50:50 (1 g total) in 1 ml Wasser gelöst und mittels Dosiersprayflasche in die Nase gebracht.

Kokainrituale

»Der bis zum Wahnsinn Geizige, die Frau, die nach Juwelen giert bis zum Delirium, vergöttern ihre Schätze nicht so, wie der Kokainomane sein Pulver. Für ihn ist diese weiße, schimmernde, bitterliche Substanz etwas Heiliges: er nennt sie mit den teuersten, zärtlichsten, süßesten Namen. Er spricht zu ihr, wie wir zu einer Geliebten sprechen, die wir wiedereroberten, als wir glaubten, sie unwiderbringlich verloren zu haben. Das Schächtelchen mit dem Gift ist heilig wie eine Reliquie, und er hält es einer Monstranz für Würdig, eines Altars, eines Tempelchens« (Pitigrilli 1988: 23).

Kokser, *coke heads*, *coke fiends*, *crack heads*, Kokain-Habitués leben, wie alle Menschen, in einem Geflecht von Ritualen, ganz ähnlich wie die Indianer mit Cocablättern (siehe auch *Cocarituale*). Ritualformen oder -muster begleiten den Kokser durch sein Dasein. Deals, *Chemical Ceremonies*, Kokspartys, *bats* (»Fledermäuse«), Sexorgien, Raves – alles Rituale zum Verhalten mit einer psychoaktiven Substanz.

Die Kokainrituale beginnen mit dem Erwerb ... Alles verläuft nach rituellen Mustern, das heißt nach kulturellen Strukturelementen.

Kaufen oder Erwerben: der Deal

I'm Waiting For The Man ...
Lou Reed/The Velvet Underground
(diverse Aufnahmen)

Der rituelle Umgang mit Kokain in der »Szene« beginnt bereits mit dem Deal, der Schwarzmarkt-Transaktion. Da man Kokain nicht einfach in einem Ladengeschäft kaufen kann so wie Coca-Cola®, Redbull®, Tee oder Kaffee, muss man es sich »besorgen«. Man muss eine kriminelle Handlung begehen, um den »Stoff der Träume« zu erwerben. Wo und wie wird der Schnee also angeboten oder verschoben?

Das Wort »Schwarzmarkt« designiert in erster Linie den Handel vorbei an der Steuerkasse, Gewerbe ohne Bedrohung seitens der Steuerraubritter, natürlich nicht im Gewerbeamt eingetragen oder im Vermittlungsdienst des Arbeitsamtes eingeplant. Der Schwarzmarkt funktioniert nur mit Bargeld – deshalb die US-amerikanischen, in Zukunft auch europäischen und internationalen Bestrebungen, jegliches Bargeld aus dem Verkehr zu ziehen, denn man kann den Geldfluss per Kreditkarte besser nachvollziehen und prüfen. Schwarzmarktprinzip Nr. 1: Geld gegen Stoff oder vice versa. Ohne Ausnahme, keine Kredite oder Anleihen. Alles direkt auf die Hand. Das Schwarzmarktgewerbe funktioniert ansonsten ähnlich wie jede eingetragene Firma, wie internationale Firmenverbände oder Großkonzerne. Es gibt eine genau festgelegte Hierarchie vom Boss oder Paten über Zwischenhändler, Mittelsmänner bis hin zu den Kleindealern, die die Ware an den Verbraucher abgeben. Diese oft als Mafia bezeichnete Struktur hat ihre eigene »Polizei« inklusive eine Art Schutzsteuer für den Kleindealer, das Schutzgeld. Genauso wie das Dealen ritualisiert wird, wird der Kleindealer mit Mafiaritualen in den Ring integriert, in die »Firma« aufgenommen, aber das ist eine andere Geschichte (siehe dazu Murphy et al. 1998).

Wie kommt es also zum Deal? Entweder geht man an gewisse dafür bekannte Orte wie Bahnhöfe, Rotlichtbezirke, Ghettos, Slums, Asylantenheime. Wenn der Konsument den dort rumlungernden Kleindealern vertrauensvoll erscheint, wird ihm ein Päckchen oder Briefchen angeboten. In einer dunklen Ecke wird dann der Stoff gegen Geld getauscht. Ganz im Junkieflair!

Waiting for the man ..: Bessere Kunden haben ihren »Hausdealer«, der ihnen den Stoff bei einem Hausbesuch übergibt. Manchmal hat er aber kein Koks dabei und holt erst das Geld ab, geht zu seinem Lieferanten und bringt die begehrte Ware zurück. Sie wird dann gemeinsam ausgewogen und »geschmeckt«. Der Dealer lässt sich von seinem Kunden eine »Trinkgeld«-Linie legen oder schmeißt selbst etwas Schnee auf den Tisch. Gemeinsam wird geschnüffelt. Der Kauf wurde rituell besiegelt. Das gemeinsame Koksen dient auch der Warenprüfung, denn der Kunde soll ja zufrieden sein. Dabei konnte in den letzten Jahren aufgrund des größeren Angebots an Kokain beobachtet werden, dass die Qualität zunehmend besser wurde (an Polizeiberichten mit analytischen Angaben sichergestellter Schwarzmarktproben zu ersehen).

Der Deal kann aber auch in Clubs, Bordellen oder absurderweise im Gefängnis stattfinden. Viele Gefängnisse sind dafür bekannt, dass dort das beste Koks neben anderen *Spezialitäten* angeboten wird!

Ethnografie eines Koksdeals: im Koksknast

Knast – Knaster – Kokser – das hat vielleicht eine linguistische Brücke, die zwischen Worten und Welten gewechselt werden.

> Kein Knast für Drogen
> T-SHIRT-AUFDRUCK

Das Gefängnis *San Pedro* ist anscheinend mit dem *Mercado – merca –*, dem *Markt* von Villa Fátima[84] verheiratet; der heilige Petrus, der den Himmelsschlüssel besitzt, und die heilige Jungfrau von Portugal. Der Hauptumschlagsplatz für Kokain in La Paz/Bolivien und der legale Markt für Coca in La Paz, der höchsten Großstadt der Welt. – Wer weiß, ob es da einen kommerziellen Kontakt gibt?

> *San Pedro*, der heilige Petrus, der heilige Peter, ist ein Namensgeber für Drogen in Lateinamerika, zum Beispiel den bolivianischen Weintraubenschnaps *San Pedro de Oro (Pisco)* oder den andinen psychoaktiven, meskalinhaltigen Säulenkaktus *Trichocereus pachanoi* oder *Trichocereus* spp. (syn. *Echinocactus* spp.) oder den mazatekischen Bauerntabak (*Nicotiana rustica*).

Das Gefängnis von La Paz, der Ort des heiligen Petrus, liegt direkt an der Plaza, schräg gegenüber der Kirche, die sonntags abends Hunderte von Gläubigen anzieht – das physische Gefängnis neben dem geistigen oder besser: geistlichen Gefängnis.

Eine unfreie Briefmarke gegen die unglaublichen Unverschämtheiten der politisch herrschenden Banden für ihr War-On-Drugs-Drama.

Das städtische Gefängnis *Panopticon de San Pedro* in La Paz, *peace*, »Frieden«, ein Ort benannt nach dem katholischen Heiligen, der den Schlüssel zum Paradies verwaltet. Den Gefängnisschlüssel?

Villa Fátima, der legale Cocamarkt in La Paz. Obwohl der *Markt* dem legalen Cocahandel dienen soll, ist dort das Fotografieren verboten. Wir sind von Undercover-Agenten beschimpft und fast in den Knast geworfen worden, weil wir einen Sack so genannter legaler Cocablätter geknipst haben (von Fátima nach San Pedro).

84 Fátima ist eine südeuropäische Göttin, die neuerdings von den Katholiken gepachtet, aber vermutlich völlig fehlverstanden wurde. Fátima trägt die Erbschaft der Aphrodite/Venus und die Bürde der Maria. Sie gehört damit in die zerknitterte Familie der Mama Cocas, der Liebesgöttinnen dieser Welt (vgl. ROTTER 1996).

Das Gefängnis ist kein Knast, wie man ihn sich vorstellt. Es ist eine ummauerte *Stadt* im Zentrum der Stadt. Es ist architektonisch einer marokkanischen Kasbah[85] ähnlich, Gänge, Treppen, mehrstöckige Häuser, durch Brücken verbunden, alles krumm und schief, verschachtelt und labyrinthisch. Sonntags tobt dort das Leben. Die Gänge und Gassen sind von Markthändlern gefüllt. Die Besucher der Insassen[86] treiben voller Begeisterung ihre Geschäfte mit den Gefangenen. Obststände, (Bier)-Bars, kleine Garstuben, Restaurants haben Hochsaison. Ein *Markt*, im Sinne von Burroughs *Interzone*, wo das *Naked Lunch* serviert wird.

Gefängnisinsassen bieten touristische Touren durch das chaotisch wirkende Gewusel an, wie Kunsthistoriker durch schicke Museen. Man kann hier viel lernen – wie in einer arabischen Kasbah. Abgesandte ausländischer Botschaften bringen den europäischen Insassen monatlich eine Art Rente, damit sie in diesem ungewöhnlichen Sozialsystem gut überleben können, Kohle von braven Steuerzahlern.

Manche Gefangene haben sehr luxuriöse Heime, dreistöckige Wohnungen, vorbildlich eingerichtet, mit allem, was man sonst auch in Bürgerhäusern findet, mit supergroßen Sony-Fernsehern ausgestattet und Fässern mit gärendem Wein verfeinert. Wie ist sowas möglich? Denkt man doch, dass ein südamerikanisches Gefängnis die Hölle, ein verdreckter finsterer Kerker sein muss ...

Das Geheimnis dieser unfassbaren Welt ist das weiße Pulver, *merca* (sp.), *Bolivian marching powder* (engl.), das gute bolivianische Kokain.

Das Gefängnis ist der *Markt* für Koks, für sehr gutes reines Koks, für sehr billiges Koks. Alle schniefen es, die Gefangenen und die Wärter, die Besucher und die »hohen Tiere« in der *Stadt*. Dort kostet 1 kg nur 1500 $, eine Unze zirka 3 $ pro Gramm, eine Linie ist umsonst.

Das Koks wird den Klienten meist außerhalb des Gefängnisses, vor der Kathedrale schräg gegenüber, gereicht, von hübschen jungen Frauen, die es in Plastik gehüllt in ihrer Vulva aus dem Knast bringen, oder von Schulkindern, die das Päckchen im Ranzen haben. Die Insassen können ihre Familie bei sich wohnen lassen, und die Familienmitglieder können *San Pedro* jederzeit verlassen und besuchen. Ein perfektes System. Ein echtes Dealritual.

Eine Hardcore Ethnografie: ein *Interzone*–*Intermezzo*

»Ein Nachtisch für die Herren?« –
»Ja, bitte!«

Der Kellner des Fünf-Sterne-Hotels fiel fast aus seinen Schuhen, als wir ihn baten, uns zum Nachtisch vier Linien Kokain zu servieren. »*Solamente hay Mate de Coca, pero no la pura*« – »Nur Cocatee, aber kein Reines«. Na gut, so schlendern wir durch die *Stadt*. An jedem Stand, an jeder Bar fragen wir, wo das Kokain verkauft wird. Schließlich landen wir in einer *Whiskeria*, einem Puff, wie er im Buche steht; ein Bordell aus einem Roman des 19. Jahrhunderts entsprungen. Rote Lichter, aber alles leer. Da hören wir ein Geräusch: Schnarchen. Hinter der Bar liegt ein Schlafender. Wir wecken ihn. »Was wollt ihr?« Der Besitzer schaut uns erfreut in die Augen. »Gibt es hier Koks?« – »Oh jaaaa ...« 100 Bolivianos pro Gramm und 10 für den Taxifahrer, der es holt.

Er kommt nicht nur mit *coca pura* zurück, sondern bringt auch ein paar kokotte *chicas* mit. Rotes Licht, weiße Linien und zärtliche Umarmungen. *Only in La Paz*, der höchsten Hauptstadt der Welt, wo man vor Sauerstoffmangel fast umkommt (*soroche*, die Höhenkrankheit). Da hilft nur noch *mate de coca* oder eine fette Linie. Die Sauerstoffabsorbtion wird besser, die sexuelle Fähigkeit, zumindest bei Männern, schlechter. Wir lassen die Rechnung kommen: In einem Paceña Puff kann man das Koks sogar per Kreditkarte bezahlen.

Zum kolumbianischen Frühstück: ein echtes Ritual

Essen und trinken unterliegen kulturellen Mustern oder Normen; sie sind wiederholte Handlungsmuster, denen der enkulturierte Mensch folgt. Ja, sogar gar nicht anders mehr kann. Bei uns: morgens, mittags und abends je eine Mahlzeit, oft zu festgesetzten Zeiten (6:00 – 12:00 – 18:00 Uhr).

Gewöhnlich ist das Frühstück die einzige Mahlzeit in einer Familie, bei der alle anwesend sind. Sie sitzen alle im Kreis um einen Tisch herum und essen oder schnupfen alle dasselbe. Das ist oft der ein-

85 *Kasbah* ist der arabische Name für den labyrinthischen, weißgetünchten ursprünglichen und traditionellen Stadtkern einer *Stadt*, dessen Atmosphäre von den Gerüchen von Pfefferminztee, Haschisch und Urin erfüllt ist. Wenn man dort eintritt, ist man gewöhnlich verloren. So hat Burroughs vermutlich die *Interzone* in Tanger entdeckt (vgl. Burroughs 1991).

86 *San Pedro* hält 1269 Gefangene, von denen nur 160 eine ordentliche gerichtliche Verurteilung haben (Quelle: Dirección Nacional de Régimen penitensiario, La Razón eine Zeitung von La Paz, 31. Mai 2000, S. 13).

zige Zeitpunkt am Tag, wo die ganze oder halbe Familie zusammenhockt. Deshalb wird auf das Frühstücksritual besonders viel Wert gelegt. In vielen Haushalten beginnt es mit einem Gebet, ganz gleich ob es sich um Katholiken, Protestanten, Buddhisten, Hindus oder *New Ageler* handelt.

Der Tag muss für sie mit einem Gebet beginnen, entweder an den christlichen Gott, an Buddha, an Shiva und Kali oder an die Große Göttin. Nachdem alle in Andacht (*puja*) verharrten, wird gemeinsam das Essen begonnen. Danach wird der Tag individuell gestaltet.

Fast jeder Mensch beginnt den Tag mit dem Genuss oder der Einnahme eines psychoaktiven Produkts. Auf der ganzen Welt! – Das geschieht rituell, und zwar meist nach demselben Muster: und das kennt jeder.

Wenn Menschen noch im Bett liegen, greifen sie geradezu automatisch zu einer Schachtel Zigaretten, um sich eine »Zichte« herauszuziehen, sie anzuzünden und mit manchmal zitternden Händen an den Mund zu führen. »Jetzt fühl' ich mich wohl.« – So fühlen sich auch die Kiffer, die Hanfgenießer, die noch im Bett oder auf dem Weg zur Arbeit einen Morgenjoint oder ein hanfgefülltes *Bong* rauchen.

Die Nichtraucher beginnen den Tag mit einem stark wirkenden, koffeinhaltigen Getränk. Entweder wird Kaffee oder Tee aufgebrüht, Kakao mit oder ohne Milch aufgegossen. Nach der ersten Tasse Kaffee empfinden sich die Genießer meist erst als Menschen – zuvor noch als vielleicht zu früh geweckte Zombies. Oft ist es ein ritueller Teil einer Beziehung, dass einer der Partner auserkoren wird, das Morgengetränk aufzubereiten und ans Bett zu bringen.

Auch in anderen Teilen der Welt wird als Erstes am Morgen ein stimulierendes, aufweckendes Getränk zubereitet und getrunken, zum Beispiel bei den Guaraní-Indianern gibts morgens einen kräftig gebrauten Matetee, bei den Shuar (= Jíbaro, Indianer aus dem ecuadorianischen Dschungel) trinken die Erwachsenen einen ebenso stark gekochten Guayusatee, der dann zu einem rituellen Kotzen führen soll (Rätsch 1998a und 1998b).

All diese Getränke sind psychoaktive Zubereitungen von Pflanzen, die Koffein (= Thein), ein stimulierendes Alkaloid, enthalten.

Und das jeden Tag, jeden Morgen.

Und in Peru und Bolivien gibts erstmal einen *mate de coca*-Tee am frühen Morgen.

Und in Kolumbien gibt es ein weiteres rituelles Frühstück: eine oder mehrere Tassen ganz schwarzen Kaffee, mit oder ohne Zucker, dazu nur oder lediglich zwei Monsterlinien reines, weißes Kokain.

In Kalifornien ist ein doppelter Whisky, eine dicke Zigarre und eine *double line of cocaine* bei manchen Leuten zum *desayuno* (Frühstück) angesagt. In Mexiko gibt es heisse, gewürzte Schokolade – immerhin stammt der Kakaobaum wohl von dort – und eine oder mehrere Linien pures Coca.

Nun kann der Tag beginnen, das Tagesgeschäft getätigt werden. *Coca et labora.*

Kokspartys

> Wie mir der Direktor des gerichtsärztlichen Instituts in Zürich versicherte, gibt es in Zürich eigentliche Clubs zum Zwecke von Cocaingenuss, die darauf ausgehen, weitere Mitglieder zu werben.
> (Stadtarchiv Baselstadt *Sig. San Acten H* 6, zit n. Tanner 1990: 398)

Nur wenige Leute, wie Schriftsteller, Maler oder Komponisten, nehmen tagsüber Kokain. Sie freuen sich auf gesellige Runden am Abend, zu Hause, bei Freunden oder in speziellen Clubs, am Kokainstammtisch, in »Kokainhöhlen«.

Solche Kokspartys oder »Sitzungen« haben den gleichen Charakter wie die andinen Cocarunden oder andere mit Stimulanzien angefeuerte Kreisrituale (Müller-Ebeling und Rätsch 2000).

Schon das Bereiten der Linien wird rituell zelebriert. Dazu hackt der Gastgeber oder großzügige

Dieses Bild von K.A. Wilke heißt »Eingang zur Kokainhöhle«, mit weißer Lady und viel Schnee (aus: *Muskete*, Jg. 26, Nr. 32).

Spender das Koks auf einem Spiegel. Der Spiegel hat eine mechanische Funktion, denn Glas wird nicht von Rasierklingen oder Messern zerkratzt, eine magische, denn der Spiegel gemahnt an märchenhafte Zauberspiegel, und eine illusionäre – auf dem Spiegel sieht die dünne Linie doppelt so *fett* aus, als sie ist, denn sie ist eine Unterdosierung.

Es werden meist so viele Linien wie Kreisteilnehmer gelegt oder auch mehr, für den Nachschlag gedacht. Das Legen wird oft mit einer Kredit- oder Telefonkarte ausgeführt. Es werden gewöhnlich gleich lange gerade Linien gelegt. Manchmal aber auch Buchstaben, Worte oder Zeichen (C oder K, C-O-C-A, das indische OM, Pentagramme o.ä.).

Nun macht der Spiegel samt einer Saugröhre (aus einem eingerollten Geldschein – vorzüglich ein 500-€- oder 1000-sFr.-Schein –, einem Papierchen, Strohhalm oder einer Röhre aus Glas, Metall – Chromstahl oder Silber – oder Gummi) die Runde. Jede Person beugt sich über den Spiegel, sieht sich selbst, fingert das Röhrchen in das Nasenloch und zieht. Der feine Staub verbreitet sich schnell in der inneren Nase, im Rachen, sogar in der Lunge. Je feiner das Koks gehackt, zerdrückt, gemörsert oder gemahlen wurde, desto rascher tritt die Wirkung ein, weil die Oberfläche der Partikel insgesamt höher ist. Die auf dem Spiegel verbliebenen Reste werden mit einem befeuchteten Finger abgewischt und in die Mundschleimhaut gerieben bzw. mit der Spitze einer frischen Zigarette aufgetupft und beim Rauchen mitinhaliert. Dann geht der Spiegel an den Nachbarn weiter, meist im Uhrzeigersinn.

Interessant ist die Beobachtung, dass die ersten Linien vom Kokshacker gezogen werden. Das ist anders als in Kifferrunden, bei denen der Chillumbauer, Pfeifenstopfer oder Jointdreher seinen Nachbarn zuerst »anrauchen« lässt und selbst zuletzt nimmt.

> Man muss eine Sitzung von Kokainberauschten mitgemacht haben, um zu schildern, wie man glaubt, in einem Rosengarten, in Klingsors Zauberarkaden zu wandeln, wenn man dies Durcheinanderschwirren und -girren dichterischer, dithyrambischer Ekstase ausbeuten kann. Nur Brocken hervorgestoßener Phantasiegebilde fängt man auf, aber der Kundige vermag die Wonnevorstellungen zu rekonstruieren, dem dieses jauchzende Stöhnen, diese Seufzer der Lüste entstammen.
> (Schleich 1922: 94)

Bei Kokspartys kommt es oft zu kleinen Initiationsritualen. Der Initiant, ein Neuling auf dem Schneefeld, wird in die Runde gesetzt und mit Koks versorgt. Alle Erfahrenen geben dem Aspiranten Ratschläge, wie das Schnupfen zu handhaben ist. Er zieht eine Nase oder auch zwei. Neugierig wird der Initiant beobachtet, oft gefragt »Na, merkst du schon was?« – »Ja!« – oft ein »Ja«, um der gesellschaftlich auferlegten Erwartung ja gerecht zu werden. Nun ist der Neue nicht nur Mama Cocas Neophyt, sondern ein Teil der Koksgesellschaft und wird wie ihresgleichen behandelt. *Cocainicación.*

Der Koksspiegel.

> Der Kokainismus hat sich nach dem Kriege ausgebreitet wie eine Infektionskrankheit; denn zum Kokainismus gehören Geselligkeitstrieb (Kultbildung) und Freude an der Proselytenmacherei. »Jeder Kokainist ist Infektionsquelle«.
> (Redlich 1929: 28)

Bei Empfängen, auf Messen, bei geschäftlichen Konferenzen, bei Cocktailpartys oder anderen gesellschaftlichen Anlässen, bei denen Koksen nicht angesagt ist, gehen die Konsumenten alleine, zu zweit oder in kleinen Grüppchen auf die Toilette, schließen sich in eine Kabine ein und bereiten sich ihr Pulver auf dem Klodeckel, einem Wasserkasten, einer gegebenenfalls vorhandenen Ablage oder einem Taschenspiegel zu. Falls man auf Kokain laxativ reagiert, kann man das Klo sogleich auch noch in seiner ursprünglichen Funktion nutzen. Das Toilettenritual zum Pudern. Anschließend wird das mitgebrachte Koksset heimlich an einen Logenbruder oder eine Koksgräfin weitergereicht. Dann kann der bittere Geschmack mit einem Glas Champagner oder einer Tasse Kaffee runtergespült werden.

»Vor mir klatscht eine Fliege auf den Tisch, an dem ich sitze und sinniere. Der plötzliche *Platscher* lässt mich aufblicken. Da sehe ich doch tatsächlich, wie die Fliege zunächst etwas vorsichtig, dann aber vehement die Koksrückstände der nächtlichen Party auf der Plastiktischdecke wegrüsselt. Nach ein paar Krümeln, die im Vergleich für uns Fussballgroß wären, kippt die Fliege betäubt um. Ich wundere mich sehr, dass ein Sechsbeiner zur Seite umkippen kann. Ein paar Minuten liegt die Fliege wie tot neben den Schneebällen. Plötzlich bewegt sie sich wieder. Sofort beginnt sie ganz aufgeregt, ihren Staubsauger über die weißen Kugeln zu stülpen. Sie ist offensichtlich stark erregt, bricht aber erneut zusammen und bleibt auf dem Bauch liegen. Nach weiteren Minuten fliegt sie plötzlich wie ein Senkrechtstarter hoch und knallt gegen die Fensterscheibe. Sie bleibt aber nicht daran kleben, sondern hängt zappelnd und heftig flügelschlagend mit dem Rücken am undurchdringlichen Glas. So tänzelt sie hin und her. Eine vollgekokste Fliege. Wer hätte das gedacht!« (CR)

Cocartefacta – Cokeartifacts – Kokain assoziierte Artefakte

Zur rituellen Kokainaufnahme benötigt man eine Reihe von Geräten, sozusagen ethnografische Artefakte. Hier eine Sammlung selbiger *Cocartefacta. Cocaparaphernalia. Cocantiquitata.*

Sammeln führt für viele zu Erkenntnissen. Sammeln ist eine zentrale Tätigkeit der Wissenschaft. Dies ist eine Sammlung von Kategorien wissenschaftlicher Klassifikation. Wer weiß schon, was DAS soll? – Ein-Blick in die Kokskultur! *Cocainacultura* (vgl. Power 1986).

> Wenn man in die USA einreist und ein Päckchen Zigarettenpapier mit sich führt, aber keinen Drehtabak bei sich hat, läuft man einer zolltechnischen Gefahr entgegen. Die emsigen Beamten halten den Papierbesitzer für einen Konsumenten illegaler Drogen, das heißt ein Cannabisraucher zu sein. Man könnte ja der Versuchung erliegen, einen illegalen Joint – aus der aduanativen Imagination entsprungen – mit Marihuana zu drehen. Die Annahme der Zöllner reicht als Verdachtsmoment. Das dabei in Kraft tretende Paraphernaliagesetz kann zur Beschuldigung des illegalen Drogenverkehrs und -gebrauchs benutzt werden. Etwas überspitzt ausgedrückt wäre man konsequenterweise verdächtig, Kokain zu schnupfen, wenn man einen Geldschein, eine Kreditkarte oder ein Schweizer Messerli bei sich hat. Das bedeutet, jeder kann x-beliebig durchsucht werden. *Schöne Neue Welt!*

Hier ist ein Überblick der materiellen Kokainistenkultur:

Koksartefakte, eine Paraphernalienliste:
(für Interessierte, Ethnografen und zukünftige Archäologen)

Verpackungen:
- Briefchen, aus quadratischem Papier gefaltet
- Filmdosen (Kleinbild)
- Puderdosen
- Chinesische Schnupffläschchen
- Slip Zipp Bags

Das Faltmuster für ein Koksbriefchen (10 x 10 cm) (Original, an den Falzkanten nachgezeichnet).

Zerkleinerungsgerätschaften:
- Messer, mit gerader Klinge
- Schweizer Messer/*Swiss Army Knife*, das »Messerli«
- Rasierklingen
- speziell angefertigte Koksklingen, wobei eine Seite der Rasierklinge mit Metall ummantelt ist, damit man sich beim Kokshacken nicht schneidet
- Esslöffel (zum Zerdrücken der Rocks auf einer glatten Unterlage)
- Mörser (aus verschiedenen Materialien)
- Mühlen (es gibt spezielle, extra dafür angefertigte, meist in Head Shops zu haben)

Unterlagen:
- Spiegel
- CD-Hüllen
- Fossiles Holz, in Scheiben gesägt und poliert
- Achatscheiben
- Kacheln
- Flache Porzellanteller

Schnupfgeräte:
- Löffel/Löffelchen, Mokkalöffel
- Löffelanhänger aus Silber oder Gold an dicken Gold- oder Silberketten
- Kleinfingerring mit krallenartigem Kokslöffel
- Röhren/»Staubsauger«; in Gold oder Silber, »Schnupfschnorchel«
- Strohhalme, meist aus Plastik, oder fast nur noch aus Kunststoff; wie die Drehröhren der meist schwulen Frisöre gezwirbelt in Rot-weiß – den Farben des Fliegenpilzes, der Hexen und Schamanen (siehe Müller-Ebeling et al. 2000). Lustig für Kinder ist das Etikett der coffeinfreien »Limonade« namens *Kinder Cola©* mit dem typischen Schnupfhalm in bewährter Haarzwirbelkunst als ikonografisches Element im Ticket, *now ride.*
- Schnorchel: aus Metall speziell gefertigte Röhrchen
- Geldscheine
- Papierröllchen aus den quadratischen Notizzetteln

Injektionswerkzeuge:
- Tropfer
- Einwegspritzen
- Sprühflaschen, zum Beispiel für Otriven®, ein Kokainderivat (sonst würde es nicht so nasenschleimhautabschwellend wirken können), Dosiersprayflaschen.

Testmaterialien:
- Cocatestset, chemische Reagenzien
- Kleinlabor mit Bunsenbrenner, Thermometer, Erlenmeyerkolben, Kolbenzange, Spatel, feuerfeste Unterlagen

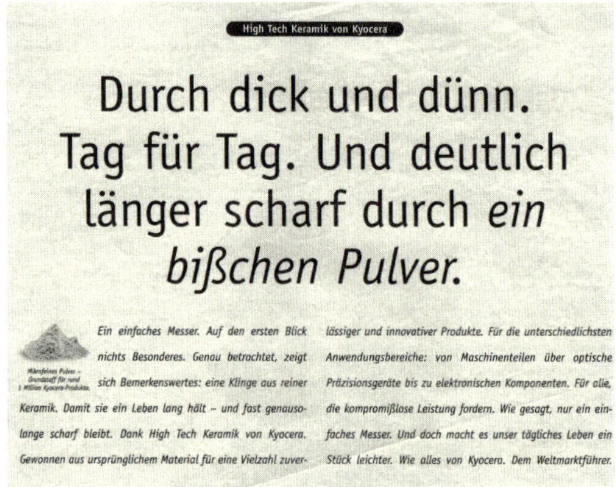

Gute Messer sind für das Kokshacken auf einem Spiegel, einer Achatscheibe oder einem polierten Stück von versteinertem Holz immer gefragt. Darauf spielt auch die hier faksimilierte Anzeige (1999/2000) an: *High Tech Coke Hacker*.

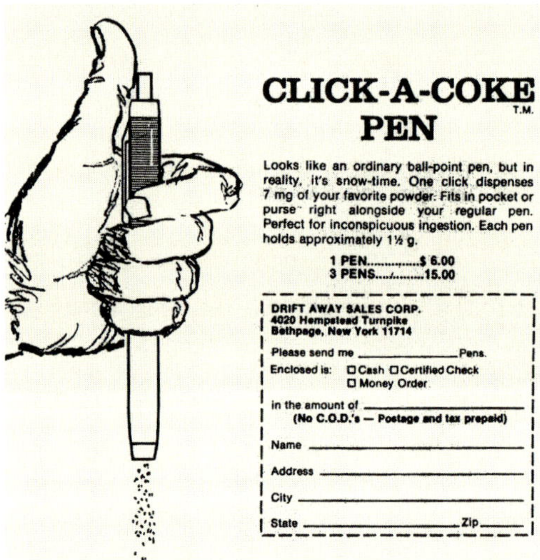

Anzeige für einen Kugelschreiber, der als Dosierlinienleger vermarktet wurde. Immerhin ein echtes Koksartefakt (sogar mit ™) (aus dem US-Magazin *Head*, Januar 1978).

Anzeige für ein *Snow Tools Set*, eine tragbare Koksausrüstung (aus: *Head*, Februar 1978, S. 37).

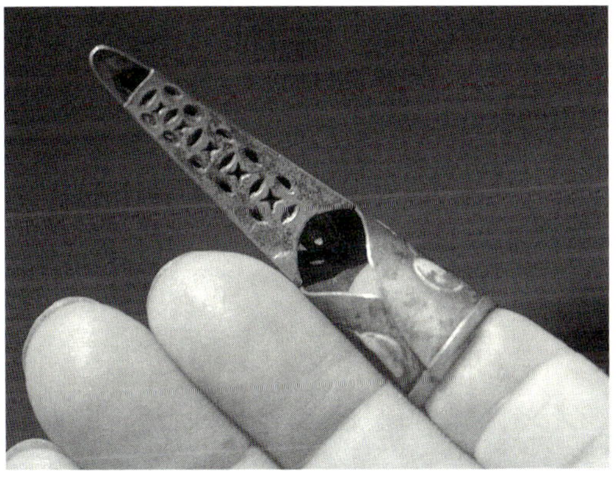

Verschiedene Kokainparaphernalia:
1) Spiegel, Geldscheinröhre und Rasierklinge
2) Reiseequipment
3) Antiker Koksring

Interludium: die McKoks-Löffel

In der deutschen Sprache und Sprachtradition gibt es immer wieder besondere Blüten, wie zum Beispiel »die Löffel abgeben«. Löffel sind lang gezogene Ohren: die natürlich gewachsenen Ohren weißer Kanninchen, aber auch kunstvolle Küchengeräte. *Man zieht jemandem die Löffel* – das heißt man nimmt einen Löffel voll Kokain, das man sich hinter die Ohren stecken kann, so wie die Feder an den Hut.

Als die Coca-Cola®-Company mit McDonalds fusionierte[87], kamen dabei die perfekten Kokslöffel heraus. Lange Dinger mit der perfekten Dosisabfüllung per Löffel. Als bekannt wurde, dass diese Löffel nicht nur zum Verrühren von Kaffee-Milch-Zucker-Mischungen genutzt wurden, geriet McDonalds in Panik ...

Die McDonalds-Company hat kurz darauf einen Schock erlitten oder erleiden müssen. Ihre Kaffeelöffel wurden von den Koksern heiß geliebt, weil eine Löffelfüllung oder -anfüllung genau für eine Nase bzw. ein Nasenloch gut waren. Daraufhin hat die Geschäftsleitung den Löffel abgelegt, abgegeben, aus dem Verkehr gezogen. – Wunderbar. Die kostenlosen Kaffeelöffel für das teure Koks. Das Schauspiel muss weitergehen.

Heute sind die originalen Plastiklöffel gesuchte Kokainantiquitäten. Sie sollten in keiner gut sortierten Artefaktensammlung fehlen.

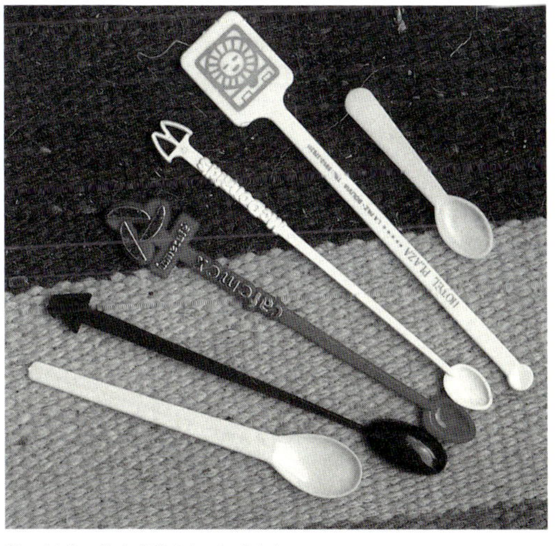

Eine kleine Kokslöffelchenkollektion.

87 Erstaunlicherweise ist auch die Konkurrenz Burger King mit Coca-Cola® verheiratet.

On line: die Wirkungen des Koks

> Die Frau ist ein Kristallprisma, durch das man die Dinge betrachten muss, um sie schön zu finden.
> (PITIGRILLI 1988: 12)

Der befreundete *Verwegene Onliner* hat es mir (CR) erhellt. *On line* heißt eigentlich *auf der Kokslinie sein*; im Englischen so etwas wie *wired*, »am Strom hängen«. So wenden wir uns *online* an die Wirkungen des Kokain, zunächst ein Resümee zur Kokainpharmakologie und danach zur Phänomenologie des Kokainrausches. Aus beidem ergeben sich kulturell bedeutsame Wirkungen, denn daraus lassen sich soziale und diätetische Verhaltensformen, medizinische Anwendungen, künstlerische Verarbeitungen, kurz: allerlei kulturelle Schöpfungen erklären. *In genius* oder »Die pharmakologische Konstruktion des Seins«, eine angewandte Wissenschaft öffnet hier ihre Türen.

Coca-Dopa: die Pharmakologie von Kokain

> *Is it the painter or his painting*
> *hanging in the gallery?*
> THE STRAWBS

Kokain ist zwar keine Coca, aber es ist ihr Geist – Mama Coca. Die traditionelle Einnahme (nicht das Kauen, sondern das Aussaugen der ganzen oder pulverisierten Blätter, genannt *acullicar, chachar, coquear, mambear* oder *picchar*) bringt das Kokain schnell in das *coquero*-Blut; dabei ist die Intensität des folgenden Effekts proportional zur eingenommenen Blättermenge. Die höchsten Kokainblutwerte sind bei *coqueros* genauso hoch oder sogar höher als bei denjenigen, die das Kokainsalz geschnupft haben. Prieme von 5–10 g Ipadú-Pulver (sie enhalten 16,8–48 mg Kokain) und von Blattbissen (21–30,7 mg) ergeben nach 45 Minuten einen Blutlevel von 20–289 ng/ml (HOLMSTEDT et al. 1978 und 1979). Blattbissen von 3–77 g (= 18–462 mg Kokain) produzieren nach 45 Minuten einen Level von 20–289 ng/ml (RERAT et al. 1997a und 1997b). Unerfahrene Konsumenten, die ihren Speichel beim *coqueo* (etwa 80–100 mg Kokain) nicht schlucken, erreichen einen Level von nur 38 ng/ml, während bei den Erfahrenen, die all ihren Speichel runterschlucken, Kokainkonzentrationen von 130–859 ng/ml erreicht werden (PALEY et al. 1980). Zum Vergleich: Beim Schnupfen von rund 100 mg Kokain-HCl wird ein Blutlevel von höchstens 117–474 ng/ml erreicht; 131–1012 ng/ml bei Dosierungen zwischen 100–255 mg – beim Schnupfen und beim *coqueo* gleichermaßen, maximal nach 30–60 Minuten (BROGAN et al. 1992), JAVAID et al. 1978, VAN DYKE et al. 1976). Es gibt also kaum einen pharmakologischen Unterschied beim traditionellen *coqueo* und beim Schniefen.

Diese Daten weisen auf die Wichtigkeit der gastrointestinalen Kokainabsorbtion hin. Als einmal 120–150 mg Kokain (entsprechend 2 mg/kg Körpergewicht) in Gelatinekapseln oral gegeben wurden, wurden die höchsten Blutlevel von 104–424 ng/ml nach 50–90 Minuten gemessen (JENKINS und CONE 1998).

Für die chirurgische Anästhesie wird Kokain meist mit Natriumbikarbonat kombiniert (so wie in Nordwestargentinien *coca y bica* zusammen genommen wird) oder zusammen mit Adrenalin (= Epinephrine, das kurioserweise »paste« genannt wird), beides um die Wirkung zu erhöhen. Selbst bei relativ geringen Dosen (100–200 mg) kann Kokain *cum* Adrenalin Bluthöchstlevel bis zu 2000 ng/ml produzieren (KARCH 1996). Innerhalb von 5–10 Minuten nach einer intravenösen Kokaininjektion im Menschen konnten bei einer Dosis von 16–40 mg Blutlevel von 204–523 ng/ml, bei 100 mg 682–1005 ng/ml; und bei 200 mg 2530–3868 ng/ml festgestellt werden (BARNETT et al. 1981, CHOW et al. 1985, JAVAID et al. 1978, KUMOR et al. 1988). Demnach erreichen einige *coqueros* Blutlevell, die einer intravenösen Injektion von 100 mg Kokain entsprechen. Die Inhalation von 50 mg vaporisierter Kokainbase produzierte Blutlevel von 250–350 ng/ml nach 6–12 Minuten. Wobei man vermutet, dass etwa ein Drittel des *Free-base*-Kokains verloren geht und es deshalb nur 60% der Potenz von injiziertem Kokain erreicht (FOLTIN und FISCHMAN 1991, JENKINS und CONE 1998, KARCH 1996).

Kokain wird schnell metabolisiert (spontane Hydrolysierung im Blutfluss zu Benzoylecgonin und enzymatisch in der Leber zu Ecgoninmethylester), bei einer Halbwertzeit von 30 und 90 Minuten. Das erklärt die geringe Toxizität. Karch (1996) erklärte zum »Körperschmuggel-Syndrom«, wenn das Koks aus einem verschluckten Kondom, der aufgerissen ist, in den Darm gelangt: »Selbst eine massive Überdosierung muss nicht unbedingt tödlich enden ... Blutlevel sind bei solchen Fällen von 3000–11000 ng/ml [!] nachgewiesen worden, bei exzessivem intravenösem Missbrauch waren sogar Werte bis 30000 ng/ml beobachtet worden«.

Viel wird über Hepatotoxizität des Kokains, seine Giftwirkung auf die Leber, gesprochen. Sie wurde aber nur im Tierversuch anhand des unbedeutenden Metaboliten Norkokain dargestellt. Aber wie es Karch (1996) formulierte: »Im Menschen werden

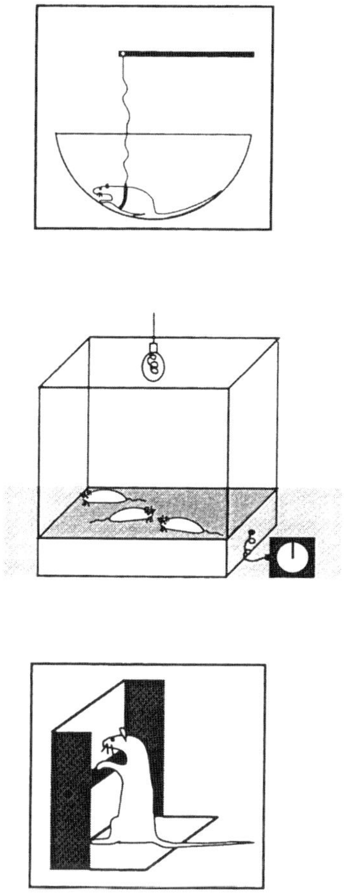

Die absurde Versuchsanordnung zumTesten, ob Ratten kokainsüchtig werden (nach Meana und Barturen 1993).

nur geringste Mengen Kokain in Norkokain metabolisiert, was erklärt, warum Leberschäden nur ausnahmsfalls bei Kokainmissbrauch beobachtet wurden.«

Es wird gelegentlich behauptet, Kokain sei neurotoxisch, aber dafür gibt es keine Beweise. Es gibt auch keine Beweise für einen kausalen Zusammenhang zwischen Kokain und dem »agitativen Delirium« oder der »agitativen Psychose«. Jüngere Forschungen konnten keine Neurotoxizität bei »überdosierten Kokainopfern« nachweisen (Staley et al. 1997).

Es wird allgemein angenommen, dass die euphorisierende Wirkung durch den Einfluss des Kokains auf den Neurotransmitter Dopamin, der vor allem für das »Lustzentrum« im Gehirn eine wesentliche Rolle spielt, herrührt. Man stimmt allgemein darin überein, dass das Kokain den Dopamintransport blockiert (Balter 1996, Boja und Meil 1998, Koob und Blohm 1988, Kuhar et al. 1991, Mash und Staley 1996, Staley und Mash 1996). Die Neurotransmitter-»Transporter« reabsorbieren die signalübertragenden Moleküle wie Dopamin, die im synaptischen Spalt zwischen zwei Nervenzellen hin- und herwechseln, damit sie sich an den entsprechenden Rezeptoren der Synapsen andocken können und somit den Nervenimpuls übertragen. Wenn das Kokain den Transfer des Dopamins blockiert, verbleibt dieser stimulierende Neurotransmitter in der Synapse, sodass er die Zelle weiterhin erregt (siehe dazu die Diskussion der Neurotransmission in Hinblick auf das »Lustzentrum« bei Ott 1997).

> Die Neuropharmakologie von Chemikalien und Rezeptoren, wie sie an Universitäten gelehrt wird, ist faszinierend, aber nur ein Modell. Die Neurotransmission ist eine Theorie, mit der man manchmal arbeiten kann, die aber ein vereinfachtes Modell ist, ein Versuch, etwas von der wunderbaren Wirklichkeit zu verstehen. Die hübschen Lehrbuchbilder sind eine extrapolierte Projektion von Vorstellungen über unsichtbare Vorgänge. Die Neuropharmakologie ist vielleicht so exakt wie die Metereologie ...

Genetisch manipulierten Mäusen, denen das Gen für den Dopamintransport fehlt, sind hyperaktiv und zeigen keine Reaktion auf Kokain (Giros et al. 1996). Gehirnscans von Menschen, denen 20–40 mg Kokain (0,3–0,6 mg/kg Körpergewicht) intravenös injiziert wurde, zeigten, dass das Kokain 60–77% der Dopaminübertragung blockiert, wobei es nur 47% braucht, um der Versuchsperson das Gefühl eines Kokaineffekts zu vermitteln (Volkow et al. 1996 und 1997). In dieser Hinsicht ist Kokain analog zum Flouxetin bzw. Fluctin oder Prozac®, das die Serotoninübertragung hemmt. In der Tat wurde Prozac® als »legales Kokain« bezeichnet (Kramer 1995); es wurde sogar experimentell als »magisches Geschoss« bei »Kokainabhängigkeit« eingesetzt (Staley 1998). Aber wir können kaum behaupten, dass die Pharmakologie über Mama Coca gesiegt habe, und dürfen getrost annehmen, dass selbstrespektierliche *cocaficionados* bei einem derartigen Ergebnis die Nase rümpfen werden.

Obwohl wir uns heftig gegen die Meinung, dass Cocaismus nichts mit Kokainismus zu tun habe, gewehrt haben, mag doch etwas Wahres an den »high altitude stress-« und »Hypoglycæmia«-Hypothesen von Bolton (1976 und 1979), Burchard (1975) und Hanna (1974) dran sein. Kokain (nicht Ecgonin!) verengt die Blutgefäße. Daraus schloss Hanna (1971), dass darauf der Temperaturanstieg und somit die höhere Kälteresistenz, die er an 14 Quechua-*coqueros* beobachtet hatte, zurückgehe. In einer bolivianischen Studie wurden 2481 Individuen befragt. 68% nannten die Kälteunempfindlichkeit als Motivation ihres Cocakauens, etwas weniger nannten die »Vertreibung von Hungergefühlen« (63%). Die meisten sagten, es sei gut »zum Arbeiten« (81%) und »als Medizin« (78%). Lediglich 1% nannten als Grund die »Trauerbewältigung« (Carter und Mamani 1978).

Aufgrund ihrer stimulierenden Wirkung können Coca und Kokain als »Arbeitshilfen« genutzt werden, wie der frühere *US-Drug Abuse*-Direktor R.L. DuPont (1977) vorschlug, obwohl *Drugabusiologen* (siehe Glossar) wie Bracken et al. (1988) berichteten, dass ihre Ratten »bis zur Erschöpfung« rannten – nach nur 74,9 Minuten nach einer Injektion einer Kochsalzlösung. Nach einer Kokaininjektion rannten sie nur noch 29 Minuten! Bei ihren wissenschaftlichen Rattenwettrennen wurde den Ratten-*Cocathleten* 20 mg/kg Kokain injiziert, das entspräche 1,2–1,4 g im Menschen. Dabei wundert man sich, dass sich die Ratten überhaupt noch bewegen konnten, denn wenn sich humane »Gierlappen« diese Menge auf einmal reinziehen, können sie kaum noch die Röhre für die nächste Nase festhalten!

Angeblich sollen die peruanischen Machiguenga wegen ihres *coqueo* die Ergebnisse ihrer Arbeit stark beeinträchtigen (MONTGOMERY und JOHNSON 1996). Auf der anderen Seite werden in Bolivien die älteren Leute, die kein Coca kauen, kritisiert, und ihnen wird zudem vorgeworfen, sie seien faul: »Es ist anzunehmen, dass sie nie Coca nehmen, damit sie nicht soviel arbeiten müssen« (LEMA 1997). Eine vergleichende Studie zeigte, dass es keinen großen Unterschied in der Arbeitskraft zwischen *coqueros* und Nichtkonsumenten gibt (SPIELVOGEL et al. 1997). Aber es konnte anhand einer Paralleluntersuchung gezeigt werden, dass die *coqueros* eine erhöhte Sauerstoffaufnahme hatten (VILLENA et al. 1997). Dadurch können sie besser die Atemnot in der dünnen Höhenluft ertragen. Das korrespondiert mit der Jahrtausende alten Verwendung von Coca gegen die *soroche* oder Höhenkrankheit.

Fischman und Schuster fanden, dass ihre Versuchsteilnehmer, die unter Schlafentzug litten, bei Kokaingabe wieder ein schnelleres Reaktionsvermögen aufwiesen. Später machten sie sogar die erstaunliche Entdeckung, dass sie intravenös-injiziertes Kokain »konstant von allen Testpersonen gegenüber einer Kochsalzinjektion bevorzugt wurde«! Heishman (1998) hat die wenigen Studien zum Einfluss des Kokains auf das Leistungsvermögen verglichen und zusammengefasst: »Es konnte gezeigt werden, dass Kokain die Leistung bei visuellen und auditiven Reaktionstests erhöht«, die Akkuratheit bei Tests zur kognitiven Fähigkeit verbessert und keinen Einfluss auf die Rechenkunst hat.

Früher hat man angenommen, dass der Cocagebrauch zur sofortigen Fehlernährung mit starken Mangelerscheinungen und zum Verhungern führe (GUTIÉRREZ NORIEGA 1948). Das steht doch im krassen Gegensatz zu der Erkenntnis, dass Cocablätter voller Nahrungsstoffe sind und dass durch den alkalischen Zusatz der tägliche Bedarf an Calcium gut gedeckt wird (BAKER und MAZESS 1963). Wie wir schon zeigten, hat eine Untersuchung des U.S. Department of Agriculture (DUKE et al. 1975) ergeben, dass Coca sehr nahrhaft ist, sogar mehr Vitamine, Kalorien, Proteine, Kohlenhydrate, Mineralstoffe, Phosphor und Vitamine (A und B2) durchschnittlich enthält als 50 andere südamerikanische Gemüsesorten. Sie haben nur weniger Mengen an Niacin und Vitamin C: »100 g [getrocknete Cocablätter] würden den [vom U.S.-Gesundheitsministerium] empfohlenen Tagesrationen an Calcium, Eisen, Phosphor, Vitamin A, Vitamin B2 und Vitamin E decken.«

Schon vor hundert Jahren hat Mortimer geschrieben, dass Coca nicht nur theoretisch Nahrung sei, sondern auch praktisch. Verschiedene Studien haben dies bestätigt. Die Cocakauer essen zwar weniger, sind aber genauso gut oder sogar etwas besser ernährt als die Nichtkauer (BURCHARD 1992, CARTER und MAMANI 1986, LUJÁN 1997). Erst kürzlich wurde gezeigt, dass *coqueo* den Glukosemetabolismus reguliert und dadurch Hypoglycæmia im Konsumenten verhindert (GALKARZA et al. 1997), was natürlich die »Hypoglycæmia-Hypothese« unterstützt (BOLTON 1973).

In weiteren Rattenexperimenten wurden Ratten mit einer Magerdiät und Kokain gefüttert, ohne Mängel aufzuweisen (BURCZYNSJI et al. 1986). Diese Ernährung verhalf dazu, die benötigten Aminosäuren durch die bevorzugte Nutzung des Fettes zu ersetzen. Der Metabolit Ecgoninmethylester war hingegen inaktiv. Vorhergegangene Forschung zum Hirnstoffwechsel konnte zudem zeigen, dass Kokain den oxidativen Glukosemetabolismus unterbricht, sodass Aminosäuren aus den Glukosemetaboliten synthetisiert werden. Das sind einige Erklärungsmodelle zum Nährwert von Coca und Mama Cocas Seele.

Ein Cocaphant beim Tierversuch im Laboratorium. »Tierversuche – NEIN DANKE«?

So, nach der etwas trockenen Pharmakologie kommen wir jetzt zu der blumigeren Phänomenologie des Kokainrauschs.

Was bewirkt Koks?

> Alles ist wie durch ›göttliche Alchemie‹ in geistige Glückseligkeit verwandelt.
> (Crowley 1990: 52)

> Das Kokain vollzieht das grausame Wunder, die Zeit zu entstellen.
> (Pitigrilli 1988: 102)

Hier ist nicht die pharmakologische Wirkung gemeint, sondern die vom lebenden Menschen erlebte. Dazu muss man deutlich hervorheben, dass nicht jeder Mensch gleichermaßen auf eine Substanz reagiert. Die individuellen Erfahrungen können bei ein und derselben Substanz gravierende Unterschiede haben. Was für den einen angenehm und schön ist, erscheint dem anderen ekelhaft, widerlich und hässlich. Was dem einen schmeckt, findet der nächste zum Kotzen usw. Auch wenn es keine Patentmedizin mit 100%iger spezifischer Wirkung auf jeden gibt, so kann man doch einen Kern an Ähnlichkeiten in Erfahrungen herausschälen.

Oft wird die Wirkung von außen, das heißt von anderen beobachtetes Verhalten, durch die eigene Brille gefiltert und kognitiv als Merkmal verbucht. Typisch dafür ist folgendes Zitat:

»Die Wirkung besteht in einem gesteigerten Bewegungsdrang zum Reden, Schreiben, Musizieren und Tanzen, immer möglichst in Gesellschaft und immer in dem Bestreben, von seinem erhöhten Glücksgefühl anderen mitzuteilen und sie zu gleichem Tun zu bewegen. Diese Enthemmung und das Gefühl der erheblichen Leistungssteigerung sind auch die Ursache, weshalb die Cocainsüchtigen zu sexuellen Exzessen und zu Perversionen neigen« (Haas 1981: 72).

Hier wird einfach als Maß aller Dinge das eigene Welterkenntnisgerippe mit all seinen kognitiven Modellen herangezogen und auf das Beobachtete projiziert.

Die persönliche Erfahrung der pharmakologischen Wirkung und die Erkenntnisse des Rausches anhand eigener kognitiver Strukturen und Modelle ist wesentlich, nicht die Reflektion des beobachtenden Psychiaters oder Psychologen. Ein persönlich erlebter kreativer Erguss mag in den Augen des »objektiven« Beobachters als Exitation erscheinen, als Bewegungsdrang klassifiziert werden oder gar als Manie negativ bewertet werden. Ein köstlicher erotischer Trip wird von anders Geprägten als Perversion hingestellt. Pervers ist es für andere, wenn man die eigenen Maßstäbe zur Beurteilung anderer benutzt oder gar missbraucht. Der Glaube an die »Objektivität« der westlichen Wissenschaft ist wohl nichts anderes als ein hybrider Irrtum. Daraus entstehen die literarisch kreierten »Drogenprobleme«.

Aber mit jeder niedergeschriebenen persönlichen Erfahrung entsteht ein neues Partikel in der kulturellen Kognition. Die Berichterstattung über Erlebnisse verdichten sich in einem Rauschmodell, das der Erkenntnisgewinnung dient. Wenn man einen Erfahrungsbericht liest, werden die darin vorhandenen Informationen in die Erkenntnisstruktur des Lesers eingebaut. Mit jedem Bericht wird das kulturelle Modell, das kognitive Feld angereichert. Aus der Menge an angesammelten Informationen ensteht das kognitive Modell. Es wird dann extrapoliert bzw. vereinfacht. Die Hauptmenge an Daten wird herausgefiltert und als Modell abstrahiert. Ein Modellrausch. Nimmt nun der Unerfahrene eine ihm bis dato unbekannte Substanz zu sich, wirkt nicht nur die Chemikalie auf die ihr eigene pharmakologische Weise. Genauso stark wirkt das kulturell erschaffene kognitive Feld. Das Modell ist die Erwartung des Individuums an die Wirkung der benutzten Substanz; das Erfahrene wird mit dem Modell verglichen und bestätigt. Tritt jedoch nicht ein, was das Rauschmodell verspricht, kommt es zu Enttäuschungen. »Warum hat das Zeugs bei mir nicht so gewirkt, wie es im Buch steht?« Das literarische Rauschmodell hat versagt. Gedruckte Erfahrungsberichte gleichen den Versprechungen der Pharmafirmen. Wenn man den Beipackzetteln trauen könnte, wären wir inzwischen eine krankheitsfreie Gesellschaft. Aber das Gegenteil ist der Fall. Wenn etwas dem Modell gemäß wirkt bzw. die Erwartung erfüllt wird, dann wird die Erfahrung dementsprechend abgespeichert und bei folgender Kommunikation wiederholt. Das kognitive Feld wird damit verstärkt, das kulturelle Programm ist erfüllt. Man hat die Prüfung bestanden. *Coca matura.*

Deshalb sind Erfahrungsberichte kulturelle Konstituenten und damit eher ein Forschungsfeld der kognitiven und kulturellen Anthropologie und Ethnografie als der Medizin, der Psychologie oder Psychiatrie. Erfahrungsberichte sind kulturelle Aussagen, sie bilden die Essenz der *Cocacultura*.

Jedes Gedicht, jeder Roman, jede Biografie, jedes Kunstwerk gehören zum Schatz der Kultur. Sie sind kulturell geformt und weitererzählt. Dadurch produzieren sie Kultur. Nicht nur die persönliche Erfahrung ist kulturgeprägt, sie produziert Kultur. *Cocacommunicator*. In diesem Sinne prägen sie die Kultur. Sie ist ein Informationssystem, das sich durch Tradition und Diffusion verbreitet. Sie regelt Denken, Handeln und Produkte.

Die Erfahrung wird zu einem kulturellen Deutungsmuster und wird anderen Mustern entsprechend beurteilt und bewertet. Pharmakologie bekommt ihr kulturelles Gewand.

Hier ein paar literarische Beispiele, die zum einen zur öffentlichen Meinung beigetragen haben, zu literarischen Traditionen geworden sind, als Maßstäbe angelegt werden und zum anderen als kognitives Modell wirken. Jedes Mal, wenn sie gelesen werden. Man konsumiert nicht nur eine Chemikalie, sondern auch die Berichte über die damit gemachten Erfahrungen. Man konsumiert Informationen, die genauso zur Wirkung beitragen. Manchmal wird sich der Konsument dieser Tatsache bewusst. Da aber die Berichte von Dichtern und Lyrikern ganz anders sind und stark von der Interpretation der Wissenschaftler, die in ihren Labors lieber vollgepumpte Ratten studieren (Bracken et al. 1988), als selbst den Rausch zu erleben, stark abweichen, kommt es beim Konsumenten leicht zu kognitiver Dissonanz. Besonders, wenn man von der Ratte auf den Menschen schließt. Und dann so einen Bericht wie den von Paolo Mantegazza liest:

»Ich werde mich immer erinnern, dass unter dem Einfluss des Coca ich während einiger Stunden absolut unbeweglich bleiben konnte, ohne einen Muskel zu zucken, ohne die Augen zu öffnen und ohne zu schlafen, ohne mich fähig zu fühlen, etwas besseres zu wünschen als diesen Zustand.

Die lebhaftesten Wonnen, welche uns die narkotischen Nahrungsmittel geben, sind in der Halluzination eingeschlossen, welche unwillkürlich vor den Augen erscheinen, sobald wir deren Dosis vergrößern. Es gibt keine so glühende Phantasie noch keinen so raschen Pinsel, welche all die tausend Bilder erfinden oder vorstellen könnten, welche aus dem grauen eintönigen Chaos unserer geschlossenen Augen hervortretend, uns vorkommen und sich jetzt mit der Schnelligkeit des Panoramas folgen, welches durch Dampf bewegt wäre, und nun mit der Ruhe einer unsichtbaren Hand, welche die Gläser einer *Laterna Magica* verschöbe. Man setzt in ein Kaleidoscop die prächtigsten und großartigsten Szenen der Natur und die lächerlichen Erscheinungen der Karikatur; die ernstesten Persönlichkeiten und die eigentümlichsten Insekten, die lebhaftesten Farben des Regenbogens und die buntesten Tinten der römischen Mosaiken, die edelsten Blumen, die unmöglichsten Missgeburten, mit einem Worte alle guten und schlechten Elemente, groß und mikroskopisch klein der Schöpfung und bewegt dies Instrument mit den Gesetzen einer neuen glühenden Ästhetik, und man wird eine blasse Idee der Fantasmagorien des Opiums[88] und des Coca haben. Beide habe ich erprobt, und ich kann versichern, dass ich nie ein größeres sinnliches Vergnügen gefühlt, noch erdacht habe« (Mantegazza 1870: 160f.).

Ein anderes Beispiel. Von dem Sexguru und Magier Aleister Crowley (1875–1947), der seine Rauscherfahrungen in dem romanartigen Tagebuch seiner Drogenerlebnisse, *Diary of a Dopefiend* (»Tagebuch eines Drogenfanatikers«), von 1922 darlegte:

»Anstatt leidenschaftlich den Himmel zu stürmen mit flammenden Herzen, schwebten wir hoch droben im unbegrenzten Äther. Wir nahmen ab und zu neue Dosen von dem trägen weissen Pulver. Wir taten es ohne Gier, Eile oder Sehnsucht danach. Die Sinneswahrnehmung der unendlichen Kraft gewährte Bedächtigkeit, Behutsamkeit. Der Wille selbst schien ausser Kraft gesetzt. Wir gingen nirgendwo besonders hin, einfach, weil es unsere Natur war, so zu handeln. Unsere Glückseligkeit wurde mit jedem Moment vollkommener. Mit Kokain ist man in der Tat Herr über alles, aber alles geschieht intensiv ...« (vgl. Crowley 1990: 65).

Diese Aussagen stehen im krassen Widerspruch zu den Labortestergebnissen, wonach Ratten eine Exzitation, Unruhe und repitatives Verhalten zeigen (Johanson und Schuster 1995) und dass Ratten, denen keine Wahl bleibt, immer wieder zum Kokshahn laufen und erneut sich an ihm laben (Meana und Barturen 1993: 91). Die Ratte ist »drogensüchtig«. Das Labor zeigt, wie »wahnsinnig gefährlich« das Koksen ist. Aber wer kann schon mit Ratten reden? Was haben Ratten überhaupt mit Menschen gemein? Nun, sie sind Säugetiere und sie leben. Aber was geht im Kopf der Ratte vor? Irgendetwas, aber was? Wir können es nicht wissen. Jeder Rattentest ist nichts weiter als eine Interpretation des Beobachters, sonst nichts.

Die 1920 geborene Floriie Fischer hat in ihren Memoiren über ihr Leben als Junkie, nachdem sie erfolgreich entzogen hat, den paranoiden Aspekt vom Kokswirkungsspektrum beschrieben:

»Kokain ist ein Exhilerant und verstärkt alles. Ein tropfender Hahn wird plötzlich zum Klopfen der Polizei; Windpeitschen am Fenster ist eine kreischende Frau, ein Stuhl, der über das Parkett gezogen wird, ist wirklich ein Laster, der durch den Raum donnert.« (*The Lonely Trip Back*, Garden City: Doubleyday, 1971; zit. n. Palmer und Horowitz 1999: 125)

Auch die anonyme Autorin O.W. weiß von wilden Halluzinationen. In ihrem Buch *No Bed of*

88 Eduard Poeppig hat die Coca bereits »das ›Opium‹ der Andenindianer« genannt (1956: 239).

Roses: The Diary of a Lost Soul (1930, New York: Macaulay) beschreibt sie ihre »Fledermaus«. Sie kauft für dieses Ein-Frau-Ritual ein paar Gramm Kokain und bezieht ein Hotelzimmer. Nachdem sie die Vorhänge zugezogen und alle Türen verschlossen hat, gibt sie sich ganz dem Kokain hin und nimmt einen Schuss nach dem anderen. Zunächst ist sie euphorisch und glücklich. Sie nimmt immer mehr. Und es wird immer bedrückender und beängstigend. Sie will sich mit kaltem Wasser den Kopf kühlen, doch: »*Then my mind seemed to* crack *completely.*« Sie nimmt wahr, dass ein Polizeieinsatzkommando ihr auf die Spur gekommen ist. Die Bullen wollen sich an die Fledermaus machen. Sie versenkt ihr restliches Koks in der Toilette und bricht zusammen. Aber als das Koks im Strudel der Abwässer verschwindet, lösen sich auch die Cops auf. Alles war nur eine paranoide Halluzination (Palmer und Horowitz 1999: 99 f.). Solche Berichte können bei Initianten ähnliche Erfahrungen erzeugen. Sie können dazu dienen, eine schlechte Erfahrung als »Horrortrip« zu bezeichnen. Aber der »Horrortrip« ist auch nur ein kulturelles Muster.

Magnan, der Vater des Kokskäfers

Das Magnan'sche Zeichen oder Magnan-Symptom ist der *coke bug*, der Burroughs'sche »Kokskäfer«, das insektenartige Kribbeln unter der Haut, die Ameisenstraßen im eigenen Gerippe. Im Deutschen ist »Ameisenbeißen« das mechanische Phänomen, wenn man jemanden anders den Unterarm zugleich mit beiden Händen fest anpackt und in gegensätzliche Richtung zerrt. Das Magnan'sche Zeichen soll ein Symptom des chronischen Kokainismus sein (Täschner und Richtberg 1982: 115).

Keine Sorge, Konsumenten, denn: der *Kammerjäger* hat in *Naked Lunch* die Kokskäfer ausgerottet ... Das Magnan'sche Symptom ist aufgeflogen.

Kokain – zwischen »Rausch« und »Sucht«

> Kokain wirkt zuerst auf die höheren Gehirnschichten ein. In diesem Sinne wurde es von Sherlock Holmes, dem Vorläufer aller Romandetektive, benutzt. Unter Kokain wird der Mensch geschwätzig, unruhig und aufgeregt, ist ekstatisch erfüllt von dem Bewusstsein, große körperliche und geistige Kräfte zu haben, während Müdigkeit und Hunger gar nicht aufkommen.
>
> Robert de Ropp
> *Bewusstsein und Rausch*
> (1964: 140)

Wenn man keine eigenen Erfahrungen mit Kokain hat, kann man sich kaum vorstellen, wie es wirkt, auch nach noch so guten Beschreibungen. Worte dienen dazu, im Gedächtnis Kognate zu bezeichnen, die bei Abruf eine Erinnerung ins aktuelle Bewusstsein steigen lassen. Wenn das Kognat nicht mit Erfahrung gefüllt ist oder gefüttert wird, verbleibt es als Worthülse. Die Wirkung einer psychoaktiven, bewusstseinsverändernden Substanz zu beschreiben ist genauso schwierig, wie einen Orgasmus jemandem erklären zu wollen, der noch nie einen erlebt hat. Hat man aber das Erlebnis oder die Erfahrung, kann man mit anderen Erfahrenen darüber kommunizieren, denn man versteht sich. Deshalb fragte Jimmy Hendrix *Are you experienced?*

Die meisten Menschen projizieren ihre »Drogenerfahrung«, die sich in der westlichen Welt meist auf Alkohol und Nikotin beschränkt, auf alle anderen »Drogen«. Dass Kokain aber gar nicht wie Alkohol wirkt und sich auch der Rausch bei hohen Dosen vollständig anders verhält, wissen die wenigsten. Man blickt in fassungslose Gesichter der Unerfahrenen, wenn man ihnen erklärt, dass Kokain so ähnlich aufmunternd wie Kaffee oder starker Tee wirkt, nur besser sei. Und dazu ist es aus medizinischer Sicht gesünder als die Koffeinkeule, so kann man jedenfalls bei Andrew Weil, dem hochgefeierten US-Guru für alternative Medizin, nachlesen (Weil 2000).

Vampire, die Untoten, sind *süchtig* nach Blut; sie können ohne frisches Blut nicht leben ... nicht existieren ... nicht ihre Pflicht erfüllen. Vampire sind so gebeutelt wie Schriftsteller. Sie brauchen ihre Nahrung. Blut gilt nach dem Betäubungsmittelgesetz nicht als »Droge«, aber Vampirismus ist ein kriminalistischer Akt. Im ersten Falle wird die Substanz verboten, im anderen die Aktion. Was hat das alles mit Naturwissenschaft und Medizin zu tun? – »Zentralstimulantien« (Kreuzer 1978: 12).

Wenn wir in uns blicken, wenn wir unsere Aufmerksamkeit in uns kehren, bemerken wir alle, wir Menschen, dass wir ohne bestimmte Dinge, ohne bestimmte Materialien, die Geschenke der *Mater*, der »Mutter«, nicht leben können.

Da Kokain im eigentlichen Sinne nicht körperlich abhängig macht, gibt es kein klassisches Bild des Entzugs. Die meisten Symptome sind auf die aufputschende Wirkung der Droge zurückzuführen, die bei Dauergebrauch die eigenen Leistungsgrenzen chronisch übersteigt und dadurch anschließend zu Erschöpfungszuständen führt.
Wolfgang Harm
Mein Kind nimmt Drogen
(1994: 84)

In der TCM, der Traditionellen Chinesischen Medizin, werden die zermörserten verschimmelten Zikaden (*Cryptotympana pustulata*) unter dem Namen *Chan tui* oder *Seem chuei* gegen Krämpfe bei exzessivem Kokaingebrauch verordnet.
Wong Kang-Yin und Martha Dahlen
Chinese Herbal Medicine
(Hongkong: Wokman Press, 1999, S. 43)

Oft werden Gewohnheiten oder Notwendigkeiten mit *Sucht* oder *Abhängigkeit* identifiziert. Aber das tägliche Einnehmen von Genussmitteln wie Kaffee und Tee gehört zum »normalen« Leben. Auch das tägliche Trinken von Bier wird als »normal« angesehen und gilt in Deutschland bzw. Bayern als »flüssiges Brot«. Das tägliche Schlucken von freiverkäuflichen oder verschriebenen Pillen aus der Apotheke wird sogar toleriert, mehr noch: von ärztlicher Seite aus gefördert. Die tägliche Einnahme von Vitaminen – Chemikalien, von denen die *vita*, das »Leben«, abhängt oder abhängen soll – wird als besonders wichtig propagiert (besonders von den Gesundheitsaposteln). Warum all diese Stoffe? – Weil man sie entweder *braucht* oder gerne nimmt. Warum aber soll der tägliche Genuss von Kokain im Gegensatz zum morgendlichen Aufwachkaffee oder Frühstückstee eine »Sucht« sein? Ist es eine »Sucht«, Brötchen zum Frühstück zu essen? Oder Vitamin C zu schlucken?

Die Erfindung der Sucht kann als Höhepunkt des Versuchs gelten, den Rausch zu rationalisieren.
Aldo Legnaro
(1999: 880)

»Sucht« ist ein romantisches Konzept. Es bezeichnet eine Leidenschaft, eine unerfüllte Liebe, aber nicht die Gier nach bestimmten Chemikalien. »›Sucht‹ ist ein kulturell geschaffenes Rollenspiel, das beobachtbare Wirklichkeit wird, weil alle es für wirklich halten« (Schmidt-Semisch und Nolte 2000: 65).

Das Wort »Abhängigkeit« kann ganz emotionslos definiert werden: Es bedeutet, dass irgendetwas von irgendetwas abhängig ist, das heißt in notwendiger Wechselwirkung verbunden ist. Das kann auf verschiedenen Ebenen verstanden werden. Jeder Mensch ist von vielen Dingen grundsätzlich abhängig. Ohne bestimmte Chemikalien kann man nicht leben. Ohne bestimmte Dinge kann man nicht glücklich sein.

Jeder Mensch ist ein biochemischer Körper, der absolut und total von Sauerstoff (O_2) abhängig ist. Man muss nur einmal für etwa vier Minuten die Luft anhalten – dann weiß man, was *Abhängigkeit* bedeutet. Nach den vier Minuten ohne Sauerstoff verblödet man total, weil das Gehirn wegen Sauerstoffmangel kollabiert. Nach etwa fünf Minuten wird man sterben (oder verblödet für den Rest des Lebens ...).

Ohne Sauerstoffzufuhr, und zwar permanente, kann man nicht leben. Es gibt keine Droge, von der unser Leben so stark abhängt wie vom Sauerstoff, der ätherischen Komponente unseres Daseins. – Außerdem: Reiner Sauerstoff wirkt inhaliert besser als das reinste Kokain. Sauerstoff ist ein *Weckamin*, es macht müde Schüler nach dem langweiligen Unterricht wieder zu Menschen. O_2 macht nicht nur wach. Sauerstoff kann auch das Gehirn zerbritzeln. Reiner Sauerstoff (in unserer Atemluft sind 17% O_2 enthalten, so ähnlich wie der Prozentsatz von Kokain-HCl im Straßenkoks) kann sogar tödlich wirken – Sauerstoffschock oder auch Sauerstoffvergiftung genannt.

Nach Sauerstoff ist die wichtigste Chemikalie, die unser Leben ermöglicht, das Wasser, H_2O, die liquide Komponente des Daseins.

Nach dem Wasser kommt die irdische Komponente unseres Daseins, das Essen, die Konsumierung von Kohlenhydraten, Eiweiß und Zucker.

Zum Schluss lodert das Feuer. Element Feuer – eigentlich ein Zustand der Transformation. Das sind die Stoffe, die das Gehirn anfeuern ... – Da kommt zum Beispiel das Kokain, das einen »anfeuert«, das einen antreibt, das einem Inspiration gibt, das einen zur Produktion treibt, zum kreativen Prozess geradezu *zwingt*.

Und dann gibt es noch das Wort *Gewohnheit*; es kommt von *wohnen*, man wohnt an einem Ort, an dem man sich aufhält und wohlfühlt.

Die »Gewohnheit« ist ein temporärer Ort, nicht lokalisierbar, nicht geografisch auffindbar. Eine Art *Interzone* – nirgends, aber überall. Ein weiteres *Naked Lunch*. – Chulumani in Bolivien ...

Gewohnheit ist eine Art rituellen Handelns, das sich quasi automatisiert wiederholt. Man möchte

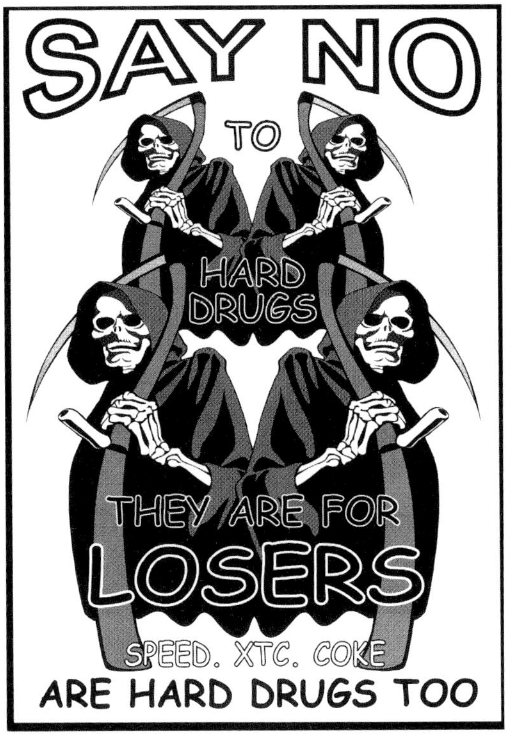

Flugblatt aus der Kifferkolonie Kristiania, einer autonomen Freak-Republik in Kopenhagen.

sich heimisch fühlen, wohl fühlen, gemütlich sein, zu Hause sein. In der gewohnten Umgebung, in dem gewohnten Bewusstseinszustand, in der vertrauten Zone, wenn nicht sogar der *Interzone*, sein.

Zum Thema »Einstiegsdroge«

Die meisten ungebildeten und unerfahrenen Leute glauben, dass es eine »Einstiegsdroge«, eine Art Wegbereiter in die »Drogensucht« gibt, entweder soll es Cannabis oder Kokain sein ... –

Soll das die Möglichkeit sein, in den *Nova Express*[89], angetrieben von der *Soft Machine*[90], zu *steigen*, um in der *Interzone* zu landen?

Das Wort »Einstiegsdroge«[91] wurde von dem schwäbischen Psychiater Karl Ludwig Täschner erfunden. Heuristisch ist die Hypothese der so genannten Einstiegsdroge völlig unhaltbar; sie ist auch ansonsten wissenschaftlich in gar keiner Form belegbar oder in akzeptabler akademischer Literatur bewiesen – ähnlich wie der propagandistische Betrug über die angebliche Schädlichkeit von Cholesterin.

Der Soziologe und Autor des legendären Buchs *Sexfront* (1970), Dr. Günter Amendt, der sicherlich ein besserer Kenner der psychoaktiven Substanzen ist als Herr Täschner, der behauptet, noch nie an einem Joint gesaugt zu haben, sagte bei einem wissenschaftlichen Symposion, dass »die erste Einstiegsdroge für Menschen die Muttermilch sei«. Er hat wohl Recht, denn in der menschlichen Muttermilch kommt Morphin vor (Hazum et al. 1981).

> Karl Ludwig Täschner ist anscheinend eine arme Seele. Er hat keine Erfahrungen mit den Substanzen, über die er publiziert (Täschner und Richtberg 1982). Er vertritt nur die Auffassungen oder Ziele und Gesetze der Behörden und der Regierung, »dass Drogen schädlich« sind und unbedingt kontrolliert werden müssen. *Auf Deubel komm raus* ... Wieso hat ein Mensch, wie er, irgendein Interesse daran, anderen Leuten ihr Vergnügen zu nehmen?

Der berühmte deutsche Schauspieler Ralf Richter wurde bei der Premiere des Films *Bang Boom Bang* (1999) in München mit 250 g Kokain und 5,6 g Haschisch erwischt/gestellt. Er behauptete später, vor Gericht, dass er durch Cannabis den Kokainkonsum einstellen konnte: »Dank seiner Geschichte ist deutlich geworden, dass Haschisch keine ›Einstiegsdroge‹ ist, sondern im Gegenteil, durchaus zum Ausstieg taugt.« (*HanfBlatt* 64, März/April 2000, S. 51.) – Aber wieso hatte er ein halbes Pfund Koks bei sich?

Kommentar zum »Rausch«

> Aus den tiefen Weiten kommt das Wohl.
> Galan O. Seid

»Rausch« ist nicht nur einfach »Suff«. Nicht nur Betäubung und Verwahrlosung. Nicht nur Flucht aus der Welt, aus dem Schmerz, aus der Verantwortung.

Der Rausch ist die Regenbogenbrücke zwischem dem Inneren und Äußeren, zwischen Mensch und Natur, zwischen Glückseligkeit und Schrecken, zwischen Wohl und Übel. Er ist die Schnittstelle zwischen Denken und Fühlen, zwischen Vernunft und Torheit, zwischen Genie und Wahnsinn, zwischen Schwachsinn und Brillanz. Der Rausch kann wie ein Brillant funkeln und wie eine vampirische Fleder-

89 William S. Burroughs hat diesen »Jugendstil-Zug« 1964 erfunden (vgl. Burroughs 1970).
90 Auch dieses Wort ist von Burroughs 1961 erfunden (vgl. Burroughs 1971) und von einer Band aufgegriffen worden (siehe weiter unten).
91 Die *gateway drug*, der Stoff, der einen durch die Pforte geleitet ... In welche Welt(en)? – Etwa in die *Interzone* zwischen Wissenschaft und Politik? – (vgl. Burroughs 1991).

maus das Herz erschüttern. Es gibt kein »Gut« und »Böse«, deshalb auch keine »guten« oder »schlechten« Räusche.

Es gibt nur eines: Der Rausch ist ein Lehrer, facettiert wie das Auge eines Insekts. Er kann verführerisch, beseelend, betäubend, ekstatisierend, terrorisierend sein. Auf jeden Fall ist der Rausch etwas essenziell Menschliches, oder wie man mit NIETZSCHE sagen könnte: »Allzumenschliches«. Der Rausch gehört zum Leben wie das Leben selbst. Er ist für jeden ein wichtiger Urgrund zu Lebensglück, kann aber auch zum Sumpf der »Hölle« werden. Der Rausch ist wie ein Messer, gut, um eine Stulle zu schneiden; schlecht, um jemanden zu verletzen oder sich an ihm selbst zu schneiden. Er ist die Schnittstelle zwischen Schaden und Nutzen.

Es kommt auf den richtigen Gebrauch an, sonst nichts.

> Der Rausch ist eine vorübergehende Raserei oder eine Überspannung von einer oder mehreren Kräften des Gehirn- und Rückenmarkzentrums, die veranlasst wird durch die Einführung irgend einer Substanz in unseren Organismus. Alle berauschenden Substanzen bringen auf uns gewisse gleiche Wirkungen hervor, die uns gleiche Genussempfindungen verschaffen. Diejenigen, die allen andern gewissermaßen als Unterlage dient, ist die gesteigerte Daseinsempfindung, sie geht allen anderen voraus und überragt sie fast immer.
> (MANTEGAZZA 1928: 87)

»Ich bereise seit über zwei Jahrzehnten die fünf Erdteile, die verschiedenen Kulturen und Stämme und besuche auch die Welten der Räusche. Es gibt den individuellen und den kollektiven Rausch. Es gibt den hedonistischen und den rituellen Rausch. Es gibt den schädlichen und den heilsamen Rausch. Es gibt und gab in jeder Kultur, bei jedem Stamm, bei allen Völkern immer, seit der Steinzeit bis heute, jede Form dieser Räusche. Bei meinen Forschungen in der ganzen Welt habe ich feststellen können, dass der Rausch eine Grundlage jeder Kultur bildet. Er gärt genauso in den Gehirnen wie die Maische in der Retorte. Er ist wichtig und wertvoll, auch wenn er manchen Individuen schaden kann.

Der Rausch kann mit pharmakologisch völlig verschiedenartigen Substanzen, aber auch nonpharmakologisch ausgelöst werden (zum Beispiel Opernbesuche, Rockkonzerte, Meditation, Bergsteigen, Langlauf, Bungee-Jumping, Achterbahnfahren, Karusselle, Porschespurts, Sex usw.). Das deutsche Wort Rausch ist eigentlich in der Welt der Linguistik das schönste, weil wertfreieste. Es ist ein Zustand, ein Bewusstseinszustand, ganz gleich wodurch ausgelöst. Es ist eingepackt in ein kulturelles Gerüst, mit dem man ein soziales Tier bleiben kann. Der Rausch kann mit Heroin, Alkohol oder einem Mountain Bike über einen kommen. Der Rausch kann kreativ sein, aber auch delirant. Man kann den Rausch genausowenig an einer Substanz festmachen wie an den von Berauschten ausgewählten Dingen. Der Rauschauslöser, was auch immer es ist, wird gerne zum Sündenbock erklärt. Aber es ist ganz gleich, was man sich zur Berauschung ausgewählt hat, entweder man verfolgt damit individuelle, kreative, kollektive Zwecke. Solange man nicht daran glaubt, dass es die Substanz ist, der man erliegt, sondern frei gewählt hat, bleibt man nicht auf der Strecke zurück. Zu glauben, dass eine Substanz von einem Besitz genommen hat, ist der Beginn des »Teufelskreises«, dem man sich bei einer gestörten oder erkrankten Persönlichkeitsstruktur nur allzu gerne hingibt. Das ist krank.

Überall, wo ich war, konnte ich diese Facetten sehen. Es ist niemals die Substanz, die das Problem ist. Das Problem ist der Mensch. Gesund ist man nur, wenn man selbstverantwortlich handelt. Und das gilt natürlich auch für den Rausch.« (CR)[92]

Cocavisionen

> Die Kokainhalluzinationen haben in der Regel einen vollen Wahrnehmungscharakter... Der Übergang von der Parästhesie in die Halluzination geht gewöhnlich plötzlich vor sich und nicht mit Zwischenschaltung pseudohalluzinatorischer Erscheinungen.
> (MAIER 1926: 104)

In der psychiatrischen Literatur wird immer wieder davon berichtet, dass heftige und langjährige *cocaficionados* und Koksliebhaber Halluzinationen haben, und zwar weder mit noch ohne Stoff (MAIER 1926, SIEGEL 1978, TÄSCHNER und RICHTBERG 1982, WEISS et al. 1994). Der Fall eines Mannes wurde bekannt, der sich »wiederholt und ausschließlich seine beiden Augen beschädigt und schließlich blendet, um seine Halluzinationen loszuwerden ... Bald nach Beginn des Cocainschnupfens ... seien Bilder bewegter Tiere aufgetreten, rötlich gefärbte Schlangen, wenn man sie so quabbeln sieht ... Die Bilder befänden sich dicht vor dem Kopf ›platt vor den Augen, nicht abgegrenzt, kommen auf mich zu, tanzen rum, öffnen das Maul , als ob sie beißen und in

92 Dieser Text wurde in etwas anderer Form in dem Hamburger Stadtstreicher-Magazin *Hinz&Kunzt* 95/Januar 2001, S. 3 abgedruckt.

mich hinein wollen. Immer dieselben Bilder, wie ein Topf mit Aalen‹ ... Die einfach erlebten, nicht gedeuteten und nicht erklärten Halluzinationen sind der unmittelbare Anlass des Wütens gegen seine Augen gewesen« (Würfler 1956). Und das soll nicht selten vorkommen. Solche Kokainisten glauben wohl, dass ihre Halluzinationen in der Außenwelt entstehen oder ablaufen.[93]

Das bedeutet, dass, wenn man Halluzinationen durch Kokain erzeugen oder erleben kann, diese auch künstlerisch umgesetzt werden können, was wohl bei einigen Zeichnungen und Gemälden der Fall sein dürfte.

Glut!
Die Phantasie
das Hirn
umschmiegt mit sanftem, süssem
Schaukeln, von Giften in den Schlaf
gewiegt, Gestalten ihn umgaukeln.
Der Junggeselle Nr. 35, 1925.

»Und was für Genüsse verschafft dir nun eigentlich das verfluchte Koksen?« »Ich habe das Gefühl, mit Dir nicht verheiratet zu sein!« *Jugend* 1928.

93 So Blind Owl, der fistelstimmige, bereits verstorbene Sänger, der den Superhit *On the Road Again* von der US-amerikanischen Band Canned Heat gesungen und zu einem der großen Klassiker der Rockgeschichte gemacht hat – auch er hat wegen seiner Halluzinationen vier Stunden mit offenen Augen in die grelle Sonne gestarrt, um sich zu blenden, was er auch erfolgreich geschafft hat. Daher sein Name. Vielleicht muss man ge- und nicht verblendet sein, um wieder auf dem Weg zu sein.

La Coca Musa: die Muse der Dichter und Denker

Start Me Up!
THE ROLLING STONES
(1981)

Die Kunst kreiert Welten
Coca führt durch Welten
Lindert Schmerz und Erschöpfung
führt der Schöpfung näher
So – erkennt man die Kunst in Coca!
CLAUDIA MÜLLER-EBELING (12/4/2001)

In der Literaturgeschichte, wie sie an deutschen Universitäten betrieben wird, taucht erstaunlicherweise immer wieder die Frage auf, ob Dichter oder kreative Schriftsteller Drogen *brauchen*. – Was für eine dumme Frage. Wie kann ein so genannter Wissenschaftler beurteilen, ob ein berühmter Autor oder Poet, der längst verstorben ist und nicht mehr befragt werden kann, für sein Werk eine »Droge« *gebraucht* hat oder nicht? Denn: Sein Werk ist im Zusammenhang oder *unter dem Einfluss* geschrieben oder verfasst worden. Entweder es ist Unsinn oder es ist genial oder was auch immer. Aber es wurde »drogenbeeinflusst« geschrieben. Der deutsche Literaturstar und heilige Dichter der Anthroposophen, Johann Wolfgang von Goethe (1749–1832), hat mehrere Flaschen Wein pro Tag getrunken, ebenso der »Hippiepoet« Hermann Hesse (1877 bis 1962). Der hochverehrte britische Dichter Samuel Taylor Coleridge (1772–1834) hat permanent Opium konsumiert. William S. Burroughs (1914–1997) konnte anscheinend nur *unter Einfluss* schreiben.

Wer hat das Recht, eine kreative Person für den selbst gefundenen kreativen Prozess zu beurteilen? – Etwa Herr Kupfer? (siehe KUPFER 2000)[94]

Was ist überhaupt Kreativität? – Ein Akt der Schöpfung, der aus dem Nichts kommt? Ein Räsonieren der Eindrücke, die einen Menschen umgeben, ein Versuch, die Wirklichkeit zu verstehen, oder was?

Etwas schaffen, etwas Neues. Etwas Originales oder etwas Originelles. Ein Artefakt produzieren, das von anderen geliebt wird, zum Beispiel ein toller Roman, eine »berauschende« Dichtung, ein »geiler« Film. So ein bestechendes Artefakt zu schaffen ist nicht einfach und passiert nicht besonders häufig; es kommt vielleicht einmal aus dem göttlichen Schoß, ein andermal aus der Selbstqual, ein drittes Mal aus einem halluzinogenen oder visionären Erlebnis, ein viertes Mal aus dem Koma einer Krankheit, oder es ist »ge*channel*t« usw.

Es gibt einige Untersuchungen über den Zusammenhang zwischen drogeninduzierten Bewusstseinszuständen und Kreativität. Meist aus psychiatrischer, also psychopathologischer Sicht. Aber eines ist klar: Es gibt praktisch keine Künstler, die ohne psychoaktive Substanzen leben und schreiben oder malen konnten bzw. können. Man denke an Honoré de Balzac (1799–1850), der hundert Tassen superstark gebrühten Kaffee pro Tag brauchte – immerhin ist dabei die Menschliche Kömodie gleich mitgebrüht worden.

Soll ich dir ein bisschen Kokain von dem Dealer an der Ecke stehlen? Das würde dich bestimmt inspirieren.
MARTIN MILLAR
Die Elfen von New York
(1997: 66)

Die Lieblingsdroge, die vom Künstler ausgewählte Substanz, sein persönlich bevorzugtes Genussmittel, kann entweder der Inspiration dienen oder ein Werkzeug zum Durchhalten sein; oder beides. Man kann von einer Nase Koks eine geniale Idee bekommen, oder man kann den Schreibprozess beschleunigen bzw. durchhalten, bis das Schriftstück vollendet ist. Ohne Kokain wäre das vielleicht niemals möglich gewesen.

Robert Louis Stevenson (1850–1894) hat *Dr. Jeckyll und Mr. Hyde* in vier schlaflosen Nächten ge-

94 KUPFER – warum schreibt er zwei Telefonbücher über die Bedeutung von Drogen für Dichter (KUPFER 1996), Bücher ohne *Spiritus*. Nach eigener Aussage hat Kupfer nur etwas Wein und Kaffee probiert, aber keine der Substanzen, über die er dissertiert. Woher will ein braver Student irgendetwas über kreative *Freaks* wissen? Die Aussage »Nicht alle Schriftsteller, die mit Rauschmitteln experimentieren, vollzogen so eine radikale Kehrtwendung wie Baudelaire. Aber in einem Punkt sind sie sich alle einig: Die Droge kann dem Dichter nützlich sein. Er kann sie brauchen. Doch er braucht sie nicht.« (KUPFER 2000: 343.) – Wie kann er so unverschämt unsere Vorväter beleidigen? Woher will er wissen, ob man Drogen *braucht* oder nicht? Woher nimmt ein so braver Literaturstudent das Recht, über Künstler und ihre Vorlieben für Genussmittel zu urteilen? Hat wohl noch nie was von Pflanzenseelen gehört, die den Künstler geküßt und inspiriert, das heißt begeistert, haben. Wenn er doch bloß einmal einen lebenden Schreiber befragt hätte.

schrieben, natürlich mit kontinuierlichem Cocagenuss: *Vin Mariani*. In seiner schönen autobiografischen Story hat er ein Kapitel »Unsere Liebe Frau im Schnee« (STEVENSON 1995). Und in der *Schatzinsel* hat Ben Gunn »Grütze im Kopf«. *Was* auch immer das heißen soll.

Wir beide, als professionelle und erstaunlicherweise recht erfolgreiche Schriftsteller, haben viel Inspiration, *lyricism* (= poetische Fähigkeiten, die Meisterung der eigenen Sprache) und Kraft von Mama Coca, dem köstlichen, weil weiblichen Pflanzengeist erhalten. Wir wissen, wovon wir sprechen. Die Kraft der Coca und des Kokains haben uns vieles überhaupt erst ermöglicht. *Are you experienced?* (»Bist du erfahren?«), fragte Gitarrengott und *all our beloved* Voodoo Child Jimmy Hendrix (1942–1970). – Ja, klar!

Hier noch ein Bonbon aus der Korax-Koks-Kreativität von 1925 (ein Ausschnitt aus dem Gedicht »Der Kokainist«):

> Im Koksrausch stöhnt er Sturmgedichte, löst er mathematische Rätsel,
> baut er in einer Viertelstunde seine Doktorarbeit: »Attila oder Etzel?«
> macht er Börsengeschäfte, dass die Banken krachen,
> malt er Zukunftsbilder, dass die Hühner lachen,
> diktiert er Filmmanuskripte, dass die Typen knallen,
> bildhauert er Plastiken, die entsprechend gefallen,
> komponiert er Traummusik, schreibt er mystische Dramen
> und wirkt er enorm auf die anwesenden-abwesenden Damen
> und wird er manchmal dadurch ein gemachter Mann,
> woraus man so verschiedenes entnehmen kann.
>
> JOSEF MARIA FRANK
> *Korax – Panoptikum Mensch*
> (Berlin, Verlag Deutscher Bücher, 1925)

Dass Drogen keine Kreativität bescheren, ist wohl so ziemlich klar. Dass Drogen beim Einsatz und zum Entfalten der Kreativität beitragen, ist auch deutlich zu ersehen. Psychoaktiva sind der Treibstoff, wenn man es so will – ein Nahrungsergänzungsmittel. Sie sind gärender Grund, auf dem die Blüten und Blätter des Schöpfertums gedeihen. Sie sind die Energie für die Hardware, das Futter für die Software. Sie sind das »Studentenfutter«. Ein Computer läuft auch nur mit Strom; ein Auto fährt nur mit Sprit; ein Autor braucht seine »Nahrung fürs Gehirn«. Kopfnahrung.

Dass Drogen den Künstlern auch Schaden zufügen können, ist allemal klar. Aber auch aus dem

Dr. *Jeckyll und Mr. Hyde* ist die kokaininspirierte Literaturvorlage für zahlreiche Bearbeitungen (Film, TV, Bühne). Das Grundthema könnte vom Kokain kommen. Eine Droge bemächtigt sich vorübergehend der Persönlichkeit des Konsumenten. Bei wachsendem Konsum stellen sich die Persönlichkeitsveränderungen auch ohne den Stoff ein … Manche sehen darin eine Analogie zu den Auswirkungen chronischen Kokaingebrauches (Flyer für eine Musical-Bearbeitung, schön in den CCC-Farben, 2001).

Schaden steigt phoenixgleich die Kreativität hervor. Was wären all die literarischen Werke von einem de Quincey, einem Jean Cocteau, einem Walter Rheiner, einem William S. Burroughs u.v.m., hätten sie nicht durch ihren Drogenkonsum Schaden erlitten und diesen literarisch der Nachwelt vererbt?

Kokolores oder Poesie?

> In einem Tal aus Kokain und Unschuld jodeln Knaben mit melancholischen Augen auf der Suche nach einem verlorenen Danny-Boy …
> Wir schnupfen die ganze Nacht und trieben es viermal … für jedesmal einen Strich auf der Tafel … schabe den weißen Knochen.
> WILLIAM S. BURROUGHS
> *Naked Lunch*
> (1999: 273 f.)

> Das Kokainschnupfen wird als ›koksen‹, ›aufschütten‹, ›hochziehen‹ bezeichnet, der Kokainrausch als Kokolores.
> ANONYM
> *Die Sittengeschichte des Lasters*
> (1927: 172)

Cocolores? – Ja, klar! Oder gar *Coca-lores?* – Ja klar! oder nur *Kokolores?* – La Cocalatura oder *be* Bop-Literatur: Mit dem Zerbrechen literarischer Traditionen und Geflogenheiten wird der Weg in eine erhoffte Neue Welt bereitet. Beat-Revolution. Programm einer Drogenkultur. Das Koks knackt oder cracked alte kognitive Programme.

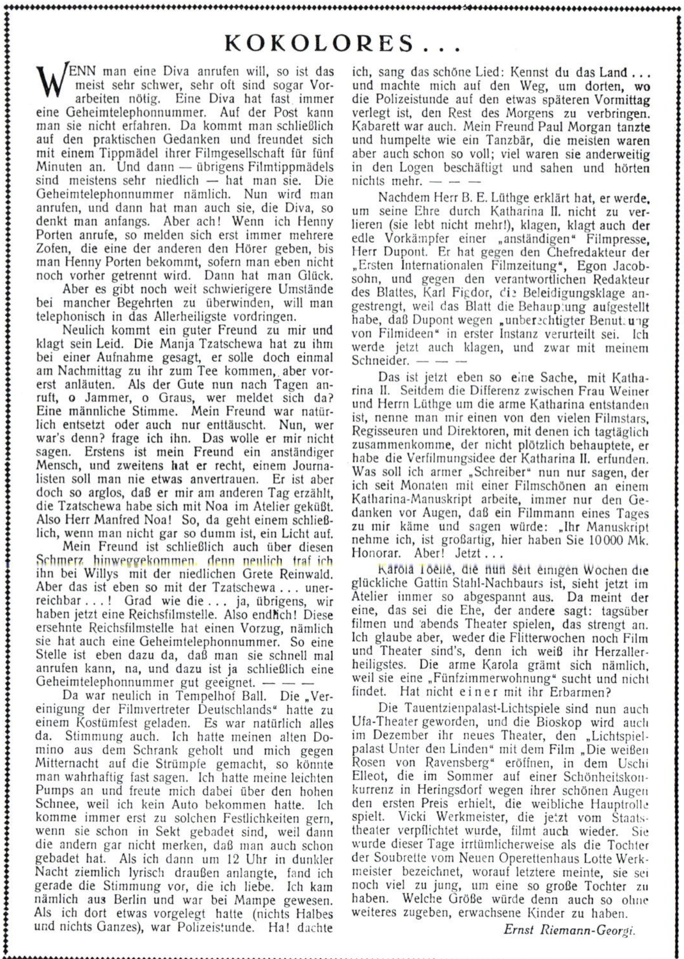

KOKOLORES . . .

WENN man eine Diva anrufen will, so ist das meist sehr schwer, sehr oft sind sogar Vorarbeiten nötig. Eine Diva hat fast immer eine Geheimtelephonnummer. Auf der Post kann man sie nicht erfahren. Da kommt man schließlich auf den praktischen Gedanken und freundet sich mit einem Tippmädel ihrer Filmgesellschaft für fünf Minuten an. Und dann — übrigens Filmtippmädels sind meistens sehr niedlich — hat man sie. Die Geheimtelephonnummer nämlich. Nun wird man anrufen, und dann hat man auch sie, die Diva, so denkt man anfangs. Aber ach! Wenn ich Henny Porten anrufe, so melden sich erst immer mehrere Zofen, die eine der anderen den Hörer geben, bis man Henny Porten bekommt, sofern man eben nicht noch vorher getrennt wird. Dann hat man Glück.

Aber es gibt noch weit schwierigere Umstände bei mancher Begehrten zu überwinden, will man telephonisch in das Allerheiligste vordringen.

Neulich kommt ein guter Freund zu mir und klagt sein Leid. Die Manja Tzatschewa hat zu ihm bei einer Aufnahme gesagt, er solle doch einmal am Nachmittag zu ihr zum Tee kommen, aber vorerst anläuten. Als der Gute nun nach Tagen anruft, o Jammer, o Graus, wer meldet sich da? Eine männliche Stimme. Mein Freund war natürlich entsetzt oder auch nur enttäuscht. Nun, wer war's denn? frage ich ihn. Das wolle er mir nicht sagen. Erstens ist mein Freund ein anständiger Mensch, und zweitens hat er recht, einem Journalisten soll man nie etwas anvertrauen. Er ist aber doch so arglos, daß er mir am anderen Tag erzählt, die Tzatschewa habe sich mit Noa im Atelier geküßt. Also Herr Manfred Noa! So, da geht einem schließlich, wenn man nicht gar so dumm ist, ein Licht auf.

Mein Freund ist schließlich auch über diesen Schmerz hinweggekommen, denn neulich traf ich ihn bei Willys mit der niedlichen Grete Reinwald. Aber das ist eben so mit der Tzatschewa . . . unerreichbar . . . ! Grad wie die . . . ja, übrigens, wir haben jetzt eine Reichsfilmstelle. Also endlich! Diese ersehnte Reichsfilmstelle hat einen Vorzug, nämlich sie hat auch eine Geheimtelephonnummer. So eine Stelle ist eben dazu da, daß man sie schnell mal anrufen kann, na, und dazu ist ja schließlich eine Geheimtelephonnummer gut geeignet. — — —

Da war neulich in Tempelhof Ball. Die „Vereinigung der Filmvertreter Deutschlands“ hatte zu einem Kostümfest geladen. Es war natürlich alles da. Stimmung auch. Ich hatte meinen alten Domino aus dem Schrank geholt und mich gegen Mitternacht auf die Strümpfe gemacht, so könnte man wahrhaftig fast sagen. Ich hatte meine leichten Pumps an und freute mich dabei über den hohen Schnee, weil ich kein Auto bekommen hatte. Ich komme immer erst zu solchen Festlichkeiten gern, wenn sie schon in Sekt gebadet sind, weil dann die andern gar nicht merken, daß man auch schon gebadet hat. Als ich dann um 12 Uhr in dunkler Nacht ziemlich lyrisch draußen anlangte, fand ich gerade die Stimmung vor, die ich liebe. Ich kam nämlich aus Berlin und war bei Mampe gewesen. Als ich dort etwas vorgelegt hatte (nichts Halbes und nichts Ganzes), war Polizeistunde. Ha! dachte ich, sang das schöne Lied: Kennst du das Land . . . und machte mich auf den Weg, um dorten, wo die Polizeistunde auf den etwas späteren Vormittag verlegt ist, den Rest des Morgens zu verbringen. Kabarett war auch. Mein Freund Paul Morgan tanzte und humpelte wie ein Tanzbär, die meisten waren aber auch schon so voll; viel waren sie anderweitig in den Logen beschäftigt und sahen und hörten nichts mehr. — — —

Nachdem Herr B. E. Lüthge erklärt hat, er werde, um seine Ehre durch Katharina II. nicht zu verlieren (sie lebt nicht mehr!), klagen, klagt auch der edle Vorkämpfer einer „anständigen“ Filmpresse, Herr Dupont. Er hat gegen den Chefredakteur der „Ersten Internationalen Filmzeitung“, Egon Jacobsohn, und gegen den verantwortlichen Redakteur des Blattes, Karl Figdor, die Beleidigungsklage angestrengt, weil das Blatt die Behauptung aufgestellt habe, daß Dupont wegen „unberechtigter Benutzung von Filmideen“ in erster Instanz verurteilt sei. Ich werde jetzt auch klagen, und zwar mit meinem Schneider. — — —

Das ist jetzt eben so eine Sache, mit Katharina II. Seitdem die Differenz zwischen Frau Weiner und Herrn Lüthge um die arme Katharina entstanden ist, nenne man mir einen von den vielen Filmstars, Regisseuren und Direktoren, mit denen ich tagtäglich zusammenkomme, der nicht plötzlich behauptete, er habe die Verfilmungsidee der Katharina II. erfunden. Was soll ich armer „Schreiber“ nun nur sagen, der ich seit Monaten mit einer Filmschönen an einem Katharina-Manuskript arbeite, immer nur den Gedanken vor Augen, daß ein Filmmann eines Tages zu mir käme und sagen würde: „Ihr Manuskript nehme ich, ist großartig, hier haben Sie 10000 Mk. Honorar. Aber! Jetzt . . .

Karola Toelle, die nun seit einigen Wochen die glückliche Gattin Stahl-Nachbaurs ist, sieht jetzt im Atelier immer so abgespannt aus. Da meint der eine, das sei die Ehe, der andere sagt: tagsüber filmen und abends Theater spielen, das strengt an. Ich glaube aber, weder die Flitterwochen noch Film und Theater sind's, denn ich weiß ihr Herzallerheiligstes. Die arme Karola grämt sich nämlich, weil sie eine „Fünfzimmerwohnung“ sucht und nicht findet. Hat nicht e i n e r mit ihr Erbarmen?

Die Tauentzienpalast-Lichtspiele sind nun auch Ufa-Theater geworden, und die Bioskop wird auch im Dezember ihr neues Theater, den „Lichtspielpalast Unter den Linden“ mit dem Film „Die weißen Rosen von Ravensberg“ eröffnen, in dem Uschi Elleot, die im Sommer auf einer Schönheitskonkurrenz in Heringsdorf wegen ihrer schönen Augen den ersten Preis erhielt, die weibliche Hauptrolle spielt. Vicki Werkmeister, die jetzt vom Staatstheater verpflichtet wurde, filmt auch wieder. Sie wurde dieser Tage irrtümlicherweise als die Tochter der Soubrette vom Neuen Operettenhaus Lotte Werkmeister bezeichnet, worauf letztere meinte, sie sei noch viel zu jung, um eine so große Tochter zu haben. Welche Größe würde denn auch so ohne weiteres zugeben, erwachsene Kinder zu haben.

Ernst Riemann-Georgi.

Berliner Kokolores ... eine Film-Milieu-Partyszene, vollgekokst und im Dauersuff ... (aus: *Der Junggeselle*, Nr. 28, 1919, S. 8, Faksimile).

Koko Lores' singt
Der Kakadu
»Das Koko ist da ...« [Pitigrilli]
Eine
Kokotte
Kokainette
Tropft von der Decke
Koks + Komm'
Coke@Com
[hahaha\\\www: CR@coco.com]

François Mitterand war nicht nur ein französischer Präsident, sondern auch ein großer Fan von dem deutschen Schriftsteller Ernst Jünger (1895–1997). Da der ehemalige deutsche Bundeskanzler Dr. Helmut Kohl, berüchtigt wegen seiner Wiedervereinigung von BRD und DDR und berühmt und gut erinnert wegen seiner Spendenskandale im Zusammenhang mit seiner christlichen Partei, das Bedürfnis hatte, sich bei dem Franzosen einzuschmeicheln, gab auch er vor, ein Jünger-Fan zu sein (schwer zu glauben, wenn man seine sprachlichen Fähigkeiten kennt). Eines Tages besuchten die beiden den alten Herrn. Da sprang ein Journalist aus dem Gebüsch und fragte Kohl unverhohlen: »Wussten Sie eigentlich, dass Jünger ein Buch über Drogen geschrieben hat?« – Kohl, in seiner unvergleichlichen Diktion, antwortete: »Das kann nicht sein!« Nach dem Motto: *»Was nicht sein darf, kann nicht sein«* ... Leider hat sich der Altkanzler mal wieder geirrt. Denn Ernst Jünger hat nicht nur ein Buch über Drogen geschrieben, sondern sie auch geliebt, bis ins hohe Alter hinein (siehe Hofmann 2000, Ocaña 1993).

Als Jünger 100 Jahre alt wurde, sind mehrere, zirka drei, Fernsehdokumentationen produziert worden. Bei seiner Produktion für das ZDF fragte der Produzent, was Herr Jünger als Honorar für seinen Part verlange. Jünger sagte lakonisch: »Gib mir nur ein paar Gramm Kokain.« Gesagt, getan (deshalb wird der Name des Produzenten hier nicht genannt).

> Welt und Freiheit sinnvoll zu verknüpfen, bleibt unsere Aufgabe.
> Das Ziel entfernt sich, indem wir es verfolgen – daraus erklärt sich unter anderem, warum Stile sich ablösen. Kunstwerke zeichnen als zerbröckelnde Altäre unsere Bahn. Ihr Stein verwittert mit den Inschriften. Das Wort verweht, doch es bleibt, was mit dem Wort gemeint wurde.
> (Ernst Jünger 1980: 389)

Ernst Jünger wird oft, auch heute noch, als »Nazi« verschrien. Dabei war Jünger der (oder einer der ersten) erste deutsche Schriftsteller, der nach dem Zweiten Weltkrieg einen Anti-Nazi-Roman geschrieben und publiziert hat: *Heliopolis* (1949 = 1980). Bald danach schrieb er *Annäherungen – Drogen und Rausch* (1970). Darin publizierte er den Begriff *Psychonaut*. Und darin verewigte er seine ganzen (bis dahin) erlebten Erfahrungen mit psychotropem Material. In diesem epochalen Werk

»Cocolores«
Schriftzug unbekannter Provenienz (aus: *Ulises* Nr. 3/2000, Barcelona).

»Das Kokain hat mit dem Morphium und dem Chloroform gemeinsam, dass es den Schmerz betäubt. Es unterscheidet sich von ihnen dadurch, dass es nicht einschläfert, sondern die Wachsamkeit erhält, ja noch erhöht.

Der ›Schnee‹, falls er auf eine intakte Physis trifft, entrückt den Geist in nüchterne Kälte und überlässt ihn, während er ihm die Wahrnehmung des Körpers abnimmt, einsamen Selbstgenuss. Er kann sich entfalten wie die Seerose eines nächtlichen Weihers, auf die ein Mondstrahl fällt« (Jünger 1970: 172).

Er, Jünger, der keiner war, gestand in seinem letzten Tagebuch, das er mit runden 100 Jahren verfasste: »Wenn ich als Anarch auf mein Verhalten im Dritten Reich zurückblicke, fällt mir ein, dass ich nie mit ›Heil Hitler‹ gegrüßt habe.

Das war ein Fehler, der mir nur Scherereien einbrachte. Einmal, als wir im Harz die Waldluft genossen, kam ein Wanderer vorbei, dessen kräftigen Heilgruß ich mit einem freundlichen ›Guten Morgen‹ erwiderte. Vor dem Bahnhof sahen wir uns wieder – er deutete mit dem Finger auf mich und rief: ›Habt Ihr schon mal einen gesehen, der dem Führer die Ehre verweigert hat?‹« (Jünger 1997: 193).

> Zwei Qualitäten bilden den Roman: die eine ruht im Autor und seiner Freiheit, die andere in der Welt und ihrer Notwendigkeit. Ich nenne die erste ›das Autarke‹, während der Name für die zweite ›das Universale‹ sei. In diesem Sinne ist der Kosmos Gottes Roman.
> (Ernst Jünger 1980: 388)

Wer weiß, woher das Wort *Kokolores* kommt? In *Störig's großem Wörterbuch der Deutschen Sprache* wird *Kokolores* als »Unsinn, Geschwätz, Getue« definiert.

Kokolores ist ein Wort, das zu Anfang des 20. Jahrhunderts entstand, um das Gequassel, Gebrabbel oder Geschwafel der Kokser zu bezeichnen. Denn einige Konsumenten brechen in einen Redeschwall aus, der kaum zu stoppen ist. Das meiste, was sie von sich geben, kann sofort in die Toilette gehen, aber manches ist plötzlich hohe Poesie.

Es ist wie mit Träumen, die meisten sind tatsächlich Schäume, unbedeutendes Zeugs. Aber manchmal hat man einen Traum von persönlich höchster Bedeutung. Wenn man aufwacht, weiß man, ob der Traum bedeutsam war oder nicht. Genauso ist es mit Visionen oder mit Kokainerfahrungen. Manche, meist nur sehr wenige, haben eine echte Bedeutung, andere, die Mehrzahl, aber nicht. Trotzdem dienen sie der Erheiterung des Lebens.

Die Reden der Politiker werden immer noch als *Kokolores* bezeichnet ...

Der Edinburgher Schriftsteller Sir Arthur Conan Doyle (1859–1930), besonders bekannt durch *Die vergessene Welt* (*The Lost World*, 1912) und unsterblicher Vater von dem Superdetektiv Sherlock Holmes, von dem manche Naivlinge glauben, er hätte tatsächlich existiert, war ein anscheinend begeisterter Kokainliebhaber. Genauso seine Romanfigur: »Holmes Leben bewegt sich zwischen zwei Genusswelten: Tabak und Kokain« (Bluhm 1997: 56).

Im Roman *Im Zeichen der Vier* (*The Sign of Four*) injiziert sich der exzentrische Detektiv das Kokain in seinen linken Unterarm. Die Begründung dafür formuliert er so: »Wenn mein Geist stagniert, wird er rebellisch. Gib mir Probleme, gib mir Arbeit, lass mich die verworrenste Geheimschrift entziffern, die verzwickteste Analyse durchführen, und schon lebe ich in der mir gemäßen Atmosphäre. Dann kann ich auf künstliche Reizmittel verzichten. Doch ich verabscheue das dumpfe Gleichmaß des Daseins. Ich verschmachte nach geistiger Erregung. Das ist ja der Grund, warum ich meinen besonderen Beruf erwählt, nein geradezu geschaffen habe, denn ich bin der einzige auf der Welt, der ihn ausübt« (zit. n. Bluhm 1997: 57f.).

> Nicholas Meyer hat in einem Kriminalroman (*Kein Koks für Sherlock Holmes* [1978]), der auch erfolgreich verfilmt wurde, den – fiktiven – Holmes und den – realen Freud zusammengespannt; er lässt den Londoner Detektiv beim Wiener Seelenarzt Heilung von seinem Kokainismus suchen, was nach allerlei Verwicklungen auch gelingt.
> (Schmidbauer und vom Scheidt 1997: 193)

Meisterdetektiv Sherlock Holmes, wie er sich eine Kokainspritze gibt (Bühnenfoto).

Die Titelseite dieses kanadischen Buchs über Coca und Kokain zeigt eine Illustration der Cocapflanze mit einer heiligen Dreiheit als Patronat: Indianer, Sigmund Freud und Sherlock Holmes oder Tradition, Medizin und Fiktion (Faksimile des Cover von Basile 1977).

Coca-Dada – CoCa-DaDa

> Das Wort zeugt das Bild, und das Bild *ist* Virus – ...
> William Burroughs
> (1970: 62)

Dadada hieß es in einer »Hymne« (zum Mitgröhlen!) der Neuen Deutschen Welle, von der Band Trio um Stephan Remmler gesungen und gespielt (1982)[95]. – Wir wissen kaum noch etwas davon. Sie steht in den CD-Regalen der Medienkaufhäuser und wird aus nostalgischen Gefühlen heraus erworben. Diese »Hymne«, musikalisch nicht besonders einfallsreich, erinnert aber auch an eine wenig bekannte Bewegung in Kunst und Literatur: Dada oder DaDa oder Dadaismus. DaDa ist ein starkes Stück weit von Coca bzw. Kokain geprägt.

Dass Kokain eine wesentliche Kulturkonstituente des Dadaismus war, geht aus vielen Fakten, Andeutungen, Schriften und Beziehungen der Künstler untereinander deutlich hervor. *Dadaco.* – Coca und Koks haben für Künstler verschiedene Bedeutungen. Wachmacher, Auflöser herkömmlicher Strukturen, Gedankenausschweifungen, neue Perspektiven erschließen sich. Kunst ist zwar individuell geformt, doch reflektiert sie auch die Kultur des Künstlers. Und die Kunstwerke schaffen wieder Strukturen im Geiste ihrer Betrachter. Der Künstler tanzt auf der Schnittstelle zwischen den Wechselwirkungen, Ursache und Ergebnis. Kunst wirkt. Kultur wirkt. *Cut.*

Dadacaïne®[96] – das Mittel zum DaDaDa, für gutes *Cocadada, Cocadadalores* usw. – Fragen Sie Ihren Dadalogen zu den Wirkungen und Nebenwirkungen vom Dadadada!

Coca-Ismen haben zum Dadaismus beigetragen, wie Daimonides deutlich verdadat. Der Kakadu wird DuCocaDu. CocaMania in Cocalandia. Dort koksen die Kokabolde. »Wir sind die *Interzone*, die Schnittstelle der Wirklichkeit« – Da, da ist sie ja. GroszARTig. Wörter durchwandern die Welten. *Dadaco.*

> Der Argentinier Nicolás Guagnini hat ein *Mural de la coca* für eine große Wandfläche gemalt, dessen Stil an Dada und Kubismus erinnert
> (Zabala 1995)

Die Künste können ineinander übergehen, wie Synästhesien, wie Dada, Beat und Rock. Ein Maler kann auch dichten. Ein Dichter kann Komponieren und Musizieren usw. Coca(in) löst die Grenzen auf, macht anscheinend Mut, sich in fremden Wassern zu tummeln. Vom eigenen Ufer schwimmt man zum Horizont des »Gesamtkunstwerkes« (Richard Wagner). Daimonides hat gesungen, gelärmt, gesprochen, geschrieben. Die Beats haben nicht nur Koks gehackt, sondern auch ihre Texte zerschnipselt und neu zusammengefügt, *cut-ups* (Burroughs). Auf Ordnung folgt das Chaos, das zu neuer Ordnung zusammenfließt. Auch Texte können wie Musik klingen, besonders wenn sie wortgewandt verdichtet, komponiert sind. In der Dada-Musik wird auch gelärmt, so wie Eric Satie »Lärminstrumente« ins symphonische Orchester integriert hat. Dada Jazz wurde durch Bebop zum Free Jazz: Die Auflösung musikalischer Strukturen entspricht der Zerstückelung von Wortsequenzen. Collagen auf der Leinwand entsprechen den *cut-up*-Methoden der Beats. Das von den Kubisten eingeführte Collageprinzip erlebte einen Höhepunkt im Dada, flackerte aber immer wieder auf in der Kunst des 20. Jahrhunderts (im Surrealismus, in der Hippie Poster Art, in der Fotokopierkunst usw.).

Dada ist eine Synästhesie der Künste, ein Potpourri, ein Coke-Pudding, der Wahrnehmungen und Ausdrucksformen. Kognitive Strukturen und Bandschleifen zerspringen. Wie »auf einem Kometenschweif weißen Pulvers« (McInerney 1990: 12). Kunst und Kultur sind ein Synästhetikum. *Cocasynæstetica.*

95 Von TRIO, *same* (Mercury 1982), auch auf Trio *Live im Frühjahr 82* (1982, Mercury Records) und auf TRIOlogie, *The Best Of* (Mercury Records, 2000). Ob dieser Song etwas mit Kokain, Cocolores oder Dada zu tun hat, sei dahingestellt. Könnte sein, aber wir wissen es nicht.
96 Wortneuschöpfung von *AZ*.

Dada und Koka(in)
von Claudia Müller-Ebeling

Welche Verbindung gibt es zwischen Kokain, Dada und der Kunst der Zwanziger Jahre? Gibt es überhaupt eine? Oder mehrere? Gehen wir den Hauptverbindungswegen nach.

Sie führen in die Großstadt, in Cafés und Tanzlokale, zum Tanz auf ein ökonomisch-politisches Pulverfass.

Selbstbewusste Frauen, die alte Zöpfe abschnitten zu Bubiköpfen und lasziv mit langer Zigarettenspitze posieren; Kapitalisten mit dicken Zigarren – 1926 sarkastisch porträtiert in *Stützen der Gesellschaft* von George Grosz (1893–1959); Otto Dix' (1891–1969) Großstadtimpressionen, mit Jazzkapellen und Charleston tanzenden Paaren; Bert Brechts (1898–1956) *Dreigroschenoper* (Uraufführung Berlin, 1928); Fritz Langs (1890–1976) filmische Massenkomposition *Metropolis*, 1926.

> Dada empört sich, regt sich und stirbt in Berlin.
> Raoul Hausmann
> (in: Bergius und Riha 1977: 3)

Vergegenwärtigen wir uns die *Zwanziger Jahre*, dringen diese Bilder ins Bewusstsein, geprägt von stehenden und laufenden Bildern des inzwischen abgelaufenen 20. Jahrhunderts.

Sie weisen in Caféhäuser von Großstädten – vornehmlich nach Berlin. In die »goldenen« oder »verrückten Zwanziger«, wo man auf dem »Vulkan tanzt«. Angefacht vom Elend der Kriegsheimkehrer; von Inflation und Massenarbeitslosigkeit; vom rauschenden Leben satter Kriegsgewinnler ...

Aus historischer Perspektive treten die Zwanziger Jahre das Erbe eines Kriegs an, der zehn Millionen Tote forderte; es ist »die Zeit zwischen zwei Dämmerungen. Sie begann nach dem Ende des ersten Weltkrieges und endete in Deutschland am 30. Januar 1933. Ihre Morgendämmerung kam wie ein Frühlingsgewitter, geladen von Hoffnungen, Erwartungen und erzeugte einen Wirbel von angestauten Kräften« (Werner 1962: 8).

Wie in den Ablagerungsschichten unseres Bilderdepots oder in historischen Rückblicken, so werden die Goldenen Zwanziger auch im Kontext von *Dada* geschildert: als »knalliges Weib«, »Lunapark« und »seliges Abnormitätenkabinett« (George Grosz, *Gesang an die Welt*, 1918)[97]. Die Hoffnungen und Erwartungen projizierte man auf vergnügliche Stunden in Cabarets und Cafés. Mit Schönen der Nacht ertanzte man sie sich in ausgelassenen Stunden. Maler hingegen sahen hinter den schönen Schein und spießten Abnormitätenkabinetts auf ihre Leinwände.

Dada – nicht nur die Gesellschaft der Zwanziger war »gaga«. Die Kunst als ihr Spiegel war geprägt von kulturpessimistischem Anarchismus; vom Triumph des Sinnlosen. »Das Wort ins Unsinnige, Alogische verstümmelt und in abstrusen Ketten aneinandergereiht, ist die Grundsubstanz für Dada,« für Schriftsteller. Bildende Künstler wenden sich der Collage zu, um Abstruses und Zufälliges gegenüberzustellen, aus dem Zusammenhang zu reißen, neu zusammenzufügen. Oder sie karikieren, wie George Grosz, mit expressionistischen Mitteln die erbarmungslose Gesellschaft zur verbrecherischen Metapher. Man denke nur an die diversen »Mörderbilder« von Otto Dix und George Grosz.

Auch Dada führt in die Großstädte. Nach Zürich, wo er im *Café Voltaire* um die Zeit des Ersten Weltkriegs gegründet worden war. Nach Berlin, wohin er durch Richard Huelsenbeck gelangte.

Mit Dada wollten Künstler das »Joch ästhetischer Tradition abschütteln« (Bergius und Riha 1977: 167).

Sie wollten »in diesem tollen Klima, in dieser stumpfen Zerstörung [...] kein braver Typ von konventionellem Künstler sein« (Raoul Hausmann). Ihnen ging es um die Zerschlagung von Normen und

Die Buchcover über die »goldenen« *Zwanziger Jahre* vermitteln immer den Eindruck einer bekoksten Partygesellschaft (Hildenbrandt 1986, Werner 1962).

97 »Ach knalliges Weib, du Lunapark, Du seliges Abnormitätenkabinett, Paß auf! Hier kommt Grosz, Der traurigste Mensch in Europa, ›ein Phänomen an Trauer‹ Steifen Hut im Genick, Kein schlapper Hund!!! Niggersongs im Schädel, Bunt wie Hyazinthenfelder, Oder turbulente D-Züge, Über rasselnde Brücken knatternd – Ragtimetänzer, Am Staketenzaun wartend mit der Menge Auf Rob. E. Lee.«

darum, «sich die Zersetzung der bürgerlichen Kultur für kulturellen Protest zunutze zu machen«[98]. Sinneseindrücke der Großstadt – rasant – gleichzeitig – grell – wechselnd – verarbeiten Dadaisten zu sinnentleertem Hohngelächter, zu Stakkatoporträts der Zeitumstände, zu Persiflagen auf die »bessere Gesellschaft«.

Die dritte Verbindungslinie *Kokain* führt ebenfalls in die Zwanziger Jahre und in dasselbe Caféhaus-/Bar-Tableau – war doch »ganz Wien ein Nachtlokal« und wusste man in Berlin nicht «die Welle maßlosester Vergnügungssucht einzudämmen»[99]. Sie weist in dieselben Zeitumstände, welche erst Kokain in Mode brachten:

»In Deutschland und Österreich war es die Revolutionszeit von 1918/19, die in doppelter Richtung der Ausbreitung des Kokainschnupfens Vorschub leistete.« Die doppelte Richtung beschreibt Alfred Springer in seiner kritisch dokumentierten Anthologie *Kokain. Mythos und Realität* (1989: 52) wie folgt:

»Einesteils schuf die neurotisch-psychopathische Stimmung, die ganze Bevölkerungsklassen, besonders die Großstädte ergriff, den Boden und das Bedürfnis nach narkotischen Mitteln [...]; andernteils kamen durch die ungeregelte Auflösung der Truppenbestände und des Heeresmaterials große Mengen von Arzneistoffen, und besonders auch Alkaloide, unter die Bevölkerung.«

Auf das Stichwort »Alkaloide« kommt Springer wenig später mit dem Hinweis auf »reinen Kokainismus« zu sprechen. Dieser sei von den damaligen offiziellen Stellen zwar bestritten, von vielen Patienten (des Informanten des Autors) aber als verbreitete Erscheinung beschrieben worden.

In seinen Erinnerungen an Anita Berber zählt Klaus Mann (1930) »Nachkriegserotik, Kokain, Salomé, letzte Perversität« zum »Strahlenglanz ihrer Glorie«. Klaus Mann leugne nicht, dass die »Halbwelt« Kokain gebrauche, es werde aber deutlich, dass »diese Sitte nicht auf die ›unteren Zehntausend‹ eingeschränkt war, sondern auch das intellektuelle und artistische Milieu erfasste. Die Grenzen zwischen diesen sozialen Lagern verschwammen wohl in ähnlicher Weise wie später im Untergrund der sechziger Jahre« (Springer 1989: 57). Künstler verkehrten in Cafés und Bars – auch der Heizung wegen – und wie viele kamen sie mit Kokain in Berührung.

Walter Rheiner – zum Beispiel

Der Dichter Walter Rheiner (1895–1925), heute vergessen und auch zu Lebzeiten nicht zu literaturkritischen Ehren gelangt, hatte Berlin zuerst 1914, bei der Musterung, kennen gelernt, wo er sich Johannes R. Becher (und anderen Expressionisten) angeschlossen hatte – »der durch Einnahme von Narkotika Dienstuntauglichkeit als agitatorische Kriegsdienstverweigerung praktizierte«.[100] Als Spätfolge dieser »Agitation« kam Rheiner 1917 ins Untersuchungsgefängnis von Küstrin – und überraschend wieder frei. Man hatte seinen Namen auf der Abnehmerliste von Marga Graeber entdeckt, die in Berlin als Morphiumverteilerin verhaftet worden war ...

Im »Romanischen Café« Berlins begegnete der Lyriker Else Lasker-Schüler und dem Maler Ludwig Meidner; auch sie gehörten dem expressionistischen Umkreis an. Dort traf er ebenfalls Richard Huelsenbeck, den Dada-Botschafter aus Zürich. Rheiner nannte ihn «einen Literaten von widerlich blasierter Art, der zu gern in die Kaffeetassen seiner Kollegen huste« (ebd. 78).

Die Animositäten zwischen beiden künstlerischen Richtungen sind bekannt[101]. Der Kampf Berliner Dadaisten gegen den Expressionismus entsprach ihrer Agitation gegen die Weimarer Politik und Gesellschaft. Sie richteten sich gegen jede Dominanz – sei es auf gesellschaftlicher oder künstlerischer Ebene. Manchmal aber berührten oder mischten sich die Lager, wie im Falle von George Grosz und Otto Dix[102].

In ihrem Kunstschaffen treffen sich auch die Linien von Kokain und Dada. Von Dix stammt das Gemälde *Die Koksgräfin*[103], das eine ausgemergelte und verlebte Kokotte zeigt, deren Augen in tiefen Höhlen stehen. Grosz steuerte die Titelzeichnung zu *Bibergeil* bei, einer Sammlung »pedantischer Liebeslieder« von Edgar Firn/Daimonides (1892–1982), den Grosz als »Hauskomponisten der Dadaisten« bezeichnete. Darin heißt es: »Wir saßen im Café, im erz-bizarren,/umwallt von salzig zucken-

98 Wie Bergius/ Riha (1977: 173) im Nachwort zu *Dada Berlin* formulierten.

99 Wie in Springer 1989: 53, 54 zu lesen.

100 Walter Huder, in Walter Rheiner (1979: 85), *Kokain. Eine Novelle und andere Prosa*. Mit sieben Zeichnungen von Conrad Felixmüller, Berlin/Darmstadt: Agora.

101 Im Dadaistischen Manifest von 1918 richten sich die «dadas» gegen den Expressionismus.

102 Im Werk anderer Künstlerpersönlichkeiten nahm Dada neue Formen an; bei Max Ernst wandelte er sich zum Surrealismus, bei Christian Schad zur Neuen Sachlichkeit. Kurt Schwitters schließlich gab Dada eine eigene «MERZ»-Prägung.

103 Veröffentlicht in THAMM 1986: 124.

der Musik,/bei Cocain-Omelette und Paprika-Zigarren/und lila Palmenwein von Mozambique.«

Auch Grosz nimmt die Nachtseiten der Kokainverkehrswege auf die spitze Feder und unter den Röntgenblick: Ein ergebener Herr kniet im Frack vor einem prallen, vulgär-entblößten Weib. Inmitten von Zeugen der Ausschweifungen in Form von Medizinfläschchen, Weinflaschen und Gläsern (sogar Maiglöckchen verirrten sich darunter) flcht er mit erhobenen Händen. Das Herz zerstochen von einer Feder – oder ist es nicht vielmehr eine Spritze?

Satirischen Zielen fühlten sich durchaus beide Kunstrichtungen verpflichtet, Expressionismus und Dada – wenn auch mit unterschiedlichen Mitteln.

Als Rheiners überzeugendstes Prosawerk werten Kritiker seine Novelle *Kokain*, die 1918 in Berlin entstand. Walter Huder bezeichnet *Kokain* nicht nur als biografischen Schlüsseltext, sondern als »psychische Topografie eines zum Paradigma gewordenen Ballungszentrums der Dekadenz [Rheiner zitierend:] in einer krachenden Stadt, einem Wirrsal wilder Verwüstungen, einem riesenhaften, gefährlichen-tückischen Maschinen-Karussell [...] im Sausen der Hochbahn über finsterste Dächer [...] einer erstarrenden Stadt-Leiche« (ebd. 84).

Am 12. Juni 1925 nahm sich Rheiner mit einer Überdosis Morphium in Berlin Charlottenburg, in einem tristen Absteigequartier, das Leben.

Tief betroffen vom Freitod des 30-Jährigen malte Conrad Felixmüller (1897–1977) im selben Jahr das Bild *Der Tod des Dichters Walter Rheiner* zum Gedenken des Jugendfreundes.

Illustration von Conrad Felixmüller zu Walter Rheiners *Kokain* (1918): Der Autor schießt sich eine Ladung Koks in den Oberarm (Ausgabe Agora, 1979).

Buchtitel von Walter Rheiners *Kokain* mit einer dafür geschaffenen Illustration von Conrad Felixmüller (Ausgabe Büchergilde Gutenberg, 1985).

Conrad Felixmüller: *Der Tod des Dichters Walter Rheiner*, (1925):

In einem geöffneten Fenster schwebt ein Mensch vor der Kulisse einer Stadt. Grelle Straßenlaternen, ein Hotelschriftzug, ein Gewimmel von erleuchteten Fenstern sowie ein Bus, der unten auf der Straße fährt, suggerieren hektisches Leben – sogar in der Nacht.

Der Mann, der zwischen Himmel und Erde hängt, steckt in einem dunklen Anzug und geschnürten Schuhen. Er greift nach dem Vorhang, der das Geschehen mit Spitzen rahmt, wie die Blätter der Blumen auf der Fensterbank. Der Mann wirkt schwebend und transparent. Geradezu verzückt wirken seine Züge; erwartungsvoll die geschlossenen Lider unter der Brille. Seiner Linken entgleitet, kaum wahrnehmbar, eine Spritze.

Es ist die »Himmelfahrt« des Dichters Walter Rheiner.

Conrad Felixmüller: *Der Tod des Dichters Walter Rheiner* (1925).

Das Gemälde von Conrad Felixmüller umgibt die entschwebende, aber noch nicht ganz entseelte Künstlerfigur mit dem Glorienschein der fadenscheinigen Gardine eines bescheidenen Zimmers und macht es so zu einer modernen Himmelfahrt im Hinterhof. Das geneigte Gesicht des Dichters erstrahlt im Moment zwischen Leben und Tod. Geblendet von den Sternen, nach denen er greift – beschwor er in seinen Versen doch immer wieder Sterne, Monde und Sonnen ...

> Der Schnee hat leis sich uns ins Haar gesetzt.
> Mit kleinen Sternen ist das Haupt gelockt,
> die schmelzen hin mit süßem Lied. Sind Träne,
> die uns netzt.
> Walter Rheiner
> *Schnee* (1917)

Der fragile Moment des Verscheidens wird überblendet vom grellen und hektischen Geschehen der Großstadt. Ihre Lichter verdrängen auch das zaghafte Leben der Topfpflanzen.

Der Bildausschnitt mit dem Fenstermeer und die in ewigen Schlaf entglittene Person des Gemäldes wirken wie ein Widerschein des ersten Verses des Mottogedichts von Walter Rheiner, das seiner – vom Maler illustrierten – *Kokain*-Ausgabe der Büchergilde von 1985 vorangestellt ist; wie Felixmüllers Apotheose seines Freitodes:

> *Mottogedicht*
> Erkenne dich! Dein Herz, es ist das Zimmer,
> worin du stehst. Und Zimmer ist die Stadt.
> Und Stadt ist Land und Welt und Ozean!
> Ja: deine Hand ist Mond, der steigt aus deinem Schlaf.

Schroffe Winkel dominieren die Komposition: Straßenschluchten, Häuserecken, Scheinwerferkegel zerteilen die Fläche in Einheiten, die in Raum und Zeit parallel stattfinden. Sie suggerieren großstädtische Hektik, wie die Lichter, die der Maler in einem aufwärts strebenden Bogen um die hängende Figur verteilte; ein Kreissegment, welches das Leben von der Straße zu den Sternen nachzeichnet.

Auch in den sieben Federzeichnungen, die Felixmüller zu *Kokain* (vgl. unten) beisteuerte, finden sich dieselben Kompositionselemente und dieselbe nervige Linienführung. Figuren und Architekturen sind ineinander verschachtelt; jähe Augenblicke sind erfasst; mehrere Szenen finden gleichzeitig statt – so wie im Kokainrausch.

Rheiner, Pitigrilli und Kokainkonsumenten beschreiben den typischen Kokainrausch – je nach Dosierung – als Steigerung von Klarheit und Wachheit, »Sinnesschärfung«; als Rausch von Omnipotenzgefühlen oder »Übererregung« bis hin zu »wahnhafter Steigerung der Sinne« und »Verfolgungswahn«. Der Kokainist erlebt die Welt in einem rasanten, ruhelosen Strom paralleler Ereignisse, die sich detailliert dem Gedächtnis einprägen, ihm entschwinden oder es überfluten. In der Großstadt mit ihrem Überangebot an Sinneseindrücken wird nicht nur Kokain konsumiert und gehandelt. Die Großstadt ist auch Metapher für den Kokainrausch, den Felixmüller zu Rheiners *Kokain* in sieben Stationen skizzierte: I Die Injektion (in einer Toilette[104]); II die Wahnvorstellung, von allen angeblickt zu werden, gespiegelt in der Vervielfältigung der Lampenkegel; III Hunde-Angriff; IV Rufe auf einsamer Straße; V Nackter auf dem Dach; VI Verloren in den Armen der Geliebten; VII Selbstmord im Hausflur.

Die Großstadt ist auch Metapher für Isolierung und Vereinzelung in der Masse. Die Personen, die durch Felixmüllers *Kokain*-Illustrationen geistern, sind einsam, paranoid und vergeblich auf der Suche – wie Rheiner in Dichtung und Leben.

Struktureller Vergleich zwischen Dada und Kokain

Mit Dada haben Rheiner und Felixmüller im kunstkritischen Sinne nur am Rande etwas gemein. Zudem wäre es ein unzulänglich verkürztes und wissenschaftlich nicht legitimes Verfahren, das Schaffen beider auf die Perspektive einer Kokslinie einzuengen (zudem man nichts Konkretes über Felixmüllers diesbezügliche Erfahrungen weiß). Und doch folgt das bisher Gesagte dadaistischen Spuren, die sich mit der Rauschphänomenologie des Kokains mischen.

Wie aber ist es möglich, die Phänomenologie des Koksrauschs mit dadaistischen Kunstprinzipien zu parallelisieren?

Das Prinzip von Dada ist die Provokation. Der Kokaingebrauch von Künstlern und Regimekritikern wie Rheiner folgte (unter anderem) dem Prinzip der Agitation (wie wir im Zusammenhang mit seiner Arrestierung erfuhren). Provokation und Agitation handeln mit Hilfe von Parolen, Schlagzeilen, Meldungen.

»Symptomatisch [für Dada] war das Anknüpfen an literarische Gebrauchsformen wie Annonce, Plakat, Zeitungsmeldung, Schlagzeile, Parole, Tele-

104 Das von den Medien heute überstrapazierte Stereotyp des Herionabhängigen folgt dem von Felixmüller 1918 entworfenen Motiv bis zum Blickwinkel von schräg oben. Die Reihenfolge der Illustrationen entspricht in der *Kokain*-Ausgabe von 1985 dem Ablauf des Textes von Rheiner. In der Agora-Ausgabe von 1979 hingegen ist sie willkürlich und liegt meiner Abfolge hier daher nicht zugrunde.

gramm, Postkarte [...] oder die Anlehnung an das Geschäftsgebaren der kapitalistischen Umwelt« (Bergius und Riha 1977: 172). Künstler wie Konsument verarbeiten den zufälligen Fluss von Informationen, um alles gleichzeitig im Blick zu haben – wie die Dada-Künstlerin Hannah Höch (1891 bis 1978):

»Ich finde irgendwo etwas Nebensächliches, je nebensächlicher desto besser, das aber meine Phantasie schlagartig anregt und mich zu einer Aussage zwingt« (Höch 1982: 70). Sie nutzte vor allem das Prinzip der Collage und Fotomontage: »Bis heute versuche ich konsequent das Foto auszubeuten. Ich benutze es wie die Farbe, oder wie die Dichter das Wort« (Höch 1982: 94).

Vergleichen wir zum Abschluss typische Kommentare zur Fremd- und Eigenwahrnehmung des Kokainrauschs mit kompositorischen Prinzipien von Dada – am Beispiel der Kunst von Hannah Höch (die mit Koks in keinem bekannten Zusammenhang steht). Ein zugegebenermaßen gewagtes, aber nichtsdestominder spannendes Unterfangen ...
»Wer unter Kokswirkung ist, glaubt, er hat alles im Griff. Er fühlt sich überlegen und im Vollbesitz von Macht und Überblick.«

1923 ist die Fotomontage *Die Kokotte* datiert (Höch 1982: 68). Auf der obersten Stufe einer aus Papierrechtecken geschnittenen Podestreihe sitzt mit züchtig verschränkten Beinen und einladender Handbewegung eine Frau, mit schief aufgesetztem, übergroßem, männlichem Kopf, der mit schamhaftem, aber leerem Blick nach unten sieht. Vor ihr, in ehrerbietender Reihe: ein pummeliger Kinderrumpf mit Boxerkopf, gefolgt von einem Pinscher mit dem Kopf eines älteren Herrn mit Glatze (ist es Churchill?). Über das rote Sonnenei rechts oben krabbelt ein Mistkäfer ...

Was bleibt da noch zu sagen: Hannah Höch persifliert den vermeintlichen Überblick der Politiker als eitle Selbstüberschätzung mit Hilfe des dadaistischen Collageprinzips der Provokation.

Bezogen auf die einleitend zitierte Kokswirkung ist vielen Konsumenten eine ähnlich ironisch-distanzierte Selbstwahrnehmung eigen. Nicht umsonst dokumentierten Morphinabhängige wie Jean Cocteau, vor ihm de Quincey, hier Rheiner und später William Burroughs die Stufen ihrer Sucht mit präziser Selbsterkenntnis und Ironie.

»Leute, die Koks genommen haben, reden alle gleichzeitig aufeinander ein und jeder glaubt, gerade besonders brillant zu formulieren.«

1919/20 entstand die Fotocollage mit dem langen und provokanten Titel: *Schnitt mit dem Küchenmesser Dada durch die letzte Weimarer Bierbauchkulturepoche Deutschlands* (Höch 1982: 25). Anstelle des ursprünglichen Wortschnipsels »Revolution« setzte die Künstlerin um 1924 »Die große WELT dada« ein. Räderwerke, Kugellager, Zahnräder, Kräne und Maschinenteile sind mit Köpfen, Figuren, Personengruppen und Menschenmassen zusammengefügt zu einem chaotischen Ganzen. Aus ihm blinzeln Marx und Lenin hervor, und in der Mitte – zwischen Zahnrad und Kugellager – balanciert die Künstlerin selbst, als Tänzerin, ihren Kopf. Keine Frage – ein wildes Räderwerk von Meinungen, Parolen, Schlagzeilen, Köpfen. Es präsentiert eine Vielzahl von miteinander konkurrierenden Gedanken. Jeder glaubt, im Getriebe der Zeit von gewichtiger Bedeutung zu sein – wie der größte Kopf im Collagenwerk, der sinnend sein Haupt stützt. In verstreuten Parolen wie: «Legen Sie Ihr Geld in dada an!» – «Die anti dadaistische Bewegung» blitzen selbstironische Züge auf. Die Künstlerin jongliert mit allem – auch den eigenen Prinzipien.

Hanna Höch (1891–1978), »geordnetes Farbspiel«, Fotomontage, 1962.

Dada und Koka sind keine deckungsgleichen Phänomene – aber die Zwanziger Jahre hinterließen Spuren, die beides: Kunst und Koksrausch zusammenführen. Und wie sich zeigte, lohnt sich auch ein abseitiger Blick.

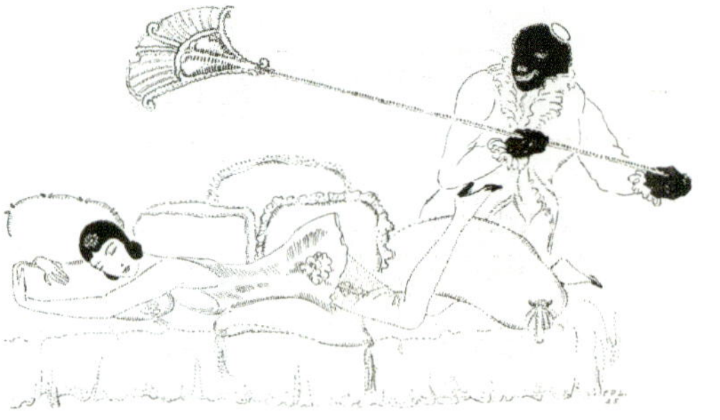

Eine lasziv orientalische Vignette
(aus: *Der Junggeselle*, Nr. 11, 1925, S. 7, Faksimile).

Bei zu viel Koksgenuss fällt man leicht in »Räuberfallen«
(Von Fenecker aus: *Der Junggeselle*, Nr. 35, 1925, S. 7, Faksimile).

Eine Kokotte steht fassungslos vor der zerbrochenen Kokain-»Puderdose«
(aus: *Der Junggeselle*, Nr. 15, 1922, S. 14, Faksimile).

Das typische Porträt einer koksenden (Nasenschleimspuren!), rauchenden und trinkenden »Kokotte« aus dem wilden Berlin der zwanziger Jahre (aus: *Der Junggeselle*, Nr. 41, 1925, S. 17, Faksimile).

Die Berliner Kokaintänzerin Anita Berber war ein Star der zwanziger Jahre (Porträt aus: *Der Junggeselle*, Nr. 24, 1921, S. 11).

Drei junge Mädchen, die mit Bubiköpfen und Charleston-Kostümen dem Stil der Zeit entsprechen (aus: *Der Junggeselle*, Nr. 20, 1925, S. 4–5, Faksimile).

LiteDADAratura

> Auf dem Gebiet der Literatur ist allein das Wunderbare imstande, die Werke zu befruchten …
> André Breton
> *Die Manifeste des Surrealismus*
> *Manifeste du Surréalisme*
> (1968: 18)

Wir saßen im Café, im erz-bizarren,
umwallt von salzig zuckender Musik,
bei Cocain-Omlette und Paprika-Zigarren
und lila Palmenwein von Mozambique.

Du saßest da wie phrygische Keramik.
Dein holder Busen zierlich und konvex
verriet von der verhaltenen Dynamik
(oh!) deines Leibes nicht den kleinsten Klex.

Du glotztest mir berückend in die Augen,
dummschlau verblendet und voll Dämonie;
und Chrysoprase blitzten, mich zu saugen
bestrebt, voll zweifelsfreier Sympathie.

Wir seufzten herbstlich, ratlos, doch entschlossen. –
Dein Lächeln schien jetzt wie kopiert nach Rops. –
Wir sehnten uns nach starken Feuerrossen
und sausten heim daktylischen Galopps.

Edgar Firn/Daimonides[105]
Pedantische Liebeslieder (1930)

Dada-Gedichte klingen meist nach Kokolores, denn – wie es Richard Huelsenbeck (1892–1974), Begründer des Dada in Deutschland, 1919 in einer öffentlichen Rede verkündete: »Dada will nichts, Dada wächst« (Behr 1964: 12). – Leider wissen nur wenige, wie Dada oder Dadasophie mit Coca als Dünger zu einer prachtvolle Blume erblüht ist. Hier wäre eine Dissertation zum Thema gewünscht!

A silver Lucifer
Serves
Cocaine in cornucopia.
Mina Loy
Lunar Baedeker (1923)

Dada hat wohl oft kokaininspirierte Lyrik und Poesie stimuliert, vor allem in Berlin. Auch im britischen Dada-Dunst-Kreis hat der weiße Staub Wirbelwinde kokainbezogener Poesie erzeugt: »Cyclones of ecstatic dust«. Die Dichterin Mina Loy (1882–1966), selbst zur Zeit der Geburtsstunde der Coca-Cola ge-

Umschlag zu *Bibergeil* mit der dadaistischen Zeichnung und Sütterlin-Kalligrafie »Bibergeil« von George Grosz (1893–1959) (Verlag Klaus Renner, München 1983).

boren und rechtzeitig zum LSD-Verbot gestorben, hat ein freizügiges, frauenbewusstes Leben geführt. Mit dem preisgekrönten Dada-Poeten Arthur Cravan (Pseudonym für Fabian Lloyd, verschwand 1918 in Mexiko) hat sie eine uneheliche Tochter gehabt und Gedichte geschrieben. Ihr Werk wurde konsequenterweise in den 1960er Jahren wiederentdeckt; eine Sammlung ihrer Gedichte ist unter dem Titel *Lunar Baedeker* (1923, Dijon: Contact Press) erschienen. Darin wird ihre Lieblingssubstanz bei der lunaren Reise durch den Zodiak dem Tierkreiszeichen Steinbock zugeordnet (Palmer und Horowitz 1999: 93).

Cocapœtica

> Auf der Rückseite des Spiegels der Welt, ich bewege mich in die Vergangenheit …
> (Burroughs 1999: 259)

> Die Worte traben: »Dein Gehirn besteht im Augenblick aus Brigaden winziger bolivianischer Soldaten … Sie brauchen das bolivianische Marschierpulver … Undeutlich schmeckst du auch ein bisschen Lateinamerika heraus – und zwar mehr als nur die Piranhas, die durch deine Blutbahnen jagen, und das verklingende Schwirren der Marimbas in deinem Schädel.« (McInerney 1990: 12)

Der Beatnik Allen Ginsberg (1926–1997) hat den poetischen Prozess beschrieben:

105 Pseudonym für Dr. Carl Doehmann, »seines Zeichens Hautarzt und also kein Dadaist im orthodoxen Sinne, war unser Hauskomponist. Seine Dadatöne wurden nie zu Papier gebracht, er improvisierte nur. Außerdem schrieb er unter dem Namen Daimonides groteske Gedichte« (George Grosz, zit. in: Verkauf et al. 1958: 101).

»Die Ursache der Veränderungen – zunehmend vertiefte Wahrnehmung auf der nichtverbalen-nichtkonzeptualen Ebene.
1) Spontan natürlich visionär
2) Zielstrebiges Experimentieren mit dem Bewusstsein:
- durch Jazz-Ekstase & Mantras
- durch jene elektronische Maschinerie
- durch Drogen
- Tantra & Zen Meditation

Folgen für die dichterische Komposition: ein Versuch, mehr simultane Wahrnehmungen einzubeziehen und bisher übergangene (für irrelevant gehaltene) Ereignisse mitzuteilen.
Durch:

– Konzentrieren auf spontanes Schreiben, um das ganze geistige Spektrum des Dichters zu erfassen –« (Ginsberg 1972: 88f.)
usw.
»Der bewusst Erlebende folgt Spuren von Klängen (sabdh) zur äußersten Schwingung.«
Durchmisst den Klang.

«Ich bestätige, dass Tristan Tzara das Wort *dada* am 8. Februar 1916 um 6 Uhr abends entdeckte ... Dies ereignete sich im Café de la Terrasse in Zürich und ich hatte eine Semmel im linken Nasenloch.» – Jean Arp.
(Nach R.H. Wilenskis Aufzeichnung)
***« (ebd.)

So entstand Ginsbergs Beat-Poesie *with dreams, with drugs with waking nightmares, alcohol and cock and endless balls*, »mit Träumen mit aufpeitschendem Alpdrücken, Alkohol, Schwänzen/Koks und endlosen Hoden/Tänzen« (Ginsberg 1959: 8/9): –
»Yes I'm a dopefiend I dont sniff cocaine
I hear the walls ringing
my nose is still in pain ...«
(Ginsberg 1997: 280)

Ähnliche Lyrik entstand auch in Deutschland, aber viel früher. Der »drogensüchtige« Dichter und Apotheker Georg Trakl (1887–1914), der inzestuöse »Wahnsinnige«, war einer der großen »Drogendichter« mit weitreichendem Einfluss.

Bitterer Schnee und Mond.
Georg Trakl, Winternacht (1947)
(Trakl und Kubin 1985: 8)

Die Nacht, ein Gedicht aus »Kristallnen Blumen«
(Trakl 1974: 149).
Der Schlaf:
»Verflucht ihr dunklen Gifte,
Weißer Schlaf!
Dieser höchst seltsame Garten
Dämmernder Bäume
Erfüllt von Schlangen, Nachtfaltern,
Spinnen, Fledermäusen ...«
(Trakl 1974: 145)
Im Schnee
»Mit Schnee und Aussatz füllt sich die kranke Seele
Da sie am Abend dem Wahnsinn der Nymphe lauscht,
Den dunklen Flöten des [...] im dürren Rohr;
Finster ihr Bild im Sternenweiher beschaut;«
(Trakl 1974: 134)
De Profundis:
»Im Haselgebüsch
Klangen wieder kristallne Engel.«
(Trakl 1974: 31)

Trakls Qual zwischen der Drogennotwendigkeit, dem Delirium, dem »Schwarzen Schnee, der von Dächern rinnt« (Trakl 1974: 102), dem Wahnsinn und der künstlerischen Verzweiflung, ist der Quell seiner Poesie. Er muss schreiben, streitet aber mit sich selbst und den Drogen, die er für sein Werk braucht. Er stirbt schließlich freiwillig an einer Überdosis Kokain. *Weißer Schlaf!*

Wenn es um *Cocapœtica* geht, wird mit Georg Trakl im selben Atemzug, oder bei der selben Schniefe, der Psychiater Gottfried Benn (1886–1956) im Gedächtnis erwachen. Seine Gedichte entsprachen der modernen Welt, dem Lebensgefühl der Goldenen Zwanziger, der Großstadtkultur. Er zimmerte sie in synkopischem Rhythmus, ein »faszinierender Aufruhr der Sprache« (Hans Egon Holthusen). Sein Expressionismus machte Schule und besticht immer noch. Er liebte den »tröstenden Schnee«, wie er ihn liebevoll in seinem Requiem nannte (Benn 1982: 74).

Portrait des dichtenden Kokspsychiaters Dr. med. Gottfried Benn (1886–1956); seine Gedichte hatten einen starken Einfluss auf folgende Generationen.

Überall, überm All, schneit sich der Schnee heraus - besonders in seinem Gedicht *Cocain*, Teil 9 des Zyklus *Der Psychiater* (1917):

»Den Ich-zerfall, den süßen, tiefersehnten,
Den gibst Du mir; schon ist die Kehle rauh,
Schon ist der fremde Klang an unerwähnten
Gebilden meines Ichs am Unterbau.

Nicht mehr am Schwerte, das der Mutter Scheide
Entsprang, um da und dort ein Werk zu tun
Und stählern schlägt –: gesunken in die Heide,
Wo Hügel kaum enthüllter Formen ruhn!

Ein lautes Glatt, ein kleines Etwas, Eben –
Und nun entsteigt für Hauche eines Wehns
Das Ur, geballt, Nicht-seine beben
Hirnschauer mürbesten Vorübergehns.

Zersprengtes Ich – o aufgetrunkene Schwäre –
Verwehte Fieber – süß zerborstene Wehr –:
Verströme, o verströme Du – gebäre
Blutbäuchig das Entformte her.«
(Benn 1982: 108)

Auch Benn ist ein Wesen der Nacht:

»O, Nacht! Ich nahm schon Kokain,
Und Blutverteilung ist im Gange ...
Ein Abendnebel, eine Wallung
Von Raumverdrang, von Ichgefühl.
Tastkörperchen, Rotzellensaum
Ein Hin und Her, und mit Gerüchen;
Zerfetzt von Worte=Wolkenbrüchen –:
Zu tief im Hirn, zu schmal im Traum ...«
(Benn 1982: 107)

»Das Hirn frisst Staub. Die Füße fressen Staub.« Aber abtreten kann er ihn nicht, nur verdichten und weiter schnupfen und weiter verdichten.

Später übernimmt der »Staub« das Dichten, das Kokain verdaut sich selbst, Koks verdichtet sich selbst, übernimmt die Regie im Gehirn des Poeten: »Die Sonne spielte Verstecken in den spärlichen grauen unter den kastanienbraunen Haaren auf Garys Kopf. Sie würden einen Augenblick aufscheinen, dann verglimmen. Kleine Signale Möglichweise war ein Aufscheinen alles, was man brauchte. Und einen Löffel Kokain natürlich ... Gary warf die Hose ... Winzige Staubteilchen lösten sich aus ihr, erhoben sich in die Luft und tanzten einen verschlungenen Reigen zu einer lautlosen Musik ... Spence fragte sich, ob Staubteilchen Wahrnehmungsorgane hatten ... Er würde darlegen, dass Staubteilchen nicht nur empfindungsfähige, sondern auch intelligente Wesen waren. Er würde ihr hochentwickeltes kulturelles Erbe enthüllen, das auf ihrer Lieblings-

Cocalocura, Fotocollage, eine Hommage, von Christian Rätsch.

Émile Zola (1840–1902):
»Oh! Nicht mehr Klang zu sein, nicht mehr zu leiden und sowenig als möglich zu sterben! Der Traum des Doktor Pascal mündete in dieser Hoffnung, von der man sich das Universalglück versprach, jedem zu Gesundheit zu verhelfen. Da dann alle Heiligen wären kräftig, intelligent, gäbe es kein bestes Volk, das unendlich weise und glücklich ... Und angesichts dieses Fundstücks der Alchemie des 20. Jh. eröffnet sich eine unermessliche Hoffnung, man glaubt sogar, die universale Panazee gefunden zu haben, den Likör des Lebens, der die menschlichen Schwächen besiegt, die einzig wirkliche Ursache allen Übels, ein wahrhaftiger und wissenschaftlicher Jungbrunnen, der indem er Kraft, Gesundheit und Willen verleiht, zu einer gänzlich neuen Gesellschaft führen wird.« (Aus dem 2. Kapitel des Buches *Le Docteur Pascal*, aus: *Album Mariani*, 1894 f.).

beschäftigung beruhte: der Kunst des Sonnenlichttanzes ... Seine neue Wissenschaft sollte Staubpartikologie heißen.« (PICANO 1986: 109, 110,11, 112) – *Cocalatura. Cocalocura.*

Coca romana

> Auf der Wange hatte er einen Auswuchs – den Knäuel Koka, den er unablässig kaute, von der Geburt bis an den Tod.
> (EDSCHMID 1931: 210)

Cocablätter wirbeln, Prieme kullern, Indianer fliegen durch *Cocalandia*. Coca und Cocakauen werden oft in Reiseromanen durch Südamerika porträtiert. Sie sind *Glanz und Elend Südamerikas* (EDSCHMID 1931), mit *Schnaps, Kokain und Lamas* geht es »kreuz und quer durch wirres Südamerika« (KATZ 1931), die »Nahrung« *der Inka* wird ständig gekaut (PETERS 1995).

Aber es sind auch viele Romane unter dem Einfluss von Coca, hauptsächlich in Form des *Vin Mariani* entstanden. Werke der Weltliteratur, die in jedem Bücherbord des Bildungsbürgertums vergilben. Die Literaten bedankten sich überschwänglich bei Meister Mariani, so Alexandre Dumas der Jüngere, Emile Fabré, Henrik Ibsen, Octave Mirbeau, Émile Zola, Jules Verne und H.G. Wells (ANDREWS und SOLOMON 1975: 243–246).

Koksromane

> Makrokosmen und Mikrokosmen und Chilikosmen und Mikroben, und endlich hat man alle diese großartigen Bücher, und kein Mensch hat auch nur die Zeit, sie alle zu lesen.
> JACK KEROUAC
> *Big Sur*
> (1984: 69)

Die *cucaracha*, die Kakerlake, ist ein echter Kokalecker, *coca roacha*. Schaben, Geradflügler (Insekten), schwarzbraune fette Küchenschaben, famose Kulturfolger. Bisher war es nur durch die mexikanische »Nationalhymne« *La cucaracha* bekannt, dass Kakerlaken Marihuana lieben, aber sie scheinen auch andere Drogen zu mögen, vor allem Kokain und Milchzucker, Marihuana und Psilos (Fat Freddy weiss davon ein Lied zu singen ...).

> *Der Puder der Engel und ich bin dein* – Sie erinnerte sich daran, wie sie ins Rotieren kam, auf Koks abfuhr, wenn ihr der Schnee durch die Venen pulste. Als hätte sie einen weißen Wollsocken über der Nase, dieser kühle Geruch nach Baumwolle in den düsteren Fluren des schäbigen Plazahotels in Bogotá. Der matte Glanz auf den harten Panzern der Kakerlaken, das dröhnende Gesumm der fetten spanischen Fliegen, wenn sie mitten in der Luft fickend aneinanderhingen.
> (PHILLIPS 1981: 72)

Man kann die Kokamania der Kakerlaken selbst beobachten: »Als ich dastand und mit mir selbst rang, fuhr ein heftiger Windstoß [*a strong blow!*] durch die Fensterläden herein, blies [*blow*] durch das gesamte Zimmer und verstreute das Kokain als weißen Staub [*white dust, wackey dust*] über den Fußboden ... Die ganze Nacht über waren die Kakerlaken übermäßig aktiv. Noch ein paar schlaflose Stunden mehr ... und zwar wegen der umherlaufenden und schabenden Kakerlaken, die durch das Kokain auf dem Fußboden ganz high geworden waren« (NICHOLL 1990: 239).

Solche Beobachtungen haben sich auch literarisch niedergeschlagen, besonders in *dem* irrwitzigen Kakerlaken-Roman *La Cucaracha oder Die Stunde der Kakerlaken* (1990) von dem geheimnisumwitterten, in *Anonymilandia* verschollenen 1953 geborenen Autor Daniel Evan Weiss.

Erzählt wird die Geschichte aus der Perspektive einer intelligenten und gebildeten Kakerlake. Sie gehört zu einer Kolonie in der Wohnung eines New Yorker Anwalts. Diese Kakerlaken haben einen evolutionären Quantensprung durchgemacht, indem sie sich buchstäblich durch die Privatbibliothek gefressen haben. Mit den verdauten Seiten aus den Büchern der Weltliteratur und Philosophie haben sie ein großes Wissen angefressen. Jede Kakerlake trägt den Namen des Autoren, den sie verspeist hat. Bald kommen Drogen ins Spiel. Die Kakerlaken entdecken vermeintliches Kokain, »ein Elixier, das die Sinne schärft und die Lust verstärkt« (S. 95), den »Stoff, aus dem die Liebe ist« (S. 96), naschen davon und stellen fest, dass es sich um das Streckmittel Milchzucker handelt. Das mögen die Schaben natürlich viel lieber. Die Story wird erst recht turbulent, wenn die Kakerlaken aus Eifersucht den *stash* ihres Hausherrn mit einem giftigen Reinigungsmittel vertauschen ... STOPP: selbst lesen bringt mehr Spaß![106]

106 Von diesem Buch scheint der Film *Joe's Apartment* oder *Das große Krabbeln* (USA 1996) beeinflusst zu sein. In dieser Trickkomödie können die Kakerlaken denken, sprechen und tanzen.

> Kokain macht überklar, überwach, durch Wände und Seelen hindurchwitternd, unerbittlich, grell und flackernd zugleich, lähmend den Leib, den Geist zu sausender Reise aufstachelnd; analytisch, entdeckerisch, wirkt es utopisch-reale Gewebe, ballt imaginäre Essenz, unerhört jede sinnliche und sensible Wahrnehmung verfeinernd; Kokain entbindet den Geist aus seiner Verschränkung, unerbittlich nackt tritt der Abgelöste sich selbst gegenüber; das heißt das tritt ein, wovor fast alle Menschen fliehn, das was die Gesellschaft schuf, die öffentliche Meinung, den Staat, das Zusammenleben in jeder Form: Angst vor der Selbstbegegnung des Einzelnen, des Einsamen.
> (Pulver 1980: 31)

Sex und Drogen, Erotik und Rausch, Trance und Traum sind nicht nur seit dem Altertum beliebte Themen der Literatur, sondern auch Gegenstand der Künstlerkultur, Fokus der Literaten aller Zeiten und Welten. Weingeschwängerte Bacchanalien geistern durch griechische und römische Werke, Rausch und Perversion entsteigen den Schöpfungen eines Marquis de Sade. Verführung und drogenberauschte Liebe durchziehen die Welten der Tausendundeinen Nächte. Kokotten und Kokain durchtanzen Bordelle und Kabaretts. Besonders seit der Jahrhundertwende, seit dem Jugenstil:

Vor 1910: »In Genf war das Laster erblüht. Jeder Chauffeur kannte die Adresse eines Kokainhändlers. Es waren meist alte Frauen, Kokotten, gewissenlose Ärzte, verbrecherische Apotheker. Es gab Kokainistenhotels, wo vom Stubenmädchen bis zum letzten Gast geschnupft wurde. Es gab Kaffees, wo die Bedienerin der Toilette Kokaininjektionen machte und man an der Bar vom Mixer für zwanzig Francs ein Gramm erhielt. (...) Der Hund des Clubs, mit Kokain gefüttert, halluzinierte ...« (Münzer 1910: 223 f.)

Sein Held, der bisexuelle Rauschdoktor: »Er entsann sich mühsam früher Räusche. Da war das Flugglück des Opiums, die Bilderseligkeit des Kokains; Liebesnächte; sie glitten voneinander, umschlungen die Sterne fragend: Sind wir nicht glücklich? und in dem unendlichen Ja des ungeheuren Nachtschweigens ertrinkend; Schiffsnächte in der Südsee, Inseln mit roten Frauen, rote Menschen mit der Anmut der Wildnis; die Küste Griechenlands im Sonnenuntergang; das Schwarze Meer, blau wie Saphier, Palmen spiegelnd auf seiner wogenden Brust; die arabische Wüste, Schatten der Oase, ein nackter Knabe an der Zisterne, Erlebnis der Bibel; Eisenbahnflug durch das nordische Amerika, Tag und Nacht, kein Aufenthalt, am Horizont ein gelber Strom, eine braune Kette weißhäuptigen Gebirges, ein Wald schlägt über dem Zuge zusammen; Bootfahrten durch Ceylon, tierhafte Eingeborene lächeln stumm; eine Nacht in Wladiwostock, Zigeuner und Frauen in roten Hosen, die Brüste nackt, mit bunten Perlen bedeckt; ein russischer Offizier, zwei brauene sechs-Wochen-Bären in den Armen; der Fellach in der Cheopspyramide, der mit der Fackel nackt tanzt und sich an einer Halluzination bis zum Orgasmus berauscht ... Wo? In welche Tiefen versunken? ... Daniel Gram lebt, träumt in schönerem Rausch.« (Münzer 1910: 267 f.) – Ein literarischer Roadmovie durch visionäre Landschaften. Ein Fuß in anderen Welten, ein Fuß in der Großstadt. Der kokainisierte Großstadtroman war geboren. Er wurde in zahllosen Varianten geschrieben, auf opiumfeuchten Seiten und in kokskristallisierten Zeilen.

Das *Phantom* geistert durch Münzers Koksträume (1910), kokaingetriebene Heroen jagen durch Max Pulvers *Himmelpfortgasse* (1927/1980), *Eros und der Wahnsinnige* eilen durch die Halbwelt von Paris (Sonnenfeld 1929), *Die Elfen von New York* beobachten die Koksnasen (Millar 1997), der *Roman mit Kokain* (geschrieben 1935) ergreift die Szene im vorrevolutionären Moskau (Agejew 1986), menschliche Wracks baden im *Quell der Einsamkeit* (Hall 1929), *Kulturmenschen* (Farrère 1919) koksen sich durch den Ku'damm, zappen sich durch den *Berliner Reigen* (Solmssen 1986) – schön beschrieben in *Gott, Gegenwart und Kokain* (Trautner 1927):

»Der Trieb nach Erfülltsein, Schaffen und Hingabe lässt sich nicht unterdrücken. Doch vielleicht verleugnen: Man flieht aus der Welt: in Unwirklichkeiten der Kunst und kindlicher Unterhaltungen; in Hysterien und verstiegene Perversitäten; in Aberglauben und Sektiererei. Auch Sport und karitative

Der seltene Großstadtroman *Eros und der Wahnsinnige* in sinnlichem Purpur mit Goldprägung (Sonnenfeld 1929).

Die beiden deutschen Ausgaben der vielleicht bedeutendsten Koksromane haben auffällig ähnliche Coverszenarien: wildes Weib, Zigarette und Alkohol ...
(Cover der Originalausgaben; Brod 1956, Pitigrilli 1927).

Bestrebungen sind ein Weg dazu. Und andre, und andre. Und Kokain« (Trautner 1927: 95). Und nun: *Kokain*, der vielleicht berühmteste Koksroman – geschrieben von dem italienischen Skandalautor und Journalisten Pitigrilli alias Dr. Dino Segre (1893–1975). Er verbrachte die Zwanziger Jahre in Paris und verfasste nicht nur Reportagen, sondern eine ganze Reihe von Büchern, die allesamt als skandalös aufgenommen, aber rasend verkauft wurden. Die meisten erschienen bereits in den Zwanziger Jahren, natürlich in Berlin: *Der Keuschheitsgürtel* (= *Betrüge mich gut*), *Ein Mensch jagt nach Liebe*, *Die Jungfrau von 18 Karat* und *Luxusweibchen*. Der Autor porträtierte in seinen Romanen die wilden Jahre, die dekadente, genusssüchtige Gesellschaft in ihren schillernden Facetten. In all seinen Geschichten hat er persönliche Erlebnisse in der Lebewelt autobiografisch dokumentiert. Auch in *Kokain*.

Dass Pitigrilli ein guter Kenner der »Szene« war, spricht aus jedem Satz. Dass er über reichlich Kokserfahrungen verfügte, ist auch sehr deutlich. Seine Gedanken zum Kokain haben ganze Generationen von Koksromanen und Koksklischee beeinflusst. In *Kokain* beschreibt er die Geschichte eines jungen Journalisten, anscheinend er selbst, der nach Paris geht und dort das Kokain kennen lernt. Er nimmt mehr und mehr von dem anregenden Stoff. Bald sieht er ihn personifiziert in einer verführerischen Frau, Madame Kokaina. Seine täglichen Erlebnisse verdichten sich immer mehr zu einer manischen Halluzination.

Wenn man den Roman liest, fragt man sich unweigerlich, ob Kokain tatsächlich zu so fantastischen Visionen, wie der folgenden, führen kann – oder war da noch etwas Meskalin im Spiel? –:

»Das Kokain drang bis in seine Lungen mit seinem frischen, sich verflüchtigenden Aroma ...

Das Herz beruhigte sich. Aber in seinem Kopf wirbelten weiter die tollsten Phantasien. Sein Gehirn glich einem Karnevalsfest in einem Irrenhaus: die geschlossenen Augen sahen ein Dunkel, ein blaues Dunkel, in dem kalte Funken sich entzündeten, explodierten. Jeder Funke teilte sich in zwei Hälften, und aus jeder Hälfte bildeten sich neue, die sich ihrerseits wieder in leuchtende Kreise zerteilten. Einer dieser Funken breitete sich faserartig aus, zuckte wild, nahm sein ganzes Gesichtsfeld ein, saugte das Dunkel auf. Seine geschlossenen Augen waren voller Licht« (Pitigrilli 1988: 34).

Henri wandte sich nicht nach den beiden um, sondern blickte nachdenklich auf seinen Teller, Ja, Montmatre hatte sich verändert. Es war berechnend und kosmopolitisch geworden, es verkörperte das Nachtleben nicht nur der Stadt Paris, sondern der ganzen Welt, eine Art Pittsburg des handelsfähig gemachten Lasters, wo Kaffeehaus- und Bordellunternehmer von allen vier Ecken der Welt zusammenkamen, um sich ihre Ware auszusuchen. L'Ely und die meisten anderen alten Häuser hatten geschlossen. An ihre Stelle waren wie Pilze aus der Erde überall Nachtbars aufgeschossen: gedämpft beleuchtete Spelunken für Perverse beiderlei Geschlechts, Kokain- und Morphiumhöhlen ...
»Worüber grübelst du nach?« fragte Jane. »Iß lieber deine Eier.«
(aus: Pierre La Mure, *Moulin Rouge: Der Lebensroman des Malers Toulouse-Lautrec*, Bertelsmann Lesering, 1955, S. 299)

Es gibt sie an jedem Kiosk, auf Flughäfen, Bahn- und Metrostationen: die billigen Romane für die Reiselektüre. Sie sind äußerlich aufgemotzt, innen auf grobem, rasch vergilbendem Papier gedruckt und mit dünnen Inhalten aufgeblasen. Koks-Kiosk-Kultur.
Hier ein Convolut solcher Koks-Taschenromane, die alle um *Coke 'n' Crime* geschnörkelt sind:
Guy Gugliotta und Jeff Leen, *Kings of Cocaine* (New York: Harper, 1990)
James Mills, *The Underground Empire* (New York: Dell, 1986)
Martha A. Morrison, *White Rabbit* (New York: Berkley Books, 1991)
Bruce Porter, *Blow* (New York: HarperPaperbacks, 1993)
Carol Saline, *Dr. Snow* (New American Library, 1989)
Stuart Woods, *White Cargo* (New York: Avon Books, 1988)

William S. Burroughs (1914–1997), oder einfach: *Lee*

So wir keine biederen Bürger sind, spielen
wir ab und zu ja alle mal Gott, doch wann haben
wir zuletzt eine ganze Generation geschaffen?«
[...]
Die volle Geschichte des Beat-Aufstandes und
seiner Vorbereitungen, jenes aufregenden
JAZZ-KOKS-MARIHUANA-LYRIK-GEDANKEN-ORGASMUS-GOTT! wird noch geschrieben ...
Seymour Krim
Vorwort zu Jack Kerouac
Engel, Kif und Neue Länder
(1971: 5, 11)

Er, *Lee*, wurde 1983 auserwähltes, das heißt ehrenhaftes Mitglied der American Academy and Institute of Arts and Letter. Obwohl er schwul war, obwohl er »drogensüchtig« war, obwohl er der Lieblingsdichter von Frank Zappa war.

Der Schöpfer der *Interzone* und Begründer der modernen US-amerikanischen Literatur, ein schwules Genie, extremer Drogenkonsument mit sagenhafter Vorliebe für Opiate, hat gerne mal eine *Linie gezogen*.

Dann hat er den »Kokskäfer« heraufbeschworen, natürlich in *Naked Lunch*.

»Kokskäfer, mein Lieber» [...] Ich kannte auch noch diesen Bullen in Chicago, der Kokain schnupfte, kam damals in Form von Kristallen, blauen Kristallen, auf dem Markt.« S. 238 auf dem *Markt* der *Interzone*, »auf der Rückseite des Spiegels der Welt ...« (S. 259).

Denn: »Es gibt nur eines, worüber ein Schriftsteller schreiben kann: *was im Augenblick des Schreibens von seinen Sinnesorganen wahrgenommen wird* ... Ich bin nichts als ein Instrument zur Wiedergabe ...« (S. 263)

Der Junge hat dich mit weichen Schneebällen
getroffen platzen im Licht verbrennen dich weich
und rosa und kalt wie Kokain.
William S. Burroughs
Interzone
(1991: 206)

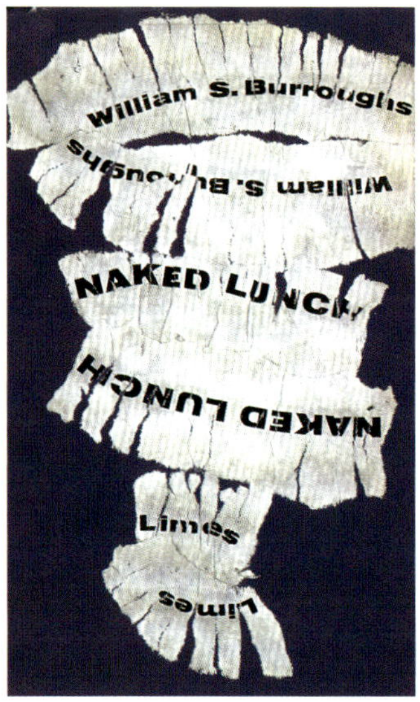

Buchumschlag der deutschen Erstausgabe von Burroughs *The Naked Lunch*. Natürlich Hals über Kopf und doppeldeutig ... (Limes Verlag, Wiesbaden, 1962).

Der »Kokskäfer« krabbelt zum *Naked Lunch*.

Burroughs zu lesen erfordert einiges, zum Beispiel den Verlust an Inhalt, der sich an einem roten Faden entspinnt. »*Naked Lunch* kann man an jedem Absatz zu lesen anfangen ... [...] *Naked Lunch* ist ein Bauplan, eine *Anleitung* ... [...] *Anleitungen* erweitern die Erfahrungsbereiche. [...] *Naked Lunch* fordert Stille vom Leser.« S. 267/268 – so Burroughs in seinen eigenen Worten, in der kongenialen Übersetzung von Katharina von Behrens (rororo, 1999). Burroughs ist mehr Musik und Takt, Sound und Klang, ist Dada Jazz, BeBop, Beat. Wenn man nach einer sinnreichen Story sucht, wird man als Literaturkritiker in den Wahnsinn getrieben. Lässt man jedoch die Sprache synästhetisch das Gehirn streicheln, wird sie zu einer Stimmung, in der man schwelgen kann. Traummusik des Korax.

Von *Lee* zu Jack, zu Jack Kerouac (1922–1969), zu seiner Suche, *on the road again*: sein Stil: *spontaneous prose*, spontane Prosa.

»Blechmusik von ein paar Häusern weiter, der widerliche Duft alter Bratwürste, Ziegelgeruch [der gute Geruch von gutem Koks], dumpfiger Backstein, Dreckpfützen, Bananenschalen – und über einer zerbröckelten Mauer siehst du die Sterne« (Kerouac 1971: 56).

Was für eine Geschmacksmetapher vom guten kellertüncheduftenden Stoff!

Jack Kerouac hat auch das Buch über weißes Pulver und BeBop (1979, engl. *The Subterraneans*, 1958) geschrieben. *DaDa-Jazz*, *Coca-Bop*, Beatnikwelten, *hip* sein, mit Neal Cassidy (1925–1968) als *der* Busfahrer, *on the bus, on the road again*.

Danach kamen solche Berühmtheiten der literarischen Szene wie William Kotzwinkle (geb. 1943 in Pennsylvania/USA), der *Fan Man*, von dem niemand weiß, wer oder was er ist, außer er selbst: »Ich bin der geisteskranke Onkel Schleicher, Mann, schleich übern Dachboden, durch die Gänge ihres Bewusstseins. [...] Onkel Schleicher, Mann, singt ein Lied von unerreichter Unheimlichkeit. An den flackernden Kerzen des Altars vorbeischleichend singen wir unsre Onkel-Schleicher-Musik, Mann, schneiden so teuflische und wahnsinnige Gesichter, dass die letzten Hemmungen, die die Mädels der Musik gegenüber noch haben, jetzt völlig ausgelöscht werden« (Kotzwinkle 1980: 138).

Damit leitet Kotzwinkle über zur Musik, zur bekoksten Blechmusik, zum Beat, zum Rock 'n' Roll, zum *Coke 'n' Roll*, zu den rollenden *Rocks*, zu den turbulenten Kokskristallen.

»*But I'm so far out On the Road again*« singt Pete Townsend, »*Come on the road again ... to find my special friend. The first time I travelled out in the rain & snow. I can't feel myself ... But on the road again.*« OnLine.

Der Cocamix – Koks und Komiks: oder Cocaine Comix

> schöpfer von bildwelten
> in wettkampf mit der wirklichkeit.
> Jim Morrison, *ein amerikanisches gebet*
> (Berlin, 1984)

Am Anfang war der Comic (oder Comix) ... So manche glauben, dass der Comic (oder Comix oder Komiks) bereits in der Höhlenkunst der Steinzeit seinen Anfang nahm, von den mesoamerikanischen Bilderhandschriften und den frühmittelalterlichen Bildfolgen vorbereitet und schließlich von Wilhelm Busch begründet wurde ...

Komiks, Comics, Comix, verschiedene Schreibweisen für Bücher, die serielle Bilder mit Sprechblasen haben. Vielleicht sind sie für die Kulturgeschichte bedeutsamer und einflussreicher als manch andere Werke, die zum Beispiel in abonnierbaren Serien – DIE sechzig besten Bücher der Weltliteratur – angeboten werden. In vielen Comix findet man Drogenassoziationen. *Coca Comica*.

In manchen Comix wird direkt auf Kokain Bezug genommen, schon vom Titel her. In einigen Comix kommen Koksszenen vor, manchmal gibt es Koksassoziationen sowie Koksinterpretationen. Dass viele Comix *unter dem Einfluss* entstehen, ist auch bekannt.

Der sehr erfolgreiche Kindercomix *Popeye* von Bud Sagendorf beschwört sofort *Cocassoziationen* herauf. Der Seemann mit den dicken Unterarmen und der an seinem Mund festgewachsenen Pfeife, die er sogar beim Tauchen unter Wasser weiterraucht, erlangt übermenschliche Kräfte, wird zu einem Supermann und fräst sich durch Wogen und

Schaufelnde schlafende Schlümpfe staubsaugen gern ...

Drogenkonsum im Comix: Essen, Schnupfen, Schlucken, Spritzen ... (aus: JODOROWSKY/JANJETOV, *John Difool 7: Wie alles begann*, Hamburg: Carlsen©, 1990).

Der Seemann Popeye mit seinem wundersamen stimulierenden »Spinat« (aus: *Popeye – Die ersten fünfzig Jahre*, Stuttgart: Ehapa, © 1979 King Features Syndicate).

In dem Comix *Koksen um die Mäuse zu vergessen* sind eine Reihe kleiner Drogengeschichten versammelt (Cover) (KATZ MAX GOLDT, *Koksen um die Mäuse zu vergessen*, Berlin: Jochen Enterprises, 1998).

Wellen, stürmt durch die Gegend, zertrümmert und zerschlägt. Wenn er sein Wundermittel, den Spinat, aus einer Dose am Pfeifenstengel vorbei in seinen Schlund kippt, wird er wach, aktiv, stark, ungehalten – alles Wirkungen, die an Cocawirkungen erinnern. Sein »Spinat« hat nichts mit dem botanischen Kulturgewächs (*Spinacia oleracea* L.) zu tun, das Kinder hassen, denn es sieht als Speise zubereitet wie von Kühen Wiedergekäutes und Erbrochenes aus und schmeckt grausig. Spinat ist nach Ansicht der *Organophiles*[107] »gesundt«. Aber die in den *Popeye*-Comics vom Held der Serie aus magisch erscheinenden Dosen benutzten grünen Blätter, die bei Einnahme sofort unglaubliche Kräfte und Schnelligkeit verleihen, sind wohl nichts anderes als Cocablätter. Schon die Kinder werden *an der Nase herumgeführt* mit der Lüge vom »Spinat«, der Superkräfte verleiht.

Es war zur Hippiezeit, als die Underground Comix, die U-Comix, Furore machten – allen voran die Werke von Robert Crumb und Gilbert Shelton. Sie behandelten alle erdenklichen Themen aus dem halluzinogenen Blumenkinderkosmos. Dazu kam eine ordentliche Prise Sex und politische Parodie. Sie waren sehr explizit. Für Kinder ungeeignet, hieß es. Er war geboren: der Comic für Erwachsene. Um diese Bildergeschichten gab es viele rechtliche Streitereien. Comix wurden beschlagnahmt, verboten, öffentlich angeprangert. Man wollte die neue Subkultur konstituierende Macht staatlich beseitigen. Es gelang jedoch nicht. Immer noch freuen sich die Heftchen aus dem Untergrund großer Beliebtheit, manche haben auf dem Sammlermarkt erheblichen Wert. Als die Hippies begannen, sich Koks reinzuziehen, zogen auch die Comixproduzenten nach. Der *Coke Comix* war geboren. Er hatte seinen Höhepunkt in der leider früh eingestellten Heftchenserie von Last Gap (Berkeley, Kalifornien) namens *Cocaine Comix*. Davon sind lediglich vier oder fünf Hefte erschienen (ohne Datum und kaum Copyright-Angaben). Darin tummelten sich Zeichner wie Red Grant, Rich Chidllaw, George di Caprio, Robert Williams, Scott Thomas Love, W. Wm. Greenwood, Chris Statler, Falle Jensen, S. Clay Wilson u.v.m.

107 Vertreter der Gesundheitslehren, die auf so genannten oranisch-natürlichen Ernährungsformen beruhen; erstmals publiziert von JO.

Comix von Gotlib: *Peter Pervers*, Volksverlag Linden, 1983.

Vorder- und Rückseite des Heftes Nr. 3 der amerikanischen Serie *Cocaine Comix*, Berkeley, zirka 1980 (Faksimile).

Der Superheld Wonder Wart-Hog, »Wunder-Warzen-Schwein«, ist nicht nur eine Parodie auf Superman™, sondern dank seines Rüssels ein vorzüglicher Koksschnupfer (Bild aus der Geschichte *Wonder Wart-Hog and the Battle of the Titans*, in: *Rip Off*, No. 12, © 1983, S.16).

Alle wollten es immer wissen: Wie sind die Naszca-Bilder entstanden? – Hier die Antwort: von vollgekoksten Aliens mit Rüssel und Bleistift gezeichnet! (Bild aus dem Heft-Nr. 3 der US-amerikanischen Serie *Cocaine Comix*, Berkeley, zirka 1980.)

Dass Kokain, das große Geld und die im Untergrund gehandelten Gemälde alter Meister zusammenhängen, wird in diesem Comic thematisiert (Cover) (MAURICE TILLIEUX © 1978, *Ein Fall für Jeff Jordan: Kokain und alte Meister*, Hamburg: Carlsen, 1984).

Die U-Comix sind dagegen sehr explizit, vor allem die Schöpfungen von Gilbert Shelton: *The Fabulous Furry Freak Brothers*, kurz Freak Bros., die »Freak-Brüder«, das *Wonder Wart-Hog*, das »Wunder-Warzen-Schwein« alias *Philbert Desanex*, *Fat Freddy's Kat*.[108]

Die Freak-Brüder kiffen, saufen, schmeißen, essen und schnupfen alles, was sie erhalten können. In ihrem Kühlschrank befindet sich lediglich ein *Appelgriepsch* und 'ne leere Bierflasche. Dafür sind sie mit hoher Technologie ausgestattet: zum Beispiel mit einer Staubsauger-artigen Robertermaschine, die den Plüschteppich durchkehrt und die darin verborgenen Drogenreste einsaugt, raffiniert und geschieden und gereinigt wieder ausstößt (ein Traumgerät für jede WG!). Wenn sie viel Koks haben, hauen sie es sogleich weg und erleben die tollsten und skurrilsten Abenteuer. Einmal wollen sie aufs Land ziehen und eine Villa erbauen. Von Koks angetrieben, vollenden sie den göttlichen Bau. Als die Kokshalluzination verfliegt, stehn sie vor ihrem wahren Werk: einer krummen und schiefen Bruchbude. Sie jagen durch die Welt, immer auf der Suche nach Stoff und neuen Abenteuern.

Ganz ähnlich agiert das Wunder-Warzen-Schwein. Es spielt Superman™, fickt mit seiner vollgekoksten, phallischen Schnauze, denn durch das Kokain kann er keine Erektion kriegen.

Hitlers Kokain:

Die Nazizeit war auch eine Kokszeit, aber nur oder hauptsächlich für die Ranghöchsten. Die haben sich mit Weckaminen, Kokain und -derivaten, Morphin und synthetischen Opiaten versorgt. Hitler selbst soll sich neben seiner vegetarischen Ernährung auch mit Stimulanzien, Weckaminen und vor allem mit Strychnin vollgedoped haben. Letztlich sei er sogar kokainsüchtig gewesen (SCHMIDBAUER und VOM SCHEIDT 1997: 275, 426).

Fogende Legende liegt dem berühmten Comix *Hitlers Kokain*, von dem amerikanischen Zeichner Rand Holmes, zugrunde: Hitler soll einen großen Vorrat an Kokain gebunkert haben. Später ließ er dann einen Panzerschrank voll Schnee mit einem Schiff in die Neue Welt tragen. Er wollte sich dort zur Ruhe setzen und seine Vorräte schniefen. Leider hat er Selbstmord begangen, den Krieg verloren und seine Vorräte verloren. Das Schiff ist vor Kanadas Küste gesunken. Dort tummeln sich die Sporttaucher in den Schiffswracks, um den Schatz zu heben.

> Wie kommt der Blitz-Krieg zustande? –
> Wie krieg' ich den Blitz?
> GALAN O. SEID
> (Irgendwann im Blitz-Kosmos)

Der Hamburger Komikkünstler und Buchautor Walter Moers, Jahrgang 1957, ist in seinen Bildergeschichten und Käptn-Blaubärbüchern ein besonders begabter Tabubrecher. Er nimmt auf nichts Rücksicht und macht vor keinem Thema Halt. Sein Buch *Das kleine Arschloch* gehört zu den extremsten Comix, die in Deutschland entstanden sind – nur noch überboten von seinem Superseller *Adolf, die Nazi-Sau* (Eichborn 1998). Hier sind alle Grenzen aufgehoben, wie in der *Interzone*.

Hitler, der Held der Geschichte, hat den Krieg überlebt, trifft seinen alten Nazikumpanen Göring wieder. Der hat sich einer Geschlechtsumwandlung unterzogen und verführt Adolf mit Hilfe einer Crackpfeife. In der aberwitzigen Geschichte wird die Nazi-Sau natürlich sofort cracksüchtig ...

Stahlhelm mit Cocazweig (Stahlstich von 1933).

108 Die Geschichten von Gilbert Shelton sind in vielen Sprachen und verschiedenen Ausgaben erschienen: In Deutschland u.a. beim Verlag Zweitausendeins, *Die Fabulous Furry Freak Brothers & ihre Freunde* (Zweitausendeins, 1975), *Die 7te Reise der Fabulous Furry Freak Brothers* (Zweitausendeins, 1979), und im Rotbuch Verlag; in den USA als einzelne Hefte und in der Rip Off Press.

Titelbild des Comix *Hitlers Kokain*: Schniefen, SM-Sex und abenteuerliche Schatzsuche (Harold Hedd© und Vetter Egon, *Hitlers Kokain*, Raymond Martin Verlag, 1995).

Cover von *Adolf* (Moers 1998).

On a comic paper idol
let's depend your rules ...
Ian Anderson/Jethro Tull
Thick As A Brick
(Chrysalis, 1972/1997)

Das kleine Arschloch oder *Sex, Drogen und Alkohol* – der Autor/Zeichner weiß, wovon er berichtet. Jeder, der Drogenerfahrungen hat, sieht es sofort. Moers kennt seinen Stoff. Über Koks schreibt/zeichnet er: »Kokain, auch Fickpuder genannt, gilt als die Gesellschaftsdroge Nr. 1. Sie suggeriert dem Konsumenten, ein extrem gutaussehender, höchst eloquenter Nobelpreisträger mit sexueller Anziehungskraft eines schwarzen Loches zu sein. Auf jemanden, der kein Kokain genommen hat, wirkt das eher wie ein exkommunizierter Trappistenmönch, der weiße Puderreste an den Nasenlöchern hat und sich um Kopf und Kragen quasselt« (Moers 1992: 28).

Moers ordnet dem Kokain die Musik von Richard Wagners »Walkürenritt« zu und weiß sogar, wie man die Wirkung von Kokain simulieren kann: »Vier Tütchen Nescafé mit einer Tafel Schokakolade aufkochen, auf Ex trinken.«

Titelseite der US-amerikanischen ehemaligen Untergrundzeitschrift *High Times*, die sich in erster Linie dem Cannabis widmet, hier aber in die Coke-Politik ihren Schatten wirft (Faksimile der Titelseite; *The Best of High Times* #28, 2001).

Montag, 23. Juli 2001

Bush-Biograf tot

SAD **New York** – Vor zwei Jahren sorgte seine Biografie über den heutigen US-Präsidenten George W. Bush für Schlagzeilen. Jetzt nahm sich James Howard Hatfield (43) offenbar das Leben. Der Autor starb in einem Motel in Springdale (Arkansas) an einer „Überdosis verschreibungspflichtiger Medikamente“. Er hinterließ einen Abschiedsbrief. In der Biografie hatte er behauptet, dass George W. Bush in den 70er-Jahren Kokain geschnupft habe. Nur sein einflussreicher Vater habe ihm damals eine Strafe erspart. Die Bush-Familie ließ die Biografie allerdings schon vor dem geplanten Erscheinen 1999 gerichtlich verbieten.

Selbstmord: James Howard Hatfield. Foto: AP

Als *Yapa* (Aymara = »Zugabe«) gab es einen von Walter Moers entworfenen Jahreskalender. Das Kalenderblatt ist eingerahmt von einer monströsen Kokslinie, die das *kleine Arschloch* über das Jahr wegschnorchelt. Auch in Karikaturen findet Kokain seinen Niederschlag: Nicht nur Nancy Reagan kokst auf Postkarten im Fotorealismus, sondern auch Präsident George W. Bush, der einer der Drahtzieher im Gewerbe sein soll (Krassner et al. 2001: 22–32, Weinberg 2001).

Kokakino: Koks im Film

> Kitsch, für den wir fast alle anfällig sind, ist leider nicht bloß lächerlich, sondern hochgradig gefährlich, infektiös, epidemisch, die mörderischste Droge der Welt.
>
> Karlheinz Deschner (1957)
> *Kitsch, Konvention und Kunst*
> (1980: 24)

»Ich muss mir die Nase pudern gehen«, und schon verschwindet die Schauspielerin im *Hollywood Bathroom*, der Toilette, um eine Linie zu ziehen ... Das ist das Szenario. *New Line Cinema.*

Hollywood ist ein Boden, auf dem hohe Schichten Schnee liegen, die permanent von allen Filmemachern und Schauspielern mit großer Begeisterung weggefegt werden.

Im schweizerischen Magazin *Facts* (31/1998: 74–77) wird über die »Jungstars im Vollrausch« berichtet. Darin heißt es u.a.: »Drogen strahlen im Filmbusiness keinen Glamour mehr aus. Die jungen wilden Hollywoods saufen, koksen, sniefen und spritzen sich trotzdem voll.«

Diese Art der Nachrichten kommen immer und immer wieder!

Zum Beispiel: »Christian Slater misshandelte im Kokainrausch seine Freundin«. Oder: »Der schöne Johnny Depp (›Don Juan De Marco‹), in trunkenem Zustand berüchtigter Zertrümmerer von Hotelzimmern, gestand, sich mit Drogen fast zerstört zu haben ...« Alle koksen, aber keiner will es gesehen haben. Die Scheinwelt des Films.

Das *Cinéma*, das Kino, *el cine*, wurde *unter* Coca*einfluss* erfunden. Die drei Brüder Antoine, Auguste und Louis Lumière haben es entwickelt – mit Hilfe des *Vin Mariani*. In der Widmung an den Hersteller schrieben sie: »An unseren Freund Mariani, dessen Wein uns Stärke gibt« (Andrews und Solomon 1985: 244). Ab geht's im Kino, wo Filme laufen gelernt haben! Lumière-Illuminationen. Lumineszenzen. *Cinelandia*, »die Traumfabrik«.

Was sind Filme? Was haben sie für eine kulturgeschichtliche und sozialanthropologische Perspektive? Filme sind Folien über der Wirklichkeit. Filme sind kognitive und kulturelle Programme und Modelle, denen die Zuschauer folgen sollen, oder gelinder gesagt, dürfen, oder sogar: möchten. Die cinematologische Programmierung funktioniert offensichtlich ganz gut. Zufriedenstellend. Geschauspielerte Rollen werden zu Vorbildern des eigenen Denkens und Handelns. Die Theorie des Films ist angedacht, aber noch nicht bedacht. Das Programm, das man beim Erwerb einer Kinokarte, eines Kauf- oder Leihvideos erhält und in der so genannten Freizeit in sich hineinfrisst, ist mediales Material.

Der »eigene Film« ist das Selbstprogramm, das im Sanskrit *maya* genannt wird und wir im Deutschen als »Schein« bezeichnen dürfen. Es ist die luminierte Wirklichkeit, die *erscheint*.

Aber: Der Film ist ein kulturelles Produkt, ein Ausdruck des Zeitgeistes. Der Film ist *Medium*, »Mittler«, eine Schnittstelle der Realität.

> Edwardo machte die Schachtel auf und nahm ein durchsichtiges Cellophantütchen heraus, dessen schneeweißer Inhalt in hartem Kontrast zu dem schwarzlackierten Behältnis stand. ›Treibstoff für eure Rakete‹ [...] Quatrelle tauchte den winzigen Kokainlöffel in die Cellophantüte und reichte ihn herum. Caspian zog das klare Pulver in die Nase, spürte sofort die vertraute Aufwallung von Selbstvertrauen und sah, wie immer – alles war Action, Beleuchtung, Szenenwechsel.
>
> William Kotzwinkle
> *Filmriss* (= *The Exile*)
> (1997: 54 f.)

Kokain ist ein Standard in der Filmwelt, vor allem in den Hochburgen Hollywood und München. Sowohl die Leute in der Filmcrew als auch die Schauspieler, Produzenten, Drehbuchautoren oder die Schreiber der Romanvorlagen – sie alle kommen nicht aus dem »Schneetreiben« heraus. Manche probieren mal 'ne Nase, andere brauchen bald neue Nasenflügel oder Nasenscheidewände. Das Kokain hat schon seit Anbeginn des Films eine erhebliche Rolle bei Schauspielern und Filmthemen gespielt. Schon zu Stummfilmzeiten gab es Filme, die sich dem Thema widmeten: zum Beispiel *For His Son* (USA 1912), *The Mystery of the Leaping Fish* (USA 1916), *Cocaine* (USA 1922), *Sisters of Eve* (USA 1928), *Cocktails* (USA 1928), *The Pace that Kills* (USA 1928), *El Cocaine* (England 1930), *Cocaine Fiends* (USA 1936), sogar in Charlie Chaplins *Mo-*

Moderne Titelseite, die sich atmosphärisch an der Kokskunst der Zwanziger Jahre orientiert (Rowohlt Verlag, Reinbek, 1997).

dern Times (USA 1936)! Danach kamen die Tonfilme *Der weiße Dämon* (Deutschland 1932 mit Hans Albers!), *Tango Notturno* (Deutschland 1937), *Cocaine – The Thrill That Kills* (USA 1939), *Cocaine Fiends* (USA 1939), *Fall Guy* (USA 1947), *Brief Raptur* (Italien 1952), *Super Fly* (USA 1972), *Harry in Your Pocket* (USA 1973), *Naso Fredo* (Italien 1975), Woody Allens *Annie Hall* (USA 1977), *Cocaine Cowboys* (USA 1978), *Wolfen* (USA 1981) usw. (Starks 1982). Viele Hollywood- und sonstige Stars und Sternchen sind immer wieder heißbegehrt für die Klatschpresse. Wer eine Goldene Kamera verdient und kokst, kommt ins Goldene Blatt: Kim Basinger, John Belushi, Helmut Berger, Béatrice Dalle, Michael Douglas, Don Johnson, Traci Lords, River Phoenix, Julia Roberts, Fritz Wepper, Truman Capote, Whitney Houston, Samuel Jackson, Klaus Kinski, Horst Tappert u.v.m. (Timmerberg 1996: 38 f.).

Der Hollywood-Film mit Shirley MacLane und Meryl Streep, Mama und Kind, die kokssüchtige Tochter und Hollywood-Schauspielerin spielend, zeigt ein drohendes Bild der Szene hinter der Kamera: Meryl Streep kann nur vollgekokst vor die Kamera treten. Doch bald wird sie so vom Stoff beherrscht, dass sie nicht mehr weiterdrehen kann – bis die liebe Mutter sie aus dem Schlamassel zieht. Wahrscheinlich musste dieser Film produziert werden, um die Wirklichkeit der Filmszene in der Öffentlichkeit zu verschleiern. Denn in Hollywood werden Berge weggekokst, wie immer wieder in der Boulevardpresse berichtet und als Mund-zu-Mund-Botschaft weitergegeben wird.

Kokain und Koksen kommt wohl so ziemlich in jedem Filmgenre vor:
Roadmovies, Szenefilme
Krimis, Krimikomödien, Actionthriller, Politdramen
Pulp, Sex & Crime
Sexfilme, Softpornos, Hardcore Pornos
Science-Fiction, Fantasy
Gruselschocker, Vampirfilme, Gothics
Zeichentrickfilme, Trickfilme
Dramen, Familiendramen, Tragödien
Komödien, Satiren, Persiflagen, Parodien
Underground
Dokumentationen, Tagesschau
usw.

Wir beginnen mit den Roadmovies, den Filmen, die den Straßen und deren weißen Linien folgen. Es sind Filme über die Schicksale der Außenseiter, die auf der Suche nach einer neuen Welt, einer neuen Lebensform und Kultur sind. Dazu brechen sie gesellschaftliche Tabus und Sitten, nehmen Drogen, um ihre Wirklichkeitswahrnehmung zu verändern und so etwas Neues erschaffen. Nirgends bleiben sie hängen, sie sind immer auf der Suche, stetig am Wandern, Trampen, selbst Auto fahrend nach dem Mot-

Cocaine – Filmplakat aus den 1930er Jahren für einen frühen Film nach dem Konzept *sex & drugs & crime*, als Warnhinweis für besorgte Eltern verkleidet.

to »Der Weg ist das Ziel«. Die Helden und Heldinnen sind auf der Flucht vor der Vergangenheit, der sozialen Realität, den Gesetzeshütern oder vor sich selbst (siehe SCHULZ 2002). – »Unterwegssein ist alles« – *On the road again.*

Easy Rider (USA 1969), mit Peter Fonda, Dennis Hopper und dem jungen, gerade von dem Psychiater Oscar Janiger LSD-therapierten Jack Nicholson, gilt inzwischen als Klassiker des so genannten *Roadmovie*, ein cineastischer Begriff, der wohl auf Jack Kerouac und Canned Heat zurückgeht. *On the road (again)* ... Dieser Streifen wurde zum Kultfilm der Counterculture, der Hippies und Biker. Bei ihrer ziellosen, »einfach-drauf-los«-Reise durch die USA begegnen die Motorradrocker auf ihren Harley-Davidson-Motorrädern allen möglichen Drogen, natürlich Acid, Pot und Coke, Nutten, Trampern und Rednecks. Video und Soundtrack sind immer noch Dauerseller.

INTERSTATE 80 NACH WESTEN
Herunterkommen von den Sierras
alles so glänzend neu
nach dem Regen wächst Grün
die Lady sitzt neben mir
im Wagen sieht gut aus ihre
Hand auf meinem Schenkel Bier zwischen
meinen Beinen ein Joint wandert und
Merle Haggard singt *White Line Fever*
im KRACK Country Radio eine
Koppel vor der Windschutzscheibe
alles so gut
so gottverdammt gut
KIRK ROBERTSON
(in: SCHÖNEICH 1983: 17)

Angst und Schrecken in Las Vegas (BMG, 1998) ist die Verfilmung von der durchgedrehten Geschichte, die »*Gonzo*-Journalist« Hunter S. Thompson über einen polytoxicomanen Trip nach Las Vegas geschrieben hat (THOMPSON 1984)[109]. Buch und Film bestehen nur aus völlig abgedrehten Drogenszenen. Natürlich wird zwischen unglaublichen Mengen an LSD und Meskalin u.a. auch heftig *gezogen*. (Gibt es auch als Soundtrack, s.u.). Johnny Depp spielt den durchgeknallten Thompson. Um seiner Rolle gerecht werden zu können, hat der Schauspieler mit dem Autor drei Monate zusammengelebt. Nach dieser schweren Zeit, die fast mit einer Schießerei ge-

Der Film *Studio 54* wird mit einer koksenden Frau und einer Superline beworben.

endet hätte, konnte Depp die skurrile Körpermotorik des Exzentrikers nachahmen. Fachleuten und Freunden zufolge »täuschend ähnlich«.

In diesem Film wird die Beziehung zwischen Roadmovie und Kokain deutlich. Zitat: »Aber zuerst brauchen wir den Wagen. Und gleich danach den Koks. Und dann den Kassettenrecorder, für Spezialmusik ...« (THOMPSON 1984: 15).

Ein weiterer Roadmovie-Klassiker ist *Basic Instincts* mit Sharon Stone und Michael Douglas. Sie spielt eine Schriftstellerin, er einen Bullen. Sie nimmt öfter Koks, wahrscheinlich nicht nur im Film.

Pulp Fiction (UFA Miramix/BMG 1997, immerhin freigegeben ab 16 Jahren) von Quentin Tarantino, mit Bruce Willis und John Travolta ist ein Kultfilm geworden, obwohl sehr brutal; aber *Pulp* = »Schund« – »Das war 'n geiler Horrortrip« ist ein Zitat aus dem durchkoksten Film.

Der Nachfolger für die *Pulp Culture*, neuer künstlerischer »Schund«:

From Dusk till Dawn (Universum Film/BMG 1996), von Robert Rodriguez und Quentin Tarantino, mit üppigbusiger Salma Hayek; vom Roadmovie zum Vampirkult durchgeschnupft – ziemlich abgedreht.

In die gleiche Sparte fällt *Studio 54* (Kinowelt 1998), Regie und Drehbuch von Mark Christopher: »STUDIO 54, der legendäre New Yorker Discotempel, ist das Zentrum der Dekadenz ... ein Hexenkessel in Sachen SEX, DRUGS & DISCOMUSIC« heißt

109 Der große *Gonzo-Autor* Dr. Hunter S. Thompson hat in seinem Werk öfter auf verschiedene Koksszenen geschielt, vor allem auf die Politszene in *Fear & Loathing in Washington* (siehe die Bibliografie seiner Werke, kompiliert von KIHM WINSHIP in HUNTER 1985, Bd. 2: 431–444). Er wirft auch Blicke auf die Beat(nik)-Kultur, die *social lion culture*, die Höllenengel der *Easy-Rider*-Biker-Kulte und die psychedelische Szene um Prof. Dr. Timothy Leary.

es auf der Videoverpackung. Sehr lange Linien (siehe Abb.). Dieser Film wird als Weiterführung der *Pulp Fiction*, der Schundfiktionen, angesehen.

Der Szenefilm *Boogie Nights* (VMP Entertainment, hat einen DMT-Tunnel-Trailor; Vipro 1998), geschrieben und inszeniert von Paul Thomas Anderson, mit Burt Reynolds und Musik u.a. von Jethro Tull und Eric Burdon's *War* thematisiert: Coke, Sex, Gays, Fremdgehen, Dope, Nightlife, Pornoproduktion – aber eine recht dünne Story, nur Beziehungskisten. »Gibt's denn Koks auf der Party?« – Rasierklingen als amulettartige Kettenanhänger, damit man's sehen kann. »Jeder fickt sich bloß das Gehirn 'raus, das war's dann …« ist vielleicht das literarisch wertvollste Zitat. Dann kommen Bikinis, Busen, blutende Nasen …

Eine andere Szene finden wir in dem Oliver-Stone-Film *Scarface* mit Al Pacino in der Hauptrolle (Universal, USA 1983). Scarface, »Narbengesicht«, ist Exilkubaner in Miami. Er gerät in die Kokaindealerei und steigt zu einem der Bosse des Koksimperiums auf. Er nimmt mit seiner Frau, gespielt von Michelle Pfeiffer, immer mehr von dem weißen Pulver. Sein Charakter verändert sich, er wird zunehmend brutaler und Machtbesessener. Bald zerfällt seine Ehe, er mordet immer zügelloser, im Film oft nach dem Motto »Viel Schießerei um Nichts«. In einer Szene fällt er in einen riesigen Haufen Koks. Sowas hinterlässt schon gewisse Spuren. »Die Kohle kommt vom Koks, und das kann niemand schaden«, belügt er sich selbst. Im Nachspann erfährt man, dass die Geschichte fiktiv sei, aber Ähnlichkeiten mit der Realität haben könnte. Soundtrack von Giorgio Moroder.

Ein anderer Oliver-Stone-Film, *U-Turn: Kein Weg zurück* (Columbia Tristar/& Phoenix Pictures, 1998) mit der wunderschönen Jennifer Lopez, die in *The Cell* (USA 2000) brillierte, fängt wie ein Road(kill)movie an. »Sie sollten vielleicht mal Drogen nehmen«, schlägt Lopez dem Drehbuch zufolge vor. Es basiert auf dem Buchtitel *Stray Dogs*. Der Film ist grafisch sehr ausgefeilt und beschreibt eine sexuelle Geschichte zwischen Vater und Tochter mit etwas Koks. Auch in weiteren Oliver-Stone-Filmen, wie *Wallstreet* und *Salvador* mit James Woods und James Belushi, tauchen einige Koksszenen auf.

In *The Cooke, the Thief and her Lover* (USA) ist die klassische Hollywood-Manier zum Motiv geworden. Der Schöpfer des Films, Peter Greenaway – ein Name, der nach Kokainraffination klingt … –, lässt seine Schauspielerin mehrmals in der Toilette die Nase »pudern«; unter anderem während des Tafelns, was schon ungewöhnlich (wegen der Appetitzügelung) ist. Wahrscheinlich hat das Koks an seinen anderen Filmen wie zum Beispiel *Zoo, Pillow Book, The Belly of an Architect, Counting by Numbers* usw. auch mitgewirkt.

Das wohl bisher ausführlichste Buch über Drogen in Filmen, besonders in den frühen Kinofilmen, gibt einen guten Einblick in die Kokakinowirklichkeit, ins schneeverwehte Hollywood und in die Abgründe kinematografischer Scheinwelten (Faksimile des Schutzumschlags, Starks 1982).

Es ist eine Besonderheit des menschlichen Wesens, lachen zu können. Menschen können über die gleiche Geschichte heulen oder lachen, sich grämen oder amüsieren. Es kommt auf die jeweilige Verpackung einer Geschichte und die diesbezüglich jeweilige Perspektive des Betrachters an, ob es traurig oder komisch, erschreckend oder befreiend ist, was man sieht. So funktioniert auch die Dramaturgie der

20.15 Wer hat dem Rabbi den Koks geklaut? 95-059-278

TIPP S.58

(Levy et Goliath) Frankreich 1986

Krimikomödie Heroin ist auch Albert (Michel Boujenah, l.) nicht koscher. Da muss er seinem frommen Bruder Moishe (Richard Anconina) ausnahmsweise beipflichten

Auf einer Geschäftreise von Antwerpen nach Paris wird der Diamantenstaubhändler und Rabbiner Moishe als Drogenkurier missbraucht. So kommt es, dass er mit dem scharfen Pulver im Sündenpfuhl Place Pigalle landet, verfolgt vom Oberdealer Goliath. In seiner Not wendet sich Moishe an seinen Bruder Albert, der in Paris seine Gottesfürchtigkeit jedoch schon lange abgelegt hat.

In der Fernsehzeitschrift *HörZu* ist die Beschreibung des Films ähnlich chaotisch wie dessen Geschichte. Außerdem sieht man, dass TV-Journalisten Kokain nicht von Heroin unterscheiden können (Faksimile, *HörZu*, 4. Juli 2000).

Die Fabulous Furry Marx Brothers – *on the big blow!* (Buchcover, Berlin: Schwarzkopf & Schwarzkopf, 2001.)

Kinematologie. Man kann einen Actionthriller oder eine Krimikomödie aus dem selben Stoff formen.

So taucht immer wieder ein typisches Kokakinomotiv auf. Eine Unbedarfter oder Unschuldiger bekommt rein zufällig, meist durch unfreiwillige Verwechslung, ein paar Kilo Kokain in die Hände, sieht sich schon als Millionär auf den Bahamas und versucht, den Stoff in Geld umzusetzen; er weiß aber nicht wie, weiß auch nicht, dass die Koksbande hinter ihm her ist. Ob dieses tatsächlich draußen in der richtigen Welt passiert, ist ungewiss, aber es ist ein dankbarer Stoff für den Film.

So wurde dieses Motiv von dem Regisseur Peter F. Bringmann in dem Film *Schneemann – Kokain ist sein Geschäft*, actionthrillermäßig in Szene gesetzt (1985). Das Drehbuch von Matthias Seelig basiert auf dem Roman von Jörg Fauser (1983); die Hauptrolle bestritt der Deutschrockstar Marius Müller-Westerhagen. Sowohl Buch als auch Film waren erstaunlich erfolgreich (Kemper 2001: 252).

Das gleiche Motiv liegt der Krimikomödie zugrunde, die die Lachmuskeln bis an den Schmerz treiben kann: *Levy et Goliath*. Ein Rabbi erhält aus Versehen eine große Menge Kokain, weiß aber zunächst nicht, was er damit anfangen soll. Eine sehr heitere Tour de force durch die jüdische Welt und den kriminellen Untergrund.

Die ständig vollgedröhnten L.A.-Komiker Cheech und Chong, berühmt geworden durch *Up In Smoke* oder *Viel Rauch um nichts* (USA 1978), nehmen alles, was sie kriegen können, sogar des Richters Wodkaglas (*Trippin' in Court*)! – In *Los Cochinos*, den »Schweinchen«, haben sie den Song »Up his Nose« mit koksenden Rockgrößen wie George Harrison, Carole King, Billy Preston, Nicky Hopkins u.a. aufgenommen (Ode Records, 1973/WB); mit der unverkennlichen CCC-Typografie auf dem Cover.

Groucho Marx, einer der Marx Brothers, und wohl einer der berühmtesten Filmkomiker Amerikas, hat in seinem psychedelischen Alterswerk *Skidoo* (USA, zirka 1968) einen total ausgeflippten Koksdealer gespielt (so wie später sein Fan Frank Zappa).

Frank Zappa, der angeblich von Kaffee und Zigaretten gelebt hat, hat in einer Folge von der US-amerikanischen Fernsehserie *Miami Vice* einen »Drug Lord« – für den Kokainhandel – geschauspielert. Das war etwa zur gleichen Zeit, als er seinen Song *Cocaine Decisions* veröffentlichte (siehe weiter unten).

Naked Lunch ... (sehr) frei nach William S. Burroughs, aber kongenial mit seinem Buch; eigentlich sind nur zwei Kapitel Grundlage des Films, der von David Cronenberg (*Die Fliege*) verfilmt (UFA 1992) wurde. Natürlich furzelt das »sprechende Arschloch« (anstelle des *kleinen Arschlochs*) in der Schreibmaschiene des Autors (übrigens die Lieblingsliteraturstelle von Frank Zappa). – »Ein wüster Rausch«, kommentierte *Der Spiegel*.

In dem epochal-meisterhaften Zeichentrickfilm *Heavy Metal*[110], ein Science-Fiction-Episodenfilm – »*A Universe of Mystery. A Universe of Magic. A Universe of Sexual Fantasies* ...« usw. (Zitat vom Album) – von 1981 kommt eine Sequenz vor, in der Außerirdische mit riesigen staubsaugerartigen Rüsselnasen eine gewaltige Kokainlinie vor dem Kokpit auslegen. Dann rüsseln sie alles weg, denn je mehr sie koksen, desto schneller fliegt ihr Raumschiff

Der *Coca-Cola®*-Typografie sind nichts weiter als die »Schweinchen« Los Cochinos Cheech & Chong hinzuzufügen.

110 William S. Burroughs war einer der Ersten oder der Erste, der den Begriff *Heavy Metal* benutzte (wohl in *Nova Express*, 1964; dt. 1970: 73). Bekannt wurde der Ausdruck durch Steppenwolfs Fassung von *Born to be wild*.

durch völlig ausge*space*de Reiche des Universums. Das Koksen ist ihr Antrieb. Im »Koks Pit«, *the coke pit* (siehe auch Dis-*Coca*-Graphia).

Einige Filme nutzen die Koksszenen für komödiantische Unterhaltung. Manchmal wird der positive Aspekt thematisiert – auch der Gebrauch als Aphrodisiakum.

Der japanische Sexfilm *Tokyo Decadence*, A Ryu Murakami Film (zirka 1995), hat viele Szenen, in denen gekokst wird, immer im Zusammenhang mit sexuellen Praktiken, die »normale Menschen« als pervers bezeichnen würden. In dem Film *Nightlife in Tokyo* (*Ai no shinsekai*, Japan 1995) geht es ähnlich zu. Meist wird bei gemeinhin »pervers« angesehenen, extravaganten Sexszenen das Pulver ins Spiel gebracht. Beim Verschnüren nackter Frauen braucht der Mann keine Erektion. Er hat koksverstärkten Sex im Gehirn.

In vielen billigen Sexfilmproduktionen wird gekokst, vor und hinter der Kamera; zum Beispiel *Angel 3 – Die Suche* (USA, 1987), der als Krimi ausgeschrieben, aber eigentlich nur ein Blond & Sex & Coke Movie ist (Regie: Tom De Simone). Auch in einigen Hardcore Pornos wird gekokst, denn das Koks ist ein sexueller Stimulator, oft auf anderen Ebenen als in der Missionarstellung.

Vom *Sex 'n' Coke* zur politischen Brisanz, *Cocapolitica*:

In einer Szene des skandalösen Films *Deutschland im Herbst* (Deutschland) sitzt der früh verstorbene, schwule Filmemacher Rainer Werner Fassbinder (1948–1982) und kokst, während er sich über den emporkommenden Neofaschismus gegenüber politisch Andersdenkenden echauffiert – wohl zu Recht. Kurz vor seinem Tod durch Barbiturat/Kokainvergiftung hat Fassbinder an einer Verfilmung von Pitigrillis *Kokain* gearbeitet (Kemper 2001: 235). Leider ist daraus nichts mehr geworden. Schade eigentlich.

Von der *Cocapolitica* zum *Cokebusiness*, von Firma zu Firma. *Cocafirmata*. Das Große Geschäft auf der Leinwand:

Kokainhandel, Kokainschmuggel, Kokainmissbrauch gehören zu den immer wiederkehrenden Themen von Kriminalfilmen und Krimifernsehserien, zum Beispiel in *Das Netz* (Deutschland 1976) mit Klaus Kinski, *Der Schattenmann* (Deutschland 1995) mit Mario Adorf, *Mission: Impossible – Hochzeit in Bogotá* (USA 2000), *Mörderischer Tausch* (*The Substitute*) (USA 1996) mit Tom Beringer, *Last Dance* (USA 1996) mit Sharon Stone, *Showgirls* (VCL Communications, USA 1996; ab 16), *Kids* (US BMG 1996), *Airbag* (von Martin H., Argentinien); *A Clear and Present Danger* mit Harrisson Ford handelt von der Zerstörung von Cocafeldern in Kolumbien (USA).

In vielen Filmen kommt am Rande eine Koksszene vor, die aber nicht weiter thematisiert oder problematisiert wird, zum Beispiel die deutsche Krimikomödie (oder auch der Roadmovie) von Till Schweiger produziert, der auch die Hauptrolle spielt: *Knockin' On Heavens Door* (Deutschland 1996, Regie Thomas Jahn, ausgezeichnet mit der »Goldenen Kamera«)[111]. Schweiger spielt den Oberkommissar Berge, vor dem in einer Szene Kokshäufchen, fette Linien und fünfblättrige Marihuanajoints, fertig zum Genuss, liegen. Woody Allen bläst in seinem Film *Der Stadtneurotiker* das Kokain weg. Genauso ergeht es *Crocodile Dundee – Ein Krokodil zum Küssen* (Australien 1986) – in New York auf einer dekadenten Party. In *Crocodile Dundee II* (Australien 1988) wird eine kolumbianische Koksmafia im Outback gejagt. Bette Middler schnüffelt auch mal Koks, wenn sie versucht, Janis Joplin in dem Film *The Rose* (USA) zu spielen. Der Scientologe John Travolta spielt in *The Bad Lieutenant* eine Cop auf Coke (USA). So geht es auch in dem Film über Tina Turners Leben her. Der Film *American Beauty* (USA 2000) hat Koksszenen und ist zudem witzig zum Thema Urinprobe. »Ziehen Sie sich mal einen rein«, heißt es im Drehbuch. »Ich würde wahnsinnig gerne mit Ihnen zusammensitzen in Ihren Gehirnwindungen rumzupummeln.« In vielen Paten- und Mafiastreifen wird hier und da geschnupft, natürlich auch im Film über David Flynn, den *Penthouse*-Herausgeber (USA). In dem Actionthriller *Speed* (I) mit Keanu Reeves, Dennis Hopper, Sandra Bullog (1994 Twentieth Century) wird ebenso gekokst; Jean de Bont führte Regie. In *Speed 2: Cruise Control* wird auch gesnieft (USA 1997, selbiger Regisseur). Richard Pryor war ein Darsteller in Mel Brooks Filmen. Er hat sich sein Gesicht verkohlt, als er mit Äther sein Crack aufgekocht hat. *Wild at Heart* von David Lynch hat eine Koksszene.

Einige Filme sind sind Anti-Drogen-Filme, die der staatlichen Propaganda dienen und aufzeigen, wie unglaublich »gefährlich« und »böse« der Schnee ist. Meistens ist Kokain in Krimis und Thrillern, vor allem US-amerikanischen Filmen zu sehen, die anti sind.

Der faschistische US-Schauspieler Charles Bronson wird in einem Film (*Der Rächer*, USA) als

111 Der Titel wurde vom gleichnamigen und viel gecoverten Song von Bob Dylan übernommen.

der Held der Lynchjustiz verherrlicht – irgendeiner dieser unendlichen Filme, in denen nur 'rumgeballert wird. Erst schießen, und dann nicht mehr fragen. Ein Lieblingsmotiv in Amerika.

Zu Beginn des Films stirbt ein Mädchen an einer Überdosis Kokain. Bronson donnert mit einem Maschinengewehrgewitter durch die Story und erschießt jeden, der mit dem Koksdeal zu tun hatte. Am Schluss sind alle tot, und die Propaganda ist perfekt. Ein mörderischer Saubermann für *America!*

> DAS KARTELL ist der weltweit größte Zusammenschluss des organisierten Vergnügens. (THAMM 1985)

Aber nicht alle Kinohits sind so dümmlich. Erst kürzlich wurde der US-amerikanische *Film Traffic – Macht des Kartells* (Splendid/USA Films 2001) mit 4 Oscars nominiert (von Steven Soderbergh). Dort wird gezeigt, was man sonst nur vermutet. Alle Banden sind im Sumpf der Kokskohle versackt, egal ob Regierung, CIA, FBI, DEA, die mexikanische Polizei, das Militär, die Kartelle (vgl. AMENDT 1987, SAUOY und LE BONNIEC 1994, THAMM 1985) oder Transportfirmen und betrogene Hausfrauen. Alle sind sie im Mord(s)geschäft verwickelt. Manche wissen es gar nicht, bemerken es erst, wenn ihnen eine Kugel im Kopf steckt. In all dem Gewirr versucht ein Richter, gespielt von dem »bekennenden Sexoholic und Kokaholic« Michael Douglas, sich als Drogenbeauftragter der US-Regierung durchzufinden. Seine Spuren enden aber bei seiner Crack rauchenden und sich dafür prostituierenden Tochter. Der groteske *War on drugs* ist wieder einmal gescheitert. Er geht weiter, wie das Wirken der Kokainkartelle. Eine interessante Linie wird in diesem ungewöhnlich gefilmten Streifen zu finden sein (www.traffic-derfilm.de).

Raffiniert eine Schmuggelinvention: Kinderpuppen *aus* Kokain, nicht mit Koks gefüllte Barbies, sondern geruchlose Puppen aus unter Hochdruck dampfgepresstem Schnee, der sich in Wasser sprudelnd wie eine Kokadent-Gebiss-Reinigungstablette auflöst.

Kurz nach *Traffic* kam ein weiterer US-amerikanischer Film über das große Koksdealen auf die Leinwand. Diesmal aber ganz anders: *Blow* fegte im Juli 2001 in die deutschen Kinos (www.blow-film.de). Er zeigt unter der Regie von Ted Demme die wahre Geschichte von George Jung, der in den 1970er Jahren den großen Kokainhandel über Kalifornien in die USA brachte und in den 1980er Jahren 85% des illegalen Kokshandels in den USA kontrollierte. Er darf dafür bis 2015 im Knast verbringen.

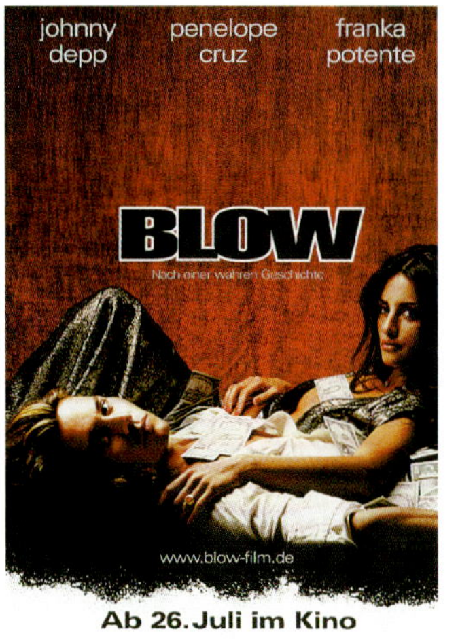

Die Kinowerbung für den Koksfilm Blow (USA, 2001) von Ted Demme (Postkarte, Deutschland 2001).

Ein langhaariger schöner Johnny Depp in der Hauptrolle spielt in dieser wahren Dealer Story den Aufstieg und Verfall des George Jung. An seiner Seite Franka Potente (bekannt durch *Lola rennt*, Deutschland 2000) und Penelope Cruz. Der Film, dessen Durchbruch nach dem biografischen, sehr gründlich recherchierten Roman von Bruce Porter verfasst wurde (PORTER 2001), hat nichts Moralisches, fast sogar etwas Verklärendes oder Romantisierendes. Er zeigt die schillernde Welt der Kokainbonzen in Kolumbien, an dessen Spitze der »Magier« Pablo Escobar stand, der als »Drogenzar« das Kartell von Medellin in Kolumbien regierte. Es werden die Schmuggelmethoden genauso wie die wilden Partys, unendlichen *Lines* und die zweifelhaften Gebaren im »Geschäft« gezeigt. Auch wird die panamesische Bank von Noriega ins »rechte« Licht gerückt. Am Ende des 124-minütigen Films sieht man ein Foto von dem echten George Jung (geb. 1942) von heute (immer noch im Gefängnis von Otisville – als Gärtner). George Jung kommentierte: »Ich war der Kerl mit uneingeschränktem Zugang zu Kokain und Geld ... Obwohl ich aussah wie Bela Lugosi, hatte ich die schönsten Frauen des Planeten, denn damals war jeder ins Geld und speziell in den Schnee verliebt« (in: *SKIP*/Juli-August 2001: 38) – ein echt sehenswerter *Blow Buster!*

Schließlich gibt es auch noch das Science-Fiction-Genre, das mit Kokainassoziationen spielt. Es werden, wie in dem Roman *Kallocain* (BOYE 1986), verschiedene Arten von futuristisch anmutendem Superkoks erfunden.

In dem TV-Geschichtsdrama *Radiofieber*, Teil 4 von Dietrich Haugk (Deutschland 1989), schnieft die recht mäßige Sängerin vor ihren Auftritten vor den Nazis ein paar Löffelchen Koks, um dann besser singen zu können: »Wer hat den Käse zum Bahnhof gerollt?«

Cocadelics: **Der Kokainpunkt auf der Stirn**

Was wäre der Film ohne koksende Filmemacher? Was passiert, wenn sie ihren Stoff nicht mehr *handeln* können?

Der »KokainPUNKT« ist ein Reflexpunkt des Stirnlappens (so genannter Meisterpunkt), entdeckt von René J. Bourdiol, dem angeblich »bedeutendsten Reflextherapeuten der Welt«.

Ein Münchner Heilpraktiker, dessen Name selbstverständlich wegen etwaiger Polizeiübergriffe nicht genannt werden darf, hat den Kokainpunkt für seine Praxis »wiederentdeckt«, als ein bekannter, aber ebenfalls nicht namentlich erwähnter Münchner Regisseur vom BR in seiner Naturheilpraxis auftauchte. Der hatte seine Kokainquelle verloren und war darüber verzweifelt. »Ohne Kokain keine Inspiration«, klagte er jämmerlich. München ist ein heißes Pflaster, was »Drogen« (was auch immer das heißen soll) betrifft. Illegale Substanzen werden dort strengstens verfolgt. Deshalb ist der Nachschub von Kokain nie gesichert. Die einen haben Angst, *ohne Drogen* zu sein, die anderen haben Angst, *mit Drogen* leben zu müssen. »Keine Macht den Drogen« hat ein Münchner Professor an der katholischen Universität erfunden[112], in dem Glauben, dass so ein inhaltsloser Spruch irgendetwas bewirken könnte.[113]

Wenn man das ursprünglich von den Philippinen stammende Patschouliöl (aus *Pogostemon cablin* [BLANCO] BENTH., syn. *P. patchoulli* PELLET.), das ehemals beliebte Hippieparfüm, auf den Kokainpunkt tupft, verschwindet die Sehnsucht nach Koks. Und der Glaube, dass man nur unter dem Kokaineinfluss kreativ sein kann, wird aufgelöst. Natürlich ist Kokainschnupfen besser als Patschoulitupfen.

Babylon 5, eine US-amerikanische Science-Fiction-Fernsehserie (kreiert von J. Michael Straczynski, produziert von John Copeland) – eine Nachahmung von *Raumschiff Enterprise/Startrek*, aber ganz gut –, hat eine Folge (»Dust to Dust« = »Staub zu Staub«; Video-Vol. 24, Warner, 1995/1998) hervorgebracht, in der es um ein weißes Pulver geht, das wie Kokain wirkt: *Dust*. Das Zentrum des Dust-Handels ist die Raumstation Babylon 5, die im Jahre 2260 durch das All treibt. Dust ist ein großes Problem für die Telepathen, denn die Benutzer können die Telepathen durchdringen und geistig, also typisch kokainig, sexuell vergewaltigen. Die Erfahrung mit Dust gilt als interessant, macht aber schnell und heftig süchtig. Die Geschichte erinnert an das ähnlich wirkende *Spice*, »Gewürz«, in Herbert Franks Romanzyklus *Dune* oder *Der Wüstenplanet* sowie den Kinofilm *Dune*. Sowohl *Dust* als auch *Spice* sind Slangausdrücke für Kokain.

Koksfilme wirken auf die Konsumenten wie Neurotransmitter. Sie lösen Gedanken und Assoziationen aus, sie stimulieren die Bildung kognitiver Muster, sie produzieren kulturelles Denken. Sie sind kulturschaffende Konstituenten und Spiegelbilder des Denkens. Sie sind eine Schnittstelle zwischen den realen und den imaginierten Welten. *Kokakinokultur!*

Cocamusica – Koks in der Musik: Waiting for The Man

> Sie legt eine Platte auf, metallischer Kokain-BeBop.
> WILLIAM S. BURROUGHS
> *Naked Lunch*
> (1999: 108)

Cocaphonie (Neuwortschöpfung von CR am 28.7. 2000; wiedererfunden von JO am 14.9.2000) ist nicht unbedingt Kakophonie (griechisch »Missklang«); es gibt sie tatsächlich, die Musik, die *musica coca*, die von Mama Coca inspirierte Musik: *Musicamama* usw.:

Klangschalen aus der *Interzone*:
Der *Ferne Klang* ertönt
Am Horizont der Töne
Noten notieren sich selbst
DADA trällernde Klaviermonotonien
Durchfledermausflattern die gehirngewundenen Tunnel
Da, da ist sie, die Coca Musik
Da, da sind die Cocaine Blues, der Coke Jazz, *to be* Bop
Der Candy Beat

112 »›*Macht ist alles*‹, beantwortet die Umfrage des katholischen Kirchenhistorikers Georg Denzler 1975 ...« (DESCHNER 1994: 8).

113 »Der Slogan ›Keine Macht den Drogen‹ war von Anfang an eine Farce. Die Vorstellung von einer drogenfreien Gesellschaft ist illusionär. Diese Vorstellung ist eine totalitäre Phantasie ...« – so heißt es im O-Ton von GÜNTER AMENDT im *Penthouse* (11/2000: 92).

Eine Cocabella nach klassischem Muster: Gusti Pichler als »Sulamith« in der Wiener Erstaufführung von Richard Strauss' *Josephslegende* (1922).

Der Snow Rock
Durch Liedermachers Linse
Ein Blick
»Lustig lacht euch
Was ewig dort lebt« (Richard Wagner)
Nicht Kakophonie
Nicht Kakafonii
Sondern *Cocaphanie*
Die Offenbarung von
Mama Coca im Klange der Musik
(CR)

Dass Rockmusiker mit Kokain zu tun haben, ist gut bekannt. Dass aber auch klassische Komponisten den Stoff genutzt haben, ist viel weniger beachtet worden. Der berühmteste war Richard Strauss (1864–1949). Er unterhielt in Wien gute Beziehungen zur damaligen Drogenszene und konnte wohl eine Art von *Ein Heldenleben* (op. 40) führen, natürlich in den taumelnden Visionen seiner *Metamorphosen* (1945; wiedergefunden 1990 in der Schweiz). Seine Oper *Arabella*, eine Lyrische Komödie in drei Aufzügen von Hugo von Hofmannsthal, hat er vom Koks angetrieben in nur sehr kurzer Zeit geschrieben (1932). Vielleicht brauchte er Geld für seinen Stoff und musste über Nacht ein Opernwerk bewerkstelligen? Dabei kam die Koks-*Arabella*, die *Cocarabella – Coca Bella? – Belladonna?* – heraus; sie ist nicht besonders erregend, aber immerhin als Partikel der Kulturgeschichte ist sie da und ein weiteres Koksartefakt. In der Strauss'schen Koksphase entstand auch das mit dem Novellist Stefan Zweig (1881–1942) konzipierte Opernwerk *Friedenstag* (op. 81, 1938 in München uraufgeführt), daneben entstanden *Die Schweigsame Frau* (1935) und wohl noch andere Dramen wie *Die Ägyptische Helena* (1927).

Im alten Ägypten durften die Pharaonen nur ihre Schwestern, vorzüglich Zwillingsschwestern, heiraten: ein göttlicher Akt des Inzests. Vom Volke bejubelt – wie die Opernaufführung des ersten Akts in Richard Wagners *Walküre*. Die Zwillinge zeugen den »hersten Helden der Welt«, und jeder Bürger ist begeistert. Solche künstlerisch aus dem Nichtalltag herausgegriffenen Themen ergreifen die im Alltag lebenden Menschen, die ansonsten eventuell an Perversitäten denken könnten (natürlich sind das nur kulturelle Konzepte). Wagner hat die totale »Perversion« auf die Bühne gebracht und damit das pharaonische Bewusstsein unbewusst erhalten. Aber Richard Wagner war noch harmlos, denn er entstammt der Opium- und Haschischzeit und noch nicht der Kokszeit.

Die im herkömmlichen Sinne »perversesten« Themen der Operngeschichte sind allesamt Coca- oder Kokainprodukte oder zumindest von Mama Coca als Muse geküsste Kunstwerke:

Thaïs von Jules Massenet (1842–1912)[114] ist die Vergöttlichung einer Prostituierten, *Sappho* von Gounod die Verherrlichung einer Lesbierin, *Salome*

114 Andere, bekanntere Opern von Massenet sind *Faust* (1867), *Cléopâtre* (1877), *Werther* (nach Goethe, 1885–1886), *Manon* (1881–83), *Le Cid* (1884–85), *Jongleur de Notre-Dame* (1900) und *Griselides* (1908).

von Strauss die totale Nekrophilie, und seine *Elektra* die Feier des Elternmords, *Moses und Aron* von Schönberg der Reigen in wollüstiger Orgie um das Goldene Kalb, Alban Bergs *Wozzeck* der Partnermord, Strawinskys *Ödipus Rex*, der bloßgestellte Komplex der inzestuösen Mutterliebe.

Sollten die Psychoanalytiker Recht haben mit ihrer Hypothese, dass Kokain zu »perversem« Verhalten führt? Oder produziert diese Idee erst das Konzept? Wäre denkbar!

Übrigens stellen intelligente Menschen den größeren Anteil der Klientel von Psychoanalytikern dar. Wer zu viel im Kopf hat, muss es irgendwie loswerden ...

So, wie es auch Komponisten am Klavier tun; sie spielen und/oder komponieren sich Herz und Seele frei. Sie nutzen musikalische Strukturen, um ihre eigene Seele kennen zu lernen, ihr eigenes Denken zu ordnen und ihr eigenes Bewusstsein zur Meisterung des Lebens nutzen zu können. Kunst ist nicht nur »romantische« Kreativität. Kunst ist oft Bewältigung von psychischen Krisen. Kunst ist Selbstopferung für das Werk. Kunst ist nicht nur Können, sondern Selbstfindung, Trance und Ekstase, Schmerz und Glück, in einem historischen Moment eingefroren wie eine Fotografie. Kunst ist ein Prozess zwischen Schmerz und Liebe; eine Exploration des eigenen Selbst, nicht des Ego, sondern eine Transzendierung davon; es ist berserkerhafte Selbstaufgabe. Es ist das Opfer an die Gottheiten der Inspiration, der Begeisterung. Kunst ist der Rausch von Selbstüberwindung und Selbstverwirklichung. Die Schmerzen und paradiesischen Zustände, die Künstler bei ihrem *Tun* durchleben, können sich »normale« Menschen, das heißt Nichtkünstler, gar nicht, auch nur annähernd vorstellen.

Große Werke entstehen aus Bürde, Schmerz, Verzweiflung, Wahnsinn und Liebe. Kunst ist ein Erguss des Selbsts; eine Kommunikation des Individuums mit dem Universum. Das tatsächliche Ausführen, wie das Komponieren von Musik, ist eine Methode, sich selbst in dieser Welt zu finden und sich anderen mitzuteilen. Dafür sind solche strukturell vorgegebenen Systeme wie Tonarten, harmonischer Formalismus und intellektuelle Tonsysteme, wie Zwölfton oder Cluster-Technik, maßgeblich und wohl auch angemessen. Der Komponist rangelt sich an seinen eigenen Tonskalen aus der Tiefe seiner Probleme und Gefühle. Das geschah vor allem im Barock, der Hochromantik und der Zwölfton-Bewegung und dann wieder in der Rockmusik.

Die Komponisten, die uns heute als Neue Wiener Schule bekannt sind, haben nicht nur Geschichte mit ihrer Zwölftonmusik geschrieben, sondern auch viele psychoaktiven Stoffe wie Opium, Haschisch und natürlich Kokain genossen und genutzt. Es waren die Zwölfton-Freaks Arnold Schönberg (1874–1951), Alban Berg (1885–1935) und Anton (von) Webern (1883–1945)[115]. Das hat uns der Sohn, selbst Psychiater und Buchautor, einer berühmten Wiener Opernsängerin, die in der Uraufführung von Alban Bergs Meisterwerk *Wozzeck* (op. 7, 1914–1922) die Partie der Marie gesungen hat, erzählt. Die Komponisten gingen bei ihr ein und aus und liebten die Genussmittel, besonders das Kokain.

> Zündender Lichtblitz des Lebens schlug
> ein aus der Wolke des Wortes.
> Donner, der Herzschlag, folgt nach,
> bis er in Frieden verebbt.
> Hildegard Jone über Anton Webern[116]

Ein Albumblatt für Klavier mit dem Cocalied »Ein Liebeslied der Inka«, aus dem Jugendstil (cocaverziertes Notenblatt).

115 Das »von« hat der Komponist selbst aus seinem Namen gelöscht. Übrigens hat Frank Zappa kurz vor seinem viel zu frühen Tod gesagt, dass es keine dem Komponisten Anton Webern gerecht gewordene Aufnahme bzw. Einspielung seines Werks gibt.
116 Zit. nach Dieter Rexroth (Hg.), *Quadriga Opus Anton Webern*, Berlin, Quadriga Verlag 1983, S. 17.

Was wären das symbolpolyphone Werk *Moses und Aron* (1930-1932)[117], *Pelleas und Melisande* (op. 5) oder die *Verklärte Nacht* (op. 4) von Schönberg, was wäre die Oper *Wozzeck* (op. 7), basierend auf Georg Büchners *Woyzeck*, und das Violinkonzert (1935) von Berg oder die *Passacaglia for Orchestra* (op. 1) von Webern, der auf seinen Adelstitel großzügig verzichtet hat, ohne den *spiritus geworden*?[118] – Diese Frage kann kaum beantwortet werden, denn woher soll man wissen, wie ES ohne ES geworden wäre?

Die Franzosen nach dem Club de Hashishins[119]

Der französische Komponist Jules Massenet (1842–1912) hat die Oper *Hérodiade* (dt. *Herodias*, 1881) – nicht die Heroin-Göttin (auch nicht Heroin), sondern die laszive Frau vom magischen Meister Solomonis ist gemeint –, eine Art Konkurrenzoper zur STRAUSS'schen *Salome*, geschrieben: *Opéra en quatre actes d'apres le conte de Gustave Flaubert* (1821 bis 1880)[120]. Vor ihm, dem Autoren der *Versuchung des heiligen Antonius*, der ständig nachmittags halluzinierte[121], »stand Herodias. Ein loses Gewand aus leichtem Purpur umhüllte sie bis zu den Sandalen.« (FLAUBERT 1877; 1982: 176 f.) – »*Hérodias était devant lui. Une simarre de pourpre légère l'enveloppait jusqu'aux sandales.*« Für Flaubert eine Art Übung für *Salambo*, ein ähnlich schwülstiger Abstieg in die menschlichen Höhenflüge à la Oscar Wilde.

Massenet galt als »Frauenbesinger« und als »Historiker der weiblichen Seele« – war da etwa Mama Coca im Spiele? – Sicherlich! Er, Massenet, hat ein damals zunächst etwas stark unterbewertetes Meisterwerk geschrieben: *Thaïs*. Ein wunderbares Werk der Kokskunst, Jahrzehnte übersehen und wahrscheinlich auch absichtlich übergangen und von der Bourgeoisie verfemt.

Und auch der lange verkannte französische Komponist Charles Gounod (1813–1893) hat seine Cocaspuren in der fünfaktigen Oper *Margarethe* (manchmal »*Faust*« tituliert) – frei nach Goethes Faust und auf eigene Faust eine tollkühne Vertonung vorgenommen – versprüht (Paris 1859). Ebenso in der Lesbenoper *Sappho* (Paris 1859): ein Argument für die Verstärkung homosexueller Gelüste durch Kokain.

Hamburg und die Neue Wiener Schule

Knochen wirbeln durch den Weltenraum, Fanfaren verkünden Zarathustras Botschaft, Walzer drehen sich in Raumstationen ... – 2001, Zweitausendeins. »Was für 'ne Welt ...« GURUGURU

Das sind Hamburgensien der etwas anderen Art. Die Hamburgische Staatsoper war immer ein großer Freund und Protegée Neuer Musik.

> Kokain schoss mir in meinem Kopf, ein angenehmes Gefühl ... Wenn Gott jemals was Besseres erschaffen haben sollte, dann hat er es für sich selbst behalten ...
> WILLIAM S. BURROUGHS
> *Junkie*
> (1983: 148)

Ein berühmter Wiener Psychiater, der auch in Hamburg zeitweise fristet, hat es uns kundgetan. Die Komponisten der Alten und Neuen Schule haben gekifft und gekokst und Opium konsumiert; aber wer will das schon wissen?

Richard Strauss hat vielleicht die berühmteste oder bekannteste oder am häufigsten ausgestrahlte Hymne aller Zeiten geschrieben.

Also sprach Zarathustra – und explodierte ins All – (RICHARD STRAUSS, op. 30, 1896):

Also sprach Nietzsche – und traf die Philosophiegeschichte – besser als jede computergesteuerte *(Tom)-Cruise-Missle*.

Also sprach Richard Strauss, nachdem die Kokskristalle in seinem Hirn platzten und Musik erschaffen haben. – *Nichts* knallt einen Hörer so durch wie die ersten Takte der *Elektra* ... besser als jedes Koks oder Crack, vor allem wenn von Sir Georg Solti dirigiert.[122]

117 Siehe dazu KARL H. WÖRNER, *Gotteswort und Magie: Die Oper »Moses und Aron« von Arnold Schönberg* (Verlag Lambert Schneider, Heidelberg, 1959).
118 Frank Zappa wollte gerne das Gesamtwerk von dem von ihm bewunderten Komponisten Webern herausbringen, hat es aber nicht getan – schade. Aber Frank Zappa fragte sich, zu Recht, selbst: »für wen eigentlich?«
119 Ein Zusammenschluss französischer Dichter wie Gautier und Baudelaire in Paris, 2. Hälfte des 19. Jahrhunderts. Man experimentierte mit Haschisch und Opium und schrieb darüber.
120 Erschienen unter dem Titel GUSTAVE FLAUBERT, *Drei Erzählungen/Trois Contes* (Insel Taschenbuch, Frankfurt/M., 1982).
121 Siehe dazu die Ausführungen bei MÜLLER-EBELING 1997.
122 *Die Musik seit Richard Wagner* von Walter Niemann, 1913: »Die Stoffe und Textbücher zu *Salome* und *Elektra* sind im innersten Kern faul bis ins Mark. Sie sind widermusikalisch. – Seit *Salome* spricht man von einer Unmusik in unserer Zeit. – Strauss beginnt als Genie in der Musik. Strauss endet in *Salome* und *Elektra* als krankhaft einseitig entwickeltes, phänomenales Talent in Unmusik« (zit. in LUDWIG KUSCHE, *Heimliche Aufforderung zu Richard Strauss*. München: Süddeutscher Verlag, 1959). Herr Kuschel sollte nicht so einen Aberwitz publizieren.

Es ist wie mit den schamanischen Ayahuasca-Gesängen der Shipibo (Indianer, Amazonien, Peru). Es ist fast unerträglich:

Elektra, von Elektron, »Bernstein«, abgeleitet, absolut elektrifizierend; 1909 in Dresden uraufgeführt – Richard Strauss hat mit den ersten drei Takten seiner Einakteroper, die so etwas wie ein orchestraler »Blitzkrieg« ist, etwas geschaffen, das mit der entsprechend kongenialen Dirigierkunst von Sir Georg Solti (»Soltithustra«) so tief ergreifend ist, dass man es fast nicht aushält. Wie man *seinen Blitz kriegt*, war wohl eine wichtige Strategie; deshalb singt die opernweltlich-ältliche Klytämnestra: »Ja du! denn du bist klug./In deinem Kopf ist alles stark.«[123] – La Opera Coca: Es soll wohl in Hugo von Hofmannsthals Text heißen, dass das Koks stark durch den Kopf knallt.

> Das Cello trinkt rasch mal. Die Flöte
> rülpst tief drei Takte lang: das schöne Abendbrot.
> Die Trommel liest den Kriminalroman zu Ende ...
> Es ist nur eine süße Verwölbung der Luft
> gegen mein Gehirn.
> Gottfried Benn
> *Nachtcafé* (1912)

Man kann auf den Molekülen reiten, wie Wotan auf seinem Ross. Geldscheine regnen vom Firmament ... köstliche Knaben und erregende Frauen füllen den Raum ... alle in höchster Staatsopernpräsenz. Die besten Sänger, die besten Sängerinnen. In Zwölftonharmonie wird der Geldregen geträllert. Die Stadt zelebriert den Wahnsinn des frühesten Ausdrucks sozialer Ausbeutung: »Unterirdisch«, wie man im Mediendampfer am Hamburger Hafen (G+J), dem ehemaligen Wikingerhorst, zu sagen pflegt. – Wir sprechen von *Wozzeck* – zwischen Wien und Hamburg.

Wozzeck, die Zwölftonoper von Alban Berg, der dafür einen Koksberg benutzt hat, wird mal wieder aufgeführt: in genialer Besetzung; der großartige Dirigent, Ingo Metzmacher, treibt das Orchester zum Jubeln, die Sänger zum Äußersten, das Publikum zum Staunen (EMI, 1999). Was (fast) niemand weiß: ohne Koks kein *Wozzeck*. Ohne die pharmakologischen Musen der Dichter, Komponisten und anderen Künstler keine Kunst, »keine Kultur«.

Es waren eigentlich *immer* die Freaks, die »Verrückten«, die Außenseiter, die Outcasts, die sich vollgedröhnt, dem kulturellen Treiben geopfert haben; und damit dem Brennstoff der Kulturgeschichte den »Sprit«, den *spiritus*, den lateinischen »Geist« geliehen haben.

Posthum konnte man dann alle Zeugnisse der extravaganten Psychonautenkultur akademisch oder sonst wie auslöschen. Wer unter der Erde liegt, spricht genauso wenig wie eine vollgekokste Laborratte.

In Frankreich war es vor allem der *Vin Mariani*, der von Komponisten genutzt wurde. Die bekanntesten Benutzer waren Charles Gounod und Jules Massenet. *Faust* und *Herodiade* sind ihre berühmtesten, meistgespielten und sogar heute noch aufgeführten Opern. – Es gibt einige aussagestarke Briefe dieser Künstler, die sie an den Hersteller gesandt haben.

»Mutter, der Mann mit dem Koks ist da!« – So schallte es als Gassenhauer in den1930er Jahren. Ein toller Schlager. Koks ist natürlich Kokain und nicht das Koks für den Ofen, die Koksbriketts aus Kohle zum Heizen der Wohnung. Andererseits ist das Koks das Heizmaterial für die Nase, den anderen »Koksofen«, laut Brötzmann (siehe auch Dis-*Coca*-Graphia).

Coker, »Kokser«, ist ein Mensch, der Koks auflegt, keine Linien, sondern Briketts.

Jules Massenet (1842–1912):
»An meinen Freund Angelo Mariani, eine dankbare Erinnerung aus dem ›Land der Coca‹.«
(Aus: *Album Mariani*, 1894 f.)

Charles Gounod (1813–1893):
»An meinen lieben Freund Mariani, wohltätiger Entdecker dieses liebenswerten Cocaweins aus Peru, der so oft meine Kräfte wieder hergestellt hat.«
(Aus: *Album Mariani*, 1894 f.)

123 Richard Strauss hat den genialen Text von Hugo von Hofmannsthal (1874–1929) schreiben lassen und benutzt.

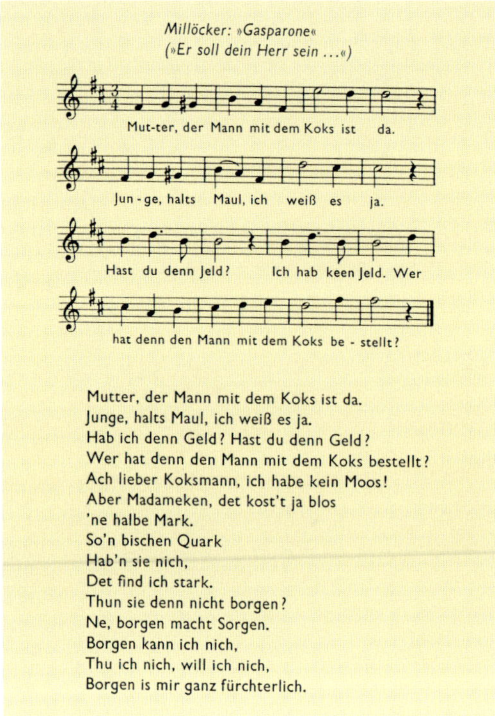

Notenblatt und Text des Berliner Gassenhauers *»Mutter, der Mann mit dem Koks ist da«.*

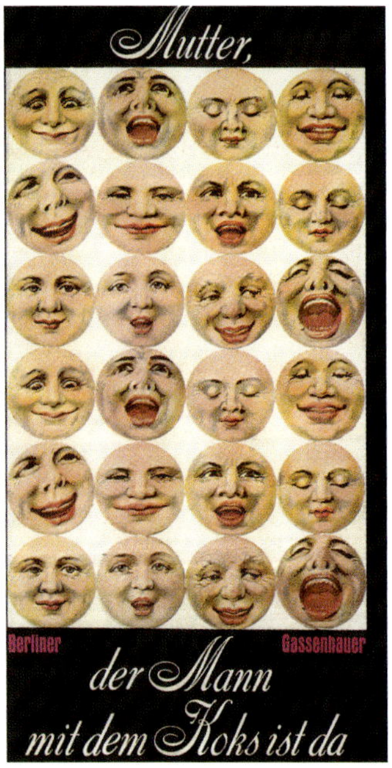

Das Buchcover mit den Berliner Gassenhauern, *»Mutter, der Mann mit dem Koks ist da«* (RICHTER 1977).

Wer kennt heute noch *Koksbriketts*? – Nur die Kokser, aber sie meinen damit eine hartgepresste Scheibe Kokain-HCl, die noch nicht verstreckt ist. Eine Rohware. Ein Ausgangspunkt. Ein Beginn. Vielleicht eine Knospe, die sich als literarische Perle entfaltet.

Die Goldenen Zwanziger Jahre brachten einiges an Kokolores hervor, manches in Liedern, die bei Tanzveranstaltungen und Kabaretts zum Besten gegeben wurden. Hier eine Strophe aus einem damaligen typischen Kabarettstück, dem »Lied vom Koko«, ein Schlager in der Pariser Nachtwelt, gesungen von einer Kokotte, einer »Halbweltdame«:

»Gegen all mein Leid und Weh
Deck mich zu, du tiefer Schnee!
Du allein machst still und froh.
Nicht der Wein –
Nein, o nein!
Komm, Morphin!
Kokain!
Mein Koko!«
(aus: OTTO RUNG, *Kokain: Novellen*, Wien 1923)

In dem Umfeld der halbweltlichen Zwanziger entstand auch das Lied *Cocaine Lil*, in dem die typische koksende Kokotte besungen wird (siehe auch Dis-*Coca*-Graphia):

Did you ever hear about Cocaine Lil?
She lived in Cocaine Town on Cocaine hill,
She had a cocaine dog and a cocaine cat,
They fought all night with the cocaine rat.
She had cocaine hair on her cocaine head.
She wore a snowbird hat and sligh-riding clothes.
She had a cocaine dress that was poppy red.
On her coat she wore a crimson, cocaine rose.

Hast du jemals von der Kokain Lil gehört?
Sie lebte in der Kokainstadt am Kokainberg,
Sie hatte einen Kokainhund und eine Kokainkatze,
Sie kämpften die ganze Nacht mit der Kokainratte.
Sie hatte Kokainhaare auf ihrem Kokainkopf.
Sie trug einen Schneevogelhut und Schlittschuhe.
Sie hatte ein Kokainkleid, das mohnrot war.
Auf ihrem Mantel trug sie eine karmesinrote Kokainrose.

El tango de la cocaína

Tango Coco
Tanga Coca
Tengu Tongo
Danza loca
DaDa brava
(CR)

Tango und Kokain (aus: *Der Junggeselle*, Nr. 4, 1920, S. 2, Faksimile).

Der Tango, der Tanz des Lebens, ist auch ein Tanz der Mama Coca. *Número fuerte era el tango*, »Der Tango ist eine starke Nummer«! Der Tanz mit der dazugehörigen Musik, ein Gesellschaftstanz im langsamen 2/4-Takt, entstand in Argentinien, eroberte aber schnell die Welt. Er wurde bereits 1912 in Europa eingeführt, angeführt von Kokain, hieß es auf einer Bühne in Barcelona: *tengo polvos pistonudos, caballero*, »Ich habe kokainartiges Pulver, mein Herr«!

In den Goldenen Zwanzigern entstanden dann auch verschiedene Kokaintangos mit expliziten Texten. 1925/26 sang der damalige Tangostar Lolita Arellano den *El Tango de la cocaína*, den Tango vom Kokain:

Y en la cocaína que otro mundo
me ilumina busco calma
para mi alma de mujer!
...
Refrán:
¡Cocaína! – ¡Sé que al fin me
ha de matar!
¡Me aesina! – pero calma mi
pesar ...
Si me deja – todo es sombra
en mi vivir.
Sé que al fin me ha de matar
– pero no me hace sufrir.
...
Busco el mal, ansiosa,
la droga encontrar
que al fin me ha de dar
la muerte piadosa ...
Reina de la orgía – su bendita
tiranía –
...
Ella me domina – y otro
mundo me ilumina ...

»So suche ich Frieden für
meine weibliche Seele
in anderen Welten, die
das Kokain mir erleuchtet ...
Refrain:
Kokain! – Weiß ich, das zuletzt
es muss mich töten.
Es macht mich stark! – und
beruhigt meine Traurigkeit
Am Ende wird es mich töten
– aber lässt es mich mein Leben ertragen!
Ängstlich suche ich das Böse
Zuletzt wird mir das gottesfürchtige Sterben
gegeben
Königin der Orgien –
deine glückliche Tyrannei –
Sie beherrscht mich –
und erleuchtet mir eine
andere Welt.«[124]

Manche Jazz- oder Rockmusiker haben eine eigene Diät, wie uns einige Freunde aus der Szene berichtet haben. Zum Aufwachen drei Wassergläser voll Wodka und dann über den Tag drei Gramm Kokain und 20 Joints plus mehr Wodka. Nur dann sind sie

Der Operettenwelt erstrahlte der Star Fritzi Massary am Bühnenhimmel und strahlte mit den typischen Koksaugen der zwanziger Jahre, eine weitere Manifestation von Mama Cocas Sang und Tanz (nach Behr 1964: 102).

124 Textauszug, nach J. C. Usó, *Drogas y cultura de masas*, Madrid: Taurus, S.131 f.

gut. Stoppen sie diese Kur, wird ihre Musik langweilig.

Manche Musiker oder Bands haben mit ihren Tourmanagern mündliche Verträge, nach denen beim Konzert mehrere Gramm Koks hinter der Bühne zur Verfügung sein müssen. Natürlich schon als Linien aufbereitet ... – Wir wissen das aus vertraulichen Quellen, von vielen Musikern selbst.

> Honky Tonk-Melodien und ein langerinnerter Traum ... ständiges Gekeife und Gezanke, nutzlose Instruktionen und eine heulende Stimme an der Tür ...
> HUNTER S. THOMPSON
> (1985 Bd. 1: 514)

The Rolling Stones, die erfolgreichste Rockband der Welt und der Geschichte, haben ihr Publikum oft warten lassen, wenn sie noch nicht ihr Kokain bekommen haben. Manchmal, wie in Kiel, bis zu drei Stunden. Das war Anfang der 1970er Jahre. Dort wurde sogar angekündigt, dass die *Stones* erst ins Rollen kommen, wenn der *Cousin Koks* (am besten mit *Sister Morphine*) kommt. Der Tourmanager wurde nach Hamburg auf den »Kiez« (= Strich/*Rotlicht-Distrikt*) geschickt, um reichlich Stoff zu besorgen. Es sind oft die *pimps*, die Zuhälter, die auch das Koks *dealen*. Als der Stoff endlich im Garderobenraum ankam, konnten die aufgekoksten *Stones* den Weg zur Bühne finden.

CRACK ME UP – Start Me Up, haben die geschäftstüchtigen *Rolling Stones* (*Tattoo You*, EMI 1981) an *Microsoft* für ein *crappy* Windows-Programm an Bill Gates, verkauft, dessen ehemaliger Partner jetzt einen Versandhandel (*Mindbooks*), spezialisiert auf Bücher zu psychedelischen Themen, betreibt.

> In Los Angeles ist es
> für Rockmusiker einfacher
> aufgekokst zu werden,
> als einen Hamburger zu kriegen.
> *Ein alter Hase der Szene*
> (9/2000)

Dr. Feelgood – natürlich ein Pseudonym – in L.A. hat eine wichtige, aber in der Öffentlichkeit unbekannte Rolle in der Rockgeschichte.[125] Er hat allen Rockmusikern pharmazeutisches Kokain verschrieben (SHAPIRO 1988: 228 f.). Mit diesen echten ärztlichen Rezepten konnten sie öffentlich koksen und problemlos Grenzen überschreiten. Leider wurde dem Wunderdoktor bald das Handwerk von den Behörden verboten und seine Aprobation entzogen. Dr. Feelgood war bei den großen Bands wie *The Rolling Stones backstage* permanent damit beschäftigt, Spritzen mit pharmazeutischem Kokain aufzuziehen und den ansonsten zusammenbrechenden Musikern fachgerecht zu injizieren. Dadurch konnte Mick Jagger immer wieder den Ohrwurm »*I can't get no Satisfaction*« jubilieren. Keine Befriedigung durch Koks ... Aber: *The show must go on* oder *the coke must blow – blowin' by the wind.*

Viele Bands haben eine ähnliche Geschichte in ihrem Drogenkonsum. Die Jungs der US-Band Aerosmith erzählen in der TV-Dokumentation *The Story of Aerosmith* (Toronto, 2001), dass bei ihnen und anderen zuerst LSD *in* war. Da hätte es noch Bewusstseinserweiterung gegeben, verkündet »Dicklippe«. Dann sei das Kokain ins Spiel gekommen und »alles wurde furchtbar« – aber jetzt sei die Band *clean* ...

Der bei einem Hubschrauber umgekommene US-Gitarrist Stevie Ray Vaughn hatte während seiner »Kokszeit« vier Gramm pro Tag geschnupft, wie er in einem US-amerikanischen Fernsehinterview zugegeben hat (VH 1 oder MTV, kurz vor seinem tragischen Tode bei einem Helikopterunfall, 2000). Er wurde noch vor seinem Tode clean, sonst wäre es ihm vielleicht genauso wie dem Bassisten von Morphine gegangen.

Es ist eine Ironie des Schicksals, dass im Jahr 2000 der 2-Saiten-Bassist von der Cool-Rock-Jazz-Band Morphine bei einem gut besuchten Konzert plötzlich mausetod von der Bühne fiel. Er starb an einer Überdosis Kokain, die er sich hinter der Verstärkermauer reingezogen hatte. Zunächst merkten die anderen »Morphinisten« gar nichts und musizierten im eigenen Rausch weiter ...

Jerry Garcia, der Kopf der legendären Acid-Rock-Band Grateful Dead, wurde mehrfach verhaftet, weil er Speedballs bei sich hatte. Auch die Musiker in seinem Umfeld wie David Crosby, Grace Slick, die Sängerin von Jefferson Airplane, Chris Kristoffersen und der Sänger Sly Stone, eine Ikone der 1960er Jahre, wurden wegen Koks festgenommen. Ebenso mussten die Sängerin Flora Purim und Starperkussionist Airto wegen großer Koksmengen ein paar Jahre einsitzen.

Der Beatle George Harrison war auch ein weltbekannter Kokser. Ebenso: Bob Dylan, Little Richard, Quincey Jones, James Taylor, Carole King, Buddy Miles, Janis Joplin, David Bowie, Iggy Pop, Elton John, Don Johnson, Rod Stewart, Sting, Bri-

125 Es gab sogar eine englische Rockband, die sich *Dr. Feelgood* nannte.

an Wilson, Eric Clapton, Marianne Faithful, Whitney Houston, Boy George, Julio Iglesias, Konstantin Wecker (vgl. *Max* 11/00, Timmermann 1996).

Es gibt aber auch Irrläufer, die man als Kokssongs interpretieren könnte, wie etwa die sehr seltene und von Sammlerfans gesuchte CD-Single *Rocks On the Road* von Jethro Tull (Chrysalis 1991); geziert von einem hübschen Foto eines pinkfarbenen US-Liquor-Stores, gehört sie nicht zu dem, was man denkt – Ian Anderson, der geniale Kopf der Band, von dem alle glauben, er würde bei seinen energetischen Auftritten mit Speed und Koks aufgedoped sein, ist zumindest öffentlich ein Hasser psychoaktiver Substanzen, obwohl er gerne Rotwein zu 600 Dollar pro Flasche trinkt ...

> Ich fuhr jetzt einen Jaguar.
> Natürlich stilgerecht mit englischer Linkssteuerung
> und dachte, ich sei Graf Koks.
> Abi Ofarim
> *Der Preis der wilden Jahre*
> (1982: 116)

Das deutsch-jüdische Gesangsduo Esther und Abi Ofarim war in den späten 1960er Jahren in Deutschland ähnlich erfolgreich wie das Duo Sonny and Cher[126] in den USA, besonders in den damaligen Fernsehshows. Sie sahen gut und gepflegt aus, hatten nette Lieder, waren ein perfektes Liebespaar. Aber hinter den Kulissen rieselte der »Schnee«. Sie haben kiloweise Kokain geschnupft, hatten fürchterliche private Kriege zu kämpfen, waren meistens so »daneben«, dass sie kaum auf die Bühne oder ins Studio kriechen konnten. Abi Ofarim hat darüber eine Art Biografie geschrieben und viele Songs dazu gedichtet, wie etwa den »Snowman« (Ofarim 1982). Aber die Fans deutscher Schlagermusik sind normalerweise kaum belesen, deshalb haben sie niemals darüber etwas erfahren. Ähnliches widerfuhr Sonny and Cher.

Wer weiß schon, dass Ike Turner, total vollgekokst, sein Weib verprügelt und gefoltert hat? Ike soll angeblich am Koks so zugrunde gegangen sein, dass er heute nicht mal mehr eine Gitarre in die zitternden Hände nehmen kann, geschweige denn spielen.

Man ist nie sicher, ob solche Meldungen wirklich wahr sind, etwas mit der Wirklichkeit zu tun haben, journalistische Übertreibungen oder Erfindungen sind oder Propaganda von Firmen oder federalen Vereinigungen. Wer weiss eigentlich, was wirklich los ist? Die täglichen Zeitungsleser, die *Spiegel*-Leser, die *Facts*-Leser, die *Tagesschau*-Junkies – alle denken, sie wissen was los ist ... Aber wer weiß es schon wirklich? Woher soll man wissen, ob man einem Autor oder uns in diesem Buch trauen kann? Woher kommt das Vertrauen in publizierte Worte? Wieso glauben Menschen ans Fernsehen? – Wie kommt es, dass es Leute gibt, die denken, die »Schwarzwaldklinik« sei real und der Held der Fernsehserie, »Dr. Brinkmann«, sei ein echter Arzt? Vor dem Drehort der »Schwarzwaldklinik«, einer echten Klinik im Glottertal (Schwarzwald), stehen reihenweise Touristenbusse, gefüllt mit Menschen, die von dem Fernsehdoktor behandelt werden möchten. Gibt es einen Unterschied zwischen einer *Soap Opera*, oder: *Soft Opera* und der *Tagesschau*? – Wenn ja, welchen?

Wirklichkeit wird produziert, nicht mehr erlebt.

Some people even think that Sherlock Holmes is a real historical Person, not a fictitious character. (Einige Leute glauben sogar, dass Sherlock Holmes eine reale, historische Person ist und keine Romanfigur)

Dann gibt es noch *Reality TV*, ist das nicht die heftigste Verballhornung? – Die Wirklichkeit wird verkauft wie eine Knackwurst.

Discografie: Dis-*Coca*-Graphia

> *Under the chemical sky ...*
> Lou Reed
> *Set the Twilight Reeling*
> (Warner, 1996)

> Von zwei Coca-Blättern als Flügel getragen,
> flog ich durch 77348 Welten,
> eine immer prächtiger als die andere.
> Paolo Mantegazza
> (1859)

> Set me on fire
> with the stories you feel
> Drown in the ocean of dreams
> Close to the flame
> My wings of desire
> Nothings what it seems ...
> Jack Bruce/BBM
> *Around the Next Dream*
> (Virgin Records, 1994)

126 Cher war für kurze Zeit mit Greg Allman verheiratet und hat sogar ein Kind mit ihm, dem Chef der psychedelischen Pilz-Southern-Rock-Band.

Die »Neue-Welt-Ordnung« (N.W.O.) trägt ihren Preis …

MINISTRY: »*The New World Order*«, diese Jungs haben so Recht …

Nun, es gibt unendlich viele LPs oder CDs, die mit *Coke* verbunden bzw. nur damit erzeugt werden konnten.

Musik macht Meinung, Musik macht Bildung und Musik macht Verblödung. Es gibt Hits, Schlager, Gassenhauer, Ohrwürmer und »schwieriges Zeugs«, Musik, die man beim Abwasch trällert, in der Dusche jodelt, auf Großveranstaltungen mitgröhlt, und Musik, die sich einem über Jahre oder gar Jahrzehnte in ihrer wahren Pracht enthüllt. Viele Musik ist drogeninduzierte Kunst, viele Musik ist Durch-was-auch-immer-für-einen-Stoff inspiriert. Viele Musik erblühte aus Cocasäften oder Kokainhydrochlorid. Viele Musik, die von Spießbürgern – oder Schildbürgern? – geschätzt wird, entstammt der Vermählung des eigenen Genies und dem magischen Molekül. – Hier ist ein Eindruck von der musikalischen Landkarte *Cocalandias*. Dieses Land der Träume kann man auf den Wogen musikalischer Klänge bereisen und erkunden.

> *Cocaine! There are entire albums that would probably be very different if that drug didn't exist.*
> JONI MITCHELL
> (in: SHAPIRO 1988: 229)

La Coca Classica

> Judith:
> Ah![127]
>
> Cocakalu:
> Nun siehst Du mein geräumiges Reich!
> Erschaue die grandiosen Blicke –
> Ist es nicht ein edles Land? …
>
> Seidene Wolken, violette Wälder
> Ruhige Bäche aus sich windendem Silber …[128]
>
> BÉLA BALÁZS, Libretto zu
> *Herzog Blaubarts Burg*
> von BELA BARTÓK

Wenn man den Effekt der Schneekristalle kennt und den Blitz der explodierenden Wahrnehmung, dann erkennt man sofort an Judiths »Ah!« den Knallgewi*tttttt*ter-Ton der verzückten, wohl hochgekoksten Liebhaberin in der frühen Oper des ungarischen Komponisten: BELA BARTÓK (1881–1945) hat – ob unter dem Einfluss oder nicht – damit das *efeh* den kompositorischen Möglichkeiten mit klassischem Orchester aufs Sahne-(Koks)-Häubchen gesetzt. Die Klassik-CDs von folgenden Opern usw. sind am besten (nach CRs Meinung) von Sir Georg Solti dirigiert: *Moses und Aron, Elektra, Salome, Arabella …*

• BELA BARTÓK, *Duke Bluebeard's Castle,* »Herzog Blaubarts Burg«, dirigiert von István Kertész, mit Christa Ludwig und Walter Berry (Decca, 1965 – legendär!).

Das Thema oder Motiv ist auch in dem Kinofilm *The Cell*, in dem es um psychoaktive Substanzen und virtuelle Welten geht, mal wieder aufgenommen worden (2000). Siehe auch Dukas (1865 bis 1935), der Komponist vom *Zauberlehrling.*

• ALBAN BERG, *Wozzeck*, Ingo Metzmacher/Philharmonisches Staatsorchester Hamburg (EMI, 1999).

• PAUL DUKAS, *Ariane & Barbe-Bleue*, Armin Jordan/Nouvel Orchestre Philharmonique de Radio France (Erato Disques, 1991).

Ein Opernwerk des Zauberlehrlings, der wie Strawinsky den Micky-Mouse-Vater Walt Disney inspiriert hat.

• GEORGE GERSHWIN, *Porgy and Bess*, mit Simon Estes und Roberta Alexander, dirigiert von Leonard Slatkin, Rundfunk-Sinfonie-Orchester Berlin (Philips, 1984).

Die dramatische Geschichte um den Aufstieg in die Welt des Kommerz und »Großen Geldes«, der Prostitution und der Drogen (Kokain), in dem Song »It ain't necessarily so« verkörpert und besungen; auf dieser Aufnahme idealbesetzt.

• CHARLES GOUNOD, *Sappho*, Patrick Fournillier/Nouvel Orchestre de Saint-Etienne (Koch International, 1993).

Margarethe (Faust), Gesamtausgabe (Cantus Classics, 2000).

• *Jugendstil-Lieder:* BERG, SCHOENBERG, PFITZNER, SCHREKER, STRAUSS.

Sängerin (die leider zu früh verstorbene) Lucia Popp, Klavierbegleitung Irwin Cage (BMG, 1992). Wunderbare Kokslieder!

> Gewogene Lüfte führt uns zurück!
> Heiliger Sterne segnende Schar!
> Hohen Palastes dauerndes Tor
> öffne sich tönend dem ewigen, ewigen Paar!
> RICHARD STRAUSS
> *Die Ägyptische Helena*

127 Dieses Ah! ist das *tollste* der Musikgeschichte. Es »knallt« wirklich 'rein – genau wie es die *Snowflakes* bei sommerhitzigem Klima tun.

128 Übersetzung von CR.

Ah! Deine Nähe
ist süß und berauschend; – …
Franz Schreker (1878–1934)
Der Ferne Klang
(Oper in 3 Akten)

• Jules Massenet, *Thaïs*, Yves Abel/Orchestre National Bordeaux Aquitaine, mit Renée Fleming in der Hauptrolle (Decca, 2000).

Ein wunderbares Werk der Kokskunst, skandalös wie alles unter dem Alkaloid Erdachte.

Hérodiade, Gergiev/San Francisco Opera Orchestra (Sony, 1995).

• Nicolai Rimsky-Korsakov (1844–1908), *Der Goldene Hahn/The Golden Cockerel*, nach A. Puschkin; Dimiter Manolov/Sofia National Opera Orchestra und Chor (Capriccio/Delta, 1996).

Eine Art Goldener/*Gogol*scher Koksschuss … mit dem Fazit: »Die Macht ist nur ein Schatten«.

• Camille Saint-Saëns, *Samson et Dalila*, Myung-Whun Chung/Chœurs et Orchestre de l'Opéra-Bastille (EMI, 1992).

Eine der perversesten biblischen Geschichten (Ri 16,4–22) neben *Salome*, vertont von einem zurückhaltenden Kokser, dem (laut Michel Beretti, Begleittext zur CD) »Herkules der französischen Musik« (1835–1921), der mindestens zehn Jahre an der Partitur herumgedoktert hat (zirka 1866–1876). Die Oper ist eigentlich mehr ein satirisches Oratorium geworden.

Die Geliebte und Priesterin Dalila schneidet dem Helden Samson (= Simson, ein Jude) seine langen Haare, Quelle seiner Kraft, ab, und überlässt ihn den Philistern (Nichtsemiten; möglicherweise Nachfahren der Minoer), die ihm die Augen ausstechen und ihn zum Spielball öffentlicher Narretei und Verschmähung degradieren. Tolle Religion(en)!

• Eric Satie, *Frühe Klavierwerke*, Reinbert de Leeuw (Philips, 1980).

• Arnold Schönberg, *Moses und Aron*, Sir Georg Solti/Chicago Symphonie Orchester (Decca, 1984).

• Franz Schreker, *Der Ferne Klang* (Capriccio, 1991; dirigiert von Gerd Albrecht).

Eine der vergessenen großen Opern der Koksära von dem Zeitgenossen Franz Schreker (1878 bis 1934), einem echten Jugenstilkomponisten und Antinazi (deshalb wurde sein Werk verboten). Die Sängerin Gabriele Schnaut glänzt im *Fernen Klang*.

• Richard Strauss, *Orchestermusik* (EMI Classics 1992).

Die Ägyptische Helena, Antal Dorati/Detroit Symphony Orchestra (Decca, 1991) (mit der schönen Gwyneth Jones).

Elektra, Sir Georg Solti/Wiener Philharmoniker (Decca, 1967/1998).

Friedenstag, Wolfgang Sawallisch/Bayr. Symphonieorchester (EMI, 1999).

Arabella, Sir Georg Solti/Wiener Philharmoniker (Decca, 1958/1992).

Die Josephslegende (Deutsche Grammophon, 2000).

• Igor Strawinsky (1882–1971)

Der Komponist, der mit seiner Pétrouchka (1947) den Archetypos der koksigen Filmmusik für Walt Disney lieferte und ein eifriger Schüler von Rimsky-Korsakov und Dukas war, schrieb zwischen 1907 und 1908 die erste Fassung von seinem Ballett

Der Kokaintanz mit Saint-Saëns:

Anita Berber (1899–1928) tanzte, tanzte ›Kokain‹, nach der Musik von *Saint-Saëns*. Der Gatte (der Nacktänzer Sebastian Droste) entwarf die Konzeption in Gedichtform:
Wände
Tisch
Schatten und Katzen
Grüne Augen
Viele Augen
Millionenfache Augen
Das Weib
Nervöses zerflatterndes Begehren
Aufflackerndes Leben
Schwälende Lampe
Tanzender Schatten
Kleiner Schatten
Grosser Schatten
Der Schatten
Oh – der Sprung über den Schatten
Er quält dieser Schatten
Er martert dieser Schatten
Er frisst mich dieser Schatten
Was will dieser Schatten
Kokain
Aufschrei
Tiere
Blut
Alkohol
Schmerzen
Viele Schmerzen
Und die Augen
Die Tiere
Die Mäuse
Das Licht
Dieser Schatten
Dieser schreckliche grosse schwarze Schatten
(Thamm 1986: 143)

Eine kurzes Porträt der Sächsin Anita Berber, der »Erfinderin von Erotik und Ekstase« im Tanz (aus: *Der Junggeselle*, Nr. 35, 1926, S. 4, Faksimile).

Der Feuervogel (1910), dessen Finale immer noch der Band Yes als Intro bei Life Shows dient. Zunächst sollte das Opus mit dem angeschlossenen *Scherzo fantastique Feuerwerk* (op. 3) nach dem Programm aus Maeterlincks *Leben der Bienen* schlicht *Die Bienen* genannt werden. Strawinsky schrieb dazu seinem Lehrer Rimsky-Korsakov: »Die Harmonie in den *Bienen* wird grimmig, wie Zahnschmerzen, soll dann aber unmittelbar mit angenehmen Harmonien abwechseln, wie Kokain« (Begleitheft der CD, Decca, 1986).

• Nancy van de Vate, *Cocaine Lil*, Ensemble »belcanto«/Dietburg Spohr (Koch, Schwann, 1994).

»Mit einer Sonderform des Inhalierens hat auch die halbimaginäre Theaterszene ›Cocaine Lil‹ von Nancy Van de Vate zu tun. Zusätzlich schließt der Kreis der Stücke: die Blues- und Jazz-Anklänge bei Eisler erscheinen vollends als Signale amerikanischer Großstadt, in der die Cocaine Lil lebte, zugrundegegangen am übermäßigen Schnupfen von Kokain. Es ist eine grell-satirische, ja sarkastische Ballade, erschröckliche Moritát vom wilden Drogenleben im Dickicht der Städte, genau auskomponiert ... Ein Stück wie aus dem wirklichen Leben in den Betonschluchten der besten aller Welten und doch auch starker Tobak aus der Welt des Grandguignol« (Gerhard Koch, im Begleitheft).

• Anton (von) Webern, *Das Gesamtwerk*, Pierre Boulez/Juillard String Quartet/London Symphony Orchestra u.a. (Sony, 1991).

Jazz, Beat, Pop, (Acid) Rock, Metal

> Jazz und Koks, eine Mischung, die auch gut in Europa ankam.
> (Thamm 1986: 146)
>
> DADA Jazz ... Käfertanz ... kosmische Klänge ...
>
> Während wir in Haight-Ashbury [Hippielandia in SF] mit unserem Latein langsam am Ende sind, kommt es dort zu einem entschiedenem Ruck weg von psychedelischen und experimentellen Drogen hin zu den harten Sachen. Koks gehört bald zum Alltag, und seit kurzem erlebt Speed in Hippie City ein spektakuläres Comeback.
> Rock Scully und David Dalton
> *An American Odyssey*
> (1996, St. Andrä-Wördern: Hannibal, S. 119)

»Music is one of the strongest forms of Magic, or vibration in the deepest sense,« schrieb der längst verstorbene britische Rock-Organist Graham Bond im Covertext seiner *Magic*-LP (1971, Philips Records). Seither ist die Magie oder *magic* im Rockreformfeld weit verbreitet. Seither swingen die Beats. Aber der kristallene Staub treibt sich schon viel länger durch die Nervensysteme der Musiker. Es können hier nur einige ausgewählte Produkte aufgelistet werden; solche, die direkt Bezug nehmen auf die Schniefe, denn fast alles an Musik, was im 20sten Jahrhundert produziert wurde, glänzt durch das Glitzernde Pulver.

»Die ›Dance Music‹, die war schon was. Man bewegte sich zum ›Wacky Dust‹ von *Chick Webb* und seinem Orchester (Decca), zum ›Cocaine Blues‹ von *Luke Jordan* (Victor) oder zum ›Cocaine‹ von *Dick Justice* (Brunswick). Man tanzte zum ›Dope Head Blues‹ (Okel) und zum ›Cocaine Habit Blues‹. Man turnte sich mit Jazz, Blues und natürlich Koks an« (Thamm 1986: 146).

Compilations/Kompilationen

• *Blow*, der Soundtrack (Cheeba Sound/Virgin Records, 2001).

Soundtrack zum gleichnamigen Film mit einer guten Auswahl an Rockmusik und Songs, die Bezug zum Kokain nehmen. U.a. von den Rolling Stones, Link Wray, Faces, Cream, Manfred Man's Earth Band, Lynard Skynard, Bob Dylan; und einer der aktuellen Hits unter den Chicano-Kokainsongs (KC and The Sunshine Band), »Keep It Coming Love«. Der Soundtrack ist sehr stimmungsvoll in Bezug auf den Film abgestimmt. Er spiegelt die verschiedenen Musikrichtungen der einzelnen im Film erfassten Zeiten wider, ohne wie ein Sammelsurium zu wirken. Wäre das ein CD-Review, müsste ich (CR) mit einem sehr guten Urteil enden. Noch etwas Besonderes: Der CD-Ling sieht aus wie ein Spiegel, auf dem eine Kokslinie liegt (ansonsten unbedruckt). Ein Muss für Artefaktensammler zum Thema Kokain.

• *Chocolate Soup Volume 2. Acid 1.* (Relics Records, 1981).

Enthält Winston's Fumes, »Snow White«.

• *Coca Cola Commercials – 65 Sensational Tracks.* U.a. von Tom Jones, Petulia Clark, The Supremes, The Troggs, Roy Orbison, Ray Charles, Nancy Sinatra, The Moody Blues, The Box Tops, The Bee Gees, The Tremeloes, Aretha Franklin, Marvin Gaye, Vanilla Fudge, The 5TH Dimension – (The Coca-Cola®-Company, CD1, nach 1969).

• *Flashbacks – Klänge, die unsere Großeltern verpassten: high & low DrogenSongs* (Transmitter, o.D. [zirka 1998]; Werner Pieper's MedienXperimente).

Originalaufnahmen von Memphis Jug Band *»Cocaine Habit Blues«* (1930), Dick Justice *»Cocaine«* (1928) und Rosetta Howard & the Harlem Hamfats *»The Candy Man«* u.a.

Eine typische Posierung einer frühen Rembetica-Band aus den »Goldenen Jahren« (1911–1937) (CD-Booklet, Griechenland).

• *Greek-Oriental Rembetica: Songs and Dances in the Asia Minor Style – The Golden Years: 1911–1937* (Ahoolie Prod./Folklyric, 1991).

Róza Eskenázi singt »Yati fumaro Kokaïni, »Warum ich Kokain rauche«, zirka 1932 (Athens):
That cokehead came and wrecked my brain,
So I myself now smoke cocaine.

• *Heavy Metal*®[129] (Sony Music, 1981).

Der Soundtrack zum gleichnamigen Film enthält auch die Musik zur »Großen Schniefe«, der gigantischen Koksbahn, durch die das Raumschiff angetrieben wird, natürlich nur wenn die Piloten es geschnupft haben.

Die beiden größten Schniefer des Heavy-Metal-Universums (Standbild aus dem Zeichentrickfilm *Heavy Metal*, 1981).

• *Punks On Drugs* (Antidote/Jungle Records 1997). Mit den Urban Dogs und ihrer Version von »Cocaine« (Reverend Gary Davis).

• *Reefer Songs, 23 Original Jazz & Blues Vocals* (Jass Records, 1989).

In dieser Hanf-Song-Kompilation verstecken sich auch Kokssongs aus den 1930er und 1940er Jahren, wie »Wacky Dust« von Chick Webb w/Ella Fitzgerald.

• *Rembetica in Piraeus, 1933–1937* (Heritage, o.D.).

Diese historische Kompilation enthält von Markos Vamvakaris den Song *O Sinachis* (griechisch, »der Schnupfer«).

• *Sayas y Morenadas – Música de Integración Nacional, Vol. II* (Lauro Records, 1996) – »Röcke und Dunkelhäutige«.

Das Glanzstück dieser Kompilation bolivianischer, andin angehauchter Musik heißt *La Mentirosita* (spanisch, »die Trügerische«) und preist die Coca als integratives Kulturelement, komponiert von einem gewissen Morenada, gespielt, gesungen und geblasen von José Flores.

• *The Copulatin' Blues Compact Disc* (Jazz Records 1987).

Mit »The Candy Man« von Rosetta Howard and the Harlem Hamfats und »Don't You Make Me High« von Merline Johnson, the Yas-Yas Girl.

• Tragoydia toy ypokosmoy, *Songs of the Underground* (The Greek Archives, Vol. 5 (AM Records, o.D.).

Der Zeibekiko-Song »Heroin and hashish« besingt auch das Kokain.

• *The Story of Jamaican Music: Tougher Than Tough* (Island Records, 1993).

Enthält eine Serie von Reggae-Musikstücken, die in der Kokszeit (1958–1967) aufgenommen wurden.

• *Fear and Loathing in Las Vegas – Music from the Motion Picture* (Geffen Records, 1998).

Enthält u.a. das Stück »One toke over the line« von Brewer and Shipley.

Die Geschichte der jamaikanischen Musik, insbesondere des Reggae, wird von einem Buch mit Cocablättern verziert, begleitet.

129 So etwas Absurdes: »*The Trademark ›Heavy Metal‹ is owned by National Lampoon, Inc.*« – Wie können sich solche Firmen Volksgut erkaufen und für sich vereinnahmen? Wer hat schon jemals versucht, den Begriff »Romantik« zu annektieren oder zu pachten?

In der Grenzzone zwischen Nordmexiko und den USA ist nicht nur ein reger Kokainhandel zu beobachten, sondern auch ein neuer »Sound of Kokain« zu hören. Dabei handelt es sich um mexikanische oder Chicano-Produktionen à la Techno, Pop, Rap und Hiphop, meist recht aggressiv, sowohl in der Härte der Beats als auch in den Texten (englisch oder spanisch). Dabei nehmen die Songs nicht nur direkt auf Kokain, den Handel und dessen Brutalität Bezug, sondern sind das allgemeine Soundgewebe, auf dem sich die Coke-Traffiker-Szene tummelt (nach einer Reportage »Der Sound des Kokain: ›Drogen-Pop‹ aus Mexiko«, *arte*, 30. Mai 2001).

Acts, Bands

• Acid Bath, *Paegan Terrorism Tactics* (Rotten Records, 1996).

• Annette Peacock, *The Perfect Release* (Femme Music/Line Music, 1987).

• Aphrodelics, *Rollin' on Chrome* (Reverso, 1998).

• Atomic Rooster, *Nice 'n' Greasy* (LP: PYE, 1973/ CD: Repertoire Records, 1991).

Die Jungs der Band – die aus Arthur Brown's Crazy World herausgeschneit kam – um Vincent Crane stecken ihre Ohren in den Schnee, um besser hören zu können mit einem *»essentially instrumental ... you may experience the inner cosmic overdrive of essential quintessence transporting you through the polyrhythmic inovations of the infinite cosmos or you may go deaf ...«* Kommentar des Bandleaders.

• Automatic Man, % (Island Records, 1976).

Die erste völlig hochgekokste Band vom Santana-Schlagzeuger Michael Shrive, völliger Kokolores, zum Beispiel *»Some day we'll trip to Venus/And walk on through purple sands/Sprinkling Powders as we go ...«*

• Babe Ruth.

Nach dem Spitznamen eines berühmten US-amerikanischen Baseball-Spielers der 20er und 30er Jahre des 20. Jahrhunderts – den »Goldenen Zeiten« des Kokains – benannt.

• Caravan, *Canterbury Comes To London (Live From The Astoria)*, (HTD Records, 1998).

Das Schlaraffenland wird wiederbelebt, wie wohl?

• Jeff Beck, *Blow By Blow* (CBS/EPIC, 1975).

• The Bevis Frond, *North Circular* (Woronzw Records, o.D.).

• The Black Crowes, *Three Snakes and One Charm* (American Recordings, 1996).

Der Song »One Mirror Too Many« handelt vom Überkoksen – typisch für die *La Coca Crowes*.

• Jimmy Page & The Black Crowes, *Live at the Greek* (SPV, 1999).

• Bleachin', *Every One Loves You Every Thing's Free.* MC Amos, einer der Musiker gesteht: »Der erste Track stürmt los, alles ist Hetze, Eile, Tempo. Für mich ist es der Sound von Kokain.« (Zit. in. Ines Philipp, »Bleachin': Der Sound von Kokain«, *Hanf! Magazin*, 12/2000, S. 56–57.)

• Blitzkrieg, *The Mists of Avalon* (Neat Metal Records, 1998).

• Blow, by Herbert Joos, Wolfgang Czelusta und Bernd Konrad (FMP Records, 1977).

• Body Count, *Cop Killer* (Sire Records, 1992).

Das berühmte Album, das in den USA verboten wurde, weil es über Polizistenmorde jubilierte, von Ice-T produziert, enthält den Song *»The Winner Loses«* mit dem Entree *»My Friend's addicted to cocaine/smokes day and night/drives mom and pop insane«*.

Violent Demise: The Last Days (Virgin Records, 1997).

• David Bowie, *Ziggy Stardust – The Motion Picture* (1983, RCA Records).

Stardust, der »Sternenstaub«, ist *ein* Synonym für Kokain. Auch das Lied »White Light/White Heat« ist eindeutig.

The Rise and Fall of Ziggy Stardust and The Spiders From Mars (1972); von Bowie wird hier das Koks liebevoll als *Lady Stardust* tituliert. (CD: Digitally Remastered, 24 BIT, 1999/EMI.)

Stage (RCA, 1983) »Ziggi Stardust« live mit Adrian »The Lone Rhino« Belew an der *Line Guitarre*.

Ziggi Stardust and The Spiders from Mars »LIVE« (SPA 1995, Intermusic) – »legendäres« Livekonzert aus dem Santa Monica Civic Auditorium, 20.10.1972; mit einer Fassung von »Waiting For The Man« (von Lou Reed).

»hours ...« (Virgin Records, 1999) – wunderschön: *»give me spice ...«*

Changes (EMI Records, 1990). Enthält »Ziggi Stardust« und andere Kokslieder (Remixt).

Station to Station (RCA, 1976).

• Jackson Browne, *Running On Empty* (Elektra/ Asylum Records 1977).

Der Kalifornier aus dem Dunstkreis von den Grateful Dead und Eagles (»Hotel California« – eigentlich besser *Cocafornia*) hat mit dem heutzutage als »Klassiker« geltenden LP-Albums ein Konzeptwerk zum Thema Kokain abgeliefert. Schon der Titel: *Running on empty,* »der Stoff ist [uns] ausgegangen« markiert das Popwerk, mit dem es beginnt. Dann gibt es so schöne Songs wie *The Road,* »Die Straße«, indem es u.a. heißt: *Coffee in the morning cocaine afternoons*, »Kaffee am Morgen, Kokain nachmittags«. Dann kommt Track Nummer 4, ganz schlicht *Cocaine* genannt, geschrieben von Reverend (d.i. eine Art Pastor) Gary Davis, etwas mit eigenen Lyrics aufgepeppt: »*Cocaine, runnin' all 'round my brain.*«

• Caspar Brötzmann Massaker, *Koks Ofen* (Rough Trade Rec., 1993).

Der Sohn des Saxophon-Bläser-Vaters Peter Brötzmann hat hiermit ein deutliches Dokument hinterlassen.

• J.J. Cale, *Troubadur* (Phonogram 1976).

Der durch E.C. (*Was here*) berühmt gemachte Song *Cocaine* dauert auf der Platte des amerikanischen Komponisten bzw. Songwriters die Länge einer Linie von 2:48 Minuten – Koks ist halt schnell. Aber auch die anderen Songs klingen gut verkokst.

Grasshopper (Mercury, 1982).

• Canned Heat, Digitally Remastered (EMI Manhatten Records, A Devision of Capitol Records, 1987).

Ein *Interlude* aus der *Interzone*: Canned Heat, die »eingedoste Hitze«, prellt mit *on the road again* gegen die wackelnden Waden wahnsinniger Wärter am Eingang zur *Interzone*, *Cocalandia* ist auf die Straße geworfen worden ...

• Eugene Chadbourne & Jimmy Carl Black, *Locked in a Dutch Coffeeshop* (Fundamental Recording Co., o.D).

• Cheech & Chong, *Los Cochinos@#!!** (Warner Bros./Ode Records 1973).

• Chrome feat. Damon Edge, *Dreaming in Sequence* (Siren Records, 1986). »White Magic« im psychedelischen Tumult.

• Eric Clapton.

Einer der erfolgreichsten britischen Rockmusiker (*E.C. Was Here*), der bei den Yardbirds (»I'm Your Witchdoctor«, ein alter Hit!), bei John Mayall's Bluesbrakers[130] und Alexis Korner gedient hat, der durch Cream berühmt wurde und dann, wie aus Versehen, mit ein paar Hits landen konnte, wie *I Shot the Sheriff* (komponiert von Bob Marley) oder *Layla* oder das sentimentale, aber trotzdem schöne Lied *Heaven* über den Tod seines sechsjährigen Sohnes.

Durch E.C., durch seine *Slowhand*, seine »langsame Hand«, wurde der Kokainsong von J.J. Cale erst richtig populär und dauerte bei ihm wegen seiner »langsamen Hand« etwas länger, nämlich 3:38 Minuten – eine lange Version (6:37) ist auf Eric Clapton, *Crossroads 2 (live in the seventies)* veröffentlicht worden (Polygram International Music, 1996). Auf *Just One Night* ist eine 7:10-Minuten-lange Life-Version.

130 Dort hat er den Song »I'm Your Witchdoctor« performiert ...

Eric Clapton hat den J.-J.-Cale-Song »Cocaine« auf mehren Alben gecovert.

• Eric Clapton, *Slowhand* (Polydor International, 1977).

Just One Night (RSO Records, 1980).

Crossroads 2 (live in the seventies) – (Polygram International Music, 1996).

Cocaine – That's definitely a folk song
(JO)

• C.O.N.Sequenzer feat. Milk, *When Gods Make Love* (Insolation/Zoomshot Media, 2000).

Das Psychedelic Trance-Sideproject von S.U.N. Project hat für ihr erstes Album den Titel wohl nach Jimmy Hendrix' Song »... And The Gods Made Love« (von *Electric Ladyland*, 1968) gewählt. Das erste Stück heißt »Cocaine Speaking« und beginnt mit einem Aufschrei und den Worten »cocaine speaking 'ing 'ing 'ing ...

In der Techno- und Trancemusik kommt es in den letzten Jahren auch zu musikalischen Huldigungen des Kokains. Immer öfter tauchen Tracks auf, die Bezug zum weißen Pulver nehmen, zum Beispiel C.O.N.Sequenzer, »Cocaine Speaking« (Insolation Records, ca. 2000), Synchro, » »White Powder, »Coca-Coma (Rocks)« und »Coca-Coma (Crystal)«, Necton, »Crystal Overdose«, Vibrosphere, »Crystal« (die meisten Tracks gibt es auf Samplern, auf 45-rpm-Venyls und Maxi-CDs – meist schwer aufzutreiben).

• Alice Cooper, *Brutal Planet* (Eagle Records, 2000).

U.a. heißt es »*Blow Me a Kiss ... Blow Me Away ...*«

the Life and crimes *of* Alice Cooper (Warner Archives/Rhino, 1999).

• Cracker, *The Golden Age* (Virgin Records, 1996).

Gentlemans Blues (Virgin Records, 1998) – Der Name sagt alles ...

• The Cramps, *Stay Sick!* (Enigma Records, 1990).

Smell of Female (Big Beat Records, 1990).

• Country Joe McDonald, *Superstitious Blues* (Rag Baby Records/Line 1990).

Das Lied »Cocaine (Rock)« besingt des Schreibers eigene Kokainerfahrungen, von denen er sich aber als »guter puritanischer Alt-Hippie« distanziert, ganz als wäre er ein Deutscher oder von der US-Justiz Verfolgter.

• Cusco, *Apurimac II* (Higher Octave Music, 1994).

• Dillinger, *Cocaine* (Charly Records, 1986).

Der Jamaikaner beginnt sein hanfvernebeltes Album mit »*Cocaine in my brain*« – *Cocain is running around your brain ...*

»... wie Dillinger auf der Flucht zu seinem Biografen ...« (Burroughs 1999: 167) – John Dillinger, ein berühmter US-Bankräuber aus der *Bonny-and-Clyde*-Ära, den1930er Jahren.

• DJ Crack, *teutonic sound adventure* (MNF Records/ZYX Music, o.D.).

Hat der Techno-DJ sich etwa nach Crack benannt?

• Bob Dylan, *Cocaine* (Legendary Gaslight Performances Vol. 2) (Platinum, o.D.; wahrscheinlich ein Bootleg).

• Kruder Dorfmeister, *The K&D Sessions™* (!K7, G-Stone, o.D.; Fax 030-2044456).

• Falco (T»MA A.K.A. FALCO), *Mutter, der mann mit dem Koks ist da.* (BMG, 1995).

Coverausschnitt der einst verramschten, heute heiß gesuchten Cocaine-LP vom Vater des Polit-Folk-Rockers und Beatles-Antörner. Crackendes Geknister auf Vinyl. Der Altmeister krächzt eine Coverversion des Klassikers Cocaine, die verdeutscht wieder von Hannes Wader aufgenommen wurde.

Schlagerfassung vom alten Berliner Gassenhauer (vgl. Richter 1977).

• Merrell Fankhauser, *Doktor Fankhauser* (Full Blast Records, 1986 [LP]) – enthält das Stück »Cocaine and Aeroplanes«.

• The Fugs *First Album* (zirka 1965), (CD mit zusätzlichem Material, Gugs Records, 1993).

• Motörhead, *Snake Bite Love* (Steamhammer/spv, 1998).

• Faith No More, *Angel Dust* (Slash Records, 1992).

Ein wunderschöner Song namens »*Crack Hitler*« ziert das ziemlich extreme *Crossover*-Stück.

> My usage of the drug ...
> It modified my personality to the extent that
> I was ... ›I was like a Crack Hitler‹.
> Faith No More, *Angel Dust* (1992)

• Merrell Fankhauser, *Jungle Lo Lo Band* (Legend Music, 1994).

In dem Song »Treasure of the Inca« kommen die Zeilen vor: »*On the shore lays Montezuma/With his coca leaves and pearls ...*« – leider hat der Songwriter nicht erkannt, dass Montezuma ein mexikanischer Azteke war und sich nicht am peruanischen Strand gelümmelt hat.

• Mick Farren's *Tijuana Bible, Gringo Madness* (Big Beat/Ace Records, 1993).

Es geht um alles, was das Hippieherz im mexikanischen Grenzort Tijuana, dem größten nordamerikanischen Umschlagplatz für alle möglichen illegalen, halblegalen und legalen psychoaktiven Substanzen, erfreut; natürlich um *dope 'n' coke* und Peyote und Meskalin. Ein sehr humoristisches Werk (*The Simpsons*, 1999: »Humor ist ein Zeichen von Intelligenz«).

• Fleetwood Mac, *Rumours* (Warner Bros. Records, 1977).

Die erste LP ihres Comebacks ist sehr drogenlastig und gilt als eine der besten Kokainschallplatten. Die Belladonna-Sängerin Stevie Nicks trällert »*Now here I go again, I see the crystal visions / I keep my vision to myself / It's only ...*« Später singt sie weiter »*Rock on – gold dust woman ... / ... Rock on – ancient queen ...*«.

• Kim Fowley, *Let The Madness In* (Receiver Records, 1995).

• Frozen Sun, *Headtrips* (Rough Trade, 1998).

• Marvin Gaye, *Midnight Love* (Columbia Records, 1982).

Das Album wurde unter Koks und Crack produziert. Gerade als es fertig war, ist der charismatische Sänger Marvin Gaye an einer Überdosis gestorben (*Q Magazine*, 2/2001: 52).

• God Street Wine, *Bag* (Ripe & Ready, 1992).
• The Grateful Dead (diverse, auch tausend Bootlegs als Schallplatten oder Cds).

Die »dankbaren Toten« waren eine der kulturhistorisch bedeutungsvollsten und einflussreichsten US-Bands seit den 1960er Jahren. Sie entsprangen Ken Keseys *Acid Tests* und kreierten eine ganze Bewegung. Sie waren eine Art Prototyp der berauschten, psychedelisierten Hippiegruppen; sie etablierten den *Acid Rock*. Eine der großen Mächte der ganzen Geschichte. Sie spielten unter LSD-Einfluss (zum Beispiel im Song *Darkstar*), waren aber auch unter den ersten Hippies, die über Kokain in dem Lied »Casey Jones« gesungen haben: *»Travell'n this Train, high on cocaine ...«* übers *Trainspotting*). Sie besangen Neal *»Cassidy«*, den Busfahrer von Ken Kesey, selbstverständlich *»On The Road Again«* (Trad., nicht von Canned Heat), und den Candyman: »Come around again ... here comes the snow again ...« – auch Donovan hat einen Hit/Schlager geschrieben: *Candy Man = Coke Man* – wie *»Mama, der Mann mit dem Kokain ist da«*. *Nose candy* war ein Slangwort für Kokain: Darauf bezieht sich der Song *Candy Man* von Donovan.

Workingman's Dead (Warner Bros., 1970/ 1973 [LP]).

Reckoning (Arista, 1981).

Dead Set (Arista, 1981).

Fillmore East, New York City, April 1971 (Grateful Dead Productions/Arista, 2000): mal wieder: »Truckin« und »Casey Jones«.

> *Candyman*
> *Come around again*
> *Here be come the snow again.*
> Jerry Garcia/Grateful Dead

Es gibt zahlreiche Coverversionen von Dead Songs. »Casey Jones« ist als Reggae-Version von Wailing Souls auf *Fire On The Mountains ... Reggae Celebrates The Grateful Dead* (Pow Wow Records, 1996) zu finden. Auf Vol. 2 spielen wiederum die Wailing Souls »Truckin'«. »Casey Jones« ist ebenfalls auf dem Tribute-Album *Deadicated* (Arista 1991), gesungen und gespielt von Warren Zevon with David Lindley. Auf demselben Album singt Dwight Yoakam »Truckin'«.
• Great White, *A Tribute to Led Zeppelin* (Axe Killer/FLG, 1998).
• Gun Club, *Fire of Love* (New Rose Records, 1981).
• Gunjah, *Heredity* (Dark Wings/Noise Rec., 1992/ 93).
• Infectious Groovies, *Sarsippius' Ark* (Sony, 1993).

»Caca De Kick« sagt alles.

• Happy Mondays, ... *Yes Please!* (Factory Records, 1992).

Das Album der britischen Raveband soll stark durch Crack beeinflusst sein (Q Magazine, 2/2001: 52).
• Huey Lewis and the News, *Sports* (Chrysalis, 1983).

Er singt: »I want a new drug«, dann »Walking on a thin line«, und schließlich »You crack me up«.
• Jefferson Airplane, *Bark* (Grunt 1971; Reissue BMG 1996).

Laut Paul Kantner, Gitarrist, Sänger/Songwriter der Band, deren größter Hit »White Rabbit« war, wurde das Album komplett *unter dem Einfluss* von Kokain geschrieben (Shapiro 1988: 229). Mehrere Songs finden sich auf der Compilation:

Loves You (BMG 1992), 3 CD-Box Set; enthält auch eine vorher unveröffentlichte Live-Version von »White Rabbit« (eine der großen Drogenhymnen der frühen Hippieära, die sich auf *Alice im Wunderland* bezieht; [noch] nicht auf Kokain).
• Liquido, *Narcotic* (Maxi-CD, Virgin 1998).

Ein Sommerhit 1998 der »Highdelberger« Band, gefördert von den TV-Sendern RTL, VIVA und MTV (Kemper 2001: 266):

»And I touched your face
Narcotic minds will rise Mary Jane
And I called your name
I came addicted to cocaine«

same (Virgin Schallplatten, 1999). Mit dem Kokslied-Top 5 Hit »Narcotic«
• Mallard, *In a Different Climate* (Virgin Records, 1976).
• Marilyn Manson, *Mechanical Animals* (Nothing/Interscope Records, 1998).

Im heiligen Monument Valley (Navajoland), dem modernen »Marlboroland« der Kinowerbung, schmilzt ein Koksrock unter sengender Sonne (Fotocollage von CR, unter Verwendung des Venyl-Covers von Mallard, der »Stockente«).

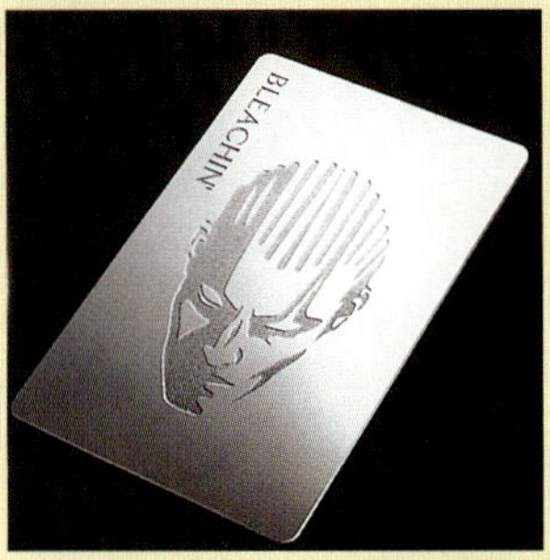
BLEACHIN

Hanns Eisler
Woodbury-Liederbüchlein
Gerhard Rühm
Schöpfung
Foetus
Sprechquartette
Cornelius Schwehr
Deutsche Tänze
Nancy van de Vate
Cocaine Lil
Ensemble
Dietburg Spohr
KOCH
SCHWANN

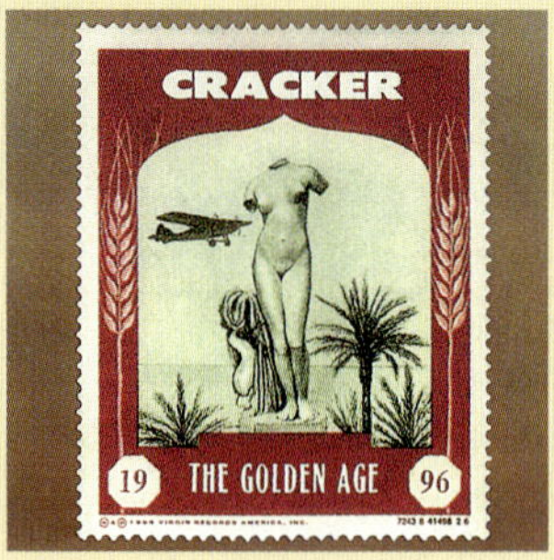
CRACKER
19
THE GOLDEN AGE
96

EMI CLASSICS
Richard Strauss
Friedenstag
Bernd Weikl · Sabine Hass
Chor der Bayerischen Staatsoper
Chor und Symphonieorchester des
Bayerischen Rundfunks
Wolfgang Sawallisch

JETHRO TULL
rocks on the road
LIQUOR
Miller
High Life

HOWARD SHORE ORNETTE COLEMAN
THE LONDON PHILHARMONIC ORCHESTRA
Milan
NAKED
LUNCH
(FESTIN NU)
MUSIC FROM THE ORIGINAL SOUNDTRACK

SPEEDBALL
drive like hell

speedball baby
uptight!

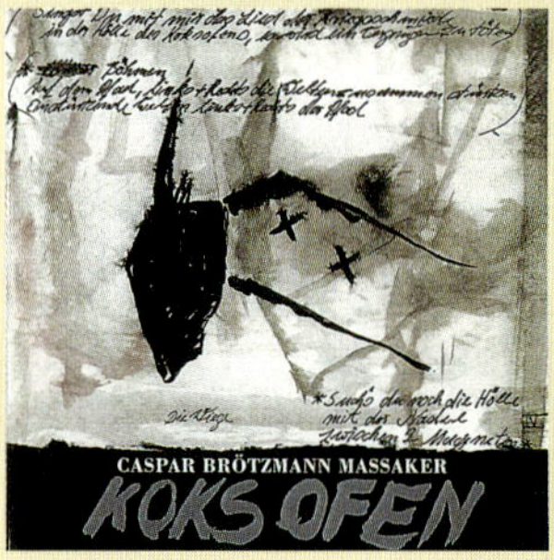
CASPAR BRÖTZMANN MASSAKER
KOKS OFEN

Flashbacks
high & low
DrogenSongs

Charles Gounod
Sapho
Michèle Command Sharon Coste Christian Papis
Eric Faury Lionel Sarrazin Philippe Georges
Chœurs Lyriques de Saint-Etienne Nouvel Orchestre de Saint-Etienne
Patrick Fournillier
KOCH
SCHWANN

JEFFERSON AIRPLANE/BARK
JA

SPACEMEN 3
TAKING DRUGS TO MAKE
MUSIC TO TAKE DRUGS TO

COCAINE
DILLINGER

LARD

KopfschussHits
22 total verrückte Party-Knaller
Die Wanne ist voll,
Balla Balla,
Mah-Na-Mah-Na,
Das Lied der Schlümpfe, ...
Die Dinosaurier

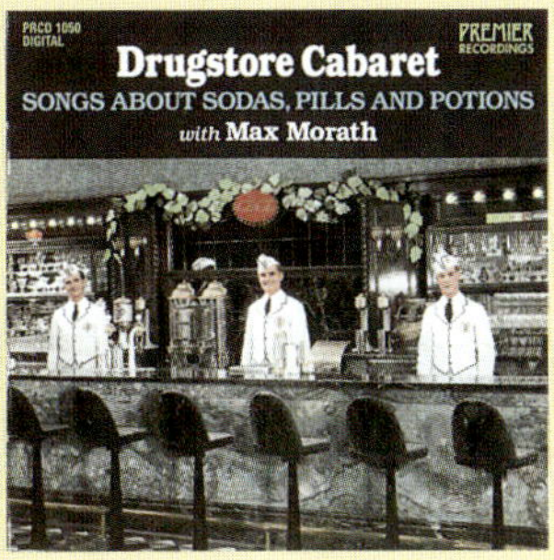
Drugstore Cabaret
SONGS ABOUT SODAS, PILLS AND POTIONS
with Max Morath
PREMIER RECORDINGS

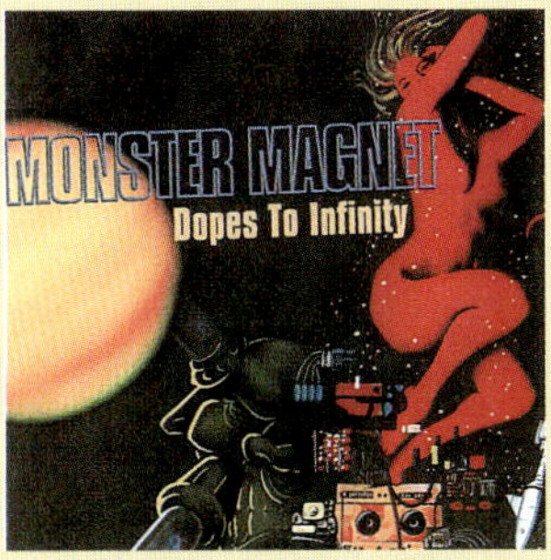
MONSTER MAGNET
Dopes To Infinity

MUTTER, der Mann mit dem KOKS ist da.
T»MA
A.K.A. FALCO

naked lunch
limitiert exklusiv
DM 9,99

naked lunch
love junkies

PLatypus
Ice Cycles

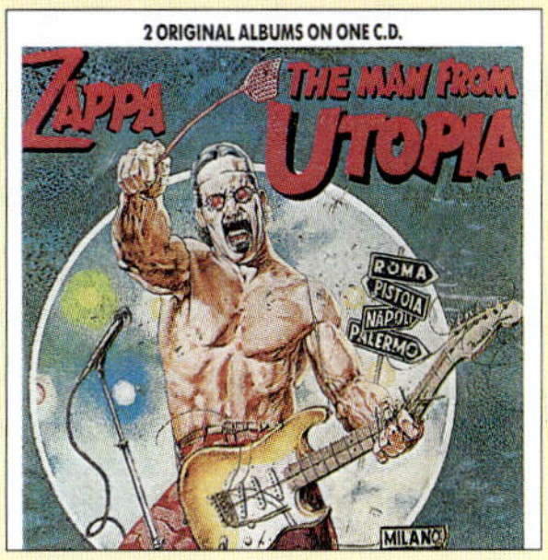
2 ORIGINAL ALBUMS ON ONE C.D.
ZAPPA
THE MAN FROM UTOPIA
ROMA
PISTOIA
NAPOLI
PALERMO
MILANO

EMI
CLASSICS
RICHARD STRAUSS
Die Frau ohne Schatten · Intermezzo
Guntram · Die schweigsame Frau · Capriccio
orchestral music/Orchestermusik
Rotterdam Philharmonic Orchestra
JEFFREY TATE

Troubadour
J.J. Cale

SOFT MACHINE
VIRTUALLY

WOZZECK
ALBAN BERG

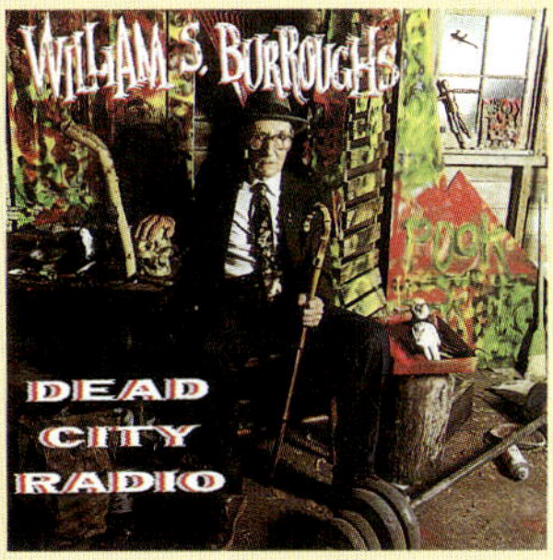
WILLIAM S. BURROUGHS
DEAD
CITY
RADIO

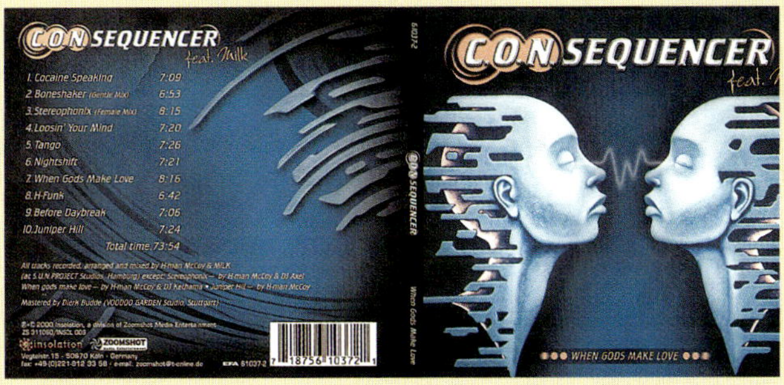
CONSEQUENCER
1. Cocaine Speaking 7:09
2. Boneshaker 6:53
3. Stereophonix 8:15
4. Loosin' Your Mind 7:20
5. Tango 7:26
6. Nightshift 7:21
7. When Gods Make Love 8:16
8. H-Funk 6:42
9. Before Daybreak 7:06
10. Juniper Hill 7:24
Total time: 73:54
CONSEQUENCER
WHEN GODS MAKE LOVE

SIX FINGER SATELLITE
MASSIVE
COCAINE
SEIZURE

ES beginnt mit »Great big white world«, geht über in »I don't like the drugs but the drugs like me« und endet im »Coma white«.

Holywood (Universal, 2000).

Im »Heiligen Holz« knistert das Koks ...

• MERMAN, *A Glorious Lethal Euphoria* (Toadophile Records, 1995).

• MUDHONEY, *Tomorrow Hit Today* (Reprise, 1998).

• LAURA NYRO, *Eli and The Thirteenth Confession* (1967, Tuna Fish Music).

»The stoned soul picnic« ist *die dope 'n' coke party* der frühen Hippieära.

• OASIS, *Be Here Now* (Creation Records, 1997).

Das komplette Album wurde von Noel Gallagher unter Kokain geschrieben. Laut *Q Magazine* (2/2001:52) eines der besten fünf Kokainalben.

• THE OLIVIA TREMOR CONTROL, *Music from the unrealized film script (AT Cubist Castle)* (Flydaddy Records, 1996). »The Lines of my times ...« trillieren die Koksnasen.

• OPM, *Menace to Sobriety* (Atlantic, 2000).

Mit dem Song »Rage Against The Coke Machine« (»Aufstand gegen die Koksmaschine«) und vielen anderen Drogenthemen.

• OZZY OSBOURNE, *No More Tears* (Epic/Sony Music, 1991).

Der ehemalige BLACK-SABBATH-Sänger singt in seinem Song »Time after Time« die Songlinien »Line after Line/It was written in your eyes.«

• PLATYPUS, *Ice Cycles* (SPV, 2000).

Leute vom traumhaften US-Metal-Camp DREAMTHEATER und KING'S X musizieren zusammen über ein vereistes Fahrrad, das LSD-Koksrad; mit freundlichem Gruß von der niedlichen »Fell-Ente aus *Cocalandia*« (CR).

• POTHEAD, *Burning Bridges* (Janitor Rec, 1996 und 2000).

• QUEENS OF THE STONE AGE, ohne Titel (Roadrunner/Loosegrove Records, 1998).

Musiker im *Cocaine*-T-Shirt und *»walkin on the sidewalks«.*

CD-Cover (weil es keine LPs mehr gibt, jedenfalls nicht hier ...).

• SPACEMEN 3, *Taking Drugs to Make Music to Take Drugs To* (Bomp Records, 1994).

• RAGE, *10 Years in Rage* (Modern Music/Bark Wings, /Noise, n.D.).

• LOU REED, *Set the Twilight Reeling* (Warner, 1996).

Dieses Album enthält die legendären Stücke »Finish Line« – *Heading for the finish line* (zit.) – und »Sex with your Parents«; die Lyrics klingen nach vielen Koksanspielungen. Im ersten Song heißt es u.a. *»chocolate bubbles up your nose.« ¡God Good Lord Nose!*

Perfect Night Live in London (Reprise, 1998).

Und: THE VELVET UNDERGROUND. Alles was es so gibt ...

• RED HOT CHILI PEPPERS, *Red Blood Hot Sugar Chili Sex Peppers Magick* (Warner, 1991).

• SNOW BUD AND THE FLOWER PEOPLE, *Green Thing* (Flying Heart Records 1991).

Das Album hat neben zahlreichen Kiffersongs das Stück »Diesel Cocaine« (wohl eine Anspielung auf Kokain, das mit Dieselöl gereinigt wurde).

• THE ROLLING STONES, *Singles Collection – The London Years* (abkco Records, 1989)

Mit den rockin' 'n' rollin' Coke Hits *Memo From Turner* (1968) und *Honky Tonk Women* (1969): »The Lady then covered me with roses/She blew my nose and then she blew my Mind ...

Let It Bleed (Decca 1969) – *there will always be space in my parking lot / When you need a little Coke and sympathy ... Let it bleed!*

No Security (Virgin Benelux Records, 1998).

Eine Live-Einspielung mit »Sister Morphine« und *Cousin Cocaine*, dem Kokscousin ...

Emotional Rescue (Rolling Stones Records, 1980).

Der genaue Blick auf das Cover ist schon hart! Auf den Röntgenbildern der Stones-Musiker sind deutlich die Platinersatzteile in ihren Nasen zu erkennen. Es gibt sie also doch, die implantierten Platinnasenscheidewände. Ein Denkmal vergangener Koksexzesse.

• SPEEDBALL, *Drive Like Hell* (Energy Records, 1996).

Metal, real speed metal, coke metal ... Coke 'n H ... Charlie 'n Mary.

There's a hurricane
in my brain
There's a a brown sugar cane
in my veine
That's a snowball game
(CR)

• Speedball Baby, *Uptight* (The Red Rec./Indigo, 2001).

Ihre Musik gilt nach den Besprechungen in Rockmagazinen (zum Beispiel *Spex*) als »*the sexiest*«.

• Spirit, *The Family That Plays Together* (Edsel Records, 1969/1986).

• Steppenwolf, *Steppenwolf* (Dunhill Records, 1970).

Enthält den Song »Snowblind«, der über einen »schnee«-geblendeten oder schneeblinden Freund lamentiert (geschrieben von Hoyt Axton).

Born To Be Wild – Retrospective 1966–1990 (MCA Records, 1991).

Diese umfassende und repräsentative Anthologie (Doppel-CD) enthält ebenfalls den Song »Snowblind«.

• John Kay & Steppenwolf, *Live at 25* (Black Leather Music, 1995).

Enhält eine Live-Version (4:25 Min.) des Songs »Snowblind«, samt einem »betroffenen« gesprochenen Intro von dem genialen Rocksänger John Kay aka Joachim Kraudelat (mit seiner neuen Steppenwolf-Formation): »*This is a song about friends who could not hold on ... The ones we lost as the years go by ... I'm shure that everybody here tonight got a snowblind friend.*«

• Thin White Rope, *Sack Full of Silver* (Frontier Records, 1990/Demon Records 1998).

In the Spanish Cave + Red Sun (Frontier Records, 1988/Demon, 1998).

• Johnny Thunders, *In Cold Blood* (Dojo Limited, 1995).

• Trouble, *Manic Frustration* (Def American Recordings 1992). Enthält den Song »Mr. White«: »*Mr. White, up all night ...*«

• Van Halen, praktisch *alles!*

Der Sänger der Band, David Lee Roth, sagte einmal, er musste die Band verlassen, weil er jahrelang wegen des exzessiven Kokaingebrauchs nicht geschlafen habe. Er brauchte ein paar Monate, um sich gründlich auszuschlafen – *in* New York.

3 (Warner Bros., 1998).

Der Song »*One I Want*« krächzt die schöne Linie »*candyman, yeah the candyman can ...*«

• Konstantin Wecker, *Live in Muenchen* (Polydor, 1982).

»Ich habe gekokst/bis meine Nase es nicht mehr ertragen konnte/täglich Gramm für Gramm eingeschaufelt ...«

Uferlos (BMG-Ariola, 1993) (vgl. Wecker 1995).

• Konstantin Wecker/Hannes Wader, *Was für eine Nacht ...!* (Verlag »pläne«, 2001).

Auf diesem Live-Album singen die beiden alternden deutschen Liedermacher zu der Musik von Rev. G. Davies den deutschen Text von Hannes Waders »Kokain«.[131]

> Ich kam von Frankfurt nach Berlin,
> drei Koffer voll mit Kokain,
> Cocaine, all around my brain ...
> meine Frau, meine Kinder schrei'n nach Kokain ...
> Oh Mama, komm schnell her,
> halt mich fest, ich kann nicht mehr,
> Cocaine, all around my brain.
> Hannes Wader

• Ween, *Chocolate and Cheese* (Flying Nun Records, 1994).

Auch hier gibt es Candy/Coke, Chocalate/Schokolade und Cheese/Käse. Und viel mehr Linguistik.

• West, Bruce & Laing, *Whatever Turns You On* (CBS 1973).

• Frank Zappa, US-amerikanischer *Composer* (= »Komponist«).

Frank Zappa war einer der eigenwilligsten Musiker des 20. Jahrhunderts; als Kind hörte er Rock 'n' Roll und *Tristan und Isolde*, veröffentlichte 1966 das erste Doppelalbum der Schallplattengeschichte, *Freak Out*, und behauptete, dass er »nur von Zigaretten und Kaffee lebe«. Wer's glaubt, wird vielleicht selig. Frank Zappa war der Meister des Underground, war Kulturattaché von Václav Havel, dem tschechischen Freiheitspräsidenten, und wollte Präsident der USA werden. Das wurde u.a. von der Frau des Hintergrundministers Al Gore verhindert. Seither müssen auf CDs die *Parental-advisory*-Sticker kleben, die den Kids zeigen, dass hier die Wahrheit angesprochen wird.

The Man from Utopia – »Der Mann aus Utopia« (Pumpkin Industries/EMI, 1983).

»*Cocaine decisions*« – »Kokain-Entscheidungen« – heißt der erste Song des damals noch als LP erschienen Albums. Die erste Linie (des Songs) heißt dann auch »Häcksel mal ne Linie«, denn Du bist ein Mensch mit einem *snow-job*, einem »Schnee-Auftrag« ... usw.

Da man amerikanische Lyrik[132] von Schallplatten oder CDs nicht in der Art und Weise wie im

131 Im Deutschrock gibt es – wie so »typisch deutsch« – vor allem Lieder, die das Koksen problematisieren, die persönlichen Schwierigkeiten mit der »Sucht« thematisieren und mit Motto: »Es geht auch [oder besser] ohne Drogen« *(d'accord)* daherkommen. Kaum jemand traut sich, wohl aus Angst vor der Juristerei, positiv über das weiße Pulver zu bänkeln (vgl. Kemper 2001).

132 »Die Lyrik ruht in den Wurzeln und deutet die Urheimat an« (Jünger 1980: 389).

scholastischen Europa gebräuchlich zitieren darf, muss hier auf das von Frank Zappa selbst autorisierte Buch mit den Originaltexten und deutschen Übersetzungen verwiesen werden (Zappa 1996: 324 f.).

Broadway the Hard Way (Barking Pumpkin Records, 1989).

Die Burroughs-Bands

Unser verstorbener »Lee« (William S. Burroughs) hatte einen enormen Einfluss auf die Musiker der Jazz-/Rockszene und hat an vielen Produktionen bewusst, das heißt tatkräftig und physisch anwesend, oder unbewusst Teil gehabt – *»the ›Priest‹ they called him«*. – Vor allem The Soft Machine, Ministry usw. Er hat selbst als Sprechbarde auf vielen Alben mitgewirkt wie bei Material, Ministry, Laurie Anderson, Kurt Cobain/Nirvana, Revolting Cocks usw. Dementsprechend viel ist an »bedrogten« Texten in die Szene geflossen. Hier werden nur die koksenden Teile aufgelistet.

• Laurie Anderson/William S. Burroughs/John Giorno, *You're the guy I want to share my money with* (Doppel-LP, Giorno Poetry Systems, 1981).

• William S. Burroughs + Gus Van Sant, *The Elvis of Letters* (TK Records, 1985).

Break Through in Grey Room (Sub Rosa, 1986).

»Silver Smoke of Dreams«, ein frühes Dokument (1960) .

Dead City Radio (Island Records, 1990).

»Naked Lunch Excerpts« und weitere Erleuchtungen zum »Nackten Mahle«.

• Diverse, *10% File Under Burroughs* (Sub Rosa/Dutch East Indian Trading, 1996).

• Ornette Coleman, *Naked Lunch*, the Score/Soundtrack (Milan American/BMG, 1992).

Die Filmmusik zur erfolgreichen Verfilmung von Szenen aus Burroughs Buch von David Cronenberg (1991), der Regisseur von *Die Fliege*. Ein atmosphärisch sehr dichter Streifen.

• King's X, *Ear Candy* (Atlantic, 1996) – »Ohrenkoks«.

• Lard (»Schmalz«), *Pure Chewing Satisfaction* (Alternative Tentacles, 1997).

Diese Sub-Band von Ministry *muss* gute Cocablätter erhalten haben, denn sie trällert *»I Want to be a drug-sniffing dog«*. – Hoffentlich haben sich die Musiker in Wehrhunde verwandelt, die noch den richtigen Stoff erschnüffeln können.

• Denis Leary, *No Cure for Cancer* (A&M Records, 1993).

Der Komödiant und Bänkelmusiker hat viel zum Thema zu sagen. Die CD ist eine köstliche Rarität.

• Mallard, *In A Different Climate* (Virgin Records, 1976).

Auf dem Cover der Ex-Captain-Beefhart-Musiker, das verträumt das Navajoland zeigt, liegt ein großer Kokainkristall zwischen den Tafelbergen – dem Ort, der in der Werbung als »Marlboro Country« gepachtet zu sein scheint.

• Material, *Seven Souls* (Virgin Records, 1989).

– *Hallucination Engine* (Island Records, 1994).

• Ministry

Die Band – *»Everyday is Halloween«* – für unsere Belange; begonnen haben sie als ein elektronisches Prä-Tekkno-Set und sind als extremste US-Band, was Heavy Metal angeht, geendet, aber noch nicht gestrandet. »Willkommen zur modernen Musik« (CR); und viel Vergnügen damit.

Just One Fix (Warner, 1992).

Den Text zu *Quick Fix* spricht in gewohnter erotisierender »Tönung« unser immmer am Rande der Zeit und Kultur schreibende William L. Burroughs (übrigends ist diese CD ein heiß gesuchtes Sammlerstück – aus Leidenschaft natürlich).

KEFANHJu (= *Psalm 69*) (Siren/Warner, 1992).

Jesus Built My Hodrod (Sire Records, 1991).

Bad Blood (Warner, 1999).

Mit dem Non-LP Track *»Happy Dust«*, dem »glücklich machenden Pulver«.

• Max Morath, *Drugstore Cabaret: Songs about Sodas, Pills and Potions* (Premier Recordings, 1995).

Eine Reminiszenz an die frühen Kokainhits und an den Film *Drugstore Cowboy*, in dem Burroughs mitspielt.

• Naked Lunch, *Love Junkies* (Mercury, 1999).

Ein ziemlich punkiges und langweiliges Geschehen. Aber:
Ein Textbeispiel:
»you're the pill
that makes me happy
your my drugstore
novacocaine soul …«
auch noch eine andere:

limitiert & exklusiv; WOM (nur 1500 St.), zirka 1998.

• Nova, *Sun City* (Arista Records, 1978).

Nach dem *Nova Express* von William S. Burroughs so benannt.

• Patti Smith, *Peace and Noise* (Arista, 1997).

Ein *Memento Mori* für William S. Burroughs.

• Revolting Cocks, *Crackin' Up* (Luxa/Pan Records, 1994).

Als Tim Leary zum Anlass der 50-Jahr-Jubiläums-Feier von LSD nach Hamburg kam, fragte er, ob wir hier in Hamburg auch neue Musik hätten. Da sagte ich (CR) ihm, dass ich Ministry liebe. Darauf Tim: »Wunderbar! Ich habe gerade mit ihnen ein Album eingespielt [Revolting Cocks]. Meine Mutter würde sich im Grab umdrehen, wenn sie *das* wüsste.«

• The Soft Machine.

Ihr Name war eine Anleihe von William S. Burroughs, es war sein zirka drittes Buch (vgl. Burroughs 1971). Soweit man weiß, haben die Knaben der Band bei ihm um Erlaubnis zum Gebrauch des Namens gebeten, und er hat sie erteilt.

Ihr letztes Album, *Land of Cockayne* (EMI, 1981), war eine Art Reise ins Schlaraffenland, *Cocalandia* (vgl. Rätsch 1986).

Ebenso ihr Album, aufgenommen in dem Studio von Radio Bremen 1971, sozusagen posthum unter dem virtuellen Titel *Virtuality* veröffentlicht (CD, Cuneiform Records, 1998), hat einen aussagestarken Titel *All white* – »Alles weiß«, vom »Schnee« natürlich. Auch Nummer fünf.

»Dead Roads – Coke On the Road«,
Fotocollage von Christian Rätsch, 2001.

Die Straße führt in die Interzone Burrough'scher Fantasien.

In jedem Hotel von Cuzco (Peru), der ehemaligen Hauptstadt des ausgelöschten Inkaimperiums, stehen Thermoskannen mit *mate de coca* in den Empfangshallen. Dort können sich die Reisenden nach Belieben bedienen, denn es heißt, der Cocatee sei vorbeugend und heilsam bei der Höhenkrankheit (*soroche, mal de la altura*) sowie gut für den Magen, die Klimaumstellung und die Anpassung an die fremde Nahrung; dazu auch noch stimmungsaufhellend. Cuzco, der »Mittelpunkt der Welt«, liegt immerhin auf 3600 Meter Höhe und hat schon so manchem Touristen arge Probleme bereitet. Wenn die »Winde des *Altiplano*«[133] wehen, können verheerende Dinge geschehen.

Soroche, eine »scheißliche« Höhenkrankheit

> Um seinen Brennstoff zu zünden, benötigt das Gehirn Sauerstoff, und da seine Tätigkeit nie aufhört, muss dieses Element pausenlos zufließen, damit seine inwendigen Feuer nicht erlöschen.
> ROBERT DE ROPP
> *Bewusstsein und Rausch*
> (1964: 23)

Die Höhenkrankheit, im Andenraum meist *soroche* (wörtlich »Bleiglanz«) oder *mal de altura*, »das Übel der Höhe«, genannt, ist eine wechselnde Komposition von verschiedenen Symptomen, meist hammerartig auftretende extreme Kopfschmerzen, Übelkeit, Schwindel, Erbrechen, manchmal Durchfall, Atemnot, Schwäche und Kollaps.[134] Sie kann jeden erwischen, egal welchen Geschlechts, welcher Altersstufe, welcher sportlichen Kondition. In jedem Reiseführer wird geraten, bei *soroche*-Symptomen Coca zu nehmen. Was nirgends geschrieben steht, ist, wie Coca richtig zubereitet wird. Denn das göttliche Blatt wirkt nur, wenn man es entsprechend aufbereitet – mit einer alkalischen Substanz. Der Hauptwirkstoff im Cocablatt ist das Kokain. Diesem stimulierenden Alkaloid sind mehreren wissenschaftlichen Untersuchungen zufolge die lindernden Wirkungen bei der Höhenkrankheit zu verdanken. Das Kokain verstärkt oder begünstigt die Sauerstoffaufnahme. Und pures Kokain wirkt sofort. Der in den Hotels angebotene Tee enthält aber kein Kokain und wirkt doch. Das heißt sowohl der kokainfreie Tee als auch das daraus extrahierte Kokain sind sofort und gut wirksam.[135]

In ausgiebigen Selbstversuchen (*Bioassay*) haben wir die erstaunliche Wirksamkeit von Kokain-HCl am eigenen Körper erfahren. Die Höhenkopfschmerzen sind sofort weggeblasen, *blown away!* – Auch *mate de coca* hat erstaunlich gut und rasch gewirkt. Der Cocatee wirkt stärker, wenn man einen halben Teelöffel Soda oder Bica in die Tasse gibt und gleichzeitig mit dem Teebeutel aufgießt. Nach ein paar Minuten wird der zunächst hellgrüne Tee braun bis dunkelbraun. Das ist das Zeichen, dass sich das Kokain aus dem Blattmaterial gelöst hat.

Wie kann sowohl das wirksame Prinzip als auch der wirkstofflose Tee die gleiche Wirkung, und meist erfolgreich, erzielen? Gibt es einen Stoff oder synergistischen Wirkstoffkomplex im Blatt, der dasselbe wie Kokain bewirkt? Ist es vielleicht das ätherische Öl? – Ein nicht gelöstes pharmakologisches und chemisches Rätsel.

Die frischen Cocablätter enthalten ein aromatisch duftendes ätherisches Öl, das sich beim Trocknen und Lagern schnell verflüchtigt. Jede Cocasorte hat einen ganz eigenen, charakteristischen Geruch. Dabei enthält die Trujillo-Coca die meisten und geschmacklich besten Aromastoffe. Aus der Trujillo-Coca wird bis heute das typische Aroma für die Coca-Cola® gewonnen. In dem ätherischen Öl der peruanischen Coca wurde das a-Dihydrobenzaldehyd als Hauptkomponente bestimmt. Daneben kommen reichlich Methylsalicylat sowie die nach Gras riechenden Duftstoffe *trans*-2-Hexenal, *cis*-3-Hexen-1-ol und 1-Hexanol vor. Für die Chemie war die Identifikation des Dihydrobenzaldehyds eine kleine Sensation, denn dadurch wurde die Substanz erstmals als Naturstoff aufgefunden. Vorher war er nur als synthetisiertes Molekül bekannt. Dieses ist

133 = Hochplateau; Name des zentralen Andenhochlandes.

134 Die gleiche Höhenkrankheit tritt auch häufig im Himalaya auf, dort heißt sie *Himal lageko Bimari*, »[durch] Hohe Berge verursachte Krankheit«. Die Nepali und die mongolischen Bergvölker (Tamang, Sherpa, Kirati usw.) und die Bergführer geben den Wanderern bei akuter Symptomatik Hanf (*ganja, charas*), mit gutem Erfolg. Hat CR schon selbst erlebt.

135 In bolivianischen Apotheken wird ein Medikament bestehend aus Tilenol, Koffein und Acetoazolamid angeboten und empfohlen, aber auch, *mate de coca* zu trinken, wird geraten.

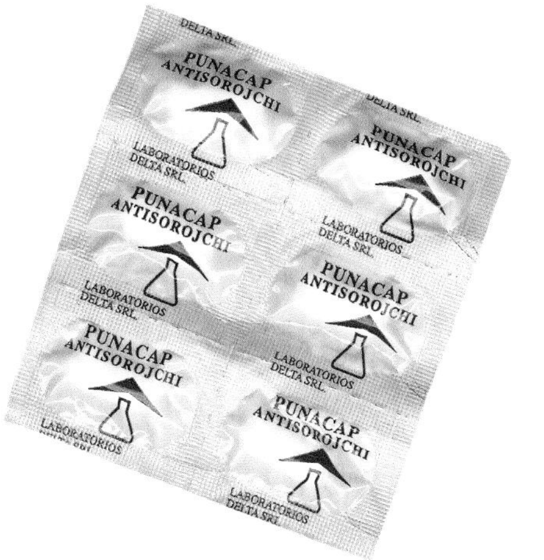

Das ominöse, bolivianisch hergestellte Gegenmittel gegen die Höhenkrankheit (*Antisorojchi*) mit einem an Pilze erinnernden Logo aus Erlenmeierkolben und Hut. Leider ist das Mittel kaum oder gar nicht wirksam (Warenprobe, La Paz, 2000).

aber kein Einzelfall. Viele ursprünglich als synthetisierte Stoffe beschriebene Chemikalien wurden später als Inhaltsstoffe in Pflanzen nachgewiesen. Durch solche Entdeckungen verstärkt sich die Auffassung, dass Chemiker gar nicht fähig sind, neue Moleküle zu schaffen, sondern durch ihre Technologien nur die natürlichen Synthesewege nachmachen.

Coca als indianisches Heilmittel

> Was Koka bewirkt, ist absolut wunderbar.
> (John Pemberton 1884)

Der spanische Chronist Garcilaso de la Vega schrieb um 1609 in seinem Buch *Comentarios reales*, »Echte Kommentare«: »Das *cuca*-Kraut [= Coca] schützt vor vielen Krankheiten. Unsere Ärzte benutzen das pulverisierte Kraut, um Schwellungen und Wunden zu heilen, um gebrochene Knochen zu kräftigen, um dem Körper das Kältegefühl zu nehmen und um Wunden, die verfault (›brandig‹) sind und Würmer haben, zu heilen.«

Die berühmten Callawaya-Wanderheiler (nicht »Wunderheiler«), deren Kräuterkenntnisse schon zur Zeit der Inkas legendär waren, benutzen Coca bis heute in verschiedener Hinsicht. Äußerlich wird eine Blätterpaste bei Wunden und Kopfschmerzen aufgetragen, ein Tee wird bei Gastritis und Verdauungsschwäche getrunken, ein Cocapriem wird bei der Höhenkrankheit (*soroche*) empfohlen, die trockenen Blätter dienen der Divination.

Mit Coca werden in den unterschiedlichsten Zubereitungen zahlreiche Leiden und Krankheiten erfolgreich behandelt: schmerzhafte Hämorrhoiden, Nasenbluten, Kopfschmerzen, Migräne, Hauttumore, Koliken, Magenschmerzen, Magengeschwüre, Durchfall, Halskratzen, Fieber, Husten, Schnupfen, Nebenhöhlenentzündungen (Sinuites), Rheumatismus, Schwäche und Diabetes.

Die in Bolivien produzierte *Jarabe de Coca*, »Sirup«, wird unverdünnt, mit kaltem oder heißem Wasser oder mit Milch vermischt. Der Extrakt wird zur Verbesserung der physischen Ästhetik, zur Steigerung der sexuellen Funktionen beider Geschlechter, zur Förderung der Verdauung, zur Anregung geistiger Tätigkeit sowie gegen Depressionen, Melancholie, bei Kreislaufproblemen, Herzschwäche, Appetitlosigkeit, Brüchen, als Nahrungsergänzung und zur Regulierung der Funktionen von Leber und Nieren, sogar zur Kräftigung der Knochen, eingenommen. Auf der Flasche liest man weiterhin:

»Dies ist ein pflanzliches Produkt mit hohem Nährwert. Es ist ein ausgezeichnetes Belebungsmittel, aktiviert die Muskeln und hilft einem über den Tag, ohne Hunger und Durst zu erleiden. Es ist ein Lokalanästhetikum bei Muskelschmerzen (Muskelkater), Bauchweh und Magengeschwüren. Es heilt äußerlich aufgetragen rheumatische Beschwerden, offene Wunden und Ekzeme. Es lässt einen die niedrigen Temperaturen des Hochlandes genauso wie die schwüle Hitze der Tropen ertragen.«

> Koka gilt als Allheilmittel.
> (Ruppert 2000: 35)

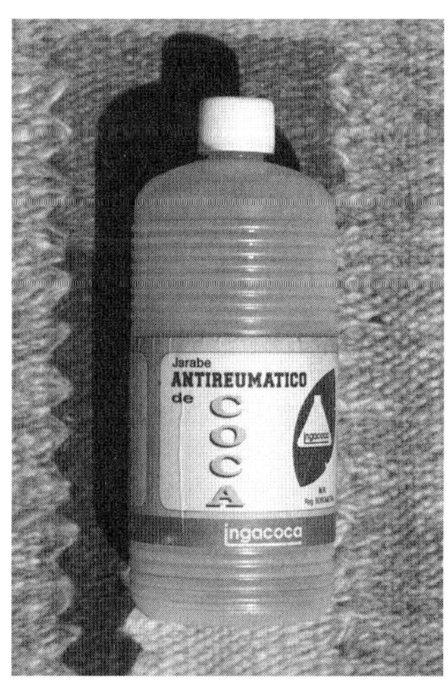

Jarabe Antireumatico de Coca, »Antirheumatischer Sirup aus Cocablättern«, ein weiteres bolivianisches Naturprodukt zum Einnehmen bei Rheumatismus, Knochenschmerzen, Arthritis, Gicht, Krampfadern und Ischias, ist ein Extrakt aus Coca, Eukalyptus, Rotem Pfeffer (*Schinus molle* L., Peruanischer Pfefferbaum), Brennnessel; diese Kombination erhöht die Ausscheidung von Harnstoffsäure.

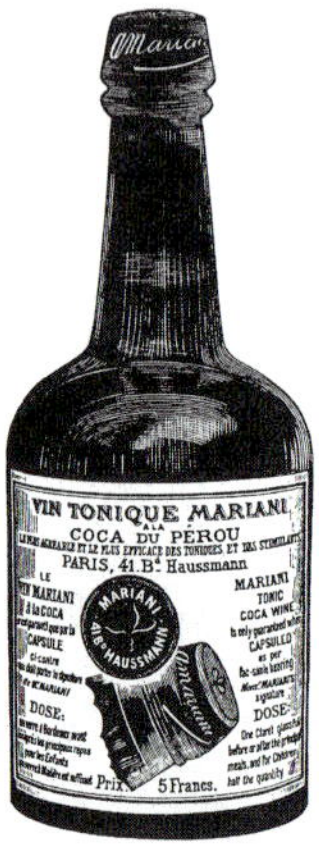

Die bolivianische Coca (Illustration aus dem Archiv von Mariani, 19. Jahrhundert).

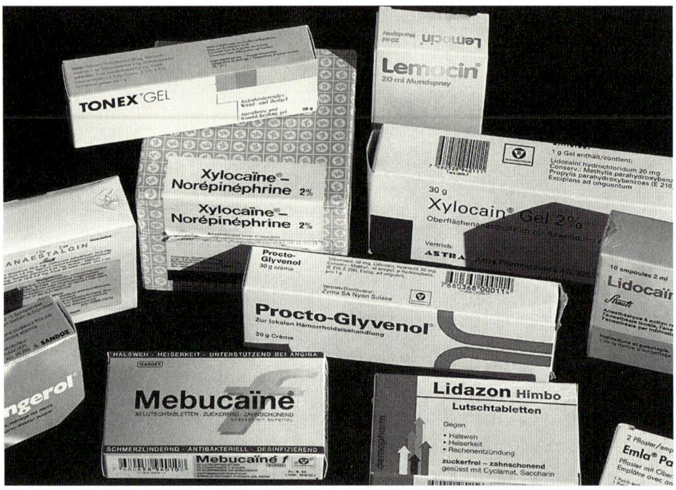

Verschiedene südamerikanische Arzneiprodukte auf der Basis von Cocaextrakten.

In Bolivien wird Coca ethnomedizinisch für folgende Leiden genutzt (Ruppert 2000: 35):
Asthma
Bluthochdruck
Depression
Durchfall
Fieber
Verstopfung

Um Coca als Heilmittel zu nutzen, muss man nicht unbedingt die alkalische Extraktionsform anwenden. Die Cocablätter haben auch ohne Alkali wunderbare medizinische, heilsame und wohltuende Wirkungen. Für rein medizinische Zwecke werden Cocablätter oft mit anderen Pflanzen kombiniert. Es scheint so, als ob Naturheilmittel besser wirken, wenn sie aus Kompositionen von verschiedenen Rohdrogen bestehen. Auch können sie so besser als spezifische Medikamente angewendet werden.

Besonders bei Magenbeschwerden und Darmkoliken wird Coca in Südbolivien, aber auch in allen anderen südamerikanischen Gegenden, als bestes Heilmittel angesehen. Jeder europäische Tourist, der sich traut, Coca zu kauen, weiß, dass es praktisch nichts besseres für Magen, Darm und Verdauung gibt als Coca. Der Magen fühlt sich wohl, die Verdauung arbeitet perfekt, die Darmtätigkeit ist hervorragend und die Exkremente sind, wie sie sein sollen, eingehüllt in eine Schleimschicht, die am Anus keine braune Schmiere hinterlässt. Es erscheint sogar so, als ob durch Cocagenuss kontaminiertes Essen abgewehrt wird. *Coca Caca*, ein Genuss, eine Freude des Reisenden.

In Chulumani werden Cocablätter mit *romero*, unserem gut bekannten Rosmarin (*Rosmarinus officinalis* L.)[136] zusammen gekaut, wenn man einen »schlechten Magen«, eine Magenverstimmung, hat: *»para mal estomago masticar la cocalito con un poco de romeroelito«*. Die Bolivianer verwandeln das iberische Spanisch, das Castellano, in eine Art süd-

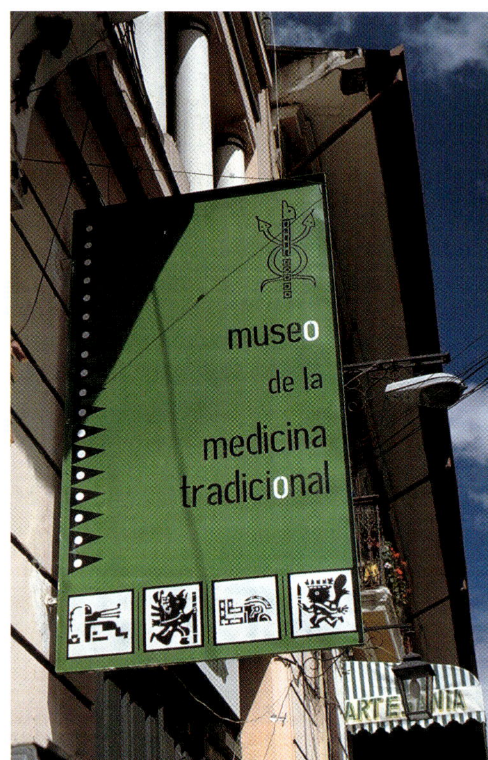

In Chulumani (Bolivien) gibt es ein Museum der traditionellen Medizin. Dort darf man aber keine großen Ausstellungen erwarten. Es ist eigentlich nur ein Verkaufsdepot für Cocaarzneien und -kosmetika, inklusive Zahnpasta (gegen Karies) und Haarwasser (gegen Schuppen und Haarausfall).

136 In Chile wird auch das Fabianakraut aus der Familie der Nachtschattengewächse (*Fabiana imbricata*), ein traditionelles Heil-, Räucher- und Rauschmittel, *romero* genannt.

Das Rauchen von Cocablättern wurde schon früh in England für medizinische Zwecke propagiert (zeitgenössische Anzeige).

amerikanisches Schweizerdeutsch, immer mit der »-*li*«-Endung, der Verniedlichungsform.

Rosmarin, die »Meeresrose«, stammt aus Europa, wird aber in Südamerika sehr geschätzt – besonders als Nervenberuhigungsmittel und Magenmedizin; auch als *sahumerio*, als Räucherstoff, zur Reinigung der Luft, zur Vertreibung von Parasiten und zur Behandlung von Husten und Katarren findet er Verwendung (vgl. Oblitas Poblete 1992: 314).

Dass der Genuss von Coca den Blutzuckerspiegel anhebt, ist schon seit den 1950er Jahren bekannt; dass Coca aber andersherum wirkt, ist eine neue Erkenntnis. Kein Wunder also, dass die Regierungen von Peru und Bolivien die internationale Legalisierung der Götterpflanze fordern (Weil 1995).

Coca(in) bei Heuschnupfen und Asthma

Heuschnupfen und Asthma gehören zu den berühmtesten allergischen Krankheiten. Sie bzw. ihre akuten Symptome können durch Pollenflug, Hausstaub, Mikroorganismen, Straßenstaub mit pulverisierten Fäkalien, durch bestimmte Düfte und verschiedene Chemikalien, besonders Lösungsmittel, durch den Geruch frisch gemähter englischer Gärten ausgelöst werden.

Die westliche Medizin hat verschiedene Modelle zur Erklärung solcher Allergien aufgestellt und dementsprechende Heilmittel propagiert. Am beliebtesten ist die Histamintheorie. Sie besagt, dass der Körper aufgrund der von außen eindringenden Reize Histamin verstärkt aussondert. Im Falle der Allergie zu viel. Das Histamin soll der eigentliche Verursacher der allergischen Reaktion sein. Deshalb gibt man Antihistaminika, die bei Betroffenen jedoch keine Leidensmilderung bewirken, sondern meist nur überhöhte Müdigkeit auslösen.

Die meisten Antihistamine wirken nicht auf die akuten Symptome, sondern machen – laut Beipackzettel – müde, lasch, antriebslos und gegebenenfalls depressiv. Sie sind für den Patienten eine weitere Belastung, keine Befreiung, schon gar kein Heilmittel.

Erstaunlicherweise sind es zwei Pflanzendrogen, die für die Betroffenen in den meisten Fällen am besten und effektivsten die Symptome verscheuchen: Coca und Ephedra! Beide lassen die Schleimhäute abschwellen und machen wach. Coca wird gekaut oder als Extrakt getrunken. Genauso effektiv ist eine Prise Kokain. Zwei Nasen, und die Symptome sind wie wegbelasen. Die Attacke ist weggeschnupft! Sogar das Augenjucken verschwindet. *Cocacura.*

Eine gute Linie Koks kann auch den Asthmatiker schnell befreien. Er kann sofort wieder gut durchatmen. Aus diesem Grund ist so mancher zum Kokser geworden. Ähnlich verhält es sich mit Ephedratee oder Ephedrin-HCl. Aber davon wollen weder Ärzte noch Apotheker, geschweige denn Gesundheitsminister, etwas hören.

Es versteht sich von selbst, dass Coca seit Urzeiten in Südamerika als Antiallergikum, speziell bei Heuschnupfen und Atemnot, benutzt wird und Ephedra eines der ältesten antiallergischen Heilmittel der chinesischen Pharmakopœia ist.

Schnee von gestern?

... niemals gab es ein Elixir, so magisch wie Kokain.
Aleister Crowley
Cocaine (1918)

In den Anden ist Mama Coca mehr als nur eine Begleiterin oder Stimulans, sie gilt als Quelle des Lebens, sie ist die Behüterin der Kultur. Solange sie verehrt wird, ist sie gnädig; wird ihr die »Seele«, das Kokain, geraubt, verhält sie sich tückisch.

Wie wir gesehen haben, gelang es bereits 1859 dem Chemiker Albert Niemann, aus dem Cocablatt einen Hauptwirkstoff zu isolieren, der nach dem indianischen Namen *Cocain* (Kokain) getauft wurde. Die Geschichte des Kokains ist facettenreich und hat deutliche Spuren in der europäischen Medizin- und Kulturgeschichte hinterlassen. Durch die betäubenden Eigenschaften des Wirkstoffs wurde die Lokalanästhesie entdeckt (siehe auch *Cocanæsthesia: Cocalingus bis Cocollyrium*) Dadurch waren erstmals örtliche Betäubungen bei Augenoperationen und Zahnbehandlungen möglich.

Sigmund Freud experimentierte mit dem Stoff, um ihn als Hilfsmittel für die Psychoanalyse einsetzen zu können (siehe auch *Sigmund Freud, Vater der Kokser*). Durch Freud wurde das weiße Pulver schließlich populär und trat seinen Siegeszug als Stimulans in Künstlerkreisen an. Durch Freuds Publikation *Ueber Coca* (1884) wurde Kokain auch als Aphrodisiakum berühmt (siehe auch *Cocasexologia: Coca und Kokain als Aphrodisiaka*).

Viele Männer entdeckten, dass sie mit Hilfe des weißen Pulvers die Ejakulation hinauszögern oder sogar verhindern konnten. Dazu wird etwas Kokain mit Speichel verrührt auf die Eichel gerieben. Der betäubende Effekt senkt die Erregtheit bzw. Übererregtheit, an der viele Männer leiden. Nichts ist furchtbarer, als zu früh zu ejakulieren und damit dem sexuellen Treiben gezwungenermaßen ein vorzeitiges Ende zu bereiten. Darunter leiden auch die Frauen, denn gewöhnlich ist der Samenerguss das Ende der Vorstellung. Dass Coca zur Behebung dieses Mangels tauglich ist, haben schon die Indianer entdeckt. Sie reiben den durchkauten alkaliversetzten Cocabissen über die Eichel. Der Effekt ist der gleiche.

Schnitt im Kokakino – Schwänk zur Apothekenszene:

Ein-Blick in die Apotheke

... wenn du heute in eine Drogerie gehst und flüssigen Brillenreiniger verlangst, mit einem Blick gemustert wirst, als hättest du nach Kokain gefragt ...
William S. Burroughs
Dead Roads
(1985: 281)

Pro-Logos: Keine Coca im Computer
CR: »Guten Tag«
Apothekerin: »Guten Tag. Was hätten'se gern?«
CR: »Coca C30«
Apotherin: »Was'n das?«
CR: »Naja, das ist ein angeblich legales Homöopathikum aus Coca.«
Apothekerin: »Und was is' Coca?
CR: »Haben Sie eigentlich Pharmazie studiert? – Sie kennen eine der medizin- und pharmaziehistorisch bedeutsamsten Pflanzen etwa *nicht*?
Apothekerin: »Wie schreibt man das, mit «K» oder wie?
CR: »Geben Sie doch besser den botanischen Namen ein. Entweder als *Erythroxylum*, in lateinisierter Form, oder als *Erythroxylon* in der veralteten, obsoleten, gräzistischen Schreibweise, die wahrscheinlich bei den Homöopathica vorherrscht.«
Apothekerin: »Nix zu finden hier im Computer.«

Da läuft 'ne kokette junge Apothekensupermarktangestellte aus dem Hinterhalt hervor und grinst, lacht und fragt: »Haben Sie schon mal Coca gekaut?« – CR lacht sich fast tot, aber ist doch aus dem Informationsschlamassel wieder aufgetaucht, leider nicht aufgekokst auf sein Fahrrad gestiegen, davongeradelt und vor Lachen fast im Graben gelandet.
Cocaputer:
Ohne Hirn, Herz und Hintergrund

Erstaunlicherweise wird der Coca (als *Erythroxylum*) eine große Monografie im Standardwerk der Pharmazie, in *Hagers Handbuch der pharmazeutischen Praxis,* gewidmet, obwohl keine Produkte im Apothekenhandel erhältlich sind – außer reinem Kokain-HCl, das allerdings nur an Augenärzte abgegeben wird (in wässriger Lösung für die Betäubung des Auges, um daran Operationen für *bessere Sicht* auszuüben).

Schwänk zurück zur übererregten Eichel: Kürzlich hatte ich (CR) die Möglichkeit, in Muße das Angebot einer Schweizer Apotheke anzuschauen. Mein Blick scannte die Regale ab und blieb an einem »revolutionären« Produkt hängen. So etwas findet man gewöhnlich in einem Sexshop, nicht aber in einer Apotheke. Der »Aktverlängerungsspray« *Happy Love®* gilt als Geheimtipp. Auf dem Beipackzettel lese ich Erstaunliches:

»5–10 Minuten vor dem Geschlechtsverkehr wird die durch Zurückschieben der Vorhaut freigelegte Eichel des Penis kurz 2–3 Sekunden besprüht. Die Wirkung kann durch eine Verlängerung oder Wiederholung des Sprühvorgangs intensiviert werden. Die notwendige Sprühzeit, um eine ausreichende Verzögerung des Orgasmus zu erreichen, ist von Mann zu Mann verschieden.« – Nebenwirkungen sind laut Hersteller unbekannt! – Potzblitz, das klingt verdächtig nach Coca oder Kokain! Da finde ich den Inhaltsstoff des Wundersprays: Lidocain.

Pharmazeutische Produkte mit Kokainderivaten (Auswahl)

Derivate
medizinische Substitute
Analoge

Kokainderivat	Marktform	Indikation
• Bupivacain	Ampullen	Lokalanästhetikum
• Lidocain	Ampullen	Lokal-, Leitungs- und Infiltrationsanästhesie
Emla® Patch	Pflaster	Oberflächenanästhetikum
Happy Love®	Spray	Aktverlängerung, Ejaculatio praecox
Lemocin®	Spray	Halsschmerzen, Aphthen, Schluckbeschwerden
Lidazon	Lutschtabletten	Halsweh, Heiserkeit, Rachenentzündung
Procto-Glyvenol®	Salbe	Hämorrhoiden
Sangerol®	Mundspray	Schluckbeschwerden, Halsschmerzen, Angina, Zahnfleischentzundung
Steros-anal®	Salbe	Hämorrhoiden
Xylocain® (= Lidocain)	Gel	Oberflächenanästhetikum zur Anwendung auf der Schleimhaut
• Oxybuprocain		
Mebucaïne®	Lutschtabletten	Mund-Rachen-Infektionen
• Procain		
Anaestalgin	Ampullen	Migräne, Kopfschmerzen, arteriosklerotische Schmerzen, Neuralgien, Ischias, chronische Magenleiden
• Proxymetacain		
Alcaine®	Augentropfen	Lokalanästhetikum bei Augenleiden
• Solarcaine® (= Lidocain + Methylbenzetamin)	Salbe	Antiseptikum und Lokalanästhetikum; bei Sonnenbrand und Mückenstichen
• Tetracain		
Tonex®	Gel	Anästhetisierendes Wund- und Heilgel

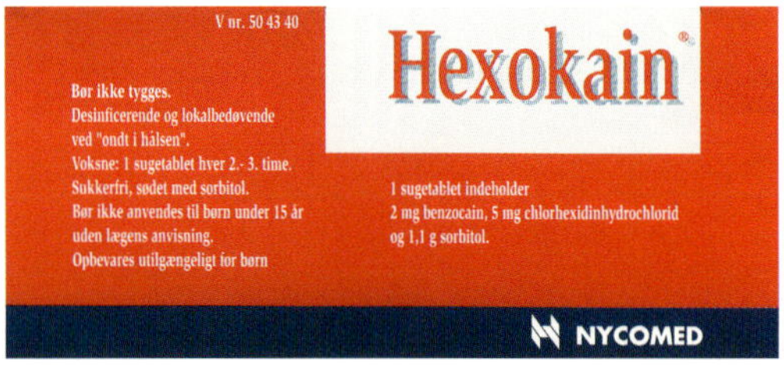

Das »Rachengold« *Hexokain*®, ein skandinavisches Produkt aus Benzocain, erinnert in der Namensgebung trefflich stark an *Hexen* und *Kokain* (Faksimile der Schachtel, erworben in der Apotheke auf dem Flughafen von Kopenhagen, zirka 1999).

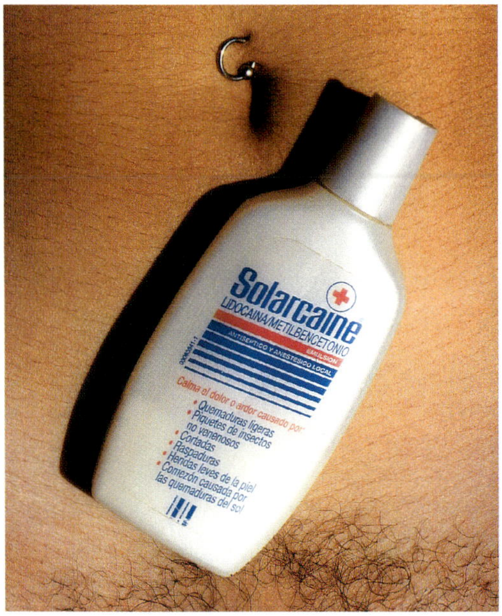

Ein Sonnenschutzmittel auf der Basis von Lidocain.

Lidocain ist, wie der Name schon ahnen lässt, eine chemische Substanz, die mit Kokain verwandt ist. Lidocain ist in der Tat eines der vielen Derivate, die quasi als Designerdrogen von der pharmazeutischen Forschung und Industrie entwickelt wurden. Später wurde das aus dem Kokain abgeleitete Eucain, Procain (= Novocain®), Tetracain (= Pantocain®) (1930), Lidocain (= Xylocain®) (1944), Mepivacain (= Scandicain®) (1957), Prilocain (= Xylonest®) (1960), Bupivacain (1963), Etidocain (= Duranest®) (1972) als Lokalanästhetikum verwendet; ebenso galt Holocain als Ersatzmittel:

»Das von Chemikern und Pharmakologen angestrebte Ziel, unter Beibehaltung der erwünschten und Beseitigung der unerwünschten Wirkungen, den wirksamen Kern des Cocain-Moleküls herauszuschälen, ist mit der Synthese von Procain (1905) in mustergültiger Weise erreicht worden« (Büsch und Rummel 1990: 490).

137 Hervorhebung durch uns.

»Bei der hochdosierten Procain-Basen-Infusion wird ein definiertes Gemisch aus *Procain und Natriumbikarbonat*[137] in einer isotonischen Kochsalzlösung appliziert. Aufgrund der hohen regulativen, schmerztherapeutischen und antientzündlichen Potenz kann die nebenwirkungsarme Therapie bei einer Vielzahl von Krankheitsbildern eingesetzt werden.« – Genau wie *Coca y Bica!*
Reuter und Oettmeier
Die hochdosierte Procain-Basen-Infusion
(1999: 776)

Cocahomœopatica

HomöoCocApathie:

Coca wurde auch in der Homöopathie genutzt, wie so viele andere heute illegalisierte Drogen (Cannabis, Opium, Morphin, Peyote = Anhalonium usw.).

Homöopathie ist entmaterialisierte Medikation. Die Materie, die *mater*, die Mutter wird hinausgeschüttelt. Der Geist in Form von Spiritus bleibt erhalten: im Ethanol, der das potenzierte Wasser präserviert. Man bekommt nur aufgeschütteltes Wasser oder damit getränkte Globuli auf Lactosebasis. Was für eine köstliche Ironie. Der Zucker, der zum Verstrecken des Kokain-HCl missbraucht wird, ist die physische Trägersubstanz der Homöopathie. Das Streckmittel, das bei den meisten Konsumenten nur Durchfall auslöst und die Nasenschleimhäute kaputtmacht, ist außer Alkohol die einzig pharmakologisch wirksame Substanz in der Lehre des potenzierten Nichts. »Von nichts kommt nichts«, so lautet eine alte Großmütterweisheit. Wie soll aus aufgeschwemmten Schwebeteilchen, aufgeschüttelt und aufgerüttelt, etwas herauskommen außer der so genannten Erstverschlimmerung? Ist doch ganz klar. Wenn man Kranken kein Heilmittel gibt, gehts ihnen immer schlechter. Homöopathie ist eher eine Form von Psychotherapie oder Placeboanwendung, aber hat mit Pflanzenwirkstoffen nichts mehr zu tun.

Coca als Homöopathikum wurde bei Atemnot, Kurzatmigkeit bei alten Menschen und Sportlern (Doping!) benutzt. Als homöopathisches Antidot gilt Gelsemium (Bernhardt 2000).

Früher konnte man verschiedene Potenzen von *Coca*, ab D4 aufwärts, in der Apotheke erhalten – natürlich nicht die pharmakologisch wirksame Urtinktur, den puren alkoholischen Extrakt aus den

Cocablättern. Heute sind keine Dilutionen und ebenso keine Hochpotenzen, die überhaupt keine Kokainmoleküle mehr enthalten können, erhältlich. – Sollte das heißen, dass die Pharmakraten doch heimlich an eine Wirksamkeit homöopatischer Medikamente glauben?

Man hat sogar gedacht, dass die Potenzen die angebliche »Kokainsucht« heilen könnten, da ja die homöopathischen Zubereitungen das Gegenteil von der Wirkung der Mutterpflanze erwirken sollen. Aber diese Anwendung hatte keinen Erfolg.

Doch, man bekommt angeblich noch Coca. C30 – sieht aus wie eine E-Mail-Adresse (ohne Absender). Die Firma Dolisos stellt D1 her und gibt dieses ohne Betäubungsmittelrezept ab. Bei Homöopharm AG Oensingen (Schweiz) kann man Globuli zu D4–D30 oder Ampullen D6, D12 oder D30 bestellen (wird extra angefertigt, innerhalb von 10–14 Tagen lieferbar).

Coca wurde als Homöopathikum sogar in die amerikanische Pharmakopöe aufgenommen, aber schon bald wieder gestrichen. Nur das pure Kokain-HCl (Erithroxylin) ist geblieben, als Lokalanästhetikum ausgewiesen.

Cocaillegata

Kokain erfreut sich im Westen zunehmender Beliebtheit als Mittel zur Leistungssteigerung, besonders bei Managern und Spitzensportlern. Dopinggebrauch ist selbstverständlich verboten.

Leisten können es sich nur Spitzenverdiener reichlich, denn ein Gramm kostet auf dem Schwarzmarkt um die 200 DM/sFr. Wie billig reines Kokain eigentlich wäre, ist aus dem Katalog einer Schweizer Firma, die sich selbst als »Ihr Betäubungsmittel-Partner« vorstellt, zu ersehen: zehn Gramm pharmazeutisches Kokainhydrochlorid kosten nur 142 sFr. Mit dem Kokainhandel wird richtig viel Geld verdient. Aber von wem?

Die Broschüre für »Ihre Betäubungsmittel« aus dem schweizerischen Pharmaziegewerbe (Faksimile).

Cocaphrodisia

> Kokain ist die anregendste Droge, die ich je genommen habe. Die Euphorie konzentriert sich im Gehirn. Vielleicht aktiviert die Droge Bahnen der Lust direkt im Gehirn.
> WILLIAM S. BURROUGHS
> *Naked Lunch* (1999: 296)

Es gibt sehr merkwürdige Vorstellungen darüber, *was* Aphrodisiaka sind. In der westlichen Schulmedizin existieren sie fast nicht. In vielen Schichten der Bevölkerung werden sie unterschiedlich und meist ambivalent betrachtet. In vielen traditionellen Kulturen werden sie sehr geschätzt und oft im Zusammenhang mit erotischen Ritualen genutzt. Aphrodisiaka sind keine Medikamente, keine Heilmittel für Impotente und Frigide, sie sind Gewürze der Lust, sie sind Genussmittel, die den Liebesgenuss bereichern und berauschen (RÄTSCH 1995b).

Sex ist ein Kristallisationsprozess, in dem man plötzlich als biologische Entität auftaucht. Dieses Wunder – das *Wunder des Lebens* überhaupt – wird in traditionellen Kulturen am meisten mit den Liebesgöttinnen in Verbindung gebracht. Und mit deren jeweils heiligen Pflanzen. Im archaischen Kreta und Griechenland waren es *Demeter* und Opium. In Germanien waren es *Freia* und Hanf. In Südamerika sind es *Mama Coca* und Coca. Dort ist die heilige sexstimulierende Pflanze sogar Teil des Namens der Liebesgöttin.

> Unter den Personen, denen ich Coca gab, haben mir drei von heftiger sexueller Erregung, die sie unbedenklich auf die Coca bezogen, berichtet. Ein junger Schriftsteller, der nach längerer Verstimmung durch Coca in den Stand gesetzt wurde, seine Arbeit aufzunehmen, verzichtete auf den Cocagebrauch wegen dieser ihm unerwünschten Nebenwirkung.
> SIGMUND FREUD
> *Ueber Coca* (1884: 314)

»Die Liebeslust sollte aber unbedingt ebenfalls gesteigert werden«, fordert die Münchner Heilpraktikerin Margret Madejsky (2000: 254); nur zu Recht. Was gibt es schöneres als die Liebeslust? Selbst der Cocagenuss kann ihn kaum überbieten, wohl aber

Malerei des »psychedelischen« Künstlers Dr. Fred Weidmann, gebürtiger Schweizer, residierender Münchener und verkannter Künstler: *Mama Coca* in ihrem Blatt, das heißt in ihrer Vulva, verlockend, botanisierend, und in kathedralische Kleidung gehüllt (Original, extra für dises Buch gemalt, Dezember 2000).

antreiben. Kaum für Männer, aber sehr wohl für Frauen. Coca und Liebe sind wie Himmel und Erde. Sie gehören für die Menschen, die Kinder dieser Welten, dieser Dichotomie oder Polarisation sind, zusammen. Mama Coca ist Mutter Liebe.

In Lateinamerika gilt die Coca allgemein als Aphrodisiakum, besonders in alkoholischen Extrakten (vgl. STARK 1984: 75). Wie intensiv der aphrodisische Gebrauch allerdings tatsächlich ist, bleibt noch zu erforschen. *Cocaphrodisiaca.*

> Sex auf Kokain ist in der Tat eine Angelegenheit höherer Vergnügungsordnung. (MOERS 1992: 29)

Kokain wurde schon recht früh als Aphrodisiakum benutzt. Das liegt zum einen an den Nachrichten aus Südamerika. Zum anderen an Freuds epochalem Artikel (1884a). Schon in der Jugendstilzeit erschienen in den USA verschiedene Tonika mit

»O Mutter, die Kokotte mit'm Koks ist da!« (Zeichung aus dem Jugendstil).

Cocaextrakten, zum Beispiel das *Poison* der Firma Sharp & Dohme in Baltimore. Auf dem Label stand groß gedruckt *Aphrodisiac*. Die Flasche enthielt Gelatinepillen, gefüllt mit einem Cocaextrakt, des Weiteren mit Colanussextrakt, Chinin, Phosphormineralien, Extractum Nux Vom. (strychninhaltige Brechnussextrakte; *Strychnos nux-vomica* L.) und Eisensalze. Der Gesamtgehalt an Kokain wurde mit 1–50 g angegeben (POWER 1986: 66). Kein Wunder also, dass diese Wunderpillen à la Coca-Cola beliebt waren!

In den Zwanziger Jahren wurde Coca und Kokain vor allem von Frauen als Aphrodisiakum genossen. Später verbreitete sich *Coke 'n' Sex* in der Schwulenwelt, in der SM-Szene und bei den Beats und Hippies.

> »Komm, besuch mich heute abend in meinem Apartment unter der Schultoilette. Zeige dir was Interessantes«, sagte der Hausmeister und sabbelte grünen Cocasaft.
> WILLIAM S. BURROUGHS
> *Interzone*
> (1991: 211)

Die Blumenkinder bevorzugten natürlich die ihnen liebgewonnenen Pflanzen. Eine Rauchmischung aus getrockneten Cocablättern oder den aus den Blättern herausgetrennten Blattstielen und Hanfblüten (Cannabis) kann stark erotisierend empfunden werden, besonders von Frauen. Als Dosis kann man getrost die Menge einer Zigarette ansehen.

> »In seiner Wirkung den Amphetaminen ähnlich, steigert auch Kokain das sexuelle Verlangen – aber dem Orgasmus können Sie Adieu winken«, schreibt die bekannte Superhure Domenica. (DOMENICA 1989: 101)

Eine *coke whore* ist eine Frau, die sich für Kokain prostituiert. Die halbweltliche Koksmamsell war schon immer eine Drogenkonsumentin, angefangen bei den trinkenden Hetären, die Bilsenkraut räuchernden Bäderinnen, den Opium rauchenden Geishas bis zu den opiatabhängigen *Dope Girls* (vgl. KOHN 1992) und Kokain-Konkubinen.

»Früher war unter allen Prostituierten der Gebrauch des Haschisch stark verbreitet, das später vom Morphium und Aether abgelöst wurde, die ihrerseits wieder vollständig durch das Kokain verdrängt sind«, heißt es in der *Sittengeschichte von Paris*. Weiter: »Kokain regiert heute als unbeschränkter Herrscher im Reiche des gespenstischen Volkes, das im Schatten der Liebe dahinvegetiert, ja seine Verbreitung ist gegenwärtig so ungeheuer, dass es geradezu der Schandfleck unserer Zeit genannt werden kann. Das Kokain wird zum treuesten Begleiter jedweder Ausschweifung, es läuft rasch durch die Adern, reißt wie ein Wildbach die schwachen Dämme ein, hinter denen die bösen Instinkte lauern. Das Kokain drückt der Nacht und ihren geheimen Spielen seinen Stempel auf, frisst die Nasen der Dirnen an und beugt sie mit Macht unter sein furchtbares Joch« (SCHIDROWITZ 1926: 245 f.).

Die durchkoksten und durchhurten »Goldenen Zwanziger« fanden nicht nur in Berlin und Paris, sondern auch auf dem Hamburger Kiez, hinter den Kulissen der Reeperbahn, statt. Mord und Totschlag gehörten nicht zum Repertoire von St. Paulis schweren Jungs, auch wenn sie begierig nach der Modedroge Koks als neuer Verdienstmöglichkeit griffen. Zwar haftete dem Schnee ein spektakuläres Odium an, aber der Verbraucherkreis war nur klein. Teils waren Dienerinnen des horizontalen Gewerbes scharf auf eine Nase, teils gefiel sich Jungvolk aus der Geldgesellschaft darin, in laszivem Taumel Linien mit großen Scheinen zu ziehen« (BARTH 1999: 55).

Koksende Polizisten jagen koksende Zuhälter von koksenden Huren, zu denen koksende Freier gehen, und koksende Journalisten berichten darüber für ihre koksende Zielgruppe. (TIMMERBERG 1996: 36)

In den 1970er Jahren wurde das Kokain *blow* genannt und mit dem *blow job* assoziiert. Beides gehörte ins Mileu. Beides bekam der Mann nicht zu Hause, sondern im Puff oder Massagesalon. (SIEGEL 1982a, WESSON 1982)

Rasanter wird der Sex nach einer Linie Koka und Amsterdam Poppers bringen den schnellen Bettkick für eilige Lover.
Lexikon der Lustmittel
(Eichborn, Frankfurt/M., 1999: 62)

In dem sehr seltenen, von den Nazis verbotenen und gerne verbrannten Buch *Liebesmittel* von Magnus Hirschfeld und Richard Linsert (1930), den schwulen Leitern des Berliner Instituts für Sexualwissenschaften, heißt es vom Kokain:

»Zu den Nebenwirkungen dieses Alkaloids gehört vor allen Dingen in erster Linie eine starke Anregung des Geschlechtsapparates, deren Verlauf mit dem des Haschisch- und Opiumrausches ähnlich ist. Auffallend häufig ist uns mitgeteilt worden, dass trotz Fortbestehens einer geradezu krankhaft gesteigerten Libido eine Impotentia erigendi auftritt, die auch die Ursache sein soll, weshalb sehr häufig orale Geschlechtsbetätigungen vorgenommen werden. Es ist sehr interessant, dass die erotischen Ekstasen nicht allein durch chronischen Kokainismus erzeugt werden, sondern bereits einmalige Kokaininjektionen zu therapeutischen Zwecken, z.B. bei Frauen, erotische Zustände hervorriefen ... Ritter berichtet über zwei Fälle aus seiner Praxis, in denen eine ernste Dame aus bester Gesellschaft, Mutter dreier Kinder, nach der Extraktion eines Zahnes in einen Ermattungszustand fiel und in diesem Zärtlichkeiten versuchte und eine unverheiratete Dame, gleichfalls aus guter Familie, nach schmerzloser Extraktion eines unteren Molaren anfing, obszöne Lieder zu singen und die Röcke hochzuheben« (HIRSCHFELD und LINSERT 1930: 250 f.).

Damals muss es noch Spaß gemacht haben, zum Zahnarzt zu gehen, denn das injizierte Lokalanästhetikum war eine Kokain-Adrenalin-Mischung.

Häufig wird von Männern und Frauen berichtet, dass sie vom Koksen total Lust auf Analsex haben: »Analverkehr. Mindestens hundertmal. Ja, auch oral-genitaler Sex ...« (WEISS 1990: 97). Bei vielen entspannt sich die Analmuskulatur und kann sich dadurch besser für die Penetration von Gliedern, Vibratoren oder anderen Dildos entspannen. Der Analsex wird dann geradezu zu einem erotischen Ritual: Die zu penetrierende Person geht auf alle Viere und reckt den Hintern empor. Dann zieht sie die Linie. Mit der anflutenden Kokainwirkung wird langsam der Anus penetriert. »Manche verreiben Kokain auch auf dem Schwanz. Damit soll eine stimulierende Wirkung ähnlich der von Viagra erreicht werden«, heißt es in dem Artikel »Schwule im Rausch« (im Schwulenmagazin *hinnerk* 4/01, S. 45). Gelehrte haben oft vermutet, dass Coca und Kokain im sexuell nicht abnormen Menschen die »perverse« Lust auf Analsex hervorbringt (KAUFMANN-DOIG 1978, LARCO HOYLE 1979 und 1998). Mit dieser These hat man auch versucht zu erklären, warum 90% der erotischen Darstellungen in der

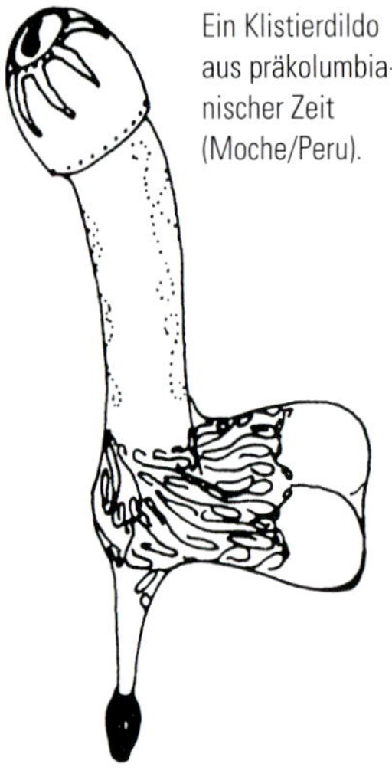

Ein Klistierdildo aus präkolumbianischer Zeit (Moche/Peru).

Moche-Keramik den Analcoitus sehr anschaulich und anatomisch höchst korrekt, zeigen. Die Tongefäße sind dreidimensionale Bildnisse. Meist liegt die Frau schräg auf der Seite und wird vom knienden Mann anal befriedigt. Beide scheinen in einer ekstatischen Trance zu verharren. Alle Darstellungen deuten auf seherische Rituale hin, bei denen durch den Analsex bestimmte, sonst schlummernde Kräfte freigesetzt werden. Man hat sogar Dildos aus Keramik gefunden, die ganz offensichtlich nicht nur der analen Befriedigung dienten, sondern auch der Verabreichung von Klistieren, die mit Coca und anderen psychoaktiven Pflanzen (*vilca*, Engelstrompete, *espingo* usw.; vgl. DE SMET 1985b) versetzt waren, dienten.

Für manche Leute funktioniert reines Kokain als Aphrodisiakum. Eine kleine Linie, etwa 45 Minuten vor dem Akt gezogen, kann erotisch und mechanisch stimulierend und erregend sein (persönliche Mitteilung von Terence McKenna). In einem deutschen Untergrund-Heftchen, das in der Farbe

Die Titelseite eines schnell-lebigen Magazins verkauft seine Titelgeschichte aufreißerisch als *Potenzrakete Kokain*, im Inneren trägt der Artikel dann den Titel »Kaltmacher Kokain« (Faksimile der Titelseite, *Tempo* Nr. 3, 1996).

des Cocablattes gedruckt ist und vermutlich aus den 1970er Jahren stammt, heißt es im Kapitel Kokain und Aphrodite: »Die Einnahme von Kokain soll beim Manne die Erektion des Gliedes noch nach ein oder zwei Orgasmen erhalten können und eine größere Kontrolle über den Orgasmus ermöglichen. Dies soll vor allem bei Fällen der Ejaculatio praecox ein Vorteil sein. Weitere Möglichkeiten sind das Blasen in die Nasenlöcher beim jeweiligen Partner. Auch das Bestreichen von Schaft und Glied mit einer selbsthergestellten Kokssalbe soll vorzeitigen Samenerguss verhindern. Bei der Frau sollen die Orgasmen intensiver und erregender werden, wenn ihr eine minimale Dosis einer Kokainlösung auf die Klitoris geträufelt wird, durch die ihre Oberflächennerven betäubt werden.«

> Wir vögelten stundenlang, schnupften nicht nur, sondern betäubten alle nur möglichen Schleimhäute, das verzögert den Orgasmus um Stunden, wir hatten kein bisschen Angst voreinander und erzählten uns all die Phantasien, derer wir uns immer geschämt hatten und die wir sonst nie jemandem anvertraut hätten, und das geilte uns wieder ungeheuer auf.
> (WECKER 1995: 154)

Die meisten Männer berichten jedoch von temporärer Impotenz, wenn sie gekokst haben. Oft flammt zwar die erotische Begierde auf, nur die Mechanik macht nicht mit. Das lässt sich aber ändern, wie wir gleich sehen werden.

Viagra® und Kokain: Cocaviagra

Die Promotioncampagne für Viagra® (Wirkstoff: Sildenafil) als ultimatives Erketionsmittel hat dazu geführt, dass die Herstellerfirma Pfizer (AG, Zürich) hohe Kurse am Aktienmarkt proklamierte und reichlich Aktien verkauft hat. Leider ist nach den Aussagen der praktizierenden Urologen der versprochene Erfolg nur zu etwa 50 Prozent eingetreten. Die Aktien sind geschrumpft wie der Penis bei Impotenz oder zu kaltem Badewasser.

Viagra® ist ein mechanisches Werkzeug, um den Erschlafften wieder aufstehen zu lassen. Nichts weiter. Es ist eine echte »Stehpille«, aber kein aphrodisisches Liebesmittel, kein Medikament, sondern nur ein »Stärkungsmittel«[138]. Es gab inzwischen mehr als 200 klinisch dokumentierte Todesfälle – als Nebenwirkung – der mit Nitroglycerin und Poppers

138 Vgl. cb, *CO'Med* 01/2001, S. 115.

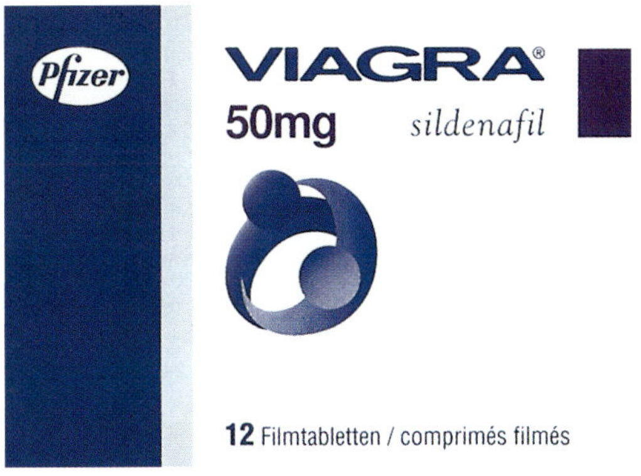

Verpackung der »kleinen Blauen«.

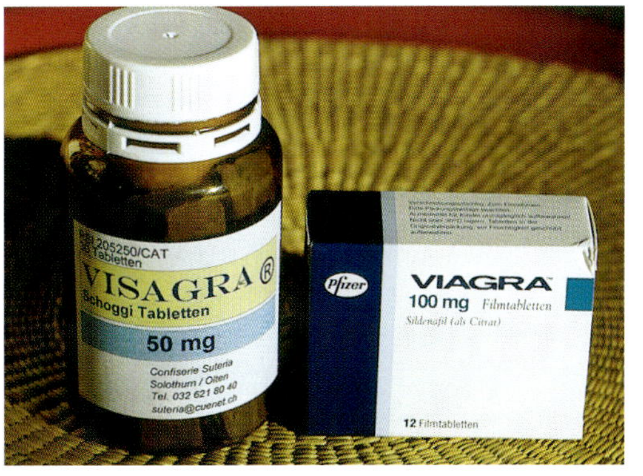

Visagra®, Schokoladetabletten, die als Scherz von einer Confiserie hergestellt wurden.

(Amylnitrit) verwandten Chemikalie (ein Phosphodiesterase-Typ-5-Inhibitor).

Und wie anekdotische Berichte aus den USA, der Schweiz und der EU zeigen, ist die Tatsache ganz anders als urologisch-therapeutisch. Als die Zulassung als Medikament zur Diskussion stand, wurde gesagt, wir dürfen die potentmachende Killerdroge nicht verbieten, denn dann würde sie zu einer weiteren »Schwarzmarktdroge« werden. So kam denn das Viagra® auf den Apothekenmarkt.[139] Für viele eine Hoffnung, aber offensichtlich für viele eine Enttäuschung. Die Impotenten kriegen vielleicht eine Erektion, aber ohne Gefühl. Die psychisch gestörten Männer merken rein gar nichts. Aber die Gesunden, die mit temporär impotent machenden Substanzen vollgepumpt sind, lieben Viagra®. Denn selbst nach einem Gramm Koks dauert es gute 10–15 Minuten, und die Schwellkörper schwellen an. Was für eine Erlösung: Die erotische Erregung durchs Kokain ist natürlich ohne Erektion nicht so besonders gut zu ertragen. Viagra® ist *das* Antidot – und deshalb bei Koksern hoch im Ansehen und Gebrauch, vor allem in der Sado-Maso-Szene (z. B. in *The Church of Applied Viagrology*, Kalifornien) wird es dazu benutzt. Trotz hoher Koksdosen wird man geschlechtsreif und potent. Sehr praktisch. Die Benutzer illegaler Substanzen haben ein hohes kreatives Potenzial, wie an diesem Beispiel leicht zu erkennen ist. Mama Coca dankt es den »kleinen Blauen«!

Szenenewechsel:

Eine Schweizer Firma in Solothurn/Olten hat als eine Art Parodie Schokoladetabletten namens Visagra® herausgebracht. Es dauerte kaum zwei Monate, und der Pfizer Konzern hat den weiteren Vertrieb der Schokoladebonbons verbieten lassen.

Angst vor kleinen Mäusen …

Nun vom Sex zur Politik, der feinen weißen Linie folgend, von der Erotik zu den Richtlinien, vom Aphrodisiakum zum Betäubungsmittel.

139 Natürlich ist Viagra® verschreibungspflichtig und darum trotzdem zu einer Schwarzmarktdroge geworden. Der Viagraschwarzmarkt blüht im Internet – von koksenden Scheinärzten betrieben.

> Da eine der dominanten Leidenschaften des Menschen die Herrschaft ist – über die eigene Person, über andere und über Naturereignisse –, entwickeln alle Kulturen Erklärungssysteme, die eine doppelte Funktion haben: sie geben Aufschluß, warum gute und schlechte Dinge passieren, und sie sind eine Methode, um diese Dinge herbeizuführen.
> (SZASZ 1990: 168)

Politik ist ein kulturelles System, das Denken und Handeln betrifft. Politik ist nicht nur etwas für Politker, sondern Politik ist eine Schnittstelle sich wechselseitig bedingender Machtverhältnisse. Es gibt keinen Politiker ohne Volk, es gibt keinen Präsidenten ohne Menschen, die hinter ihm stehen, es gibt keinen Führer ohne die ihn bejubelnde Masse. Der Staatschef ist wie der Frontmann einer Pop- oder Rockgruppe. Der Akt ist so gut wie das Publikum. Es gibt niemanden, der nicht auf einer Bühne ohne Zuschauer spielt.

Wenn Politik das allgemein akzeptierte System zur Regelung, Durchführung und Kontrolle kulturellen Denkens und Verhaltens ist, ist sie ein wesentlicher Kulturfaktor. Deshalb ist Politik auch ein Teil der *Cocacultura* und der Kokskultur. Denn durch die Politik wird pharmakologische Aktion in kognitive Muster zersplittert. Politik basiert nicht auf Fakten, sondern auf Annahmen, nicht auf Erfahrungen, sondern auf Vorurteilen.

Wörter, die allgemein verständliche Begriffe sind, sind fast gar nicht zu definieren. Im *DUDEN*, der Deutschen Sprachautorität, wird im *Band 7: Etymologie* (1963) der Begriff *Politik* erklärt:

»›[aktive Teilnahme an der] Führung, Erhaltung, Verwaltung und Ordnung eines Gemeinwesens (sowohl hinsichtlich der Völkerrechtsgemeinschaft)‹, auch allgemein von ›berechnendes, zielgerichtetes Verhalten‹.«

Das Wort wurde im 17. Jahrhundert aus dem Französischen von *politique* entlehnt, das wiederum auf das Griechische *politiká*, »Staatsgeschäfte«, und *politiké téchne*, »Kunst der Staatsverwaltung«, zurückgeht. Politik ist eine Kunstform der Kultur, aber eine künstliche Abstraktion, eine Verallgemeinerung gesellschaftlicher Normen, ein Moralgebäude, der gesetzlich definierten Kulturideale.

Das *Wörterbuch der Völkerkunde* von Walter Hirschberg (Stuttgart: Kröner) definiert »Politik« gar nicht erst, sondern nur »politische Organisation«:

»Institutionen und Regelungen zum Schutz und zur Sicherung der sozialen Gemeinschaft, zur Aufrechterhaltung von deren innerer Ordnung und zu ihrer Verteidigung gegen Bedrohungen von außen« (1965: 341).

Politik ist im anthropologisch-kognitiven Sinne ein Glaubenssystem, eine gesellschaftlich etablierte Denkstruktur. Dieser Struktur entsprechend wird – im Idealfall – gehandelt. Man kann politische Gesetze als Formen der gewaltsamen Erzwingung von so genannten akzeptierten Verhaltensweisen betrachten.

Drogenpolitik ist die Regelung von der Verkehrsfähigkeit bestimmter Pflanzen und Substanzen, meist »Drogen« genannt. Die Drogenpolitik kulminiert im Betäubungsmittelgesetz (BtMG), kurz BTM:

»§ 1 Betäubungsmittel
(1) Betäubungsmittel im Sinne dieses Gesetzes sind die in den Anlagen I bis III aufgeführten Stoffe und Zubereitungen.
(2) Die Bundesregierung wird ermächtigt, nach Anhörungen von Sachverständigen durch Rechtsverordnung mit Zustimmung des Bundesrates die Anlagen I bis III zu ändern oder zu ergänzen, wenn die
1. nach wissenschaftlicher Erkenntnis wegen der Wirkungsweise eines Stoffes, vor allem im Hinblick auf das Hervorrufen einer Abhängigkeit,
2. wegen der Möglichkeit, aus einem Stoff oder unter Verwendung eines Stoffes Betäubungsmittel herstellen zu können, oder
3. zur Sicherung der Kontrolle des Verkehrs mit Betäubungsmitteln oder anderen Stoffen oder Zubereitungen wegen des Ausmaßes der mißbräuchlichen Verwendung und wegen der unmittelbaren Gefährdung der Gesundheit erforderlich ist ...«

Wir landen hier in einem undurchdringlichen Dschungel von Definitionen und Begriffsfeldern, die dem Machthaber dienen, *was auch immer* gesetzlich zu erlassen! Auffällig ist die Einbeziehung der Macht der Wissenschaft. Sie wird durch so genannte Experten erfüllt. Aber wie werden solche definiert? Woher stammen die »wissenschaftlichen Erkenntnisse«? – Fragen über Fragen. Antwort:

Durch dieses Gesetz stehen alle Möglichkeiten offen. Wenn ein »Wissenschaftler« behauptet, Coca kann missbraucht werden und zur Abhängigkeit führen – schwupps, landet das Blatt in den Gesetzesanlagen.

Erythroxylum coca, d-Cocain und Ecgonin fallen unter die Anlage II (verkehrsfähige, aber nicht verschreibungsfähige Betäubungsmittel). Da *Erythroxylum novogranatense* nicht aufgeführt ist, dürfte die Kolumbianische Coca legal sein! Sollte hier eine botanisch definierte Gesetzeslücke vorliegen?

> Die Cocablätter wurden und werden meist von imperialistischen Kulturen und hierarchischen Regierungen kontrolliert.
> Schon die Inka kontrollierten scharf den Gebrauch der Coca. Sie war nur den oberen Gesellschaftsschichten zugänglich.

Die Begriffe »Rauschgift«, »Sucht«, »Abhängigkeit« sind politische Schlagwörter sowie ideosynkratische, schulmedizinische und moralische Kategorien, die von »oben herab« definiert bzw. zu einem kognitiven Bedeutungsfeld verdichtet werden. Da jeder Begriff verschieden definiert werden kann und auf variable kognitive Muster trifft, kommt es zu erheblichen Verständnisproblemen.

Da es sich sowohl bei der Pflanze Coca als auch bei ihrer »Seele« Kokain um gesetzlich geregelte Stoffe dreht, müssen wir auch einen kulturanthropologischen kognitiven und chemisch-pharmakologischen Blick werfen. Wir untersuchen die »Abhängigkeit« und die »Sucht« aus diesen Perspektiven. Zur Kriminologie von Coca und Kokain verweisen wir auf die Schriften von Sebastian Scheerer.

Gratis-Postkarte aus einem Kneipenaushang zum Thema »Kokain«: Einem soll wohl *der Affe gemacht* werden. (Faksimile; von dem Büro für Suchtprävention, Hamburg; Edgar gratis Postkarten Service #1.936, zirka 1999.)

Wir betrachten »Crack« als ein anthropologisches Phänomen, ebenso den »War on Drugs«, den »Krieg gegen Drogen«. Beides sind kulturelle Phänomene, die die kognitive Dissonanz unserer »Gartenzwergkultur« und der US-amerikanischen »Wildwestmentalität« demonstrieren. Denn als Wissenschaftler müssen wir *Wissen schaffen.*

Cocabuse: Crackpot Cocantidote oder Cocaddiction? – *»Die traurigen Ergebnisse des Versuchs, den Teufel mit dem Beelzebub auszutreiben«*

> Das Drogenphänomen ist ein natürliches Phänomen. Das Drogenproblem hingegen stellt ein kulturelles Problem dar. In der modernen Gesellschaft hat das ›Drogenproblem‹ nichts mit der Existenz von Drogen oder dem natürlichen Rauschverlangen zu tun, sondern ist zurückzuführen auf die beim Umgang mit Drogen auftretende Entkulturalisierung. Es ist wichtig, dass der Umgang mit Drogen in eine gescheite Kultur eingebettet ist und mit kundigem Wissen vermittelt wird. Wird den Menschen und der Gesellschaft dieses Wissen entzogen, insbesondere hinsichtlich der Drogenanwendung und der geeigneten Zusammenhänge, entwickeln sich ungeeignete Verwendungsweisen und entstehen »Drogenprobleme«.
> Giorgio Samorini
> (in einem Interview in *Hanf!* 07/2001: 27)

Mama Coca wurde sofort zur prototypischen »Wunderdroge« bei Drogenhabitualisierung, zum ursprünglichen »magischen Geschoss gegen Abhängigkeit«. Tatsächlich wurden *Tobacco Bullets*, die Kokain enthielten, in den USA als *nostrum* gegen Nikotinismus verkauft (Spillane 1999); umgekehrt wurden Coca-Tabak-Zigarren und -zigaretten als totsichere Heilmittel gegen Opiumhabituation verschrieben (Stewart 1885)! Selbst heute noch wird Coca als supergutes Mittel gegen »Kokainismus« hochgejubelt (Hurtado 1987), genauso als Mittel gegen Amphetamineffekte, sogar »als substituierendes Stimulans für Kaffee« (Weil 1981)!

Unsere Geschichte beginnt mit der schamlosen Werbekampagne bei der US-amerikanischen Firma Parke, Davis and Co. in Detroit, die als Teil ihrer Vermarktungsstrategie damit begonnen haben, eine Serie »wissenschaftlicher Journale«, vor allem die *Therapeutic Gazette*, zu publizieren. Der Repräsentant der Firma, G. Davis, erbat (besser gesagt *verlangte* »wissenschaftliche Artikel«, die den Erfolg der Firmenprodukte, darunter ein flüssiger Extrakt aus

Coca (1875) und reines Kokain (1884), belegen sollten. Es war vielleicht Davis' Idee, firmeneigenes Cocaelixir als Antidot für Morphinismus oder Morphinhabituation zu puschen. Daraus folgten eine Reihe von »Artikeln« im *Therapeutic Gazette*, die die Tugenden dieses wunderbaren *Cocatholicon*, die allesheilende *Cocambrosia* herausposaunten (Bentley 1880a und 1880b, Huse 1880, Palmer 1880).

Einige dieser Berichte erregten den ambitionierten jungen Wiener Sigmund Freud, der darauf aus war, seine Marke in der Weltgeschichte zu hinterlassen. Freud war naiv genug, diese Artikel ernst zu nehmen, und konnte sie nicht als Propaganda, *Cocadverts*, erkennen. Er hat in seinem einflussreichen Artikel »Ueber Coca« (1884a) unüberlegt Kokain als Heilmittel bei Morphinismus und Alkoholismus angepriesen (siehe auch *Sigmund Freud, Vater der Kokser*). Ungeachtet der Tatsache, dass er lediglich einen Fall »beobachtet« hatte, verwies er auf die Informationen aus der *Therapeutic Gazette*. In einer Fußnote bezog er sich direkt auf Palmers Artikel und nannte den flüssigen Cocaextrakt von Parke, Davis and Co. als die Panacæa für Pharmakothymie. Er merkte an, dass während zwei Jahren regelmäßig Artikel dazu in der *Gazette* erschienen seien, die Weiterführung jedoch fehlte, wohl weil es ein inzwischen akzeptiertes Heilmittel geworden sei oder aber in Vergessenheit geraten wäre.

»*Alle Berichte über Cocainsucht und Cocainverfall beziehen sich nämlich auf Morphinisten*, Personen, die bereits dem einen Dämonen verfallen waren und deren geschwächte Willenskraft und Reizbedürftigkeit jedes ihnen dargebotene Stimulans mißbrauchen würde und tatsächlich mißbraucht hat. *Das Cocain hat bei uns keine anderen, keine eigenen Opfer gefordert*. Ich habe mannigfache Erfahrungen über länger fortgesetzten Cocaingebrauch bei Personen, die nicht Morphinisten waren, und habe auch selbst das Medikament durch Monate genommen, ohne etwas von einem Verlangen nach weiterem Cocaingebrauche zu verspüren oder zu erfahren. Im Gegenteile, es trat häufiger, als mir lieb sein konnte, eine Abneigung gegen das Medikament ein, die zur Einstellung der Anwendung desselben Anlaß gab. Meine Erfahrungen über die Brauchbarkeit des Cocain bei gewissen nervösen Zuständen und über das Ausbleiben einer Cocainsucht decken sich so vollkommen mit den Mitteilungen, welche eine bekannte ausländische Autorität, W. Hammond, diesbezüglich vor kurzem gemacht hat ...« (Freud 1887 = 1996: 126)

Freud begann mit diesem *Cocantidote* zu experimentieren. Dazu benutzte er seinen Freund E. von Fleischl-Marxow als Versuchskaninchen, als *white rabbit*. Freud besorgte sich bei Merck Anfang Mai 1884 *merca*, chemisch reines Kokain: 1 g. Ende Mai war die Morphinheilung gut unter Kontrolle, nur dass Fleischl-Marxow weitere 10 g orderte. Freud vollendete seinen Artikel (1884a) im Juni und behauptete darin, dass sein Patient schon nach zehn Tagen »das Mittel beiseite lassen« konnte (1996: 79). Das war wohl etwas daneben, denn sein Freund hat nach der Therapie derart viel Kokain von Merck bestellt, dass die Firma sich nach der Forschungssituation erkundigte. Freud und Freund beschwatzten Merck so zufriedenstellend, dass die Firma den beiden sogar anbot, sie für eine Studie ihres Nebenprodukts Ecgonin zu bezahlen. Am 21. Oktober hat Merck 100 g Ecgonin nach Wien versandt. Freud hat es sofort getestet, aber als inaktiv charakterisiert. Daraufhin hat Merck es wie Parke, Davis and Co. gemacht und die beiden Männer für die Vermarktung ihres Produkts vor den Marketingkarren gespannt (Merck 1884a und 1884b). Im Dezember erschien eine »Übersetzung«, eigentlich nur eine Zusammenfassung *cum* Ergänzungen bezüglich des *Coca-nodyn* für Morphinismus in den USA (Freud 1884b). Darin hieß es: »Prof. Fleischl ... confirms ... cocaine is invaluable, subcutaneously injected in morphinism [50–100 mg] ... *Inebriate asylums can be entirely dispensed with in 10 days;* a radical cure can be effected by an injection of [100 mg] of cocaine 3 times a day«! (»Prof. Fleischl ... bestätigt ... Kokain ist, subkutan injiziert [50–100 mg], bei Morphinismus ungeeignet ... Rauschfreiheit kann nach 10 Tagen eintreten; eine radikale Heilung tritt ein, wenn man je [100 mg] Kokain dreimal täglich verabreicht!«) Die Absurdität dieser Aussage wird durch die Tatsache, dass Fleischl-Marxow im Sommer 1885 sich täglich 1 g Kokain injizierte, besonders drastisch (Grinspoon und Bakalar 1976). Zudem zögerte Freud in einem Vortrag (1885b) nicht, weiterhin eine subkutane Kokaininjektion (30–50 mg pro Dosis) gegen die Entzugssymptome zu empfehlen; er äußerte sich sogar ohne Vorbehalte gegen eine Dosissteigerung.

Es war wohl mehr ein Geschäft als ein wissenschaftlicher Scharfsinn, von Parke, Davis and Co. Geld zu akzeptieren und einen Monat später gegen das eigene Kokain zu tauschen (Freud 1885c); abgesehen davon glaubte Merck, dass sie ihm bereits etwas schuldig wären (Karch 1998). Im Juni tauchten bei Fleischl-Marxow die vollentwickelten »Kokskäfer« auf, das Magnan'sche Symptom (Magnan 1889); trotzdem war Freud so zuvorkommend, seinem Freund weiterhin Kokain darzureichen, nur einen Monat, bevor die Kokainbestellung bei Merck gelandet war.

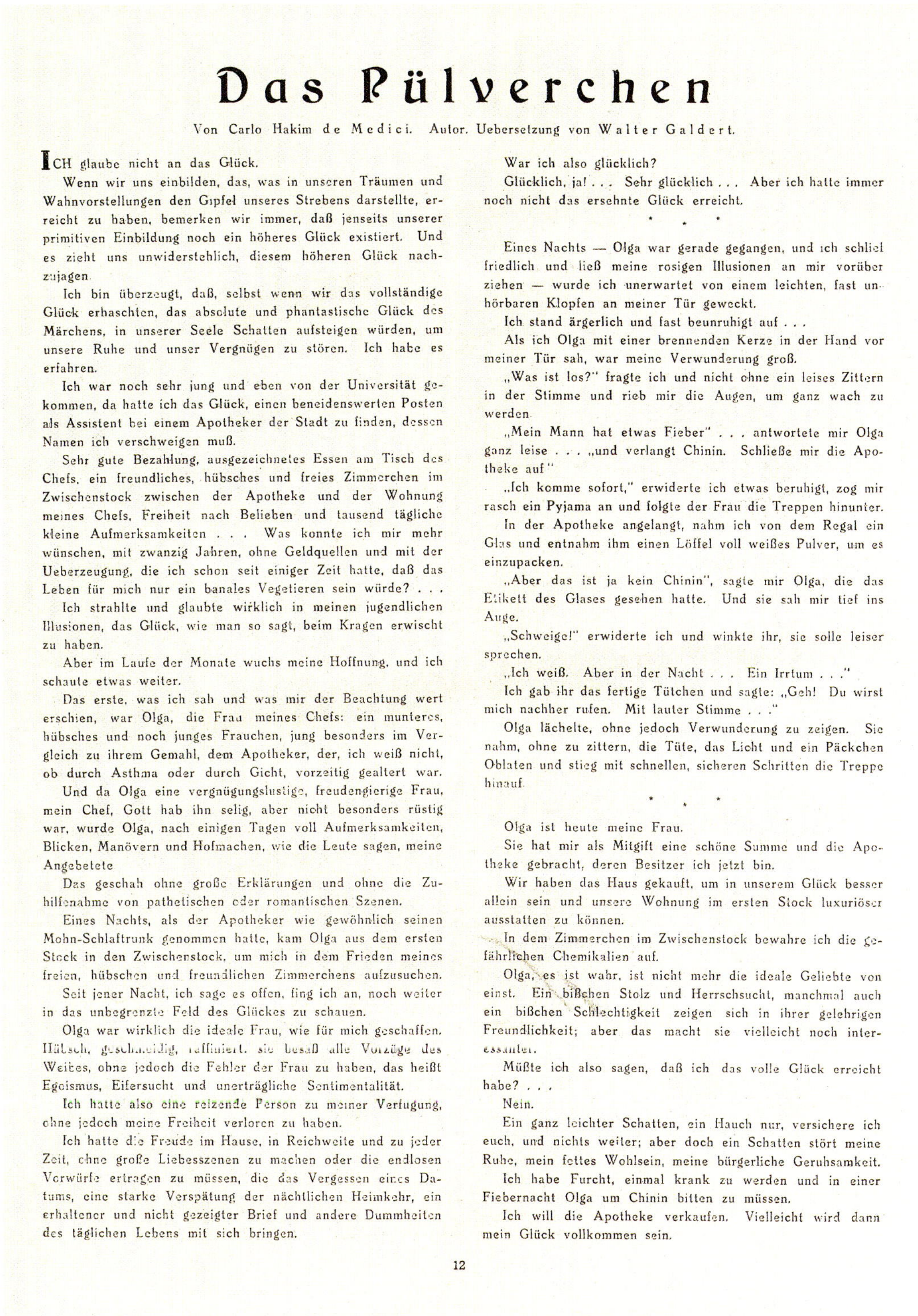

Das Pülverchen

Von Carlo Hakim de Medici. Autor. Uebersetzung von Walter Galdert.

ICH glaube nicht an das Glück.

Wenn wir uns einbilden, das, was in unseren Träumen und Wahnvorstellungen den Gipfel unseres Strebens darstellte, erreicht zu haben, bemerken wir immer, daß jenseits unserer primitiven Einbildung noch ein höheres Glück existiert. Und es zieht uns unwiderstehlich, diesem höheren Glück nachzujagen.

Ich bin überzeugt, daß, selbst wenn wir das vollständige Glück erhaschten, das absolute und phantastische Glück des Märchens, in unserer Seele Schatten aufsteigen würden, um unsere Ruhe und unser Vergnügen zu stören. Ich habe es erfahren.

Ich war noch sehr jung und eben von der Universität gekommen, da hatte ich das Glück, einen beneidenswerten Posten als Assistent bei einem Apotheker der Stadt zu finden, dessen Namen ich verschweigen muß.

Sehr gute Bezahlung, ausgezeichnetes Essen am Tisch des Chefs, ein freundliches, hübsches und freies Zimmerchen im Zwischenstock zwischen der Apotheke und der Wohnung meines Chefs, Freiheit nach Belieben und tausend tägliche kleine Aufmerksamkeiten . . . Was konnte ich mir mehr wünschen, mit zwanzig Jahren, ohne Geldquellen und mit der Ueberzeugung, die ich schon seit einiger Zeit hatte, daß das Leben für mich nur ein banales Vegetieren sein würde? . . .

Ich strahlte und glaubte wirklich in meinen jugendlichen Illusionen, das Glück, wie man so sagt, beim Kragen erwischt zu haben.

Aber im Laufe der Monate wuchs meine Hoffnung, und ich schaute etwas weiter.

Das erste, was ich sah und was mir der Beachtung wert erschien, war Olga, die Frau meines Chefs: ein munteres, hübsches und noch junges Frauchen, jung besonders im Vergleich zu ihrem Gemahl, dem Apotheker, der, ich weiß nicht, ob durch Asthma oder durch Gicht, vorzeitig gealtert war.

Und da Olga eine vergnügungslustige, freudengierige Frau, mein Chef, Gott hab ihn selig, aber nicht besonders rüstig war, wurde Olga, nach einigen Tagen voll Aufmerksamkeiten, Blicken, Manövern und Hofmachen, wie die Leute sagen, meine Angebetete.

Das geschah ohne große Erklärungen und ohne die Zuhilfenahme von pathetischen oder romantischen Szenen.

Eines Nachts, als der Apotheker wie gewöhnlich seinen Mohn-Schlaftrunk genommen hatte, kam Olga aus dem ersten Stock in den Zwischenstock, um mich in dem Frieden meines freien, hübschen und freundlichen Zimmerchens aufzusuchen.

Seit jener Nacht, ich sage es offen, fing ich an, noch weiter in das unbegrenzte Feld des Glückes zu schauen.

Olga war wirklich die ideale Frau, wie für mich geschaffen. Hübsch, geschmeidig, raffiniert. sie besaß alle Vorzüge des Weites, ohne jedoch die Fehler der Frau zu haben, das heißt Egoismus, Eifersucht und unerträgliche Sentimentalität.

Ich hatte also eine reizende Person zu meiner Verfugung, ohne jedoch meine Freiheit verloren zu haben.

Ich hatte die Freude im Hause, in Reichweite und zu jeder Zeit, ohne große Liebesszenen zu machen oder die endlosen Vorwürfe ertragen zu müssen, die das Vergessen eines Datums, eine starke Verspätung der nächtlichen Heimkehr, ein erhaltener und nicht gezeigter Brief und andere Dummheiten des täglichen Lebens mit sich bringen.

War ich also glücklich?

Glücklich, ja! . . . Sehr glücklich . . . Aber ich hatte immer noch nicht das ersehnte Glück erreicht.

* * *

Eines Nachts — Olga war gerade gegangen, und ich schlief friedlich und ließ meine rosigen Illusionen an mir vorüberziehen — wurde ich unerwartet von einem leichten, fast unhörbaren Klopfen an meiner Tür geweckt.

Ich stand ärgerlich und fast beunruhigt auf . . .

Als ich Olga mit einer brennenden Kerze in der Hand vor meiner Tür sah, war meine Verwunderung groß.

„Was ist los?" fragte ich und nicht ohne ein leises Zittern in der Stimme und rieb mir die Augen, um ganz wach zu werden.

„Mein Mann hat etwas Fieber" . . . antwortete mir Olga ganz leise . . . „und verlangt Chinin. Schließe mir die Apotheke auf"

„Ich komme sofort," erwiderte ich etwas beruhigt, zog mir rasch ein Pyjama an und folgte der Frau die Treppen hinunter.

In der Apotheke angelangt, nahm ich von dem Regal ein Glas und entnahm ihm einen Löffel voll weißes Pulver, um es einzupacken.

„Aber das ist ja kein Chinin", sagte mir Olga, die das Etikett des Glases gesehen hatte. Und sie sah mir tief ins Auge.

„Schweige!" erwiderte ich und winkte ihr, sie solle leiser sprechen.

„Ich weiß. Aber in der Nacht . . . Ein Irrtum . . ."

Ich gab ihr das fertige Tütchen und sagte: „Geh! Du wirst mich nachher rufen. Mit lauter Stimme . . ."

Olga lächelte, ohne jedoch Verwunderung zu zeigen. Sie nahm, ohne zu zittern, die Tüte, das Licht und ein Päckchen Oblaten und stieg mit schnellen, sicheren Schritten die Treppe hinauf.

* * *

Olga ist heute meine Frau.

Sie hat mir als Mitgift eine schöne Summe und die Apotheke gebracht, deren Besitzer ich jetzt bin.

Wir haben das Haus gekauft, um in unserem Glück besser allein sein und unsere Wohnung im ersten Stock luxuriöser ausstatten zu können.

In dem Zimmerchen im Zwischenstock bewahre ich die gefährlichen Chemikalien auf.

Olga, es ist wahr, ist nicht mehr die ideale Geliebte von einst. Ein bißchen Stolz und Herrschsucht, manchmal auch ein bißchen Schlechtigkeit zeigen sich in ihrer gelehrigen Freundlichkeit; aber das macht sie vielleicht noch interessanter.

Müßte ich also sagen, daß ich das volle Glück erreicht habe? . . .

Nein.

Ein ganz leichter Schatten, ein Hauch nur, versichere ich euch, und nichts weiter; aber doch ein Schatten stört meine Ruhe, mein fettes Wohlsein, meine bürgerliche Geruhsamkeit.

Ich habe Furcht, einmal krank zu werden und in einer Fiebernacht Olga um Chinin bitten zu müssen.

Ich will die Apotheke verkaufen. Vielleicht wird dann mein Glück vollkommen sein.

12

Kokain, das »Pülverchen« als Antidot für Opium
(aus: *Der Junggeselle*, Nr. 24, 1925, S. 12, Faksimile).

»Der Wert des Cocain für die Morphinisten ging aber auf andere Weise verloren. Die Kranken selbst begannen sich des Mittels zu bemächtigen und es demselben Mißbrauche zu unterwerfen, den sie mit Morphin zu treiben gewohnt waren; das Cocain sollte ihnen ein Ersatz für das Morphin werden und es muß sich wohl als ein ungünstiger Ersatz erwiesen haben, da die meisten Morphinisten rasch zur enormen Dosis von 1 Gramm pro die in subkutaner Injektion gelangten. Es stellte sich nun heraus, dass das Cocain bei solcher Verwendung ein viel gefährlicherer Feind der Gesundheit ist als das Morphin. Anstatt eines langsamen Marasmus ein rapider physischer und moralischer Verfall, halluzinatorische Aufregungszustände wie beim Alkoholdelirium, ein chronischer Verfolgungswahn, der nach unseren Erfahrungen durch die Halluzination von kleinen Tierechen in der Haut eine charakteristische Färbung erhält, und der Cocainhunger an Stelle des Morphinhungers – dies waren die traurigen Ergebnisse des Versuches, den Teufel mit dem Beelzebub auszutreiben. Viele Morphinisten, die sich bis dahin in der Gesellschaft behauptet hatten, erlagen nun dem Cocain« (Freud 1887 = 1996: 125).

Der Anästhesiepionier Carl Koller hat angeblich bemerkt, dass Fleischl-Marxow ein Kokainist anstelle eines Morphinisten geworden war. Als Freuds *Cocantidote* seines Freundes eine *Cocatastrophe* wurde, und das nur ein Jahr nach Publikation seines Artikels (1884a), verurteilten sowohl A. Erlenmeyer (1885) als auch der bedeutende deutsche Pharmakologe Louis Lewin (1885) sein »Geschoss gegen Morphinismus« in unmissverständlichen Worten. Später hat Erlenmeyer sogar das Kokain als »die dritte Geißel der Menschheit« – nach Alkohol und Morphium – bezeichnet. Lewin hielt an den Tatsachen fest und sagte, dass die Morphinabhängigkeit nicht durch den Gebrauch der Coca (= Kokain) geheilt werden könne, da der Morphinist die speziellen Eigenschaften des Morphins suche und die Euphorie durch andere Stoffe sehr wohl unterscheiden könne. Das wäre sicherlich auch Freud aufgefallen, hätte er es gewagt, Morphin an sich selbst zu erproben.

> Baudelaire ging
> als Psychiater
> verkleidet
> ins Irrenhaus.
> Richard Bräutigan
> *Irrenhaus, Teil 8*
> (1995: 46)

So wie Fleischl-Marxows Niedergang (er starb im Alter von 45 – immer noch auf Kokain) fast Freuds Karriere in den Wind geblasen hätte, musste er gegen Erlenmeyers *Cocanathema* einen Gegenpart schaffen (Freud 1887). Er sprach von »seriösen Fehlern« in Erlenmeyers Test, denn in seinem subkutanen *nostrum* seien im Gegensatz zum Freud-Geschoss keine ausreichenden Kokaindosen gewesen. Freud nahm an, oder besser: erhoffte, dass sich niemand an seiner eigenen Publikation vom 5. März (1885b) stören oder erinnern könnte, in dem er subkutane Injektionen von 30–50 mg Kokain empfahl (Erlenmeyer hat aber auch Dosen bis zu 60 mg Kokain benutzt). Das war wohl das Ende der »freudulenten« Geschichte, seiner Fixierung auf die Pharmacothymia, das quacksalberische *Crackpot Cocantidote*. Bald sollten Freuds fiebrige Fantasien ebenfalls in den Wind blasen. Sein Staub wurde zum Traum.

Cocainduration: »Voll die Härte« für Mama Coca!

> Wir sind sowohl in bezug auf Opium als auch auf Kokain Zeugen dieses Schemas eskalierender Prohibition geworden, in deren Verlauf sich eine frei erhältliche, nützliche Substanz in eine streng verbotene Geißel der Menschheit verwandelt.
> (Szazs 1980: 175)

In der revidierten Fassung – der *Art-Noveau*-Ausgabe – von A. Chapuis Standardwerk zur Toxikologie (1897), das auf 132 Seiten die Alkaloide würdigt, wird Kokain nur am Rande einmal erwähnt und verweist auf die pharmakologischen Eigenschaften der Substanz. J.D. Manns *fin de siècle*-Textbuch *Forensic Medicine* (1898) vermerkt die geringe Toxizität des Kokains, da sogar eine einmalige Dosis von 3 g oral verabreicht nicht tödlich wirkt, und dokumentiert einen Fall von einer Subkutaninjektions-Habituation von 1,5 g/Tag. Wir haben gesehen, dass H. Ploss (1863) eine orale Dosis von 1,5 g überlebt hat, und dass W.A. Hammond (1886) beschrieb, er habe 156 g Kokain intranasal über eine viermonatige Periode genommen – bei einer anderen Gelegenheit verbrauchte er 52 g in nur 35 Tagen, also über 1,5 g täglich; einmal hat er 1,17 g Kokain aufgeteilt in sechs Einzeldosen, im Abstand von je 20 Minuten sich selbst subkutan injiziert!

Die Spätromantik, das *fin de siècle*, der Jugendstil haben den Kokainismus sanft überlebt! *Cocainduration!* – Kokainhärte? – Nein! Kokainabhärtung!

Getragen auf den Flügeln der aufkeimenden medizinischen Toxikologie, der Wissenschaft von der Giftigkeit der Substanzen.

> Ich habe selbst bei meiner Arbeit mit den Indianern Amazoniens Coca über einen Zeitraum von acht Jahren benutzt, und fand sie niemals schädlich, geschweige denn suchterzeugend.
> Richard Evans Schultes
> *Coca in the Northwest Amazon*
> (1980: 53)

Es ist auch nicht zu übersehen, dass passionierte *coqueros* zum Teil sehr große Mengen Kokain aufnehmen – Schultes und Raffauf (1990) bemerkten, dass einige amazonische Yakuna-Indianer bis zu einem Pfund Ipadú täglich essen, also etwa 650 mg Kokain, da die Ipadú zu 50% aus getrockneten Blättern von *E. coca* var. *ipadu* besteht, deren frische Blätter durchschnittlich 0,29% Kokain enthalten (Plowman und Rivier 1983). Mit der Ausnahme vom Morphiococainismus (die Kombination von Kokain und Morphin) wurde Kokain immer als Leichtgewicht, als *soft drug*, als »sanfte Droge« erachtet, nicht suchterzeugend wie die Opiate. So hat etwa Robert de Ropp in seinem Klassiker *Drugs and the Mind* (1957) geschrieben, dass »Kokain keine suchterzeugende Droge ist und der Entzug ohne seriöse Symptome geschieht«. Sogar das US-amerikanische »Bureau on Narcotic and Dangerous Drugs«, das ansonsten sogar Marihuana, Heroin und LSD stark stigmatisiert hat, ließ in seinem Jahrbuch *Drugs of Abuse* (Anonym 1972) verlauten, dass der Kokaingebrauch nicht zu einer physischen Abhängigkeit, Toleranz oder Psychose führe. Sein Nachfolger, die »Drug Enforcement Administration« (DEA), erklärte im gleichen Jahrbuch (1977), dass es eine angebliche Kokaintoleranz gäbe und dass eine physische Abhängigkeit »möglich« sein könne (Anonym 1977).

> Ich habe mit Leuten gesprochen, die jahrelang Kokain genommen hatten und dann plötzlich von der Versorgung abgeschnitten waren. Keiner von ihnen zeigte irgendwelche Entzugssymptome. In der Tat ist es schwer vorstellbar, daß ein Großhirnstimulans zur Sucht führt.
> William S. Burroughs
> *Naked Lunch*
> (1999: 296 f.)

In derselben Publikation wurde immerhin zugestanden, dass »die physische Abhängigkeit in Frage stehe ... sich aber eine psychische Abhängigkeit entwickeln könne« – mal wieder die Spaltung von der Körper-Geist-Einheit! Gleichzeitig publizierte das »National Institute of Drug Abuse« (NIDA) eine solide und nützliche Monografie mit dem Titel *Cocaine 1977* (Peterson 1977). Im Vorwort schrieb der NIDA-Direktor R.L. DuPont (1977) – der später die Politik des Urintests förderte – eine Bemerkung, die *ihn selbst* heutigentags zum Urintest verdonnern würde: »Die überzeugendste Analogie zum andinen Cocagebrauch besteht im US-amerikanischen Kaffeetrinken als Arbeitshilfe«! Solche Offenherzigkeit und Akkuratesse charakterisiert sein kurzes Vorspiel, worin er auch bemerkte, dass Kokain »nicht physisch suchterzeugend« ist, und betonte »das relativ milde Bild zeigt sich im gelegentlichen Kosum kleiner Mengen«. Beachtenswert, wie der Direktor schließt: »Die Evidenz zurzeit legt nicht nahe, dass die amerikanische Gesellschaft nun an den Auswirkungen des Kokainkonsum Schaden leide«! Da wir gute Bücher lieben, und dieses ist ein wirklich gutes, überlassen wir es dem Leser, der jahrelang an zu hohen Steuern leidet, zu fragen: Warum hat die NIDA jahrelang unsere Steuergelder verschleudert, um zu *diesem* Ergebnis zu kommen?

Einer der Herausgeber dieses Buchs (Petersen 1977) bemerkte: »Selbst bei der Verabreichung unter ... sorgfältigen Laborbedingungen wird von einem Gefühl des Wohlseins – Euphorie – von den kokainkonsumierten Subjekten berichtet.« Horror! Ungeachtet ihrer größten Bemühungen haben es die Drugabusiologen[140] nicht verstanden, den Stoff zu dysphorisieren! Petersen sagte sogar, dass es an »adäquater Evidenz mangele«, um die konstruierte Konnexion zwischen Kokaingebrauch und »Aggression und Kriminalität« aufrechtzuerhalten. In die gleiche Vene stechend, verabschiedete sich Ronald Siegl (1977) von der »Kokainpsychose«, die lediglich »Pseudohalluzinationen seien, die die Gebraucher leicht als unreal erkennen können. Magnans Zeichen, die ›Kokskäfer‹, sind kaum mehr als taktile Juckreize ... sie sind nichts weiter als akute psychopharmakologische Effekte denn eine beginnende Psychose.« Medizinische Autoritäten wie D.R. Wesson und D.E. Smith (1977) fügten hinzu: »Der meiste Kokaingebrauch ... produziert keine adversen medizinischen oder psychologischen Konsequenzen« und hielten »die *Illegalität* für die größte Gefahr für die Kokaingebraucher«, die »dadurch

140 Dieses Wort (*drugabusiologists*) ist eine originale Erfindung von Jonathan Ott. Im Deutschen könnte man vielleicht sagen: die »Drogenmissbrauchsideologen« (siehe Ott 1997).

zu kriminellen Aktivitäten gezwungen werden. Die hohen Kosten ... können leicht ihre finanziellen Ressourcen plündern.« Schließlich schrieb der Anästhesiologe P.G. Barash (1977): »Die maximale sichere Dosis beträgt 200 mg« Kokain, welches »viele Eigenschaften eines ›idealen‹ Lokalanästhetikums besitzt ... [mit] einem hervorragenden Ruf für dessen Sicherheit«!

Man kann sich unser Erstaunen vorstellen, als nur sieben Jahre später der amtierende NIDA-Direktor W. Pollin (1984) sein Vorwort zur zweiten NIDA-Monografie zum Kokain (Grabowski 1984) mit folgendem Satz begann: »Kokain ist derzeit die Droge der größten nationalen Angelegenheit«! Dennoch gab er zu, dass »unsere zwei wichtigsten nationalen Erhebungen« ergaben, dass der Kokaingebrauch zurückgeht, die Droge aber nichtsdestotrotz »die größte und wachsende Bedrohung der nationalen Gesundheit« darstelle. Dies *war* 1984! Die NIDA-Angestellten E.H. Adams und J. Durell (1977) fügten loyal hinzu: »Der Kokainmissbrauch hat sich über die letzten 15 Jahre von einem recht geringen Problem zu einem wesentlichen Angriff auf die Volksgesundheit entwickelt«.

Auf der anderen Seite hat Ronald Siegel (1984) seine Ergebnisse einer 9-Jahres-Studie an 99 Kokainisten publiziert, nach der nur einige der Konsumenten eine »seriöse Abhängigkeit entwickelt haben«, die »meisten Benutzer lediglich einem sozial-rekrationalen Muster folgen würden, durch das sie den Gebrauch ohne Steigerung kontrollieren könnten«. Er schließt seinen Bericht ab mit dem Ergebnis, dass die Hypothese vom Langzeitgebrauch, bei der das Kokain unweigerlich zu eskalierender Abhängigkeit führen würde, nicht bestätigt werden könne. Den Analysen des menschlichen Kokaingebrauchs zufolge erscheint das »Suchtpotenzial« als stark übertrieben (Erickson und Alexander 1998). Dennoch hören wir jetzt von der »Neurobiologie der Kokainsucht«, *The Neurobiology of Cocaine Addiction* (Joseph und Stimmel 1996). Selbst wenn der dramatische Wandel in der politischen und editorialen Position im NIDA zwischen 1977 und 1984 heutzutage als akademisch erscheint, wird darin doch die Dämonisierung des Kokains deutlich, gefolgt von dem pharmakologisch »Bösen«, nun gekrönt von Heroin und LSD. So nimmt in der zweiten Auflage von *The Pathology of Drug Abuse* (Karch 1996) das Kokain den prominenten Platz ein: Das »böse« Koks verschlingt 40% des gesamten Textes, Opiate sind lediglich mit 29% Textanteil vertreten, 15% sind den anderen Stimulanzien gewidmet, und nur 9% beschäftigen sich mit den »Halluzinogenen«.

Das Dämonisieren von Drogen ist *unerlässlich* im Erlenmeyerkolben der »Voodoo-Wissenschaft« (Park 2000) der Drugabusiologie, der Pseudowissenschaft der Sünde (Ott 1997), deren Norm von den abstoßendsten Fällen konstituiert wird. Natürlich gibt es Individuen, die mit der Kokainbegleitung in ihrem Leben Probleme bekommen, genauso, wie es Leute gibt, die mit Alkohol, Amphetaminen, Benzodiazepinen, Koffeindrogen, Marihuana, Opiaten oder Tabak Probleme haben, ganz zu schweigen von den Problemen im Zusammenhang mit Autos, Ernährung, Glücksspielen, Hochleistung- oder Extremsport, dem Internet, Sex, S & M, Fernsehen, Techno und anderen, noch merkwürdigeren Besessenheiten. Aber dabei handelt es sich immer um eine Randerscheinung, um eine Minderheit der *aficionados*. Die meisten Konsumenten haben *keine* Probleme! Wenn man die recht verlässlichen Statistiken zum Alkoholkonsum sorgfältig studiert, wird man sehen, dass lediglich maximal 10% damit Probleme bekommen. Warum sollen wir das Kokain aufgrund eines Ernst Fleischl-Marxow oder Diego Maradona beurteilen? Und nicht besser anhand eines Robert Louis Stevenson oder Ernst Jünger? Wir können auch den Alkohol eines Jack London, die Amphetamine der japanischen Kamikaze-Piloten, das LSD der US-Armee und des CIA, das Marihuana des Bill Clinton, Ololiuqui (*Turbina corymbosa*) der mörderischen Aztekenpriester, die Opiate des Howard Hughes und Elvis Presley, den Vegetarismus des Adolf Hitler verurteilen. Ganz zu schweigen von der menschlichen Natur der Diktatoren und Imperialisten, seien sie argentinische, aztekische, britische, chilenische, chinesische, deutsche, französische, holländische, inkaische, indische, japanische, portugiesische, russische, spanische oder US-amerikanische; buddhistische, hinduistische, jüdische, katholische oder moslemische usw. Der Missbrauch der Macht muss nicht notwendigerweise zur Beurteilung der gesamten Menschheit führen.

Es ist kein Geheimnis, dass der NIDA-Direktor Pollin Tierversuche als »Beweis« für die »wachsende Bedrohung der Volksgesundheit« durch Kokain anpries. Die NIDA-Laborratten dienen als Modell für die Menschheit und deren Verhaltensweisen – ungeachtet der Tatsache, dass der menschliche Kokainkonsum gleich bleibt oder sogar abnimmt und lediglich Ausdruck des ewigen menschlichen Bedürfnis nach Berauschung ist. Die Drugabusiologen sehen im Freud'schen Lustprinzip die Begründung des pathologischen Verhaltens. Und sie quälen Tiere, um mit deren Leiden die Psychopathologie des täglichen Lebens und die Epidemiologie des »Bösen« zu suggerieren. Kann denn tatsächlich irgendein vernunftbegabter Mensch glauben, dass an die Freiheit angepasste Tiere, die in Käfige gesperrt und chemisch gefoltert werden, nicht auf das einzige Lustmittel ihrer Existenz verfallen, das ihnen bleibt, und ständig am Kokshahn hängen? – Wer glaubt denn tatsächlich, dass so ein Experiment die menschliche Natur offenbart? Wie kann man von der gefangenen Ratte mit Kanülen im Schädel auf irgendeinen Menschen schließen? Profitieren tun nur die Drugabusiologen, deren Beruf von gequälten Tieren abhängt. Sie machen nichts anderes als die russischen Gentechniker, die Chimären für Lysenko und Stalin kreierten, die Naziärzte, besessen von der Vivisektion, die japanischen Wissenschaftler, die für Ishii und Hirohito eine »Bakteriologie« zur biologischen Kampfführung entwickelten, oder die Yankees, die alles für die Wahl ihres Präsidenten vergiften.

Machen Coca und Kokain süchtig?

Nein! – Diese Antwort mag für manche Leser, manche Leute, manche so genannten Spezialisten, manche Sozialarbeiter und politische Drogenberater erschreckend, gar schockierend sein. – Als Wissenschaftler muss man ehrlich sein, muss nach bestem Wissen und Gewissen urteilen bzw. Aussagen machen. Und dabei bleibt es: Nein! Coca und Kokain machen nicht süchtig. Weder nach unseren eigenen Erfahrungen noch nach den Aussagen von Freunden oder Literaturstellen.

Außerdem ist das Wort *süchtig* sowieso ein linguistischer Fehler. Neuerdings wird das Wort »Abhängigkeit« in der Psychiatrie vorgezogen. Aber dort ist der Eindruck vom Drogengebrauch rein psychopathologisch; Ärzte sehen nur Kranke, Psychiater meist nur Verrückte. Die Masse der User hat gar keine Probleme mit der Gewohnheit, eine bestimmte Substanz zu konsumieren. Ganz im Gegenteil, sie lieben ihren Stoff. Und er hilft ihnen, ihr Leben zu meistern.

Inzwischen gehen die Psychiater, vor allem die jüngeren, die selbst die eine oder andere Vorliebe, vor allem für LSD oder MDMA, aber auch für Kokain haben, davon aus, dass »Sucht« oder besser gesagt »Suchtverhalten« nicht von einer Chemikalie abhängt, sondern Ausdruck einer gestörten Persönlichkeit ist. Die betreffende Person hat irgendwelche persönlichen Defizite, die sie mit einem sich ständig wiederholenden Verhalten füllen möchte; das ist die »Abhängigkeit«.

Möglicherweise ist dieses Abhängigkeitsverhalten aber tatsächlich eine Eigentherapie oder -medikation, die der Betroffene entdeckt hat. Nach Aussage des Psychiaters Gerhard Heller, der jahrelang eine Suchtklinik geführt hat, waren die meisten Patienten Alkoholiker und Tablettenschlucker, dann gab es ein paar Heroinjunkies, aber niemals Koks- oder Cracksüchtige.

Der Appetit auf etwas, der Wunsch nach etwas ist eine Antriebsfeder für das Leben. Lust auf etwas haben ist nicht »Sucht«, das gehört zum Lebensgefühl. Die Lust befriedigen macht glücklich. *Glücklich sein ist Lebensfreude.*

Wenn man etwas Schönes oder Ergreifendes erlebt hat, kommt automatisch der Wunsch nach Wiederholung. Wenn man eine tolle Opernaufführung gesehen hat, möchte man wieder die Oper besuchen, wenn man guten Sex mit einem Partner hatte, möchte man mehr. Wenn man gutes Kokain kennt, möchte man es auch gerne wieder nehmen.

Verlangen nach Cocaddiction oder elendige Kokabscheu

In den letzten zwei Jahrzehnten ist eine steigende Übertreibung der angeblichen Toxizität des Kokains zu beobachten. In einem Artikel in einem führenden US-amerikanischen Medizinjournal (Wetli und Wright 1979) wurden 68 Todesfälle in Florida als »Tod verursacht durch den rekreationalen Kokaingebrauch« angeführt. Wenn man genau nachliest, stellt sich heraus, dass es sich hauptsächlich um Heroinüberdosierungs- und Traumaopfer handelte, in 9 Fällen wurden die Opfer erschossen, in 5 Fällen waren es Opfer von tödlichen Autounfällen, einer ertrank und die verbliebenden flüchteten vor der Polizei ... auf der Flucht erschossen. Also, wo bleiben die Kokaintoten?

Nur 24 konnten tatsächlich als Opfer von Kokain»vergiftung« ausgewiesen werden. Aber was für eine Schlagzeile, was für eine staatstreue Propaganda! Von den 24 Opfern waren 7 total überdosiert, manche hatten körperliche Gebrechen (kontraindiziert), einer hatte seinen Vorrat verschluckt, weil die Bullen aufkreuzten!

In einem traurigen Diskurs zur Kardiotoxikologie des Kokains informiert uns ein »Experte« (Max 1991), dass 120–150 mg Kokain nicht ausreichen würden, um den »euphorischen Effekt« zu erzeugen – wenn das Freud gewusst hätte!

Immer auf der Suche nach neuen Schlagzeilen und Sensationen hat die (drogen) freie Presse sich nun dem Thema zugewandt, um die »neue Killerdroge« zu proklamieren. Den Lesern populärer Zeitschriften wurden auf ihren Hochglanzcovers suggeriert, dass die ohnehin viel zu kleinen Linien sowohl »brillant machen, wachhalten, das Selbstbewusssein fördern und unverwundbar machen«, aber auch den Tod bescheren können. Es hieß, dass »Kokain, die Mörderdroge«, zu Gehirnschäden führe usw. (MARANTO 1985). Alles Aussagen, die aus einem »Zitatensalat« von so genannten Experten, Ergebnissen der Tierversuche und den Annahmen über Amphetamine gemischt wurden. Keine konkreten Fälle oder wissenschaftlichen Studien lagen solchen Berichten zugrunde. Aber wen stört's? Es wurde behauptet, dass 22 Millionen Amerikaner Kokain probiert hätten, Todesfälle aber immer »noch« selten wären (man beachte die subtile Propaganda des *noch*). Im selben Artikel heißt es weiter unten, dass »die kokainbezogenen Todesfälle *nicht die Droge als direkte Ursache hätten*« und dass man es mit den Todesunfällen im Straßenverkehr oder der »realen Möglichkeit, ermordet zu werden«, vergleichen könne! Es ist erstaunlich, dass man derartiges in einem angeblich wissenschaftlichen Magazin findet! Selbst in so einem Journal wie *Science*, dessen Leserschaft stark von Drugabusiologen bevölkert ist, wird mehr auf Propaganda gesetzt als auf Aufklärung, wie man in den prohibitionistischen Tendenzen der Editoriale nachlesen kann.

Früher galt Marihuana als »Killerdroge« – die Realität bewies das Gegenteil! –, jetzt ist es Kokain. Zum Vergleich nehme man die Zahlen anderer Todesfälle: Allein in den USA werden jährlich 500 000 vorzeitige Todesfälle auf Tabak und Alkohol zurückgeführt (beides besteuerte Drogen, wobei das Alkoholmonopol zusätzlich in Händen der US-Regierung liegt), hinzu kommen weitere, über 30 000 tödliche Verkehrsunfälle. Weniger als 5000 Todesfälle in den USA konnten auf den Gebrauch *aller* illegalen Drogen zurückgeführt werden (NADELMANN 1989). Dennoch wird stetig weiter behauptet, dass Kokain und Amphetamine die am stärksten suchterzeugenden Substanzen seien, gefolgt von Opiaten und Nikotin, mit Alkohol an dritter Stelle und an letzter Koffeindrogen. Obwohl die Statistiken das Gegenteil offenbaren: Es gibt in den USA 3,4 Millionen regelmäßige Kokainkonsumenten, immerhin 1,9 Millionen Heroinbenutzer, 64 Millionen Tabakkonsumenten, 106 Millionen Alkoholtrinker und nicht weniger als 178 Millionen Koffein-User! Demnach wäre das Bild umgekehrt: Das höchste Suchtpotenzial hätte dann Koffein, gefolgt von Alkohol, Tabak, Kokain, Heroin.

Es ist offensichtlich, dass solche Artikel politisch sind und nicht wissenschaftlich und dass das Abhängigkeitskonzept der Drugabusiologie ein »magisches Geschoss« gegen den normalen Menschenverstand ist.

Nur wenige Stimmen haben sich gegen den *linguistischen* Missbrauch der Drogen erhoben (PARASCANDOLA 1995, SZASZ 1985), während die mutmaßliche »Abhängigkeitsanfälligkeit« des Kokains (BANBERRY 1998, LEIKIN und PALOUCEK 1995, SCHIFFANO 1996) jetzt doch bezweifelt wird (ALEXANDER 1990, ERICKSON und ALEXANDER 1998, GOSSOP et al. 1994). Diese Auffassung von der »Kokainabhängigkeit« sagt uns mehr über die Gier der Drugabusiologen nach finanzieller Unterstützung – daher rührt ihre Abhängigkeit von der *Cocaddiction* – als von dem Phänomen des Kokainismus oder irgendeiner Kokainhabituation. Wie wunderbar! Manche *Cocaddictionisten* erwogen die Möglichkeit, dass »abhängige Störungen« wohl mit Hilfe suchenden Menschen zu tun hätten, denn für viele Konsumenten ist der Drogengebrauch »eine Selbstmedikation ... gegen Launen und Verhaltensstörungen« (KHANTZIAN 1985). Man benötigt keinen medizinischen Abschluss, um herauszufinden, dass diese ziemlich fragwürdige Nosologie aus zwei verschiedenen Diagnosen besteht. Wo bleiben die Erklärungen für die Polytoxicomanie?[141]

> »I have (OTT 1997) deconstructed drugabuseological ›Drugspeak‹ (DALLY 1995) at considerable length, and here will only remark that *addiction*, and particularly the derogatory epithet *addict*, are pure, uncut, mendacious *Drugspeak* – suffice to note that the *Oxford English Dictionary* gives no substantive for the verb *addict*, and difines *addiction* by ›devotion‹ and ›penchant‹; citing as earliest uses ›addiction to hearing‹ (1641) and ›proper Industry and Addiction to books‹ (1675). Only in 1799 do we learn of ›addiction to tobacco‹. Should we wish to be perspicous and speak plainly, unlike drugabuseologists or politicians, we must break our addiction *habit*. *Habituation* will suffice, defined simply by frequency and regularity, or marked *devotion* or *penchant* for a given *habit*, whether it involves any drug or not. Of course, there are many cocaine-*habitués*, as their are habitués of numerous other drugs, like alcohol, marijuana and tobacco – and habitués of myriad other indulgences and practices.« (JO)

141 Zu diesem Absatz siehe: OTT 1997, speziell zu Kokain: CRABBE et al. 1994, CRAVCHIK et al. 1996, GELERNTER et al. 1994, HYYATIÄ und SINCLAIR 1993, SMITH et al. 1992.

Tafel: Heilmittel für Kokainismus

»Magisches Geschoss«	Drogentyp/*Merck-Index-Nr.*	Referenz(en)
Amantadin (*Symmetrel®*)	Dopaninantagonist/12:389	FRASER 1998b
Amlodipin (*Antacal®*)	Ca-Kanalblocker/12:516	MALCOLM et al. 1999
Ayahuasca (*Banisteriopsis*)	Entheogen (Harmin/12:4647)	MABIT et al. 1996, MABIT 1996[142]
Bromocriptin (*Parlodel®*)	Dopaminantagonist/12:1437	DACKIS et al. 1987
Buprenorphin (*Temgesic®*)	Opioid/12:1522	FRASER 1998a und 1998b, KREEK 1996
Buspiron (*Buspar®*)	Anxiolytikum/12:1528	WALDROP 1989
Carbamazepin (*Tegretal®*)	Anticovulsant/12:1826	FRASER 1998b, GORELICK 1992
Chlorpromazin (*Thorazine®*)	Dopanminantagonist/12:2238	STALEY 1998
Citalopram (*Cipramil®*)	5-HT-*uptake* block/12:2379	STALEY 1998
Cocain (*Tobacco Bullet®*)	DA-*uptake* block/12: 2517	FRASER 1998a, LLOSA 1994
Desipramin (*Pertofran®*)	Antidepressivum/12:2966	KLEBER und GAWAIN 1984
Dextromethorphan (*Benylin®*)	Opioid/12:8274	WICKELGREN 1998a
Dizocilpin (*Neurogard®*)	NMDA-Antagonist/12:3451	IVERSEN 1994, WICKELGREN 1998a
Dynorphin A (*Dynorphin®*)	Endoopioid/12:3528	KREEK 1996
Fenfluramin (*Pondimin®*)	Anorexikum/12:4015	STALEY 1998
Fluctin (*Prozac®*)	5-HT-*uptake* block/12:4222	FRASER 1998b, STALEY 1998
Flupentixol (*Emergil®*)	Dopaminantagonist/12:4224	FRASER 1998b, STALEY 1998
Haloperidol (*Halomonth®*)	Dopaminantagonist/12:4629	STALEY 1998
Ibogain (*Endabuse®*)	Entheogen/12:4955	STALEY 1998
Imipramin (*Tofranil®*)	Antidepressivum/12:4955	FRASER 1998
Kratom (*Mitragyna spesiosa*)	Entheogen (Mytraginin)	RÄTSCH 1998
Levodopa (*Dopar®*)	Antiparkinson/12:5490	FRASER 1998b
Levomethadyl (*Orlaam®*)	Opioid/12:5492	KREEK 1996
Lithium (*Lithicarb®*)	Antidepressivum/12:5552	KLEBER und GAWAIN 1984
MDMA (*Ecstasy*)	Amphetamin/12:5806	GREER und TOLBERT 1986
Methadon (*Dolophin®*)	Opioid/12:6008	KREEK 1996
Methylphenidat (*Ritalin®*)	Amphetamin/12:6186	KLEBER und GAWAIN 1984
Morphin (*MST 30®*)	Opioid/12:6359	KREEK 1996
Nifendipin (*Adapress®*)	Ca-Kanalblocker/12:6617	FRASER 1998b
Nimodipin (*Nimotop®*)	Ca-Kanalblocker/12:6643	FRASER 1998b
Nortriptylin (*Norzepine®*)	Antideprssivum/12: 6812	FRASER 1998b
Pemolin (*Cylert®*)	CNS-Stimulanz/12:7206	MARGOLIN et al. 1996
Pergolid (*Permax®*)	Dopaminantagonist/12:7304	FRASER 1998b, STALEY 1998
Phentermin (*Fastin®*)	Anorexikum/12:7417	STALEY 1998
Phentolamin (*Regitine®*)	Antihypertonikum/12:7417	GORELICK 1992
Tergurid (*Dironyl®*)	Antiparkinson/12:9308	FRASER 1998b
Tyrosin (*Tyr, Y*)	Aminosäure/12:9970	GALLOWAY et al. 1996
Vigabatrin (g-*vinyl*-Gaba)	Antikonvulsiv/12:10114	WICKELGREN 1998b
Yohimbin (*Aphrodyne®*)	adrenerger Blocker/12:10236	GORELICK 1992

Nachdem *addiction* oder »Abhängigkeit« in der Nosografie als »Hirnerkrankung« dignostiziert wurde, haben sofort die »Abhängigkeits«-Spezialisten von einer »Epidemiologie« gesprochen (millionenfache Habituationen sind plötzlich zu *Epidemien* herausgewachsen), und in ihrer pathetischen Pathologie der Pharmakothymia[143] verschreiben sie »Pharmakotherapien bei Drogenabhängigkeit«. »Drogen gegen Drogen« (GRIMM 1992) – so heißt das Schlagwort!

142 Es ist geradezu eine Ironie, dass man mit Ayahuasca die angebliche Coca-, Pasta- oder Kokainsucht heilen kann, denn die indianischen Schamanen kombinieren Ayahuasca mit Coca zwecks besserer Wirkung.
143 Ein altertümliches Wort für »Abhängigkeit« von einer pharmakologisch wirksamen Substanz.

In den guten alten Tagen war Kokain *das* »magische Geschoss« gegen Alkoholismus, Morphinismus und die »verheerende Habituation« des Nikotinismus. Es hatte nur eine unerwünschte Nebenwirkung: Die Leute *mochten* es. Es wurden zahlreiche Drogen ge- oder erfunden, die alle nicht so gut wirken wie Kokain, um damit den Kokainismus zu substituieren und zu »heilen«. Man bekommt vom Arzt etwas als Ersatz, man gerät in ein Substitutionsprogramm und hat nicht mehr das, was man will. So ungefähr sieht die medizinische Behandlung der Kokainerkrankung aus. Die Tafel (vgl. Seite 209) zeigt all die im Wind zerstreuten Splitter der Tontauben, die mit den magischen Geschossen der Medizin getroffen wurden.

Nun, eine Sache in dieser Liste fällt auf – zumindest gibt es ein paar pharmazeutische Kokainheilmittel, die ein brauchbares Potenzial haben, etwa das Methylphenidat oder *Ritalin*®; warscheinlich aber ist das beste Mittel Kokain selbst. Viele Leute *mögen* diese Mittel. Das gilt auch für MDMA, Ayahuasca- und Ibogainheilungen der Blas-*brujos*, nicht zu sprechen von Fluctin oder *Prozac*® und den Opioiden Buprenorphin, Levomethayl, Methadon und Morphin.

Dem aufmerksamen Leser wird nicht entgangen sein, dass die Drugabusiologen einen Zirkelschluss vollbracht haben: von Kokain als Heilmittel für Morphinismus zu Morphin als Heilmittel für Kokainismus! Immerhin hat das Erste bei Fleischl-Marxow gewirkt und letzteres später bei Halsted! Genauso wie Heroin zunächst als Heilmittel für den Morphinismus angepriesen wurde. Dies wurde nie beim Kokainismus versucht, denn die Kokainheiler haben sich selbst mit LSD hochgetrippt.

Sollte man nicht zufolge der *cockamamie drugabuseologic* mit den kokainhaltigen *Tobacco Bullets*® von früher als nikotinhaltigen *Blow Bullets*® von heute weitermachen?

Hier folgt ein unübersetzbarer sehr wortspielerischer Kommentar von JO:

Forsooth, in an experiment which injected the term »nicotine-fix« (einer dieser Zaubertrank trinkenden Gallier? [CR]) with new meaning, human subjects thought high intravenous doses of nicotine were either amphetamine or cocain (Hennigfield et al. 1986)! Inasmuch as pergolide was recently reported (Wilcox 1995) to have been »intentionally misused ... to obtain a psychedelic experience« by an astute lad who'd »surmised [it] had abuse potential« and so filched some from an elderly relative (he was probably a masturbator, too), perhaps this will have to be dropped from their arsenal; and a preemptive strike might as well blow away the related ergoline, terguride, along with it, to forclose further such fertile surmises. *Bona fide* blow-brigadiers would do well to bone-up[144] on dizocilpine. Insofar as this has been shown to attenuate both »dependence« on, and tolerance to, morphine, sure as shooting, some opiophiles will surmise it has »abuse-potential« and then will shoot *this* magic bullet (Trujillo und Akil 1991). In the same vein, phetolamine *enhances* the effects of amphetamines (Gunne et al. 1972). Yohimbine might titillate turgescent[145] interest in replacement of »violent sexual arousal» from Freudian cocaine, but NIDA's coke-cavalry had better boggle before blowing the bugle – once sold as *fauxcaine* in *High Times* under the rubric of *Yocaine*®, like pemolin and phentermine, it has been used as a coke-cut (siehe Streckmittelverzeichnis). While pharmacopedants push speed (methylphenidate or *Ritalin*®) on their »hyperactive« charges, dismayed drugabuseologists are deputized for damage-control respecting so calamitous a *contretemps* in their cocainic crusade, and assert ingeniously that this dose[146] of »drug-education« will immunize them against »later problems with drug abuse« (Holden 1999)! This may not be as far-fetched as it seems: should the pill-popping pupils come to associate stimulants with *school*, perchance they'll speedely (»speedmäßig«) cultivate a lifeling aversion to them! Fraser (1998b) concluded of this awesome arsenal of magic bullets for »cocaine-addiction«: »no pharmacological agent ... has been demonstrated ... to be significantly better than placebo« (an keinem pharmakologischen Stoff konnte gezeigt werden, dass er signifikant besser ist als ein Placebo). Of course, given to Puritanical prohibitionists deem only *total abstinence* »healthy«, *nothing* could be, and and the paramount political placebo is precisely that, *nothing*. Shooting the lowest success-score of »addiction-Therapists«, the booze[147]-bishops, dipsomania-deacons, gin-gurus, rum-reverends, sauce[148]-swamis and vodka-vicars of the AA Church (Anonyme Alkoholiker) understandly prefer anonymity (Peele 1998). Seeking to replace one needle-habit with another, sharp addictionists have lately resorted to sticking (Akupunk-

144 »studieren«.
145 Altes Wort für sexuelle Erregung.
146 Auch: »LSD-Trip«.
147 »Schnaps« (Slang).
148 »Schnaps«, wörtl. »Soße«.

tur-) needles into »addicts'« *ears*, that they might not stick syringe-needles into their *arms* (Lipton et al. 1994)! Needlewise, we would be remiss not to mention the latest wizardry in whizz-bang[149] weaponry for our addiction-army, the so-called »cocaine-vaccine«. No, the Spritzkrieg point-men[150] don't mean to »vaccinate« »patients« with such heavy doses of cocaine that they'd blow-off ingesting more, but rather to inject monoclonal antibodies engineered to chomp cocaine (Landry et al. 1993, Morell 1993, Self 1995)! Perforce coercive, this pin-headed »voodoo vaccination« ain't all it's cracked-up to be[151] sure to be ruinously expensive and to require at least monthly Blow-boosters[152], by decreasing sensitivity to cocaine, it'll prick[153] obdurate cocainists to *take more and larger doses* – but if »nuking« dopers be an alternative; shoot, we'll take it! As trenchant critic of *pharmacracy* T. Szasz (1985) remarked prophetically more than a quarter-century ago: »Addiction is no longer *like* a plague; it *is* a plague. A drug compulsorily administered to addicts is no longer *like* a vaccine; it *is* a vaccine«.

Es bleibt zu bemerken, dass NIDA im Jahre 2000 Stipendien für die Entwicklung von Anti-Kokain-Impfmittel ausgeschrieben hat. Cantab Pharmaceuticals hat das Rennen um die Forschungsgelder gewonnen.[154]

Coca und Iboga, Kokain und Ibogain

Iboga (*Tabernanthe iboga*), ein psychedelisch wirkender Strauch aus der Familie der Hundsgiftgewächse, wurde von den Pygmäen entdeckt und schamanisch genutzt. Darüber ist fast nichts bekannt. Heutzutage ist Iboga das Sakrament mehrerer synkretistischer Sekten, die afrikanische und christliche Elemente verbinden; ein ähnlicher Kult wie Voodoo, Santería, Santo Daime, *Uniaõ do Vegetal* oder die *Native American Church*. Alle nehmen für ihren Gottesdienst psychotrope Drogen, so selbstverständlich wie in der katholischen Kirche Wein getrunken wird.

Die Priester dieser Iboga konsumierenden afrikanischen Sekten behaupten, dass Iboga »Drogensüchtige« – Kokser und andere Junkies – heilen

The Ibogain Story, besonders bezüglich der »Kokainsucht« [*sic!*]-Therapie, als Video.

könne. Über Erfolge gibt es weder Berichte noch Statistiken.

Auch die westliche Wissenschaft ist ein quasi religiöser Kult mit einem eigenen Glaubenssystem. Vor allem die Pharmakologie. Es gibt Akademiker, die glauben, dass »Sucht« ein neurophysiologisches Problem ist und dass es mit anderen psychoaktiven Substanzen geheilt werden kann. In den letzten Jahren ist dieser akademische Kult in Florida ausgebrütet worden. Die Ärzte benutzen zur Heilung der Sucht das Indolalkaloid Ibogain[155], den Hauptwirkstoff aus dem Ibogastrauch, sowohl für Heroin-, Nikotin- und Ethanolabhängige als auch die von ihnen erfundenen »Kokainsüchtigen«. Wie kann man pharmakologisch völlig unterschiedlich wirkende Substanzen mit einem einzigen Stoff behandeln? Es gibt einige Literatur zu dem Thema ... (zum Beispiel De Rienzo et al. 1997, Sanchez-Ramos und Mash 1996). Auch über den Erfolg dieser akademisch begründeten Behandlungsweise scheint es keine Statistiken zu geben.

Das stimulierende und in höheren Dosen visionäre Ibogain wurde erstmals 1901 in Frankreich aus der Iboga-Wurzelrinde von *Tabernanthe iboga* isoliert (Dybowski und Landgrin 1901). Also ist der Stoff eine echte *Art Noveau*-Droge, einer der sehr

149 Laute Schwergeschütze im Ersten Weltkrieg.
150 Bei Patrouillen der US-Armee in Waldgebieten gehen die Soldaten hintereinander. Der Erste, also der, der zuerst abgeschossen wird, ist der *point-man*.
151 *cracked-up to be*, »legendär, ausgedacht (meist übertrieben)«.
152 »Nachinjektion«, »Nachschuss«.
153 *prick*, »Nadel mit Griff«, meist zur Einfuhr in die Urinkanäle (daher auch der Slang-Ausdruck *prick* für »Schwanz/Penis«).
154 Für weitere Informationen: www.cantab.co.uk – Es wurde sogar eine Impfung, eine Vaxine, gegen die »Kokainsucht« aus akademischer Sicht in der *Deutschen Apotheker Zeitung* vorgeschlagen (Hellwig 1996).
155 Chemisch verwandt mit den Indolalkaloiden Yohimbin, LSD, Strychnin, Harmin/Harmalin.

wenigen französischen Beiträge zur schamanischen Wissenschaft.

> Die Neuropharmakologie von Chemikalien und Rezeptoren, wie sie an Universitäten gelehrt wird, ist faszinierend, aber nur ein Modell. Die Neurotransmission ist eine Theorie, mit der man manchmal arbeiten kann, die aber ein vereinfachtes Modell ist, ein Versuch, etwas von der wunderbaren Wirklichkeit zu verstehen. Die hübschen Lehrbuchbilder sind eine extrapolierte Projektion von Vorstellungen über unsichtbare Vorgänge. Die Neuropharmakologie ist vielleicht so exakt wie die Metereologie ...

Auf dem Kriegspfad mit Mama Coca

> MUSKETIER
> Was ist Frieden?
>
> HORNIST
> Wer soll das wissen? In meinem zehnten
> Jahr lief ich den Soldaten nach.
> ...
>
> Wenn Friede Wein ist und Weiber in einer reichen, frisch eroberten Stadt, dann soll er mir gefallen.
>
> RICHARD STRAUSS (Libretto: JOSEPH GREGOR)
> *Friedenstag* (1. Szene)

Spätestens seit der Herrschaft unter dem Inca Roca im 13. Jahrhundert war Coca eine militärische Ration in Peru, die mit anderem Proviant in Warenhäusern namens *corpahuasi* aufbewahrt wurde (GARCILASO DE LA VEGA 1609, PRESCOTT 1847). Der militärische Gebrauch hielt sich weiterhin durch die Kolonialzeit (GAGLIANO 1994). H. Unánue (1794) unterschätzte die Bedeutung der Coca während der Belagerung von La Paz (1771), aber der britische General W. Miller (1828) versorgte seine Truppen während des bolivianischen Befreiungskriegs von 1824 mit Coca und »erkannte freimütig deren Nutzen. Aufgrund des Leistungsvermögens der peruanischen Militär-*coqueros* empfahl F. de Castelnau (1850) den Einsatz von Mama Coca für europäische Armeen. Genauso lamentierte der Generalchirurg der indischen Armee, T. Edmonston Charles (1882), dass man das militärische Desaster in Afghanistan hätte abwenden können, wären die indischen Soldaten mit Coca aufgedoped gewesen.
T. Aschenbrandt (1886)[156] wurde der moderne Pionier der kokainisierten Chemologistik, indem er bayerischen Bataillonen Cocawein für militärische Übungen eintrichterte. Er behauptete, dass dieser Wein, »von den Soldaten in ihrer Thermoskanne getragen«, ihnen ermöglichte, »ohne Nahrung für acht Tage« tüchtig zu bleiben (ob sie noch gute Schützen blieben, ist nicht überliefert).[157] Mariani (1892) zitierte einen gewissen H. Libermann, den Chefchirurgen der französischen Armee, der ausrief: »*Vin Mariani* ist die stärkste Waffe, die man dem Militärarzt in die Hände geben werden kann, um alle Krankheiten zu heilen ... sogar um die größten Süchte, die unter den Militärs kursieren, beseitigen zu können.« Besonders bemerkte er, dass mit *Vin Mariani* die ausufernden Abhängigkeiten des Nikotinismus verschwänden.

Wie wir gesehen haben, wurden schon vorher die Kokaingeschosse gegen Tabak eingesetzt, genauso wie Coca-Tabak-Zigarren gegen Opiomania geraucht wurden ... Nun haben wir einen alkoholischen Auszug mit Kokain als kräftige Waffe gegen die verheerende Sucht nach Nikotin! Magische Geschosse gegen Abhängigkeit können aber auch tödlich sein, jedenfalls dann, wenn sie ein ausreichend großes Kaliber haben! Offensichtlich hielt der Cocawein Einzug in das Gebäude der französischen Fremdenlegion: Die Pharmazeutische Gesellschaft von Lyon beklagte sich über die reichliche *Vin Mariani*-Bestellung des Generals für seine Truppen in Madagaskar, denn er hätte sie unfairerweise nicht bei ihnen eingehen lassen, die doch ihre eigenen Cocaweinprodukte mit gutem Bordeaux oder Champagner zubereiten würden (ANONYM 1895)!

Es heißt zwar, dass Adolf Hitler und seine »hohen« Nazis Kokain und andere Stimulanzien konsumiert haben (GOEBBELS 1948, HESTON und HESTON 1979, PARK 1986), dennoch waren sie nicht genau die Kombattanten, und die Stoffe hatten keinen wesentlichen strategischen Wert für sie. Wie auch immer: Auch wenn das viel versprechende Kokain in der Chemologistik mehr oder weniger versagte, so war es immer von größter Bedeutung in der Finanzierung des Militärs, besonders im Waffenhandel. Sehr erfolgreich haben die japanischen Samurai Snogune die taiwanesische *cocales*-Hilfe benutzt,

156 Manchmal taucht der Name als »Aschenbrenner« auf (AMENDT 1984: 213). Auf jeden Fall erzeugt dieser Name unweigerlich das Bild vom Indianer, der Blätter zu Asche brennt, um damit sein geliebtes Kokain aus dem Blatt zu ziehen!
157 »Noch in der Panzerschokolade des Zweiten Weltkriegs sind die Ergebnisse dieses Experiments nutzbringend verarbeitet. Es forderte zur Nachahmung auch geradezu heraus, zeigten doch die bayrischen Soldaten des 19. Jahrhunderts unter Einwirkung von Kokain ein überdurchschnittliches Leistungs- und Durchhaltevermögen.« (AMENDT 1984: 213.)

um ihr militärisch-imperialistisches Programm zu absolvieren, und haben dafür ebenfalls reichlich holländische Cocaprodukte beiseite geschafft.

Coca wurde seit 1916 auf Taiwan angebaut, letztlich unter der Kontrolle des Taiwanesen Shoyaku, des Sohns des japanischen Finanzministers K. Takahashi, der einer der Hauptinvestoren war. Um 1930 bebauten Shoyaku und die Hoshi Pharmaceuticals 262 Hektar (648 Acre) *cocales* in Taiwan. Die Japaner berichteten den Vereinten Nationen lediglich von einer Jahresproduktion von 320 kg Kokain (wovon, außer 28 kg, aus tawainesischer Produktion stammten); später stellte sich jedoch heraus, dass alleine die taiwanesische Produktion pro Jahr mindestens 10 Tonnen betrug. Bis zum Erliegen der javanischen Produktion im Jahre 1929, bei der zirka 7 Tonnen Kokain jährlich abfielen. Hoshi und andere Interessenten hatten ebenfalls große *cocales* in den Wäldern des peruanischen Huallaga-Tales um 1917 akquiriert, insgesamt etwa 30 000 Quadratkilometer!

1936 war Japan unter militärischer Gewalt, während die Sankyo Pharmaceuticals riesige Mengen Kokain (alleine 1938 waren es 739 kg) an die japanische Armee und Navy lieferten. Bei den Kriegsverbrechenprozessen in Tokyo kam heraus, dass zwei Zerstörer der Imperialen Seeflotte nach Ceylon geschickt worden waren, um einen Transport von 80 Tonnen iranischem Opium zu eskortieren, und dass häufig Drogen mit staatseigenen Schiffen gelöscht wurden (Karch 1998 und 1999, Spillane 1999). Der japanische Kokainkolonialismus war nur ein kleiner Fisch im Vergleich zu den Koksverschiebungen heutzutage, mit denen der Waffenhandel betrieben wird. So wurde vom US-Kongress aufgedeckt, dass frühere DEA-Agenten für das US-Militär und den CIA (koordiniert vom Weißen Haus) Kokain und Marihuana an US-Militärbasen in den USA schmuggelte, um damit die Waffenlieferungen an die so genannten nicaraguanischen Contras zu finanzieren und somit das Verbot seitens des Kongresses für derartige »Hilfe« umgangen war (Castillo und Harmon 1994, Marshall 1991, Scott und Marshall 1991). Hinzu kommen die Beweise für die heutige Involvierung des US-Militärs und des CIA in der bolivianischen Kokainproduktion.

Trotz der Todesandrohungen gab es eine offizielle Untersuchung durch den bolivianischen Nationalrat im September und Oktober 1986: »Das US-Kommando (›Operation Blast Furnace‹) ... untersteht *de facto* dem Kommando der UMOPAR [bolivianische Anti-Narkos]-Truppen ... In der Tat kontrolliert die US-Botschaft mit all ihren bolivianischen Agenturen den Drogenhandel.« Man nahm sogar an, dass die US Force die industrielle Kokainfabrik in Huanchaca, Beni Provinz, beschützt hat (Cortéz 1992, Rodas 1996). Bolivien ist total unter US-amerikanischer Kontrolle: Vom Viru-Viru-Flughafen bei Santa Cruz de la Sierra kann man täglich die Transportmaschinen der U.S. Air Force ein- und ausfliegen sehen. Der raffinierte Kokainschmuggel der US-Administration ist nur ein Teil eines größeren Bildes, in dem ganz Südamerika verstrickt ist (Cockburn und St. Clair 1999, McCoy 1991, Russell 1999).

Aber innerhalb dieser Schmuggeleien zur Kriegsfinanzierung gibt es auch Gegenzüge. Revo-

Zahlungsmittel: *Coca como moneda*

Schon immer waren psychoaktive Genussmittel ein Zahlungsmittel, ein monetäres Austauschmittel für die lukrativsten Geschäfte:

Soma für Kühe im vedischen Indus-Tal
Fliegenpilze für Rentiere in Sibirien
Kakaobohnen für die Dienste der aztekischen Huren
Opium für frühindustrielle Fabrikarbeit in England
Kolanüsse in Westafrika
Pituri in Australien
»Feuerwasser« für die nordamerikanischen Indianer
Zigaretten unter deutschen Soldaten an der Front
Tabak für Steuern in den USA
Zigaretten als Währung in US-Gefängnissen
Pasta oder Kokain in südamerikanischen Gefängnissen

Cocablätter für alles. Schon bei den Inka war Coca eine Art Währung. Auch bei anderen ethnischen Gruppen wurden Cocablätter im Handel als Moneten benutzt.

Drogen, vor allem Haschisch, Heroin und Kokain für Waffen und Kriegsmaschinerie zwischen den Regierungen der Herkunftsländer und den Erste-Welt-Ländern, deren Ökonomie u.a. auf der Produktion von Atombomben, Raketen, Kriegsflugzeugen, Zerstörern, Giftgasen, biologischen und chemischen Kampfstoffen, Weltraumsonden usw. basiert. Der Kokainhandel hat weltwirtschaftliche Bedeutung, wie akademische Experten verlauten lassen.[158]

158 Es gibt mehrere Publikationen, die von diesen miesen Geschäften berichten (zum Beispiel Amendt 1984, Behr 1980, Castillo III und Harmon 1994, Cockburn und St. Clair 1999, Marshall 1991, McCoy 1991, Rodas M. 1996, Russell 1999, Sabbag 1976, Sauloy und Le Bonniec 1994, Scott und Marshall 1991, Vargas et al. 1999, Wichmann 1994).

Der Gebrauch von Coca wurde von Kolonialherren und neuspanischen Inquisitoren verboten: »Der Gebrauch von Kokablättern war ebenfalls eine verbreitete Technik des Liebeszaubers. Doña Jana Sarabia, Junggesellin in Lima, bekannte, ›dass sie beim Gebrauchen der Kokablätter, um ihren Geliebten anzuziehen, dasselbe Vergnügen und schändliche Genüsse empfand, wie er ihr in Wirklichkeit beiwohnte ...‹ Der Gebrauch von Kokablättern macht die prekäre Lage der ›Kolonialhexen‹ vor dem Tribunal besonders deutlich, da das Kokakauen ein Attribut der heidnischen Verehrung der ›Huacas‹, der indianischen Heiligtümer, war. In einem Gesetz vom 18. Okt. 1569 ermahnte Philipp II. die Priester, den Gebrauch bei hexerischen und abergläubischen Praktiken zu überwachen, bestätigte aber den Kokagenuss als Medizin und als Stimulans bei der schweren Arbeit der Indios. Zu dieser Zeit war eine Debatte darüber in Gang, den Kokagenuss als Hindernis der Christianisierung ganz zu verbieten und die Plantagen zu zerstören, da die Indianer damit ständig an ihre Vergangenheit erinnert würden, oder ihn wegen seiner Qualität als Nahrungsersatz zu erlauben. Neben der verbreiteten Verwendung als Medikament führten die Verteidiger an, dass die indianischen Minenarbeiter die Arbeit verweigerten, wenn sie nicht täglich ihre Kokaration bekämen« (ANDRITZKY 1987: 554). – Das heißt, wenn Coca die Ausbeutung der Indianer fördert, darf man sie zulassen ... Merkwürdigerweise ist Kokain für die westlichen Workoholics nicht zugelassen – ein eigentümliches Phänomen. So wurden mehrere »Hexen« (*brujas*) und »Hexer« (*brujos*) im 17. Jahrhundert wegen ihres Cocagebrauchs im Zusammenhang mit dem Gebrauch von Beschwörungen angeklagt und von der Inquisition bestraft.

In den Archiven der spanischen Inquisition von Peru ist ein indianischer Liebeszauber – durch die europäische »Hexenbrille« entstellt – dokumentiert worden. Es heißt in der Prozessakte, eine gewisse Francisca Arias Rodríguez »nahm dazu Cocablätter, Wachs und einen Frauenschuh in ihre Hände. Dann würde sie eine Schere in die Schuhsohle nageln, während sie Satan, Barraba und all die Legionen der Dämonen anrufe. Die Beschwörung wird mit folgenden Worten abgeschlossen: ›Ich binde dich/mit meinem Herzen breche ich dich/dein Blut trinke ich/ich rufe dich zu meiner Liebe/komm zu mir und bleibe/gebunden an Händen und Füßen« (ANDRITZKY 1987).

lutionäre Gruppierungen in Kolumbien, speziell die FARC, drohten der Regierung, weil diese die Kontrolle in der Cocaregion übernehmen wollte, nach dem Vorbild der *Sendero Luminoso* in Peru in den 1980er Jahren (SAULOY und LE BONNIEC 1994, VARGAS 1999).

> Von den Ärzten als ›Wunderheilmittel‹ proklamiert, blühte auch die kommerzielle Nutzung des Kokains auf. Deutsche Firmen, allen voran Merck, intensivierten die Produktion. MERCK erlangte die philosophische Doktorwürde mit der Dissertation »Über Cocain«.
> Von 1883 bis 1886 erhöhte sich der Import von Cocablättern im Hamburger Hafen von 5000 auf 86 600 kg ... Eine breite Palette kokainhaltiger Produkte in Form von Tonika, Softdrinks, Nasensprays, Zäpfchen, Pastillen, Wein und Zigaretten kam jetzt auf den Markt.
> MARTINA GUNKELMANN
> (in: SCHEERER und VOGT 1989: 358)

Is »Crack« *only* for Crackpots?[159]

> Cracked patches of neon
> Flicker as the wind blows
> What kind of drugs were these creatures on
> To want so much it ate them whole.
> LARD, *Pure Chewing Satisfaction*
> (siehe Dis-*Coca*-Graphia)

Crack ist keine Substanz, sondern ein Mythos, eine Legende, und zwar eine gefährliche Legende. Es gibt kein Crack, nur *Crackpots*. – Genauso wie es keine »Hexensalbe« gibt, sondern nur die Projektion darauf. »Die Teufelsdroge«![160] *coca satanica?* – »Der Stoff, aus dem die Zombies sind« (COOPER und FLEISCHHACKER 1986).

Es gibt in der Boulevardpresse sogar chemisch eine Erklärung, was Crack ist oder sein soll: Kokain mit Backpulver oder Ammoniak gekocht und als »Stein« auskristallisiert. Warum wird Crack aber billiger als Kokain gehandelt?

159 Diese Frage ist leider nicht ins Deutsche übertragbar. Ein *Crackpot* ist eine Art intelligenter, aber stupider Experte, der sinnlose, inhaltslose und fanatische Theorien in die Öffentlichkeit bringt und dafür anerkannt wird. JO meint, *crackpot* bedeutet, »einen Sprung in der Schüssel zu haben«.
160 Vgl. »Crack – Die Teufelsdroge«, ZDF-Dokumentation (dt. 2000).

stehen, u. U. werden auch gar keine Streckmittel beigemischt, dann ist das **Heroin hochprozentig**, und es kann zu **tödlichen Überdosierungen** kommen!

Kokain/ Crack

Aussehen und Formen von Kokain

– weißes, kristallines Pulver – Scenejargon »Schnee«, »Koks«

Aussehen und Formen von Crack

– gelblich-weiße, harte Brocken

Gefahren

- Wegfall von Hemmungen
- Angstzustände, Neigung zu Aggressionshandlungen und Selbstmord
- Nach kurzer aufputschender Wirkung Kokaindelirium mit Bewußtseinsstörungen möglich
- Verkehrsuntüchtigkeit
- Dauerkonsum führt zunächst zu:
  - Schlaf- und Appetitlosigkeit,

  danach zu
  - geistigen Erkrankungen, tiefen Depressionen, Halluzinationen, Verfolgungswahn
- Endstadium: völliger körperlicher Zerfall, der mit dem Tod enden kann.

Besondere Risiken

- Es wurden mehrfach Fälle registriert, in denen an Konsumenten anstatt reinem Kokain ein **Kokain-Heroin-Gemisch (sog. »Speedballu«)** verkauft wurde.
- Bedürfnis, die Dosis sehr schnell zu steigern
- Starke Gehirnschäden, sog. Paralyse (Gehirnerweichung), die zu Verblödung führen kann.

ECSTASY

Die Lüge von den harmlosen Tabletten

Sie sind rot, grün, weiß oder blau. Sie sind geprägt mit LOVE, AMOR, EVA oder SMILE. Sie zeigen Motive wie ein Herz,

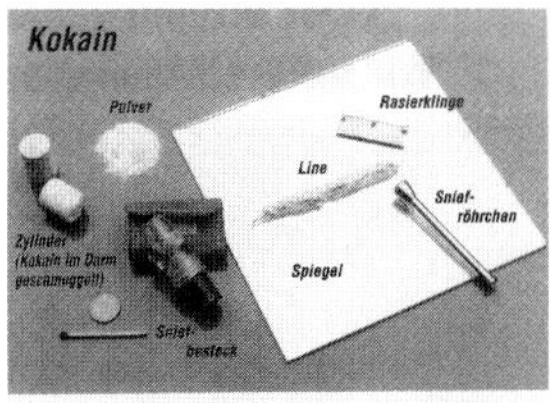

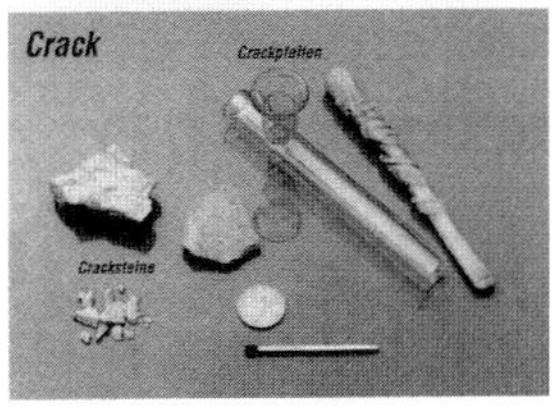

Faksimile der Seite über Kokain und Crack einer Aufklärungsschrift der International Police Association (IPA) Deutsche Sektion e.V. »Wissenswertes aus Sicht der Polizei ...« (ca. 1998).

> Nein, Crack ist kein Thema für die europäische Öffentlichkeit.
> (Amendt 1987: 68)

Crack for Crackers?

> Gerade macht da etwas Kräck!
> Peter Handke
> *Die Innenwelt der Außenwelt der Innenwelt*
> (1969: 140)

Crack wurde anscheinend in den frühen 80er Jahren des 20. Jahrhunderts *erfunden*, nicht von Wissenschaftlern, sondern von der propagandistischen Presse.[161] Es erschienen in vielen der größten Zeitschriften und Zeitungen, fast gleichzeitig, Artikel über Crack und die verheerende Wirkung (zum Beispiel Holden 1989). Niemand wusste, was Crack chemisch wirklich ist. Niemand konnte sagen, was es tatsächlich bewirkt, niemand, auch niemand in irgendeiner Drogenszene, kam an den Stoff heran. Eine der vielen »Saure-Gurken-Zeitungs-Enten«?

> Im Prinzip wirkt Crack genauso wie Kokain, nur sehr viel schneller, heftiger und kürzer.
> Wolfgan Harm
> (1994: 85)

In Deutschland tauchte das US-amerikanische »Crack« offensichtlich niemals auf. Niemand hat es je gesehen oder genommen. Kein Drogenspezie konnte auch nur irgendeine ethnografisch brauchbare Anekdote erzählen. Fast 20 Jahre später tauchte »Crack« wieder in der Boulevardpresse auf, aber nicht mit einer Junkieszene assoziiert, sondern als angebliche »Suchtdroge« von dem Liedermacher Konstantin Wecker erneut berühmt gemacht (Wecker 1999). Der Stoff, den er geraucht hat, wurde tatsächlich (von seinem Sekretariat) aus Straßenkokain zu Kokainbase gekocht, die der Künstler alle paar Minuten aus einer Glaspfeife geraucht hat. Wecker hatte genug Finanzierungsmöglichkeiten für seinen Wahn.

> Crack führt zu Selbstüberschätzung, weil es bereits wenige Sekunden nach dem Lungenzug eine Art Lichtreflex im Hirn auslöst und den Abhängigen für die Süße einiger absurder kurzer Momente grenzenlose Stärke und Unbezwingbarkeit suggeriert. Und Crack macht auch gewalttätig ...
> (Wecker 1999: 115)

In der BRD gibt es kein Crack – auch wenn es von selbst- und seelsorgenden »Helfern« behauptet wird (zum Beispiel Schweer und Strasser 1994).

Es gibt aber die Möglichkeit, sich Crack zu kochen. Weckers beiden Bücher *Uferlos* (1995) und *Es gibt kein Leben ohne Tod* (1999) sind geschriebene Reueeingeständnisse, wie furchtbar doch das Leben *mit* Drogen ist. Wie furchtbar das Leben *ohne* Drogen ist, hat noch niemand gesagt. Wecker ist ein staaliches Opfer für die Öffentlichkeit, mit dem gezeigt werden soll, dass Koks ganz furchtbar schlimm ist.

> Konstantin Wecker ist der bekannteste deutsche Crackkonsument. Er hat alle paar Minuten eine Crackpfeife geraucht und war nur noch damit beschäftigt.

161 Nach Antonin (1997: 229) wurde Crack im Jahre 1983 erfunden, also etwa zur gleichen Zeit, als Aids aufkam.

Crack-Linguistik

»Kracher ... das'n Kracher, das was reinhaut ...« – *Cracker* sind entweder Kartoffelchips oder die Band *Cracker* oder Leute, die Crack nehmen. Eine interessante linguistische Kombination. Denn Crack wird sowohl mit Abhängigkeit und kompulsiver Gier, Musikgewerbe und dem süchtigen Kartoffelchipsverhalten assoziiert.

- *crack* bedeutet auch »Vagina« im amerikanischen Slang
- *crack brained* = stupid = blöde/dumm/stupide
- *you are cracked* = du bist ganz schön blöde
- *crackin' up* = lauthals lachen
- *cracked up* = jemanden zum Lachen bringen
- *crack* heißt auch der Knall beim Abschuss eines Gewehrs
- *the crack of the bat* ist das Geräusch, wenn der Ball beim Baseball auf den Schläger trifft
- *crack open a boddle* ist das Geräusch beim Öffnen einer Flasche mit einem alkoholischen Getränk, meist Champagner
- *crackel* oder *crackeling* ist das Geknister im Holzfeuer
- *Safe cracking* = Panzerknacken
- *Safe cracker* = Panzerknacker
- *crack the bank* = die Bank sprengen, zum Beispiel im Kasino
- *Crack of dawn* = Anbruch des Morgens
- *A Crack in the Cosmic Egg* ist ein Buchtitel von Joseph Peiarce
- *Crack between the Worlds* = der Spalt zwischen den Welten
- *crack a book* = ein Buch verschlingen
- *crack on the head* = ein Schlag auf den Kopf
- *cracking down* = auspeitschen
- *fire cracker* = Feuerwerkskörper
- *crack up* bedeutet auch ins Lachen verfallen
- *crack down* ist der Augenblick, wenn ein Drogengesetz verschärft wird
- *crack seed* ist eine asiatische Frucht
- *crack a code* bedeutet, einen Geheimcode oder ein Passwort zu knacken
- *crack your ass* heißt »hart arbeiten«
- *cracking petroleum* = fraktionierte Destillation vom Petroleum

Vielleicht ist das deutsche Wort »Spinner« die beste Übersetzung von *crackpot* ...

In unserem professionellen Leben, zum Beispiel auf Seminaren, bei Ringvorlesungen an verschiedenen Unis, bei Workshops, bei Vorträgen usw., treffen wir viele Connaisseure, die alle Arten psychoaktiver Substanzen genießen und damit im normalen Sinne »umgehen können«; sie haben mit ihrem Konsum keine Probleme und bleiben erfolgreiche Geschäftsleute oder Künstler oder ... Nur sehr selten haben wir Leute angetroffen, die Crack kennen oder sogar nehmen. Immer wurde uns von diesen Konsumenten berichtet, dass sie Crack maximal ein bis zweimal pro Jahr nehmen. Dann aber heftig. Eine ganze Nacht hindurch. Alle befragten Personen sagten unabhängig voneinander, dass sie nach einer Cracknacht so ausgelutscht sind, dass sie nie wieder Crack nehmen wollen. Das Bedürfnis nach weiterem Crack ist erst mal völlig verschwunden. Es kommt erst nach Monaten wieder, eventuell. – »Nach dieser Nacht habe ich verstanden.« (CR)

> Crack: Es handelt sich dabei um eine gefriergetrocknete Form von Kokain. Es wird geraucht. Crack gelangt in die Luftröhre, dann in die Lunge und von dort ins Gehirn, alles in drei Sekunden – in einer Reinheit von 80%. Heutzutage sterben in den vereinigten Staaten täglich fünf Menschen an Kokain. Als ich Leiter der DEA war, hatten wir gewöhnlich drei Todesfälle an Überdosis in einem Monat, heute sind es fünf am Tag. Und es gibt mehr als eine Million Menschen, die Crack konsumieren – 2%, das heisst einer von fünfzig Menschen im Alter zwischen 18 und 25 Jahren.
> Peter Bensinger in:
> *Wege zu einer drogenfreien Gesellschaft und Pathophysiologie*
> (Zürich: Verlag Menschenkenntnis, 1991, S. 120)

Crack rauchen ist ein typisches Jugendritual. Es wird auch als solches in der ethnografischen Literatur angesehen, die sich kulturanthropologisch dem Crackproblem in den Innenstädten und den umliegenden Slums widmet. Alle Arbeiten kommen zu dem Schluss, dass die Kids Crack aus sozialer Not und kultureller Verunsicherung bzw. Entwurzelung nehmen. Sie sehen einen Sinn im geselligen Zusammensein, im gemeinsam Verbotenen zusammenzuhalten und sich gegen die Gesellschaft aufzulehnen, die ihnen den Boden unter den Füssen wegzieht und sie in eine Enkulturationschleuse zwingen und zu einem Rad im Getriebe der von Politikern hierarchisch gesteuerten Gesellschaftsmaschine machen will. Cracken ist revoltieren. Vielleicht auf Kosten weiterer Vereinsamung. Vielleicht auf Kosten der Gesundheit. Vielleicht auf Kosten der individuellen Freiheit. Aber man lässt sich eben ein bisschen Lebensfreude etwas kosten. Es ist nur schwer zu entscheiden, ob man mit oder ohne Crack in der jeweiligen Situation glücklicher ist oder mit seinem Leben besser zurecht kommt. Es ist bisher auch nicht bekannt geworden, ob Crack als kunstinspirierende

Substanz genutzt wurde. Vielleicht hie und da. Konstantin Wecker hat jedenfalls gesagt, dass ihn Crack eigentlich bei seinem kreativen Schaffen eher behindert hat. Möglicherweise sind manche Comix durch Crack beeinflusst worden oder gar entstanden.

Crack ist zu einer Konstituente der modernen Jugendkultur geworden. Beides ist wichtig: eine gemeinsam genutzte Substanz und die counterkulturelle, rituelle Verschwörung (vgl. Schöneich 1983). Crack hat Konsummuster produziert, die in der Jugendkultur diffundieren und tradieren: Crackkultur (vgl. Carlson und Siegal 1991, Degkwitz und Verthein 2000, Hess et al. 2000, Thiel et al. 2000).

Crack Sex

> Kokain war ein Wunder, aber Crack – Crack war besser als Sex.
> Baby-Susan
> (Cooper und Fleischhacker 1986: 65)

Eines Abends, in einer lateinamerikanischen Stadt, wurden wir von einem Pärchen aus Hawaii zu einer Crackparty eingeladen. Wir waren Gäste in einem Hotel, das viele Bungalows im Dschungel hatte. In dem Haus gab es eine Küche und dann gab es *kitchen chemistry*, die echte »Küchenchemie«. In einem kleinen Aluminiumkolben wurde etwas Wasser über einem Feuerzeug erhitzt. Dann wurde etwas Natriumbicarbonat und ein paar Gramm Kokain-HCl hineingerührt. Der Koch schüttelte das erhitzte Gefäß solange über dem Feuerzeug, bis eine leicht bräunliche Masse ausfiel. Das war das Crack! Dann goss er das Wasser ab und nahm die Masse heraus. Seine äußerst sexy erscheinende Frau nahm diese Masse und drehte erbsengroße Kügelchen daraus. Jede Kugel ein *shot*, ein *hit*, eine Dosis zum Rauchen. Sie legte je eine Kugel auf die Glaspfeife, kniete nieder, um das Crack zu erhitzen, denn es ist mehr ein Inhalieren des Dampfes als ein Rauchen. Als sie niederkniete, wie vor einem religiösen Heiligen, rutschte ihr Minikleid nach oben, so dass der Blick beim Crackrauchen unweigerlich auf ihre rasierte, wunderschöne Vulva fiel. Der Eindruck wurde dann sofort von der extrem schnell einsetzenden Crackwirkung verstärkt. Ein wahrer Genuss. Eine Art von erotischem Ritual ohne *Performance*.

Es macht *CRAC!* – und das Crack kommt aus dem Nichts … (aus: Appel Guery und Sergio Macedo, *Die zeitlose Reise*, Linden: Volksverlag, 1983©, S. 22).

Was ist »Crack« chemisch?

> *Close to the une the ice is cracking.*
> Lou Reed
> *Set the Twilight Reeling*
> (Warner, 1996)

Es gibt hierzu nur wenige Untersuchungen, eigentlich kaum welche, auch nur vereinzelt Polizeiberichte. Die Angaben in der »Fachliteratur« sind verworren oder ähneln den Äußerungen der Boulevardpresse (zum Beispiel Schweer und Strasser 1994, Thane 2000).

Dr. Antonio Escohotado, Professor für Soziologie an der *Universida Nacionál de Educación a Distancia* in Madrid, hat ein gewaltiges, dreibändiges

Backpulver, Hirschhornsalz und Natriumbikarbonat, wohlverpackt für die Supermarktauslage, dienen im Untergrund dem Crack-»Kochen«.

So in etwa soll man sich das Bild vom »Crack-Kochen« vorstellen (Anzeige für CDs; Faksimile, USA, zirka 1999).

Werk über Rauschmittel verfasst: die *Historia general de las drogas*, die »generelle Geschichte der Drogen« (ESCOHOTADO 1990). Der eloquente Autor spekuliert, dass die Verbreitung des so genannten Crackphänomens in den USA eine Antwort des Schwarzmarkts war auf die Kontrollen des Exports und Verkaufs von organischen Lösungsmitteln, die man benötigt, um Kokain-HCl von Kokainbase zu trennen und zu raffinieren. Und dieser Prozess war nur in den USA möglich, weil die Kontrolle über den Verkauf und die Verbreitung der notwendigen Lösungsmittel zu scharf wurde.

Es wird meist geschrieben, dass Crack eine billige Form von Kokain ist, mit Backpulver vermischt und aufgekocht oder umgangssprachlich »gebacken«. Dass es Kokaincarbonat sein soll, ist die gängige Auffassung in der Literatur. Zum Crack-»Kochen« werden angeblich verschiedene Backpulver, Natron oder Ammoniak (Salmiakgeist), verwendet.

Ein in Deutschland beliebtes Backpulver war und ist das so genannte Hirschhornsalz alias Ammoniumcarbonicum bzw. Ammoniumcarbonat oder sogar Kohlensaures Ammonium Sal volatile.

$(NH_4)_2CO_3+H_2O$

Das handelsübliche Hirschhornsalz ist laut *HUNNIUS Pharmazeutischem Wörterbuch* (5. Aufl.) meist ein Gemisch, basierend auf dem reinen Ammoniumcarbonat, Ammoniumhydrogencarbonat und Ammoniumcarbamat. Also wird auch in der Apothekerkunst und der Nahrungsmittelindustrie gepanscht, verfälscht und verheimlicht. Woher soll man auch wissen, was in einem weißen oder gelblichem Pulver so alles drin ist? Übrigens wurde das Hirschhornsalz früher in Verbindung mit Lavendelöl (der Essenz) sozusagen aromatherapeuthisch als Riechmittel gegen Ohnmachtsanfälle zwecks Wiederbelebung benutzt.

In den USA wird gerne das *Baking Powder double acting*, zum Beispiel eine Sorte *Calumet®* (= Name für die indianische »Friedenspfeife«), bestehend aus Baking Soda, Maismehl, Natriumaluminiumsulfat, Calciumsulfat, Monocalciumphosphat, benutzt.

Crack Dealer und Benutzer werden meist härter bestraft als *Cocaine Guys*. Das ist eine sehr rassistische Umgangsform. Denn die Cracker sind Schwarze ...

In den USA ist der Rassismus ein Alltagsgeschäft. Wer nicht weiß ist, hat schlechte Karten. Die Schwarzen werden seit eh und je mit Drogen assoziiert, vor allem mit Marihuana, Koks und Heroin. Die Indianer mit Peyote, die Mexikaner oder Chicanos mit Dope und Opium, die Hippies mit LSD, die *New-Age*ler mit MDMA. – Egal welcher Rasse oder welchem Rassen-Cocktail man entsprungen ist, man ist *dirty*, »dreckig«. Und man wird, »am besten«, ausgerottet, damit das Land rein, hübsch und brav ist oder bleibt. – Und dazu wird der Krieg gegen Drogen, *War on Drugs*, missbraucht. – Es gibt kein Land in der ganzen Welt mit so vielen Gefängnisinsassen wegen Marihuanabesitz oder Kokaingebrauch wie die USA.

Chemische Analysen von Crack sind politisch anscheinend unerwünscht. Der angebliche Nachweis bei Drogenkonsumenten ist umstritten, zum Beispiel die Hand Roller Scates, bei dem mit einem obskuren kleinen Gerät die Handfläche nach illegalen Molekülen abgescannt wird. Jeder auch nur halb ernst zu nehmende Chemieprofessor bestätigt, dass es keine wissenschaftlich fundierten Beweise für eine etwaige Validität des Tests gebe oder geben könnte.

> Die Wissenschaft hat festgestellt,
> Daß Margarine Koks enthält.
> Drum essen wir auf jeder Reise
> Margarine säckeweise.
> Studentenlied der Zwanziger Jahre
> (*Deutsches Liederbuch*,
> zit.n. KEMPER 2001: 237)

Hier folgt ein Bericht über die derzeitige Crack-Diskussion:

Kurze Polemik zur Wiedereinführung des Kampfbegriffs CRACK in Hamburg

Ein an der real existierenden Drogenpolitik (ver-)zweifelnder staatlich anerkannter Diplom-Sozialpädagoge, Hamburg, den 20.1.2001, berichtet:

Wenn Sozialarbeiter an die Öffentlichkeit treten, dann heißt das in der Regel, sie sind mit ihrem Latein am Ende, sie kommen mit ihrer Klientel nicht mehr zurecht, und sie wollen Geld für neue Projekte, die dieses Dilemma beheben würden. So gibt man vor und hofft man. Da aber bekanntlich ohne öffentlichen Druck keine politische Reaktion von den Entscheidungsträgern erfolgt und auch keine finanziellen Mittel bereit gestellt werden, gibt es nur einen Weg an den Trog öffentlicher Gelder: den der Dramatisierung. Medium der Dramatisierung sind die Medien. Und diese reagieren immer interessiert, wenn es um die Vermarktung von Ängsten geht. Bereits angstbesetzte Begriffe erleichtern den Verkauf der Botschaft. So erklärt sich wahrscheinlich die Wiedereinführung des in den USA seit Beginn der Clinton-Ära schon fast zu den Akten gelegten Kampfbegriffs CRACK in Hamburg. Man erinnert sich an steinalte Artikel aus den Lokalzeitungen *Hamburger Abendblatt*, *Bild Hamburg* und *Hamburger Morgenpost*: »Crack. Die tödliche Super-Droge in Hamburg« (9/1989), »Crack fährt mit auf dem Karussel des Todes« (27.9.1989), »Absolut tödlich. Cocam, die neue Horrordroge« (4.4.1991), »Crack – Jetzt ist die Todesdroge auch bei uns«, »Todesdroge Crack in Hamburg« und »Schreckens-Droge Crack jetzt auch in Hamburg« (7.1.1994), »Crack. Todesdroge in Hamburg auf dem Vormarsch« (8.7.1994) sowie »Getto-Droge Crack hat Hamburg erreicht« und »Crack-Alarm. Die Droge erreicht Hamburg« (22.1.1999). Die Titel allein sprechen schon Bände. Immer wieder wird ins gleiche Horn geblasen.

Nun vertreten als »Drogenexperten« bekannte Pädagogen so genannter niedrigschwelliger Einrichtungen (»Gesundheitsräume«, Substitutionsbegleitung) in öffentlichen Veranstaltungen und Diskussionen die Ansicht, es gebe in Hamburg ein »Crackproblem«. Pädagogen und Kriminologen trafen auf einer »Fachtagung Crack – Bestandsaufnahme eines aktuellen Drogenphänomens aus Sicht von Wissenschaft und Praxis« am 14. und 15. 12. 2000 mit neugierigen Sozialarbeitern und Behördenvertretern zusammen. Es ist schon allein verblüffend, wie wenig viele der so genannten Drogenkonsumenten von dem wissen, was sie konsumieren, aber es ist noch erstaunlicher, wie wenig die professionellen Helfer von der Materie verstehen. So

Das Titelblatt einer brasilianischen Zeitschrift warnt heftig vor dem Crackmissbrauch durch Kinder (Faksimile, Juni 2000).

konnte auf der Tagung nicht plausibel erklärt und eindeutig geklärt werden, was denn nun überhaupt Crack sei. Der Trend ging dahin, unter Crack alles zusammenzufassen, was auf der Straße von Dealern als Kokain erworben wird und mit Hilfe von Natron oder Ammoniak so zubereitet wird, dass es in der Metallpfeife geraucht werden kann.

Die Konsumenten sprechen bei derartig aufbereiteten Substanzen von »Steinen« und sträubten sich bis dato teilweise hartnäckig, diese mit der »Horrordroge« aus den USA gleichzusetzen. Auch Dealer und Polizei hielten sich in dieser Hinsicht bis in die jüngste Zeit auffallend zurück.

Anscheinend gibt es in Hamburg tatsächlich einige hundert Leute, die dieses bis vor kurzem noch überwiegend selbst fabrizierte Produkt exzessiv inhalieren und sich in einem psychisch und physisch desolaten Zustand befinden. Aber ist die neue »Crack«-Kampagne, eine deutsche Variante der »Crackhysterie«, der richtige Weg, an dieses soziale Phänomen oder Problem heranzugehen? Das stellte auf der Tagung kaum jemand in Frage.

Mittlerweile werden von »szenenahen« Drogenhilfeeinrichtungen knallbunte »Crackflyer« mit Verhaltenstipps verteilt, die von vielen Sozialarbeitern unreflektiert als Handlungsgrundlage akzeptiert werden und bei der angesprochenen Klientel für Verwirrung sorgen. Die einen sind sich nach wie vor sicher, dass sie ja gar kein Crack rauchen, son-

Broschüre der Drob Inn Jugendhilfe e.V. (Hamburg) zum Thema »Crack«. Bei schriftlicher Nachfrage nach Crackanalyseergebnissen war die Organisation sprachlos ... (Faksimile, zirka 2000).

dern allenfalls Kokainbasen oder »Steine« rauchen würden und das Ganze Blödsinn sei, die anderen zeigen nun mit dem Finger auf die angeblich Crackabhängigen »Steineraucher«, beruhigt, da sie sich ja nur vergleichsweise harmlose »Knaller« (Injektionen in die Vene) mit Straßenkokain machen würden. Dabei existieren keinerlei öffentlich zugänglichen chemischen Analysen von Präparaten, die irgendjemand als Crack erworben hätte. Zumindest waren sie den »Fachleuten« nicht bekannt.

Im Grunde reiht sich Crack mit Ecstasy, Speed und anderen fragwürdigen Straßenpräparaten ein in die Reihe »Produkte ohne Inhaltsangabe«, wobei man nicht weiß, was der angebliche Crackkonsument denn gerne in seinem Crack hätte oder davon erwartet. Den Sozialarbeitern, die vorgeben, sich mit einem neuen Typus durchgeknallter Konsumenten konfrontiert zu sehen, hilft eine solche Diskussion zugegebenermaßen erst einmal nicht konkret weiter. Sie sollte aber geführt werden, bevor man voreilig und blind in eine Richtung schießt. Aber wer will schon diskutieren, wenn die ersten Notlösungen schon als halb ausgefeilte Konzepte auf dem Tisch liegen: Akupunktur (»Nadeln«) à la »NADA« gegen den »Suchtdruck« und »Crackbasements«, tolerierte Verkaufs- und Konsumstätten à la Rotterdam heißen die Zauberformeln, von denen man sich Erleichterung verspricht. Mehr ist den »Fachleuten« bislang nicht eingefallen.

Coca, Kokain und die pharmakratische Inquisition

> Gegen Dummheit
> kämpfen Götter vergäbens!
> Albert Hofmann
> (am 15.6.2000)

Man stelle sich vor: Die Polizeieinheiten oder Militärs verschiedener Länder stürmen ein Café, eine Bar, einen Supermarkt, weil es dort Kaffee, Kakao, Bier oder Tee gibt. – Fast unvorstellbar! – Aber möglich. Denn, die Kontrolle über so genannte Drogen oder besser gesagt Genussmittel liegt meist in der Hand des so genannten Staates, den Leuten, die ein »Land regieren«, oder besser gesagt, die ein Land »kontrollieren«.

Das Verbot oder die Kontrolle einer Substanz oder eines Nahrungsmittels durch den Staat hat meist ökonomische Gründe, keine medizinischen. Die medizinische Begründung für ein Verbot wird später bei den *Drubabusiologen* eingekauft und publiziert.

Pharmakologisch wirksame Stimulanzien waren immer ein politisches Thema. *Ja oder Nein?* – Zulassen oder verbieten? – Besteuern oder den Schwarzmarkt kontrollieren?

Hier ist ein Überblick (nach Müller-Ebeling et al. 1998: 233–244):

- Coca und Kokain

Coca wurde in Quito zuerst verboten, zirka 1550, aber das Verbot wurde sehr bald aufgehoben, denn die Indianer wollten ohne ihre Coca nicht arbeiten, besonders in den Zinnminen von Bolivien. Coca ist heute überall in der Welt illegal, ausser in Bolivien, Peru und in Nordwestargentinien. Selbst in diesen Staaten gibt es legale Coca und illegale Coca. In Kolumbien ist Coca offiziell illegal, aber keiner kümmert sich drum.

Kokain ist weltweit verboten. Es ist nur noch mit Spezialrezepten für Augenärzte zugänglich. Hinter dem Verbot steht die WHO als Machthaber. Dass das Verbot zu einer der größten Wirtschaftsmächte, der so genannten Drogenmafia, alle Tore geöffnet hat, ist ausreichend gut dokumentiert (siehe zum Beispiel Amendt 1984 und 1992, Behr 1980, Sauloy und Le Bonniec 1994, Thamm 1985, Wichmann 1992).

Cocateemischung in Beuteln.

• Mate (hier *Ilex paraguariensis*)[162]

Die koffeinhaltige Mate (*Ilex paraguaiensis*) wurde vom Vatikan in der zweiten Hälfte des 16. Jahrhunderts verboten, aber die Jesuiten im Chaco (Argentinien) lebten von der Kultivierung des Matestrauchs. Das Verbot konnte deshalb nicht durchgesetzt werden; schließlich sind die Jesuiten die Intellektuellen der katholischen Kirche und haben deswegen *naturalmente* mehr Macht.

• Kaffee (*Coffea arabica*)

Es gab in verschiedenen europäischen und islamischen Ländern immer wieder Kaffeeverbote, aber auch diese konnten sich nicht durchsetzen.

Die Moslems, vor allem die Sufis, liebten den koffeinhaltigen Kaffee, weil sie durch dessen Gebrauch ihre religiöse Pflicht – nächtelange Meditationen – erfüllen konnten. Deshalb wurde der Kaffee freigegeben.

• Kat und Cathinon und Derivate

Mit dem alkaloidreichen Kat (*Catha edulis*) war es die gleiche Geschichte. In den Anbau- und Genussländern ist es legal – wie Coca in Peru und Bolivien –, aber auf der restlichen Welt ist die Pflanze illegal (sogar ihre Inhaltsstoffe Cathinon und Methcathinon).

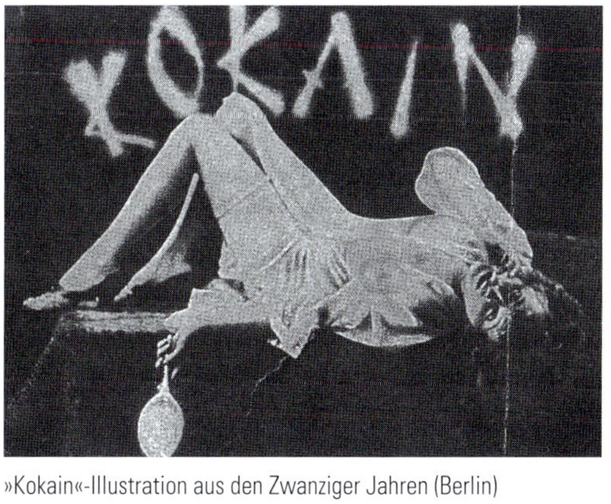

»Kokain«-Illustration aus den Zwanziger Jahren (Berlin) (alte, ausgeschnittene Illustration in einem antiquarischen Buch [Farrère 1920] gefunden; Faksimile).

Kat ist auch für die Sufis von hervorragender Bedeutung. Zum Meditieren und Tanzen eignet sich Kat noch besser als Kaffee.

Ebenso wird Ephedrin kontrolliert, eine natürliche weckaminige Substanz aus dem Meerträubel (*Ephedra* spp.), eine Pflanze, die sogar in der schönen Schweiz heimisch ist (*Ephedra helvetica*), weil man daraus Amphetamin und weitere Substanzen für die Ecstasysynthese bereiten kann.

Kürzlich wurden einige, vor allem australische Akazien (*Acacia berlandiaria*), die Amphetamin, Methamphetamin, Nikotin, sogar Meskalin und einige Tryptamine als natürliche Chemikalien enthalten, entdeckt (Bock 1994). Sollten bald Akazien, beliebte Ziergewächse, deswegen verboten werden?

• Tabak (*Nicotiana tabacum*)

Der nikotinhaltige Tabak war in vielen europäischen Ländern für einige Zeiten verboten. Und in diesen Tagen versuchen gewisse Mächte in den USA, den Tabak zu verbieten. Die Dämonisierungskampagne ist in vielen Ländern der Welt zu beobachten, aber besonders in den USA.

• Kakao (*Theobroma cacao*)

Sogar dem alkaloidhaltigen Kakao (Theobromin, Koffein, Phenethylamin, Anandamid usw.) wurde nachgestellt. Man versuchte, ihn zu verbieten oder zu kontrollieren, aber weil er in gewissen christlichen Zeremonien brauchbar war, wurde er von der Liste gestrichen (siehe Ott 1985).

Die »Hexer« der Inka waren laycaconas, laycas oder umus. Sie nehmen einen neuen Topf, den sie arimanca nennen, und erhitzen ihn ohne Inhalt. Dann nehmen sie das Fett einer Person, Mais und sanco, Federn, Koka, Silber, Gold, Lebensmittel und sagen, dass sie alles hineinwerfen und völlig verbrennen ... Aus dem Topf sprechen die Dämonen, die die Priester befragen, um Mann und Frau zu verbinden oder um eine Person zu töten. Die laycas des Inka genossen höchstes Ansehen und begleiteten ihn auf allen Feldzügen und Besuchsreisen durch das Land. Bei der genannten Wahrsagemethode, bei der der »Dämon« aus dem Topf spricht, handelt es sich vermutlich um Dämpfe, die beim Verbrennen der Zutaten entstehen und eine bewusstseinsverändernde Wirkung entfalten. (Andritzky 1989: 455)

162 Der Name Mate bedeutet zweierlei: Matepalme (*Ilex paraguariensis*, aus der Verwandtschaft der Stechpalme) und Kräutertee, in Peru und Bolivien: Cocatee; bezeichnet aber auch den *poporo* (»Kürbisgefäß«), sowohl für den Mategenuss als auch für den Cocakalk oder sogar »Kopf/Schädel«.

La trilogia psychoactiva de Nuevo España:

ACHUMA
San-Pedro-Kaktus
(*Trichocereus pachanoi*)

CHAMICO
Stechapfel
(*Datura stramonium*)

COCA
Cocastrauch
(*Erythroxylum coca*)

Drogen wird es immer geben. Bekämpft sie, und sie werden immer destruktiver werden. Akzeptiert sie, und sie können in ungefährlichere, ja sogar nützliche Kräfte verwandelt werden.
ANDREW WEIL
Drogen und Höheres Bewusstsein
(2000: 179)

Im »Edikt gegen Astrologen, Sterndeuter und Hexer« von 1630, das an allen Kirchentüren des peruanischen Reiches angeschlagen war, ist die Rede von »gewissen Getränken, Kräutern und Wurzeln, genannt achuma [*Trichocereus pachanoi*], chamico [*Datura stramonium*] und Koka, mit denen sie ihre Sinne betäuben. Die Illusionen und Phantasmen, die sich einstellten, geben sie dann als Offenbarungen oder als Nachricht aus, was sie gesehen haben.« (Medina, 1887) (ANDRITZKY 1989: 463)

Auch Kokablätter wurden von den europäischen »Kolonialhexen« übernommen: Dona Jana Sarabia, Junggesellin in Lima, bekannte, dass sie beim Gebrauch der Kokablätter, um ihren Geliebten anzuziehen, dasselbe Vergnügen und schändliche Gelüste empfand wie wenn er ihr in Wirklichkeit beiwohnte ... (ANDRITZKY 1989: 476)

Feliciano Canala, ein freier Mulatte, Schneider aus Lima, klagte sich im Mai 1700 an, »dass er Liebesorakel und dabei verschiedene Zeichen mit Wachspuppen, Haaren und Knochen von Toten, grüne Pulver und andere Sachen verwendete, um die Zuneigung einiger Frauen anzuziehen ... Von denen wurde er aufgesucht, damit er ihnen Mittel verschaffe, um die Männer zu erobern. Dazu gab er ihnen Bäder mit Blumen und wilden Kräutern, die mit Knochen aus Gräbern gekocht wurden. Manchmal führte er sie zu huacas, für die sie Mais und Koka kauten, das sie den Seelen der Toten anboten, die ohne Taufe waren. Diese riefen sie an, wobei sie eine Kerze entzündeten, und baten um ein Zeichen, dass sie ihren Zwecken dienstbar seien ...« (ANDRITZKY 1989: 477)

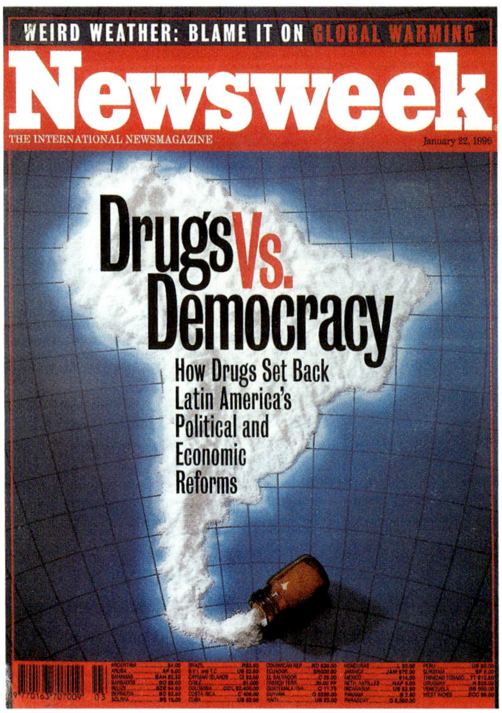

Südamerika ist auf Coca, dem weißen Schnee gebaut! (Cover von *Newsweek*, 22.1.1996)

Yapa – ein poetischer Ausklang

Oder: Der schneeblinde Jesus
und die sieben Polit-Zwerge bei der letzten Schniefe

> Im Koksrausch stöhnt er Sturmgedichte ...
> JOSEF MARIA FRANK, *Korax* (1925)

Dieser Teil des Buchs würde normalerweise mit »Epilog« tituliert sein. Wir bevorzugen in diesem Fall das Aymara-Wort *Yapa*, »Zugabe«[163], denn damit wird die Coca bezeichnet, die man *extra* bekommt. Als wir zehn Einheiten verlangt haben, gab uns die Aymara-Verkäuferin drei dazu, damit kamen wir auf die magische und heilige Zahl dreizehn. *Da schlug es dreizehn!*

Sacha Runa, Schwester der Alruna, der Alles-
Wissenden
Sacha Runa, Sacha Mama, Mamacoca, Coca Mama

Hier knie ich, Knecht Deiner Knochen
Schniefen, Schnaufen, Schnafen, Schnarchen
Schneeschaufeln schniefend
gleise ich über glitzernde Flocken

DaDa, DADA, dada, DADA

Delta, Alpha, Coca

Bin zurück, zur Wurzel
Bei Dir, du Heitere, Herzliche, Herrische
Himmlische Hetäre, heimliche Hure, niedliche
Nutte
Gaben, Geschenke, Gastmähler gibst Du uns
Machst uns den Mund wässrig
mit betäubendem Schaum, kitzelnder Moleküle
Oh, chemisches Wunder, molekulare Mania

Ich sitze Dir zu Füßen, an Deinen Wurzeln, Deinen
Toren zur Unterwelt
Hier steh' ich in Deinem Schatten, den sprossenden
Trieben zum Elysium
Hier halt ich mich fest an Deinem Stamme
Wir sind ein Stamm
Ich bin nur ein Atom in der mikromolekularen
Struktur Deines Universums
Wir brauchen uns beide
Keiner ist ohne uns
Sacha Runa, heiliges Geheimnis,
Du heiliger Hain
beleckt mit hellgrünen Lichtern
(CR)

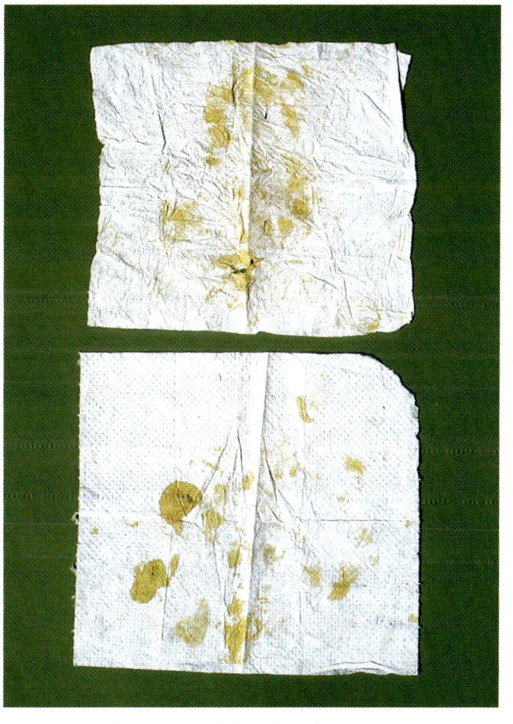

»*Yapa coqueo*: Cocasaft – wisch und weg!«
(Collage von Christian Rätsch, Karton, Cocasaftabwischtücher, 2001.)

163 = *llapa* = *pilón* = Zugabe.

»Coca«, Collage von Christian Rätsch (2001), Cocateebeutel, Cocablatt auf Karton, 50 x 70 cm.

Amphetamine:
Weckamine (Angrist und Sudilovsky 1978, Fischman 1987).

Ayahuasca:
1. Quechua-Name der Liane *Banisteriopsis caapi* (wörtlich »Ranke der Seelen«).
2. Aus der Ayahuasca-Liane und Zusätzen (meist die DMT-haltigen Blätter von *Psychotria viridis*, aber auch Tabak u.a.) zubereiteter (gekochter) Schamanentrunk amazonischer Schamanen.
3. Das Ritual, bei dem der Ayahuasca-Trank rituell und schamanisch eingenommen wird.

blow:
englisch, »Blasen, Luftzug, Brise«; »blasen, wehen, pusten«; »durchbrennen«; »Ausschnauben«; »(Geld) verpulvern«; »Koks wegballern«.

Callawaya:
auch: Qollahuaya/Callahuaya; die Wanderärzte der Andenregion seit vorspanischer Zeit; von *colla* (Aymara, »Medizin«) und *waya* (Aymara, »Träger«). Sie sprechen meist Ayamara und Quechua sowie Spanisch und ziehen, ihre Dienste anbietend, durch die Lande. Zu ihrer Pharmakopœia gehören natürlich Coca, andere andine Kräuter sowie aus Europa eingeführte Heilpflanzen.

cocada:
Längenmaß – nach dem Zeitraum für die Strecke, die man beim Kauen eines Cocapriems benötigt.

cocaficionado:
aus *coca* und spanisch *aficionado*, »Kunstfreund, Liebhaber, Kenner« aus Leidenschaft.

cocal:
»Cocafeld«.

cocales:
hispanisierte Mehrzahl von *cocal*.

Cocalandia:
Kokain-»Schlaraffen«-land.

Cocam:
Szeneausdruck für »Crack«; lingusitisch eine Kontraktion von *Coc*-aine und *Am*-moniak.

Cocapriem:
siehe Priem.

coqueo:
Die Zeit, die man zum Kauen eines Cocapriems benötigt; auch »Cocarunde«.

coquero:
Cocakauer.

Crack:
englisch, »Krach«; Name für eine Straßendroge, von der behauptet wird, sie sei aus Kokain und Backpulver gebacken und würde sofort süchtig machen.

Dope:
englisch, »dicke Flüssigkeit, Schmiere«; »Rauschgift, bes. Opium«; »Reiz- oder Aufputschmittel«; »Dopingmittel«.

Drugabusiologie:
Die Lehre von dem Drogenmissbrauch.

Drugabusiologen:
englisch: drugabuseologist; ein in Glaubenssystemen verankerter Pseudoexperte für den so genannten Drogen*miss*brauch; diesen Leuten ist ein Drogen*ge*brauch ganz fern; sie können nur die »missbräuchlichen« Aspekte betrachten.

fiend:
englisch, »Teufel, Dämon« oder »Fanatiker«.

flakes:
sind keine *Corn Flakes* für das Kinderfrühstück, sondern schuppenförmige Kristallisationen von besonders reinem Kokain (auf dem europäischen Markt fast unmöglich zu sehen oder zu erhalten).

free base:
Kokain, vorliegend als freie Base, das reine Kokainmolekül.

gedoped:
eingedeutscht von englisch dope; »mit Dope vollgeballert«.

high-altitude-Hypothese (-stress):
Die physiologische Theorie, dass die dünne Höhenluft für den Menschen ein Stresserzeuger, der Müdigkeit, Übelkeit, Kopfschmerzen, Schlaffheit und Antriebslosigkeit auslöst, ist. Dieser Stress kann pharmakologisch durch Kokain aufgelöst oder gemindert werden. Dieser Hypothese zufolge kauen die Indianer immer mehr Coca, je höher sie sich im Gebirge befinden.

Untergrundpublikation zur Herstellung von Freebase Coke (Titelblatt, USA, ca. 1980).

Interzone:

die Burroughs'sche Welt zwischen den Realitäten.

Koks:

deutsche Kontraktion von Kokain, ein Straßenname für das weiße Pulver (wie *coke* im Englischen).

Kokshansel:

Stricher, Strichjunge.

Magnan-Zeichen (-Symptom):

nach dem Zürcher Psychiater Valentin Jac. Jos. Magnan (1835–1916) benanntes Symptom: »Empfindung feinkörniger, ständig den Ort wechselnder Fremdkörper unter der Haut bei Cocainismus (›Kokskäfer‹)« (*Roche Lexikon Medizin*; 2. Aufl., 1987); (englisch *Magnan's movement, Magnan's sign*).

mate:

1. *Ilex paraguariensis.*
2. »Kräutertee«.

Morphkoks:

Mischung aus Kokain und Morphin 1:1 (von Bill Lee [William S. Burroughs] heiß und innig geliebt; Burroughs 1983: 146).

nom. nud.:

Abkürzung für den botanischen Fachbegriff *nomen nudum* = Name, der ohne Beschreibung und ohne Angabe der diagnostischen Merkmale veröffentlicht wurde, aber dadurch in der gültigen botanischen Nomenklatur keinen Status hat.

Organophiles:

Vertreter von Gesundheitslehren, die auf so genannten organisch-natürlichen Ernährungsformen beruhen; meist Marihuana rauchende, dogmatische Vegetarier und psychoaktive Chauvinisten und pharmakologische Calvinisten. JO hat das Wort erstmals publiziert.

Paraphernaliagesetz:

US-amerikanisches Gesetz, nach dem man aufgrund des Besitzes von Paraphernalien (Gegenständen) zum Gebrauch illegaler Drogen (zum Beispiel Wasserpfeifen) verhaftet werden kann.

perico:

wörtlich »Papagei« (spanisch); in Kolumbien ein Wort für »reines [Schwarzmarkt-]Koks«. Der Vogel *an sich* ist seit der Altsteinzeit ein Symbol des magischen oder schamanischen Flugs, der Reise in die Anderswelt, ein Zeichen der Kraft der Divination. Der Papagei ist ein Vogel, der ständig schnattert, sogar menschliche Worte reproduziert, deshalb wird er mit dem Sprechfluss/*Kokolores*, ausgelöst von Kokain, assoziiert.

Priem:

altes deutsches Wort für »Kautabak«; auf alles, was man im Mund kaut und in der Backentasche deponiert, übertragbar, zum Beispiel Cocapriem.

Psychonaut:

1970 von dem deutschen Schriftsteller Ernst Jünger (1894–1996) eingeführter Begriff (Kapitelüberschrift in seinem Buch *Annäherungen*); Jünger formuliert keine Definition, gibt nur das Wort. Albert Hofmann hat uns erklärt, dass der Psychonaut im Gegensatz zum Astronauten, der in das äußere Weltall reist, ein Reisender in den inneren Weltraum sei.

Rocks:

englisch, »Steine, Felsen«; gemeint sind die kristallisierten oder verbackenen Kokainklumpen; »Crack«.

sniefen/schniefen:

Koks inhalieren.

»Staubsauger« (Merlin®, 2000):

ein heftiger Koksschniefer ... *nothing else. The Hoover, Hoovercraft ...*

Speed:

Amphetamine

White Rabbit:

englisch, »weißes Kaninchen«; zoologisch auch Hase. Das weiße Kaninchen aus der Novelle »Alice im Wunderland« wird auch als Pseudonym für gutes und schnell wirkendes Kokain benutzt. Etymologisch vielleicht mit rapid, »Rapide/Schnell« und »Rammeln« verwandt. Es besteht vielleicht auch ein Bezug zum Osterhasen, dem heiligen Tier der Ostera = Freia, der germanischen Liebesgöttin.

Yungas:

Kordilleren, die tieferen Abhänge der Anden.

Das »weiße Kaninchen« oder »das weiße Karnickel« als Symbol für psychoaktive Substanzen, inklusive Kokain, auf Buchtitel, Schallplatten, Videos, CDs.

Cocachronologia, eine Zeittafel

3000 v. Chr.	Beginn des Cocakauens in Peru.
2500 v. Chr.	Ritueller Cocagebrauch in Huaca Prieto.
2000 v. Chr.	In Nordchile wurden die Haare von Mumien auf Kokain und den bedeutendsten Metaboliten (Benzylecgonin) hin untersucht (Cartmell et al. 1991).
1500 v. Chr.	Die Chavin-Kultur in Peru beginnt zu blühen. Beginn der Trepanation mit Coca in Peru.
1000–1460	Siedlung im Mantaro-Hochtal (Peru) hat Überreste von *Erythroxylum coca* var. *coca* (Hastorf 1987).
1560	Coca wird in Neuspanien verboten.
1569	Dr. Nicolas Monardes bringt die erste Cocapflanze nach Spanien. Man weiß nicht, ob diese Pflanze überlebte und in dem *Jardín Botánico* von Madrid gedeihen konnte.
1580	Monardes beschreibt die Cocapflanze botanisch einigermaßen korrekt.
1605	Clusius stellt die Pflanze erstmals botanisch dar.
1630	Das »Edikt gegen Astrologen, Sterndeuter und Hexer« tritt in Neuspanien in Kraft, damit wird der hexerische Gebrauch der Coca verboten.
1786	Lamarck beschreibt *Erythroxylon coca.*
1836	Eduard Poeppig (Leipzig) beschreibt die Cocapflanze und das Cocakauen, vor dem er warnt.
1846	Johan Jacob Tschudi, ein Schweizer, reist nach Südamerika und beschreibt den Gebrauch von Coca und Engelstrompete (*Brugmansia* spp.).
1855	Bibra publiziert sein Buch.
1859	Cocain wird erstmals rein dargestellt durch Albert Nieman. Paolo Mantegazza veröffentlicht seine Schrift über Coca (möglicherweise ist das Publikationsjahr 1860).
1860	Friedrich Wöhler veröffentlicht seinen Artikel »Ueber eine organische Base in der Coca« im deutschsprachigen *Archiv der Pharmazie.*
1863	Angelo Mariani bringt in Europa seinen Cocawein auf den Markt: *Vin Mariani.*
1884	Der Wiener Arzt Carl Koller führt Kokain als Lokalanästhetikum ein. Sigmund Freud veröffentlicht seine Schrift *Ueber Coca.*
1886	John Styth Pemberton erfindet die *Coca-Cola.*
1901	W. Golden Mortimer veröffentlicht *Peru: A History of Coca.*
1903/6	Der *Coca-Cola* wird das Kokain entzogen.
1906	Ab jetzt gilt das Reinheitsgebot in allen Gebieten des Deutschen Reichs.
1914	Der *Harrison («Narcotics») (Tax) Act* wird erlassen, und damit wird der freie Verkauf von Kokain und kokainhaltigen Zubereitungen kontrolliert.
1918	Am Ende des Ersten Weltkriegs werden die Deutschen von den Siegermächten gezwungen, das internationale Opiumgesetz, das auch Kokain verbietet, zu unterzeichnen.
1923	Richard Willstädter publiziert seine Kokainsynthese.

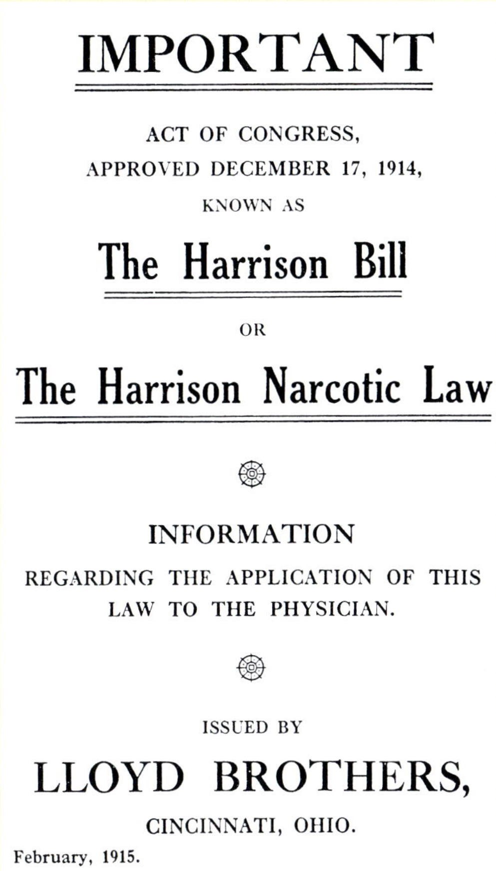

IMPORTANT

ACT OF CONGRESS,
APPROVED DECEMBER 17, 1914,
KNOWN AS

The Harrison Bill

OR

The Harrison Narcotic Law

INFORMATION
REGARDING THE APPLICATION OF THIS
LAW TO THE PHYSICIAN.

ISSUED BY

LLOYD BROTHERS,

CINCINNATI, OHIO.

February, 1915.

Die Titelseite des Kommentars der Lloyd-Brüder zum *Harrison Act* von 1914. Für Ärzte! (Faksimile.)

Altes Keramikgefäß aus dem Hotel Schwefelberg-Bad in Sangernboden, Schweiz. (Foto: Heinz Knieriemen)

1927	Pitigrilli (= Dino Segrè) schreibt seinen Koksroman »Kokain«. Gründung des »Cocaína Club« – *para todos* – in La Paz, Bolivien.
1948	UN-Coca-Kommission hat beschlossen, Coca auszurotten.
zirka 1950	In Peru wird ein staatliches Monopol für Cocaverkauf und -produkte eingeführt (ENACO).
1954	In Deutschland wird Pitigrillis *Kokain* indiziert.
1959	William S. Burroughs (1914–1997) veröffentlicht *Naked Lunch* (eine gekürzte und vom Verleger zensierte Fassung).
1961	Genfer Abkommen zur Vernichtung der Coca innerhalb von 25 Jahren.
1968	*Die Manifeste des Surrealismus* von André Breton erscheinen als rororo-TB.
1983	Crack wird erfunden, so steht es in der Zeittafel bei Siegel 1982.
1989	Der auf Coca spezialisierte Ethnobotaniker Dr. Timothy C. Plowman (1944–1989) stirbt. *The Cocaine Sentencing Act* tritt in Kraft.
2000	Bei Cochabamba/Bolivien werden *cocales* von Militärs vernichtet.
2001	Der Film *Traffic – Die Macht der Kartelle* wird mit 4 Oscars preisgekrönt.

Obwohl es eine Fülle an Literatur zu Cocaalkaloiden gibt, inklusive den so genannten *secondary alkaloids* oder »Nebenalkaloiden« (siehe ARCHER und HAWKS 1977, EVANS 1981), so konnten mit modernen nichtdestruktiven Analysemethoden im frischen Pflanzenmaterial lediglich Kokain und in Spuren die *cis*- und *trans*-Isomere des Cinnamoylcocain nachgewiesen weden. Es ist sehr wahrscheinlich, dass die *secondary alkaloids* (wie Ekgonin und dessen Methylester, α- und β-Truxillene, Hygrin und Cuskohygrin; siehe EDER und RUCKSTUHL 1943) lediglich als Abbauprodukte oder Artefakte der chemischen Manipulation vorliegen (COOKS et al. 1981, LYDON et al. 1993, PLOWMAN und RIVIER 1983, RIVIER 1981, SAUVAIN et al. 1997, SCHLESINGER 1985, TURNER et al. 1981, YOUSSEFI et al. 1979).

Dennoch wurden »125–150 neue Spurenalkaloide« (von denen konnten bisher 23 identifiziert werden) in bolivianischer und peruanischer Coca (*Erythroxylum coca* var. *coca*) jüngst beschrieben (CASALE und MOORE 1996a und 1996b, MOORE und CASALE 1977). Diese lagen jedoch in Konzentrationen vor, die keinerlei pharmakologische Aktivität entfalten würden.

Nikotin wurde früher als Inhaltsstoff in kommerziellen Proben von bolivianischer und javanischer Coca erwähnt (FIKENSCHER 1958, HEGNAUER und FIKENSCHER 1960), dies wurde aber seither nicht wieder bestätigt (RIVIER 1981) und sollte deshalb als suspekt erachtet werden. Allerdings wurden kürzlich geringe Spuren von Nikotin (> 0,08%) in den Blättern der asiatischen *Erythroxylum cuneatum* (WALL.) KURZ entdeckt (EL-IMAM et al. 1988). Damit könnte es doch Nikotin in der echten Coca geben.

Das Hauptalkaloid der Coca, das Kokain, und die signifikanten Nebenalkaloide *cis*- und/oder *trans*-Cinnamoylcocain wurden in allen vier kultivierten Cocavarietäten gefunden, während Kokain in 17 wilden *Erythroxylum* spp. nachgewiesen wurde – meist in Spuren, mit Ausnahme der venezolanischen *E. recurrens* (0,30%) und *E. steyermarkii* (0,11%); auch Cinnamoylcocain konnte in diesen Arten nachgewiesen werden, wie auch in der brasilianischen *E. pulchrum* und der bahamensischen *E. rotundifolium* (AYNILIAN et al. 1974, EL-IMAM et al. 1985, PLOWMAN und RIVIER 1983). Es gibt keinerlei Bestätigung für die Anwesenheit von Kokain in irgendeiner palæogæischer *Erythroxylum*-Art (siehe HOLMSTEDT et al. 1977), obwohl Cinnamoylcocain in der indischen *E. monogynum* vorkommt (CHOPRA und GOSH 1938), was aber nicht im frischen Pflanzenmaterial nachgewiesen werden konnte (PLOWMAN und RIVIER 1983).

Folgende Tafel erfasst die Anwesenheit von Kokain und Cinnamoylcocain in der Erythroxylaceæ; in der Tafel auf Seite 231 werden andere Kokainquellen aufgelistet.

Species	Cocaine (%)	Cinnamoylcocaine (%)
E. areolatum L.	0.0014	—
E. campestre St. Hil.	0.00014	—
E. coca Lam. [no variety specified]	0.53–1.87	—
var. *coca* Lam.	0.23–1.05	0.0011–0.72
var. *ipadu* Plowman	0.11–0.41	0.0016–0.0084
E. deciduum St. Hil.	0.0008	—
E. fimbriatum Peyr.	0.0011	—
E. glaucum O.E. Schulz	0.0003	—
E. gracilipes Peyr.	0.0015	—
E. aff. *impressum* O.E. Schulz	0.007	—
E. incrassatum O.E. Schulz	0.0007	—
E. lucidum H.B.K.	0.0003	—
E. macrocnemium Mart.	0.0012–0.0022	—
E. novogranatense (Morris) Hieron. [no var.]	1.29–1.63	—
var. *novogranatense* Morris	0.17–0.93	0.107–0.65
var. *truxillense* (Rusby) Plowman[2]	0.324–1.02	0.032–0.93
E. panamense Turcz.	0.00121–0.00141	—
E. pelleterianum St. Hil.	0.00123	—
E. pulchrum St. Hil.	0.00008–0.0004	0.0001
E. recurrens Huber	0.10–0.30	0.0049–0.031
E. rotundifolium Lunan	0.025	0.0001
E. shatona Macbride	0.0004–0.0005	—
E. steyermarkii Plowman	0.11	0.0026

Zur Tabelle auf Seite 230 siehe Referenzen im Text und: Balick et al. 1982, Evans 1981, Johnson 1989, Lydon 1993, Miyazaki und Watanabe 1962, Moore 1973, Rerat et al. 1997a, Turner et al. 1979, Villena und Sauvain 1997. Die Analyseergebnisse beziehen sich nur auf die Blätter. Kokain und Cinnamoylcocain wurden in den Zweigen und Beeren von *E. coca* var. *coca* (Nikotin in Blättern, Wurzeln und Stengeln), in den Beeren von *E. novogranatense* var. *truxillense*, und Kokain in den Zweigen von *E. novogranatense* var. *novogranatense* nachgewiesen. Nikotin konnte in den Blättern und (in geringerem Maße) in der Stammrinde von *E. cuneatum* (Wall.) Kurz gefunden werden.

Cinnamoylcocain wurde erstmals in Deutschland von F. Giesel (1889) isoliert und aus Ekgonin von C. Liebermann (1888, 1889) synthetisiert. Der Zimtsäure-Hauch (technisch: Cinnamoylmethylekgonin) gibt diesem Alkaloid ein zimtartiges Aroma und wird oft in geringen Mengen (zirka < 1%) im Schwarzmarktkokain gefunden (Moore 1973), wenn bei der Produktion die *non*-Kokainbasen zu wenig oxidierten (das wird normalerweise durch Zugabe von Kaliumpermanganat erwirkt). Es ist evident, dass in den kommerziell-kultivierten Varietäten von *E. novogranatense* weitaus höhere Konzentrationen von Cinnamoylcocain vorliegen als in denen von *E. coca* var. *coca*; var. *ipadu* wird nicht kommerziell kultiviert – in *E. coca* sind es gewöhnlich nur ein paar Prozent Cinnamoylcocain der Alkaloidfraktion (Cooks et al. 1981), obwohl 12 von 30 analysierten Proben höhere Werte hatten (>10%) (eine enthielt sogar mehr Cinnamoylcocain als Kokain). In zwei Proben von *E. novogranatense* var. *novogranatense* waren 10–31% der Alkaloidfraktion Cinnamoylcocain, in einer dritten 54%; während in neun Proben von var. *truxillense* 9–40% der Alkaloidfraktion Cinnamoylcocain auftauchten, in einer zehnten 56% (Plowman und Rivier 1983). Zudem heißt es, dass die Blätter des beschriebenen Typus nach Wintergrün (Methylsalicylat) rochen (Plowman 1979a). Dafür gibt es jedoch keine chemischen Belege. Dennoch wird erwähnt, dass die var. *truxillense* mehr ätherisches Öl enthält als die kommerzielle Coca, weswegen sie als Aromastoff bevorzugt wird – besonders für *Coca-Cola*®, das geheimnisvolle »Merchandise No. 5« oder »Coca-Cola-Pulver«, das ebenso erhebliche Mengen an bolivianischer Coca (*E. coca* var. *coca*) enthält. Ein Beamter der US-Botschaft in La Paz sagte 1994, dass etwa 450 Tonnen der bolivianischen Coca jährlich in die USA importiert werden würden. Bolivianischen Angaben zufolge werden jedoch von Alimex und Albo Export 22–680 Tonnen pro Jahr (von 1986–1993) in die USA exportiert (Lanza 1995); 1996 exportierte Bolivien von Chapare (angeblich die illegalen Anbauflächen) an Coca-Cola alleine 450 Tonnen Coca (Anonym 1996), und die peruanischen Exporte sind wahrscheinlich noch höher. Die UN autorisierte 1982 US-Coca-Importe von 1144457 Tonnen für die pharmazeutische Kokaingewinnung, exklusive der verarbeiteten Anteile der Stepan Chemical Co. für Coca-Cola, die keiner Regulierung unterliegen – zusätzliche 2038 Tonnen (Hurtado 1987). Bei der Wasserdampfdestillation der Blätter von var. *coca* wurde kürzlich 0,025% ätherisches Öl, davon 13,6% Methylsalicylat, isoliert (Novák und Salemink 1987); in den frischen Blättern der javanischen Coca (*E. novogranatense* var. *novogranatense*) 0,13% ätherisches Öl, hauptsächlich Methylsalicylat (Evans 1981). Der Gehalt an ätherischem Öl und Methylsalicylat in var. *truxillense* wurde genannt als Grund für die Vorrangstellung als Aromastoff; es ist aber wahrscheinlich, dass der Gehalt an Cinnamoylcocain für diese Auffassung verantwortlich ist – die Präsenz kann olfaktorisch leicht beim Schwarzmarktkoks erkannt werden, denn Kokain an sich ist geruchlos.

Tafel: Cocainologie von non-Erythroxylaceæ

Art	Kokaingehalt
Elorsia noyesi Schaus (Lepidoptera)*	0,0000035–0,000068%
Federal Reserve Notes, U.S. Treasury**	0,2–270 mg/Banknote
Homo sapiens, mumifiziert***	0,0000024–0,0000442%
Phthirusa pyrifolia (H.B.K.) Eichler****	unbekannt

* Die ist eine Motte, die sich von *E. coca* var. *ipadu* und anderen *Erythroxylum*-Arten ernährt (Blum et al. 1981, Plowman und Weil 1979).

** Bei einer Untersuchung von 136 US-Eindollar-Banknoten aus 14 Städten wurde festgestellt, dass 109 Stück (= 79%) mit Kokain »kontaminiert« waren und dass schon der normale Umgang mit solchen Banknoten beim Menschen ein kokainpositives (in Form des Metaboliten Benzoylekgonin) Testergebnis zeigt und bei dessen Urinanalyse 24 Stunden später nachweisbar ist (Oyler et al. 1996)![164] Bei einer früheren Studie wurden bei 131

164 »Ein positives Ergebnis bei Druwipes [dt. ›Droenwischer‹, ein Handabrollverfahren, wie bei JO am Hamburger Flughafen angewendet ...] wird von Gerichten nicht anerkannt. Es führt daher automatisch zur Anordnung einer Urinprobe.« (M.R., »Der Nachweis von Drogenkonsum: Schweiß-, Blut, Urin- und Haarmineral-Analysetests«, *HanfBlatt* 7[62]: 36–41, Jan. 2000, S. 37.)

Eine US-Dollarnote ist ein potenzieller Kokainträger.

von 135 US-Banknoten unterschiedlicher Einheiten (= 97%) aus 12 Städten bis zu 270 mg, durchschnittlich 7,3 mg pro Note nachgewiesen (Pool 1989).

*** Bei einer Untersuchung an ägyptischen Mumien (»sieben mumifizierte Köpfe ... eine komplette [Mumie] ... und eine unvollständige ...«), die mindestens 1600 Jahre alt waren, konnten in allen neun Proben Kokain nachgewiesen werden (per Gaschromatografie und immunologischen Analaysen von Haaren, Gewebe und Knochen). THC (der Cannabiswirkstoff) wurde ebenfalls in allen 9 Mumien gefunden sowie Nikotin in 8 (Balabanova et al. 1992). Im Haar von 76 von insgesamt 163 chilenischen Mumien (46,6%) aus vorspanischer Zeit wurde der Kokainmetabolit Benzoylekgonin nachgewiesen (Cartmell et al. 1991).

**** Dies ist ein Mistelparasit an *E. coca* var. *coca* in Peru (Plowman und Weil 1979). Diese Mistel wird in Peru als Ayahuasca-Additiv, allerdings ohne Angabe der Wirtspflanze, benutzt (Luna 1984). Es ist bekannt, dass australische Arten der Loranthaceæ (*Benthamia axlyxifolia*) Tropanalkaloide (Scopolamin) von ihrem Wirt *Duboisia* aufnehmen (Rätsch 1998, Trautner 1952). Vielleicht erklärt der Kokaingehalt in peruanischen Misteln deren schamanischen Gebrauch.

Die tropischen Misteln (*Phtirusa pyrifolia*) im amazonischen Dschungel bei Iquitos/Peru können vom Cocastrauch Kokain aufnehmen.

Es gibt viele Arten der Erythroxylaceæ, der Rotholzgewächse, die ethnobotanisch oder ethnomedizinische Bedeutung haben. Hier eine Auflistung der 53 Arten (zirka ein Drittel aller *Erythroxylum* spp.), die kein oder kaum Kokain, aber andere Alkaloide, vor allem Tropane, enthalten.

Eine *Erythroxylum* sp., die zeigt, warum die Gattung »Rotholz« heißt; »Rotholz«-Kräutertee aus Südamerika.

Erythroxylum-Spezies	Land (Name[n])
E. acuminatum (ARN.) WALP.[9,13,28]	Indien, Sri Lanka
Wurmmittel aus frischem Blättersaft	
E. acutum GENTNER[1b,8]	Kolumbien
volksmedizinisch, unspezifisch	(*coca de mono)*
E. anguifugyum MART.[28]	Brasilien
Rindentee bei Schlangenbissen	
E. areolatum L.[12a]	Jamaika
Zweige als Liminent	(*Red wood, iron wood*)
Rindentonikum#	
E. argentinum O.E. SCHULZ[5]	Argentinien, Brasilien
Magentee aus Blättern,	(*cocao, erva-de-pomba*)
auch bei Erkältungen, Sinusitis*	
E. campestre ST. HIL.[12a]	Brasilien
Purgativ#	
E. carthagenense JACQ.[8,17,18]	Kolumbien (*coca, jayo*)
laut Namen ein mögliches Coca-Substitut	Trinidad (*wild cocaine*)
E. cataractarum SPR. ex PEYR.[14,25,26]	Kolumbien (*coca del pescado, ipadú das*
Kubeo-Coca-Substitut*	*cachoeiras, moa patu*)
E. catuaba O.E. SCHULZ[6,11,21]	Bolivien (*catahua, chuchuwasi, wala wala*)
Rinde in Alkohol als Tonikum, Aphrodisiakum	Brasilien (*catuaba)*
Rheumamittel, bei Postpartum	Peru (*chuchu huasa, chuchuhuasi*)
Hemorrhage	
E. citrifolium ST. HIL.[28]	Brasilien
Rinde als Wundmittel*	
E. compactum Rose[4b]	Mexiko
volksmedizinisch	
E. corymbosum BOIVIN ex. BAILL.[2]	Madagaskar (*tomizo, tsimahamasasoky*)
volksmedizinisch	
E. cuneatum (MIQ.) KURZ[9,28]	Malaya (*kajoo mootoh, kajoo oorang*)
malayisches Tonikum	
Luzon: Fischgift*	Philippinen (*saleng*)

Erythroxylum-Spezies	Land (Name[n])
E. dekindtii (Engl.) O.E. Schulz[9] Blätter/Wurzeldekokt: Fiebermittel	Angola
E. delagoense Schinz/*E. brownianum* Davy[10a] Blätter bei Erkältungen	Südafrika
E. ecarinatum Burck[3,9] Die Aseki (Neuguinea) kauen Blätter*	Australien (*taa, Kerosene wood*) Indonesien, Papua
E. ellipticum R. Br. sensu Ramírez[16] volksmedizinisch	Mexiko (*zapotillo*)
E. ferrugineum Cav.[9] Blätterdekokt bei Diarrhoe*	Madagaskar
E. fimbriatum Peyr.[14,25,26] Bora/Huitoto Cocasubstitut#	Peru (*coca brava, coca del supay, me'ipie*)
E. gracilipes Peyr.[17,26] Quichua-Stimulanz#	Kolumbien (*sacha maugua*), Ecuador
E. havanense Jacq.[28] Hämostypticum	Kuba (*jiba*), Mexiko
E. hondense H.B.K.[8,13a] in Medizinaltees	Kolumbien (*palo blanco*)
E. hypericifolium Lam.[1a,9] Fruchtsaft als Diuretikum	Mascarenen (*bois de ronde*)
E. hypoleucum Plowman[15] im venezolanischen Schamanismus	Brasilien (*coca de caatinga, turi*), Venezuela (*cachito, palo de máguari, palo gallineta*)
E. kunthianum Kurz[9,24] Rinde wird mit *Piper betle* gekaut	China (*dong fang, guke*), Indien (*Oriental cocaine-tree*)
E. laurifolium Lam.[1,27] Blätter, Rinde, Holz als Aufguss bei Diarrhoe*	Mascarenen (*bois de ronde*)
E. lucidum H.B.K.[4a,6,21] ritueller Gebrauch wie mit Coca#	Bolivien (*kuka mama, mama coca*), Mexiko (*chíiucuy*), Peru (*urcu ingaína*)
E. macrophyllum Cav.[14,16,21,25,26] Bora/Huitoto-Cocasubstitut*	Mexiko (*coca, sapotillo*), Peru (*coca brava, coca del monte, coca del yachingo, ya me'ipie, yutobanco*)
E. mannii Oliv.[9] Blätter, Stengeldekokte bei Fieber; Rinde als analgesisches Liniment	Angola
E. monogynum Roxb.[13,29] Magenmittel, Diuretikum, Stimulanz*	Indien (*benáde, chembulichan, dévadáru, huli, jivadali, kumbulukay, sammanathi, simpuliccai*)
E. myrsinites Mart.[23] Ayoreo: essbare Frucht	Paraguay (*garamejná*)
E. myrtoides Boj.[9] Blätterdekokt als Diuretikum, Magenmittel	Madagaskar (*bois de fer*)
E. neo-caledonicum O.E. Schulz[9] Blätter für ein cocaähnliches Tonikum	Melanesien
E. orinocense H.B.K.[1b,8] volksmedizinischer Gebrauch	Kolumbien
E. pervillei Baill.[9] Dekokt der ganzen Pflanze als Bad##	Madagaskar

Erythroxylum-Spezies	Land (Name[n])
E. raimondii O.E. Schulz[6] gekaut als Cocasubstitut	Bolivien (*coca coca, kuka kuka*)
E. retusum Baill. ex O.E. Schulz[6] Blätterdekokt als Wurmmittel	Indien, Madagaskar
E. rotundifolium Lunan[7,12,19] Blätterdekokt als Stimulanz; Zweige als Zusatz zu Philtren#	Bahamas (*bohog*), Mexiko
E. rufum Cav.[10b] als Gift genutzt	Venezuela
E. sechellarum O.E. Schulz[9] Medizin gegen »Koliken«	Seychellen
Erythroxylum species (*E. mannii*?)[9,16a] Aufguss als Fiebermittel	Madagaskar (*fisatelo*)
Erythroxylum species[26] pulverisiert, wie Ipadú gebraucht	Kolumbien (*ita-jipie, coca de monte*)
Erythroxylum species[9] analgetisches Liniment	Madagaskar (*polititra*)
Erythroxylum species[9] Inhalationsmittel bei Asthma	Madagaskar (*taimboalavo*)
Erythroxylum species[2] Tanala-Liebeszauber	Madagaskar (*tendike*)
E. speciosa Mart.[10] Blätteraufguss als Tonikum	Brasilien (*catauba*)
E. squamatum Sw.[4,17] Name deutet auf Gebrauch als Stimulanz	Bolivien (*pacachosti*), Dominica (*ti feuille*), Martinique (*bois café*)
E. subracemosum Turcz.[6] gekaut als Cocasubstitut	Bolivien (*coca de guarayos, coca de monte, huara huara, iguavinchu, pastojo*)
E. tabascense Britt.[4a] Analgetikum, Magenmittel	Mexiko
E. tortuosum Mart.[22] Blätteraufguss bei Entzündungen, Rinde als Adstringens	Brasilien (*bananinha do campo, galinha choca*)
E. ulei O.E. Schulz[6,20,26] gekaut als Cocasubstitut, Blätterdekokt für den Magen, Kopfschmerzen	Bolivien (*coca de monte, huara huara, iguavinchu, munti koka, pastojo*), Ecuador (*awa-iti-fasi, iti- fasi, nanyame-iko, suara-iko*)
E. vacciniifolium Mart.[28a] Rindenaufguss als Tonikum*	Brasilien (*catuaba*)
E. venosum Rusby[8] gekaut als Cocasubstitut	Kolumbien (*coca-mono*)

Die mit * gekennzeichneten Arten enthalten verschiedene Alkaloide in ihren Blättern:
E. argentinum (0,20% Tropacocain, Hygrin, Cuskohygrin, nicht identifizierte benzoische Ester usw.)
E. cataractarum (0,20% Cuskohygrin, Dihydrocuskohygrin usw.)
E. citrifolium (0,03% an 3 unidentifizierten Alkaloiden)
E. corymbosum (0,03–0,06% an 3 unidentifizierten Alkaloiden)
E. cuneatum (0,08% an 6 Alkaloiden, darunter Tropacocain und Nikotin)
E. ecarinatum (0,11% zweier Alkaloide, hauptsächlich Tropacocain [Bock 2000])
E. ferrugineum (Spuren nicht identifizierter Alkaloide)

E. laurifolium (0,16% nicht identifizierter Alkaloide)
E. macrophyllum (0,002% an 6 nicht identifizierten Alkaloiden)
E. monogynum (Ekgonin, Cinnamoylcocain)
E. ulei (0,01% vom 4 Alkaloiden, inklusive Tropacocain)
E. vacciniifolium (0,032% von insgesamt 8 Alkaloiden)
(El-Imam et al. 1985, Evans 1981)

Die mit # gekennzeichneten Arten enthalten Kokain in ihren Blättern:
E. areolatum (0,0014%)
E. campestre (0,00014%)
E. fimbriatum (0,0011%)
E. gracilipes (0,0015%)
E. lucidum (0,0003%)
E. rotundifolium (0,025% plus 0,0001% *cis*-Cinnamoylcocain)
(Plowman und Rivier 1983)

Signifikanterweise werden drei dieser südamerikanischen Arten als Cocasubstitute (*E. fimbriatum, E. gracilipes, E. lucidum*) sowie die bahamesische *E. rotundifolium* als Stimulanz und Ingredienz für Philtren (Liebestränke) genutzt.

Die mit ## gekennzeichnete *E. pervillei* enthält in den Wurzeln 0,2% nicht identifizierte Alkaloide (Evans 1981).

Non-Cocæ-Referenzen (Abkürzungen, siehe Bibliografie):

1. Adsersen et al. 1997
1a. Al-Said et al. 1989
1b. Antonil 1978
2. Beaujard 1988
3. Bock 1994
4. Boom 1987
4a. Cano A. 1997
4b. Casas et al. 2001
5. Chaves et al. 1988
6. De Lucca und Zalles A. 1992
7. Eldridge 1975
El-Imam et al. 1985
El-Imam et al. 1988
Evans 1981
8. García Barriga 1992
9. Hegnauer 1981
10. Hirschhorn 1981
10a. Iwu 1993
10b. Johnson 1999
11. Kamppinen 1988
12. McClure und Eshbaugh 1983
12a. Mortimer 1901
13. Nadkarni 1976
13a. Plowman 1979b
14. Plowman 1981
15. Plowman 1983
16. Ramírez und Alcocer 1902
16a. Rosanaivo et al. 1992
17. Reis Altschul 1973
18. Reis und Lipp 1982
19. Rico-Gray et al. 1990
20. Russo 1992
21. Rutter 1990
22. Schmeda-Hirschmann und de Arias 1990
23. Schmeda-Hirschmann 1994
24. Schroeter und Panasiuk 1999
25. Schultes 1981
26. Schultes und Raffauf 1990
27. Sussman 1980
28. Uphof 1968
28a. van den Berg 1993
29. Watt 1966

Es gibt zwei yucatekische *Erythroxylum*-Arten, die ethymologisch mit dem Schamanismus der Maya zusammenhängen, aber keine bisher bekannte ethnomedizinische Verwendung haben:

Erythroxylum confusum	ik'che' »Windbaum« (ik' = Wind, Dämon, Krankheiten; Fliegen, Flug, Hauch che' = Baum)
Erythroxylum brevipes DC.	ik'iche' »Windbaum«

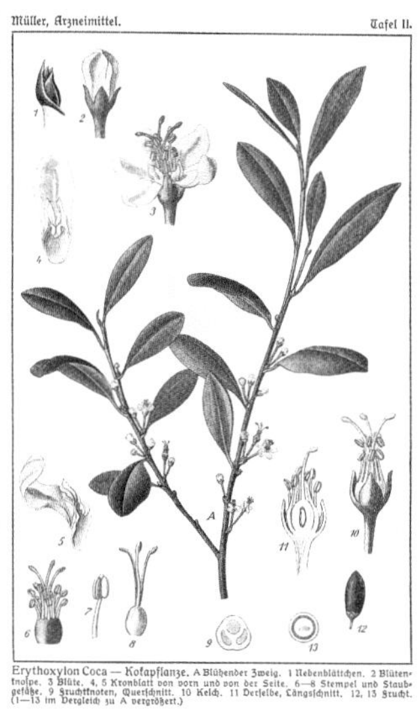

Tafel zur Cocapflanze (aus: Müller, Arzneimittel).

Cocainologie: von Mama Coca über *Pasta* zu *Merca*

Die Kunst der Chemie im Dschungellabor

Die vorhandene Literatur zur illegalen Kokainproduktion in Südamerika ist konfus, voller vager Beschreibungen und Details fragwürdiger Methodologien, offensichtlich aus Angaben aus zweiter Hand zusammengebastelt, aber ohne eigene Primärbeobachtungen belegt (zum Beispiel NICHOLL 1990). Manchmal werden lediglich die Chemikalien für diesen Proze aufgelistet, die natürlich ohne praktischen Wert sind (BEDREGAL und VISCARRA 1989, LANZA 1995, RILEY 1996, ZAMBRANA ROMÁN 1996). Mehrere Publikationen nennen einige Details des überwiegend imaginierten Vorgangs, wie man mit alkalischen Mitteln das Kokain aus den Blättern extrahiert (CLAWSON und LEE 1996, KARCH 1996, LEE 1981 und 1983, MARNELL 1997, SCHLESINGER 1985, YOUNGER 1973). Mit zwei Ausnahmen (KARCH 1996 und LEE 1981) handelt es sich um offizielle Berichte, und CLAWSON und LEE (1996) nennen als ihre Informationsquellen die Berichte der US »Drug Enforcement Administration« (DEA) (Younger war der Attorney General von Kalifornien und schrieb für ein Handbuch zum Training von Staatspolizisten; Schlesinger war ein Angestellter der DEA). Die Autoritäten nur an ausgebeuteten Materialien interessiert, nicht an deren spezifischer Anwendung.

Auf der anderen Seite liegen zwei sehr präzise Beschreibungen des Prozesses aus erster Hand vor, die von Morales (1989) über das peruanische Huallaga-Tal aus den 1980ern und die von Spedding (1994) über die bolivianischen Yungas von La Paz in den 1990ern. Beide stimmen darin überein, dass die erste Extraktion mit saurem Wasser, nicht mit basischem geschieht; das wird auch von Bono (1998) berichtet. Das ist, was man erwarten dürfte, denn Rivier (1981) hat deutlich gezeigt, dass eine basische Extraktion zu keinem nennenswerten Ergebnis führt. Wir haben beobachtet, dass sogar eine einstündige Inkubation eines simulierten Cocapriems mit einer alkalischen Substanz (pH-Werte von 7–14) nur zum Zerfall des Kokains führte. Außerdem ist bekannt, dass die so genannten Nebenalkaloide der Coca im basischen Milieu in Kokain umgewandelt werden können. Da starker Kokainzerfall im sauren Mileu erreicht wird, hat Rivier (1981) als bestes Extraktionsmittel für den initialen Prozess den kochenden Ethanol (Ethylalkohol) befunden.

Aus ökonomischen und praktischen Gründen ist diese Methode in den rustikalen Dschungellaboratorien mit ihrer massenhaften Cocaverarbeitung unmöglich – sogar bei der pharmazeutischen Kokainextraktion wird nur raumtemperierter Alkohol benutzt. Es ist hierbei wichtig zu beachten, dass die jährliche legale Kokainproduktion etwa 5 Tonnen beträgt (HURTADO 1987); in den gloriosen Tagen der Kokainproduktion erreichte Merck eine Menge von fast 9 Tonnen im Jahre 1913, also etwa die Hälfte der Weltproduktion (FRIMAN 1999); und selbst die japanischen Snoguns haben es nur auf eine Gesamtmenge von jährlich 30 Tonnen gebracht. Nach Schätzungen der weltweiten illegalen Kokainproduktion kommen jährlich mindestens 500–1500 Tonnen Kokain auf den illegalen Weltmarkt (die letztere Angabe ist die wahrscheinlichere, aber dennoch eher eine konservative Annahme). Der Gebrauch saurer oder basischer Wasser für die initiale Kokainextraktion aus den Blättern ist die einzige signifikante Diskrepanz zu den Angaben der Schwarzmarkt-Cocainologie, die ansonsten der etablierten Prozedur der Alkaloidchemie folgt.

Der Peruaner Morales (1989) hat uns den besten Bericht hinterlassen, ergänzt mit Fotografien und ökonomischen Analysen, basierend auf seinen umfangreichen Feldstudien in Peru und Kolumbien. Die Primärextraktion wird in rustikalen und versteckten Beton- oder Plastikbecken, direkt an Flüsse angeschlossen, 7,2–8 m x 3,6-5 m x 0,9 m (mit einer maximalen Kapazität von 64 m^3 = 64000 l), vollzogen. Zwei bis fünf Arbeiter sind für die Produktion von etwa 3 kg *pasta* oder Cocapaste aus 240–410 kg getrockneter Cocablätter, abhängig von der Herkunft (und damit der Kokainkonzentration), nötig. Morales gibt an, in einer bestimmten Gegend könne der gleiche Ertrag mit nur 95 kg erzielt werden. Wenn die Blätter in die Plastikbecken gegeben werden, durchfeuchtet man sie 12–18 Stunden mit einer wässrigen Schwefelsäure (etwa 5 kg/1300 l) – die Proportionen beruhen auf geschätztem Handgewicht; sie werden darin von den *pisacoqueros*, den Cocastampfern, zerstampft. Nach einer grobmaschigen Filtration werden die sauren Wasser mit dem gelösten Kokain in ein zweites Becken geleitet. Dort wird die Lösung durch Zugabe von Natriumkarbonat, Brennkalk (Calciumoxid) oder Zement leicht basisch gemacht. Danach wird sie mit Kerosin vermischt. Durch die basische Behandlung fällt das wasserunlösliche Kokain aus und löst sich wieder im beigemischten Kerosin. Da es eine geringere Dichte als Wasser hat, setzt sich an der Oberfläche eine Schicht ab, die dekantiert wird. Das Kerosin wird in einem dritten Becken ein weiteres Mal mit saurem Wasser gemischt, sodass sich das Kokain erneut auflöst. Das Kerosin wird abgeschöpft, um nochmals benutzt zu werden, und das saure Wasser wird durch die Zugabe von Natriumkarbonat basisch gemacht, wodurch schließlich die kokainreiche *pasta* entsteht. Diese wird durch Filtration geschieden und getrocknet, meist in der Sonne. Diese Prozedur wird zweimal wiederholt, das heißt, die Blätter werden insgesamt dreimal extrahiert, sodass mindestens 80% der Alkaloide nach der ersten Extraktion vorliegen.

Spedding (1994) hat genau dieselbe Prozedur für die bolivianischen Yungas beschrieben, nur mit dem Unterschied, dass fünf Extraktionen vorgenommen werden und Brennkalk für die erste Basifizierung und Natriumkarbonat für die zweite benutzt wird. Etwa 160–615 kg der *Coca yungueña* werden benötigt, um zirka 3 kg *pasta* zu erhalten, wobei die Coca von Chulumani die potenteste darstellt. Eine Verbesserung der Prozedur bestand darin, dass die Basizität des Extraktionswassers mit Naphtalin in Alkohol als Indikator oder per Geschmack zur Messung genutzt wurde. In Bolivien wird das kokainreiche saure Wasser beim letzten Schritt als *agua rica*, »reiches Wasser«, bezeichnet. Andere signifikante Details sind: die 3- bis 5-stündige Dauer der ersten *pisada* oder des Cocastampfens; die zweite *pisada* (hierbei mit der Hälfte an saurem Extraktionswasser) dauert 1,5 Stunden, und die drei letzten dauern 45, 20 und 15 Minuten; die letzte macht die »Bezahlung« für den »Chemiker« aus. Der ganze Prozess beläuft sich auf etwa 24 Stunden; wohl vor allem, weil die Arbeiter mit *pitillos* oder Spliffen gedreht aus Tabak und *pasta* bezahlt werden, die sie während ihrer Arbeit ständig rauchen – auch wenn dies »generell zu nächtlichem und wüstem Missbrauch führe und die Arbeit behindere«, nach der sie »schmutzig, mit aufgerissenen Augen und erschöpft« nach Hause zurückkehren.

Die krude *pasta* oder *sulfato* wird generell zu *pasta lavada* (»gewaschene *pasta*«, auch bekannt unter den Namen *bazuca* oder *basuco*, *besitos de ángel* [»Engelsküsschen«], *cebolla* [»Zwiebel«], *corocoro*, *picapulmones* [»Lungenstiche«] oder *suzuki*) verarbeitet. Dabei wird die *pasta* wiederum in wässriger Schwefelsäure gelöst und dann mit Kaliumpermanganat behandelt, damit die wasserlöslichen Alkaloide Ekgonin, das Nebenalkaloid Cinnamoylcocain und die zuvor aufgetretenen Kokainzerfallsprodukte wie Benzoylekgonin und Ekgonin oxidieren. Dann wird das Wasser wieder, diesmal aber mit Ammoniak basifiziert, wodurch ein Ertrag von 90% reiner Kokainbase gewonnen wird; das Ekgonin aus dem Cinnamoylcocain und die Kokainnebenprodukte verbleiben in der Lösung. 1 kg *base* mit einer Reinheit von 90% ergibt etwa 1 kg *merca*, *perico*, *pichicata* oder *pollo* (»Hühnchen«) – *Bolivian blow* oder *Columbian Coke* – da beides je die gleiche Menge an Kokainmolekülen enthält (bei einem Molekulargewicht von 303,36; und Hydrochlorid, M.G. 36,46 [Kokainhydrochlorid M.G. 339,82 ergibt genau 89,27% Kokainbase: 303,36 –: 339,82]).

Die Umwandlung von *base* zu *merca* geht schnell und ist einfach, obwohl es eine gute Kenntnis voraussetzt und eine sorgfältige Aufmerksamkeit für die Stoichiometrie (die Beachtung und Messung der korrekten Proportion von Kokainbase und Salzsäure 89,27 : 10,73) verlangt. Dazu wird die Base in Aceton oder Äther (der anhydriert oder wasserfrei sein muss) aufgelöst und mit reagenzreiner Salzsäure gelöst im gleichen Lösungsmittel versetzt. Dabei entstehen schöne Kristalle von *Cocaïnum muricatum* (Salzsäure ist auch unter dem Namen Murikatsäure bekannt), die fast unlöslich in Äther und nur sehr wenig löslich in Aceton sind. Diese werden abgefiltert und getrocknet.

Wenn man reagenzreine Salzsäure als Ausgangsstoff für das Hydrochlorid benutzt (dazu leitet man sie als Gas durch die Kokainbaselösung; HCl-Gas wird frei, wenn man Schwefelsäure auf ordinäres Tafelsalz [NaCl] träufelt), ist es wichtig, sich daran zu erinnern, dass es sich um eine saturierte (gesättigte) Lösung von etwa 38% Hydrochlorid (ein Gas bei Raumtemperatur) mit einer Dichte von 1,05 handelt. Um das korrekte Maß durch volumetrische Messung der Salzsäure zu erreichen, müssen sowohl die Konzentration als auch die Dichte beachtet werden. Wenn 1 ml Salzsäure eine Masse von 0,952 g (l –: 1,05) hat, enthält es 0,362 g Hydrochlorid (.952 x .38); in anderen Worten: 2,76 ml Salzsäure entsprechen 1 g Hydrochlorid. Jedes Gramm Kokainbase ergibt mit 120 mg Hydrochlorid (0,33 ml Salzsäure) 1,12 g Kokainhydrochlorid. Dies hängt aber von der Reinheit der *pasta* und von dem Ausgangsmaterial ab. Morales berichtete, dass 3,5 bis 4,0 kg *pasta* 1 kg Kokainhydrochlorid ergibt. Da dies 893 g Kokainbase bedeutet, enthielt diese *pasta* 22,3–25,5% Kokainbase. Spedding berichtet, dass 3 kg *pasta* aus den Yungas oder 2 kg aus Chapare, Bolivien, nötig wären, um 1 kg Kokainhydrochlorid zu produzieren, entsprechend einer Kokainbasekonzentration von 29,8 und 44,6%. Weniger zuverlässige Angaben zur *pasta*-Reinheit sind folgende: 40% (Clawson und Lee 1996); 40–50% (Riley 1996); 45% (Zambrana Román 1996).

Pasta kann schlecht riechen; Analysen haben die Anwesenheit von Kerosin, Schwefelsäure und Mangan sowie die Kokainzerfallsprodukte Benzoesäure, Ekgonin und dessen Methylester, Benzoylekgonin, Methanol, Ekgonidinmethylester, Tropin, Hygrin, Cuskohygrin und Tropacocain bestätigt, ebenso die Cocaalkaloide *cis*- und *trans*-Cinnamoylcocain samt ihren Zerfallsprodukten *cis*- und *trans*-Zimtsäure (Elsohly et al. 1991, Jeri 1984, Jeri et al. 1978, Moore 1973, Moore und Casale 1994, Schlesinger 1985, Toffili und Avico 1965).

Spedding (1994) liefert noch eine humoristische Anekdote zur »rechten« Art, *pasta-pitillos* zu rauchen: »Du brauchst eine Kerze und eine Apfelsine. Und beginne nicht vor zehn Uhr zu rauchen, erst wenn alle schon schlafen. Dann entzündest du die Kerze und löschst das Licht, sodass niemand mitkriegt, dass du noch wach bist. Die Kerze dient auch zum Anzünden, sonst würden deine Nachbarn ständig das Geräusch vom Kratzen der Streichhölzer hören. Denn ›sie sind ein Haufen Scheiße, diese brasilianischen Streichhölzer! Man braucht zehn um eines zum Brennen zu bringen!‹ Dabei zerschneidest du die Orangenschale und hältst Stücke davon in die Kerzenflamme. Der Geruch davon überdeckt den Geruch des *pitillo* größtenteils, und wenn die Polizei kommt (die *pitilleros* glauben immer, dass die Bullen hereinstürmen), finden sie keine verbrauchten Streichhölzer, die überall in der Gegend verstreut herumliegen. Und wenn sie fragen: ›Was machst du?‹, dann sagst du ›Ich haben einen Husten, kann nicht schlafen und röste Orangenschalen zur Erleichterung‹. Na klar, wenn du viele *pitillos* rauchst, ist zumindest der Hustenteil deiner Geschichte nicht erlogen.«

Das *SnoWhite® Coke Washing Kit* aus den Niederlanden ist ein Minilabor zum Reinigen des Straßenkokains. Samt Waschzettel!

Nachstellung eines Kokainlabors im Museo de la Coca in La Paz, Bolivien.

Einige praktische Tipps für Südamerikareisende

> Die Reise, welche dieses Buch beschreiben soll, verlief unter günstigen Umständen und hat mir viel Spaß gemacht. Nach einem etwas tölpelhaften Anfang hatte ich bis zum Schluss eine Menge Glück. Aber wir sind alle Wanderer in der Wildnis dieser Welt ...
>
> Robert Louis Stevenson
> *Reise mit dem Esel durch die Cevennen*
> (1995: 5)

Tropenkit zum Cocagebrauch.

Was macht man, wenn man in Südamerika legale Coca kaufen kann?

Man kann sie nach der traditionellen Methode kauen, aber es gibt auch andere Formen der Verwertung. Solche, die nicht illegal sind und die normalerweise keine Probleme schaffen können.

Eine Methode besteht darin, aus den Cocablättern ein Pulver zuzubereiten. Dazu werden die Blätter in einer Pfanne erhitzt, bis sie trocken und *crispy* sind. Danach werden sie in einer Kaffeemühle oder einem Blender (*licuadora*) fein zermahlen. Dieses Pulver wird mit einer wässrigen Lösung von Natriumbicarbonat (*bicarbonato de sodio*) oder Kaliumbicarbonat (*bicarbonato de potasio*) – beides ist in jeder Apotheke erhältlich – vermischt, sodass eine Art Paste entsteht. Nach zirka 30 Minuten ist das Produkt konsumbereit. Eine normale oder gute Dosis ist ein gehäufter Löffel voll.

Man nimmt ihn in den Mund, die so genannte Seitentasche oder »Hamsterbacke«, und behält ihn dort so lange, wie der oberflächenbetäubende Effekt anhält. Danach kann man den Priem mit einem Getränk herunterspülen, denn dadurch bekommt man die restlichen nahrhaften Bestandteile des Cocablattes ins eigene System.

Eine weitere effektive Methode, um Coca in einer sehr wirksamen Form zu sich zu nehmen, ist die Herstellung eines Extrakts.

Dazu nimmt man etwa 1 kg getrocknete Cocablätter, die möglichst fein zerteilt werden. Sie werden mit zirka 3 l Wasser und 3 gehäuften Löffeln voll Natriumbicarbonat für eine halbe Stunde gekocht. Die Flüssigkeit wird durch ein Sieb abgegossen, die verbliebenen Pflanzenrückstände werden ausgepresst. Dieser Dekokt wird dann weiter auf kleiner Flamme aufgekocht, bis eine dickflüssige, sirupartige Substanz entsteht. Dieser Extrakt kann sehr stark wirken und sollte bei den ersten Versuchen vorsichtig dosiert werden. Wie die optimale Dosis ist, kann man nicht vorhersehen, da sowohl die Kokainkonzentration in den Blättern variieren als auch die individuelle Toleranz stark unterschiedlich sein kann.

Man nimmt meistens einen Teelöffel voll zunächst in den Mund, und dann schluckt man alles herunter. Achtung: Die Wirkung kann sehr stark und überraschend sein.

Woher weiß man, dass das Kochsalz NaCl ist? – Durch Vertrauen!

Die Unverschämtheiten der Straßendroge

»Jedesmal, wenn ich einem bekennenden langjährigen Kokser reines, das heißt chemisch reines, etwa 90 bis 95 Prozent reines, quasi pharmazeutisches Kokain gegeben haben, war die Reaktion: ›Was isne das fürn Scheiß?‹ – Die langjährig erfahrenen ›Kokser‹ mochten nicht den reinen Stoff ... Denn sie lieben die Streckmittel, besonders das Amphetamin, aber nicht das Kokain. Aufgeklärt – abgeklärt.« (GS)

Durch den hohen Straßenpreis des Kokains bietet es sich natürlich an, die Menge an weißem Pulver zu erhöhen – mit billigen Streckmitteln. Dazu wird hauptsächlich Milchzucker u.ä. genommen sowie einige weitere pharmakologisch oder sogar psychoaktiv wirkende billigere Substanzen. Wenn das Kokain mit dem billigeren Amphetamin (Speed) oder Ephedrin gestreckt wird, fällt es dem Konsumenten beim Schniefen meist gar nicht auf. Amphetamine und dessen Derivate haben für sich geschnupft eine stark reizende, brennende Sensation auf der Basenschleimhaut (daran leicht zu erkennen). Wird jedoch die Menge Kokain nicht allzu gering bemessen, dann betäubt das Koks die Schleimhaut, und der brennende Effekt tritt nicht ein. Um den Geschmack und die physische Wirkung des Kokains zu erhalten, wird ein Kokainderivat, meist Lidocain, seltener Procain, verwendet. Diese Stoffe »schmecken« genau wie Kokain, haben die gleiche Oberflächenanästhesie und den bitteren Geschmack im Hals, allerdings nicht die gewünschte euphorisierende Wirkung. Mit Speed gestrecktes Koks hat wegen der Amphetamine eine viel längere weckaminige Dauer, die bei höherem Konsum zu starken Schlafstörungen führt. Manchmal werden auch abführende Substanzen zugesetzt, damit man den »Koksschiss« kriegt. Allerdings ist es fragwürdig, ob die Abführmittel bei der geringen nasalen Dosis tatsächlich deutlich pharmakologische Eigenschaften entwickeln können.

> Irgend so ein rauschgiftsüchtiges Schwein hat mein Kokain mit Saniflush [Natriumhydroxid, ein Toilettenreiniger] verschnitten, Schwester ...
> William S. Burroughs
> *Naked Lunch*
> (1999: 79 f.)

Man kann, wie es Gottlieb (1976) vorgeschlagen hat, die Streckmittel in zwei Gruppen aufteilen: die pharmakologisch aktiven Zusatzstoffe und die pharmakologisch unwirksamen Substanzen. Erstere dienen der Simulation der Kokaineffekte, Zweitere der voluminösen Vermehrung. Bei der ersten Kategorie kann es zu unerwünschten Synergien kommen, so etwa bei einer Mischung von Kokain und Yohimbin (Übelkeit, Erbrechen, Schwindelgefühle). Wird PCP zugesetzt, kann es zu Bewusstlosigkeit und heftigen Halluzinationen kommen. Ist der Stoff stark mit Milchzucker verlängert, kann man die wasserunlöslichen Kristalle an den Rändern der Nasenlöcher wie Schnee glitzern sehen.

Auf jeden Fall ist das Strecken der Ware ein Betrug zu Ungunsten des Konsumenten und entbehrt eigentlich aller Dealer-Ehre. Zudem enthalten die Koksbriefchen oft nur 0,7–0,9 g Material, werden aber als Ein-Gramm-Tüten ausgegeben. Noch ein Betrug! Man bekommt nicht nur kontaminierten Stoff, sondern auch noch zu wenig!

Es gibt aber auch Konsumenten, die gestrecktes Kokain bevorzugen, weil es dann nicht so »hart kommt«. Zum Abmildern wird meist Milchzucker verwendet.

In den späten 1970er Jahren gab es sogar professionelle Streckmittel (Anzeige aus dem US-amerikanischen Magazin *Head*, Juni 1978, S. 89).

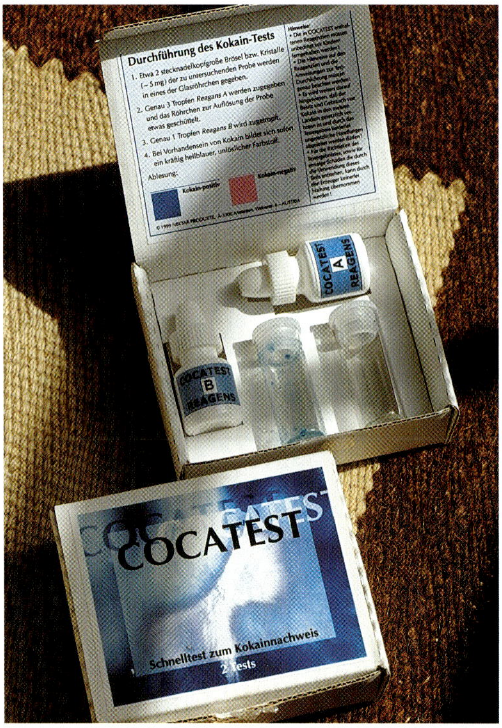

Das *SnoWhite® Coke Washing Kit* aus den Niederlanden ist ein Minilabor zum Reinigen des Straßenkokains. Samt Waschzettel!

- Amphetamine

  Wie man Amphetamine synthetisiert, kann man unter anderem bei dem Buch von Uncle Fester nachlesen, das jetzt von der US-Regierung gebannt werden soll, weil selbst chemische Formeln illegalisiert werden (Uncle Fester 1998).

  Manchmal werden Amphetamine *absichtlich* mit Kokain gemischt.

  Speed verstärkt die Kokainwirkung, verlängert sie vor allem (siehe Fischman 1987).
- Borax, ein Mineral (Borsalz)
- Chinin

  Chinin ist das Hauptalkaloid aus der Rinde des südamerikanischen Chinarindenbaums. Es wirkt stark gegen Malaria und andere Fiebererkrankungen, hat aber keine psychoaktive Wirkung. Es schmeckt bitter (man denke an Bitter Lemon und andere chininhaltige Erfrischungsgetränke).
- Gips

> Ich habe Gips im Schnurrbart ...
> (Kotzwinkle 1997: 245)

- Glas
- Inositol
- Joghurtkulturen

  Getrocknet und pulverisiert gleichen sie in verschiedenen Prüfeigenschaften dem Kokain-HCl (Fauser 1983).
- Kaffeeweiß

  Wahrscheinlich Milchpulver, mit Laktose angereichert.

Der billige *Kaffeeweißer* aus dem Supermarkt wird nicht nur zum Weißmachen von Kaffee, sondern auch gerne zum »Weißen« des (Roh)-Kokains untergemischt.

- Koffein
- Laktose

  Edelweiß: Milchzucker/Lactose/Laktose/Leck' die Nose:

  im Drogeriehandel unter dem Namen »Edelweiss«, wie einer der Spitznamen des Kokains selbst.
- Lidocain

  Als Base oder Hydrochlorid.
- Mannitol

  Babyabführmittel

Der Milchzuckerbeutel für die Profistrecker: Edelweiss® (Faksimile).

Untergrundpublikation mit chemischen Angaben zum Testen des Reinheitsgrads vom Straßenkokain (USA, zirka 1980).

• Methedrin

Methedrin ist in den USA das meistgebrauchte Streckmittel.

»Viele Benutzer sind so daran gewöhnt, mit Methedrin gestrecktes Kokain zu schnupfen, dass sie ungestrecktes Koks gar nicht mögen und als zu stark verdünnte Ware bemängeln« (Gottlieb 1976: 57).

• Pemolin
• Speed
• Yohimbin

Die Kombination von Kokain und Yohimbin ist für die meisten Menschen, vor allem für Männer, anscheinend sehr unangenehm. Es kann leicht zu Übelkeit führen, und zwar zu lang anhaltender, bis zu 24 Stunden.

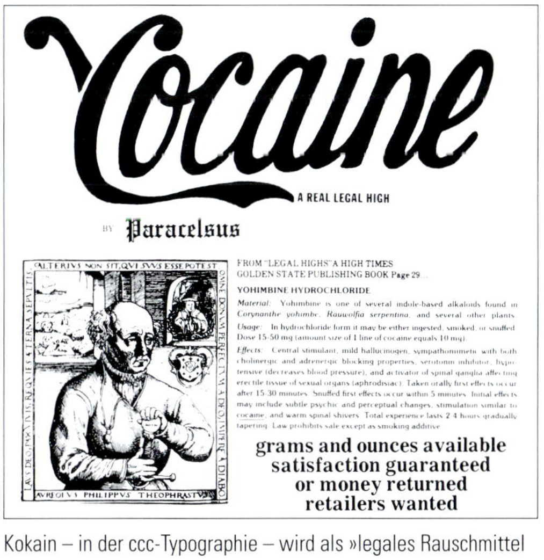

Kokain – in der ccc-Typographie – wird als »legales Rauschmittel nach Paracelsus« in einre Anzeige aus dem US-amerikanischen *Head Magazine* (Mai 1978) angepriesen.

Oftmals ist Straßenkoks nicht nur mit Milchzucker gestreckt, sondern erweist sich als ganzer Cocktail. Oft kommt ein Cut mit Mannitol, Lactose und Speed vor. Häufig ist es auch eine Mischung aus Kokain, Lidocain, Ephedrin und Milchzucker. Ein simpler Streckmitteltest ist das Erhitzen von einer kleinen Probe auf Staniol. Reines Kokain hinterlässt nur leichte orangefarbene Spuren, Laktose verkohlt rabenschwarz und verbreitet einen Geruch von angebranntem Zucker. Lidocain hinterlässt eine braune Schicht usw. (siehe Lee 1983).

> Ein Chemiker in La Paz in Bolivia glaubte aus der Coca eine krystallisirte Base dargestellt zu haben, ich konnte mich aber bei Untersuchung einer Probe von dieser vermeintlichen Base, die ich von Herrn v. Tschudi erhielt, leicht überzeugen, dass sie nichts anderes als Gyps war.
>
> Friedrich Wöhler
> *Ueber eine organische Base in der Coca*
> (1860: 29)

»*Kokainfälschungen.* Die Firma Merck-Darmstadt teilt uns folgendes mit: Auf dem Gebiete der Arzneimittelfälschung, dem infolge des mehr und mehr blühenden Schleichhandels mit Medikamenten Tür und Tor geöffnet ist, spielt in neuerer Zeit das Kokain eine große Rolle. Die wilden Händler und Fälscher rechnen, leider mit gutem Grund, darauf, daß für gewisse, außerhalb des Arzneimittelgebrauchs liegende Verwendungen des Mittels schließlich jeder Preis angelegt wird. In den letzten Wochen häufen sich die Fälle von mir bekannt werdenden groben Kokainfälschungen. Die Teils im Schleichhandel beschlagnahmten, teils von geschädigten Händlern vorgelegten Präparate erwiesen sich bei der Untersuchung als ganz geringwertige Stoffe, wie Magnesiumsulfat, Kalziumkarbonat, und enthalten keine Spur von Kokain.«[165]

Und das war bereits 1920! Magnesiumsulfat und Calciumcarbonat gehören auch heute noch zu den Verfälschungen und Streckmitteln der Straßendealer, die man früher »Schleichhändler«[166] genannt hat. Dazu ist das Calciumcarbonat ein alkalisches Kokainextraktmittel à la *llipta*. (Aus: Merck 1920 [Kokainfälschungen], *Zeitschrift für ärztliche Fortbildung* 17: 152.)

165 Merck wollte natürlich wie jeder Pharmakonzern sein Monopol halten.

166 So etwas wird es wohl schon immer in allen Kulturen zu allen Zeiten gegeben haben, wo sich die Obrigkeit an der Prohibition bestimmter Genussmittel selbst delektiert und bereichert hat.

Viele der so genannten Nebenwirkungen des geschnupften Kokains gehen gar nicht auf das Wirkungsspektrum des reinen Kokainalkaloids zurück, sondern beruhen auf Verunreinigungen und den beigefügten Streckmitteln (Schleichmittel, Betrugsmittel, [*unwanted*] *cuts*).

- Kanna: eine afrikanische Schniefe

Kanna (*Sceletium tortuosum*) ist ein südafrikanisches Kraut. Die Hottentotten (Khoi Khoi) haben die fermentierten und getrockneten Blätter geschnupft, gekaut und geraucht, meist in der Kombination mit Cannabis (*dagga*). Der Gebrauch von Kanna war mit der rituellen Jagd auf die Eland-Antilope, ebenfalls Kanna genannt, assoziiert. Dieses den Buschleuten auch heute noch heilige Tier wird von alters her in der Felskunst dargestellt. Nachdem die Holländer in Südafrika eingefallen waren, wurde der Name von Kanna in *Kougoed*, »kau gut« oder »etwas gut zu Kauendes«, transformiert. Bis heute gibt es einen Landstrich in Karroo, der *Kanna Land* heißt, denn dort soll die Pflanze nach wie vor häufig sein.

Früher wurde Kanna geraucht, manchmal mit Cannabis gemischt. In Kombination mit Hanf und/oder Alkohol können auch Visionen erscheinen.

Mesembrin und Mesembrenin sind die Hauptalkaloide der Kannapflanze. In kleinen Mengen können sie meditative und leicht narkotische Wirkungen entfalten; in höheren Dosen können sie kokainähnliche Effekte auslösen. Nach etwa einer Stunde wandelt sich die Wirkung in einen sedativen und trancigen Zustand. Die frischen Blätter enthalten auch manchmal stark irritierende Oxalsäure, aber der Gehalt wird durch die Trocknung reduziert und macht das Pflanzenpulver schnupfbar.

Als Schnupfpulver genügen 20 mg, um einen gewissen Effekt zu erreichen. 50–150 mg mit Kaugummi gekaut, können schon einen subtileren Effekt haben. 200 mg kann man mit einer Tasse Tee trinken. Kanna scheint die Wirkungen von Alkohol und Cannabis zu verstärken.

Kanna oder Kougoud, »Kau gut« (*Ckeletium tortuosum*), ein in Amsterdam produziertes und vermarktetes Schnupfpulverprodukt (als Coca-/Kokainsubstitut).

Bei Überdosierungen kann vorrübergehend Übelkeit und Kopfschmerz auftreten. Bei starker Überdosierung kann es zu Herzrasen (Palpitation) kommen. Kanna kann den Blutdruck erhöhen.

In hohen Dosen ist Kanna ein Euphorikum, und in niedrigeren Dosierungen ist es leicht Trance-induzierend. Der Körper wird empfindlicher und Schmerzen können geringer werden. Es sollen auch Angstfreiheit und Stresslosigkeit eintreten können sowie verbessertes Konzentrationsvermögen und höhere Bewusstheit.

Coke 'n' Caine – Kain und Abel

Hunde sind offensichtlich keine intelligenten Tiere; zumindest nicht wesentlich intelligenter als ihre Halter. Hundehalter sind so etwas wie Gefängniswärter. Kein Wunder, dass Herrchen und Frauchen die Physiognomie ihres Puschelchens annehmen. Kein Wunder, dass es zerfleischende Kampfhunde gibt. Je schlimmer Herrchen, desto aggressiver das Hündchen. Wenn man in Bogotá, der Hauptstadt von Kolumbien, einen *air-line*-gesteuerten Zwischenstopp macht, muss man seinen Koffer abholen, ins Land einreisen und dann den Koffer wieder aufgeben. Dazwischen wird man von Hundi beschnüffelt. Was für ein Witz. Meine Blue Jeans war zu einem zerfallenden Stück verkommen bzw. vergrünt. Vergrünt vom unappetitlichen Händeabwischen des Cocasaftes klebend als Beweislast an meinen Finger.

Aber Hundi hat leider keine Nase dafür gezeigt. Narzisstisch kostümierte Militärs treiben ihre Hunde, die ja so gut riechen können, aber wahrscheinlich vom vielen heimlichen Koksen künstliche Nasenscheidenwände aus Platin tragen, durch die Touristenmassen. So, als ob irgendein Tourist etwas Kokain im Gepäck hätte. Welch dreiste Vorstellung!

Jedenfalls schnüffelte sich Hundi direkt an mir vorbei. Hätte man die Jeansfetzen ausgekocht, würde man sicher auf ein halbes Gramm Kokain kommen. Aber die Hunde sind Teil der ganzen *Show*/Schau. Früher wurden in abgeschlossene Koffer sogar mit Black'n'Decker Löcher gebohrt. Darein durften dann die Hunde ihre Nase stecken und ergebnislos mit Herrchen stolz-militant weiterschreiten.

Der Mythos, dass trainierte Polizeihunde – gibt es eigentlich einen Unterschied zu Kampfhunden? – eine gute Spürnase hätten, ist wohl eher eine Tagespressengeschichte. Nur nebenbei bemerkt. Indianer stecken ihren Jagdhunden Chilipfefferschoten in die Nasenlöcher und andere Körperöffnungen, zum Beispiel ins Rektum. In der Hoffnung, dass sie dadurch Wild aufspüren könnten.

Die Hunde sind ideale Sklaventiere, denn sie lassen sich tatsächlich für eine Wurst dressieren. Arme Hunde ...

Sie werden auch angeblich von ihren Polizeiherrchen dressiert, »böse« Drogen aufzuspüren. Und den Steuerzahlern wird dafür verkauft, dass das hündische Genäsel dazu dient, sie vor dem gewaltigen Gift zu bewahren, indem sie einem die Hunde auf den Hals hetzen. Aber: vergeblich. Die Hundenasen sind nicht einmal so gut wie die anderer Schnüffler. Viele Leute haben darüber berichtet, dass vor allem die französischen Schnüffelhunde zu bekloppt sind, auch nur irgendwas zu finden. So ist die Franzosenpraktik: In ein Wohnmobil wird von zollrechtlich höchster Position ein Stück Haschisch oder ein Kokainkristall gelegt. Dreimal; und jedesmal wird der wursthungrige Hund ins fahrbare *Home* gehetzt. So wie man einen Hund mit einem Aststück bewegt. Damit er lernen soll, das gewisse »Böse Etwas« zu finden. Beim vierten Mal soll er dann das nicht vom Zollbeamten deponierte illegale Materiestück finden. Aber aussichtslos. Der Hund hat nie was gefunden. Er interessiert sich auch nicht dafür, merkt aber nicht, dass er für Herrchens blödes Spiel gebraucht wird. Hunde können weder THC noch Kokain riechen, sondern nur bestimmte Bestandteile ätherischer Öle wahrnehmen. So ist der Geruchsstoff, auf den die Polizei- und Zollhunde abgerichtet werden, ein normaler chemischer Bestandteil in den Essenzen vieler aromatischer Kräuter. So etwa im Beifuß (*Artemisia vulgaris*) und in anderen *Artemisia*-Arten, Salbei (*Salvia* spp.), Rainfarn (*Tanacetum parthenium* [L.] SCHULTZ BIP.) usw. Dazu kann die aromatherapeutische Literatur konsultiert werden.

Dass irgendein Hund auf den Hund gekommen ist und kokainsüchtig den staatlichen Stellen dient, bezweifle ich (CR) ernsthaft. Ich hätte sonst bei jeder Rückreise (entroper Trips) jedesmal verhaftet werden müssen. Aber zum Glück sind Hunde keine Felinen und ihre Halter zu duselig.

Bibliografie Rätsch/Ott

Zuweilen fragt man sich unwillkürlich, ob nicht des Menschen massiges Gehirn zu groß geworden ist, gleichsam ein wuchernder Pilz, der nur Raum im Schädel ausfüllen soll.

Robert de Ropp
Bewusstsein und Rausch
(1964: 21)

Wir haben eine sehr kompakte Bibliografie hier angefügt. Warum? Weil sie ein Dokument zur kulturgeschichtlichen Bedeutung von Coca und Kokain darstellt. Es gibt noch weit mehr Publikationen. Dank des Verbots von Pflanze und Chemikalie haben schon viele Schriftsteller gutes Geld verdient (natürlich niemals so viel wie die offiziellen Koksdealer). Aber wir, als anständige Schriftsteller, verschenken mal wieder unser Wissen. Viel Spaß beim Kopieren (uns macht es allerdings weitaus mehr Spaß, wenn wir nicht nur ausgeschlachtet, sondern korrekt zitiert werden).

Eine Bibliografie ist nicht nur eine narzisstische Dokumentation eigener Belesenheit, sondern ein kulturelles Dokument und ein Zeitzeugnis.

Für weitere Titel, die hier nicht aufgeführt sind, können folgende Bibliografien konsultiert werden:

Hefele, Bernhard
1988 *Drogenbibliographie* (2 Bde.), München usw.: K.G. Saur.

Reiter, Sabine, Wolfgang Heckmann und Siegfried Anders
1991 *Kokain: Eine ausgewählte Bibliographie*, Berlin: SPI.

Turner, Carlton E., Beverly S. Urbanek, G. Michael Wall und Coy W. Waller
1988 *Cocaine: An Annotated Bibliography* (2 Bde.), Jackson und London: Research Institute of Pharmaceutical Sciences/University Press of Mississippi.

A

Abramson, Harold A.
1960 »Psychoanalytic psychotherapy with LSD«, in: Harold A. Abramson (Hg.), *The Use of LSD in Psychotherapy*, New York: Josiah Macy, Jr. Foundation, S. 25–80.

Abruzzese, R.
1989 »Coca-leaf production in the countries of the Andean subregion«, *Bulletin on Narcotics* 41(1&2): 95–98.

Adams, E.H. und J. Durell
1984 »Cocaine: a growing public health problem [*sic*]«, in: John Grabowski (Hg.), *Cocaine: Pharmacology, Effects, and Treatment of Abuse* (*sic*), U.S. Government Printing Office/National Institute on Drug Abuse.

Adsersen, A. und H. Adsersen
1997 »Plants from Réunion Island with alleged antihypertensive and diuretic effects – an experimental and ethnobotanical evaluation«, *Journal of Ethnopharmacology* 58(3): 189–206.

Agejew, M.
1986 *Roman mit Kokain*, Reinbek: Rowohlt.

Agreda R., Evelín *et al.*
1996 *Mujeres cocaleras: marchando por una vida sin violencia*, Cochabamba, Bolivia: Comité Coordinador de las Cinco Federaciones del Trópico de Cochabamba.

Albo, Xavier
1986 »El mundo de la coca en Coripata, Bolivia«, in: Joan Boldó i Climent (Hg.), *La coca andina: visión indígena de una planta satanizada*, Coyoacán, México: Instituto Indigenista Interamericano, S. 253–295.

Alcina F., J.
1989 *Mitos y literatura quechua*, Madrid: Alianza Editorial.

Aldunate, Carlos *et al.*
1983 »Ethnobotany of a pre-altiplanic community in the Andes of northern Chile«, *Economic Botany* 37(1): 120–135.

Alexander, Bruce K.
1990 »Snow job«, *Reason* Dezember: 29–42.

Allen, Catherine J.
1981 »To be Quechua: the symbolism of coca chewing in highland Peru«, *American Ethnology* 8: 157–171.
1988 *The Hold Life Has: Coca and Cultural Identity in an Andean Community*, Washington und London: Smithsonian Institution Press.

Allen, Frederick
1994 *Coca-Cola Story: Die wahre Geschichte*, Köln: vgs.

Al-Said, Mansour S. *et al.*
1989 »Alkaloids of *Erythroxylum hypericifolium* stem bark«, *Phytochemistry* 28(2): 671–673.

Amann, Max
2000 *Dem Geist auf die Sprünge helfen*, München: Goldmann.

Amendt, Günter
1970 *Sexfront*, Frankfurt/M.: Zweitausendeins. (Erweiterte Neuausgabe, Reinbeck: Rowohlt, 1989).
1984 *Sucht Profit Sucht*, Frankfurt/M.: Zweitausendeins.
1987 *Der grosse weisse Bluff: Die Drogenpolitik der USA. Eine Reportage*, Hamburg: Konkret Literatur Verlag.
1991 »Gewalt an allen Fronten«, in: Werner Jehle (Hg.), *Drogen: Welt in Trance*, Basel: Galerie Littmann, S. 39–49.
1992 *Die Droge, der Stadt, der Tod: auf dem Weg in die Drogengesellschaft*, Hamburg: Rasch und Röhring Verlag.

Andrews, George und David Solomon (Hg.)
1975 *The Coca Leaf and Cocaine Papers*, New York und London: Harcourt Brace Jovanovich.

Andritzky, Walter.
1987 »Das Koka-Orakel«, *Esotera* 3/87: 50–57.
1989 *Schamanismus und rituelles Heilen im Alten Peru* (2 Bde.), Berlin: Clemens Zerling Verlag.

Angrist, Burton und Abraham Sudilovsky
1978 »Central Nervous System Stimulants: Historical Aspects and Clinical Effects«, in: Leslie L. Iversen et al. (Hg.), *Handbook of Psychopharmacology*, New York und London: Plenum Press, S. 99–111f.

Añez R., L.
1991 *Antecedentes históricos de la legislación de la coca: 1827–1983*, La Paz, Bolivia: Diagrama/Privatdruck. (»Decreto Supremo Nº 1772«, S. 106–108; »Decreto Supremo Nº 1804«, S. 108–109).

Anonym
1885 »Wine of coca«, *Druggist's Circular and Chemical Gazette* 1885: 92.

Anonym
1886 »Cucaine [*sic*] in nymphomania«, *British Medical Journal* 1886: 564.

Anonym
1895 »Coca wine or Vin Mariani«, *Pharmacological Journal* 1895: 1195.

Anonym
1897 »Medicated-wine essences«, *Chemist and Druggist* 1897: 198.

Anonym
1958 »Literatur zum Thema (Auswahl)« und »Notizen zum Thema« (= Koka), *Ciba Zeitschrift* 92(8): 3073; 3075–3076.

Anonym
1972 *Drugs of Abuse*, Washington, D.C.: U.S. Government Printing Office/Bureau of Narcotics and Dangerous Drugs.

Anonym
1977 *Drugs of Abuse*, Washington, D.C.: U.S. Government Printing Office/Drug Enforcement Administration.

Anonym
1984 *La historia de la coca*, Salta, Argentina: Círculo Médico de Salta (mit Anhang, »Valor alimenticio de la coca«, siehe: Duke *et al.* 1975).

Anonym
1986 »Rauschgift: Gestörte Reize«, *Der Spiegel* 36: 202–205.

Anonym
1990 »Coca: symbol of 500 years of resistance in the Andes. The sacred leaf and the ›War on Drugs‹«, *South American Indian Information Center Newsletter* 5(3&4): 24–26.

Anonym
1996 »Vender la coca… y el Chapare«, *Cocapress: boletín internacional coca, drogas y desarrollo sostenible* 14: 2.

Anonym
1997 »Fen-phen: risky plan for dieters in any form«, *Consumer Reports* 62(8): 6.

Anrep, Basili von
1880 »Über die physiologische Wirkung des Cocaïn«, *Archiv für die gesammte Physiologie* 21: 38–77.

Antonil (siehe: A. Henman 1981)
1978 *Mama Coca*, London: Hassle Free Press. Zusammenfassung, 1978. »Mama Coca«, *Journal of Psychedelic Drugs* 10(2): 99–104.

Antonin, Dominique
1997 *Un peu d'encre sur la neige: L'expérience de la cocaïne par les écrivains*, Paris: Éditions du Lézard.

Anvil, J.M.
1979 *Everything You'll Ever Need to Know About Freebase Cocaine: The Greatest Thing Since Sex*, San Francisco: World's Fair Publishing Company. Reprint, 1998. In: *Psychedelic Underground Library: Nine Rare Classics*, Berkeley, CA: Ronin Publishing, Inc., S. 161–186.

Archer, A. und R.L. Hawks
1977 »The chemistry of cocaine and its derivatives«, in: S.J. Mulé (Hg.), *Cocaine: Chemical, Biological, Clinical, Social and Treatment Aspects*, Cleveland, OH: CRC Press, S. 15–32.

Arrueta R., J.A.
1994 *Campesinado, coca y estado*, Cuzco, Perú: Centro de Estudios Regionales Andino »Bartolomé de las Casas«.

Artaud, Antonin
1991 »General security: the liquidation of opium«, in: John Strausbaugh und Donald Blaise (Hg.), *The Drug User Documents: 1840–1960*, New York: Blast Books, Inc., S. 50–52.

Aschenbrandt, Theodor
1883 »Die physiologische Wirkung und Bedeutung des Cocain. muriat. auf den menschlichen Organismus«, *Deutsche medizinische Wochenschrift* 50: 730–732.
1886 »Der Cocawein, ein neues Verpflegungsmittel«, *Allgemeine militärische Zeitung* (siehe: B. Holmstedt und A. Fredga, 1981. »Sundry episodes in the history of coca and cocaine«, *Journal of Ethnopharmacology* 3(2&3): 113–147; Maier 1926).

Ashley, Richard
1975 *Cocaine: Its History, Uses and Effects*, New York: St. Martin's Press.
1977a »Coca: Countering the up-down Cycle«, *Head* November: 35–38.
1977b »Coke checks: rating the cocaine purity tests«, *Head* Dezember: 43–46, 87.

Ausstellungskatalog
1986 *Tairona-Goldschmiede der Sierra Nevada de Santa Marta, Kolumbien*, Hamburg: Museum für Völkerkunde.

Aynilian, G.H. *et al.*
1974 »Cocaine content of *Erythroxylum* species«, *Journal of Pharmaceutical Sciences* 63(12): 1938–1939.

B

Babb, Ronald L.
1996 *Kokain: Aus der Drogenhölle Perus zur Freiheit – Ein persönlicher Bericht*, Neuhausen-Stuttgart: Hänssler-Verlag.

Bädekerl, Klaus
1983 *Ein Kilo Schnee von Gestern*, München und Zürich: Piper.

Baker, P.T. und R.B. Mazess
1963 »Calcium: unusual sources in the highland Peruvian diet«, *Science* 142: 1466–1467. Spanische Übersetzung von J. de Salazar in: William E. Carter (Hg.), 1996. *Ensayos científicos sobre la coca*, La Paz, Bolivia: Librería Editorial »La Juventud« (2. Aufl.; 1. Aufl. 1982), S. 67–70.

Balabanova, Svetlana
2000 »Suchtmittelnachweise im Altertum«, *Migration & Diffusion – An International Journal* 1(1) (in Vorbereitung).

Balabanova, S. *et al.*
1992 »First identification of drugs in Egyptian mummies«, *Die Naturwissenschaften* 79: 358.

Balick, Michael J. *et al.*
1982 »The effects of field preservation on alkaloid

Das silberverspiegelte Cover von Ballards »Kokainnächten« verspricht mehr, als es hält. Das Kokain dient nur als Aufreißer für eine Geschichte um die geheime Welt von Geschäften, Kriminalität, Drogen und unerlaubtem Sex.

content of fresh coca leaves (*Erythroxylum* spp.)«, *Journal of Ethnopharmacology* 6(3): 287–291.
Ballard, J.G.
1997 *Cocaine Nights*, London: Flamingo (siehe: Burrouhgs 1993).
Balter, M.
1996 »New clues to brain dopamine control, cocaine addiction«, *Science* 271: 909.
Banbery, J.
1998 »Treatment of withdrawal syndromes«, in: Steven B. Karch (Hg.), *Drug Abuse Handbook*, Boca Ratón, FL: CRC Press, S. 512–521.
Barash, P.G.
1977 »Cocaine in clinical medicine«, in: R.C. Petersen und R.C. Stillman (Hg.), *Cocaine: 1977* (NIDA Research Monograph Nr. 13), Washington, D.C.: U.S. Government Printing Office/National Institute on Drug Abuse, S. 193–200.
Barger, Brian
1986 »The contras and cocaine« und »The Ollie North sex hoax«, *Penthouse* 79–81 *et seq.*
Barnett, G. *et al.*
1981 »Cocaine pharmacokinetics in humans«, *Journal of Ethnopharmacology* 3(2&3): 353–366.
Bascopé Aspiazu, René
1989 *Die weisse Ader: Coca und Kokain in Bolivien*, Zürich: Rotpunktverlag.
Bastien, J.
1983 »Pharmacopeia of Qollahuaya Indians«, *Journal of Ethnopharmacology* 8(1): 97–111.
Bauer, Wolfram R. (Buch u. Regie)
1996 *Geheimnisvolles Land der Kogi-Indianer*, Berlin: Neue Berliner Filmgesellschaft/NDR (Fernsehfilm, Dokumentation).
Baumann, Wolfgang
1988 *Kleine Geschichte der altamerikanischen Kunst*, Köln: DuMont.
Baumgärtner, Theo
1998 *Kiffen, Koksen und Klausuren: Über den studentischen Umgang mit legalen und illegalen Drogen in Ostdeutschland*, Leipzig: Leipziger Universitätsverlag.
Baumgartner, Daniela
1994 »Das Priesterwesen der Kogi«, *Jahrbuch für Ethnomedizin und Bewusstseinsforschung* 3: 171–198.
Bayona Vengoa, Moises
1994 *La coca del Perú: símbolo de la resistencia andina ante los 500 años de la invasión europea*, Quillabamba, Perú: Privatdruck.
Beaujard, P.
1988 »Plantes et médecine traditionnelle dans le sud-est de Madagascar«, *Journal of Ethnopharmacology* 23(2,3): 165–265.
Bedregal G., G. und R. Viscarra P.
1989 *La lucha boliviana contra la agresión del narcotráfico*, La Paz, Bolivia: Editorial »Los Amigos del Libro«.
Behr, Hermann
1964 *Die Goldenen Zwanziger Jahre: Das fesselnde Panorama einer entfesselten Zeit*, Hamburg: Hammerich & Lesser.
Behr, Hans-Georg
1980 *Weltmacht Droge: das Geschäft mit der Sucht*, Wien und Düsseldorf: Econ Verlag.
Benn, Gottfried
1916 *Gehirne – Novellen*, Leipzig: Kurt Wolf Verlag.
1949 »Provoziertes Leben«, *Ausdruckswelt, Essays und Aphorismen*, Wiesbaden: Limes Verlag, S. 332–343.
1963 »Provoked life – an essay on the anthropology of the ego«, *The Psychedelic Review* 1: 47–54 (Übersetzung von Ralph Metzner; siehe: Benn 1949).
1982 *Gedichte, in der Fassung der Erstdrucke*, Frankfurt/M.: Fischer. o.D., *Lyrik und Prosa – Briefe und Dokumente*, (Gütersloh): Bertelsmann Lesering.
Bentley, W.H.
1880a »Erythroxylon [*sic*] coca«, *Therapeutic Gazette* 4: 172.
1880b »Erythroxylon [*sic*] coca in the opium and alcohol habits«, *Therapeutic Gazette* 4: 253–255.
Berendonk, Brigitte
1992 *Doping: Von der Forschung zum Betrug*, Reinbek: Rowohlt.
Berg, C. C.
1978 »Espécies de *Cecropia* da Amazônia brasileira«, *Acta Amazônica* 8(2): 149–182.
Bergius, Hanne und Karl Riha
1977 »Nachwort« zu: *Dada Berlin, Texte, Manifeste, Aktionen*, Stuttgart: Reclam.
Bergmark, Matts
1958 *Lust und Leid durch Drogen: Aberglaube und Wissenschaft in der Geschichte der Drogen*, Stuttgart: Wissenschaftliche Verlagsgesellschaft.
Bernfeld, Siegfried
1953 »Freud's studies on cocaine, 1884–1887«, *Journal of the American Psychoanalytic Association* 1(4): 581–613.
Bernhardt, Claudia
2000 »Coca: Kokastrauchblätter«, *Co'Med* 2: 46.
Bianchi, A., C.A. Clerici und S. Poli
1997 *Droghe in guerra: Uso bellico di sostanze psicoattive*, Milan: Mursia.
Bibra, Baron Ernst Freiherr von
1855 *Die narkotischen Genussmittel und der Mensch*, Nürnberg: Verlag von Wilhelm Schmid. Faksimile, 1995. Leipzig: Reprint-Verlag. Englische Übersetzung, mit Anmerkungen und Bibliografie von J. Ott, 1995. *Plant Intoxicants: A Classic Text on the Use of Mind-Altering Plants*, Rochester, VT: Healing Arts Press.
1857 *Journal für Pharmakodynamik* 4 (siehe: Maier 1926; als Bibera).
Bier, A.
1889 »Versuche über Cocainisierung des Rückenmarkes«, *Deutsche Zeitschrift für Chirurgie* 51: 361–369.
Birk, G.
1995 *Plantas útiles en bosques y pampas chiquitanas*, Santa Cruz de la Sierra, Bolivia: APCOB.
Bischof, Henning
1986 »Politische Strukturen und soziale Organisation im Bereich der Tairona-Kultur«, in: *Tairona Goldschmiede der Sierra Nevada de Santa Marta, Kolumbien*, Hamburg: Hamburgisches Museum für Völkerkunde, S. 22–27.
Bittmann, Bente
1983 »On coca chewing and high-altitude stress«, *Current Anthropology* 24(4): 527–529.
Bluhm, Detlef
1997 *Auf leichten Flügeln ins Land der Phantasie: Tabak und Kultur*, Berlin: Transit.
Blum, M.S. *et al.*
1981 »Fate of cocaine in the Lymantriid *Eloria noyesi*, a predator of *Erythroxylum coca*«, *Phytochemistry* 20(11): 2499–2500.
Bock, Michael
1994 *The Psychoactive Flora and Fauna of Australia*, Victoria, Australia: unveröffentlichtes Manuskript.

GEHIRNE
NOVELLEN
VON
GOTTFRIED BENN
KWV
LEIPZIG
KURT WOLFF VERLAG
1916

2000 Persönliche Mitteilung (neues Kapitel für Diss.).
Boja, J.W. und W.M. Meil
1998 »The dopamine transporter and addiction«, in: Steven B. Karch (Hg.), *Drug Abuse Handbook*, Boca Ratón, FL: CRC Press, S. 397–412.
Boldó i Climent, Joan (Hg.)
1986 *La coca andina: visión indígena de una planta satanizada*, Coyoacán, México: Instituto Indigenista Interamericano.
Bolton, Ralph
1973 »Aggression and hypoglycemia among the Qolla: a study in psychobiological anthropology«, *Ethnology* 12: 227–257.
1976 »Andean coca chewing: a metabolic perspective«, *American Anthropologist* 78(3): 630–634.
1979 »On coca chewing and high-altitude stress«, *Current Anthropology* 20(2): 418–420.
Bongartz, Dieter und Alexander Goeb
1981 *Das Drogenbuch*, Reinbek: Rowohlt.
Bono, J.P.
1998 »Criminalistics – introduction to controlled substances«, in: Steven B. Karch (Hg.), *Drug Abuse Handbook*, Boca Ratón, FL: CRC Press, S. 1–75.
Boom, Brian M.
1987 *Ethnobotany of the Chácobo Indians, Beni, Bolivia* (Advances in Economic Botany, Bd. 4), Bronx, NY: The New York Botanical Garden.
Boom, Brian M. *et al.*
1982 »Biosystematics and Evolution of Cultivated Coca (Erythroxylaceae)«, *Systematic Botany* 7(2): 121–133.
Boom, Brian M. und Sylvia Moestl
1990 »Ethnobotanical Notes of José M. Cruxent from the Franco-Venezuelan Expedition to the Headwaters of the Orinoco River, 1951–1952«, *Economic Botany* 44(3): 416–419.
Bourget, Steve
1990 »Caracoles sagrados en la iconografía moche«, *Gaceta Arqueológica Andina* 5(20): 45–58.
Boville, Belén
2000 *La guerra de la cocaína: drogas, geopolítica ya medio ambiente*, Madrid: Editorial Debate.
2001 »La cocaína«, *Cáñamo Especial* 2001: 50–53.
Boye, Karin
1986 *Kallocain: Roman aus dem 21. Jahrhundert*, Kiel: Neuer Malik Verlag.
Boyle, Robert
1744 »On the usefulness of natural philosophy«, *The Works*, Bd. I, S. 423–454, London.
Bracken, Mark E., Deborah R. Bracken, Arnold G. Nelson und Robert K. Conlee
1988 »Effect of cocaine on exercise endurance and glycogen use in rats«, *Journal of Applied Physiology* 64(2): 884–887.
Braun, H. und A. Läwen
1951 *Die örtliche Betäubung: ihre wissenschaftliche Grundlage und praktische Anwendung. Ein Hand- und Lehrbuch*, Leipzig: Johann Ambrosius Barth (9. Aufl., 1. Aufl. 1905).
Brautigan, Richard
1995 *Die Pille gegen das Grubenunglück von Springhill & 104 andere Gedichte*, Reinbek: Rowohlt.
Bray, Warwick
1979a *Gold of El Dorado*, New York: American Museum of Natural History.
1979b *El Dorado: Der Traum vom Gold*, Hannover: Bücher-Büchner.
Bray, Warwick und Colin Dollery
1983 »On coca chewing and high-altitude stress: a spurious correlation«, *Current Anthropology* 24(3): 269–282.
Breton, André
1968 *Die Manifeste des Surrealismus*, Reinbek: Rowohlt.
Brey, M. und G. Infantes (Hg.)
1996 *Relación de la coca y de su origen y principio y por qué es tan usada y apetecida de los indios naturales deste Reyno del Pirú*, Santafé de Bogotá: Instituto Caro y Cuervo (1. Aufl.; Manuskript aus dem 17. Jahrhundert).
Brod, Max
1956 Annerl – *Roman des Kokains*, Reinbek: Rowohlt (©1937 by Max Brod, Tel Aviv). [Umschlagentwurf Karl Gröning jr./Gisela Pferdmenges.]
Brogan, W. *et al.*
1992 »Recurrent coronary vasoconstriction caused by intranasal cocaine: possible role for metabolites«, *Annals of Internal Medicine* 116(7): 556–561.
Browne, David
1988 *Crack und Kokain* (Illustriert von Ron Hayward Associates), Nürnberg und Hamburg: Tessloff Verlag.
Buchillet, D.
1992 »Nobody is there to hear: Desana therapeutic incantations«, in: E. Jean Matteson Langdon und Gerhard Baer [Hg.], *Portals of Power: Shamanism in South America*, Albuquerque, NM: University of New México Press, S. 211–230.
Budavari, Susan *et al.* (Hg.)
1996 *The Merck Index: An Encyclopedia of Chemicals, Drugs, and Biologicals*, Whitehouse Station, NJ: Merck & Co., Inc. (12. Aufl.; 1. Aufl. 1889).
Buess, H.
1958 »Über die Anwendung der Koka und des Kokains in der Medizin«, *Ciba Zeitschrift* 92(8): 3070–3072.
Bühler, A.
1958a »Über Anbau und Verwertung der Kokapflanze«, *Ciba Zeitschrift* 92(8): 3046–3050.
1958b »Die Koka bei den Indianern Südamerikas«, *Ciba Zeitschrift* 92(8): 3052–3062.
1958c »Zur Erforschung des Kokagenusses«, *Ciba Zeitschrift* 92(8): 3063–3069.
Burchard, Roderick E.
1975 »Coca chewing: a new perspective«, in: Vera Rubin (Hg.), *Cannabis and Culture*, Den Haag und Paris: Mouton and Co., Spanische Übersetzung von Enrique Mayer und Carlos Cristobal, 1978. »Una nueva perspectiva sobre la masticación de la coca«, *América Indígena* 38(4): 809–835. Reprint, 1986. In: Joan Boldó i Climent (Hg.), *La coca andina: visión indígena de una planta satanizada*, S. 65–103, Coyoacán, México: Instituto Indigenista Interamericano. Reprint, 1996. In: William E. Carter (Hg.), *Ensayos científicos sobre la coca*, S. 147–170, La Paz, Bolivia: Librería Editorial »La Juventud« (2. Aufl.; 1. Aufl. 1982).
1992 »Coca chewing and diet«, *Current Anthropology* 33(1): 1–24.
Burczynski, F.J. *et al.*
1986 »Effect of *Erythroxylum coca*, cocaine and ecgonine methyl ester as dietary supplements on energy metabolism in the rat«, *Journal of Ethnopharmacology* 16(2,3): 153–166.
Burger, Richard L.
1992 *Chavin and the Origins of Andean Civilization*, London: Thames & Hudson.

Burroughs, William S.
1956 »Letter from a master addict to dangerous drugs«, *British Journal of Addiction* 53 (2).
1963 *Junkie: Bekenntnisse eines unbekehrten Rauschgiftsüchtigen*, Wiesbaden: Limes Verlag (1983 von Ullstein).
1959 *Naked Lunch*, New York: Grove Press (mit der Abschrift des Gerichtsprozesses, in dem Norman Mailer ausgesagt hat).
1970 *Nova Express*, Wiesbaden: Limes.
1971 *Soft Machine*, Köln: Kiepenheuer & Witsch.
1984 *The Burroughs File*, San Francisco: City Lights Books.
1985 *Dead Roads*, München: Goldmann.
1990 *Naked Lunch*, New York: Grove Press.
1991 *Interzone* (James Grauerholz, Hg.), Frankfurt/M.: Limes.
1997 *Naked Lunch* (Introduction von J.G. Ballard), London: Harper Flamingo Modern Classics.
1998 *Word Virus – the WILLIAM S: BURROUGHS Reader* (James Grauerholz und Ira Silverberg (Hg.), mit einer Einleitung von Ann Douglas), New York: Grove Press.
1999 *Blade Runner, a Movie*, Berkeley: Blue Wind Press.
1999 *Naked Lunch*, Reinbek: Rowohlt.
Büsch, H.P. und W. Rummel
1990 »Lokalanästhetika, Lokalanästhesie«, in: W. Forth, D. Heuschler und W. Rummel (Hg.), *Allgemeine und spezielle Pharmakologie und Toxikologie*, Mannheim, Wien und Zürich: B.I. Wissenschaftsverlag (5. Aufl.), S. 490–496.

C
Cabello Carro, Paz
1987 *Culturas y drogas* (Ausstellungskatalog), Madrid: Museo Nacional de Etnología.
Cabieses, Fernando
1983 »Die magischen Pflanzen Perus«, in: *Peru durch die Jahrtausende*, Ausstellungskatalog/Niederösterreichische Landesausstellung, Schloß Schallaburg, S. 138–141.
Cabieses, H.
1994 *About Coca, Coca Tea, Development and Football*, La Paz, Bolivia: Andean Action/Acción Andina.
Cáceres, Baldomero
1986 »La coca, el mundo andino y los extirpadores de idolatrías del siglo XX«, in: Joan Boldó i Climent (Hg.), *La coca andina: visión indígena de una planta satanizada*, Coyoacán, México: Instituto Indigenista Interamericano, S. 13–36.
Cacucci, Pino
1993 *Puerto Escondido* (Roman), Zürich: Diogenes. (Soll auch verfilmt worden sein; über Koksdealer in Mexiko.)
Calvo, Cesar
1995 *The Three Halves of Ino Moxo: Teachings of the Wizard of the Upper Amazon* (Spanische Originalausgabe, 1981; Übersetzung von Kenneth A. Symington), Rochester, VT: Inner Traditions International.
Camí, Jordi
1996 *Psicoestimulantes*, Madrid: Aguilar.
Candre K., Hippólito und J.A. Echeverri (Hg.)
1993 *Tabaco frío, coca dulce*, Santafé de Bogotá, Colombia: Colcultura. Englische Übersetzung von J.A. Echeverri, 1993. *Cool Tobacco, Sweet Coca: Teachings of an Indian Sage from the Colombian Amazon*, Totnes, Devon, England: Themis Books.
Cano A., L.M.
1977 *Flora medicinal de Veracruz I. Inventario etnobotánico*, Xalapa, Veracruz: Universidad Veracruzana.
Cárdenas, Juan de
1945 *Problemas y secretos maravillosos de las indias*, Madrid: Ediciones Cultura Hispánica (Originalausgabe von 1592).
Cárdenas, Martín
1952 »Aspectos psicológicos del coqueo«, *Boletín de estupefacientes* 4(2): 6–10. Reprint, 1996. In: William E. Carter (Hg.), *Ensayos científicos sobre la coca*, S. 33–42, La Paz, Bolivia: Librería Editorial »La Juventud« (2. Aufl.; 1. Aufl. 1982).
1989 *Manual de plantas económicas de Bolivia*, La Paz und Cochabamba, Bolivia: Editorial »Los Amigos del Libro« (2. Aufl.).
Carlson, Robert G. und Harvey A. Siegal
1991 »The crack life: an ethnographic overview of crack use and sexual behavior among African-Americans in a Midwest metropolitan city«, *Journal of Psychoactive Drugs* 23(1): 11–20.
Carter, William E.
1977 »Ritual, the Aymara, and the role of alcohol in human society«, in: Brian M. DuToit (Hg.), *Drugs, Rituals and Altered States of Consciousness*, Rotterdam: A.A. Balkema, S. 101–110.
Carter, William E. und Mauricio Mamani P.
1978 »Patrones del uso de la coca en Bolivia«, *América Indígena* 38(4): 905–937. Reprint, 1986. In: Joan Boldó i Climent (Hg.), *La coca andina: visión indígena de una planta satanizada*, S. 207–250, Coyoacán, México: Instituto Indigenista Interamericano. Reprint, 1996. In: William E. Carter (Hg.), *Ensayos científicos sobre a coca*, S. 177–209, La Paz, Bolivia: Librería Editorial »La Juventud« (2. Aufl.; 1. Aufl. 1982).
1986 *Coca en Bolivia*, La Paz, Bolivia: Librería Editorial »Juventud«.
Cartmell, L.W. *et al.*
1991 »The frequency and antiquity of prehistoric coca-leaf-chewing practices in northern Chile: radioimmunoassay of a cocaine metabolite in human-mummy hair«, *Latin American Antiquity* 2(3): 260–268.
Casale, John F. und James M. Moore
1994 »An in-depth analysis of pharmaceutical cocaine: cocaethylene and other impurities«, *Journal of Pharmaceutical Sciences* 83(8): 1186.
1996a »Lesser alkaloids of cocaine-bearing plants II: 3-oxo-substituted tropane esters: detection and mass spectral characterization of minor alkaloids found in South American *Erythroxylum coca* var. *coca*«, *Journal of Chromatography* A 749: 173–180.
1996b »Lesser alkaloids of cocaine-bearing plants III: 2-carbomethoxy-3-oxo-substituted tropane esters: detection and gas chromatographic mass spectrometric characterization of new minor alkaloids found in South American *Erythroxylum coca* var. *coca*«, *Journal of Chromatography* A 756: 185–192.
Castelnau, F. de
1850 *Expédition dans les partes centrales de l'Amérique du Sud … 1843 à 1847*, Paris: L. Martinet (4 Bde.).
Castillo III, C. und D. Harmon
1994 *Powderburns: Cocaine, Contras & The Drug War*, Oakville, Ontario, Canada; Buffalo, NY und London: Mosaic Press.
Chamochumbi M., N.
1949 »Efectos de la coca sobre el metabolismo basal en sujetos no habituados«, *Revista de Farmacología y Medicina Experimental* (Lima) 2(1): 94–113. Reprint, 1996. In:

William E. Carter (Hg.), *Ensayos científicos sobre la coca*, S. 79–97, La Paz, Bolivia: Librería Editorial »La Juventud« (2. Aufl.; 1. Aufl. 1982).

Chapuis, A.
1897 *Précis de toxicologie chimique et physiologique*, Paris: Librairie J.-B. Baillière et Fils (3. Aufl.; 1. Aufl. 1882).

Chaves, C.G. *et al.*
1988 »*Erythroxylum argentinum*: assays for anti-inflammatory activity«, *Journal of Ethnopharmacology* 22(1): 117–120.

Chiuffardi, E.T.
1948a »Dosis de alcaloides que ingieren los habituados a la coca«, *Revista de Farmacología y Medicina Experimental* (Lima) 1(1): 81–89. Reprint, 1996. In: William E. Carter (Hg.), *Ensayos científicos sobre la coca*, S. 113–130, La Paz, Bolivia: Librería Editorial »La Juventud« (2. Aufl.; 1. Aufl. 1982).
1948b »Dosis de alcaloides que ingieren los habituados a la coca. Nuevas observaciones«, *Revista de Farmacología y Medicina Experimental* (Lima) 1(2): 216–231. Reprint, 1996. In: William E. Carter (Hg.), *Ensayos científicos sobre la coca*, S. 131–145, La Paz, Bolivia: Librería Editorial »La Juventud« (2. Aufl.; 1. Aufl. 1982).

Chopra, R.N. und N.N. Ghosh
1938 »Chemische und pharmakologische Untersuchung der Blätter von *Erythroxylon [sic] monogynum*, Roxb. (Eng. Bastard Sandal)«, *Archiv der Pharmazie* 276: 340–343.

Chow, M. *et al.*
1985 »Kinetics of cocaine distribution, elimination, and chronotropic effects«, *Clinical Pharmacology and Therapeutics* 38: 318–324.

Clawson, P.L. und R.W. Lee iii
1996 *The Andean Cocaine Industry*, New York: St. Martin's Press.

Clerici, C.A. und S. Poli
1996 »Droghe da guerra«, *Altrove* 3: 51–61.

Cobo, Bernabé
1996 *Inca Religion and Customs* (Übersetzung und Anmerkungen von R. Hamilton), Austin, TX: University of Texas Press.

Cockburn, A. und J. St. Clair
1999 *Whiteout: The CIA, Drugs and the Press*, London und New York: Verso (2. Aufl.; 1. Aufl. 1998).

Cohen, M.N.
1978 »Archaeological plant remains from the central coast of Peru«, *Ñawpa Pacha* 16: 23–50.

Cole, Frank
1965 *Milestones in Anesthesia: Readings in the Development of Surgical Anesthesia 1665–1940*, Lincoln, NB: University of Nebraska Press.

Colton, T. *et al.*
1968 »The tolerance of coffee drinkers to caffeine«, *Clinical Pharmacology and Therapeutics* 9(1): 31–39.

Cooke, Mordecai Cubitt
1860 *The Seven Sisters of Sleep: History of the Seven Prevailing Narcotics of the World*, London: James Blackwood. Faksimile, 1989. Lincoln, MA: Quarterman Publications, Inc.

Cooks, R.G. *et al.*
1981 »Mass-analyzed ion kinetic energy (MIKE) spectrometry and the direct analysis of coca«, *Journal of Ethnopharmacology* 3(2&3): 299–312.

Cooper, Barry Michael und Sabine Fleischhacker
1986 »Crack: Der Stoff aus dem die Zombies sind«, *Wiener* #6, Juni '86: 65–66.

Corning, J.L.
1885 »Spinal anæsthesia and local medication of the cord«, *New York Medical Journal* 42: 483–485.

Cortéz H., R.
1992 *La guerra de la coca: una sombra sobre los andes*, La Paz, Bolivia: Centro de Información para el Desarrollo und Facultad Latinoamericana de Ciencias Sociales.

Cowley, G. und K. Springen
1997 »After fen-phen«, *Newsweek* 29. September: 60–61 (Lateinamerikanische Aufl.).

Crabbe, J.C. *et al.*
1994 »Genetic animal models of alcohol and drug abuse«, *Science* 264: 1715–1723.

Cravchik, A. *et al.*
1996 »Functional analysis of the human D_2 dopamine receptor missense variants«, *The Journal of Biological Chemistry* 271(12): 26013–26017.

Crowley, Aleister
1973 *Cocaine*, San Francisco: And/Or Press.
1990 *Tagebuch eines Drogenabhängigen*, Berlin: a-verbal Verlags. Englische Ausgabe, 1970. *Diary of a Drug Fiend*, York Beach, ME: Samuel Weiser, Inc. (1. Aufl. 1922).

Cruz Sánchez, G. und A. Guillén
1948 »Estudio químico de las sustancias alcalinas auxiliares del cocaísmo«, *Revista de Farmacología y Medicina Experimental* (Lima) 1(2): 209–215.

Custer Jr., Julius
1898 *Cocaïn und Infiltrationsanästhesie*, Basel: Benno S.

D

Dackis, C.A. *et al.*
1987 »Single-dose bromocriptine reverses cocaine craving«, *Psychiatry Research* 20: 261–264.

Dally, Anne
1995 »Anomalies and mysteries in the »war on drugs««, in: R. Porter und M. Teich (Hg.), *Drugs and Narcotics in History*, Cambridge: Cambridge University Press, S. 199–215.

Davenport, J.C.
1992 »Der kranke Sigmund Freud und seine Zahnärzte«, *ZM* 23: 24–28.

Davias, Orestes
1989 *Afrodisiaca*, Athen: Troxania.

Davis, E. Wade
1983 »The ethnobotany of chamairo: *Mussatia hyacinthina*«, *Journal of Ethnopharmacology* 9(2,3): 225–236.
1989 »Obituary: Timothy Charles Plowman«, *Journal of Ethnopharmacology* 26: 97–100 (siehe: Einträge unter Plowman).
2000 *Schatten auf den Sonnenuhren: Reisen in äussere und innere Welten*, München: Frederking & Thaler.

De Lucca D., Manuel und Jaime Zalles A.
1992 *Flora medicinal boliviana: diccionario enciclopédico*, La Paz und Cochabamba, Bolivia: Editorial »Los Amigos del Libro«.

De Rienzo, Paul und Dana Beal *et al.*
1997 *The Ibogaine Story: Report on the Staten Island Project*, Brooklyn, New York: Autonomedia.

De Ropp, Robert
1964 *Bewusstsein und Rausch: Drogen und ihre Wirkung*, München: R+L.

De Smet, Peter A.G.M.
1985 »A multidisciplinary overview of intoxicating snuff rituals in the western hemisphere«, *Journal of Ethnopharmacology* 13 (1): 3–49.
1985 *Ritual Enemas and Snuffs in the Americas*, Dordrecht: FORIS (CEDLA 33).

De Smet, Peter A.G.M. und Laurent Rivier
1985 »Intoxicating snuffs of the Venezuelan Piaroa Indians«, *Journal of Psychoactive Drugs* 17(2): 93–103.

Dean, Ward und John Morgenthaler
1990 *Smart Drugs & Nutrients*, Menlo Park, CA: Health Freedom Publications.

Degkwitz, Peter und Uwe Verthein
2000 »Crackwelle? Bedeutung und Konsequenzen veränderter Konsummuster«, *Akzeptanz* 2: 37–48.

Deimel, Claus und Elke Ruhnau
2000 *Jaguar and Serpent: The Cosmos of Indians in Mexico, Central and South America*, Translated by Ann Leslie Davis, Hannover: Niedersächsisches Landesmuseum.

Delpirou, Alain und Alain Labrousse
1986 *Coca Coke*, Paris: Éditions la Découverte.

Demarle, L.-G.
1862 *Essai sur la coca (Erythroxylon [sic] coca) du Perou*, Paris: Rignoux (Thésis).

Deschner, Karlheinz
1980 *Kitsch, Konvention und Kunst*, Frankfurt/M., Berlin, Wien: Ullstein.
1988 *Mit Gott und dem Führer: Die Politik der Päpste zur Zeit des Nationalsozialismus*, Köln: KiWi = Kiepenheuer & Witsch.
1994 *Ärgernisse-Aphorismen*, Reinbek: Rowohlt.
1994 *Was ich denke*, München: Goldmann.
1994 *Opus Diaboli*, Reinbek: Rowohlt.

DeWalt, S.V. *et al.*
1999 »Ethnobotany of the Tacana: quantitative inventories of two permanent plots of northern Bolivia«, *Economic Botany* 53(3): 237–260.

Dietschy, Hans
1938 »Die Heilkunst im Alten Peru«, *Ciba Zeitschrift* 58: 1990–2017.

Dietz Jr., A.J.
1981 »Amphetamine-like reactions to phenylpropanolamine«, *Journal of the American Medical Association*, 245(6): 601–602.

Disselhoff, Hans D.
1978 *Das Imperium der Inka*, München: Heyne.

Doerge, R.F.
1977 »Local anesthetic agents«, in: C.O. Wilson *et al.* (Hg.), *Textbook of Organic Medicinal and Pharmaceutical Chemistry*, S. 621–647, Philadelphia, PA und Toronto: J.B. Lippincott Company (7. Aufl.; 1. Aufl. 1949).

Domenica (mit Constanze Elsner)
1989 *Domenicas Kopfkissenbuch*, München: Knaur.

Donnan, Christopher B. und Donna McClelland
1999 *Moche Fineline Painting: Its Evolution and Its Artists*, Los Angeles: UCLA Fowler Museum of Cultural History.

Drake, William Daniel
1974 *The International Cultivator's Handbook: Hashish, Coca, Opium*, Berkeley: Wingbow Press.

Dreisbach, R.H. und C. Pfeiffer
1943 »Caffeine withdrawal headache«, *Journal of Laboratory and Clinical Medicine* 28: 1212–1219.

Duffy, J.
1963 »Masturbation and clitoridectomy«, *Journal of the American Medical Association* 186: 246–248.

Duke, James A.
1987 *Living Liqueurs*, Lincoln, MA: Quarterman Publications, Inc.

Duke, James A., David Aulik und Timothy Plowman
1975 »Nutritional value of coca«, *Botanical Museum Leaflets* 24(6): 113–119. Spanische Übersetzung von J. de Salazar in: William E. Carter (Hg.), 1996. *Ensayos científicos sobre la coca*, S. 71–77, La Paz, Bolivia: Librería Editorial »Juventud« (2. Aufl.; 1. Aufl. 1982). Andere spanische Übersetzung, siehe: Anonym 1984.

DuPont, Robert L.
1977 »Foreword«, in: R.C. Petersen und R.C. Stillman (Hg.), *Cocaine: 1977* (NIDA Research Monograph Nr. 13), S. v–vi, Washington, D.C.: U.S. Government Printing Office/National Institute on Drug Abuse.

Dybowski, J. und E. Landrin
1901 »Sur l'iboga, sur ses propriétés excitantes, sa composition et sur l'alcaloide nouveau qu'il renferme«, *Comptes rendus hebdomadaires des séances de l'Académie des Sciences* 133: 748.

E

Eder, R. und O. Ruckstuhl
1943 »Über die Bestimmung der ätherlöslichen Alkaloide und Ekgoninester in Folium Cocae«, *Pharmaceutica Acta Helvetiae* 18: 687–713.

Edmonston Charles, T.
1882 »Cocaine«, *Pharmacological Journal and Transactions* 1882: 185.

Edschmid, Kasimir
1931 *Glanz und Elend Süd-Amerikas*, Frankfurt/M.: Societäts-Verlag.

Eldridge, Joan
1975 »Bush medicine in the Exumas and Long Island, Bahamas: a field study«, *Economic Botany* 29(4): 307–332.

El-Imam, Y.M.A. *et al.*
1985 »Alkaloids of some South American *Erythroxylum* species«, *Phytochemistry* 24(10): 2285–2289.
1988 »Alkaloids of *Erythroxylum cuneatum*, *E. ecarinatum* and *E. australe*«, *Phytochemistry* 27(7): 2181–2184.

Ellis, Bret Easton
1986 *Unter Null*, Reinbek: Rowohlt.

Elsohly, Mammoud A. *et al.*
1986 »Coca tea and urinalysis for cocaine metabolites«, *Journal of Analytical Toxicology* 10: 256.
1991 »Coca paste; chemical analysis and smoking experiments«, *Journal of Forensic Science* 36(1): 93–103.

Emboden, William
1979 *Narcotic Plants* (2., erw. Aufl.), New York: Macmillan Publishing Co. (erste Aufl. 1975).

Emmerich, André
1965 *Sweat of the Sun and Tears of the Moon*, Seattle: University of Washington Press.

Ereira, Alan
1993 *Die großen Brüder: Weisheiten eines urtümlichen Indio-Volkes*, Reinbek: Rowohlt.

Erickson, P.G. und Bruce K. Alexander
1998 »Cocaine and addictive liability«, in: J.A. Schaler (Hg.), *Drugs: Should we Legalize, Decriminalize or Deregulate?*, Amherst, NY: Prometheus Books (Reprint aus *Social Pharmacology* 3, 1989), S. 271–287.

Erlenmeyer, Albrecht
1885 »Über die Wirkung des Kokains bei der Morphiumentziehung«, *Zentralblatt für Nervenheilkunde* 8: 289–291. Englische Zusammenfassung, 1885. »Erlenmeyer on the

effects of cucaine [*sic*] in the treatment of morphinomania«, *Journal of Mental Science* 31: 427–428.

Escobar, J.I. und M. Karno
1982 »Chronic hallucinosis from nasal drops«, *Journal of the American Medical Association* 247(13): 1859–1860.

Escohotado, Antonio
1990 *Historia general de las drogas* (3 Bde.), Madrid: Alianza Editorial.
1994 *Las drogas: de los orígenes a la prohibición*, Madrid: Alianza Cien (siehe: Escohotado 1990).

Evans, William C.
1981 »The comparative phytochemistry of the genus *Erythroxylon* [*sic*]«, *Journal of Ethnopharmacology* 3(2&3): 265–277.

F

Farrère, Claude
1919 *Kulturmenschen*, München: Georg Müller Verlag.

Fauser, Jörg
1983 *Der Schneemann*, Reinbek: Rowohlt.

Fauvel, Claude
1877 »E. Coca«, *Gazette des hospitaux* 1877: 427.

Fedderke, Dagmar
1995 *Notre Dame von hinten: Liebesgeschichten aus Paris*, Tübingen: Verlag Claudia Gehrke.

Félice, Philippe de
1936 *Poisons sacrés ivresses divines: essai sur quelques formes inférieurs* [*sic*] *de la mystique*, Paris: Éditions Albin Michel (Faksimile, 1970). Italienische Übersetzung von P. Femia und L. Zuccarino, 1990. *Le droghe degli dei: veleni sacri, estasi divine*, Genova: Edizioni Culturali Internazionali Genova.

Fernández, Luis
2001 »Bolivia y la hoja de coca«, *Cáñamo Especial* 2001: 54–60.

Fernández Distel, Alicia
1984 »Contemporary and archaeological evidence of llipta elaboration from the cactus *Trichocereus pasacana* in northwest Argentina«, in: David L. Browman *et al.* (Hg.), *Social and Economic Organization in the Prehispanic Andes*, Oxford: University of Oxford Press, S. 103–113.

Ferreira engelke, B. und W.A. Gentner
1991 »Determination of cocaine in ›Mate de Coca‹ herbal tea«, *Journal of Pharmaceutical Sciences* 80: 96.

Ferres, H.
1926 »Gefährliche Betäubungsmittel: Morphium und Kokain«, *Bibliothek der Unterhaltung und des Wissens* 5: 136–144, Stuttgart usw.: Union Deutsche Verlagsgesellschaft.

Fikenscher, L.H.
1958 »Nikotin, een nieuw alkaloid van de cocaplant«, *Pharmaceutisch Weekblad* 93: 932–933.

Fischer S., A. Raskin und E. Uhlenhuth (Hg.)
1987 *Cocaine: Clinical and Biobehavioral Aspects*, New York: Oxford University Press.

Fischman, Marian W.
1984 »The behavioral pharmacology of cocaine in humans«, in: John Grabowski (Hg.), *Cocaine: Pharmacology, Effects, and Treatment of Abuse* [*sic*] (NIDA Research Monograph 50), Washington, D.C.: U.S. Government Printing Office/National Institute on Drug Abuse, S. 72–91.
1987 »Cocaine and Amphetamines«, in: Herbert Melzer (Hg.), *Psychopharmacology: The Third Generation of Progress 1543–1553, New York: Raven Press.*, S. 1543–1553.

Fischman, Marian W. und C.R. Schuster
1980 »Cocaine effects in sleep-deprived humans«, *Psychopharmacology* 72: 1–8.
1982 »Cocaine self-administration in humans«, *Federation Proceedings* 41: 241–246.

Fischman, Marian W. *et al.*
1983 »A comparison of the subjective and cardiovascular effects of procaine and cocaine in humans [*sic*]«, *Pharmacology, Biochemistry and Behavior* 18: 711–716.

Foltin, R.W. und M.W. Fischman
1991 »Smoked [*sic*] and intravenous cocaine in humans – acute tolerance, cardiovascular and subjective effects«, *Journal of Pharmacology and Experimental Therapeutics* 257 (1): 247–261.

Frank, Josef Maria
1925 *Korax: Panoptikum Mensch*, Berlin: Verlag Deutscher Bücher.

Fraser, D.
1998a »Buprenorphine maintenance prescribing«, in: Steven B. Karch (Hg.), *Drug Abuse Handbook*, Boca Ratón, FL: CRC Press, S. 510–512,
1998b »Opiate-specific prescribing«, in: Steven B. Karch (Hg.), *Drug Abuse Handbook*, S. 521–526, Boca Ratón, FL: CRC Press.

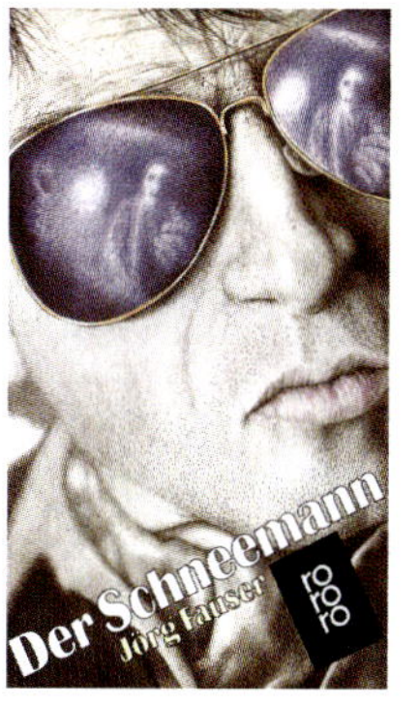

Freud, Sigmund
1884a »Ueber Coca«, *Centralblatt für die gesammte Therapie* 2: 289–314. Reprint, 1885. *Über Coca*, Wien: Verlag von Moritz Perles. Englische Übersetzung von S.A. Edminister, 1963. *The Cocaine Papers*, S. 1–26, Wien und Zürich: Dunquin Press. Reprint in: Täschner und Richtberg 1982: 206–231.
1884b »Coca, Translated by S. Pollak, M.D.«, *The Saint Louis Medical and Surgical Journal* 47(6): 502–505. Reprint, 1963. *The Cocaine Papers*, S. 45–49, Wien und Zürich: Dunquin Press.
1885a »Beitrag zur Kenntniss der Cocaïnwirkung«, *Wiener medizinische Wochenschrift* 35(5): 129–133. Englische Übersetzung von R.S. Potash, 1963. *The Cocaine Papers*, S. 35–41, Wien und Zürich: Dunquin Press.
1885b »Über die Allgemeinwirkung des Cocaïns«, *Medizinisch chirurgisches Centralblatt* 20(32): 374–375. Englische Übersetzung von S.A. Edminister, 1963. *The Cocaine Papers*, S. 45–49, Wien und Zürich: Dunquin Press (Vortrag von 5. März 1885).

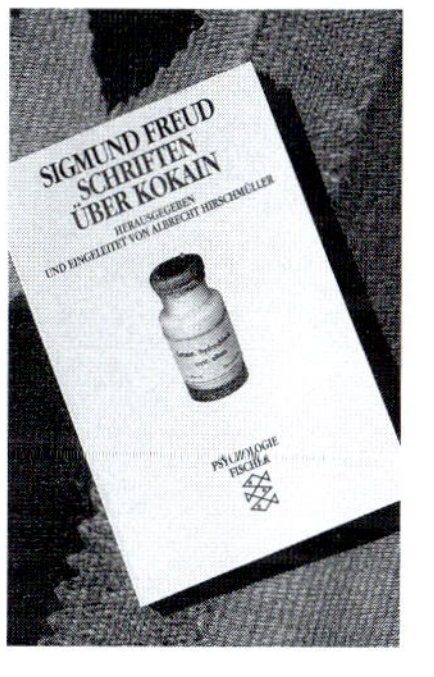

1885c »Gutachten über das Parke Cocaïn«, in: H. Guttmacher, »Neue Arzneimittel und Heilmethoden. Über die verschiedenen Cocaïn-Preparate und deren Wirkung«, *Wiener medizinische Presse* 26(32): 1035–1038. Englische Übersetzung von L.A. Freisinger, 1963. *The Cocaine Papers*, S. 53, Wien und Zürich: Dunquin Press.
1887 »Bemerkungen über Cocaïnsucht und Cocaïfurcht, mit Beziehung auf einen Vortrag W.A. Hammond's«, *Wiener medizinische Wochenschrift* 37: 927–932. Englische Übersetzung von L.A. Freisinger, 1963. *The Cocaine Papers*, S. 57–62, Wien und Zürich: Dunquin Press.
1900 *Die Traumtheorie*, Leipzig und Wien: Franz Deuticke.
o.D. *The Cocaine Papers*, Afghani Oil Press (wahrscheinlich eine Piratenkopie von Dunquin Press,1963).
1966 *The Standard Edition of the Complete Psychological Works of Sigmund Freud*, London: Hogarth. (Bd. I, Brief Nr. 79 [22. Dezember 1897], S. 272–273).
1996 *Schriften über Kokain*, (Albrecht Hirschmüller, Hg.), Frankfurt/M.: Fischer Verlag.

FREYE, Enno
1997 *Kokain, Ecstasy und verwandte Designerdrogen: Wirkungsweise, Überdosierung, therapeutische Notfallmaßnahmen*, Heidelberg und Leipzig: Johann Ambrosius Barth Verlag.
FRIMAN, H.R.
1999 »Germany and the transformations of cocaine, 1860–1920«, in: Paul GOOTENBERG (Hg.), *Cocaine: Global Histories*, S. 83–104, London und New York: Routledge.
FRITZ, Helmut
1985 *Das Evangelium der Erfrischung: Coca-Colas Weltmission,* Reinbek: Rowohlt.
FÜHNER, H.
1943 *Medizinische Toxicologie: ein Lehrbuch für Ärzte, Apotheker und Chemiker*, Leipzig: Georg Thieme Verlag.

G
GABLE, R.S.
1993 »Toward a comprehensive overview of dependence potential and acute toxicity of psychoactive substances used nonmedically«, *American Journal of Drug and Alcohol Abuse* 19(3): 263–281.
GAEDCKE, Friedrich (= GAEDECKE, usw.)
1855 »Über das Erythroxylin, dargestellt aus den Blättern des in Südamerika cultivierten Strauchs Erythroxylon [*sic*] coca Lam.«, *Archiv der Pharmazie* 132: 141–150.
GAGLIANO, Joseph A.
1979 »Coca and popular medicine in Peru: a historical analysis of attitudes«, in: D.L. BROWMAN und R.A. SCHWARZ (Hg.), *Spirits, Shamans, and Stars*, Den Haag: Mouton Publishers, S. 39–54.
1986 »La medicina popular y la coca en el Perú: un análisis histórico de actitudes«, in: Joan BOLDÓ I CLIMENT (Hg.), *La coca andina: visión indígena de una planta satanizada*, Coyoacán, México: Instituto Indigenista Interamericano (Übersetzung des GAGLIANO 1979), S. 39–61.
1994 *Coca Prohibition in Peru: The Historical Debates*, Tucson, AZ und London: The University of Arizona Press.
GALARZA, M. *et al.*
1997 »Efectos del acullicu de coca en el metabolismo de la glucosa«, in: M. VILLENA C. und M. SAUVAIN (Hg.), *Usos de la hoja de coca y salud pública*, La Paz, Bolivia: Instituto Boliviano de Biología de Altura, S. 72–77.
GALLOWAY, G.P. *et al.*
1996 »A historically controlled trial of tyrosine for cocaine dependence [*sic*]«, *Journal of Psychoactive Drugs* 28(3): 305–309.
GAMMARA Z., J.
1991 *Muerte blanca: fiebre de la coca y la cocaína*, La Paz, Bolivia: Enlace.
GANTZER, Joachim, Hartmut KASISCHKE und Ricardo LOSNO
1975 *Der Cocagebrauch bei den Andenindianern in Peru, unter Berücksichtigung sozialmedizinischer und ideologiekritischer Aspekte*, Hannover: ASA.
GARCÍA BARRIGA, Hernando
1992 *Flora medicinal de Colombia: botánica médica*, Santafé de Bogotá, Colombia: Tercer Mundo Editores (2. Aufl.; 1. Aufl. 1974).
GARCÍA PIÑEIRO, J.J.
1996 *En busca de las plantas sagradas: un manual vivo para los amantes del chamanismo*, Madrid: Gaia Ediciones.
GARCILASO DE LA VEGA, Inca
1609 *Comentarios reales de los incas* (C. ARANÍBAR [Hg.], 1995), Ciudad de México: Fondo de Cultura Económica (2 Bde.).
GAY, George R.
1981 »You've come a long way, baby! Coke time for the new American lady of the eighties«, *Journal of Psychoactive Drugs* 13 (4): 297–318.
GELERNTER, J. *et al.*
1994 »Genetic association between dopamine transporter protein alleles and cocaine-induced [*sic*] paranoia«, *Neuropsychopharmacology* 11(3): 195–200.
GIESEL, F.
1889 »Über das natürliche Vorkommen von Cinnamylcocaïn in den Cocablättern«, *Pharmazeutische Zeitung* 34: 416.
GIFFORD, D. und P. HOGGARTH
1976 *Carnival and Coca Leaf: Some Traditions of the Peruvian Quechua Ayllu*, Edinburgh und London: Scottish Academic Press.
GIFFORD, Edward S.
1964 *Liebeszauber*, Stuttgart: Steingrüben Verlag.
GILBERT, D.D.
1898 »The cocaine habit from snuff«, *Boston Medical and Surgical Journal* 138: 119.
GINSBGERG, Allen
1959 *Das Geheul* (orig. *Howl*), Wiesbaden: Limes.
1972 *Indisches Tagebuch*, München: Carl Hanser Verlag.
1983 *Jukebox Elegien*, (übersetzt von Berndt Samland), München: Heyne.
1997 *Selected Poems, 1947–1995*, New York: Harper.
GIROS, B. *et al.*
1996 »Hyperlocomotion and indifference to cocaine and amphetamine in mice lacking the dopamine transporter«, *Nature* 379: 606–612.
GIRTLER, Jos.
1862 »Über Coca, Extractum de Coca und Cocain«, *Wiener Medizinische Wochenschrift* 12(27): 423 f.
GLASS-COFFIN, Bonnie
1998 *The Gift of Life: Female Spirituality and Healing in Northern Peru*, Albuquerque, NM: University of New México Press.
GLAUSIUSZ, Josie
2000 »The crack kid myth«, *Discover* September: 15.
GOEBBELS, Joseph
1948 *The Goebbels Diaries, 1942–1943*, Garden City, NY: Doubleday.
GOLDSTEIN, Al und H. KAIZER
1969 »Psychotropic effects of caffeine in man. III. A questionnaire survey of coffee drinking and effects in a group of housewives«, *Clinical Pharmacology and Therapeutics* 10(4): 477–488.
GOLDSTEIN, Al und Herbert KALANT
1990 »Drug policy: striking the right balance«, *Science* 249: 1513–1521.
GOLDSTEIN, Al *et al.*
1969 »Psychotropic effects of caffeine in man. IV. Quantitative and qualitative differences associated with habituation to coffee«, *Clinical Pharmacology and Therapeutics* 10(4): 489–497.
GOODMAN, B.
1993 »Drugs and people threaten diversity in Andean forests«, *Science* 261: 293.
GOOTENBERG, Paul
1999 »Reluctance or resistance? Constructing cocaine (prohibitions) in Peru, 1910–50«, in: Paul GOOTENBERG (Hg.), *Cocaine: Global Histories*, London und New York: Routledge, S. 46–79.

Gorelick, David A.
1992 »Pathophysiological [*sic*] effects of cocaine in humans: review of scientific issues«, in: A. Paredes und David A. Gorelick (Hg.); *Cocaine: Physiological and Pathophysiological [sic] Effects*, New York und London: The Haworth Press, Inc., S. 97–110.
Gossop, Michael *et al.*
1994 »Cocaine: patterns of use, route of administration, and severity of dependence [*sic*]«, *Journal of Psychiatry* 164: 660–664.
Gottlieb, Adam
1975 *The Cocaine Tester's Handbook*, Berkeley, CA: Kistone Press. Reprint, 1998. *Psychedelic Underground Library: Nine Rare Classics*, Berkeley, CA: Ronin Publishing, Inc., S. 141–158.
1977 »Cleaning up your coke or how to remove unwanted cuts«, *Head* November: 18–23.
1979 *The Pleasures of Cocaine*, San Francisco: And/Or Press. Reprint, 1986. Manhattan Beach, CA: Twentieth Century Alchemist.
Grabowski, John (Hg.)
1984 *Cocaine: Pharmacology, Effects, and Treatment of Abuse [sic]* (NIDA Research Monograph 50), Washington, D.C.: U.S. Government Printing Office/National Institute on Drug Abuse.
Graff, John
1976 »Your Nose and Cocaine«, *High Times* Okt/'76: 64 f.
Greden, J.F.
1974 »Anxiety or caffeinism: a diagnostic dilemma«, *American Journal of Psychiatry* 131(10): 1089–1092.
Greer, George und Requa Tolbert
1986 »Subjective reports of the effects of MDMA in a clinical setting«, *Journal of Psychoactive Drugs* 18(4): 319–327.
Griffiths, C.O.
1930 »Examination of coca leaves found in a pre-Incan grave«, *Quarterly Journal of Pharmacy and Pharmacology* 3: 52 58.
Griffiths, N.
1998 *La cruz y la serpiente: la represión y el resurgimiento religioso en el Perú colonial* (Übersetzung von C. Balinas P.; Originalausgabe 1996), Lima, Perú: Fondo Editorial de la Pontificia Universidad Católica del Perú.
Grimm, Gorm
1992 *Drogen gegen Drogen: Eine Bilanz*, Kiel: Veris Verlag.
Grinspoon, Lester und James B. Bakalar
1981 »Coca and cocaine as medicines: an historical review«, *Journal of Ethnopharmacology* 3(2&3): 149–159.
1985 *Cocaine: A Drug and Its Social Evolution* (verb. Aufl.). New York: Basic Books. Spanische Übersetzung von M. Ángel und R.E. Roig 1982. *La cocaína: una droga y su evolución social*, Barcelona: Editorial Ricou Hacer.
Gross, E.G. und M.J. Schiffrin
1955 *Clinical Analgetics [sic]*, Springfield, IL: Charles C. Thomas.
Gundlach, Horst und Alexandre Métraux
1979 »Freud, Kokain, Koller und Schleich«, *Psyche: Zeitschrift für Psychoanalyse und ihre Anwendung* 33(5): 434–451.
Gunne, L.M. *et al.*
1972 »Clinical trials with amphetamine-blocking drugs«, *Psychiatrie, Neurologie und Neurochirurgie* 75: 225–226.
Gutiérrez Noriega, Carlos
1948 »El cocaísmo y la alimentación en el Perú«, *Anales de la Facultad de Medicina* 31(1): 3–92.

H

Haas, Hans
1956 *Spiegel der Arznei: Ursprung, Geschichte und Idee der Heilmittelkunde*, Berlin usw.: Springer-Verlag.
1981 *Ursprung, Geschichte und Idee der Arzneimittelkunde,* Mannheim usw.: Bibliographisches Institut/B.I.–Wissenschaftsverlag.
Haag, Stefan
1999 »Lieber ein Grab in Kolumbien – über den kolumbianischen Drogenkrieg«, *Hanf!* Okt. 99: 50–51.
2001 »Coca – Kokain – Crack, Teil 1«, *Hanf!* Magazin 08/2001: 52–55.
Hall, Radclyffe
1929 *Quell der Einsamkeit*, Leipzig: Paul List Verlag.
Halsted, William S.
1884 »Practical comments on the use and abuse of cocaine«, *New York Medical Journal* 42: 294–295.
Hamilton, Margaret *et al.* (Hg.)
1998 *Drug Use in Australia: A Harm Minimisation [sic] Approach*, Oxford, Auckland und New York: Oxford University Press.
Hammond, William A.
1886 »Coca and the so-called cocaine habit«, *New York Medical Journal* 44: 637–639.
Handke, Peter
1969 *Die Innenwelt der Außenwelt der Innenwelt*, Frankfurt/M.: Suhrkamp.
Hanna, Joel M.
1971 »Response of Quechua Indians to coca ingestion during cold exposure«, *American Journal of Physical Anthropology* 34: 273–278.
1974 »Coca leaf use in southern Peru: some biosocial aspects«, *American Anthropologist* 76(2): 281–296.
Hare, E.H.
1962 »Masturbation insanity: the history of an idea«, *Journal of Mental Science* 108: 1–25.
Harm, Wolfgang (Hg.)
1994 *Mein Kind nimmt Drogen – Informationen und Beratung für Eltern*, Reinbek: Rowohlt.
Harms, H.
1922 »Übersicht der bisher in altperuanischen Gräbern gefundenen Pflanzenreste«, in: *Festschrift Eduard Seler*, Stuttgart: Strecker & Schröder, S.157–186.
Hargous, Sabine
1976 *Beschwörer der Seelen: Das magische Universum der südamerikanischen Indianer,* Basel: Sphinx.
Hartmann, Walter
1990 *Informationsreihe Drogen: Kokain*, Markt Erlbach: Raymond Martin Verlag.
Hartwich, C.(arl = »Karl«)
1911 *Die menschlichen Genussmittel: ihre Herkunft, Verbreitung, Geschichte, Anwendung, Bestandteile und Wirkung*, Leipzig: Chr. Herm. Tauchnitz.
Hastorf, Christine A.
1987 »Archaeological evidence of coca (*Erythroxylum coca*, Erythroxylaceae) in the Upper Mantaro Valley, Peru«, *Economic Botany* 41(2): 292–301.
Hazum, Eli, Julie J. Sabatka, Kwen-Jen Chang, David A. Brent, John W.A. Findlay und Pedro Cuatrecasas.
1981 »Morphine in Cow and Human Milk: Could Dietary Morphine Constitute a Ligand for Specific Morphine (m) Receptors?«, *Science* 213: 1010–1012.
Hearn, W. Lee *et al.*
1991 »Cocaethylene: a unique cocaine metabolite displays high affinity for the dopamine transporter«, *Journal of Neurochemistry* 56 (2): 698–701.

HECKMANN, Wolfgang
1986 »Wie man vom ›Schnee‹ wieder herunter kommt«, *Psychologie Heute* Mai: 48–51.
HEGNAUER, R.
1981 »Chemotaxonomy of Erythroxylaceae (including some ethnobotanical notes on Old World species)«, *Journal of Ethnopharmacology* 3(2&3): 279–292.
HEGNAUER, R. und L.H. FIKENSCHER
1960 »Untersuchungen mit Erythroxylum coca Lam.«, *Pharmaceutica Acta Helvetiae* 35: 43–64.
HEINEMANN, J.
1993 »Relations d'affaires: matières chimiques essentielles, précurseurs et drogues synthétiques«, *Psychotropes* 8 (1&2): 13–38.
HEISHMAN, S.J.
1998 »Effects of abused drugs on human performance: laboratory assessment«, in: S.B. KARCH (Hg.), *Drug Abuse Handbook*, Boca Ratón, FL: CRC Press, S. 206–235.
HELFAND, William H.
1980 »Vin Mariani«, *Pharmacy in History* 22: 1.
HELLINGA, Gerben und Hans PLOMP
2000 *Uit je bol* (Deutsch: »*Ausgeflippt*«), Amsterdam: Prometheus.
HELLWIG, Bettina
1996 »Impfung gegen Cocain?«, *Deutsche Apotheker Zeitung* 136 (4): 46/270.
HENMAN, Anthony (siehe ANTONIL 1978)
1981 *Mama Coca*, Bremen: Verlag Roter Funke.
1990 »Coca and cocaine: their role in ›traditional‹ cultures in South America«, *The Journal of Drug Issues* 20(4): 577–588.
HENNINGFIELD, Jack E. *et al.*
1985 »Abuse liability and pharmacodynamic characteristics of intravenous and inhaled nicotine«, *Journal of Pharmacology and Experimental Therapeutics* 234: 1–12.
HERNÁNDEZ, Francisco (Germán SOMOLINOS, Hg.)
1966 *Obras completas*, México, D.F.: Universidad Autónoma de México (Originalausgabe von 1577).
HERRIDGE, C. und M. BROOK
1968 »Ephedrine psychosis [*sic*]«, *British Medical Journal* 2: 160.
HESS, Henner, Rafael BEHR, Peter KLÖS und der Projektgruppe KiF
2000 »Kokain in Frankfurt – Konsummuster und Verteilerhandel im ›bürgerlichen‹ Milieu«, *Akzeptanz* 2: 26–36.
HESSE, Erich
1971 *Rausch-, Schlaf- und Genußgifte* (4. umgearbeitete u. erweiterte Aufl.), Stuttgart: Enke.
HESTON, L.L. und R. HESTON
1979 *The Medical Casebook of Adolf Hitler: His Illness, Doctors and Drugs*, New York: Stein and Day.
HEUBNER, Wolfgang
1952 *Genuss und Betäubung durch chemische Mittel*, Wiesbaden: Verlag für angewandte Wissenschaften.
HILDENBRANDT, Fred
1986 *... ich soll dich grüßen von Berlin, 1922–1932*, Frankfurt/M. und Berlin: Ullstein.
HIRSCHFELD, Magnus und Richard LINSERT
1930 *Liebesmittel*, Berlin: Man Verlag.
HIRSCHHORN, H.H.
1981 »Botanical remedies of South and Central America, and the Caribbean: an archival analysis. Part I«, *Journal of Ethnopharmacology* 4(2): 129–158.
HIRSCHMÜLLER, A
1995 »E. Merck und das Kokain: zu Sigmund Freuds Kokainstudien und ihren Beziehungen zu der Darmstädter Firma«, *Gesnerus* 52: 116–132.
HOFMANN, Albert
1992 »Naturwissenschaft und mystische Welterfahrung«, *Jahrbuch für Ethnomedizin und Bewußtseinsforschung* 1: 9–16, Berlin: VWB.
2000 *Drogen und Rausch im Leben und Werk von Ernst Jünger*, unveröffentlichtes Vortragsmanuskript.
HÖCH, HANNA
1982 *Werke und Worte*, hrsg. von Herbert Remmert und Peter Barth, Berlin: Frölich und Kaufmann.
HÖHLE, Sigi, *et al.* (Hg.)
1986 *Rausch und Erkenntnis: das Wilde in der Kultur*, München: Knaur.
HOLDEN, Constance
1989 »Streetwise crack research«, *Science* 246: 1376–1381 (»The crack[pot] plague [*sic*]«, mit: »Past and present cocaine epidemics [*sic*]«, S. 1377; »Flipping the main switch in the central reward system?«, S. 1378–1379; und »Kleber offers expert and blunt opinions on addiction«, S. 1381).
1993 »Organic farming with cocaine«, *Science* 262: 651.
1999 »Putting kids on drugs to fight drugs«, *Science* 285: 1007.
HOLMSTEDT, Bo und G. LILJESTRAND
1963 *Readings in Pharmacology*, New York: The MacMillan Company.
HOLMSTEDT, Bo, Eva JÄÄTMAA, Kurt LEANDER und Timothy PLOWMAN
1977 »Determination of cocaine in some South American species of *Erythroxylum* using mass fragmentography«, *Phytochemistry* 16: 1753–1755.
HOLMSTEDT, Bo und J. E. LINDGREN
1967 »Chemical constituents and pharmacology of South American snuffs«, in: Daniel H. EFRON et al. (g.), *Ethnopharmacologic Search for Psychoactive Drugs*, Public Health Service Publication 1645, U.S. Department of Health, Education, and Welfare, Washington, D.C., S. 339–373.
HOLMSTEDT, Bo, Jan-Erik LINDGREN, Laurent RIVIER und Timothy PLOWMAN
1978 »Cocaine in blood of coca chewers«, *Botanical Museum Leaflets* Harvard University 26(5): 199–201.
1979 »Cocaine in blood of coca chewers«, *Journal of Ethnopharmacology* 1(1): 69–78 (verbr. Aufl.; siehe 1978).
HOPPE, Heinz A.
1943 *Drogenkunde*, Hamburg: Friederichsen, De Gruyter & Co.
HOROWITZ, Michael
1979 *Phantastica. Rare & Important Psychoactive Drug Literature: 1700 to the Present*, Los Ángeles: William and Victoria Dailey (Antiquariatskatalog, Einleitung von R. Gordon WASSON).
HU, Shiu-ying
1980 *An Enumeration of the Chinese Materia Medica*, Hongkong: The Chinese University Press.
HUANG, Kee Chang
1999 *The Pharmacology of Chinese Herbs*, Boca Ratón, FL: CRC Press.
HUIDOBRO B., J.
1994a »El sacrificio de la llama en la Isla del Sol«, in: J. HUIDOBRO B. *et al.* (Hg.), *La verdadera escritura aymara*, La Paz, Bolivia: A-Sepiita, CIEA und CIMA, S. 63–84.

1994b »Culto a las montañas (larka pichsuña)«, in: J. Huidobro B. *et al.* (Hg.), *La verdadera escritura aymara*, La Paz, Bolivia: A-Sepiita, CIEA und CIMA, S. 85–131.
1994c »¡Los dioses andinos no han muerto!«, in: J. Huidobro B. *et al.* (Hg.), *La verdadera escritura aymara*, La Paz, Bolivia: A-Sepiita, CIEA und CIMA, S. 133–141.

Hulshof, Josée
1986 »La coca en la medicina tradicional andina«, in: Joan Boldó i Climent (Hg.), *La coca andina: visión indígena de una planta satanizada*, Coyoacán, México: Instituto Indigenista Interamericano, S. 107–120.

Hurtado Gumucio, Jorge
1987 *Cocaína: en busca del paraíso perdido*, Santa Cruz, Bolivia: Privatdruck. Englische Übersetzung von F. García, 1995. *Cocaine, the Legend: About Coca and Cocaine*, La Paz, Bolivia: ICORI usw. Französische Übersetzung von A. Muchnik, 1997. *La légende de la coca: mythes et réalités*, Paris: Éditions du Lézard.

Huse, E.C.
1880 »Coca erythroxylon [*sic*] – a new cure for the opium habit«, *Therapeutic Gazette* 4: 256–257.

Hutant, A.
1910 »Über den chronischen Kokainismus mit nasaler Anwendung«, *Internationales Zentralblatt für Laryngologie und Rhinologie* 26: 138–140.

Hyyatiä, P. und J.D. Sinclair
1993 »Oral etonitazine and cocaine consumption by AA, ANA and Wistar rats«, *Psychopharmacology* 111: 409–414.

I

Inciardi, James N.
1992 *The War on Drugs II: The Continuing Epic of Heroin, Cocaine, Crack, Crime, AIDS, and Public Policy*, Mountain View, CA; London und Toronto: Mayfield Publishing Co.

Instituto Deusto de Drogodependencias (Hg.)
1993 *Psicoestimulantes: cocaína, anfetaminas y xantinas*, Bilbao, Euzkadi: Universidad de Deusto.

Instituto Indigenista Interamericano
1989 »Uso tradicional de la hoja de coca y narcotráfico«, in: Oscar Arze Quintanilla (Hg.), *La coca … tradición, rito, identidad*, Ciudad de México: Instituto Indigenista Interamericano, S. 17–33.

Isenschmid, D. *et al.*
1992 »Concentration of cocaine and metabolites in plasma of humans following intravenous administration and smoking of cocaine«, *Journal of Analytical Toxicology* 16: 311–314.

Iversen, L.L.
1994 »MK-801 (dizocilpine maleate) – NMDA receptor antagonist«, *Neurotransmissions* 10(1): 1–4 (RBI Zeitschrift).

Iwu, Maurice M.
1993 *Handbook of African Medicinal Plants*, Boca Ratón, FL: CRC Press.

J

Jacob, P. *et al.*
1990 »A pyrolysis product, anhydroecgonine methyl ester (methyl ecgonidine), is in the urine of cocaine smokers«, *Journal of Analytical Toxicology* 14(6): 353–357.

Jaenicke, Lothar
1998 »Zur Wirkungsweise von Narkotika und Pheromonen«, *Chemie in unserer Zeit* 32(2): 86.

Jaramillo, J.E. *et al.*
1989 *Colonización, coca y guerrilla*, Santafé de Bogotá, Colombia: Alianza Editorial Colombiano.

Javaid, J.I. *et al.*
1978 »Cocaine plasma concentration: relation to physiological and subjective effects in humans«, *Science* 202: 227–228.

Jeffcoat, A. *et al.*
1989 »Cocaine disposition in humans after intravenous injection, nasal insufflation (snorting) or smoking«, *Drug Metabolism and Disposition* 17(2): 153–159.

Jeier, Thomas und Hans-Georg Fischer
1986 *Das Coca-Cola Kultbuch*, München: Heyne.

Jenkins, A.J. und E.J. Cone
1998 »Pharmacokinetics: drug absorption, distribution, and elimination«, in: S.B. Karch (Hg.), *Drug Abuse Handbook*, Boca Ratón, FL: CRC Press, S. 151–201.

Jeri, F.R.
1984 »Coca-paste smoking in some Latin American countries: a severe and unabated form of addiction [*sic*]«, *Bulletin on Narcotics* 36(2): 15–31.

Jeri, F.R. *et al.*
1978 »Further experience with the syndromes produced by coca paste smoking«, *Bulletin on Narcotics* 30(1): 1–11.

Jeserich, Rudolf
1930 *Chemie und Photographie in Dienste der Verbrechensaufklärung*, Berlin: Verlag von Georg Stilke.

Joël, Ernst
1928 *Behandlung der Giftsuchten: Alkoholismus, Morphinismus, Kokainismus usw.*, Leipzig: Thieme.

Joël, Ernst und Fritz Fränkel
1924 *Der Cocainismus: ein Beitrag zur Geschichte und Psychopathologie der Rauschgifte*, Berlin: Verlag von Julius Springer.

Johannessohn, F.
1921 »Kokainismus«, *Zeitschrift für ärztliche Fortbildung* 18(6): 173–174.

Johanson, Chris-Ellyn
1986 *Cocaine: A New Epidemic* [*sic*], London: Burke Publishing Co. (in der Reihe: Solomon H. Snyder und Malcolm H. Lader [Hg.], *The Encyclopedia of Psychoactive Drugs*).

Johanson, Chis-Ellyn und R.L. Balster
1978 »A summary of the results of a drug-administration study using substitution procedures in rhesus monkeys«, *Bulletin on Narcotics* 30: 43–54.

Johanson, Chris-Ellyn und Charles R. Schuster
1995 »Cocaine« in: Floyd E. Bloom et al. (Hg.), *Psychopharmacology: The Fourth Generation of Progress*, New York: Raven Press, S. 1685–1697.

Johnson, E.L.
1989a »Diurnal levels of benzoylmethylecgonine and biomass accumulation as influenced by soil pH in two *Erythroxylum* species«, *Planta Medica* 55: 664–665.
1989b »Seed viability of two *Erythroxylum* species stored at 4 °C«, *Planta Medica* 55: 691.

Johnson, T.
1999 *CRC Ethnobotany Desk Reference*, Boca Ratón, FL: CRC Press.

Johnston, James F.W.
1853a Vortrag an der British Association for the Advancement of Science, London.
1853b »The narcotics we indulge in«, *Blackwood's Edinburgh Magazine* 74: 129–139, 605–628.
1853–55 *The Chemistry of Common Life* (2 Bde., in Einzelnummern erschienen), Edinburgh: William Blackwood and Sons.

1854/55 *Die Chemie des täglichen Lebens*, Deutsch bearbeitet von Th. O.G. Wolff, Berlin: Verlag von Franz Duncker.
1855 *The Chemistry of Common Life. [Vol. II: The Narcotics we Indulge In]*, New York: D. Appleton & Co.
1869 *Die Chemie des täglichen Lebens* (2 Bde.), Berlin (Deutsche Übersetzung von Johnston 1855).
1985 »The narcotics we indulge in. Part I«, *Journal of Psychoactive Drugs* 17 (3): 191–199 (Reprint von 1853).
1986 »The narcotics we indulge in. Part II«, *Journal of Psychoactive Drugs* 18 (2): 131–150 (Reprint von 1853).

Jones, Jill
1996 *Hep-Cats, Narcs, and Pipe Dreams: A History of America's Romance with Illegal Drugs*, New York: Scribner.

Jordán P., Roberto
1989 »Coca, cocaísmo y cocaínismo en Bolivia«, in: Oscar Arze Quintanilla (Hg.), *La coca … tradición, rito, identidad*, Ciudad de México: Instituto Indigenista Interamericano.

Jordan, S.C. *et al.*, S. 79–170.
1958 »Comparative pharmacology of cocaine and the diethylamide derivative of cocaine«, *Archives Internationales de Pharmacodynamie et de Thérapie* 115: 452–473.

Joseph, H. und B. Stimmel (Hg.)
1996 *The Neurobiology of Cocaine Addiction [sic]: From Bench to Bedside*, New York und London: The Haworth Medical Press.

Jünger, Ernst
1949 *Heliopolis: Rückblick auf eine Stadt*, Stuttgart: Klett-Cotta.
1970 *Annäherungen: Drogen und Rausch*, Stuttgart: Klett-Cotta (2. Aufl.: Frankfurt/M. usw: Ullstein).
1980 *Sämtliche Werke, Bd. 16: Heliopolis und Stücke dazu*, Stuttgart: Klett-Cotta.
1997 *Siebzig verweht V*, Stuttgart: Klett-Kotta.

K

Kamen-Kaye, Dorothy
1971 »Chimó: an unusual form of tobacco in Venezuela«, *Botanical Museum Leaflets* Harvard University 23(1): 1–59.
1975 »Chimó – why not? A primitive form of tobacco still in use in Venezuela«, *Economic Botany* 29(1): 47–68.

Kamppinen, M.
1988 »*Espíritus incorporados*: the roles of plants and animals in the Amazonian mestizo folklore«, *Journal of Ethnobiology* 8(2): 141–148.

Kane Jr., F.J. und B.Q. Green
1966 »Psychotic episodes associated with the use of common proprietary decongestants«, *American Journal of Psychiatry* 123(4): 484–487.

Karch, S.B.
1996 *The Pathology of Drug Abuse [sic]*, Boca Ratón, FL: CRC Press (2. Aufl.; 1. Aufl. 1993).
1998 *A Brief History of Cocaine*, Boca Ratón, FL: CRC Press.
1999 »Japan and the cocaine industry of southeast Asia, 1864–1944«, in: Paul Gootenberg (Hg.), *Cocaine: Global Histories*, London und New York: Routledge, S. 146–161.

Katz, Richard
1931 *Schnaps, Kokain und Lamas: Kreuz und quer durch wirres Südamerika*, Berlin: Ullstein.

Kaufmann-Doig, Federico
1978 *Sexualverhalten im Alten Peru*, Lima: Kompaktos.

Kemper, Wolf-R.
2001 *Kokain in der Musik*, Seevetal: LIT-Verlag.

Kennedy, J.
1985 *Coca Exotica: The Illustrated Story of Cocaine*, New York: Cornwall Books.

Kerouac, Jack
1968 *Unterwegs* (engl. *On the Road)*, Reinbek: Rowohlt.
1971 *Engel, Kif und Neue Länder*, Reinbek: Rowohlt.
1985 *Be-Bop, Bars und weisses Pulver*, Reinbek: Rowohlt.
1909 *Big Sur*, München: Heyne.

Kersey, Joan
1994 *High Society: The Legalisation of Illicit Drugs*, Sydney: Hampden Press.

Kersting, Fritz-Georg
1993 *Materialien für die Schule: Coca ist nicht Kokain*, Misereor.

Ketter, T.A. *et al.*
1996 *Archives of General Psychiatry* 53: 59–69 (aus Daniel M. Perrine 1996. *The Chemistry of Mind-Altering Drugs*, Washington, D.C.: American Chemical Society).

Keys, Thomas E.
1968 *Die Geschichte der chirurgischen Anaesthesie*, Berlin usw.: Springer-Verlag.

Khantzian, E.J.
1985 »The self-medication hypothesis of addictive disorders [*sic*]: focus on heroin and cocaine dependence [*sic*]«, *American Journal of Psychiatry* 142(11): 1259–1264.

Kingsley, Eileen
1980 *Food and Drugs in America: The Cultural Revolution in Health*, Los Ángeles: Energy Held Publications (Privatdruck).

Kini, M.M. und J.H. Quastel
1960 »Effects of veratrine and cocaine on cerebral carbohydrate-amino acid interrelations«, *Science* 131: 412–414.

Kirchhoff, Paul
1948 »Food-Gathering Tribes of the Venezuelan Llanos,« in: Julian Stewart (Hg.), *Handbook of South American Indians* 4: 339–373, Smithsonian Institution, Bureau of American Ethnology Bulletin 143, Washington, D.C.

Kleber, Herbert D. und F.H. Gawain
1984 »Cocaine abuse [*sic*]: a review of current and experimental treatments«, in: John Grabowski (Hg.), *Cocaine: Pharmacology, Effects, and Treatment of Abuse* [*sic*] (NIDA Research Monograph 50), Washington, D.C.: U.S. Government Printing Office/National Institute on Drug Abuse, S. 111–129.

Knapp, H.
1884 »Hydrochlorate of cocaine – experiments and applications«, *Medical Record* 1884: 461–463.

Koch-Grünberg, Theodor
1921 *Zwei Jahre bei den Indianern Nordwest-Brasiliens*, Stuttgart: Strecker & Schröder.

Kohn, Marek
1992 *Dope Girls: The Birth of the British Drug Underground*, London: Lawrence & Wishart.

Koller, C.(arl = »Karl«).
1884 »Über die Verwendung des Cocaïn zur Anästhetisierung am Auge«, *Wiener medizinische Wochenschrift* 34: 1276–1278, 1309–1311.
1935 »Nachträgliche Bemerkungen über die ersten Anfänge der Lokalanästhesie«, *Wiener medizinische Wochenschrift* 85: 7.
1941 »History of cocaine as a local anesthetic«, *Journal of the American Medical Association* 117: 1284.

Kolodgie, F.D. *et al.*
1998 »Vascular effects of substance abuse [*sic*]«, in: S.B. Karch (Hg.), *Drug Abuse Handbook*, Boca Ratón, FL: CRC Press, S. 113–129.

KOOB, G.F. und F.E. BLOOM
1988 »Cellular and molecular mechanisms of drug dependence«, *Science* 242: 715–723.
KORT, M.
1999 »Doctors, diplomats, and businessmen: conflicting interests in the Netherlands and Dutch East Indies, 1860–1950«, in: Paul GOOTENBERG (Hg.), *Cocaine: Global Histories*, London und New York: Routledge, S. 123–145.
KOTSCHENREUTHER, Hellmut
1976 *Das Reich der Drogen und Gifte*, Berlin: Safari-Verlag.
KOTZWINKLE, William
1980 *Fan Man*, Reinbek: Rowohlt.
1997 *Filmriss*, Reinbek: Rowohlt. (*The Exile*, verdeutscht von Hans PFITZINGER).
KREUZER, Arthur
1978 *Jugend – Rauschdrogen – Kriminalität*, Wiesbaden: Akademische Verlagsgesellschaft.
KRASSNER, Paul, Dean LATIMER, Dick RUSSEL und Robert Anton WILSON 2001 »Top 10 Conspiracies«, *The Best of High Times* BD #28: 22–32.
KRAEPELIN, Emil
1882 *Über die Beeinflussung einfacher psychologischer Vorgänge durch einige Arzneimittel*, Jena.
KRAMER, Peter D.
1995 *Glück auf Rezept: Der unheimliche Erfolg der Glückspille Fluctin*, München: Kösel. (Orig. *Listening to Prozac*, New York: Viking, 1993).
KRAMMER, Hans
o.D. *Das entblösste Frauenzimmer: die Geschichte des Dekolletés*, Gütersloh: Signum Verlag.
KRAUTHAUSEN, Ciro (Hg.)
1991 *Koka-Kokain: Reportagen, Analysen und Dokumente aus den Andenländern*, München: Raben Verlag.
KREEK, M.J.
1996 »Cocaine, dopamine and the endogenous opioid system«, in: H. JOSEPH und B. STIMMEL (Hg.), *The Neurobiology of Cocaine Addiction* [*sic*], New York und London: The Haworth Medical Press, S. 73–96.
KREMER, Eva-Maria
1991 *Andenschnee: Kolumbien, Kokain und Gewalt*, Luzern, Stuttgart: Rex-Verlag.
KUHAR, M.J. *et al.*
1991 »The dopamine hypothesis of the reinforcing properties of cocaine«, *Trends in Neuroscience* 14(7): 299–302.
KUMOR, K. *et al.*
1988 »Lack of cardiovascular tolerance during intravenous cocaine infusions in human volunteers«, *Life Sciences* 42: 2063–2071.
KUHN, Cynthia, Scott SWARTWELDER und Wilkie WILSON
1998 *Buzzed*, New York, London: Norton.
KUPFER, Alexander
1996a *Göttliche Gifte: Kleine Kulturgeschichte des Rausches seit dem Garten Eden*, Stuttgart und Weimar: Verlag J.B. Metzler.
1996b *Die künstlichen Paradiese: Rausch und Realität seit der Romantik*, Stuttgart und Weimar: Verlag J.B. Metzler.
2000 »Brauchen Dichter Drogen? Anmerkungen zur künstlerischen Rauscherfahrung«, *Universitas – Zeitschrift für interdisziplinäre Wissenschaft* 55 (646): 325–343.
KUTSCHER, Gerdt
1977 *Chimu: Eine altindianische Hochkultur*, Hildesheim: Gerstenberg (Reprint von 1950).
KWITNY, Jonathan
1988 *The Crimes of Patriots: A True Tale of Dope, Dirty Money and the CIA*, New York, London, Toronto, Sydney und Tokyo: Touchstone (2. Aufl.; 1. Aufl. 1987).

L

LABARRE, Weston
1948 *The Aymara Indians of the Lake Titicaca Plateau*, Washington, D.C.: American Anthropological Association.
LABROUSSE, Alain
1993 »Coca, peyotl, ayahuasca y opio: guerra a la droga y represión de las minorías nacionales«, *Takiwasi* 2: 120–133.
LAKE, C.L.
1991 »Manic psychosis after coffee and phenylpropanolamine«, *Biological Psychiatry* 30: 401–404.
LAMONT, S.R.
1999 »Species composition, diversity, and use of homegardens among three Amazonian villages«, *Economic Botany* 53(3): 312–326.
LANDRY, D.W. *et al.*
1993 »Antibody-catalyzed degradation of cocaine«, *Science* 259: 1899–1901.
LANDRY, M.J.
1992 »An overview of cocaethylene, an alcohol-derived, psychoactive cocaine metabolite«, *Journal of Psychoactive Drugs* 24 (3): 273–276.
LANOUX, Armand
1964 *Amour 1900: Paris im Brennspiegel einer faszinierenden Jahreszahl*, München: Wilhelm Heyne Verlag.
LANZA, Gregorio
1995 *La coca prohibida*, La Paz, Bolivia: SNV-Bolivia und Centro de Documentación e Información-Bolivia.
LAPPLE, Gene
1977 »The Golden Age of Cocaine«, *Head* March/April: 51–54, 88.
LARCO HOYLE, Rafael
1979 *Ars et Amor: Peru*, München: Heyne.
1998 *Arte erótico en el antiguo Perú*, Lima: Museo Arqueológico Rafael Larco Herrera.
LAS CASAS, Fray Bartolomé
1981 *Bericht von der Verwüstung der Westindischen Länder*, hrg. v. Hans Magnus ENZENSBERGER, Frankfurt/M.: Insel.
LASERNA, Roberto
1996 *Veinte juicios y prejuicios sobre coca-cocaína*, La Paz, Bolivia: Clave Consultores.
LAURIE, Peter
1978 *Drugs: Medical, Psychological, and Social Facts*, Harmondsworth: Penguin Books.
LEE, David
1983 *Cocaine Handbook: An Essential Reference*, Berkeley, CA: And/Or Press (Revised Edition; 1. Aufl. 1981). Ohne irgendwelche Angaben, nur ISBN: 0-915904-56-X. Originalausgabe, 1976. *Cocaine: Consumer's Handbook*, Berkeley, CA: And/Or Press (mit Photos von Linda Kesner).
LEE, J.S.
1991 »The underworld of the East«, in: John STRAUSBAUGH und Donald BLAISE (Hg.), *The Drug User Documents: 1840–1960*, New York: Blast Books, Inc. (Reprint; 1. Aufl. 1936), S. 1–35.
LEGNARO, Aldo
1999 »Auf dem Weg zum Erlebnis-Bewußtsein: Drogen und Rausch«, in: MUSEUM FÜR VÖLKERKUNDE HAMBURG (Hg.), *Das gemeinsame Haus Europa: Handbuch zur europäischen Kulturgeschichte*, München: dtv, S. 877–884.

Lehmann, Friedrich R.
1966 *Rezepte der Liebesmittel: eine Kulturgeschichte der Liebe*, Heidenheim: Erich Hoffmann Verlag.
Leikin, J.B. und F.P. Paloucek
1995 *Poisoning and Toxicology Handbook*, Hudson, OH: Lexi-Comp Inc.
Lema, A.M.
1997 »Historia del uso tradicional de la coca«, in: M. Villena C. und M. Sauvain (Hg.), *Usos de la hoja de coca y salud pública*, La Paz, Bolivia: Instituto Boliviano de Biología de Altura, S. 15–28.
Leonzio, Ugo
1997 *Il volo magico: Storia generale delle droghe*, Turin: Einaudi Tascabili (Erstausgabe 1969).
Lewin, Louis
1885 »Referat: Pharmakologie und Toxikologie«, *Berliner klinische Wochenschrift* 22: 321–322.
1924 *Phantastica: Die betäubenden und erregenden Genussmittel*, Berlin, Georg Stilke.
Liebermann, Carl
1888 »Über Cinnamylcocaïn«, *Berichte der Deutschen Chemischen Gesellschaft* 21(2): 3372.
1889 »Über das Cinnamylcocaïn der Cocablätter«, *Berichte der Deutschen Chemischen Gesellschaft* 22: 2661–2662.
Liebermann, Carl und F. Giesel
1888 »Über eine neue technische Darstellungsart und theilweise Synthese des Cocaïns«, *Berichte der Deutschen Chemischen Gesellschaft* 21(2): 3196.
Lilly, John C.
1986 *Simulationen von Gott: Spielräume des menschlichen Bewusstseins*, Basel: Sphinx Verlag.
Lindequist, Ulrike
1993 »Erythroxylum«, in: *Hagers Handbuch der pharmazeutischen Praxis*, Bd. 5, Berlin: Springer (5. Aufl.), S. 88–98.
Lindgren, Jan-Erik
1981 »Guide to the analysis of cocaine and its metabolites in biological material«, *Journal of Ethnopharmacology* 3 (2&3): 337–351.
Liounis, A.
1992 »Silk for cocaine«, *Omni* 14(9): 44 *et seq.*
Lipton, D.S. *et al.*
1994 »Acupuncture for crack-cocaine detoxification: experimental evaluation of efficacy«, *Journal of Substance Abuse* [*sic*] *Treatment* 11(3): 205–215.
Llosa, T.
1994 »The standard low dose of oral cocaine used for treatment of cocaine dependence [*sic*]«, *Substance Abuse* (*sic*) 15(4): 215–220.
Lloyd, John Uri und John Thomas Lloyd
1911 »Coca: »the divine plant of the Incas««, *Lloyd Library Bulletin* Nr. 18.
Lobb, C. Gary
1974 »El uso de la coca como manifestación de cultura indígena en las montañas occidentales de Sudamérica«, *América Indígena* 34(4): 919–938.
Lohman, M. *et al.* (Hg.)
1992 *Coca-cronología: 100 documentos sobre la problemática de la coca y la lucha contra las drogas. Bolivia: 1986–1992*, Cochabamba, Bolivia: Centro de Documentación e Información und Instituto Latinoamericano de Investigaciones Sociales. (»Convención de las Naciones Unidas contra tráfico ilícito de estupefacientes y sustancias sicotrópicas«, 20. Dezember 1988, S. 197–240; »Ley del régimen de la coca y sustancias controladas«, 19. Juli 1988, S. 114–155; »Convenio tripartito entre gobierno, COB y productores de coca«, 9. Mai 1988, S. 100.)
Lossen, W.
1862 *Über Cocaïn, das wirksames Prinzip von Coca*, Göttingen: Dissertation.
1865 »Über das Cocaïn«, *Justus Liebig's Annalen der Chemie* 133: 351–371.
Luca de Tena, Belén Boville
2000 *La Guerra de la cocaïna: Drogas, geopolítica y medio ambiente*, Madrid: Temas de Debate.
Luján, M.C.
1997 »Ingesta alimentaria en acullicadores y no acullicadores de dos comunidades rurales«, in: M. Villena C. und M. Sauvain (Hg.), *Usos de la hoja de coca y salud pública*, S. 83–86, La Paz, Bolivia: Instituto Boliviano de Biología de Altura.
Luna, Luis Eduardo
1984 »The healing practices of a Peruvian shaman«, *Journal of Ethnopharmacology* 11(2): 123–133.
Lydon, J. *et al.*
1993 »Tissue culture and alkaloid production of *Erythroxylum coca* var. *coca*«, *Journal of Herbs, Spices and Medicinal Plants* 2(1): 3–14.

M

Mabit, Jacques *et al.*
1996 »Takiwasi: the use of Amazonian shamanism to rehabilitate [*sic*] drug addicts«, in: Michael Winkelman und Walter Andritzky (Hg.), *Jahrbuch für transkulturelle Medizin und Psychotherapie*, Berlin: VWB, S. 257–285.
Mabit, Michel
1996 »Ayahuasca and shamanism in addiction therapy: report from the Peruvian Amazon«, *MAPS Bulletin* 6(3): 24–31.
McCann, U.D. *et al.*
1997 »Brain serotonin neurotoxicity and primary pulmonary hypertension from fenfluramine and dexfenfluramine«, *Journal of the American Medical Association* 278(8): 666–672.
McClure, Susan A. und W. Hardy Eshbaugh
1983 »Love potions of Andros Island, Bahamas«, *Journal of Ethnobiology* 3(2): 149–156.
McCoy, Albert W.
1991 *The Politics of Heroin: CIA Complicity in the Global Drug Trade*, Brooklyn, NY: Lawrence Hill Books (Originalausgabe, 1972. *The Politics of Heroin in Southeast Asia*.).
McInerney, Jay
1990 *Ein starker Abgang*, Reinbek: Rowohlt.
McManamy, M.C. und P.G. Schube
1936 »Caffeine intoxication: report of a case the symptoms of which amounted to a psychosis«, *New England Journal of Medicine* 215(14): 616–620.
Macdonald, P.T., D. Waldorf, C. Reinarman und S. Murphy
1988 »Heavy cocaine use and sexual behavior«, *Journal of Drug Issues* 18(3): 437–455.
Machado, E.
1981 »Determination of varieties and cultivars in Peruvian coca«/»Determinación de variedades y cultivares en *Erythroxylon* [*sic*] L.«, *Journal of Ethnopharmacology* 3(2&3): 227.
Maclagan, W.
1857 *Journal de Chimie et de Pharmacie* 39 [aus Mortimer 1901].

Magnan, V.
1889 »Trois cas de cocaïnisme chronique«, *Comptes rendus hebdomadaires des séances et mémoires de la Société de Biologie* 1(9): 60–63.
Maier, Hans Wolfgang
1926 *Der Kokainismus: Geschichte/Pathologie, medizinische und behördliche Bekämpfung*, Leipzig: Georg Thieme Verlag.
Malcolm, R. *et al.*
1999 »Amlodipine treatment of cocaine dependence [*sic*]«, *Journal of Psychoactive Drugs* 31(2): 117–120.
Manderson, Desmond
1993 *From Mr. Sin to Mr B$G*, Melbourne: Oxford University Press.
Mann, J.D.
1898 *Forensic Medicine*, London (aus Mortimer 1901).
Mann, John
1992 *Murder, Magic and Medicine*, Oxford, New York und Tokio: Oxford University Press.
Mann, Klaus
1999 *Treffpunkt im Unendlichen*, Reinbek: Rowohlt.
Mantegazza, Paolo (dt. Paul)
1859 »Sulle virtù igieniche e medicinali della coca e sugli alimenti nerviosi in generale«, *Annali universali di medicina* 167: 449–519.
1870 *Die Physiologie der Wonne*, Berlin und Leipzig: Gnadenfeld.
1928 *Die Physiologie des Genusses*, Neue Deutsche Ausgabe, ausgewählt und übersetzt von. H. Passarge, Leipzig: Erich Stolpe.
1997 *Le virtù della coca (1859) – Il mate (1871)*, Vorwort von Giorgio Samorini, Rovereto: S.I.S.S.C. (Supplemento al n° 8, August 1997, di *Eleusis*; Reprint, Mantegazza 1859).
Maranto, G.
1985 »Coke: the random killer [*sic*]«, *Discover* März: 16–21.
Marco y José T, Gállego, Arantxa
2000 »Ismael Calderón«, *Cáñamo*, S. 46–49.
Marconi, R.
1994 *El drama del Chapare: la frustración del desarrollo alternativo*, La Paz, Bolivia: CEDLA.
Margolin, A. *et al.*
1996 »Pemoline for the treatment of cocaine dependence [*sic*] in methadone-maintained patients [*sic*]«, *Journal of Psychoactive Drugs* 28(3): 301–304.
Mariani, Angelo
1892 *Coca and its Therapeutic Application*, New York: J.N. Jaros (2. englische Aufl.; 1. Aufl. 1890; 1. französische Aufl. 1888).
1894 *L'Album Mariani*, Prélude Iconographique par Octave Uzanne, Paris: Ernest Flammarion Éditeur.
Marnell, Tim (Hg.)
1997 *Drug Identification Bible*, Denver, CO: Drug Identification Bible (3. Aufl.; 1. Aufl. 1993).
Marshall, John
1991 *Drug Wars: Corruption, Counterinsurgency and Covert Operations in the Third World*, Forestville, CA: Cohan & Cohen Publishers.
Martin, Richard T.
1969 »The role of coca in the history, religion, and medicine of South American Indians«, *Economic Botany* 23: 422–438. Reprint, 1975. In: George Andrews und David Solomon (Hg.), *The Coca Leaf and Cocaine Papers*, S. 20–37, New York und London: Harcourt Brace Jovanovich. Spanische Übersetzung, 1996. In: William E. Carter (Hg.), *Ensayos científicos sobre la coca*, S. 15–31, La Paz, Bolivia: Librería Editorial »La Juventud« (2. Aufl.; 1. Aufl. 1982).
Martin, S.
1859 *Journal de Pharmacie* (aus Mortimer 1901).
Martindale, William
1886 *Coca, Cocaine and its Salts: Their History, Medical and Economic Uses, and Medicinal Properties*, London: H.H. Lewis. Zusammenfassung, 1975. In: George Andrews und David Solomon (Hg.), *The Coca Leaf and Cocaine Papers*, New York und London: Harcourt Brace Jovanovich, S. 43–49.
Martínez, Maximino
1987 *Catálogo de nombres vulgares y científicos de plantas mexicanas*, México, D.F.: Fondo de Cultura Económica.
Martius, C.Fr.Ph. v.
1841 *Beiträge zur Kenntnis der Gattung Erythroxylon*, Abhandlungen d.II.C. d.Ak. d. Wiss. III. Bd. Abth. II.
Mash, Deborah C. und Julie K. Staley
1996 »The dopamine transporter in human brain«, in: M.E.A. Reith (Hg.), *Neurotransmitter Transporters: Structure, Function, and Regulation*, Totowa, NJ: Humana Press Inc., S. 315–343.
Max, B.
1991 »This and that: the ethnopharmacology of simple phenethylamines, and the question of cocaine and the human heart«, *Trends in Pharmacological Science* 12: 329–333.
Mayer, Enrique
1978 »El uso de la coca en el mundo andino: contribución a un debate y toma de posición«, *América Indígena* 38: 849–865. Reprint, 1986. In: Joan Boldó i Climent (Hg.), *La coca andina: visión indígena de una planta satanizada*, S. 123–146, Coyoacán, México: Instituto Indigenista Interamericano. Reprint, 1996. In: William E. Carter (Hg.), *Ensayos científicos sobre la coca*, S. 211–228, La Paz, Bolivia: Librería Editorial »La Juventud« (2. Aufl.; 1. Aufl. 1982).
Mailer, Norman
1965 *An American Dream*, New York: The Dial Press (© ren. 1992, 1993 by N. Mailor; 1999 [Vinatge International Edition]).
Meana, J.J. und F. Barturen (Hg.)
1993 *Psicoestimulantes*, Bilbao: Universidad de Deusto.
Medina, Jorge
1995 *El trueno sobre los cocales: coca, cultura y democracia participativa municipal*, La Paz, Bolivia: HISBOL.
Merck, Emmanuel
1884a »Cocaine and its salts«, *Druggist's Circular and Chemist's Gazette* 1884: 179.
1884b »Cocaine and its salts«, *Pharmaceutical Journal and Transactions* 1884: 426–427.
1885 »Einen offenen Brief von E. Merck«, *Wiener medizinische Presse* 26: 1373.
1886 *Über Cocain*, Dissertation.
Merck
1920 »Kokainfälschungen«, *Zeitschrift für ärztliche Fortbildung* 17: 152.
Michaelis
1905 *Alte und neue Heilmittel für schwache und kranke Nerven nebst den erforderlichen Heilmethoden und Tagesregimen für Nervenschwache*, Berlin: Verlag J. Singer & Co.

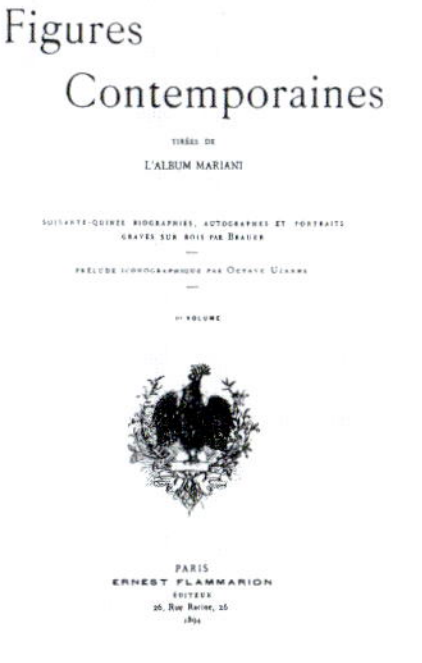

Micheelis, Wolfgang
1992 »Sigmund Freud: eine doppelte Perspektive für die Zahnheilkunde«, *ZM* 23: 29.
Millar, Martin
1997 *Die Elfen von New York* (Übersetzung von Helga Herborth; Originaltitel *The Good Fairies of New York*, 1992), München: DTV.
Miller, J. (Hg.)
1828 *Memoirs of General Miller in the Service of the Republic of Peru*, London: Longman, Rees, Orme, Brown and Green.
Miner, H.
1939 »Parallelism in alkaloid-alkali quids«, *American Anthropologist* N.S. 41: 617–619.
Misra, A.L. *et al.*
1975 »Estimation and disposition of [^{3}H]benzoylecgonine and pharmacological activity of some cocaine metabolites«, *Journal of Pharmacy and Pharmacology* 27: 784–786.
Mitchell, C.
1886 »Coca wines of the market«, *Druggist's Circular and Chemical Gazette* 1886: 82.
Miyazaki, Y. und H. Watanabe
1962 »Experimental cultivation of coca (*Erythroxylon* [*sic*] spp.) at Izu. I. Some results on the growth and cocaine content of coca«, *Kokuritsu Eisei Shikenjo Hokoku* (*Bulletin of the National Institute of Hygienic Science*) 80: 155–158.
Moers, Walter
1992 *Schöner Leben mit dem Kleinen Arschloch: Sex, Drogen & Alkohol*, Frankfurt/M.: Eichborn.
1998 *Adolf*, Frankfurt/M.: Eichborn.
Monardes, Nicolás
1990 *Herbolaria de Índias* (Anmerkungen von Xavier Lozoya), Ciudad de México: Redacta.
Montesinos A., Fernando
1965 »Metabolism of cocaine«, *Bulletin on Narcotics* 17(2): 11–17.
Montgomery, E. und A. Johnson
1996 »Masticación de la coca y rendimiento en el trabajo entre los indios machiguenga del Perú«, in: William E. Carter (Hg.), *Ensayos científicos sobre la coca*, La Paz, Bolivia: Librería Editorial Juventud« (2. Aufl.; 1. Aufl. 1982), S. 171–176.
Moore, James M.
1973 »Identification of *cis*- and *trans*-cinnamoylcocaine in illicit cocaine seizures«, *Journal of the Association of Official Analytical Chemists* 56(5): 1199–1205.
Moore, James M. und John F. Casale
1994 »In-depth chromatographic analyses of illicit cocaine and ist precursor, coca leaves«, *Journal of Chromatography* A 674: 165–205.
1997 »Lesser alkaloids of cocaine-bearing plants. Part I: nicotinoyl-, 2'-pyrroloyl, and 2'- and 3'-furanoylecgonine methyl ester-isolation and mass spectral characterization of four new alkaloids of South American *Erythroxylum coca* Var. *coca*«, *Journal of Forensic Science* 42(2): 246–255.
Moore, James M. *et al.*
1994 »1-Hydroxytropacocaine: an abundant alkaloid of *Erythroyxlum novogranatense* var. *novogranatense* and var. *truxillense*«, *Phytochemistry* 36: 357–360.
Morales, Edmundo
1989 *Cocaine: White Gold Rush in Peru*, Tucson, AZ und London: The University of Arizona Press, Einleitung von Richard Evans Schultes.
Moreau, Fernand
1948 *Alcaloïdes et plantes alcaloïfères*, Paris: Presses universitaires de France.
Morell, V.
1993 »Enzyme may blunt cocaine's action«, *Science* 259: 1828.
Moréno y Maïz, Tomás
1868 *Recherches chimiques et physiologiques sur l'Érythroxylum coca du Pérou et la cocaïne*, Paris: Louis Leclerc.
Morgan, H.W.
1981 *Drugs in America: A Social History, 1800–1980*, Syracuse, NY: Syracuse University Press.
Morselli, E. und G. Buccola
1882 »Richerche sperimentali sull'azione fisiologica e terapeutica ella cocaina«, *Rendiconti del Reale Istituto Lombardo* 14.
Mortimer, William Golden
1901 *Peru. History of Coca »The Divine Plant« of the Incas*, New York: J.H. Vail & Co. Faksimile Ausgabe, 1974. San Francisco: And/Or Press.
Morton, Julia F.
1977 *Medicinal Plants*, Cleveland, OH: CRC Press.
Müller-Ebeling, Claudia
1995 »Die Botschaft der Kogi«, *Esotera* 5/95: 24–29.
1997 *Die «Versuchung des heiligen Antonius» als «Mikrobenepos»*, Berlin: VWB.
Müller-Ebeling, Claudia und Christian Rätsch
1989 *Heilpflanzen der Seychellen*, Berlin: VWB.
2000 »Kreisrituale«, in: Franz-Theo Gottwald und Christian Rätsch (Hg.), *Rituale des Heilens*, Aarau: AT Verlag, S. 152–161.
Müller-Ebeling, Claudia, Christian Rätsch und Wolf-Dieter Storl
1998 *Hexenmedizin: Die Wiederentdeckung einer verbotenen Heilkunst – schamanische Traditionen in Europa*, Aarau: AT Verlag.
Müller-Schwefe, Rudolf und Eva Schott (Hg.)
1981 *Komm schwarzer Panther, lach noch mal: Verständigungstexte über Drogen und Abhängigkeit*, Frankfurt/M.: Suhrkamp Taschenbuch Verlag.
Münzer, Kurt
1910 *Phantom*, Berlin: Wilhelm Borngräber.
Muñóz D., S.
2000 *Coca: árbol del paraíso americano. Tesoro precolombino*, Cali, Colombia: Fundación Salud Caína.
Muñóz, V. *et al.*
2000 »A search for natural bioactive compounds in Bolivia through a multidisciplinary approach Part I. Evaluation of the antimalarial activity of plants used by the Chácobo Indians«, *Journal of Ethnopharmacology* 69 (2): 127–137.
Murphy, Sheigla, Dan Waldorf und Craig Reinarmen
1998 »Drifting into Dealing: Wie man Kokainhändler wird« in: Bettina Paul und Henning Schmidt-Semisch (Hg.), *Drogendealer: Ansichten eines verrufenen Gewerbes*, Freiburg i.B: Lambertus-Verlag, S. 127–147.

N

Nachtigall, Horst
1954 »Koka und Chicha«, *Kosmos* 50(9): 423–427.
Nadelmann, Ethan A.
1989 »Drug prohibition in the United States: costs, consequences, and alternatives«, *Science* 245: 939–947.

Nadkarni, A.K.
1976 *Dr. K.M. Nadkarni's Indian Materia Medica*, Bombay: Popular Prakashan (3. Aufl.; 1. Aufl. 1908).

Naranjo, Plutarco
1974 »El cocaísmo entre los aborígenes de Sud América«, *América Indígena* 34(3): 605–628.
1981 »Social functions of coca in pre-Columbian America«, *Journal of Ethnopharmacology* 3(2&3): 161–172.

Navarro, Juan
1992 *Historia natural o jardín americano*, Ciudad de México: UNAM, IMSS und ISSSTE (1. Aufl.; Manuskript von 1801).

Nicholl, Charles
1985 *The Fruit Palace*, New York: St. Martin's Press.
1990 *Treffpunkt Café «Fruchtpalast»: Erlebnisse in Kolumbien*, Reinbek: Rowohlt.
1991 *La ruta de coca: Un viaje por Columbia y por el submundo del tráfico de cocaína* (übersetzt von Antonio Desmonts), Barcelona: Edhasa.

Niemann, Albert
1860 *Über eine neue organische Base in den Cocablättern*, Göttingen: E.A. Huth (Dissertation). Reprint, 1860. *Vierteljahrsschrift für angewandte Pharmazie* 9: 489–524. Englische Zusammenfassung, 1861. »On the alkaloid and other constituents of coca leaves«, *American Journal of Pharmacy* 33(9): 122–126.

Nieschulz, Otto und P. Schmersahl
1969 »Untersuchungen über die Bedeutung des Kalkzusatzes beim Kauen von Coca-Blättern«, *Planta Medica* 17 (2): 178–183.

Noon, Jeff
1999 *Alice im Automatenland* [*Automated Alice*, Übersetzung von Ute Thiemann], München: Manhattan/Goldmann.

Novák, M. und A. Salemink
1987 »The essential oil of *Erythroxylum coca*«, *Planta Medica* 53: 113.

Novák, M. *et al.*
1984 »Biological activity of the alkaloids of *Erythroxylum coca* and *Erythroxylum novogranatense*«, *Journal of Ethnopharmacology* 10(3): 261–274.

O

Oblitas Poblete, Enrique
1978 *Cultura callawaya*, La Paz, Bolivia: Ediciones Populares Camarlinghi (2. Aufl.; 1. Aufl. 1960).
1992 *Plantas medicinales de Bolivia: farmacopea callawaya*, Cochabamba und La Paz. Editorial »Los Amigos del Libro«.

Ochiai, Ines
1978 »El contexto cultural de la coca entre los indios kogi«, *América Indígena* 37(1): 43–50.

Ocoña, Enrique
1993 *El Dionisio modernio y la farmacia utópica*, Barcelona: Anagram.

O'Donnell, J.A. und J.P. Jones
1970 »The diffusion of the intravenous technique among narcotic addicts«, in: J.C. Ball und C.D. Chambers (Hg.), *The Epidemiology [sic] of Opiate Addiction in the United States*, Springfield, IL: Charles C. Thomas, S. 147–164.

Ofarim, Abi
1982 *Der Preis der wilden Jahre*, Rastatt: Arthur Moewig Verlag.

Oliver-Bever, B.
1983 »Medicinal Plants in Tropical West Africa II. Plants acting on the nervous system«, *Journal of Ethnopharmacology* 7(1): 1–93.

Ossio A., Juan
1989 »Cosmovisión andina y uso de la coca«, in: Oscar Arze Quintanilla (Hg.), *La coca … tradición, rito, identidad*, Ciudad de México: Instituto Indigenista Interamericano, S. 231–385.

Otero, Gustavo Adolfo
1951 *La piedra mágica: vida y costumbres de los indios callahuayas de Bolivia*, Ciudad de México (Zusammenfassung, »Der Ursprung der Coca-Pflanze«, 1997. In: Frederik Hetmann und Leonardo Wild [Hg.], *Indianermärchen aus Südamerika*, Frankfurt/M.: Fischer Taschenbuch Verlag).

Otero Aira, Luis
o.D. *Las plantas alucinógenas*, Barcelona: Editorial Paidotribo (3. Aufl.).

Ott, Jonathan
1979 *Hallucinogenic Plants of North America*, Berkeley, CA: Wingbow Press (2. verbr. Aufl.; 1. Aufl. 1976).
1985 *The Cacahuatl Eater: Ruminations of an Unabashed Chocolate Addict*, Vashon, WA: Natural Products Co.
1993 *Pharmacotheon: Entheogenic Drugs, Their Plant Sources and History*, Kennewick, WA: Natural Products Co. (2. verb. Aufl., 1996).
1994a *Ayahuasca Analogues: Pangæan Entheogens*, Kennewick, WA: Natural Products Co. Deutsche Übersetzung von Bert Marco Schuldes, 1995. *Ayahuasca Analoge: pangeische Entheogene*, Löhrbach: MedienXperimente. Spanische Übersetzung von Jonathan Ott, 2000. *Análogos de la ayahuasca: enteógenos pangéicos*, Barcelona: Phantastica.
1994b »*Ayahuasca* and *ayahuasca* analogues: pangaean entheogens for the new millennium«, *Jahrbuch für Ethnomedizin und Bewusstseinsforschung* 3: 285–293.
1995a *The Age of Entheogens & The Angels' Dictionary*, Kennewick, WA: Natural Products Co.
1995b »Ayahuasca: ethnobotany, phytochemistry and human pharmacology«, *Integration: Zeitschrift für Geistbewegende Pflanzen und Kultur* 5: 72–97.
1995c Ayahuasca e analoghi dell'ayahuasca: enteogeni universali per il nuovo millennio«, *Altrove* 2: 14–23 (Italienische Übersetzung; siehe Ott 1994b)
1996a *Pharmacotheon: drogas enteógenas [sic], sus fuentes vegetales y su historia*, Barcelona: Los Libros de la Liebre de Marzo (Übersetzung von Jordi Ribas, siehe Ott 1993).
1996b *Enteobotánica: Embriagantes chamánicos*, unveröffentlichtes Manuskript.
1996c »Entheogens II: on entheology and entheobotany«, *Journal of Psychoactive Drugs* 28(2): 205–209 (mit Anhang, Reprint des Ruck *et al.* 1979).
1996d Buchbesprechung von *Entheogens and the Future of Religion* (Robert Forte, Hg.), *Jahrbuch für Ethnomedizin und Bewusstseinsforschung* 5: 281–285.
1997 *Pharmacophilia or the Natural Paradises*, Kennewick, WA: Natural Products Co. Spanische Übersetzung von Román Escohotado und Mónica Balcázar.
1998 *Pharmacophilia o los paraísos naturales*, Barcelona: Phantastica.
2001 *Shamanic Snuffs or Entheogenic Errhines*, Solothurn: Entheobotanica. Deutsche Übersetzung von Claudia Müller-Ebeling, 2002. *Schamanische Schnupfpulver oder entheogene Genussmittel*, Solothurn: Nachtschatten Verlag.

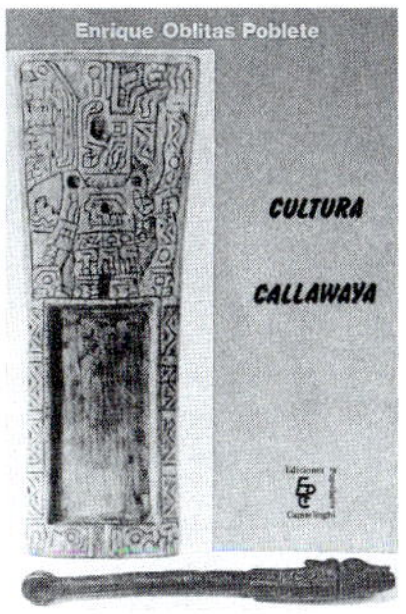

2001 »Psiconáutica católica: Mama Coca y Mama Cocaina«, *Cáñamo* 43: 102–104.

Otto, K. und R. Nause

1980 »Paranoid hallucinatory psychosis following chronic asthmolytan abuse«, *Psychiatrie, Neurologie und medizinische Psychologie* 32(8): 492–495.

Oyler, J. *et al.*

1996 »Cocaine contamination of United States paper currency«, *Journal of Analytical Toxicology* 20: 213–216.

P

Palmer, Cynthia und Michael Horowitz (Hg.)

1982 *Shaman Woman, Mainline Lady*, New York: Quill. (o.D.) *Tänzerinnen zwischen Himmel und Hölle*, Löhrbach: Werner Pieper's MedienXperimente (Edition Rauschkunde); Übersetzung von Palmer und Horowitz 1982, ergänzt und herausgegeben von Ronald Rippchen = Werner Pieper.

2000 *Sisters of the Extreme: Women Writing on the Drug Experience*, Rochester, Vermont: Park Street Press. (Rev. Ed. von Palmer und Horowitz 1982).

Palmer, Edward

1880 »The opium habit – a possible antidote«, *Therapeutic Gazette* 4: 163–164.

Paly, D. *et al.*

1980 »Plasma levels of cocaine in native Peruvian coca chewers«, in: F.R. Jeri (Hg.), *Cocaine 1980*, Lima, Perú: Pacific Press, S. 86–89.

1982 »Plasma cocaine concentrations during cocaine paste smoking«, *Life Sciences* 30: 731–738.

Pané, Ramón

1991 *Relación acerca de las antigüedades de los indios*, Ciudad de México: Siglo XXI (aus dem Manuskript von 1496). (Nota bene: Es scheint, als wenn der Nachdruck fehlerhaft ist).

Parascandola, J.

1995 »The drug habit: the association of the word ›drug‹ with abuse in American history«, in: R. Porter und M. Teich (Hg.), *Drugs and Narcotics in History*, Cambridge: Cambridge University Press, S. 156–167.

Park, B.E.

1986 *The Impact of Illness on World Leaders*, Philadelphia, PA: University of Pennsylvania Press.

Park, R.

2000 *Voodoo Science: The Road from Foolishness to Fraud*, New York: Oxford University Press.

Peele, S.

1998 »All wet«, *The Sciences* März/April: 17–21.

Pendergrast, Mark

1996 *Für Gott, Vaterland und Coca-Cola*, München: Heyne. Englische Originalausgabe, 1993. *For God, Country and Coca-Cola*, New York: C. Scribner´s Sons (Neuaufl. 2000).

Pentel, P.

1984 »Toxicity of over-the-counter stimulants«, *Journal of the American Medical Association* 252(14): 1898–1903.

Percy, S.R.

1857 *Bericht*, in: New York Academy of Medicine, November, New York.

Perez de Barradas, Jose

1957 *Plantas magicas americanas*, Madrid: Instituto «Bernardino de Sahagun».

Pérez-Reyes, M. *et al.*

1982 »Freebase cocaine smoking [*sic*]«, *Clinical Pharmacology and Therapeutics* 32: 459–465.

1994 »Comparison in humans of the potency and pharmacokinetics of intravenously injected cocaethylene and cocaine«, *Psychopharmacology* 116: 428–432.

Pernice, Ludwig

1890 »Über Cocainanaesthesie«, *Deutsche medizinische Wochenschrift* 16: 287.

Perrine, Daniel M.

1996 *The Chemistry of Mind-Altering Drugs*, Washington, D.C.: American Chemical Society.

Peters, Daniel

1995 *Der Inka*, München: Diederichs.

Petersen, R.C.

1977 »Cocaine: an overview«, in: R.C. Petersen und R.C. Stillman (Hg.), *Cocaine: 1977* (NIDA Research Monograph Nr. 13), Washington, D.C.: U.S. Government Printing Office/National Institute on Drug Abuse, S. 5–15.

Petersen, R.C. und R.C. Stillman (Hg.)

1977 *Cocaine: 1977* (NIDA Research Monograph Nr. 13), Washington, D.C.: U.S. Government Printing Office/ National Institute on Drug Abuse.

Philips, Jayne Anne

1981 *Das himmlische Tier*, Frankfurt/M.: Fischer.

Phillips, Joël L. und Ronald D. Wynne

1980 *Cocaine: The Mystique and the Reality*, New York: A Discus/Avon Book.

Picano, Felice

1986 »Bei Verteidigung der Liebe in Fetzen gerissen«, in: Christopher Street (Hg.), *Aphrodisiac 1*, München: Knaur, S. 105–115.

Pinkley, Homer Virgil

1973 *The Ethno-Ecology of the Kofán Indians*, Cambridge, Diss., Harvard University, MS.

Pitigrilli (Synonym des italienischen Schriftstellers Dino Segre)

1927 *Kokain*, Berlin: Eden-Verlag.

1974 *Cocaine*, San Francisco: And/Or Press (illustriert von Jim Osborne). Italienische Originalausgabe, 1922. *Cocaina: romanzo*, Milano: Sonzogno. Deutsche Übersetzung von Maria Gagliardi, 1988. *Kokain*, Reinbek: Rowohlt.

1979 *Kokain*, mit einer Vorrede und einem Nachwort von Peter Weibel, München: Matthes & Seitz Verlag. (Diese Ausgabe wurde von der BRD-Zensur verboten.)

Plasket, B. und E. Quillen

1985 *The White Stuff*, New York: Dell Publishing Co.

Plivier, Theodor

1930 *Zwölf Mann und ein Kapitän – Novellen*, Leipzig u. Wien: Weller.

Ploss, H.

1863 »Vergiftungsversuch durch Cocaïn«, *Zeitschrift für Medizin, Chirurgie und Geburtshilfe* 2: 222.

Plowman, Timothy

1979a »Botanical perspectives on coca«, *Journal of Psychedelic Drugs* 11(1–2): 103–117.

1979b »The identity of Amazonian and Trujillo coca«, *Botanical Museum Leaflets* Harvard University 27(1–2): 45–68.

1980a »Chamairo: *Mussata hyacinthina* – an admixture to coca from Amazonian Peru and Bolivia«, *Botanical Museum Leaflets* Harvard University 28(3): 253–261.

1980b »Coca«, *Field Museum of Natural History Bulletin* 51(8): 17–21.

1981 »Amazonian coca«, *Journal of Ethnopharmacology* 3 (2&3): 195–225.

1982 »The identification of coca (*Erythroxylum* species): 1860–1910«, *Botanical Journal of the Linnean Society* 84: 329–353.
1983 »New species of *Erythroxylum* from Brazil and Venezuela«, *Botanical Museum Leaflets* Harvard University 29(3): 273–290.
1984a »The ethnobotany of coca (*Erythroxylum* spp., Erythroxylaceae)«, *Advances in Economic Botany* 1: 62–111.
1984b »The Origin, Evolution, and Diffusion of Coca, *Erythroxylum* spp., in South and Central America«, in: Doris Stone (Hg.), *Pre-Columbian Plant Migration*, Cambridge, Mass.: Harvard University Press (Peabody Museum of Archaeology and Ethnology), S. 125–163.
1987 »Ten new species of *Erythroxylum* (Erythroxylaceae) from Bahia, Brazil«, *Fieldiana* (Botany) N.S. 19: 1–41.

Plowman, Timothy und Laurent Rivier
1983 »Cocaine and cinnamoylcocaine content of *Erythroxylum* species«, *Annals of Botany* 51: 641–659.

Plowman, Timothy und Andrew T. Weil
1979 »Coca pests and pesticides«, *Journal of Ethnopharmacology* 1(3): 263–278.

Plowman, Timothy *et al.*
1978 »Chromosome numbers in neotropical *Erythroxylum* (Erythroxylaceae)«, *Botanical Museum Leaflets* Harvard University 26(5): 203–209.

Polia Mecconi, Mario
1996 *»Despierta, remedio, cuenta ...«: adivinos y médicos del Ande*, Lima, Perú: Fondo Editorial de la Pontificia Universidad Católica del Perú (2 Bde.).

Pollin, William
1984 »Foreword«, in: John Grabowski (Hg.), *Cocaine: Pharmacology, Effects, and Treatment of Abuse* [*sic*] (NIDA Research Monograph 50), S. vii–viii, Washington, D.C.: U.S. Government Printing Office/National Institute on Drug Abuse.

Pool, Robert
1989 »Crime and chemical analysis«, *Science* 243: 1554–1555.

Porter, Bruce
2001 *Blow* (Das Buch zum Film), übertragen von Helmut Splinter, München: Goldmann (Originalausgabe: *Blow*, New York: HarperCollins Publishers, 1993).

Potratz, Egbert
1985 »Zur Botanik der Coca-Pflanze«, *Curare* Sonderband 3/85: 161–176.

Power, Jed
1986 *Drug Antiques*, Peabody, Mass.: Cape Ann Antiques.

Prance, Ghillean T.
1971 »Ethnobotanical notes from Amazonian Brazil«, *Economic Botany* 26 (3): 221–237.

Prescott, William H.
1847 *History of the Conquest of Peru, with a Preliminary View of the Civilization of the Incas*, New York: Harper and Brothers.
1937 *Die Eroberung von Peru : Kultur und Untergang der Inkas* (Bildbeigabe von Fritz Röck), Wien: Verlag Josef Belf.

Pulver, Max
1980 *Himmelpfortgasse*, Zürich: Verlag AG »Die Arche«.

Pulvirenti, Luigi und George F. Koob
1996 »Die Neurobiologie der Kokainabhängigkeit [*sic*]«, *Spektrum der Wissenschaft* 2/96: 48–55.

Q

Quijada Jara, Sergio
1982 *La coca en las costumbres indígenas*, Huancayo, Peru: Imprenta Ríos.

Quintanilla, A.
1979 »Effect of rural-urban migration on beliefs and attitudes toward disease and medicine in southern Peru«, in: D.L. Browman und R.A. Schwarz (Hg.), *Spirits, Shamans, and Stars*, den Haag: Mouton Publishers, S. 149–156.

Quintanilla, Oscar Arze (Hg.)
1989 *La coca ... tradición, rito, identidad*, Ciudad de México: Instituto Indigenista Interamericano.

R

Rabey, Mario
1989 »Legalidad e ilegalidad del coqueo en Argentina«, in: Oscar Arze Quintanilla, (Hg.), *La coca ... tradición, rito, identidad*, Ciudad de México: Instituto Indigenista Interamericano, S. 35–78.

Ramírez, José und G.V. Alcocer
1902 *Sinonimia vulgar y científica de las plantas mexicanas*, Ciudad de México: Oficina Tipográfica de la Secretaría de Fomento. (N.B. *Erythroxylum ellipticum* ist eine Art aus der Alten Welt, deren Identifikation durch Ramírez möglicherweise falsch ist.)

Ramírez de Jara, María C. und Carlos E. Pinzón C.
1992 »Sibundoy shamanism and popular culture in Colombia«, in: E. Jean Matteson Langdon und Gerhard Baer (Hg.), *Portals of Power: Shamanism in South America*, Albuquerque, NM: University of New México Press, S. 287–303.

Rätsch, Christian
1986 »Musique fantastique«, in: S. Höhle *et al.* (Hg.), *Rausch und Erkenntnis*, München: Knaur, S. 307–325.
1991 *Indianische Heilkräuter*, München: Eugen Diederichs Verlag (2. verb. Aufl.).
1995a *Heilkräuter der Antike in Ägypten, Griechenland und Rom: Mythologie und Anwendung, einst und heute*, München: Diederichs (2. verb. Aufl. 1998).
1995b *Pflanzen der Liebe*, Aarau: AT Verlag.
1996a »Die wichtigsten Schamanendrogen Kolumbiens«, in: G. Reichel-Dolmatoff, *Das schamanische Universum: Schamanismus, Bewusstsein und Ökologie in Südamerika*, München: Eugen Diederichs Verlag, S. 280–310.
1996b *Räucherstoffe: der Atem des Drachens*, Aarau: AT Verlag (2. erw. Aufl. 1999. 3. erw. Aufl. 2002).
1996c *Urbock – Bier jenseits von Hopfen und Malz*, Aarau: AT Verlag.
1997 »Die Pflanze der Götter-Coca: Das indianische Allzweckmittel aus neuer Sicht«, *Bild der Wissenschaft* 10/97: 42–49.
1998 *Enzyklopädie der psychoaktiven Pflanzen*, Aarau: AT Verlag (6. erw. Aufl. 2002).
1999a »Dall'idromele dell'inspirazione allo spirito del vino: le bevande alcoliche nella medicina popolare, nella scienza medica e nella farmacologia«/»From mead of inspiration to spirit of wine: alcoholic brews and folk medicine, medical science & pharmacology«, *Eleusis* N.S. 3: 3–26.
1999b *Die Regenwaldapotheke: Medizin und Weisheit der Völker des tropischen Urwaldes*, Berlin: Ullstein (2. Aufl.; 1. Aufl. 1997).
1999c »Orakelpflanzen« in: *Orakel: Der Blick in die Zukunft*, Museum Rietberg Zürich (Austellungskatalog), S. 144–155.

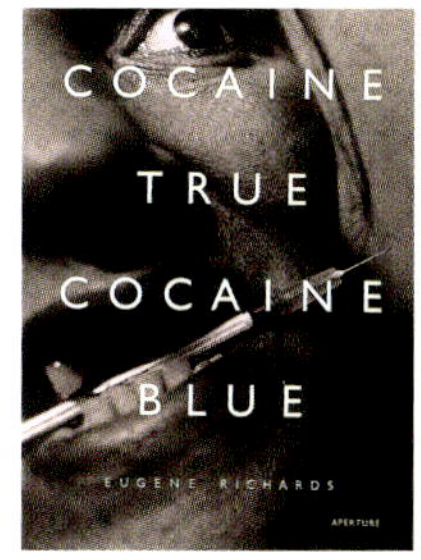

Dieses *Coffee-table-book*-formatige Buch ist ein Fotoband mit Schwarzweißaufnahmen, die der international renommierte Fotograf Eugene Richards bei seiner Fotoreportage zum Thema Kokain und Crack in New York geschossen hat. Es wird ein dichtes und düsteres Bild der Ethnografie des Drogenelends entworfen.

2000a »Die Entheiligung der Natur: zur Ethnopharmakologie verbotener Pflanzen«, *Universitas – Zeitschrift für interdisziplinäre Wissenschaft* 55(646): 344–356.
2000b »Die Entheiligung der Natur: zur Ethnopharmakologie verbotener Pflanzen«, in: Bernulf Kanitscheider (Hg.), *Drogenkonsum – bekämpfen oder freigeben?*, Stuttgart und Leipzig: S. Hirzel Verlag (Reprint, 2000a), S. 11–29.
2002 *Schamanenpflanze Tabak*, Solothurn: Nachtschatten-Verlag.

R

Rasoanaivo, P. et al.
1992 »Medicinal Plants Used to treat malaria in Madagaskar«, *Journal of Ethnopharmacology* 37(2): 117–127.
Reclus, Paul
1903 *L'Anesthésie localisée par la cocaïne*, Paris: Masson et Cie., Éditeurs (3. Aufl.).
Redlich, Fritz
1929 *Rauschgifte und Suchten*, Bonn: Kurt Schroeder Verlag.
Reens, Emma
1919 *La coca de Java, monographie historique, botanique, chimique, et pharmacologique*, Lons-le-Saunier: École Supérieure de Pharmacie (Thésis).
Reichart, Peter A. und Hans P. Philipsen
1996 *Betel and Miang: Vanishing Thai Habits*, Bangkok: White Lotus Co.
Reichel-Dolmatoff, Gerardo
1955 »Conchales de la costa caribe de Colombia«, *Anais do XXXI Congreso Internacional de Americanistas*: 619–626, São Paulo, Brasil.
1971 *Amazonian Cosmos: The Sexual and Religious Symbolism of the Tukano Indians*, Chicago, IL: University of Chicago Press.
1975 *The Shaman and the Jaguar: A Study of Narcotic [sic] Drugs Among the Indians of Colombia*, Philadelphia, PA: Temple University Press.
1978a »The great mother and the Kogi universe: a concise overview«, *Journal of Latin American Love* 13: 73–113.
1978b *Beyond the Milky Way: Hallucinatory Imagery of the Tukano Indians*, Los Ángeles, CA: UCLA Latin American Center Publications.
1991 *Los Inka: Sierra Nevada de Santa Marta, Colombia – notas etnográficas 1946–1966*, Bogotá: Universidad Nacional de Colombia.
1996a *Das schamanische Universum: Schamanismus, Bewusstsein und Ökologie in Südamerika*, München: Eugen Diederichs Verlag, S. 280–310.
1996b *Yuruparí: Studies of an Amazonian Foundation Myth*, Cambridge, MA: Harvard University Press.
1996c *The Forest Within: The World-View of the Tukano Amazonian Indians*, Totnes, Devon, England: Themis Books.
Reid, James W.
1986 *Textile Masterpieces of Ancient Peru*, New York: Dover.
Reis, Siri von und Frank J. Lipp, Jr.
1982 *New Plant Sources for Drugs and Foods from the New York Botanical Garden Herbarium*, Cambridge, MA und London: Harvard University Press.
Reis Altschul, Siri von
1973 *Drugs and Foods from Little-Known Plants: Notes in Harvard University Herbaria*, Cambridge, MA und London: Harvard University Press.

Remington, J.P.
1894 *The Practice of Pharmacy*, Philadelphia and London: J.B. Lippincott Company (3. Aufl.; 1. Aufl. 1885).
Rerat, C. *et al.*
1997a »Liquid chromatographic analysis of cocaine and benzoylecgonine in plasma of traditional coca chewers from Bolivia during exercise«, *Journal of Ethnopharmacology* 56(3): 173–178.
1997b »Absorción de los principios activos de la hoja de coca en el humano sano, durante el uso tradicional«, in: M. Villena C. und M. Sauvain (Hg.), *Usos de la hoja de coca y salud pública*, La Paz, Bolivia: Instituto Boliviano de Biología de Altura, S. 47–50.
Reuter, U. und Ralf Oettmeier
1999 »Die hochdosierte Procain-Basen-Infusion«, *Ärztezeitschrift für Naturheilverfahren* 40(11): 776–782.
Rheiner, Walter
1979 *Kokain: eine Novelle und andere Prosa*, Berlin-Darmstadt: Agora Verlag (2. Aufl. 1982).
1985 *Kokain – Lyrik, Prosa, Briefe*, Frankfurt/M. usw.: Büchergilde Gutenberg.
Richards, Eugene
1994 *Cocaine True, Cocaine Blue*, New York: Aperture. (Mit einer Reportage von Edward Barnes; Nachwort von Dr. Stephen W. Nicholas.)
Richter, Lukas (Hg.)
1977 *Mutter, der Mann mit dem Koks ist da: Berliner Gassenhauer*, Leipzig: VEB Deutscher Verlag für Musik.
Rico, Jorge
2000 »Coca de los Yungas«, *El Diario* (La Paz, Bolivia) 8. Juni, S. 2. Rico-Gray, V. *et al.*
1990 »Species composition, similarity and structure of Mayan homegardens in Tixpeual and Tixcacaltuyub, Yucatan, Mexico«, *Economic Botany* 44(4): 470–487.
Riley, Kevin J.
1996 *Snow Job? The War Against International Cocaine Trafficking*, New Brunswick, NJ und London: Transaction Publishers.
Ring, Frank W.
1887 »Cocaine and its fascinations, from a personal experience«, *The Medical Record* 1887: 3. September. Reprint, 1975. George Andrews und David Solomon (Hg.), *The Coca Leaf and Cocaine Papers*, New York und London: Harcourt Brace Jovanovich, S. 253–258.
Ripinsky-Naxon, Michael
1993 *The Nature of Shamanism: Substance and Function of a Religious [sic] Metaphor*, Albany, NY: SUNY Press.
Rivier, Laurent
1981 »Analysis of alkaloids in leaves of cultivated *Erythroxylum* and characterization of alkaline substances used during coca chewing«, *Journal of Ethnopharmacology* 3(2&3): 313–335.
Rodas M., H.
1996 *Huanchaca: modelo político-empresarial de la cocaína en Bolivia*, La Paz, Bolivia: Plural Editores.
Rodríguez, A.A.
1968 »Possibilities of crop substitution for the coca bush in Bolivia«, *Bulletin on Narcotics* 17(3): 13–23.
Roersch, C.
1994 *Plantas medicinales en el sur andino del Perú*, Koenigstein: Koeltz Scientific Books (2 Bde.)
Rogers, P. *et al.*
1999 »Silver bullet or poison chalice? The biowar against drugs«, *Scientific American* Juni: 75.

Rolfs, R., M. Goldberg und R.G. Sharrar
1990 »Risk factors for syphillis: cocaine use and prostitution«, *American Journal of Public Health* 80 (7): 853–857.

Romano, Ruggiero
1986 »¿Coca buena, coca mala?, su razón histórica en el caso peruano« (Übersetzung von Paolo Costa), in: Joan Boldó i Climent [(Hg.), *La coca andina: visión indígena de una planta satanizada*, Coyoacán, México: Instituto Indigenista Interamericano, S. 299–352 (Originalausgabe: *Nova Americana* 4).

Römpp, Hermann
1950 *Chemische Zaubertränke* , Stuttgart: Kosmos-Franckh'sche Verlagshandlung (5. Aufl.; 1. Aufl. 1939).
1995 (Begründer) *Römpp Chemie Lexikon* (9. Aufl.), Stuttgart und New York: Thieme (6 Bde.).

Ropp, Robert S. de
1957 *Drugs and the Mind*, New York: St. Martin's Press.
1964 *Bewusstsein und Rausch: Drogen und ihre Wirkung*, München: Rütten +Loenig Verlag (Deutsche Übersetzung von Arno Dohm, siehe Ropp 1957).

Rossi-Wilcox, Susan M.
1993 »Henry Hurd Rusby: a biographical sketch and selectively annotated bibliography«, *Harvard Papers* 4: 1–30.

Roth U., Erik und Raúl Bohrt P.
1989 »Actitudes de la población de La Paz ante la hoja de coca«, in: Oscar Arze Quintanilla, (Hg.), *La coca ... tradición, rito, identidad*, Ciudad de México: Instituto Indigenista Interamericano, S. 171–229.

Rostworowski de Diéz Canseco, M.
1973 »Plantaciones prehispánicas de coca en la vertiente del pacífico«, *Revista del Museo Nacional* (Lima) 39: 193–224.

Roth, B.A. *et al.*
1998 »Emergency management of drug abuse-related disorders«, in: S.B. Karch (Hg.), *Drug Abuse Handbook*, Boca Ratón, FL: CRC Press, S. 567–639.

Rotter, Ekkehart und Gernot
1996 *Venus, Maria, Fatima: Wie die Lust zum Teufel ging*, Zürich und Düsseldorf: Artemis & Winkler.

Roxanas, M. und J. Spalding
1977 »Ephedrine abuse psychosis [*sic*]«, *Medical Journal of Australia* 2: 639–640.

Ruben, Walter
1952 *Tiahuanaco, Atacama und Araukaner*, Leipzig: Otto Harrassowitz.

Ruck, Carl A.P. *et al.*
1979 »Entheogens«, *Journal of Psychedelic Drugs* 11(1–2): 145–146 (Reprint, Anhang zu Ott 1996c).

Ruiz, Hippólito
1998 *The Journals of Hippólito Ruiz: Spanish Botanist in Peru and Chile, 1777–1788* (Übersetzung von Richard Evans Schultes), Portland, OR: Timber Press.

Rummrill, Roger
1993 »Penélope dans la vallée de Huallaga: vers un nouvel espace géostratégique«, *Psychotropes* (Montréal) 8(1&2): 39–49.

Ruppert, Rasso
2000 »Das Koka- und Kokaingeschäft in Bolivien«, in: Bernulf Kanitscheider (Hg.), *Drogenkonsum – bekämpfen oder freigeben?*, Stuttgart und Leipzig: S. Hirzel Verlag, S. 31–47.

Rury, Phillip M. und Timothy Plowman
1981 »Systematic analysis of *Erythroxylum* P. Browne: practical and evolutionary implications for the cultivated cocas«, *Journal of Ethnopharmacology* 3(2&3): 229–263.
1983 »Morphological studies of archeological and recent coca leaves (*Erythroxylum* spp.)«, *Botanical Museum Leaflets* Harvard University 29(4): 297–341.

Rusby, Henry Hurd
1900 »The botanical origin of coca leaves«, *Druggist's Circular and Chemical Gazette* November: 220–223.
1901 »More concerning Truxillo coca leaves«, *Druggist's Circular and Chemical Gazette* März: 47–49.

Russell, Dan
2000 *Drug War: Covert Money, Power & Policy*, Camden, NY: Kalyx.com.

Russo, Ethan B.
1992 »Headache treatments by native peoples of the Ecuadorian Amazon: a preliminary cross-disciplinary assessment«, *Journal of Ethnopharmacology* 36 (3): 193–206.

Rutter, R.A.
1990 *Catálogo de plantas útiles de la Amazonia peruana*, Yarinacocha, Perú: Instituto Lingüístico de Verano.

S

Sabbag, Robert
1976 *Snowblind: A Brief Career in the Cocaine Trade*, Indianapolis und New York: The Bobbs-Merrill Company.

Salomon, Frank und George L. Urioste
1991 *The Huarochirí Manuscript: A Testament of Ancient and Colonial Andean Religion* [*sic*], Austin, TX: University of Texas Press.

Salser Jr., J.K.
1970 »Cubeo acculturation to coca and its social implications«, *Economic Botany* 24: 182–186.

Samhaber, Ernst
1955 *Kleine Geschichte Südamerikas*, Frankfurt/M.: Verlag Heinrich Scheffler.

Samorini, Giorgio
1995 »Paolo Mantegazza (1831–1910): pioniere italiano degli studi sulle droghe«, *Eleusis* 2: 14–20.
1998 *Halluzinogene im Mythos: Erzahlungen vom Ursprung der psychoaktiven Pflanzen*, Solothurn, Schweiz: Nachtschatten Verlag. Originalausgabe, 1995. *Gli allucinogeni nel mito*, Torino (Turin): Nautilus.

Samuels, R.W.
1978 »Evaluation of sodium hypochlorite as a screening agent for the identification of cocaine«, *Clinical Toxicology* 12: 543–550.

Sánchez-Ramos, Juan R. und Deborah C. Mash
1996 »Pharmacotherapy of drug-dependence [*sic*] with ibogaine«, *Jahrbuch für transkulturelle Medizin und Psychotherapie* 6(1995): 353–367.

Sauloy, Mylène und Yves Le Bonniec
1994 *Tropenschnee-Kokain: Die Kartelle, ihre Banken, ihre Gewinne. Ein Wirtschaftsreport*, Reinbek: Rowohlt. Spanische Übersetzung von M.I. Otero (aus der französischen Ausgabe von 1992), 1994. *¿A quién beneficia la cocaína?*, Santafé de Bogotá, Colombia: Tercer Mundo Editores.

Saunders, N. *et al.*
2000 *In Search of the Ultimate High: Spiritual Experience through Psychoactives* [*sic*], London, Sydney, Auckland und Johannesburg: Rider.

Sauvain, M. *et al.*
1997a »A study of the chemical composition of *Erythroxylum coca* var. *coca* leaves collected in two ecological regions of Bolivia«, *Journal of Ethnopharmacology* 56(3): 179–191.

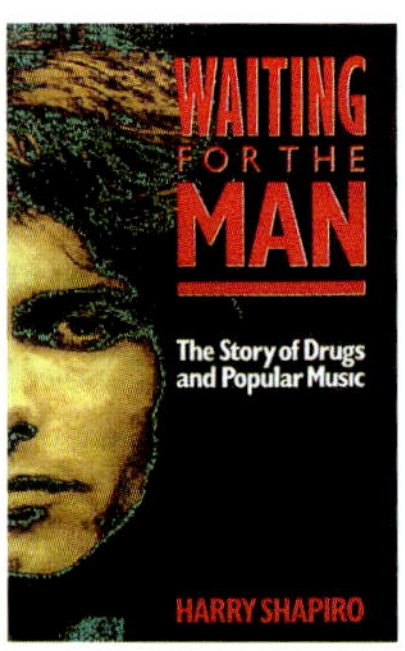

1997b »Estudio químico y botánico de las diferentes formas de *Erythroxylum coca* var. *coca* cultivadas en Bolivia«, in: M. Villena C. und M. Sauvain (Hg.), *Usos de la hoja de coca y salud pública*, La Paz, Bolivia: Instituto Boliviano de Biología de Altura, S. 34–46.

Schaeffer, Rany und Bill Bateman
o.D. *Coca-Cola: Vom Kultgetränk zum Sammelobjekt*, Erlangen: Karl Müller Verlag.

Scharfbillig, Christian
1962 *Irrte Äskulap: Geschichte aus der Medizin*, Ulm: Karl F. Haug Verlag.

Scheerer, Sebastian
1995 *special: Sucht*, Reinbek: Rowohlt.
2001 »Ein Bedarf von null Gramm Cannabis: Prohibition und Planwirtschaft in der Drogenpolitik«, *Subtropen* Juni 2001, Ausgabe 2: 1–4.

Scheerer, Sebastian und Irmgard Vogt (Hg.)
1989 *Drogen und Drogenpolitik*, Frankfurt/M. und New York: Campus.

Schidrowitz, Leo [Hg.]
1926 *Sittengeschichte von Paris*, Wien/Leipzig: Verlag für Kulturforschung.

Schifano, Fabrizzio
1996 »Cocaine misuse and dependence [*sic*]«, *Current Opinion in Psychiatry* 9: 225–230.

Schleich, Carl Ludwig
1922 *Ewige Alltäglichkeiten*, Berlin: Ernst Rowohlt Verlag.

Schlesinger, H.L.
1985 »Topics in the chemistry of cocaine«, *Bulletin on Narcotics* 37(1): 63–78.

Schlesinger, W.
1862 »Ein Coca-Déjeuné«, *Wiener Medizinische Wochenschrift* 12(47): 749 f.

Schmeda-Hirschmann, G.
1994 »Plant resources used by the Ayoreo of the Paraguayan Chaco«, *Economic Botany* 48(3): 252–258.

Schmeda-Hirschmann, G. und A. Rojas de Arias
1990 »A survey of medicinal plants of Minas Gerais, Brazil«, *Journal of Ethnopharmacology* 29(2): 159–172.

Schmidt-Semisch, Henning und Frank Nolte
2000 *Drogen*, Hamburg: Rotbuch-Verlag.

Schmidbauer, Wolfgang und Jürgen vom Scheidt
1997 *Handbuch der Rauschdrogen* (8. Aufl.), München: Nymphenburger.

Schott, Albert [Übersetzer]
1999 *Das Gilgamensch-Epos*, neu herausgegeben von Wolfram von Soden, Stuttgart: Reclam.

Schöneich, Jürgen (Hg.)
1983 *Sweet Little Sixteen: Jugend in den USA*, Reinbek: Rowohlt.

Schröder, Rudolf
1991 *Kaffee, Tee und Kardamom; Tropische Genußmittel und Gewürze*, Stuttgart: Ulmer.

Schroeter, A.I. und V.A. Panasiuk (V.A. Bykov, Hg.)
1999 *Dictionary of Plant Names*, Koenigstein: Koeltz Scientific Books.

Schroff, C.
1862 »Vorläufige Mittheilungen über Cocaïn«, *Wochenblatt der k.k. Gesellschaft der Ärzte in Wien* 18: 233–241.

Schütz, Christian
1999 »Kokain«, in: Markus Backmund (Hg.), *Sucht-Therapie: Grundlagen, Klinik, Standards*, Landsberg: ecomed, S. III–6.

Schultes, Richard Evans
1957 »A new method of coca preparation in the Colombian Amazon«, *Botanical Museum Leaflets* Harvard University 17: 241–264.
1967 »The botanical origin of South American snuffs«, in: Daniel H. Efron et al. (Hg.), *Ethnopharmacologic Search for Psychoactive Drugs*, Public Health Service Publication 1645, U.S. Department of Health, Education, and Welfare, Washington, D.C., S. 291–306.
1978 »Evolution of the identification of the major South American narcotic [*sic*] plants«, *Botanical Museum Leaflets* Harvard University 26(9–10): 311–337. Reprint (fast identisch), 1979. *Journal of Psychedelic Drugs* 11 (1–2): 119–134 (Vortrag, »Hallucinogens in Native American Shamanism and Modern Life«, 28. September bis 1. Oktober 1978, San Francisco, CA).
1980 »Coca in the northwest Amazon«, *Botanical Museum Leaflets* Harvard University 28(1): 47–60.
1981 »Coca in the northwest Amazon«, *Journal of Ethnopharmacology* 3(2&3): 173–194 (N.B. ist mehr oder weniger identisch mit Schultes 1980).
1984 »Fifteen years of study of psychoactive snuffs of South America: 1967–1982: A Review«, *Journal of Ethnopharmacology* 11(1): 17–32.
1987 »Coca and other Psychoactive Plants: magico-religious roles [*sic*] in primitive societies of the New World«, in: S. Fischer, A. Raskin und E. Uhlenhuth (Hg.), *Cocaine: Clinical and Biobehavioral Aspects*, New York: Oxford University Press, S. 212–250.

Schultes, Richard Evans und Robert F. Raffauf
1990 *The Healing Forest: Medicinal and Toxic Plants of the Northwest Amazonia*, Portland, OR: Dioscorides Press.

Schulz, Berndt
2001 *Lexikon der Road Movies*, Berlin: Lexikon Imprint Verlag.

Schulz, O.E. (A. Engler, Hg.)
1907 »Erythroxylaceae«, *Das Pflanzenreich*, 4(134): 1–164.

Schütz, Harald, Björn Ahrens, Freidoon Erdmann und Gertrud Rochholz
1993 »Nachweis von Arznei- und anderen Fremdstoffen in Haaren«, *Pharmazie in unserer Zeit* 22(2): 65–78.

Schweer, Thomas und Hermann Strasser
1994 »Die Strassendroge Crack: eine erste Bestandsaufnahme«, *Sucht* 2; 121–126.

Schurz, Josef
1969 *Vom Bilsenkraut zum LSD: Giftsuchten und Suchtgifte* [*sic*], Stuttgart: Franckh'sche Verlagshandlung, W. Keller & Co. (Kosmos: Gesellschaft der Naturfreunde).

Scott, Peter D. und John Marshall
1991 *Cocaine Politics: Drugs, Armies, and the CIA in Central America*, Berkeley und Los Ángeles: University of California Press.

Self, D.W.
1995 »Cocaine abuse [*sic*] takes a shot«, *Nature* 378: 666–667.

Shannon, M.
1988 »Clinical Toxicity of Cocaine Adulterants«, *Annals of Emergency Medicine* 17(11): 1243–1247.

Shapiro, Harry
1988 *Waiting for the Man: The Story of Drugs and Popular Music*, London und New York: Quartet Books.

Shelley, Mary
1995 *Frankenstein, oder der moderne Prometheus* (Übersetzung von Ursula Grawe und Christian Grawe. Anmerkungen und Nachwort von Christian Grawe), Stuttgart: Philipp Reclam jun. Verlag (Englische Originalausgabe, 1831).

Shen, W.W. und T.C. D'Souza
1979 »Cola-induced psychotic organic brain syndrome«, *Rocky Mountain Medical Journal* 76: 312–313.

Shepard jr., Glenn H.
1998 »Psychoactive Plants and Ethnopsychiatric [*sic*] Medicines of the Matsigenka«, *Journal of Psychoactive Drugs* 30(4): 321–332.

Shesser, R. *et al.*
1991 »The contribution of impurities to the acute morbidity of illegal drug use«, *American Journal of Emergency Medicine* 9: 336–342.

Shulgin, Alexander T.
1992 *Controlled Substances: A Chemical Guide to the Federal Drug Laws*, Berkeley, CA: Ronin Publishing, Inc. (2. Aufl.; 1. Aufl. 1988). (Public Law 91–513, »The Comprehensive Drug Abuse Prevention and Control Act of 1970«, S. 377–392; Public Law 98–473, »The Comprehensive Crime Control Act of 1984«, S. 393; Public Law 99–570, »Controlled Substance Analogue Enforcement Act of 1986«, S. 395.)

Siegel, Ronald K.
1977 »Cocaine: recreational use and intoxication«, in: R.C. Petersen und R.C. Stillman (Hg.), *Cocaine: 1977* (NIDA Research Monograph Nr. 13), S. 119–136, Washington, D.C.: U.S. Government Printing Office/ National Institute on Drug Abuse.
1978 »Cocaine hallucinations«, *American Journal of Psychiatry* 135: 309–314.
1980 »Cocaine substitutes«, *New England Journal of Medicine* 302: 817–818.
1982a »Cocaine and sexual dysfunction: the curse of Mama Coca«, *Journal of Psychoactive Drugs* 14(1–2): 71–74.
1982b »Cocaine smoking [*sic*]«, *Journal of Psychoactive Drugs* 14(4): 277–359. Reprint, 1992. *ibid.* 24(2): 183–212.
1984 »Changing patterns of cocaine use: longitudinal observations, consequences, and treatment«, in: John Grabowski (Hg.), *Cocaine: Pharmacology, Effects, and Treatment of Abuse* [*sic*] (NIDA Research Monograph 50), Washington, DC: U.S. Government Printing Office/National Institute on Drug Abuse, S. 92–110.
1989 *Intoxication*, New York: E.P. Dutton.

Siegel, Ronald K., Mammoud A. Elsohly, Timothy Plowman, Philipp M. Rury und Reese T. Jones
1986 »Cocaine in herbal tea«, *Journal of the American Medical Association* 255(1): 40.

Silverman, Jon
1994 *Crack of Doom*, London: Headline Book Publishers.

Smith, David E. und Donald R. Wesson
1978 »Cocaine«, *Journal of Psychedelic Drugs* 10(4): 351–360.

Smith, S.S. *et al.*
1992 »Genetic vulnerability to drug abuse [*sic*]: the D_2 dopamine receptor *Taq* B1 restriction fragment length polymorphism appears more frequently in polysubstance abusers [*sic*]«, *Archives of General Psychiatry* 49: 723–727.

Solmssen, Arthur R.G.
1981 *Berliner Reigen*, Frankfurt/M.: Fischer Taschenbuch Verlag.

Sonnenfeld, Kurt
1929 *Eros und der Wahnsinnige: ein Grosstadtroman*, Leipzig: Maximilian Salzer Verlag.

Soux, M.L.
1993 *La coca liberal: producción y circulación a principios del siglo XX*, La Paz, Bolivia: Centro de Información y Desarrollo.

Spedding, Alison
1994 *Wachu Wachu: cultivo de coca e identidad en los Yunkas de La Paz*, La Paz, Bolivia: CIPCA, COCAYAPU und HISBOL.

Spence, L.
1944 *The Myths of Mexico and Peru*, New York: Dover Publications, Inc. (1. Aufl. 1913).

Spielvogel, H. *et al.*
1997 »Coca y esfuerzo físico«, in: M. Villena C. und M. Sauvain (Hg.), *Usos de la hoja de coca y salud pública*, La Paz, Bolivia: Instituto Boliviano de Biología de Altura, S. 51–61.

Spillane, J.F.
1999 »Making a modern drug: The manufacture, sale, and control of cocaine in the United States, 1880–1920«, in: Paul Gootenberg (Hg.), *Cocaine: Global Histories*, London und New York: Routledge, S. 21–45.

Spitta, Heinrich
1877 *Die Schlaf- und Traumzustände der menschlichen Seele mit besonderer Berücksichtigung ihres Verhältnisses zu den psychischen Alienationen*, Freiburg: Akademische Verlagsbuchhandlung von J.C.B. Mohr.

Springer, Alfred (Hg.)
1989 *Kokain: Mythos und Realität – eine kritisch dokumentierte Anthologie*, Wien und München: Verlag Christian Brandstätter.

Spruce, Richard
1908 *Notes of a Botanist on the Amazon and Andes* (Alfred Russell Wallace, Hg.), London: Macmillan & Co., Ltd.

Staley, Julie K.
1998 »Neurochemical adaptations and cocaine dependence [*sic*]«, in: S.B. Karch (Hg.), *Drug Abuse Handbook*, Boca Ratón, FL: CRC Press, S. 420–441.

Staley, Julie K. und Deborah C. Mash
1996 »Adaptive increase in D_3 dopamine receptors in the brain reward circuits of human cocaine fatalities«, *The Journal of Neuroscience* 16(19): 6100–6106.

Staley, Julie K. *et al.*
1997 »Radioligand binding and immunoautoradiographic evidence for a lack of toxicity to dopaminergic nerve terminals in human cocaine overdose victims«, *Brain Research* 747: 219–229.

Stark, Raymond
1984 *Aphrodisiaka und ihre Wirkung*, München: Heyne.

Starks, Michael
1981 *The Fabulous Illustrated History of Psychoactive Plants or Great Grandmother's Pleasures*, Mason, MI: Loompanics Unlimited.
1982 *Cocaine Fiends and Reefer Madness: An Illustrated History of Drugs in the Movies*, New York und London: Cornwall Books.

Steiner, J.M.
1849 »On the injection of stimulants into the veins«, *Medical Examiner* 5: 644–647.

Steiner, R.
1997 *Los dólares del narcotráfico*, Santafé de Bogotá, Colombia: Tercer Mundo, S.A.

Stevenson, Robert Louis
1936 *Die Schatzinsel*, Frankfurt: Insel.
1995 *Reise mit dem Esel durch Cevennen*, München: Diederichs.

1995 *Der seltsame Fall von Dr. Jekyll und Mr. Hyde*, übersetzt von Marguerite und Curt Thesing, Zürich: Diogenes.

Steward, J.H. (Hg.)
1946 *The Handbook of South American Indians* (Bureau of American Ethnology Bulletin 113), Washington, D.C.: U.S. Government Printing Office.

Stewart, F.E.
1885 »Coca-leaf cigars and cigarettes«, *Philadelphia Medical Times and Register* 15: 933–935.

Storl, Wolf-Dieter
2000 *Götterpflanze Bilsenkraut*, Solothurn: Nachtschatten Verlag.

Sussman, L.K.
1980 »Herbal medicine on Mauritius«, *Journal of Ethnopharmacology* 2(3): 259–278.

Szasz, Thomas S.
1970 *The Manufacture of Madness: A Comparative Study of the Inquisition and the Mental Health Movement*, New York: Harper & Row.
1980 *Das Ritual der Drogen*, Frankfurt/M.: Fischer.
1985 *Ceremonial Chemistry: The Ritual Persecution of Drugs, Addicts, and Pushers*, Holmes Beach, FL: Learning Publications, Inc. (2. Aufl.; 1. Aufl. 1974).
1996 *Our Right to Drugs: The Case for a Free Market*, Syracuse: Syracuse University Press.

T

Täschner, Karl-Ludwig und Werner Richtberg
1982 *Kokain-Report*, Wiesbaden: Akademische Verlagsgesellschaft (im Anhang ein Faksimile von Freuds »Über Coca«).

Tanner, Jakob
1990 »Rauschgiftgefahr und Revolutionstrauma«, in: Sebastian Brändl et al. (Hg.), *Schweiz im Wandel*, Basel und Frankfurt/M.: Helbing & Lichtenhahn, S. 397–416.

Tejas, Alberto
1978 »The Coca Belt«, *Head* May: 46–49.

Tena, Belén Boville Luca de
2000 *La guerra de la cocaína: drogas, geopolítica y medio ambiente*, Madrid: Ediciones Temas de Debate.

Thamm, Berndt Georg
1985 *Das Kartell: von Drogen und Märkten – ein modernes Märchen*, Basel: Sphinx Verlag.
1986 *Andenschnee: die lange Linie des Kokain*, Basel: Sphinx Verlag.

Thane, Katja
2000 *»Willkommen im Nichts«: Die Diskussion um die »Teufelsdroge« Crack am Beispiel der Hamburger Drogenszene*, Hamburg: Diplomarbeit, vorgelegt an der Evangelischen Fachhochschule für Sozialpädagogik des Rauhen Hauses in Hamburg.

Thompson, Hunter S.
1984 *Angst und Schrecken in Las Vegas*, Reinbek: Rowohlt.
1985 *Die große Haifischjagd (Gonzo Schriften I, 2)*, Frankfurt/M.: Zweitausendeins (enthält eine sehr gute Bibliografie der Werke des *Gonzo*-Schreibers).

Thoms, Hermann
1929 *Betäubungsmittel und Rauschgifte: Ihre Gewinnung, Eigenschaften und ihre Gefahren*, Berlin und Wien: Urban & Schwarzenberg.

Thornton, E.M.
1983 *Freud and Cocaine: The Freudian Fallacy*, London: Blond and Briggs.

Timmerberg, Helge
1996 »Kaltmacher Kokain«, *Tempo* 3/96: 34–42.

Toffoli, F. und U. Avico
1965 »Coca paste. Residues from the industrial extraction of cocaine: ecgonine and anhydroecgonine«, *Bulletin on Narcotics* 17(4): 27–36.

Torres, Constantino Manuel
1998 »Status of Research on Psychoactive Snuff Powders: A Review of the Literature«, *Jahrbuch für Ethnomedizin und Bewußtseinsforschung* 5(1996): 15–39.

Torres, Constantino Manuel David B. Repke
1998 »The Use of *Anadenanthera colubrina* var. *Cebil* by Wichi (Mataco) Shamans of the Chaco Central, Argentinia«, *Jahrbuch für Ethnomedizin und Bewußtseinsforschung* 5 (1996): 41–58.

Torretti, C.
1886 »Cocaine«, *American Druggist* Juni: 106.

Tovar P., H.
1999 *Colombia: droga, economía, guerra y paz*, Santafé de Bogotá, Colombia: Temas de Hoy.

Towle, M.A.
1961 *The Ethnobotany of Pre-Columbian Peru*, New York: Wenner-Green Foundation for Anthropological Research, Inc.

Trakl, Georg
1972 *Das dichterische Werk*, München: dtv.
1974 *Gedichte*, Frankfurt/M.: Suhrkamp.

Trautner, Eduard
1927 *Gott, Gegenwart und Kokain*, Berlin: Verlag Die Schmiede (*Berichte aus der Wirklichkeit*, Bd. 6, Eduard Trautner, Hg.).

Trautner, E.M.
1952 »The alkaloid content of a parasitic plant living on *Duboisia myoporoides*«, *Australian Journal of Science* 15: 98.

Trujillo, K.A. und H. Akil
1991 »Inhibition of morphine tolerance and dependence by the NMDA receptor antagonist MK-801«, *Science* 251: 85–87.

Turner, Carlton E. *et al.*
1979 »Constituents in *Erythroxylum coca* I: gas chromatographic analysis of cocaine [*sic*] from three locations in Peru«, *Bulletin on Narcotics* 31(1): 71–76.
1981 »Constituents of *Erythroxylon* [*sic*] *coca* II: gas chromatographic analysis of cocaine and other alkaloids in coca leaves«, *Journal of Ethnopharmacology* 3(2&3): 293–298.

U

Ugent, Donald et al.
1986 »Archaeological manioc (*Manihot*) from coastal Peru«, *Economic Botany* 40(1): 78–102.

Uncle Fester
1998 *Advanced Techniques of clandestine Psychedelic & Amphetamine Manufacture*, Port Townsend: Loompanics.

Unánue, Hippólito
1794 »Disertación sobre el aspecto, cultivo, comercio y virtudes de la famosa planta del Perú nombrada coca«, *Mercurio Peruana* 11: 205–250.

United Nations Economic and Social Council
1950 *Report of the Commission of Enquiry on the Coca Leaf*, Wien: United Nations (E/1666, 28. April).

Uphof, J.C.Th.
1968 *Dictionary of Economic Plants*, Lehre: Verlag von J. Cramer.

Urbina, F.
1992 *Las hojas del poder: relato sobre la coca entre los uitotos y muinanes de la amazonia colombiana*, Santafé de Bogotá, Colombia: Universidad Nacional de Colombia.
Uscátegui M., Nestor
1954 »Contribución al estudio de la masticación de las hojas de coca«, *Revista Colombiana de Antropología* 3: 209–289.
1959 »The present distribution of narcotics [*sic*] and stimulants amongst the Indian tribes of Colombia«, *Botanical Museum Leaflets* Harvard University 18(6): 273–304.
Usó, Juan Carlos
1995 *Drogas y cultura de masas: España (1855–1995)*, Madrid: Taurus.

V
van den Berg, M.E.
1993 *Plantas medicinais na Amazônia*, Belém, Pará, Brasilien: Museu Paraense Emilio Goeldi.
Van Dyke, Craig und Robert Byck
1982 »Cocaine«, *Scientific American* 246(3): 128–142.
Van Dyke, Craig *et al.*
1976 »Cocaine: plasma concentrations after intranasal application in man«, *Science* 191: 859–861.
1978 »Oral cocaine: plasma concentrations and central effects«, *Science* 200: 211–213.
1979 »Cocaine and lidocaine have similar psychological effects after intranasal application«, *Life Sciences* 24: 271–274.
van Straten, Michael
1996 *Guarana*, Aarau: AT Verlag.
van Treeck, Bernhard
1997 (Hg.), *Partydrogen*, Berlin: Schwarzkopf & Schwarzkopf.
1998 *Drogennotfall*, Berlin: Schwarzkopf & Schwarzkopf.
Vargas M., R. *et al.*
1999 *Drogas, máscaras y juegos: narcotráfico y conflicto armado en Colombia*, Santafé de Bogotá, Colombia: Tercer Mundo Editores.
Villena C., M. und M. Sauvain (Hg.)
1997 *Usos de la hoja de coca y salud pública*, La Paz, Bolivia: Instituto Boliviano de Biología de Altura.
Villena C., M. *et al.*
1997 »Efectos del consumo tradicional de hojas de coca sobre la respiración«, in: M. Villena C. und M. Sauvain (Hg.), *Usos de la hoja de coca y salud pública*, La Paz, Bolivia: Instituto Boliviano de Biología de Altura, S. 62–71.
Villoldo, Alberto und Erik Jendresen
1993 *Die Macht der vier Winde: Eine Reise ins Reich der Schamanen*, Reinbek: Rowohlt.
Voelker, R.
1994 »Obesity drug renews toxicity debate«, *Journal of the American Medical Association* 272(14): 1087–1088.
Voigt, Hermann P.
1982 *Zum Thema: Kokain*, Basel: Sphinx Verlag.
Volkow, Nora D. und Alan C. Swann (Hg.)
1990 *Cocaine in the Brain*, New Brunswick NJ: Rutgers University Press (siehe *Book Review* von Ronald K. Siegel in *Journal of Psychoactive Drugs* 23[1]: 93 f., 1991).
Volkow, Nora D. *et al.*
1996 »Cocaine addiction: hypothesis derived from imaging studies with PET«, in: H. Joseph. und B. Stimmel (Hg.), *The Neurobiology of Cocaine Addiction* [*sic*], New York und London: The Haworth Medical Press, S. 55–71.
1997 »Relationship between subjective effects of cocaine and dopamine transporter occupancy«, *Nature* 386: 827–830.
vom Scheidt, Jürgen
1973a *Freud und das Kokain*, München: Dissertation.
1973b »Sigmund Freud und das Kokain«, *Psyche: Zeitschrift für Psychoanalyse und ihre Anwendungen* 27(5): 385–430.
1981 »Kokain«, in: Gisela Völger (Hg.), *Rausch und Realität*, Bd.1, Köln: Rautenstrauch-Joest-Museum, S. 398–402.
von Hagen, Victor W.
1979 *Die Wüstenkönigreiche Perus*, Bergisch-Gladbach: Bastei-Lübbe.
Vonarburg, Bruno
2000 »Mate-Tee – wärmt und kräftigt«, *Natürlich* 11/2000: 56–59.

W
Wackenroder, H.
1853 *Archives de Pharmacie* (aus Mortimer 1901).
Wagner, Catherine A.
1986 »Coca y estructura cultural en los andes peruanos«, in: Joan Boldó i Climent (Hg.), *La coca andina: visión indígena de una planta satanizada*, Coyoacán, México: Instituto Indigenista Interamericano, S. 167–203.
Waldberg, Patrick
1978 *Der Surrealismus*, Köln: DuMont.
Waldrop, M.M.
1989 »NIDA aims to fight drugs with drugs« und »Magic bullets for addiction?«, *Science* 245: 1443–1444.
Walker III, W.O.
1996 *Drugs in the Western Hemisphere: An Odyssey of Cultures in Conflict* (Jaguar Books on Latin America Nr. 12), Wilmington, DE: Scholarly Resources, Inc.
Waller
1988 *Cocaine: An Annotated Bibliography* (2 Bde.), Jackson and London: Research Institute of Pharmaceutical Sciences/University Press of Mississippi.
Watt, George
1966 *The Commercial Products of India*, New Delhi: Today & Tomorrow's Printers & Publishers (Faksimile der 1. Aufl., 1908).
Wecker Konstantin
1995 *Uferlos, Ein Roman*, München: Knaur.
1999 *Es gibt kein Leben ohne Tod: Nachdenken über Glück, Abhängigkeit und eine andere Drogenpolitik*, Köln: KiWi = Kiepenheuer & Witsch.
Wedemeyer, Inge von
1969 »›Cultura cefálica‹ in Alt-Peru: Ein Beitrag zur Bedeutung der Schädelbehandlungen«, *Antaios* 10: 298–312.
Weddel, H.A.
1853 *Notice sur la Coca, sa culture, sa préparation, son emploi et es propriétés*, Ed. Société Impériale et Centrale d'Agriculture, S. 3–15.
Weil, Andrew T.
1975 »The Green and the White«, Journal of Psychedelic Drugs 7: 401–413.
1978 »Coca Leaf as a Therapeutic Agent«, *American Journal of Drug and Alcohol Abuse* 5(1): 75–86.
1980 *The Marriage of the Sun and Moon: A Quest for Unity in Consciousness*, Boston: Houghton-Mifflin.

1981 »The therapeutic value of coca in contemporary medicine«, *Journal of Ethnopharmacology* 3(2&3): 367–376.
1986 *The Natural Mind: An Investigation of Drugs and the Higher Consciousness* (Revised Edition; 1. Aufl. 1972), Boston: Houghton-Mifflin. Deutsche Übersetzung von Lena Conradt, 2000. *Drogen und höheres Bewusstsein*, Aarau, Schweiz: AT Verlag.
1993 »Was uns gesund macht«, in: Christian Rätsch (Hg.), *Naturverehrung und Heilkunst*, S. 223–240, Südergellersen: Bruno Martin.
1995 *Spontanheilung* (mit einem Vorwort von Rüdiger Dahlke), München: C. Bertelsmann.
1995 »The new politics of coca«, *The New Yorker* 71 (12): 70–80.
2000 *Drogen und höheres Bewusstsein*, Aarau, Schweiz: AT Verlag (Psychedelische Bibliothek, Claudia Müller-Ebeling und Christian Rätsch, Hg.; siehe Weil 1986; f.d. dt. Ausg. etwas überarbeitet).

Weil, Andrew T. und Winifred Rosen
1983 *Chocolate to Morphine: Understanding Mind-Active Drugs*, Boston: Houghton-Mifflin.

Weinberg, Bill
2001 »Return of the Bush Dynasty«, *The Best of High Times* BD #28: 34–42.

Weiss, Daniel Evan
1990 *La Cucaracha – oder die Stunde der Kakalaken* (Originalausgabe: *Unnatural Selection*, übersetzt von Thomas Ziegler), München: Goldmann.

Weiss, Roger D., Steven M. Mirin und Roxanne L. Bartel
1994 *Cocaine, Second Edition*, Washington D.C. und London: American Psychiatric Press.

Wells, Brian
1974 *Psychedelic Drugs*, New York: Jason Aronson.

Wendt, L. und H. Kogan
1952 *Give the Lady What She Wants: The Story of Marshall Field & Co.*, Chicago, IL: Marshall Field.

Werner, Bruno E.
1962 *Die Zwanziger Jahre. Von Morgens bis Mitternachts*, München: Bruckmann.

Wesson, Donald R.
1982 »Cocaine use by masseuses«, *Journal of Psychoactive Drugs* 14(1–2): 75–76.

Wesson, Donald R. und David E. Smith
1977 »Cocaine: its use for central nervous system stimulation including recreational and medical uses«, in: R.C. Petersen und R.C. Stillman (Hg.), *Cocaine: 1977* (NIDA Research Monograph Nr. 13), Washington, D.C.: U.S. Government Printing Office/National Institute on Drug Abuse, S. 137–152.

Weston, E.P.
1876 »Mr. Weston on the use of coca leaves«, *The Lancet* 18 March: 447.

Wetli, C.V. und R.K. Wright
1979 »Deaths caused [*sic*] by recreational cocaine use«, *Journal of the American Medical Association* 241(23): 2519–2522.

White, B.C. *et al.*
1980 »Anxiety and muscle tension as consequences of caffeine withdrawal«, *Science* 209: 1547–1548.

Wichmann, Stefan
1992 *Wirtschaftsmacht Rauschgift*, Frankfurt/M.: Fischer.

Wickelgren, Irene
1998a »Teaching the brain to take drugs« und »Pills to help keep you clean«, *Science* 280: 2045–2047.
1998b »Drug may suppress craving [*sic*] for nicotine«, *Science* 282: 1797, 1799.

Wiedemann, Inga
1979 »The folklore of coca in the South-American Andes: coca pouches, lime calabashas and rituals«, *Zeitschrift für Ethnologie* 104(2): 278–309.
1992 *Cocataschen aus den Anden*, Berlin: Haus der Kulturen der Welt.

Wilbert, Johannes
1987 *Tobacco and Shamanism in South America*, New Haven, CT: Yale University Press.

Wilcox, J.A.
1995 »Psychoactive properties of pergolide mesylate«, *Journal of Psychoactive Drugs* 27(2): 181–182.

Wilcox, Joan Parisi
1999 *Keepers of the Ancient Knowledge: The Mystical World of the Q'ero Indians of Peru*, Boston, MA: Element.

Wille, Katja
2000 *Geil!-Erotik, Sex & Drogen*, Löhrbach: Edition Rauschkunde/MedienXperimente.

Witkiewicz, Stanislaw I.
1997 *Narcóticos* (*Narkotyki*, Übersetzung von J.M. de Sagarra), Barcelona: Circe Ediciones.

Wöhler, Friedrich
1860 »Über eine organische Base in der Coca«, *Archiv der Pharmazie* 29–32 (siehe: Wöhler und Niemann 1860).

Wöhler, Friedrich und Albert Niemann
1860 »Über eine organische Base in der Coca«, *Justus Liebig´s Annalen der Chemie* 114: 213–217 (siehe: Wöhler 1860).

Wolfer, P.
1922 »Das Cocaïn, seine Bedeutung und seine Geschichte«, *Schweizerische medizinische Wochenschrift* 3: 674–679.

Wood, Alexander
1855 »A new method of treating neuralgia by the direct application of opiates to painful spots«, *Edinburgh Medical Surgeon* 82: 265–273.

Woods, Arthur
1931 *Dangerous Drugs* [*sic*]: *The World Fight Against Illicit Traffic in Narcotics*, New Haven, CT: Yale University Press.

Würfler, P.
1956 »Selbstblendung eines cocainsüchtigen Betrügers«, *Der Nervenarzt* 27(7): 325–326.

Y

Young, J.L.
1931 »The detection of cocaine in the presence of novocaine by means of cobalt thiocyanate«, *American Journal of Pharmacy* 103: 709–710.

Younger, E.J.
1973 »Stimulants«, in: Anonym (Hg.), *Drug and User Identification Series*, Sacramento, CA: State of California Department of Justice Division of Law Enforcement.

Youssefi, M. *et al.*
1979 »Mapping of cocaine and cinnamoylcocaine in whole coca plant tissues by MIKES«, *Journal of the American Chemical Association* 101(12): 3400–3402.

Z

Z., A.
1999 »Kokain – Eine Kontroverse«, *HanfBlatt* 6 (Nr. 53): 14–18.

Zabala, Jaime
1995 *Hojas del adivino*, La Paz, Bolivia: Plural Editores.

Zambrana Román, J.
1996 *Guerra antidrogas: entre halcones y palomas*, La Paz, Bolivia: Fondo Editorial de la Cámara de Diputados und Editorial »Los Amigos del Libro«.

Zappa, Frank
1996 *ZONKX: Texte 1977–1994* (Übersetzung von Carl Weissner), Frankfurt/M.: Zweitausendeins.

Zaunick, Rudolph
1956 »Zur Vorgeschichte der Kokain-Isolierung: Der Dömitzer Apotheker Friedrich Gaedcke (1828–1890)« in: *Beiträge zur Geschichte der Pharmazie und ihrer Nachbargebiete*, Nr. 2, S. 5–15.

Zevin, S. und N.L. Benowitz
1998 »Drug-related syndromes«, in: S.B. Karch (Hg.), *Drug Abuse Handbook*, S. 542–567, Boca Ratón, FL: CRC Press.

Zorrilla E., Javier
1986 »El hombre andino y su relación mágico-religioso [*sic*] con la coca«, in: Joan Boldó i Climent (Hg.), *La coca andina: visión indígena de una planta satanizada*, S. 149–159, Coyoacán, México: Instituto Indigenista Interamericano.

Zwaardemaker, H.
1889 »Cocaïn-anosmie«, *Fortschritte der Medizin* 1. Juli (aus Mortimer 1901).

Danksagung

Wir lesen bei jeder Neupublikation *zuerst* die Danksagung. Denn dabei erfährt man oft wesentliches über das jeweils vorliegende Buch. Man kann darin erkennen, wen wer kennt und liebt. Auch kann man daran erkennen, ob sich die Lektüre lohnt. – Hier sind unsere Kontakte, wovon wir diesmal leider nicht alles offenbaren dürfen ... aus hoffentlich verständlichen Gründen.

Zuallererst gilt unser Dank Mama Coca, deren Blätter uns ins Paradies getragen haben und uns hoffentlich noch weiter auf unserem *unglaublichen Flug durchs Universum* begleiten werden. Wir danken den Pflanzengeistern, den Schamanen und Kräuterkundigen, die uns ermöglicht haben, uns an der Seele ihrer Liebesgöttin zu laben.

> ... im irdischen Paradies gibt es keine Gespenster. Man hat es dort sehr gut, man arbeitet nicht, man amüsiert sich, und man braucht nie zu beten.
> Julien Green
> *Die Gespensternacht*
> (Hanser, München 1989: 14)

Wir bedanken uns herzlichst, leider nur nachträglich, bei Albert Niemann für seine Entdeckung des Kokains und für dessen Nutzen für die westliche Kulturentwicklung und in bescheidenem Maße für unsere Arbeit, die wir als ein Partikel im Geflecht kognitiver Strukturen auf dem bzw. einem Wege zu einer etwas liebevolleren Welt betrachten mögen ...

Auch, leider nur posthum/nachträglich bei Lee und seinem *»talking asshole«* – natürlich meinen wir William S. Burroughs, den Meister psychoaktiver Literatur, der leider zu früh verstorben ist, um mit uns zusammen (wieder mal egoistische Gründe) in Chulumani auf der Plaza eine Linie zu ziehen.

Speziell sind wir unserem Freund und Mentor Albert Hofmann, dem Vater des »Steins der Weisen«, verbunden, der uns zusammengeführt und unser Leben bereichert und verschönert hat. Und mit dem wir zusammen nach Eleusis reisen konnten und am Ziel angekommen sind.

UND den Frauen, die wir lieben: Claudia Müller-Ebeling, Iris Freie, Hattie Wells.

Und bei Familie Rätsch.

Wir bedanken uns ganz herzlich bei unserem Verleger Urs Hunziker und der AT-Crew für die Geduld, die ihnen dieses schwierige Geschöpf abringen musste. Und bei Sebastian Scheerer für sein Vorwort. Und Dorothea Hunziker für das wahrlich umwerfende Käsefondue.

Bei Siegfried Stockhecke, meinem (d.h. CRs) Antiquar meines Vertrauens, ohne dessen jahrelange Treue und Freundschaft die hier versammelte Kunstsammlung nicht möglich geworden wäre.

Supergute Gedanken denkend mit Dank an Nana Nauwald, für das wunderbare Cocablatt (siehe Frontispiz). Und dem lieben Freunde Fred Weidmann für sein Mama Coca-Bild.

Achim Zubke für das Auftreiben seltenster Literatur (wirklich grandios!!!).

Dem Mataco-Schamanen Fortunato, dem Shipibo-Schamanen Guillermo Arévalo, Ann und Sasha Shulgin (u.a. für seine Respektlosigkeit, Gutmütigkeit und »dreckigen Bilder«), Rob Montgomery as always ... *off the Jungle* und Cathy, Manolo und Donna Torres, Antonio Escohotado, William Emboden, Michael Bock (für seine australischen Kontributionen), eine Art von *Cocapithecus humanus* ...;

Jürgen Nakott, dem damaligen Medizinredakteur von *Bild der Wissenschaft* (die Zeitschrift, die sich erstmals in Deutschland getraut hat, einen positiven Artikel über Coca zu publizieren [siehe Rätsch 1997a]), und Hans-Georg Behr für seine eindrucksvollen Wiener G'schichten. Dem Kriminologen Wolf-R. Kemper, dem Richter Wolfgang Neskovic, dem Soziologen Günter Amendt, dem Anthropologen Wolf-Dieter Storl.

Bei Marta und Tomas (»Tom Flowers«), den guten Seelen vom Hotel Panorama in Chulumani (in Los Yungas). Lester Grinspoon von der Harvard Medical School (dem vorgeworfen wurde, durch sein Buch den Kokskonsum stimuliert zu haben), Gerhard Heller von der Universität Heidelberg, Parsifal (ein Pseudonym), Patricia Ochsner von der Dorfapotheke, bei Roger und Anupama vom Nachtschatten, Mark Nauseef, John Baker vom Moorpark College, Giorgio Samorini (dem Vater der Zeitschrift *Eleusis*), Conny und Hartwig Kopp von Merlin's Tao, Jürgen mit dem Zopf von Wrage, Klaus und Claudia – wunderbare Freunde, Christian Beck, ein treuer Forscher und Chemiker, Ralf Breier, ein toller Filmemacher, J. Hartwich, Margret Madejsky und Olaf Rippe für die Sonne, Constanze Elsner für überschwängliche Unterstützung.

Michael »Flashback Books« Horowitz.

Robin Lloyd.

La gente de *Cáñamo* (Barcelona); Rosa y Dulce, Rosita y Dulcita, die lieblichen Las Damas bolivianos de La Paz, *bringing love, joy and marching stuff.*

Rachel, Janine und Boa, Glenn oder Noel, Benjamin, Ralf, Alex, Robin, meinem CD-Pusher Speedlef, auch Detlef Schmidt genannt.

Dem *On-liner* Hartmut@Rysch – Hardy the Ryschy. Dem Computermeister Wolfgang Kundrus, O.b., den Sensatonics, Sven *Highway Head Shop*, Christine Gottschalk-Batschkus, Franz-Theo Gottwald und Michael Günther, Jürgen Mellmann.

Und wie immer: besten Dank an die Firmen Leica und Macintosh für ihre wahrlich wunderbaren Produkte.

CR: Ich bedanke mich auch bei den Menschen, die mich hassen, denn sie schenken mir Einsichten.

CR bedankt sich vorzüglichst bei den Bands und Musikern, die mich bei dieser Cocawahnserei begleitet haben:

Therion, Dimmu Borgir, DIO, Mark Nauseef (den Erfinder von *The Naked Dinner*), Rage, Frank Zappa + Mothers of Invention + Mothers of Prevention, King Crimson & The Crimson King, Metallica, Lake of Tears (*of Joy...*), Dreamtheater, Liquid Tension Experience, Blind Faith, BBM (*Theee Second Cream*), Soft Machine, Ministry, Deep Purple, Pete Townsend und besonders Lou Reed & The Velvet Underground.

Buffy Sainte-Marie, Betray My Secrets, Guru Guru (Sunband) + Mani «Maniac« Neumeier, der Guru zum Küssen und Grüßen;
by:
CANNED HEAT (*can't you teach*), aber immer unterwegs ... – – –
Again: like – »On the Road Again«:

Cocaine Nights – On the Road again
Just say no
Just say now
Just say know
Just say blow

Now you know your blow!
It ain't no snow job
Just a White House Blow Job

This is or was THE scientific blow job

Aus *Dope Comix* Nr. 3, Princeton, Wisconsin, 1979.

Naked Dinner: Cocaïne for Dessert

Ein Gericht vom »Nackten mit dem Schwert«

– frisch serviert –

drogadicción – Drogendiktion

Cocathyme Visionen

Cocabolde – blau wie Kobalt

Der Wiener Koksknabe (SR) raucht einen Coke Roach

Die kokette Kokainette mit Balkonette

Nachbestellungen unter www///: Coke@Com

Antikes Expeditionsarsenal starker Pharmaka, mit leeren Röhrchen Kokain (um 1900).

Über die Autoren

Dr. phil. Christian Rätsch

geb. 1957 in Hamburg, ist Altamerikanist und Ethnopharmakologe. Er lebte fast drei Jahre mit den Lakandonen-Indianern im mexikanischen Regenwald. Er erforscht seit drei Jahrzehnten die Wirkung der Pflanzenwelt auf den Menschen und den kulturellen Nutzen natürlicher Objekte. Sein wissenschaftliches Spezialgebiet ist der Schamanismus (vor allem Mexiko, Amazonien, Nepal) und die ethnopharmakologische Erforschung der Schamanenpflanzen (weltweit). Auf Pflanzenporträts spezialisierter Fotograf. Zahlreiche Publikationen, z. B.: *Pflanzen der Liebe, Indianische Heilkräuter, Hanf als Heilmittel, Urbock: Bier jenseits von Hopfen und Malz, Räucherstoffe – Der Atem des Drachen, Die Steine der Schamanen, Enzyklopädie der psychoaktiven Pflanzen.* Co-Autor von *Schamanismus und Tantra in Nepal, Hexenmedizin, Schamanische Wissenschaften, Rituale des Heilens, Perlen & Perlmutt* usw. (viele seiner Werke sind insgesamt in 12 Sprachen übersetzt). Er ist Mitarbeiter des Instituts für Ethnomedizin (ETHNOMED), ein internationaler Gastdozent, Referent an mehreren Heilpflanzenschulen, Berater verschiedener ethnobotanischer Regenwaldprojekte und Verlage (AT Verlag, Nachtschatten Verlag). Als Ethnologe versteht er sich als eine Art Neuro-*Trance*-Mitter zwischen den Kulturen.

Jonathan Ott,

geboren 1949 in New Haven, Connecticut (USA). Studium der organischen Chemie (Naturstoffe) bei The Evergreen State College (Olympia, Washington: B.S. 1975), University of Washington (Seattle) und Universidad Nacional Autónoma de México (Ciudad de México).

Arbeitet seit 1976 als Schriftsteller; Begründer von Natural Products Co. (Naturstoffe, Bücher), 1984. Organisation verschiedener wissenschaftlicher Fachkongresse: die ersten über psychoaktive Pilze (1976, Tenino, Washington, 1977, Port Townsend, Washington) und Pflanzen (1978 und 1996, San Francisco, California); Mitarbeiter von Entheobotany Seminars (1990–2000, jährliche Seminare, vor allem am Palenque, Chiapas).

Mitglied in folgenden Fachgesellschaften: Fellow, Linnean Society of London (elegiert 1986); American Association for the Advancement of Science (seit 1977); Society for Economic Botany (seit 1976), Ethnobiology Society (seit 1981), Ethnopharmacology Society (seit 1998).

Co-Redakteur bei: Eleusis: Journal of Psychoactive plants and compounds, Editorial Board: Jahrbuch für Ethnomedizin und Bewusstseinsforschung, Entheogen Review, Journal of Cognitive Liberties usw.

Veröffentlichung von etwa 100 Fachartikeln; Autor von 10 Büchern, darunter:

Teonanacatl: Hallucinogenic Mushrooms of North America (Madrona Publishers, Seattle, 1976, spanische Übersetzung von Editorial Swan, El Escorial, 1985).

Pharmacotheon: Hallucinogenic Drugs, their Plant sources and History (Natural Products Co., 1993, 1996, spanische Übersetzung von Liebre de Marzo, Barcelona, 1996, 2000).

Ayahuasca Analogues: Pangæan Entheogens (Natural Products Co., 1994, deutsche Übersetzung von MedienXperimente, 1995, 1999, spanische Übersetzung von Phantastica, Barcelona, 2000).

Pharmacophilia or the Natural Paradises (Natural Products Co., 1997; spanische Übersetzung von Phantastica, Barcelona, 1998).

Shamanic Snuffs or Entheogenic Errhines (Entheobotanica, Solothurn, 2000).

Lebte 13 Jahren in Lateinamerika, meist in Mexiko.

Stichwortverzeichnis